Jon Krakauer

In die Wildnis • Mord im Auftrag Gottes

Zu diesem Buch

Eine kleine Pistole und ein Sack Reis – das war die einzige Ausstattung des jungen Chris McCandless, mit der er sich in die Wildnis Alaskas begab. Er wollte ein neues, ganz anderes Leben beginnen. Vier Monate später wurde seine Leiche von einem Elchjäger gefunden. War Chris ein hoffnungsloser Romantiker oder einfach nur ein Spinner? Anhand von Tagebucheintragungen und Interviews hat Jon Krakauer die tödliche Reise rekonstruiert … Als der Mormone Allen Lafferty am Abend des 24. Juli 1984 nach Hause kam, fand er seine Frau Brenda auf dem Küchenfußboden liegend – mit durchgeschnittener Kehle. Seine Tochter Erica lag in ihrem Kinderbettchen – tot. Ausgehend von diesem grausigen Doppelmord untersucht Jon Krakauer den Ursprung des religiösen Fanatismus und zeigt, wie bedrohlich es sein kann, wenn Menschen glauben, einen direkten Draht zu Gott zu haben. – Zwei glänzend recherchierte Reportagen vom Autor des Bestsellers »In eisige Höhen« in einem Band.

Jon Krakauer, geboren 1954, arbeitet als Wissenschaftsjournalist für amerikanische Zeitschriften. Durch den Millionenbestseller »In eisige Höhen« wurde er weltberühmt und für seine Reportagen mit zahlreichen Preisen ausgezeichnet. Er lebt mit seiner Frau in Bolder, Colorado. Auf deutsch erschienen von ihm außerdem: »Auf den Gipfeln der Welt«, »Mord im Auftrag Gottes« und »In die Wildnis« (von Sean Penn verfilmt).

Jon Krakauer

In die Wildnis

Allein nach Alaska

Mord im Auftrag Gottes

Eine Reportage über religiösen Fundamentalismus

Zwei Bestseller in einem Band

Aus dem Amerikanischen von
Stephan Steeger und Thomas Gunkel

Piper München Zürich

Mehr über unsere Autoren und Bücher:
www.piper.de

Von Jon Krakauer liegen bei Piper im Taschenbuch vor:
Auf den Gipfeln der Welt
In die Wildnis
In eisige Höhen
Mord im Auftrag Gottes

Für Linda

Mix
Produktgruppe aus vorbildlich bewirtschafteten Wäldern und anderen kontrollierten Herkünften
www.fsc.org Zert.-Nr. GFA-COC-001223

Taschenbuchsonderausgabe
Juni 2009

Titel der amerikanischen Originalausgaben:
»Into the Wild«, Villard, New York 1996 und »Under the Banner of Heaven. A Story of Violent Faith«, Doubleday/Random House Inc., New York 2003

erschienen im Verlagsprogramm Malik
Umschlag: Büro Hamburg. Anja Grimm, Stefanie Levers
Bildredaktion: Büro Hamburg. Alke Bücking, Sandra Schmidtke
Umschlagfotos: TOBIS Film GmbH & Co. KG (oben); Laura Hanifin (unten)
Autorenfoto: Linda A. Moore/Villard
Satz: Ebner, Ulm und seitenweise, Tübingen
Papier: Munken Print von Arctic Paper Munkedals AB, Schweden
Druck und Bindung: CPI – Clausen & Bosse, Leck
Printed in Germany ISBN 978-3-492-25402-1

In die Wildnis

Für Linda

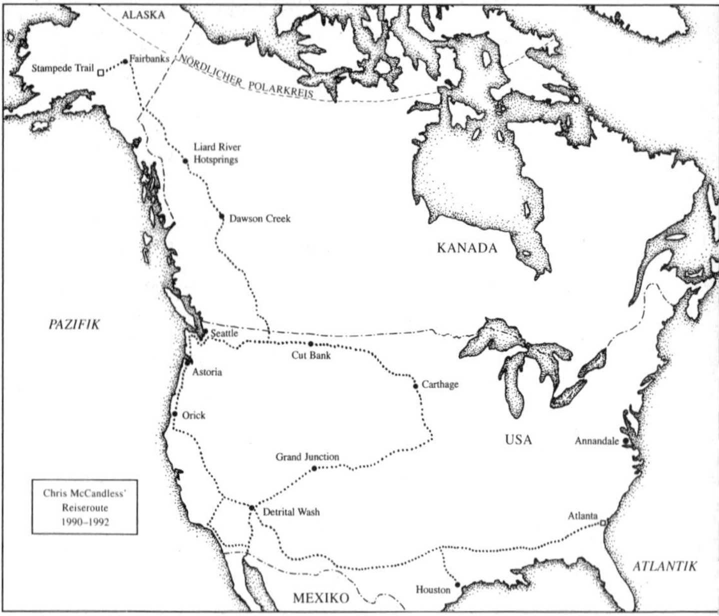
ALASKA
Stampede Trail
Fairbanks
NÖRDLICHER POLARKREIS
Liard River
Hotsprings
Dawson Creek
KANADA
PAZIFIK
Seattle
Cut Bank
Astoria
Carthage
Orick
USA
Annandale
Grand Junction
Chris McCandless'
Reiseroute
1990–1992
Detrital Wash
Atlanta
ATLANTIK
Houston
MEXIKO

VORBEMERKUNG

Im April 1992 trampte ein junger Mann, der aus einer wohlhabenden Familie von der Ostküste stammte, nach Alaska und zog allein in die Wildnis nördlich des Mount McKinley. Vier Monate später stieß eine Gruppe von Elchjägern auf seinen stark verwesten Leichnam.

Kurz nach dem Leichenfund wurde ich vom Chefredakteur der Zeitschrift *Outside* gebeten, über die rätselhaften Umstände zu berichten, die zu dem Tod des Jungen geführt hatten. Es stellte sich heraus, daß er Christopher Johnson McCandless hieß und in einem reichen Vorort von Washington, D.C., aufgewachsen war. An der Schule ein Überflieger, war er auch im Sport einer der Besten seines Jahrgangs.

Unmittelbar nachdem er im Sommer 1990 mit Auszeichnung von der Emory University abgegangen war, verschwand McCandless. Er nahm einen anderen Namen an und spendete seine gesamten Ersparnisse – vierundzwanzigtausend Dollar – der Wohlfahrt. Er ließ seinen Wagen und den größten Teil seiner Habe zurück und verbrannte auch noch sein letztes Reisegeld. Und dann machte er sich daran, das Leben für sich neu zu erfinden. Er mischte sich unter die Randexistenzen der Gesellschaft, wanderte quer durch Nordamerika, auf der Suche nach ungefilterten Erfahrungen. Seine Familie hatte keine Ahnung, wo er war, was aus ihm geworden war – bis zu dem Tag, als man seine sterblichen Überreste in Alaska fand.

Unter großem Termindruck schrieb ich einen etwa fünfseitigen Artikel, der in der Ausgabe vom Januar 1993 von *Outside* erschien. McCandless' Schicksal hielt mich jedoch weiter in seinem Bann, auch nachdem die Ausgabe an den Kiosken schon längst durch das journalistische Tagesgeschäft ersetzt worden war. Der Junge war verhungert, und die Einzelheiten seines Todes ließen mich nicht mehr los, zumal ich zwischen den Ereignissen seines und meines eigenen Lebens beunruhigende entfernte Parallelen entdeckte. Ich konnte und wollte die Sache nicht so einfach ad acta legen, und über mehr als ein Jahr hinweg verfolgte ich die verschlungene Spur, die zu seinem Tod in der Taiga Alaskas führte. Ich recherchierte die Details seiner Wanderschaft mit einer Neugierde, die fast an Besessenheit grenzte. Indem ich versuchte, McCandless zu begreifen, stieß ich unwillkürlich in andere, tiefergehende Themenbereiche vor: der Mythos der Wildnis, der nach wie vor die Phantasie der Amerikaner gefesselt hält, der Reiz der Gefahr, der immer mehr junge Männer zu hochriskanten Freizeitunternehmungen verführt, das komplexe, spannungsgeladene Verhältnis zwischen Vätern und Söhnen. Das vorliegende Buch ist das Ergebnis meiner auf Wegen und Nebenwegen wandelnden Recherche.

Ich kann nicht für mich in Anspruch nehmen, ein unvoreingenommener Beobachter zu sein. McCandless' Geschichte berührte mich zutiefst, daher war mir eine leidenschaftslose Darstellung der Tragödie nicht möglich. Größtenteils habe ich mich – hoffentlich erfolgreich – bemüht, mich als Autor möglichst rauszuhalten. Aber der Leser sei gewarnt: Ich unterbreche McCandless' Geschichte mit der Erzählung von Vorfällen und Ereignissen aus meiner eigenen Jugend. Ich tue dies in der Hoffnung, daß meine Erfahrungen das Rätsel Chris McCandless etwas erhellen werden.

Er war ein unter ständiger Hochspannung stehender junger Mann, besessen von einem sturen Idealismus, der mit den Ansprüchen der heutigen Zeit nicht leicht zu vereinbaren war. Lange Zeit fesselten ihn die Werke des großen russischen Romanciers Leo Tolstoi, den er vor allem dafür bewunderte, die Annehmlichkeiten eines Lebens in Reichtum und privilegierter Bequemlichkeit aufgegeben zu haben, um sich unter die Armen und Entrechteten der Gesellschaft zu mischen. Auf dem College begann McCandless, Tolstois Asketentum und ethische Unbeugsamkeit nachzuahmen, und zwar in einem Maße, das seine nahe Umgebung zuerst verblüffte und dann alarmierte. Als der Junge in die Wildnis Alaskas zog, gab er sich keineswegs der Illusion hin, in ein Paradies einzukehren, in dem er unbeschwert umhertrecken konnte; vielmehr sehnte er sich nach Gefahren, Widrigkeiten und nach tolstoianischer Enthaltsamkeit – und genau dies sollte er auch zur Genüge vorfinden.

Trotz aller Schwierigkeiten schlug sich McCandless den größten Teil seiner sechzehnwöchigen Prüfung mit Bravour durch. Hätte er sich nicht ein, zwei scheinbar belanglose Schnitzer geleistet, wäre er im August 1992 ebenso anonym aus den Wäldern gewandert, wie er hineingewandert war. Statt dessen stellten sich seine in aller Unschuld begangenen Fehltritte als fatal und unumkehrbar heraus. Sein Name kam in die Schlagzeilen, und seine bestürzten Angehörigen sahen sich dem Scherbenhaufen einer grimmigen und schmerzhaften Liebe gegenüber.

Eine erstaunlich große Anzahl von Menschen fühlte sich von der Geschichte von Chris McCandless' Leben und Sterben zutiefst betroffen. Der *Outside*-Artikel verursachte in den Wochen und Monaten nach der Veröffentlichung eine Flut von Leserbriefen, mehr als irgendein anderer Artikel in der Geschichte der Zeitschrift. Diese Briefe spiegeln, wie nicht anders zu erwarten war, höchst kontroverse Ansichten wider: Einige Leser brachten dem Jungen für seinen Mut und die hehren Idealen, von denen er sich leiten ließ, all ihre Bewunderung entgegen; andere dagegen wetterten, daß er ein leichtsinniger Idiot gewesen sei, ein Spinner, ein narzißtischer Traumtänzer, der aufgrund seiner Dummheit und Arroganz umkam – und der die große Aufmerksamkeit, die ihm in den Medien zuteil wurde, nicht verdient hatte. Meine eigenen Ansichten werden im Laufe des Buches deutlich zutage treten, doch der Leser möge sich sein eigenes Urteil über Chris McCandless bilden.

JON KRAKAUER
SEATTLE

IN DIE WILDNIS

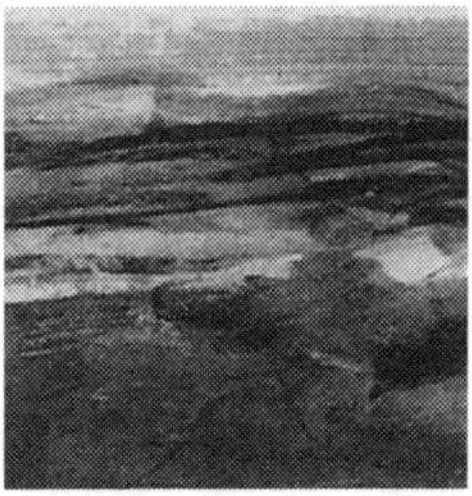

ARKTISCHES MEER
SIBIRIEN
BARROW
BROOKS RANGE
Prudhoe Bay
NOME
ALASKA
BERING MEER
Yukon River
Carl
McCunns
Lager
Coleen R.
FORT YUKON
Porcupine
River
FAIRBANKS
HEALY
ALASKA RANGE
Mt.
McKinley
Yukon
River
ANCHORAGE
HOMER
VALDEZ
CORDOVA
YUKON
Kodiak I.
GOLF VON ALASKA
BRITISH COLUMBIA
COAST RANGE
JUNEAU
SITKA
PETERSBURG
Devils Thumb
N
0 50 100 150 200 250 MI
M.Davidson

Im Herzen Alaskas

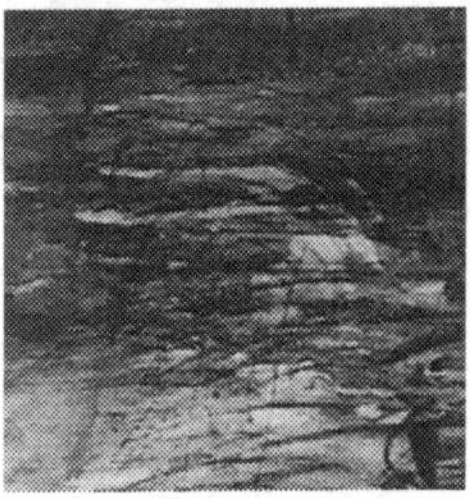

KAPITEL EINS

27. April 1992

Grüße aus Fairbanks! Dies wird meine letzte Nachricht an Dich sein, Wayne. Bin vor zwei Tagen hier angekommen. Das Trampen in der Gegend um den Yukon lief nicht so gut. Aber jetzt bin ich endlich hier.

Schicke bitte all meine Post an den Absender zurück. Es kann noch lange dauern, bis ich wieder im Süden bin. Dieses Abenteuer geht vielleicht tödlich aus, und es kann sein, daß Du nie wieder von mir hören wirst. Ich möchte aber, daß Du weißt, wie sehr ich Dich bewundere. Ich breche nun in die Wildnis auf. Alex.

POSTKARTE AN WAYNE WESTERBERG,
CARTHAGE, SOUTH DAKOTA

❖

Vier Meilen hinter Fairbanks sah Jim Gallien den Tramper. Er stand schlotternd im Schnee am Straßenrand, den Daumen in das fahle Morgengrauen Alaskas gereckt. Er schien noch recht jung zu sein: achtzehn, höchstens neunzehn. Aus seinem Rucksack ragte ein Gewehr, aber er machte einen ganz freundlichen Eindruck. Im neunundvierzigsten Staat ist ein Tramper mit einer halbautomatischen Remington kein ungewöhnlicher Anblick. Gallien hielt an und bedeutete dem Jungen, einzusteigen.

Der Tramper warf seinen Rucksack auf die Ladefläche des Fords und sagte, daß er Alex hieß. »Alex?« erwiderte Gallien, der gerne auch den Nachnamen gewußt hätte.

»Einfach Alex«, blockte der Junge ab. Er war etwa einssiebzig groß und von drahtiger Gestalt. Wie sich herausstellte, war er vierundzwanzig Jahre alt und stammte aus South Dakota. Er wollte bis zum Denali-Nationalpark mitfahren. Von dort aus, sagte er, wolle er in die Wälder wandern und »ein paar Monate lang von dem, was das Land so hergibt, leben«.

Gallien, ein Elektriker, war auf dem George Parks Highway unterwegs nach Anchorage, zweihundertvierzig Meilen über Denali hinaus. Er sagte Alex, er könne so weit mitfahren, wie er wolle. Der Rucksack des Jungen sah aus, als würde er gerade einmal zehn, fünfzehn Kilo wiegen. Dies erschien Gallien – einem erfahrenen Jäger und Waldarbeiter – für einen mehrmonatigen Aufenthalt in einem fast menschenleeren Gebiet als viel zu dürftig, vor allem da der Frühling gerade erst angebrochen war. »Der Junge hatte für solch eine Tour nicht annähernd genug Verpflegung und Ausrüstung dabei«, erinnert sich Gallien.

Die Sonne ging auf. Als sie die bewaldeten Hügel oberhalb des Tanana River hinabrollten, starrte Alex über das windgepeitschte, sich endlos nach Süden erstreckende

Tundramoor hinweg. Gallien fragte sich, ob er womöglich an einen dieser durchgeknallten Spinner aus dem Süden geraten war, die es immer wieder in den Norden zieht, um ihre naiven Jack London-Phantasien auszuleben. Alaska übte schon seit langem eine geradezu magnetische Anziehungskraft auf Träumer und Aussteiger aus: Typen, die sich einbildeten, daß eine Reise in die unberührte, endlose Weite des *Last Frontier* ihr zerrissenes Leben flikken würde. Die Wildnis ist jedoch unerbittlich und schert sich nicht um Wünsche und Sehnsüchte.

»Die Leute von außerhalb«, erzählt Gallien in seiner tiefen, melodischen Stimme, »sehen eine Ausgabe von *Alaska,* blättern drin rum, und dann denken sie, ›Mann, da fahr ich jetzt hin, ernähr mich von Mutter Natur und leb 'n schönes, heiles Leben‹. Aber wenn sie dann hier sind und die Wildnis hautnah erleben – tja, so, wie das in den Zeitschriften ausgemalt wird, is' es nun mal nicht. Die Flüsse hier sind riesengroß und können ganz schön tückisch sein. Die Moskitos fressen einen bei lebendigem Leibe. In den meisten Gegenden gibt es einfach nicht viel zu jagen. In der Wildnis zu leben ist was anderes als 'n Weekend auf dem Land.«

Die Fahrt von Fairbanks bis an die ersten Ausläufer des Denali-Parks dauerte zwei Stunden. Sie unterhielten sich und lernten sich ein wenig kennen. Der Junge schien nun doch nicht so durchgeknallt zu sein, wie Gallien anfangs befürchtet hatte. Er war sympathisch und machte einen gebildeten Eindruck. Er durchlöcherte Gallien mit detaillierten Fragen über die verschiedenen Arten von Niederwild, welche Beeren man essen könne – »und all solche Sachen«.

Und dennoch war Gallien beunruhigt. Alex mußte zugeben, daß seine Verpflegung nur aus einem Fünf-Kilo-Sack Reis bestand. An Kleidung und Ausrüstung hatte er nicht einmal das in Anbetracht des rauhen Klimas Allernotwendigste dabei. Es war April und das Landesinnere lag immer noch unter einer dichten Schneeschicht begraben. Alex' billige Wanderstiefel waren weder wasserdicht noch ausreichend gefüttert. Die .22 Remington war ein Kaliber zu klein; man konnte sich nicht darauf verlassen, wenn man auch größeres Wild wie Elche und Karibus erledigen wollte. Und darauf wäre er angewiesen, wenn er tatsächlich länger bleiben wollte. Er hatte weder Axt noch Insektenkiller, weder Schneeschuhe noch Kompaß. Seine einzige Orientierungshilfe war eine zerfledderte Straßenkarte von Alaska, die er an einer Tankstelle geschnorrt hatte.

Einhundert Meilen hinter Fairbanks steigt der Highway in die unteren Ausläufer der Bergkette der Alaska Range hoch. Als der Pick-up über eine Brücke des Nenana River ruckelte, blickte Alex in die reißende Strömung hinab. Er fürchte sich vor Wasser, gestand er Gallien. »Vor einem Jahr bin ich unten in Mexiko mit einem Kanu aufs Meer hinausgepaddelt. Dann ist ein Sturm aufgezogen, und ich wäre beinahe ertrunken.«

Ein wenig später nahm Alex seine Straßenkarte heraus und zeigte auf eine gestrichelte rote Linie, die den Highway in der Nähe von Healy, einer kleinen Kohlebergbaustadt, durchschnitt. Es handelte sich um den Stampede Trail, eine unbefestigte, kaum benutzte Straße, die auf den meisten Karten Alaskas nicht einmal eingezeichnet ist. Auf Alex' Karte jedoch schlängelte sich die Linie vom Parks Highway etwa vierzig Meilen weit nach Westen, um sich schließlich inmitten der unwegsamen Wildnis nördlich des Mount McKinley zu verlieren. Dort, verkündete Alex, wolle er hin.

Gallien hielt die Pläne des Trampers für zu waghalsig und versuchte immer wieder, ihn davon abzubringen.

»Ich hab ihm gesagt, daß es dort, wo er hin will, nicht so leicht ist, was zu jagen, daß er vielleicht tagelang nichts erlegen wird. Als das nicht wirkte, hab ich versucht, ihm mit Bären-Storys Angst einzujagen. Ich hab ihm gesagt, daß er einem Grizzly mit 'nem Zweiundzwanziger nichts anhaben kann, daß er ihn damit wahrscheinlich nur noch wütender macht. Hat den Jungen aber alles nicht sonderlich beeindruckt. ›Dann klettere ich eben auf einen Baum‹, hat er nur gemeint. Also hab ich ihn darüber aufgeklärt, daß die Bäume in der Gegend nicht besonders groß werden und daß so ein Bär eine von diesen dürren, kleinen Schwarzfichten mit einem Schlag umhaut. Aber der Knabe hat sich einfach nichts sagen lassen. Auf alles hatte er eine Antwort.«

Gallien bot Alex an, ihn bis nach Anchorage mitzunehmen, ihm eine anständige Ausrüstung zu kaufen und ihn wieder zurückzufahren.

»Nein, aber vielen Dank fürs Angebot«, antwortete Alex. »Ich werd mit dem, was ich hab, schon zurechtkommen.«

Gallien fragte, ob er eine Jagdlizenz habe.

»Nee, natürlich nicht«, sagte Alex spöttisch. »Wie ich mich ernähre, geht die Regierung einen Dreck an. Die können mich mal mit ihren blöden Regeln.«

Als Gallien fragte, ob seine Eltern oder ein Freund von seinem Vorhaben wüßten – ob es da irgend jemanden gibt, der Alarm schlägt, falls er in Schwierigkeiten gerät oder sich längere Zeit nicht meldet –, antwortete Alex seelenruhig, nein, daß niemand von seinen Plänen weiß, daß er ehrlich gesagt seit beinahe zwei Jahren mit seiner Familie kein Wort mehr gewechselt hat. »Wenn's Schwierigkeiten gibt, werd ich damit schon allein fertig, hundertpro«, versicherte er Gallien.

»Es hatte überhaupt keinen Sinn, dem Jungen was ausreden zu wollen«, erinnert sich Gallien. »Er war felsenfest entschlossen. Durch nichts mehr zu bremsen. Richtig aufgeregt, wenn ich heute so drüber nachdenke. Er konnte es kaum erwarten, loszulegen und in die Wälder abzutauchen.«

Drei Stunden hinter Fairbanks bog Gallien vom Highway ab und lenkte seine klapprige Allradkiste in eine tiefverschneite Nebenstraße. Die ersten paar Meilen war der Stampede Trail noch ganz passabel. Er führte an Blockhütten vorbei, die zwischen kümmerlichen Fichten und Espen verstreut standen. Als sie jedoch die letzte der Hütten hinter sich gelassen hatten, wurde es immer schlimmer. Der Trail war von Erlen überwuchert und verwandelte sich immer mehr in einen ruckeligen Pfad, der offensichtlich nicht instand gehalten wurde.

Im Sommer wäre der Trail zwar auch nicht viel besser, aber zumindest befahrbar. Jetzt, unter dem fünfzig Zentimeter hohen, matschigen Frühlingsschnee, war er praktisch unpassierbar. Als sie nach zehn Meilen eine leichte Anhöhe erreichten, hielt Gallien seinen Pick-up an. Er hatte Angst, steckenzubleiben. Die eisigen Gipfel des höchsten Bergmassivs Nordamerikas schimmerten am südwestlichen Horizont.

Alex bestand darauf, Gallien seine Uhr, seinen Kamm und etwas Kleingeld zu geben, das, wie er betonte, sein ganzes Vermögen darstellte: fünfundachtzig Cents. »Ich will dein Geld nicht«, protestierte Gallien, »und eine Uhr hab ich selber.«

»Wenn Sie's nicht nehmen, werfe ich's weg«, erwiderte Alex fröhlich. »Ich will nicht wissen, wie spät es ist. Ich will nicht wissen, welchen Tag wir haben oder wo ich bin. All das ist unwichtig.«

Bevor Alex ausstieg, langte Gallien hinter den Sitz, holte ein paar alte, robuste Gummistiefel hervor und überredete den Jungen, sie zu nehmen. »Sie waren ihm zu groß«, erinnert sich Gallien. »Aber ich sagte: ›Zieh dir zwei paar Socken über, dann müßten die Füße halbwegs warm und trocken bleiben.‹«

»Wieviel schulde ich Ihnen dafür?«

»Ist schon gut«, antwortete Gallien. Dann gab er dem Jungen einen kleinen Zettel mit seiner Telefonnummer, den Alex sorgfältig in einer kleinen Brieftasche aus Nylon verstaute.

»Ruf mich an, falls du hier lebend wieder rauskommst. Dann sag ich dir, wie du mir die Stiefel wieder zurückgeben kannst.«

Galliens Frau hatte ihm zwei gegrillte Sandwiches mit Käse und Thunfisch und eine Packung Maischips eingepackt. Er überredete den jungen Tramper, auch das Essen anzunehmen. Alex holte eine Kamera aus seinem Rucksack und bat Gallien, noch schnell ein Foto von ihm zu machen. Er schulterte das Gewehr und stellte sich vor dem Trail auf. Schließlich verschwand er mit breitem Lächeln den verschneiten Pfad hinunter. Es war Dienstag, der 28. April 1992.

Gallien wendete den Pick-up, fuhr zum Parks Highway zurück und setzte seinen Weg nach Anchorage fort. Nach ein paar Meilen kam er an Healy vorbei, wo die Alaska State Troopers einen Posten unterhalten. Gallien spielte kurz mit dem Gedanken, anzuhalten und die Leute dort von Alex zu unterrichten, ließ es dann aber bleiben. »Ich dachte, es wird schon irgendwie gutgehen«, erklärte er. »Ich dachte, wahrscheinlich wird er ziemlich schnell hungrig werden und einfach zum Highway zurückgehen. So wie jeder normale Mensch.«

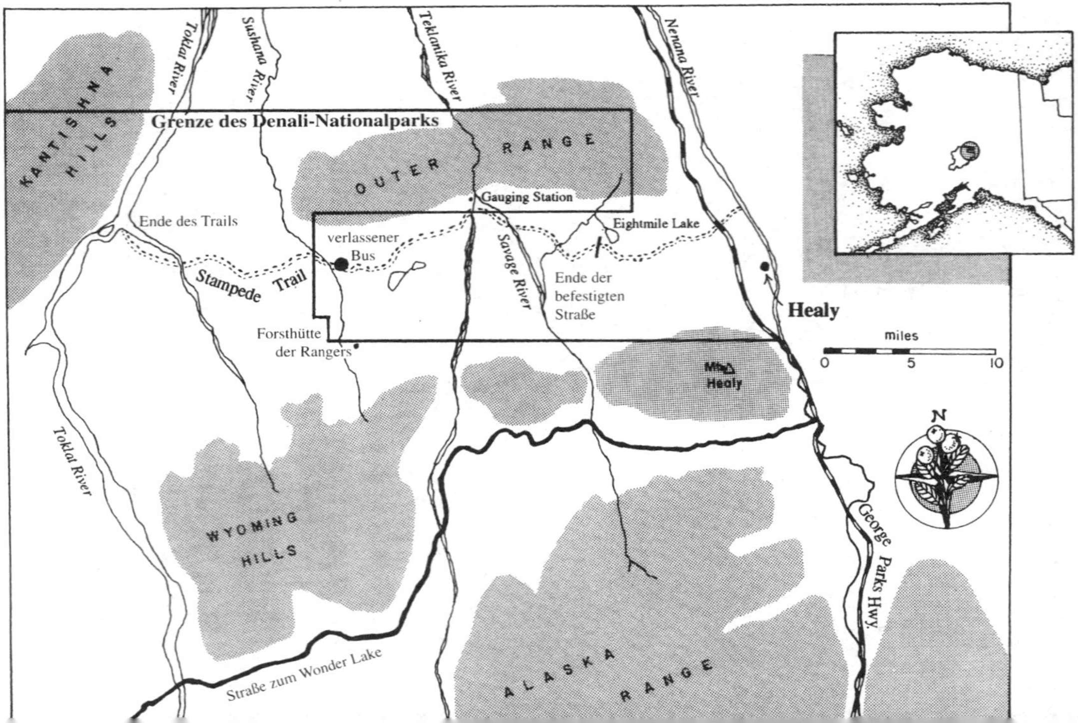
Toklat River
Sushana River
Teklanika River
Nenana River
KANTISHNA HILLS
Grenze des Denali-Nationalparks
OUTER RANGE
Gauging Station
Ende des Trails
Eightmile Lake
verlassener Bus
Stampede Trail
Savage River
Ende der befestigten Straße
Healy
miles
0
5
10
Forsthütte der Rangers
Mt. Healy
N
WYOMING HILLS
Toklat River
George Parks Hwy.
Straße zum Wonder Lake
ALASKA RANGE

Der Stampede Trail

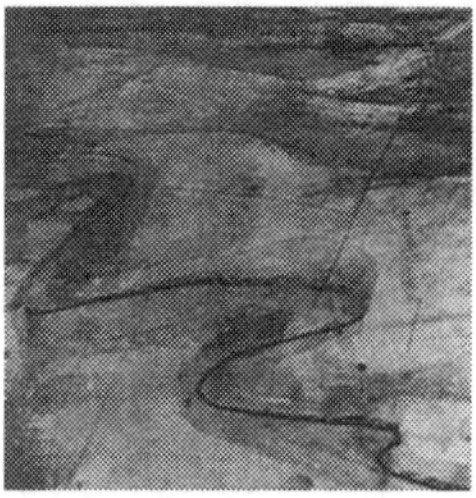

KAPITEL ZWEI

Jack London is King
Alexander Supertramp
Mai 1992

Inschrift
auf einem Stück Holz,
entdeckt an dem Ort, an dem
Chris McCandless starb.

Dunkler Tannenwald dräute finster zu beiden Seiten des Wasserlaufs. Der Wind hatte kürzlich die weiße Schneedecke von den Bäumen gestreift, so daß sie aussahen, als drängten sie sich unheimlich finster in dem schwindenden Tageslicht aneinander. Tiefes Schweigen lag über dem Lande, das eine Wildnis war, ohne Leben, ohne Bewegung, so einsam, so kalt, daß die Stimmung darin nicht einmal traurig zu sein schien. Vielmehr lag ein Lachen darüber, ein Lachen schrecklicher als jede Traurigkeit, freudlos wie das Lächeln der Sphinx, kalt wie der Frost und grimmig wie die Notwendigkeit. Die unerbittliche, unerforschliche Weisheit des Lebens und seiner Anstrengungen. Es war die echte Wildnis, die ungezähmte, kaltherzige Wildnis des Nordens.

JACK LONDON, »WOLFSBLUT«

❖

Am Nordrand der Alaska Range, kurz bevor die mächtgen Felswände des Mount McKinley und seiner Ableger sich der Kantishna-Ebene ergeben, liegt die sogenannte Outer Range, eine kleinere Bergkette, die von fern an die zerwühlte Decke eines ungemachten Betts erinnert. Zwischen den steinernen Gipfeln ihrer beiden äußersten Steilhänge verläuft von Osten nach Westen ein schmaler, etwa fünf Meilen langer Streifen sumpfiges Schwemmland. Durch dieses hügelige, von Erlenbüschen und lichten Fichtenreihen bestandene Gebiet schlängelt sich der Stampede Trail, den Chris McCandless auf seinem Weg in die Wildnis nahm.

Der Pfad war in den dreißiger Jahren von Earl Pilgrim, einem sagenumwobenen Bergarbeiter, erkundet und markiert worden. Pilgrim hatte am Stampede Creek, etwas oberhalb der Stelle, an der sich der Toklat River gabelt, eine Reihe von Antimongruben abgesteckt. 1961 wurde eine Firma aus Fairbanks, die Yutan Construction Company, beim Bundesstaat von Alaska vorstellig (dem Land war erst zwei Jahre zuvor volle Souveränität verliehen worden) und erwarb das Recht, den Trail auszubauen. Der Pfad mußte gerodet und für Lastwagen befahrbar gemacht werden. Nur so konnte das Mineralgemenge abtransportiert und die Grube ganzjährig bewirtschaftet werden. Zur Unterbringung der Bauarbeiter legte sich die Yutan drei ausrangierte Omnibusse zu, stattete sie mit Kojen und einfachen Heizöfen aus und karrte sie mit einer D-9-Planierraupe in die Wildnis hinaus.

1963 wurde das Projekt fallengelassen. Inzwischen waren etwa fünfzig Meilen Straße fertiggestellt worden, allerdings ohne die erforderlichen Brücken – das Gebiet war von zahllosen Flüssen durchschnitten. Auftauendes Erdreich und jahreszeitlich bedingte Überschwemmungen machten den Trail schon wenig später unpassierbar. Die Yutan schleppte zwei der Busse wieder zum Highway zurück. Der dritte wurde etwa auf halber Höhe des Trails stehengelassen und sollte schon bald zu einem Zufluchtsort für Jäger und Trapper werden. In den folgenden drei Jahrzehnten wurde das Straßenbett durch die immer wiederkehrenden Überschwemmungen weiter ausgehöhlt. Der Trail wurde von Büschen und Sträuchern überwuchert, Biberteiche taten ihr übriges. Der Omnibus jedoch blieb.

Der aus den Vierzigern stammende International Harvester hat mittlerweile fast Museumswert. Er steht gleich hinter der Grenze zum Denali-Nationalpark, etwa fünfundzwanzig Meilen Luftlinie westlich von Healy. Zwischen halbhohen Berufkrautsträuchern am Straßenrand rostet er, seltsam deplaciert, vor sich hin. Der Motor ist nicht mehr vorhanden. Fensterscheiben sind zersprungen oder fehlen gänzlich, und das Businnere ist mit den Scherben zerschlagener Whiskeyflaschen übersät. Die grünweiße Lackierung ist stark oxydiert. Eine verwitterte Beschriftung verweist noch auf den alten Besitzer: Fairbanks City Transit System, Bus 142. Heutzutage können gut und gerne sechs, sieben Monate vergehen, bevor irgendein einsamer Waldbesucher sich zu der Stelle mit dem alten Gefährt verirrt. An einem Nachmittag Anfang September 1992 fanden sich dort jedoch gleich sechs Personen dreier verschiedener Gruppen ein.

Der Denali-Nationalpark war 1980 um die Kantishna Hills und einen Gebirgszug am Nordrand der Outer Range erweitert worden. Inmitten des neuen Parkareals liegen jedoch auch die sogenannten Wolf Townships, die von der Neuordnung unberührt blieben. Es handelt sich dabei um eine langgezogene Niederung, durch die die erste Hälfte des Stampede Trail führt. Das sieben mal zwanzig Meilen große Areal wird an drei Seiten von Nationalparkgelände umschlossen und weist daher einen ungewöhnlich hohen Wildbestand auf. Wölfe und Bären, Karibus und Elche, aber auch andere Tierarten haben hier ihr Revier. Unter den Jägern und Trappern der Gegend ist dies ein sorgsam gehütetes Geheimnis. Sobald also im Herbst die Elchjagd beginnt, schauen immer ein paar von ihnen an der alten Busruine vorbei, die sich am Sushana River am westlichen Zipfel der Wolf Townships befindet, nur zwei Meilen von der Parkgrenze entfernt.

Ken Thompson, der Besitzer einer Karosseriewerkstatt in Anchorage, sein Angestellter Gordon Samel und ihr gemeinsamer Freund Ferdie Swanson, ein Bauarbeiter, brechen am 6. September 1992 zur Elchjagd in Richtung Bus auf. Dorthin zu gelangen ist allerdings leichter gesagt als getan. Etwa zehn Meilen nach dem befestigten Teil der Straße kreuzt der Stampede Trail den Teklanika River, einen reißenden, eiskalten Fluß, der weißlichen Glazialschutt mit sich führt. Gleich stromabwärts von der Stelle, an der der Trail auf das Flußufer stößt, liegt eine enge Schlucht, durch die der weiß brodelnde Teklanika geschossen kommt. Die Aussicht, diese milchfarbene Wasserflut überqueren zu müssen, schreckt die meisten Leute davon ab, weiterzuwandern.

Bei Thompson, Samel und Swanson handelt es sich jedoch um drei halsstarrige Alaskaner, die eine besondere Vorliebe dafür haben, mit ihren Autos genau die Stellen zu durchqueren, die als unpassierbar gelten. Kaum waren sie am Teklanika angekommen, entdeckten sie bereits eine breite, gewundene Furt, an der die Wasserflut sich in kleine, relativ seichte Flüßchen teilt. Und schon lenkten sie ihre Autos geradewegs in die Fluten.

»Ich bin vorangefahren«, sagt Thompson. »Der Fluß war an der Stelle an die fünfundzwanzig Meter breit, und die Strömung war richtig wild. Ich fahr 'nen getunten '82er Dodge Pick-up. Die Reifen sind fast 'nen Meter hoch, und das Wasser ist immer noch leicht bis an die Motorhaube gekommen. Dann kam der Moment, als ich gedacht hab, ich schaff's nicht. Gordon hat an seiner Kiste vorne 'ne Viertausend-Kilo-Hebe. Hab ihn gleich hinter mir fahren lassen, falls was schiefgeht und ich absaufe.«

Die drei gelangten ohne Zwischenfall ans andere Ufer. Zwei der Pick-ups hatten Geländefahrzeuge geladen: ein dreirädriges und ein vierrädriges. Sie fuhren ihre bulligen Allradbrummer auf eine Kiesbank, holten die Geländefahrzeuge von der Ladefläche und setzten die Fahrt mit den kleineren, wendigeren Maschinen in Richtung Bus fort.

Ein paar hundert Meter weiter versackte der Trail in einer Reihe brusttiefer Biberteiche. Die drei Alaskaner fakkelten jedoch nicht lange und steckten ein paar Stangen Dynamit in die lästigen Holz- und Reisigdämme, sprengten sie in die Luft und legten die Teiche trocken. Sie fuhren weiter, erklommen ein steiniges Flußbett und manövrierten ihre Maschinen durch dichtes Erlengebüsch. Am späten Nachmittag erreichten sie endlich den Bus. Bei ihrer Ankunft stießen sie »auf 'nen Jungen und 'n Mädchen aus Anchorage. Die beiden haben zwanzig Meter vom Bus weg gestanden und sahen so aus, als hätten sie 'n Gespenst gesehen.«

Das junge Paar hatte den Bus zwar nicht betreten, war

aber nahe genug dran herangegangen, um »einen echt üblen Geruch« zu bemerken. Aus dem Heck des Busses, an einen Erlenast geknotet, hing ein roter, gestrickter Wadenwärmer von der Art, wie Tänzer ihn tragen. Das Ganze wirkte wie eine notdürftig improvisierte Signalflagge. An der Tür, die nur angelehnt war, klebte ein Zettel mit einer seltsamen, beunruhigenden Nachricht. Auf einer aus einer Gogol-Erzählung gerissenen Buchseite stand dort in sauberer Blockschrift:

S.O.S. ICH BRAUCHE IHRE HILFE: ICH BIN SCHWER VERLETZT, DEM TODE NAH. ICH BIN ZU SCHWACH, UM HIER WEGZUKOMMEN. ICH BIN GANZ ALLEIN. DIES IST KEIN SCHERZ. IN GOTTES NAMEN, BITTE GEHEN SIE NICHT WEG, BITTE RETTEN SIE MICH. ICH BIN NICHT WEIT, GEHE JETZT BEEREN SAMMELN. BIN GEGEN ABEND WIEDER DA. DANKE, CHRIS McCANDLESS. AUGUST?

Das Paar aus Anchorage war von dem Inhalt der Nachricht und dem penetranten Fäulnisgeruch viel zu verängstigt, um in den Bus zu steigen und nachzusehen. Und so war es Samel, der sich, auf das Schlimmste gefaßt, zu einem der Fenster schlich und hineinspähte. Sein Blick fiel auf eine Remington und eine Plastikdose mit Patronen, dann auf acht oder neun Taschenbücher, eine zerrissene Jeans, Kochgeschirr und schließlich auf einen hochwertigen Rucksack. Auf einer aus billigem Holz zusammengezimmerten Koje im hinteren Teil entdeckte er einen blauen Schlafsack, in dem scheinbar irgend etwas oder irgend jemand lag, obwohl, sagt Samel, »man es nicht genau sehen konnte«.

»Ich hab mich auf einen Baumstumpf gestellt«, fährt Samel fort, »durch eines der Rückfenster gelangt und den Schlafsack ein bißchen geschüttelt. Irgendwas war drin, soviel war sicher, aber es war nichts Schweres. Erst als ich rumgegangen bin zur anderen Seite und den Kopf gesehen hab, der ein Stück rausgeguckt hat, da wußte ich's.« Chris McCandless war bereits zweieinhalb Wochen tot.

Samel, kein Mann großer Umstände, befand, daß die Leiche sofort weggeschafft werden müsse. Aber weder in seinem noch in Thompsons kleinem Geländeflitzer war genügend Platz, und auch das Geländefahrzeug des jungen Paares war zu eng. Bald darauf fand sich eine sechste Person am Schauplatz ein, Butch Killian, ein Jäger aus Healy. Killian fuhr einen Argo – ein schweres, achträdriges Amphibienfahrzeug –, und Samel schlug vor, daß Killian die Leiche bergen solle. Der war jedoch der Ansicht, daß dies eher Sache der Alaska State Troopers sei.

Killian, ein Bergarbeiter, der auch als Notarzthilfe für die Freiwillige Feuerwehr von Healy jobbt, hatte in seinem Argo ein Funkgerät. Von seinem Standort aus schaffte er es jedoch nicht, eine Verbindung herzustellen, und er fuhr ein Stück in Richtung Highway zurück. Nach fünf Meilen, kurz vor Einbruch der Dunkelheit, gelang es ihm endlich, das Kraftwerk von Healy anzufunken. »Dringende Nachricht«, meldete er, »hier spricht Butch. Ruft die Troopers, Leute. In dem Bus drüben am Sushana liegt ein Mann. Sieht aus, als wär er schon 'ne Weile tot.«

Am nächsten Morgen um halb neun dröhnten Rotorblätter über dem Bus, und ein Hubschrauber setzte in einem Wirbelsturm aus Staub und Espenlaub zur Landung an. Die Troopers suchten die Gegend ringsum kurz nach Spuren ab, um ein Verbrechen auszuschließen. Kurz darauf verschwanden sie wieder. Als sie abhoben, hatten sie neben Chris McCandless' Leiche die Kamera des Toten mit fünf Rollen belichteten Films, den SOS-Zettel und ein paar Tagebuchnotizen dabei. Diese waren auf die beiden letzten Seiten eines Handbuchs über eßbare Pflanzen gekritzelt und hielten in einhundertdreizehn dichtgedrängten, kryptischen Einträgen die letzten Wochen im Leben des Jungen fest.

Die Leiche wurde nach Anchorage gebracht, wo im gerichtsmedizinischen Institut eine Autopsie durchgeführt wurde. Die Verwesung war zu weit fortgeschritten, um den genauen Zeitpunkt des Todes zu bestimmen. Es konnten jedoch weder Anzeichen innerer Verletzungen noch irgendwelche Knochenbrüche festgestellt werden. An der Leiche war kaum noch subkutanes Fett. Der Muskelschwund muß in den Tagen und Wochen vor dem Exitus beträchtlich gewesen sein. McCandless' Gebeine wogen zum Zeitpunkt der Autopsie dreiunddreißig Kilo. Man ging davon aus, daß der Tod durch Verhungern eingetreten war.

McCandless hatte seinen Hilferuf zwar unterschrieben, und die Fotos, die man entwickeln ließ, enthielten viele Selbstporträts, da er aber keine Personalien bei sich getragen hatte, wußten die Beamten weder, wer er war, noch woher er kam und was er hier wollte.

Carthage

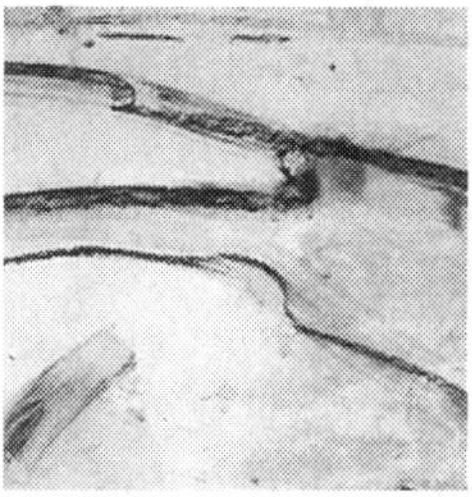

KAPITEL DREI

Was ich wünschte, war Bewegung und nicht ein ruhiges Dahinfließen des Lebens. Es verlangte mich nach Aufregungen und Gefahren, nach Selbstaufopferung um eines Gefühls willen. In mir war ein Überschuß von Kraft, der in unserem stillen Leben keinen Raum zur Bestätigung fand.

LEO N. TOLSTOI,
»FAMILIENGLÜCK«

Von Chris McCandless
angestrichener Passus aus einem der
mit der Leiche geborgenen Bücher.

Es läßt sich wohl kaum abstreiten,... daß die Vorstellung von einem freien, ungebundenen Leben uns seit jeher berauscht und beflügelt hat. In unserer Gedankenwelt verbinden wir damit die Flucht vor der Last der Geschichte, vor Unterdrückung, dem Gesetz und lästigen Verpflichtungen. Wir sehnen uns nach der absoluten Freiheit, und der Weg dorthin führte schon immer gen Westen.

WALLACE STEGNER,
»THE AMERICAN WEST AS LIVING SPACE«

❖

Carthage in South Dakota ist ein kleines, verschlafenes Nest mit 274 Einwohnern. Die Schindelhäuser mit den gepflegten Gärten und die verwitterten Backsteinfronten der Geschäfte ragen in zeitloser Einfachheit aus der unermeßlichen Weite der nördlichen Prärie der USA. Die Schatten von imposanten Pappelspalieren legen sich über ein kleines, numeriertes Straßennetz, durch das kaum je ein Auto fährt. In Carthage gibt es einen Lebensmittelladen, eine Bank, eine einzige Tankstelle und eine einsame Bar – das *Cabaret*, in dem Wayne Westerberg gerade an einem Cocktail nippt, an einer süßen Zigarre kaut und an den seltsamen jungen Mann namens Alex denkt.

Die sperrholzverkleideten Wände des *Cabaret* sind mit Hirschgeweihen geschmückt, die zwischen alten Reklametafeln für Old-Milwaukee-Bier und kitschigen Ölgemälden von davonfliegendem Flugwild hängen. Rauchfäden schlängeln sich aus zusammensitzenden Farmergrüppchen hoch. Die Männer tragen Overalls und staubige Baseballmützen mit Firmenlogos. Ihre müden Gesichter sind so rußig wie die Gesichter von Bergbauarbeitern. Sie sprechen in kurzen, nüchternen Sätzen und beschweren sich über das launische Wetter und die Sonnenblumenfelder, die noch zu feucht zum Mähen sind, während Ross Perots spöttisch grinsende Visage über einen stummgeschalteten Bildschirm hoch über ihren Köpfen flimmert. In acht Tagen wird die

Nation Bill Clinton zum Präsidenten wählen. Der Leichenfund in Alaska ist inzwischen knapp zwei Monate her.

»Alex' Lieblingsgetränk«, sagt Westerberg mit einem Stirnrunzeln und rührt im Eis seines White Russian. »Er hat immer genau dort am Ende der Theke gesessen und uns diese unglaublichen Geschichten von seinen Reisen erzählt. Oft stundenlang. Viele hier im Dorf haben den guten Jungen irgendwann richtig ins Herz geschlossen gehabt. Ganz schön hart, was da mit ihm passiert ist.«

Westerberg, ein breitschultriger Mann mit schwarzem Ziegenbart, der unter gelegentlichen Zuckungen leidet, ist Besitzer zweier Getreidesilos, das eine in Carthage, das zweite ein paar Meilen außerhalb der Stadt. Zu Beginn jeden Sommers trommelt er jedoch eine Erntekolonne zusammen und fährt mit ihr nach Texas hinunter. Von dort aus folgen sie der Ernte mit ihren Mähdreschern bis an die kanadische Grenze hoch. Im Herbst 1990 war er im Norden Montanas und erntete die Hopfenfelder von Coors und Anheuser-Busch ab, der letzte Auftrag der Saison. Am Nachmittag des 10. September, als er gerade Cut Bank verließ, wo er Ersatzteile für einen defekten Mähdrescher gekauft hatte, nahm er einen Tramper mit, einen liebenswürdigen Jungen, der sagte, er heiße Alex McCandless.

McCandless war eher klein von Gestalt und hatte den knochigen, sehnigen Körperbau eines Wanderarbeiters. Er hatte markante Augen. Dunkel und gefühlvoll verwiesen sie auf exotisches Blut in seiner Ahnenreihe – griechisch vielleicht oder chippewa-indianisch. Die Verletzlichkeit in diesen Augen berührte Westerberg, und er beschloß, Alex unter seine Fittiche zu nehmen. Der Junge hatte dieses feinfühlige, sensible Aussehen, um das die Frauen immer so ein Theater machen, dachte Westerberg bei sich. Auffällig waren auch seine Gesichtszüge, die von einer seltsamen Geschmeidigkeit waren: eben noch träge und ausdruckslos, verwandelten sie sich im nächsten Moment in ein breites, entstellendes Grinsen, unter dem ein riesiges Pferdegebiß zum Vorschein kam. Er war kurzsichtig und trug eine Brille mit Metallgestell. Er sah hungrig aus.

Zehn Minuten nachdem er McCandless aufgesammelt hatte, hielt Westerberg in dem kleinen Ethridge, um bei einem Freund ein Paket abzugeben. »Mein Freund hat uns beiden ein Bier angeboten«, erzählt Westerberg, »und dann hat er Alex gefragt, wann er denn das letzte Mal was gegessen hätte. Alex mußte zugeben, daß das schon ein paar Tage her war und daß ihm irgendwie das Geld ausgegangen ist.« Die Frau des Freundes bekam dies zufällig mit und bestand darauf, Alex ein richtiges Abendessen zu kochen, das er dann auch prompt verschlang. Kurz darauf fielen ihm die Augen zu, und er schlief am Tisch ein.

McCandless hatte Westerberg erzählt, daß er nach Saco Hot Springs wolle, zweihundertvierzig Meilen östlich des U.S. Highway 2. Ein paar »Gummi-Tramps« (Travelers, die mit dem Wagen unterwegs sind; im Unterschied zu den »Leder-Tramps«, die nur ihre Schuhsohlen haben und gezwungen sind, per Anhalter zu reisen oder zu Fuß zu gehen) hätten ihm von dem Ort erzählt. Westerberg hatte dem Jungen daraufhin erklärt, daß er ihn nur noch zehn Meilen mitnehmen könne. Dann müsse er die Abbiegung nach Norden nehmen, Richtung Sunburst. Dort, an einem Getreidefeld, das er gerade aberntete, stehe sein Wohnwagen. Als Westerberg schließlich an den Straßenrand fuhr, um McCandless aussteigen zu lassen, war es bereits halb elf. Es hatte fürchterlich zu regnen begonnen. »Mann«, sagte Westerberg, »ich kann dich doch hier unmöglich rauswerfen, bei dem, was da runterkommt.

Du hast doch 'nen Schlafsack – komm doch einfach mit nach Sunburst. Du kannst bei mir im Wohnwagen pennen.«

McCandless blieb drei Tage bei Westerberg, fuhr jeden Morgen mit der Crew aufs Feld hinaus und sah den Jungs dabei zu, wie sie ihre rumpelnden Mähdrescher durch das weite, reife Getreidemeer manövrierten. Als sich dann McCandless' und Westerbergs Wege wieder trennten, sagte Westerberg ihm, daß er jederzeit bei ihm in Carthage vorbeischauen kann, falls er mal einen Job braucht.

»Keine zwei Wochen später tauchte Alex hier auf«, erinnert sich Westerberg. Er gab McCandless einen Job im Getreidesilo und vermietete ihm zum Freundschaftspreis ein Zimmer in einem seiner beiden Häuser.

»Ich hab über die Jahre 'ner Menge Anhalter Jobs gegeben«, sagt Westerberg. »Die meisten waren nicht viel wert, hatten keine richtige Lust zum Arbeiten. Alex war ganz anders. Er konnte richtig schuften, mehr als jeder andere. Egal was anfiel, er hat's gemacht: harte, körperliche Arbeit, verfaultes Getreide und tote Ratten vom Siloboden ausmisten – richtige Schinderjobs, bei denen du so dreckig wirst, daß du am Feierabend in den Spiegel schaust und dich selbst nicht wiedererkennst. Und er hat nie mittendrin aufgegeben. Was er angefangen hat, hat er auch zu Ende geführt. War Ehrensache für ihn. Er war richtiggehend ethisch, wie man so sagt. Hat ganz schön hohe Maßstäbe an sich angelegt.

Man hat gleich gemerkt, daß der Junge richtig was auf dem Kasten hat«, sagt Westerberg nachdenklich und leert seinen dritten Drink. »Er hat viel gelesen und manchmal richtig philosophisch geredet. Ich schätze, das hat ihm am Ende auch das Genick gebrochen, daß er zuviel nachgedacht hat. Er mußte immer nach dem Sinn fragen, hat unbedingt wissen wollen, warum die Welt so ist, wie sie ist, warum die Leute oft so gemein zueinander sind; 'n paar Mal hab ich schon versucht, ihm zu sagen, daß er sich über so was nicht den Kopf zerbrechen soll, daß das ein Fehler ist, daß er sich da in was verrennt, aus dem er nicht mehr rauskommt. Aber so war er halt. Er mußte immer haargenau wissen, ob das richtig ist, was er da gerade macht, sonst hat er gar nicht erst angefangen.«

Irgendwann entdeckte Westerberg anhand eines Steuerformblatts, daß McCandless in Wirklichkeit Chris und nicht Alex hieß. »Er hat mir nie gesagt, warum er den Namen überhaupt geändert hat«, erzählt Westerberg. »Aus dem, was er so erzählt hat, hat man sich aber denken können, daß zwischen ihm und seiner Familie nicht alles zum besten stand. Aber ich misch mich nicht gerne in die Angelegenheiten anderer Leute ein und hab ihn deshalb auch nie danach gefragt.«

Falls McCandless sich von seinen Eltern und Geschwistern tatsächlich entfremdet fühlte, so hatte er in Westerberg und seiner Crew zumindest eine Ersatzfamilie gefunden. Die meisten wohnten in Westerbergs Haus in Carthage, einem einfachen, zweistöckigen viktorianischen Bau im Queen-Anne-Stil mit einer riesigen amerikanischen Pappel im Vorgarten, nur ein paar Straßenzüge von der Ortsmitte entfernt. Es muß dort recht locker und lustig zugegangen sein. Die vier oder fünf Mitbewohner wechselten sich beim Kochen ab, gingen gemeinsam zum Trinken und stiegen, ebenfalls gemeinsam, erfolglos den Frauen nach.

McCandless war von diesem kleinen Städtchen schnell angetan. In dem Ort herrschte ein gewisser Stillstand der Zeit, der ihm zusagte, ebenso wie die schlichten Tugenden und die unkomplizierte Atmosphäre. Der Ort war eine Art Staustufe, an der sich menschliches Strandgut sammelte, das dem Sog des allgemeinen Trends entkommen war, und das war ihm gerade recht. In jenem Herbst entwickelte sich ein bleibendes Band zwischen ihm, Carthage und Wayne Westerberg.

Westerberg, inzwischen Mitte dreißig, war als kleiner Junge durch seine Adoptiveltern nach Carthage gekommen. Wie so viele Menschen im Mittleren Westen ist er eine Art Alleskönner. Er bewirtschaftet eine Farm, ist ein erstklassiger Automechaniker, kennt sich im Immobiliengeschäft aus und verdient sich immer wieder mal ein Zubrot als Maschinenschlosser, Computerprogrammierer oder lizenzierter Flugzeugpilot. Nebenher springt er als Troubleshooter bei Haushaltsgeräten und Reparaturfachmann für Videospiele ein. Kurz bevor er McCandless kennenlernte, hatte ihn jedoch eines seiner vielen Talente in Konflikt mit dem Gesetz gebracht.

Westerberg hatte sich auf einen illegalen Ring eingelassen, der »Black Boxes«, Geräte zur Dekodierung von Satellitenprogrammen, herstellte und verschob, mit denen verschlüsselte Programme empfangen werden konnten, ohne daß man einen Pfennig dafür zahlen mußte. Das FBI bekam Wind davon, schleuste einen verdeckten Ermittler als Käufer ein und nahm Westerberg in Haft. Er zeigte sich geständig, und der Anklagepunkt auf Mitgliedschaft in einer kriminellen Vereinigung wurde fallengelassen. Dennoch mußte er am 10. Oktober 1990, etwa zwei Wochen nachdem McCandless in Carthage angekommen war, eine viermonatige Haftstrafe wegen Betrugs in Sioux Falls antreten. Da Westerberg im Knast saß, gab es für McCandless keine Arbeit in den Silos, und am 23. Oktober – früher, als er es vielleicht unter anderen Umständen getan hätte – verließ der Junge die Stadt und nahm wieder sein Nomadenleben auf.

McCandless' Zuneigung für Carthage war jedoch ungebrochen. Bevor er ging, schenkte er Westerberg eine Ausgabe aus dem Jahr 1942 von Tolstois *Krieg und Frieden*, an der er sehr hing. Auf das Titelblatt schrieb er: »Für Wayne Westerberg von Alexander. Oktober 1990. Höre auf Pierre.« (Letzteres ist eine Anspielung auf Tolstois Helden und Alter Ego, Pierre Bezuhov – uneigennützig, rastlos suchend, unehelich geboren.) Und auch später, als McCandless den Westen durchstreifte, ließ er den Kontakt zu Westerberg nie abreißen, rief ihn an oder schrieb ihm alle ein, zwei Monate. Er ließ seine gesamte Post an Westerbergs Adresse nachsenden und behauptete gegenüber fast allen, die er noch treffen sollte, er stamme aus South Dakota.

In Wahrheit wurde McCandless in den sorgenfreien Gefilden der oberen Mittelschicht in Annandale, Virginia, groß. Sein Vater, Walt, ist ein bedeutender Ingenieur in der Raumfahrtindustrie, der in den sechziger und siebziger Jahren bei der NASA und Hughes Aircraft hochkomplizierte Radarsysteme für die Space Shuttle und andere spitzentechnologische Projekte entwickelte. Walt machte sich 1978 selbständig und gründete eine kleine, nach einiger Zeit jedoch höchst erfolgreiche Beraterfirma, User Systems, Inc.. Chris' Mutter, Billie, fungierte als Teilhaberin und arbeitete in der Firma. Die Familie hatte nun acht Mitglieder: eine jüngere Schwester, Carine, der Chris sehr nahestand, und sechs Halbgeschwister aus Walts erster Ehe.

Im Mai 1990 schloß Chris sein Studium an der Emory University von Atlanta ab. Er hatte Geschichte und Anthropologie als Hauptfächer studiert und stets mit hervorragenden Zensuren geglänzt. Außerdem hatte er sich dort als Kolumnist und Redakteur der Studentenzeitung *The Emory Wheel* hervorgetan. Als ihm in der Phi Beta Kappa, einer studentischen Vereinigung wissenschaftlich hervorragender Akademiker, die Mitgliedschaft angetragen wurde, lehnte er mit der Begründung ab, daß Titel und Ehren bedeutungslos seien.

Die letzten zwei Jahre seines Studiums waren durch ein Vierzigtausend-Dollar-Erbe finanziert worden, das ihm von einem Freund der Familie vermacht worden war. Als er seinen Bachelor schließlich in der Tasche hatte, waren von dem Erbe noch vierundzwanzigtausend Dollar übrig. Geld, von dem seine Eltern annahmen, daß er es für ein weiterführendes Jurastudium verwenden wolle. »Wir hatten die Signale falsch gedeutet«, räumt sein Vater ein. Was Walt, Billie und Carine nicht ahnten, als sie zu Chris' Abschlußfeier nach Atlanta flogen – was niemand ahnte –, war, daß Chris kurz darauf das gesamte Geld OXFAM America spenden würde, einer Hilfsorganisation, die sich dem Kampf gegen den Welthunger verschrieben hat.

Die Abschlußzeremonie fand am 12. Mai statt, einem Samstag. Die Familie hörte sich eine langatmige Ansprache von Arbeitsministerin Elizabeth Dole an, und als der große Augenblick schließlich gekommen war, machte Billie ein paar Fotos von ihrem Chris, wie er mit breitem Lächeln das Podium betrat und sein Diplom entgegennahm.

Der nächste Tag war Muttertag. Chris schenkte Billie Konfekt, Blumen und eine rührende Glückwunschkarte. Sie war überrascht und tiefbewegt: Es war seit über zwei Jahren das erste Geschenk von ihrem Sohn. Damals hatte er seinen Eltern eröffnet, daß er in Zukunft aus Prinzip Geschenke weder annehmen noch verteilen werde. Erst kürzlich hatte Chris seinen Eltern einen Rüffel erteilt, weil sie ihm zum Uni-Abschluß einen neuen Wagen kaufen wollten. Außerdem boten sie ihm an, das Jurastudium zu finanzieren, falls sein Studienfonds nicht ausreichen sollte.

Er habe bereits einen prima Wagen, beharrte er: seinen

heißgeliebten 82er Datsun B120, ein wenig zerbeult zwar, aber ansonsten voll funktionstüchtig, mit 128 000 Meilen auf dem Buckel. »Ich kann einfach nicht fassen, daß sie mir unbedingt einen neuen Wagen aufschwatzen wollen«, beschwerte er sich später in einem Brief an Carine:

... oder daß sie glauben, ich würde mir tatsächlich von ihnen das Jurastudium finanzieren lassen, falls ich es überhaupt anfange ... Ich habe ihnen bereits tausendmal gesagt, daß ich den besten Wagen habe, den es überhaupt gibt, einen Wagen, der den ganzen Kontinent durchquert hat, von Miami bis Alaska, einen Wagen, der mich auf diesen Tausenden von Meilen nicht ein einziges Mal im Stich gelassen hat, einen Wagen, den ich für nichts in der Welt hergeben würde, einen Wagen, der mir unglaublich viel bedeutet – und jetzt ignorieren sie einfach, was ich sage und glauben tatsächlich, daß ich mir einen neuen Wagen von ihnen schenken lasse! Ich werde in Zukunft ganz schön aufpassen müssen und überhaupt keine Geschenke mehr von ihnen annehmen, weil sie sonst nämlich glauben, sie hätten damit meinen Respekt erkauft.

Chris hatte den gelben Datsun in seinem letzten Jahr auf der High-School gebraucht gekauft. Die nächsten Jahre hatte er damit während der Semesterferien regelmäßig auf eigene Faust lange Reisen unternommen, und auch an dem Wochenende der Abschlußfeierlichkeiten erwähnte er gegenüber seinen Eltern beiläufig, daß er diesen Sommer wieder unterwegs sein werde. Seine genauen Worte lauteten: »Ich glaub, ich werd mal wieder für 'ne Weile verschwinden.«

Weder sein Vater noch seine Mutter dachten sich damals viel bei dieser Ankündigung, obwohl Walt seinen Sohn vorsichtig mit den Worten ermahnte: »Versuch es so einzurichten, daß du vorher noch auf einen Sprung zu uns kommst, Junge.« Chris lächelte und nickte halbherzig, was Walt und Billie als eine Art Zusage auffaßten, sie noch vor Ende des Sommers in Annandale zu besuchen. Dann verabschiedeten sie sich.

Gegen Ende Juni schickte Chris, der immer noch in Atlanta war, seinen Eltern eine Kopie seines Abschlußzeugnisses: eine Eins in »Apartheid in der südafrikanischen Gesellschaft« sowie in »Die Geschichte der Anthropologie«; Eins minus in »Zeitgenössische afrikanische Politik und die Ernährungskrise in Afrika«. Dem Zeugnis lag eine kurze Notiz bei:

Hier also eine Kopie meines Abschlußzeugnisses. Ich habe einen recht hohen Durchschnitt. Was die Noten angeht, lief es also ganz gut.

Vielen Dank für die Fotos, und auch für das Rasierset und die Postkarte aus Paris. Scheint, als wäre die Reise ein Volltreffer gewesen. Muß echt Spaß gemacht haben.

Ich habe das Bild von Lloyd [Chris' bester Freund auf Emory] bereits an ihn weitergegeben, und er hat sich echt gefreut. Er hatte noch kein Foto von sich, auf dem er das Diplom entgegennimmt.

Sonst ist hier nicht viel los. Nur daß es langsam anfängt, richtig heiß und schwül zu werden. Grüße an alle.

Dies war das letzte Lebenszeichen, das Chris' Familie je von ihm erhalten sollte.

Chris hatte das letzte Jahr in Atlanta außerhalb des Universitätsgeländes in einer Kammer verbracht, die in ihrer kargen Ausstattung an eine Mönchszelle erinnerte: ein Tisch, ein paar Milchkästen und eine Matratze auf dem Boden, das war alles. In der Kammer sah es stets so sauber und ordentlich aus wie in einer Militärbaracke. Er hatte auch kein Telefon; Walt und Billie konnten ihn also nicht anrufen.

Als Chris' Eltern Anfang August 1990 immer noch

nichts von ihrem Sohn gehört hatten, beschlossen sie, nach Atlanta zu fahren und ihn zu besuchen. Dort angekommen, mußten sie feststellen, daß seine Wohnung leer war. Ein Schild mit der Anschrift »Zu vermieten« klebte am Fenster. Von dem Hausmeister erfuhren sie, daß Chris Ende Juni ausgezogen war. Wieder zu Hause angekommen, fanden sie sämtliche Briefe vor, die sie ihrem Sohn im Laufe des Sommers geschrieben hatten. Sie waren in einem Bündel zusammengepackt an sie zurückgeschickt worden. »Chris hatte sein Postamt angewiesen, sie bis zum 1. August aufzubewahren, offenbar, damit wir nichts merken«, sagt Billie. »Wir haben uns die entsetzlichsten Sorgen gemacht.«

Chris selbst war zu diesem Zeitpunkt längst über alle Berge. Fünf Wochen zuvor hatte er seine gesamte Habe in den kleinen Datsun gepackt und sich mit unbekanntem Ziel Richtung Westen aufgemacht. Der Trip sollte eine Odyssee im wahrsten Sinne des Wortes werden, eine epische Reise, die alles von Grund auf ändern würde. In den vergangenen vier Jahren hatte er sich – so empfand er es – einer absurden, nervtötenden Pflicht unterzogen: ein abgeschlossenes Studium hinter sich zu bringen. Nun war er endlich frei, befreit von der erdrückenden Welt seiner Eltern und Kommilitonen, einer unwirklichen Welt der Geborgenheit und des materiellen Überflusses, einer Welt, in der er das pulsierende, nackte Leben, nach dem er sich so sehnte, nie kennenlernen würde.

Als er aus Atlanta aufbrach, wollte er für sich ein vollkommen neues Leben erfinden, ein Leben der ungefilterten Erfahrung. Um dem unwiderruflichen Bruch mit seinem bisherigen Dasein ein sichtbares Zeichen zu geben, nahm er sogar einen neuen Namen an. Er hörte nicht mehr auf Chris McCandless. Er war nun Alexander Supertramp, Herr seines Schicksals.

Detrital Wash

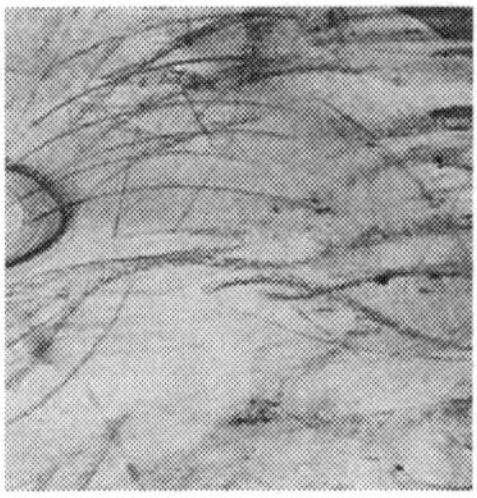

KAPITEL VIER

Die Wüste ist die Landschaft der Offenbarung. Sie ist uns sowohl genetisch als auch physiologisch fremd; sie ist karg, ästhetisch abstrakt und seit jeher feindseliges Gebiet... In Form und Gestalt ist sie kühn und von erregender Wirkung auf die Phantasie. Die Sinne werden von Licht- und Raumeindrücken überwältigt, von dem kinästhetischen Novum der Leblosigkeit, den hohen Temperaturen und dem Wind. Der Wüstenhimmel ist allumfassend, majestätisch und grauenerregend zugleich. In allen anderen Lebensräumen ist der blaue Rand über dem Horizont stets durchbrochen oder verschleiert; hier dagegen zeigt er sich in seiner ganzen unermeßlichen Weite, unendlich viel weiter als in hügeligen Landschaften und bewaldeten Regionen... In einem unverstellten Himmel wirken die Wolken mächtiger, plastischer, so als spiegele sich an ihrer konkaven Unterseite die Rundung des Erdballs selbst. Die kantige Klarheit der Wüste verleiht den Wolken ebenso wie der Landschaft das Antlitz einer monumentalen Architektur...

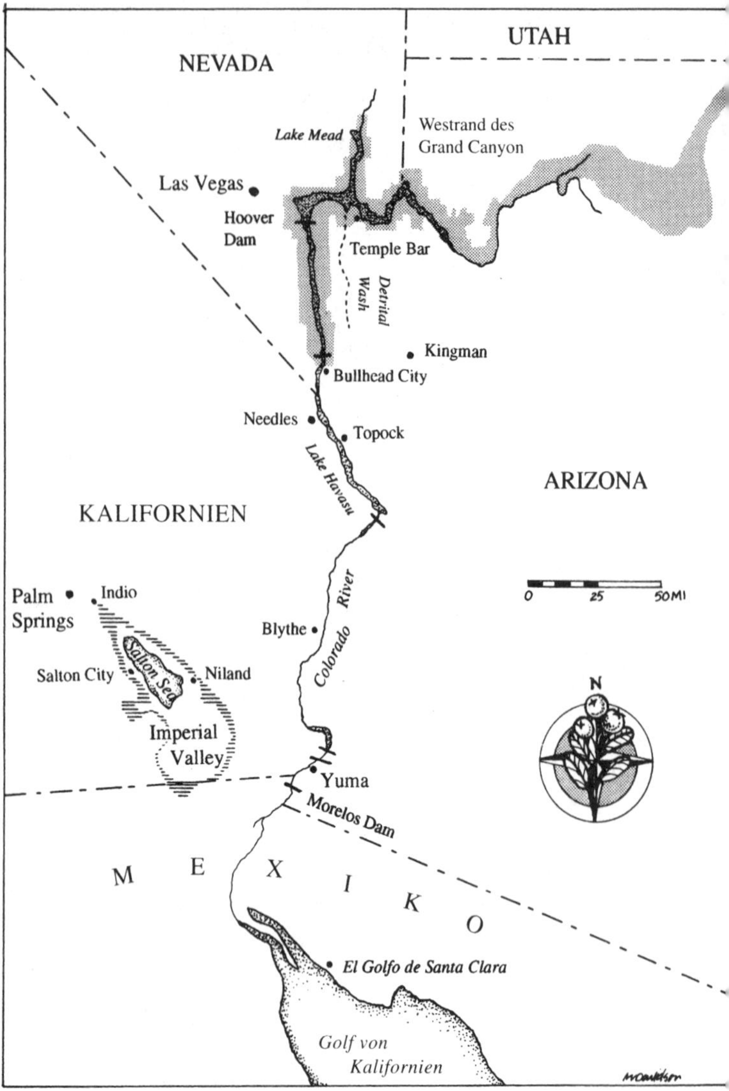
UTAH
NEVADA
Lake Mead
Westrand des
Grand Canyon
Las Vegas
Hoover
Dam
Temple Bar
Detrital
Wash
Kingman
Bullhead City
Needles
Topock
Lake Havasu
ARIZONA
KALIFORNIEN
Colorado
River
0
25
50MI
Palm
Springs
Indio
Blythe
Salton Sea
Salton City
Niland
N
Imperial
Valley
Yuma
Morelos Dam
M E X I K O
El Golfo de Santa Clara
Golf von
Kalifornien

Propheten und Eremiten ziehen in die Wüste, Pilger und Verbannte ziehen durch sie. Hier haben die Gründer der großen Religionen ihr therapeutisches und spirituelles Refugium gesucht, nicht als Zuflucht vor der Wirklichkeit, sondern, im Gegenteil, um sie zu finden.

PAUL SHEPARD,
»MAN IN THE LANDSCAPE: A HISTORIC
VIEW OF THE ESTHETICS OF NATURE«

❖

Der Bärentatzenmohn, *arctomecon californica*, ist eine wilde Mohnblumenart, die einzig und allein in einer abgelegenen Ecke der Mohavewüste wächst und nirgendwo sonst auf der Welt zu finden ist. Gegen Ende des Frühlings bringt sie eine zartgoldene, schnellwelkende Blüte hervor. Die meiste Zeit des Jahres kauert sie jedoch schmucklos und unbemerkt im verdörrten Wüstengrund. Die Blume ist von solchem Seltenheitswert, daß sie als aussterbende Art unter Naturschutz gestellt wurde. Im Oktober 1990 – McCandless hatte Atlanta bereits seit über drei Monaten verlassen – wurde Bud Walsh, ein Ranger in Diensten der Forstverwaltung des Nationalparks, in das Hinterland des Erholungsgebietes um Lake Mead ausgeschickt, um Bärentatzenmohnblumen zu zählen. Die zuständige Bundesbehörde wollte in Erfahrung bringen lassen, wie selten diese Blume denn nun wirklich ist.

Die *arctomecon californica* wächst ausschließlich in gipshaltigem Boden, wie es ihn am Südufer des Lake Mead zuhauf gibt. Dorthin führte Walsh also seinen Trupp von Rangers auf ihrer botanischen Expedition. Sie verließen die Temple Bar Road, fuhren zwei Meilen durch das Detrital Wash, ein ausgetrocknetes Flußbett, parkten ihre Geländewagen in der Nähe des Sees und erklommen das

Ostufer des Flußbetts, eine steile Böschung aus brüchigem, weißem Gips. Ein paar Minuten später, kurz bevor sie oben ankamen, legte einer der Ranger kurz eine Atempause ein und blickte zufällig noch einmal ins Flußbett zurück. »Hey! Schaut mal her!« rief er. »Was zum Teufel ist das da?«

In einem Meldegebüsch am Rande des Flußbetts, unweit der Stelle, wo sie geparkt hatten, stand ein großes, unidentifizierbares Etwas, das von einer dunkelfarbenen Persenning bedeckt war. Als die Rangers die Plane herunterzogen, hatten sie einen alten, gelben Datsun ohne Nummernschilder vor sich. Auf einem an die Windschutzscheibe geklebten Zettel stand: »Hiermit überlasse ich diese Dreckskiste ihrem Schicksal. Sollte es jemand schaffen, sie hier herauszuholen, kann er sie gerne haben.«

Die Türen waren nicht verschlossen. Der Boden war lehmverkrustet, was offensichtlich von den Unwettern herrührte, die kürzlich über das Tal hereingebrochen waren und eine Überschwemmung verursacht hatten. Walsh schaute sich im Wagen um und fand einen Topf mit Geldmünzen im Wert von vier Dollar und dreiundneunzig Cents, ferner einen Football, eine Mülltüte mit schmutziger Wäsche, eine Angelausrüstung, einen neuen elektrischen Rasierer, eine Mundharmonika, zwei Startkabel und fünfundzwanzig Pfund Reis. Im Handschuhfach lag der Zündschlüssel.

Die Rangers suchten das Gebiet rings um den Wagen noch »nach irgendwas Verdächtigem« ab, wie Walsh sich ausdrückte, und zogen wieder ab. Fünf Tage später kehrte einer der Ranger zu dem Datsun zurück, machte ihn mit einem Startkabel wieder flott und fuhr den Wagen nach Temple Bar auf das Gelände der Fahrzeugwartung der Forstverwaltung. »Er hat ihn mit hundert

Sachen die Stunde zurückgefahren«, weiß Walsh noch. »Hat gemeint, die Kiste läuft wie 'ne Eins.« Um den Besitzer des Wagens ausfindig zu machen, schickten die Rangers ein Fernschreiben an sämtliche in Frage kommenden Behörden und fahndeten anhand der Fahrzeugnummer in verschiedenen regionalen Computerdateien nach Anhaltspunkten, die auf einen Zusammenhang mit einem Verbrechen hinweisen könnten. Fehlanzeige.

Nach und nach gelang es den Rangers, die Fahrzeugnummer zur Hertz-Autovermietung, dem ursprünglichen Besitzer des Wagens, zurückzuverfolgen. Bei Hertz sagte man, daß der Wagen vor vielen Jahren aus dem Fuhrpark genommen und verkauft worden sei und daß man nicht daran denke, irgendwelche Ansprüche geltend zu machen. »Jippie! Super!« Walsh weiß heute noch, wie sehr er sich über diese Nachricht freute. »Ein Gratisgeschenk von den Straßengöttern – die Kiste ist ideal für die Undercoverarbeit im Drogengeschäft.« Walsh behielt recht. Die nächsten drei Jahre wurde der Datsun zu Undercover-Kaufaktionen benutzt, die in dem von Verbrechen geplagten Erholungsgebiet zu zahllosen Festnahmen führten. So ging ihnen zum Beispiel ein Großdealer von Methylamphetaminen ins Netz, der von einem Wohnwagenstellplatz in der Nähe von Bullhead City aus operierte.

»Wir holen aus der alten Kiste immer noch jede Menge Meilen raus«, weiß Walsh zu berichten. Mittlerweile sind zweieinhalb Jahre vergangen, seit sie den Wagen gefunden haben. »Ein bißchen Benzin, und das Ding läuft den ganzen Tag. So was ist noch Zuverlässigkeit. Wundert mich eh, warum hier nie jemand aufgetaucht ist und ihn zurückverlangt hat.«

Der Datsun gehörte natürlich Chris McCandless. Nachdem er damit von Atlanta Richtung Westen aufgebrochen war, kam er am 6. Juli in euphorischer Stimmung im Lake-Mead-Erholungsgebiet an, berauscht von der Schönheit der Landschaft. Als er an einem sandigen Flußbett vorbeikam, ignorierte er kurzerhand die Schilder, auf denen Geländefahrten strengstens untersagt waren, und lenkte den Wagen von der asphaltierten Straße. Er folgte dem Flußbett zwei Meilen auf das Südufer des Sees zu. Das Thermometer war an jenem Tag auf fünfzig Grad Celsius geschnellt. Menschenleere, hitzeflimmernde Wüste, so weit das Auge reichte. McCandless schlug sein Zelt im lichten Schatten einer Tamariske auf, umgeben von Feigenkakteen, Klettersalbei und grotesk umherhastenden Krageneidechsen. Er schwelgte förmlich in seiner neugewonnenen Freiheit.

Das Detrital Wash ist weit und breit der einzige Wasserabzug. Etwa fünfzig Meilen lang reicht es von Lake Mead bis in die Berge nördlich von Kingman. Das Flußbett ist meist kreidetrocken. In den Sommermonaten jedoch erhitzt sich die Luft über dem versengten Erdboden so stark, daß sie wie Bläschen vom Grund eines kochenden Wasserkessels in verwirbelten Strömen aufsteigt. Die aufsteigenden Luftmassen ballen sich regelmäßig zu mächtigen Amboßwolken zusammen, die in einer Höhe von bis zu zehn Kilometern über der Mohavewüste thronen. Zwei Tage nachdem McCandless sein Lager am Lake Mead aufgeschlagen hatte, türmte sich eine ungewöhnlich mächtige Front aus Gewitterwolken am Nachmittagshimmel auf. Fast überall im Detrital Valley gingen wolkenbruchartige Regenfälle nieder.

McCandless kampierte am Rand des Flußbetts, etwa einen halben Meter über dem Hauptbett. Als die braunen, von Geröll und Schutt durchmischten Wassermassen aus dem Hochland hinabgestürzt kamen, hatte er also gerade noch Zeit, sein Zelt und seine paar Sachen zu retten. Der

Wagen war jedoch verloren, denn der einzige Fluchtweg hatte sich in einen schäumenden, reißenden Fluß verwandelt. Der Datsun wurde von der Überschwemmung zwar nicht weggespült, nicht einmal demoliert, aber der Motor war unter Wasser gesetzt, und als McCandless kurze Zeit später versuchte, den Wagen zu starten, wollte er nicht mehr anspringen. In seiner Ungeduld entleerte er sogar noch die Batterie.

Damit war auch die letzte Hoffnung dahin, den Datsun in Gang zu bekommen. Um den Wagen doch noch irgendwie auf eine asphaltierte Straße zurückzuhieven, blieb ihm nichts anderes übrig, als sich zu Fuß zur Forstverwaltung aufzumachen und alles zu beichten. Bei den Rangers würde man ihm allerdings eine Menge unangenehmer Fragen stellen: Warum hatte er überhaupt die überall angeschlagenen Vorschriften mißachtet und war mit dem Wagen ins Flußbett hinabgefahren? Ob er sich denn nicht bewußt sei, daß die Fahrzeugzulassung seit zwei Jahren abgelaufen war? Ob ihm klar sei, daß auch sein Führerschein abgelaufen und der Wagen nicht einmal versichert war?

Was hätte er da schon groß antworten können? Natürlich, er hätte die Rangers darüber aufklären können, daß er sich den Gesetzen einer höheren Ordnung verpflichtet fühlte – daß ihm, als spätem Anhänger von Henry David Thoreau, der Essay »Über die Pflicht zum zivilen Ungehorsam« zur Bibel geworden sei und er es folglich als moralisches Gebot erachte, sich über Staatsgesetze hinwegzusetzen. Es war jedoch unwahrscheinlich, daß er damit bei Angestellten der Bundesregierung auf Verständnis stoßen würde. Er würde Unmengen von Formularen ausfüllen müssen und sich Strafgebühren einhandeln. Zweifellos würde man sich mit seinen Eltern in Verbindung setzen. Aber es gab eine Möglichkeit, sich diesen ganzen Ärger zu sparen: den Datsun stehenlassen und die Odyssee zu Fuß fortsetzen. Und genau dies tat er schließlich.

Anstatt sich von dieser kleinen Katastrophe entmutigen zu lassen, war McCandless glücklicher denn je: Für ihn war die Überschwemmung eine willkommene Gelegenheit, unnötigen Ballast abzuwerfen. Er breitete eine braune Persenning über den Wagen aus, um ihn so gut wie möglich zu tarnen, montierte die Nummernschilder aus Virginia ab und versteckte sie. Dann vergrub er das schwere, rotwildtaugliche Winchestergewehr und noch ein paar andere Sachen, die er vielleicht eines Tages noch einmal gebrauchen könnte. Schließlich legte er mit einer Geste, die sowohl Thoreau als auch Tolstoi zur Ehre gereicht hätte, sein gesamtes Papiergeld fein säuberlich in den Sand – ein erbärmliches, kleines Häuflein aus Ein-, Fünf- und Zwanzig-Dollar-Scheinen – und zündete es an. Einhundertdreiundzwanzig Dollar wurden in Sekundenschnelle zu grauer Asche.

Wir wissen all dies, weil McCandless ein kleines Album mit Fotos und tagebuchartigen Notizen angelegt hatte, in dem die Geldverbrennung und auch die meisten der noch folgenden Geschehnisse erwähnt werden. Später, kurz bevor er nach Alaska aufbrach, gab er dieses Album in die Obhut Wayne Westerbergs. Der Tonfall des Tagebuchs – es ist in der dritten Person geschrieben und klingt häufig gespreizt und unbeholfen – driftet zwar oft ins Melodramatische ab, dennoch können wir aufgrund nachprüfbarer Fakten davon ausgehen, daß McCandless sich in seiner Darstellung stets an die Tatsachen hielt. Ehrlichkeit war eine Tugend, an der ihm sehr viel lag.

Nachdem er das wenige, was ihm von seinen Sachen noch geblieben war, in einen Rucksack gestopft hatte, brach er am 10. Juli zu einer Wandertour rund um den

Lake Mead auf. Dies erwies sich, wie er in seinem Tagebuch einräumt, als »großer Fehler ... Mitte Juli treibt einen die Hitze schier zum Wahnsinn.« Er erlitt einen Hitzschlag und schaffte es gerade noch, ein paar vorbeitreibende Bootsfahrer heranzuwinken, die ihn bis Calville Bay mitnahmen, einem Yachthafen am Westufer des Sees. Dort stellte er sich an die Straße und fuhr per Anhalter weiter.

In den folgenden zwei Monaten trampte McCandless im Westen umher, hingerissen von der Weite und Monumentalität der Landschaft. Die kleineren Zusammenstöße mit der Polizei, die es immer wieder mal gab, bereiteten ihm zusätzliches Vergnügen, ebenso wie die vielen Bekanntschaften mit anderen Tramps und Abenteurern, mit denen er sich ab und zu zusammentat. Er ließ sich vom Zufall treiben, trampte zum Lake Tahoe, brach zu Fuß in die Sierra Nevada auf und wanderte eine Woche lang auf dem Pacific Crest Trail Richtung Norden. Dann verließ er die Berge und stellte sich von neuem an die Straße.

Ende Juli stieg er zu einem Mann in den Wagen, der sich Crazy Ernie nannte und ihm auf einer Ranch im Norden Kaliforniens einen Job anbot. Fotos zeigen eine ungestrichene Bretterbude inmitten von Ziegen, Hühnern und riesigen Abfallbergen. Überall steht ausrangiertes Gerät herum: Bettroste, defekte Fernseher und Einkaufswagen. Nachdem er dort zusammen mit sechs anderen Vagabunden elf Tage lang gearbeitet hatte, dämmerte ihm, daß Ernie nicht im entferntesten daran dachte, ihn zu bezahlen. McCandless riß sich daraufhin ein Zehn-Gang-Fahrrad unter den Nagel, das er zwischen dem Gerümpel im Hof entdeckt hatte. Er fuhr damit nach Chico und ließ es dort auf dem Parkplatz eines Einkaufszentrums zurück. Dann nahm er wieder sein rastloses Wanderleben auf, trampte mal nach Norden, mal nach Westen und passierte Städte wie Red Bluff, Weaverville und Willow Creek.

In Arcata, Kalifornien, inmitten der triefenden Redwood-Wälder der Pazifik-Küste, bog McCandless auf den U.S. Highway 101 und trampte die Küste hoch. Sechzig Meilen südlich der Grenze nach Oregon, in der Nähe von Orick, hielten ein paar Rubber-Tramps in einem alten Kleinbus kurz am Straßenrand, um einen Blick auf die Karte zu werfen. Plötzlich fiel ihr Blick auf einen Jungen, der in den Büschen am Straßenrand kauerte. »Er trug lange Shorts und so 'nen bescheuerten Hut«, erzählt Jan Burres, eine einundvierzigjährige Vagabundin, die damals mit ihrem Freund Bob den Westen bereiste und auf Floh- und Tauschmärkten kleineren Schnickschnack verkaufte. »Er hatte ein Pflanzenkundebuch dabei, das er brauchte, um die Beeren zu pflücken. Er hatte sich einen leeren Milchcontainer aufgeschnitten, und dort hat er sie reingetan. Er hat so bemitleidenswert ausgeschaut, also hab ich rübergerufen: ›Hey, kannst mitfahren, willst du irgendwohin?‹ Ich hab gedacht, vielleicht können wir ihm ja auch was zu essen geben oder so.

Wir haben uns dann ein bißchen unterhalten. Er war ein sympathischer Kerl. Hat gemeint, er heißt Alex. Und hungrig war der vielleicht! Hungrig, hungrig, *hungrig*. Aber richtig glücklich. Er hat gemeint, daß er die ganze Zeit von eßbaren Pflanzen gelebt hat, die er aus dem Buch hatte. War gar nicht zu überhören, wie stolz er drauf war. Er trampt gerade durchs Land, hat er gemeint, und daß er sich das große, alte Abenteuer reinzieht. Er hat uns erzählt, wie er seinen Wagen stehengelassen und sein Geld verbrannt hat. Ich hab gesagt: ›Aber warum? Was bringt denn so was?‹ Er hat nur gemeint, er braucht kein Geld. Ich hab einen Sohn, der ungefähr genauso alt ist wie Alex war, und vor ein paar Jahren hat's damit angefangen, daß wir uns nicht mehr verstanden haben. Ich hab also zu Bob gesagt: ›Mann, wir müssen den Jungen mitnehmen. Du mußt ihm unbedingt ein bißchen was beibringen.‹ Alex ist dann mit uns nach Orick Beach gefahren, wo wir damals waren. Er war eine Woche bei uns. Der Junge war schwer in Ordnung. Wir haben echt große Stücke auf ihn gehalten. Als er wieder weg war, hätten wir nie gedacht, daß wir noch mal was von ihm hören, aber er hat sich wirklich Mühe gegeben, mit uns in Verbindung zu bleiben. Zwei Jahre lang hat er uns alle ein, zwei Monate eine Postkarte geschickt.«

McCandless setzte seine Reise von Orick aus in Richtung Norden fort. Er trampte die Küste entlang und kam durch Orte wie Pistol River, Coos Bay, Seal Rock, Manzanita, Astoria, durch Hoquiam, Humptulips, Queets und durch Forks, Port Angeles, Port Townsend und Seattle. »Er war allein«, wie James Joyce über Stephen Dedalus, seinen »Künstler als junger Mann«, schreibt. »Er war allein. Er war unbeobachtet, glücklich und dem wilden Herzen des Lebens nah. Er war allein und jung und mutwillig und wild beherzt, allein inmitten einer Wüste wilder Luft und brackiger Wasser und der Meerlese aus Muscheln und Tang und verschleierten grauen Sonnenlichts ...«

Kurz bevor McCandless am 10. August Jan Burres und Bob traf, kassierte er in der Nähe von Willow Creek in dem Goldschürfgebiet östlich von Eureka einen Strafzettel wegen unerlaubten Trampens. Er wurde kurz auf die Wache genommen, und als der Beamte ihn nach seinem Wohnort fragte, unterlief McCandless ein kleines, für ihn untypisches Mißgeschick: Er gab die Adresse seiner Eltern in Annandale an. Der unbezahlte Strafzettel tauchte Ende August in Walts und Billies Briefkasten auf.

Walt und Billie, die in ständiger Sorge über Chris' klammheimliches Verschwinden lebten, hatten sich inzwischen an die Polizei von Annandale gewandt, die ihnen jedoch auch nicht weiterhelfen konnte. Als dann der Strafzettel aus Kalifornien eintrudelte, läuteten bei ihnen sämtliche Alarmglocken. Einer ihrer Nachbarn war ein General der Armee und Chef der U.S. Defense Intelligence Agency. Walt wandte sich an ihn und bat ihn um Rat. Der General vermittelte ihn an einen Privatdetektiv, Peter Kalitka, der für die DIA und CIA Auftragsarbeiten erledigt hatte. Er sei der Beste, versicherte der General Walt. Wenn jemand Chris finden würde, dann Kalitka.

Kalitka fing mit seinen Nachforschungen bei dem Willow-Creek-Strafzettel an und setzte von dort aus eine minutiöse Vermißtensuche in Gang. Er ging sogar Hinweisen nach, die bis nach Europa und Südafrika führten. Dennoch blieben seine Bemühungen ergebnislos – bis zum Dezember, als er bei einer Durchsicht von Steuerlisten herausfand, daß Chris seinen Studienfonds an OXFAM gespendet hatte.

»Da bekamen wir es richtig mit der Angst zu tun«, erzählt Walt. »Wir wußten überhaupt nicht mehr, was mit dem Jungen los war. Schon der Anhalter-Strafzettel hatte uns ratlos gemacht. Er liebte seinen Datsun über alles, es war für mich einfach unfaßbar, daß er ihn stehengelassen hat und zu Fuß weitergereist ist. Obwohl, im nachhinein muß ich sagen, so erstaunlich war es gar nicht mal. Chris gehörte zu den Leuten, denen es widerstrebt, mehr zu besitzen, als sie sich bei einer Flucht auf Leben und Tod unter den Arm klemmen können.«

Während Kalitka sich bemühte, Chris' Fährte in Kalifornien aufzunehmen, war McCandless bereits weit weg und trampte Richtung Osten über die Cascade Range. Er durchquerte das Beifuß-Hochland und die Lavabetten des Columbia-River-Beckens und gelangte schließlich über das Nordende von Idaho nach Montana. Dort, kurz hinter Cut Bank, traf er auf Wayne Westerberg, und gegen

Ende September arbeitete er für ihn in Carthage. Als Westerberg dann seine Gefängnisstrafe antreten mußte, keine Aussicht auf Arbeit bestand und sich bereits der Winter ankündigte, zog es Chris in wärmere Regionen.

Am 28. Oktober fuhr er mit einem Fernlaster nach Needles, Kalifornien. »Haben heute den Colorado River erreicht. Konnte mich vor Freude kaum halten«, schrieb McCandless in sein Tagebuch. Dann verließ er den Highway, folgte dem Flußlauf nach Süden und durchquerte die Wüste. Nach zwölf Meilen kam er in Topock, Arizona, an, einer staubigen Häuseransammlung an der Interstate 40, mehr Rastplatz als Dorf. Der Freeway überquert dort die kalifornische Grenze. Im Ort fiel ihm ein gebrauchtes Aluminium-Kanu auf, und er entschloß sich spontan dazu, es zu kaufen und damit den Colorado River bis zum Golf von Kalifornien hinunterzupaddeln – fast vierhundert Meilen nach Süden und über die Grenze nach Mexiko.

Das untere Flußstück zwischen Hoover-Staudamm und Golf von Kalifornien hat wenig gemein mit dem ungezähmten, reißenden Strom, der zweihundertfünfzig Meilen flußaufwärts von Topock durch den Grand Canyon schießt. Gebändigt von einer Vielzahl von Staudämmen und begradigenden Kanälen schleppt sich der Colorado träge von einem Staubecken zum anderen durch einen der heißesten, verdörrtesten Landstriche des gesamten Kontinents. McCandless war tiefberührt von der schmucklosen Strenge dieser Ödnis, von ihrer salzigen Schönheit. Die Wüste schärfte den süßen Schmerz seiner Sehnsucht, ließ ihn fühlbarer werden und gab ihm mit ihrer verbrannten Geologie und dem klaren, kantigen Licht sichtbare Gestalt.

Von Topock aus paddelte McCandless unter dem fahlen leeren Himmelszelt den Lake Havasu hinunter. Nach einem kurzen Abstecher in den Bill Williams River, einen Nebenfluß des Colorado, paddelte er stromabwärts durch das Colorado-River-Indianerreservat und gelangte über das Cibola-Wildschutzgebiet in das Imperial-Wildschutzgebiet. Er trieb an weiten Kakteen- und Salzkrautebenen vorbei und kampierte unterhalb von Felsvorsprüngen nackter, präkambrischer Gesteinsschichten. In der Ferne trieben spitze, schokoladenbraune Berge auf gespenstischen Trugbildern von Wasserlachen. Als er eine Herde Wildpferde sichtete, verließ er den Fluß und folgte ihnen einen Tag lang. Dabei stieß er auf ein Warnschild der U.S. Army, das ihn darauf aufmerksam machte, daß er sich auf dem Yuma-Übungsgelände befand, einem Sperrgebiet. Unbefugten war der Zutritt strengstens verboten. McCandless wanderte unbeeindruckt weiter.

Ende November paddelte er durch Yuma, wo er eine Zeitlang Station machte. Er frischte seine Vorräte auf und schickte Westerberg eine Karte, c/o Glory House – dem Gefängnis in Sioux Falls, wo Westerberg im freien Vollzug seine Zeit absaß. »Hey Wayne!« heißt es auf der Karte:

Wie geht's, wie steht's? Ich hoffe, daß es bei Dir wieder aufwärts geht, seit wir uns das letzte Mal gesprochen haben. Ich bin nun einen Monat lang in Arizona herumgetrampt. Ein wirklich toller Staat! Die Landschaft ist phantastisch, und das Klima könnte nicht besser sein. Aber ich möchte Dich nicht nur grüßen, sondern mich vor allem wieder für Deine Gastfreundschaft bedanken. So gute, großzügige Menschen wie Dich trifft man nicht alle Tage. Manchmal wünsche ich mir jedoch, ich hätte Dich nie kennengelernt. Das Trampen fällt einem mit einem so prall gefüllten Portemonnaie viel zu leicht. Aufregender war's damals, als ich noch ohne einen Pfennig in der Tasche herumreiste und mir jeden Tag mein Essen organisieren mußte. Ohne Geld wäre ich hier allerdings ganz schön aufgeschmissen, weil es um diese Jahreszeit an Obst und Getreide kaum was zu ernten gibt.

Bitte richte Kevin meinen Dank aus für die vielen Kleider, die er mir geschenkt hat. Ohne sie hätte ich mir ganz schön einen abgefroren. Ich hoffe, daß er Dir irgendwie das Buch übermitteln konnte. Wayne, Du solltest »Krieg und Frieden« unbedingt lesen. Es war nicht nur so dahergesagt, als ich meinte, daß Du einer der edelmütigsten Menschen bist, die mir je begegnet sind. Es ist ein wirklich mitreißendes und sehr symbolisches Buch. Es handelt von Dingen, von denen ich glaube, daß Du sie verstehst. Dinge, die den meisten Menschen gar nicht auffallen. Was mich betrifft, habe ich beschlossen, dieses Leben noch eine ganze Weile so fortzusetzen. Die Freiheit und die schlichte Schönheit daran sind einfach zu verlockend. Eines Tages werden wir uns wiedersehen, Wayne, und ich werde mich, so gut es geht, für die Freundlichkeit, mit der Du mich aufgenommen hast, revanchieren. Ich denke da vielleicht an eine Kiste Jack Daniels. Na, wie wär's? Bis dahin bleibst Du für mich immer ein echter Freund. Gott segne Dich, Alexander

Am 2. Dezember erreichte er den Morelos-Staudamm an der mexikanischen Grenze. Er hatte keine Papiere, und aus Angst, daß ihm die Einreise verwehrt würde, versuchte er, die Grenze heimlich zu überqueren. Er paddelte durch die offenen Schleusentore und schoß die Überlaufrinne hinab. »Alex sieht sich kurz um, ob er sich auf Ärger gefaßt machen muß«, berichtet sein Tagebuch. »Aber seine Einreise nach Mexiko wurde entweder nicht bemerkt oder einfach ignoriert. Ein Triumph. Alexander ist überglücklich!«

Sein Triumph war jedoch nur von kurzer Dauer. Unterhalb des Staudamms verwandelt sich der Fluß in einen Irrgarten aus Bewässerungskanälen, Sümpfen und Sackkanälen, in dem er ständig die Orientierung verlor.

Überall biegen Kanäle ab. Alex ist verwirrt. Trifft auf ein paar Angestellte der Kanalwerke, die etwas Englisch sprechen. Sie weisen ihn darauf hin, daß er sich nicht nach Süden, sondern immer weiter westlich bewegt und auf die Niederkalifornische Halbinsel zusteuert. Alex ist am Boden zerstört. Er fleht sie an, besteht darauf, daß es doch irgendeine Wasserroute geben muß, die in den Golf von Kalifornien mündet. Sie starren ihn entgeistert an, halten ihn für verrückt. Aber dann bricht zwischen ihnen eine leidenschaftliche Diskussion aus. Karten werden ausgebreitet, Bleistifte geschwungen. Nach zehn Minuten treten sie vor Alex und zeigen ihm die Route, die allem Anschein nach ins Meer führt. Er ist überglücklich und sein Herz wieder voller Hoffnung. Er paddelt den Kanal zurück und biegt in den Canal de Independencia ein. Der Karte zufolge kreuzt dieser den Wellteco-Kanal, der sich nach Süden wendet und ins Meer mündet. Aber schon bald sind seine Hoffnungsträume zerplatzt, da dieser Kanal in einer Sackgasse mitten in der Wüste endet. Nach einer Erkundungsfahrt kommt Alex jedoch zu dem Ergebnis, daß er lediglich im Flußbett des inzwischen toten und versiegten Colorado River gelandet ist. Auf der anderen Seite, etwa eine halbe Meile entfernt, entdeckt er einen weiteren Kanal. Er beschließt, in diesen Kanal überzusetzen.

McCandless benötigt beinahe drei Tage, um Kanu und Ausrüstung an den neuen Kanal zu schaffen. In dem Tagebucheintrag vom 5. Dezember heißt es:

Endlich! Alex hat eine Wasserstraße gefunden, von der er annimmt, daß es der Wellteco-Kanal ist. Er paddelt nach Süden weiter. Der Kanal wird immer enger. Ängste und Befürchtungen kehren zurück ... Einheimische helfen ihm, das Kanu um ein Hindernis zu tragen ... Alex erlebt die Mexikaner als warmherzig und hilfsbereit. Viel gastfreundlicher als die Amerikaner ...

6.12. Der Kanal wird von zahllosen kleinen, aber tückischen Wasserfällen unterbrochen.

9.12. Alles Hoffen war vergebens! Der Kanal mündet nicht in den Ozean. Unmerklich versickert er in einer weiten Sumpflandschaft. Alex' Verwirrung ist grenzenlos. Er sagt sich aber, daß der Ozean ganz nah sein muß, und beschließt, sich quer durch das Sumpfgebiet zum Meer durchzuschlagen. Alex hat sich nun völlig verirrt. Muß das Kanu durch Schilf und Schlamm vor sich her schieben. Verzweiflung ohne Ende. Findet bei Sonnenuntergang ein trockenes Fleckchen Erde, wo er übernachten kann. Am nächsten Tag, dem 10.12., nimmt Alex wieder die Suche nach einem Durchfluß zum Meer auf, watet aber im Kreise umher und weiß irgendwann nicht mehr ein noch aus. Am Ende des Tages liegt er völlig entmutigt und frustriert in seinem Kanu und weint. Aber dann hat er unwahrscheinliches Glück und stößt auf mexikanische Entenjagdführer, die Englisch sprechen. Er erzählt ihnen seine Geschichte und von seiner Suche nach dem Meer. Sie sagen, daß es keinen Durchfluß zum Meer gibt. Aber dann willigt einer von ihnen ein, Alex in ihr Basislager abzuschleppen (mit einem kleinen Motorboot) und ihn samt Kanu (hinten auf einem Pick-up) ans Meer zu fahren. Es ist ein Wunder.

Die Entenjäger ließen ihn in El Golfo Santa Clara raus, einem Fischerdorf am Golf von Kalifornien. McCandless stieg wieder ins Kanu und paddelte an der Ostseite des Golfs in Richtung Süden. Jetzt, wo er sein Ziel erreicht hatte, ließ McCandless alles etwas langsamer angehen. Seine Stimmung kehrte ins Besinnliche um, und er fotografierte viel. Er machte Bilder von einer Tarantel, den elegischen Sonnenuntergängen, windverwehten Dünen und dem weit ausholenden Bogen der menschenleeren Bucht. Die Tagebucheinträge werden kürzer und flüchtiger. In den folgenden vier Wochen schrieb er weniger als einhundert Wörter.

Am 14. Dezember, als er das Paddeln allmählich satt hatte, holte er das Kanu an Land, erklomm die steile Sandsteinklippe und schlug sein Lager am Rand eines einsamen Plateaus auf. Er harrte dort zehn Tage aus, bis heftige Windstürme ihn zwangen, in einer Höhle auf mittlerer Höhe der Klippe Zuflucht zu suchen. Dort verbrachte er weitere zehn Tage. Das neue Jahr beging er, indem er sich in den Abend hinaussetzte und beobachtete, wie der Vollmond über dem *Gran Desierto* aufzog – der Großen Wüste: eintausendsiebenhundert Quadratmeilen Wanderdünen, die größte Sandwüste Nordamerikas. Am Tag darauf setzte er sich wieder ins Kanu und paddelte weiter am Ödland der Küste entlang.

Der Tagebucheintrag für den 11. Januar 1991 beginnt mit den Worten: »Ein bedeutender Tag.« McCandless drang weiter nach Süden vor und legte schließlich an einer weit vom Ufer entfernten Sandbank an, um den mächtigen Gezeitenstrom zu beobachten. Nach einer Stunde zogen von der Wüste her heftig brausende Windböen auf. Er geriet in Kabbelwasser und wurde aufs offene Meer hinausgetragen. In kürzester Zeit verwandelte sich das Meer in eine einzige, tosende Gischtwoge. Sein kleines Kanu drohte zu kentern. Der Wind erreichte Orkanstärke, und die Schaumkronen wurden höher und höher, bis sie sich überschlugen. »Mit letzter Verzweiflung«, heißt es im Tagebuch,

... schreit er um sich. Paddel schlägt gegen Kanu. Paddel zerbricht. Alex hat ein Ersatzpaddel. Er sagt sich: jetzt nur die Ruhe bewahren. Wenn zweites Paddel verlorengeht, tot. Schließlich, mit letzter Kraft und unter tausend Verwünschungen, manövriert er Kanu zur Anlegestelle und bricht bei Sonnenuntergang erschöpft im Sand zusammen. Dieser Vorfall hat Alex dazu veranlaßt, Kanu liegenzulassen und in den Norden zurückzukehren.

Am 16. Januar ließ McCandless das kleine, stumpfförmige Boot auf der Kuppe einer grasbewachsenen Düne südöstlich von El Golfo de Santa Clara zurück und wanderte den menschenleeren Strand entlang in Richtung Norden. Seit sechsunddreißig Tagen hatte er keinen Menschen mehr gesehen, geschweige denn ein Wort mit jemandem gewechselt. Er hatte sich von fünf Pfund Reis, Fischen und Meeresfrüchten ernährt – eine Erfahrung, die ihn später in der Überzeugung bestärken würde, er könne in der Wildnis von Alaska mit ähnlich mageren Rationen überleben.

Am 18. Januar erreichte er die Grenze zu den USA. Wieder versuchte er sich heimlich und ohne Ausweis hinüberzustehlen. Diesmal wurde er jedoch vom Grenzschutz erwischt und mußte eine Nacht hinter Gittern verbringen. Er tischte den Grenzern irgendeine Geschichte auf und schaffte es damit tatsächlich, sich aus dem Knast herauszureden. Seinen .38 Colt büßte er allerdings ein, einen »wunderschönen Colt Python, an dem er sehr hing«.

Während der nachfolgenden sechs Wochen bereiste McCandless den Südwesten, er tourte von der pazifischen Küste bis nach Houston, Texas. Er gewöhnte sich an, das wenige, das er an Geld besaß, irgendwo außerhalb der Stadt zu vergraben, um nicht von Banden oder zwielichtigen Gestalten ausgeraubt zu werden, die die Straßen und auch die Freeway-Unterführungen, unter denen er schlief, beherrschen. Wenn er die Stadt wieder verließ, grub er es wieder aus. Am 3. Februar, so sein Tagebuch, fuhr er nach Los Angeles, »um sich einen Ausweis und einen Job zu besorgen. Da er sich mittlerweile in der Zivilisation extrem unwohl fühlt, stellt er sich so schnell wie möglich wieder an die Straße.«

Sechs Tage darauf kampierte er mit Thomas und Karin, einem jungen deutschen Paar, das ihn mitgenommen hatte, am Fuße des Grand Canyon. Er schrieb: »Ist dies immer noch der gleiche Alex, der im Juli 1990 loszog? Unterernährung und das Leben auf der Straße haben seinem Körper arg zugesetzt. Über fünfundzwanzig Pfund weniger. Seine seelische Verfassung könnte jedoch nicht besser sein.«

Am 24. Februar, siebeneinhalb Monate nachdem er den Datsun stehengelassen hatte, kehrte McCandless ins Detrial Wash zurück. Die Parkbehörden hatten das Gefährt längst beschlagnahmt, aber er buddelte seine alten Nummernschilder aus Virginia wieder aus, SJF-421, und noch ein paar andere Sachen, die er dort vergraben hatte. Er trampte nach Las Vegas und nahm einen Job in einem italienischen Restaurant an. »Am 27. 2. vergrub Alexander seinen Rucksack in der Wüste und betrat Las Vegas ohne Geld und Papiere«, heißt es im Tagebuch.

Mehrere Wochen lang lebte er unter Pennern, Säufern und sonstigen Vagabunden der Straße. Aber auch Vegas sollte nicht zur letzten Station seiner Odyssee werden. Am 10. Mai befiel ihn erneut das Reisefieber, und Alex schmiß seinen Job, grub seinen Rucksack aus und stellte sich wieder an die Straße. Aber merke: sei niemals so dumm, eine Kamera zu vergraben, denn du wirst nachher keine Freude mehr dran haben. Die Geschichte wird also für die Zeit zwischen dem 10. Mai 1991 und 7. Januar 1992 ohne Bebilderung auskommen müssen. Aber was soll's. Das eigentlich Wichtige sind die Erfahrungen, die man macht, die Erinnerungen und die triumphale, überschäumende Freude, die einen durchströmt, wenn man das Leben in vollen Zügen genießt. Gott, das Leben ist so schön! Vielen, vielen Dank.

Bullhead City

KAPITEL FÜNF

Bei diesem Leben wurde das urzeitliche, reißende Raubtier in Buck immer stärker. Aber nur ganz im geheimen wuchs es. Die Schlauheit und Verschlagenheit, die er sich hier im Norden erworben hatte, halfen ihm, es im Zaum zu halten.

JACK LONDON,
»DER RUF DER WILDNIS«

Es lebe das urzeitliche, reißende Raubtier!
Und Captain Ahab ebenfalls!
Alexander Supertramp
Mai 1992
Wandspruch in dem ausrangierten
Bus am Stampede Trail

❖

McCandless fotografierte also nicht mehr, und auch das Tagebuchschreiben sollte er erst ein Jahr später wiederaufnehmen, als er nach Alaska fuhr. Es ist daher kaum etwas darüber bekannt, wohin seine Reisen ihn führten, nachdem er Vegas im Mai 1991 verlassen hatte.

Aus einem Brief an Jan Burres wissen wir, daß er Juli und August an der Küste Oregons verbrachte, wahrscheinlich in der Nähe von Astoria. Er litt unter ständigem Nebel und Regen, der, wie er schrieb, »oft kaum noch auszuhalten ist«. Im September trampte er den U.S. Highway 101 nach Kalifornien hinunter und machte sich von dort wieder in die Wüste auf. Und Anfang Oktober landete er dann in Bullhead City, Arizona.

Bullhead City ist ein für das ausgehende zwanzigste Jahrhundert typischer Widerspruch in sich: ein Ort ohne Ortskern, eine Gemeinde ohne Gemeinschaftsleben. Die kleine Ortschaft zieht sich über eine Strecke von acht, neun Meilen am Ufer des Colorado hin und besteht aus willkürlich hingewürfelten, lose miteinander verbundenen Häuser- und Einkaufszeilen. Direkt gegenüber am anderen Flußufer ragen die Wolkenkratzerhotel- und Spielkasinobauten von Laughlin, Nevada, empor. Das einzige, was Bullhead als Stadt ausweist, ist der Mojave Valley Highway, eine vierspurige Asphaltpiste, die gesäumt ist von Tankstellen und Fast-Food-Ketten, Chiropraktikerpraxen, Video-Verleihen, Autoersatzteilgeschäften und überteuerten Souvenirläden.

Man würde kaum annehmen, daß Bullhead City eine besondere Anziehungskraft auf einen Thoreau- und Tolstoi-Jünger ausüben würde, auf einen Ideologen, der für die bourgeoisen Fallen des Mainstream-Amerika nichts als kalte Verachtung übrig hat. Und dennoch entwickelte McCandless eine starke Zuneigung für Bullhead. Vielleicht war es seine Schwäche für die Ärmsten der Armen, das Lumpenproletariat, das in den Wohnwagenparks der Gemeinde, auf den Campingplätzen und in den Waschsalons überdurchschnittlich stark vertreten war; oder ihm gefiel einfach nur die nackte, kahle Wüstenlandschaft, von der die Stadt ringsum umgeben ist.

Wie dem auch sei, McCandless blieb zwei Monate – wahrscheinlich der längste Aufenthalt an einem Ort, seit er Atlanta verlassen hatte. Nur in Alaska, in dem Buswrack am Stampede Trail, harrte er länger aus. In einer Karte, die er im Oktober an Westerberg schickte, sagte er über Bullhead: »Die Stadt eignet sich hervorragend als Winterquartier. Könnte sogar sein, daß ich mich hier niederlasse und Schluß mache mit dem Vagabundenleben, und zwar für immer. Mal sehen, wie's im Frühling so ist, weil bei mir dann in der Regel das große Reisefieber ausbricht.«

Damals arbeitete er an besagtem Highway als Vollzeitkraft bei McDonald's. Er fuhr jeden Tag mit dem Fahrrad zur Arbeit und drehte am Bratblech Hamburger um. Nach außen hin führte er eine erstaunlich normale Existenz. Er eröffnete sogar ein Sparkonto bei einer Bank.

Als er sich für den Job bei McDonald's bewarb, stellte er sich eigenartigerweise als Chris McCandless vor, nicht als Alex, und er gab sogar seine richtige Sozialversicherungsnummer an. Es war das erste Mal, daß er seine Tarnexistenz wieder abstreifte. Eigentlich ein für ihn untypisches Verhalten, zumal es seinen Eltern nun möglich gewesen wäre, ihn aufzuspüren – aber seine Unvorsichtigkeit blieb ohne Folgen, da der von Walt und Billie angeheuerte Detektiv nie dahinterkam.

Zwei Jahre nachdem McCandless über dem Hackfleischgrill in Bullhead geschwitzt hatte, wissen seine McDonald's-Kollegen nicht mehr viel über ihn zu berichten. »Er hatte was gegen Socken, das weiß ich noch«, sagt der stellvertretende Geschäftsführer George Dreeszen, ein fleischiger, redseliger Mann. »Er ist immer ohne Socken rumgelaufen – er konnte Socken nicht *ausstehen*. Nun gibt es aber bei McDonald's diese Vorschrift, daß Angestellte eine ordentliche Fußbekleidung tragen müssen. Das heißt Schuhe *und* Socken. Chris hat sich dran gehalten, aber sobald die Schicht um war, zack! – das erste, was er tat, war, die Socken ausziehen. Und ich mein wirklich: das erste. So, als wollte er uns zeigen, daß er nicht unser Eigentum ist, nehm ich mal an. Aber er war 'n netter Junge und ein guter Mitarbeiter. Absolut zuverlässig.«

Lori Zarza, zweite stellvertretende Geschäftsführerin, hat McCandless ein wenig anders in Erinnerung. »Also ehrlich gesagt, ich hab mich gefragt, wieso die den genommen haben«, sagt sie. »Er hat zwar nix falsch gemacht – er hat hinten gekocht –, aber er hat immer in dem gleichen, lahmen Tempo gearbeitet, selbst zu Stoßzeiten mittags, egal wie oft man dem gesagt hat: halt dich ran, Mann. Die Leute stehen in Zehnerreihen Schlange, und der kapiert trotzdem nicht, warum ich Dampf mach. So, als wäre er auf 'nem anderen Planeten.

Aber er war zuverlässig, das muß man ihm lassen, is' jeden Tag pünktlich angetreten, deshalb haben die auch nicht gewagt, ihn rauszuschmeißen. Die zahlen hier nur vierfünfundzwanzig die Stunde, und mit den ganzen Casinos da drüben auf der andern Seite, wo du gleich am ersten Tag sechsfünfundzwanzig kriegst, tja, da isses natürlich schwer, die Leute bei der Stange zu halten.

Ich glaub, er hat sich nicht ein einziges Mal nach der Arbeit mit den anderen Leuten hier getroffen und ist mit denen ausgegangen oder so. Wenn er was gesagt hat, dann hat er immer was von Bäumen und Natur und so'n komisches Zeug erzählt. Wir haben alle gedacht, bei dem sind ein paar Schrauben locker.

Daß Chris den Job schließlich geschmissen hat«, gesteht Zarza, »das war wohl wegen mir. Als er bei uns angefangen hat, hat er noch auf der Straße gelebt und ist immer stinkend zur Arbeit gekommen. McDonald's hat aber nun mal gewisse Ansprüche an seine Mitarbeiter, und so zu stinken ist einfach nicht drin. Dann haben die mir schließlich die Aufgabe übertragen, dem klarzumachen, daß er sich öfters mal waschen soll. Ich sag's ihm also, und seitdem sind wir ständig aneinandergeraten. Und dann die anderen Angestellten – die wollten bloß nett sein -, die haben ihn ein paarmal gefragt, ob er Seife oder so was braucht. Da war er stocksauer – das hat man ihm angemerkt. Aber er hat nie was gesagt. Ungefähr drei Wochen später ist er einfach zur Tür raus und hat den Job geschmissen.«

McCandless hatte versucht, zu verheimlichen, daß er ein Tramp war, der aus dem Rucksack lebte: seinen Kollegen gegenüber behauptete er, er wohne auf der anderen Seite des Flusses, in Laughlin. Wenn sie ihn nach der Arbeit fragten, ob sie ihn ein Stück mitnehmen könnten, hatte er immer irgendwelche Ausreden parat und lehnte dankend ab. Tatsächlich zeltete McCandless während der ersten Wochen am Stadtrand in der Wüste. Dann nistete er sich in einem leerstehenden Wohnwagen ein. Letzteres hatte sich, wie er in einem Brief an Jan Burres schrieb, »folgendermaßen ergeben«:

Eines Morgens rasierte ich mich auf einer Toilette. Ein alter Mann kam herein. Er schaute mir zu und fragte mich, ob ich »draußen schlafe.« Ich sage ja, und wie sich herausstellt, hat er diesen alten Wohnwagen, wo ich umsonst bleiben kann. Einziges Problem ist, daß er ihm nicht wirklich gehört. Irgendwelche Besitzer, die nie da sind, lassen ihn in einem anderen, kleineren Wohnwagen auf ihrem Grundstück hier wohnen. Ich muß also ein bißchen aufpassen und mich möglichst unsichtbar machen, weil er eigentlich niemanden dahaben darf. Trotzdem ist die Sache ein echter Glücksfall, denn innen drin ist es richtig nett. Der Wohnwagen ist ein Hauscaravan, vollmöbliert und mit schön viel Platz. Sogar die Steckdosen funktionieren teilweise. Der einzige Nachteil ist dieser Alte, Charlie ist sein Name, der ein bißchen spinnt und einem manchmal ganz schön auf den Wecker geht.

Charlie ist immer noch unter der gleichen Adresse anzutreffen, in einem rostzerfressenen Wohnanhänger ohne Strom und fließendes Wasser. Das kleine, tränenförmige Blechmobil verschwindet förmlich hinter dem großen, blauweißen Hauscaravan, in dem McCandless untergebracht ist. Im Westen ragen kahle Bergzüge starr über die Dächer aneinandergereihter Doppelfertighäuser. Ein himmelblauer Ford Torino steht aufgebockt in einem verlassen vor sich hin wuchernden Garten. Aus dem Motorraum sprießt das Unkraut. Aus einer Oleanderhecke weht der Gestank von menschlichem Urin herüber, scharf wie Ammoniak.

»Chris? Chris?« bellt Charlie und überfliegt seine lükkenhaften Gedächtnisdateien. »Ach ja, der. Ja, ja, ich erinner mich, klar.« Charlie trägt ein Sweatshirt und eine khakifarbene Arbeitshose. Er ist ein gebrechlicher nervöser Mann mit wäßrigen Augen und weißlich sprießenden Bartstoppeln am Kinn. Seiner Erinnerung zufolge blieb McCandless etwa einen Monat in dem Trailer.

»Netter Junge, ja, ganz netter Junge«, berichtet Charlie. »Hat es nicht leiden können, wenn zu viele Menschen um ihn rum waren. Eigenwillig. Hat's gut gemeint, aber ich glaub, er hatte 'ne Menge Komplexe – verstehen Sie, was ich meine? Las dauernd Bücher von diesem Alaska-Knaben, Jack London. Hat nie viel geredet. Launisch. Hat so seine Tage gehabt, da durfte nix und niemand ihn stören. Schien 'n Junge zu sein, der irgendwas gesucht hat, *irgend*was, nur wußte er bloß nicht, was. Ich war auch mal so, aber dann hab ich gemerkt, was ich die ganze Zeit gesucht hab: Geld! Ha! Heißassa, ach Junge!

Aber, wie gesagt, Alaska – ja, er hat davon geredet, nach Alaska zu gehen. Vielleicht hat er ja gedacht, dort findet er, was er sucht. Netter Junge, jedenfalls kam er mir so vor. Hat aber manchmal richtig Komplexe gehabt. Richtig schlimm. Als er gegangen is', um Weihnachten rum glaub ich, hat er mir fünfzig Dollar und 'ne Packung Zigaretten gegeben, dafür, daß ich ihn hab bleiben lassen. Ich fand das sehr anständig von dem Jungen.«

Ende November schickte McCandless Jan Burres eine Karte an eine Postfachadresse in Niland, einem kleinen Städtchen in Imperial Valley, Kalifornien. »Diese Karte, die wir in Niland von ihm bekommen haben, war seit langem die erste Nachricht von ihm mit Absenderadresse«, erinnert Burres sich. »Ich hab also sofort zurückgeschrieben und gesagt, daß wir ihn nächstes Wochenende in Bullhead besuchen kommen. War schließlich nicht sehr weit von da, wo wir gerade waren.«

McCandless war begeistert, von Jan zu hören. »Ich bin so froh, daß Ihr beide wohlauf seid«, schrieb er voll Freude in seinem Antwortbrief vom 9. Dezember 1991.

Tausend Dank für die Weihnachtskarte. Ihr glaubt gar nicht, wie gut das tut, zu wissen, daß es jemanden gibt, der um diese Jahreszeit an einen denkt … Ich freue mich riesig, daß Ihr mich besuchen kommt. Ihr seid jederzeit willkommen. Ich kann's gar nicht fassen, daß wir uns nach fast anderthalb Jahren wiedersehen werden.

Er zeichnete eine kleine Karte unter den Brief und beschrieb ihnen genau, wie sie den Weg zu dem Stellplatz des Wohnwagens an der Baseline Road in Bullhead City finden würden.

Jan und ihr Freund Bob begannen also mit den Vorbereitungen für den Besuch. Als Jan jedoch vier Tage später abends in ihr Camp zurückkehrte, sah sie »einen großen Rucksack an unserm Bus stehen. Ich hab gleich gesehen, daß der Alex gehört. Sunni, unser kleiner Hund, hat angefangen, nach ihm zu schnüffeln, und ihn noch vor mir entdeckt. Sunni mochte Alex, aber ich war doch überrascht, als sie ihn gleich so wiedererkannt hat. Als sie ihn gefunden hat, hätten Sie mal sehen sollen, wie sie ausgeflippt is'.« McCandless erzählte Burres, daß er es in Bullhead nicht mehr ausgehalten habe, daß er das Stechuhrleben und die »Plastikmenschen«, mit denen er arbeitete, satt habe und sich gesagt habe, daß er da so schnell wie möglich weg müsse.

Jan und Bob kampierten damals auf einem Grundstück drei Meilen außerhalb von Niland, das die Einheimischen »Slabs« – Betonplatten – nennen. Die Slabs sind ein alter Wüstenluftstützpunkt der Marine, von dem heute, nachdem er geräumt und die Anlagen geschliffen wurden, nur noch Betonfundamente und ein weitläufiges, rechtwinklig angelegtes Straßennetz übrig sind. Anfang November, wenn in den meisten Teilen des Landes der Winter einzieht, finden sich in dieser weltfernen Gegend an die fünftausend Leute ein: Drogenfreaks, Tramps und sonstige Vagabunden machen sich dann mit wenig Geld ein paar schöne Wochen in der Sonne. Die Slabs fungieren als saisonale Hauptstadt einer mehrere zehntausend Menschen umfassenden Travelerkultur – eine tolerante, umherziehende Sinnesgemeinschaft, die den Pensionär ebenso wie den Ausgestoßenen, den Habenichts ebenso wie den Langzeitarbeitslosen einschließt. Alle Altersgruppen sind vertreten, Männer, Frauen und Kinder. Der eine ist vor

Inkassofirmen auf der Flucht, der andere versucht, einer ausgelutschten Beziehung aus dem Weg zu gehen, und wiederum andere fliehen vor einem Haftbefehl, dem Finanzamt, dem Winter in Ohio oder versuchen einfach, dem Trott der Mittelklasse zu entkommen.

Als McCandless in den Slabs ankam, war in der Wüste gerade ein riesiger Floh- und Tauschmarkt im Gange. Burres hatte ein paar Klapptische mit kleineren, größtenteils gebrauchten Sachen aufgebaut, und McCandless bot ihr an, sich um ihren riesigen Bestand an gebrauchten Taschenbüchern zu kümmern.

»Er hat mir sehr geholfen«, gesteht Burres. »Wenn ich mal kurz wegmußte, hat er auf alles aufgepaßt. Er hat alle Bücher durchgesehen und geordnet, und viel verkauft hat er auch. Das Ganze schien ihm richtig Spaß zu machen. Alex kannte sich ganz groß mit Klassikern aus: Dickens, H. G. Wells, Mark Twain, Jack London. London war sein Lieblingsschriftsteller. Jeden Kokser, der vorbeikam, hat er sofort vollgelabert, er müsse unbedingt den ›Ruf der Wildnis‹ lesen.«

McCandless hegte seit seiner Kindheit eine besondere Vorliebe für Jack London. Londons kompromißlose Verdammung der kapitalistischen Gesellschaft, seine Verherrlichung der urzeitlichen Welt, des instinktiv handelnden Menschen, sein Engagement für die Armen und Entrechteten – in all dem spiegelten sich McCandless' Leidenschaften. Er war wie hypnotisiert von Londons bombastischen Schilderungen des Lebens in Alaska und seinen Beschreibungen des Yukon River. Immer wieder las er »Der Ruf der Wildnis«, »Wolfsblut«, »Feuer im Schnee«, »Odyssee des Nordens«, »Der Witz Porportuks«. Die Geschichten hatten ihn so sehr in den Bann gezogen, daß er darüber ganz zu vergessen schien, daß es sich um Dichtung handelte, Konstrukte der Phantasie, die

Londons romantischer Empfindsamkeit entsprungen waren und mit den realen Lebensumständen in der subarktischen Wildnis kaum etwas gemein hatten. McCandless hatte geflissentlich übersehen, daß London nur einen einzigen Winter in Alaska verbracht und sich mit vierzig auf seinem Landgut in Kalifornien das Leben genommen hatte, ein fetter, schwadronierender Alkoholiker, der allenfalls noch Mitleid erregte und dessen seßhafte Lebensweise nur geringe Ähnlichkeit mit den Idealen besaß, für die er in seinen Büchern so heroisch eintrat.

Unter den Bewohnern der Niland Slabs war ein siebzehnjähriges Mädchen names Tracy, die sich während McCandless' einwöchigem Aufenthalt hoffnungslos in ihn verliebte. »Sie war so ein süßes, kleines Ding«, erzählt Burres, »die Tochter von zwei Tramps, die vier Wagen weiter geparkt hatten. Und das arme Mädchen mußte sich natürlich bis über beide Ohren in Alex verknallen. Die ganze Zeit schwirrte sie um ihn herum und hat ihm schöne Augen gemacht, und mich hat sie damit genervt, daß ich ihn überreden soll, doch mal mit ihr spazierenzugehen. Alex war nett zu ihr, nur war sie halt zu jung für ihn. Er konnte sie einfach nicht ganz für voll nehmen. Das arme Ding hat wegen ihm bestimmt 'ne Woche lang Liebeskummer gehabt.«

Auch wenn McCandless Tracys Annäherungsversuche zurückwies, so war er deshalb doch kein Einsiedler, wie Burres klarstellt: »Er hat jede Menge Spaß gehabt, wenn er unter Leuten war, *jede* Menge. Auf dem Tauschmarkt hat er geredet und geredet und geredet, egal, wer gerade vorbeikam. Er muß in Niland an die hundert Leute kennengelernt haben, mit denen er sich gut verstand. Ab und zu wollte er allein sein, klar, aber ein Eremit war er wirklich nicht. War richtig gern unter Leuten. Manchmal denk ich mir, daß er die Leute regelrecht gehamstert hat, weil er ganz genau wußte, da kommen Zeiten, wo er sich einsam fühlen wird.«

McCandless war Burres gegenüber besonders aufmerksam. Bei jeder Gelegenheit hat er mit ihr geflirtet und sie geneckt. »Er hat einen Heidenspaß dran gehabt, mich zu ärgern oder mit irgendwelchen Scherzen aufzuziehen«, erinnert sie sich. »Ich geh hintern Wohnwagen, um die Wäsche aufzuhängen, und er klemmt mir überall Wäscheklammern an. Er war verspielt wie ein kleines Kind. Unser Hund hatte gerade Junge gehabt, und er hat sie ständig unter die Wäschekörbe gesteckt und zugeschaut, wie sie rumgetollt sind und zu jaulen angefangen haben. Erst als ich's nicht mehr ausgehalten hab und ihn angeschrien hab, er soll aufhören, hat er aufgehört. Aber in Wirklichkeit ging er toll mit den Hunden um. Die Kleinen sind ihm auf Schritt und Tritt gefolgt, haben gejault, wenn er wegging, und wollten immer bei ihm schlafen. Alex hatte ein Händchen für Tiere.«

Als McCandless eines Nachmittags wieder einmal den Büchertisch auf dem Tauschmarkt in Niland hütete, gab irgend jemand bei Burres eine elektronische Orgel in Kommission. »Alex hat sie sich sofort geschnappt und den ganzen Tag gespielt und die Leute unterhalten«, erzählt sie. »Er hat eine irre Stimme gehabt. Hat richtig Publikumszulauf bekommen. Vorher hab ich ja gar nicht gewußt, daß er so musikalisch begabt ist.«

McCandless sprach mit den Bewohnern der Slabs oft über seine Alaska-Pläne. Um sich auf die Härten der Tundra vorzubereiten, absolvierte er jeden Morgen ein isometrisches Muskeltraining, und mit Bob, einem selbsternannten Survival-Spezialisten, diskutierte er stundenlang Überlebensstrategien für die Wildnis.

»Ich für meinen Teil«, sagt Burres, »hab jedenfalls gedacht, Alex tickt nicht mehr ganz richtig, als er uns von seiner ›großen Alaska-Odyssee‹, wie er's immer genannt hat, erzählt hat. Aber er hat sich total drauf gefreut. Der Trip war sein Thema.«

Über seine Familie gab McCandless rein gar nichts preis, trotz Burres hartnäckiger Fragen. »Ich hab ihn immer wieder gefragt«, erzählt Burres: »›Hast du deiner Familie gesagt, was du vorhast? Weiß deine Mutter, daß du nach Alaska gehst? Weiß dein Vater davon?‹ Aber er hat nie drauf geantwortet. Hat genervt mit den Augen gerollt, eine säuerliche Miene aufgesetzt und bloß gesagt, daß ich endlich aufhören soll, ihn so zu bemuttern. Und Bob sagt dann auch noch: ›Laß ihn in Ruhe! Er ist erwachsen!‹ Ich hab ihn aber weiter damit genervt, bis er das Thema gewechselt hat – wegen allem was zwischen mir und meinem Sohn passiert ist. Er ist irgendwo da draußen, und ich möchte, daß jemand sich genauso um ihn kümmert, wie ich es bei Alex versucht hab.«

Am Sonntag, bevor McCandless Niland verließ, sah er sich in Burres Wohnwagen ein Ausscheidungsspiel der Footballiga an. Ihr fiel auf, daß er zu den Washington Redskins hielt. »Also hab ich ihn gefragt, ob er aus der Gegend von Washington kommt«, erzählte sie. »Und er hat geantwortet, ›Ja, stimmt sogar.‹ Das war das einzige, was er uns jemals über seine Herkunft verraten hat.«

Am Mittwoch darauf erklärte McCandless, daß es für ihn Zeit werde, weiterzuziehen. Vorher müsse er aber noch zur Post nach Salton City, fünfzig Meilen westlich von Niland. Er hatte den Manager der McDonald's-Filiale in Bullhead gebeten, seinen letzten noch ausstehenden Lohnscheck dorthin zu schicken. Burres meinte, daß sie ihn fahren könne, und er war einverstanden. Als sie aber versuchte, ihm für seine Unterstützung beim Tauschmarkt ein wenig Geld zu geben, »hat er fast beleidigt reagiert. Ich sag ihm: ›Mann, zum Leben braucht man

Geld‹, doch er hat's nicht genommen. Aber wenigstens hab ich ihn dazu überredet, Messer mitzunehmen, ein paar Schweizer Armeemesser und einige Gürtelmesser. Ich hab ihm gesagt, daß er sie in Alaska gut gebrauchen kann, und wenn nicht, dann könnte er sie ja unterwegs verkaufen oder gegen was anderes tauschen, und schließlich hat er mir geglaubt.«

Nach langem Hin und Her konnte Burres McCandless ebenfalls davon überzeugen, ein paar langärmelige Unterhemden, lange Unterhosen und diverse andere Wintersachen anzunehmen, die er ihrer Meinung nach in Alaska gut gebrauchen konnte. »Er hat sie schließlich genommen, damit ich endlich still bin«, erzählt sie lachend, »aber als er weg war, hab ich das meiste davon einen Tag später im Wagen gefunden. Er muß sie irgendwann, als wir grad mal nicht geguckt haben, aus seinem Rucksack gepackt und unterm Sitz versteckt haben. Alex war'n phantastischer Kerl, aber manchmal konnte er einen wirklich zur Verzweiflung bringen.«

Obwohl Burres sich um Alex Sorgen machte, ging sie davon aus, daß er alles heil überstehen werde. »Ich hab gedacht, er wird's schon irgendwie schaffen«, sagt sie nachdenklich. »Klug genug war er ja. Er war mit dem Kanu nach Mexiko gepaddelt, hat sich beigebracht, wie man auf Güterzüge springt, wie man in den Städten überlebt, sich in den Heimen ein Bett besorgt. All das hat er sich selbst beigebracht, und ich war sicher, daß er Alaska auch noch packen würde.«

Anza-Borrego

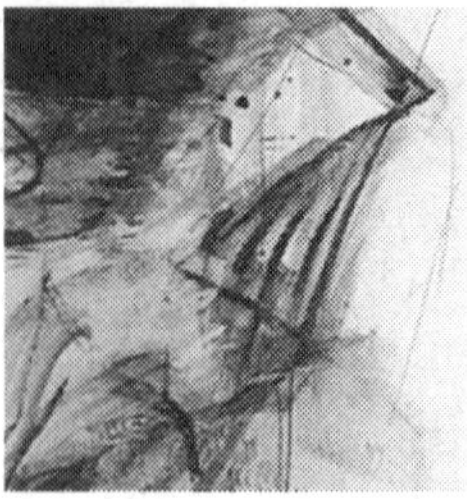

KAPITEL SECHS

Noch niemand ward von seinem Genius in die Irre geführt. Mag das Ergebnis auch körperliche Schwäche sein, so kann doch vielleicht niemand sagen, daß die Folgen zu bedauern seien, denn dieses Leben war höheren Grundsätzen gemäß. Wenn uns Tag und Nacht so erscheinen, daß wir sie mit Freude begrüßen, wenn das Leben einen Duft ausströmt wie Blumen und würzige Kräuter, wenn es spannkräftiger, sternenreicher und mehr unsterblich wird – dann ist dies unser Erfolg. Die ganze Natur beglückwünscht uns, und wir haben Grund, uns einen Augenblick lang selig zu preisen. Die reichsten Gewinste, die höchsten Werte werden am seltensten geschätzt. Wir kommen nur zu leicht dahin, an ihrem Dasein zu zweifeln. Wir vergessen sie bald. Und doch sind sie höchste Wirklichkeit ... Die wahre Ernte meines täglichen Lebens ist etwas so Unfaßbares, Unbeschreibliches wie Himmelsfarben am Morgen und Abend. Ein wenig Sternenstaub, ein Stückchen Regenbogen – das ist alles.

HENRY DAVID THOREAU
»WALDEN. EIN LEBEN IN DEN WÄLDERN«
Von Chris McCandless angestrichener Passus aus einem der mit der Leiche geborgenen Bücher.

Am 4. Januar 1993 erhielt der Verfasser dieses Buches einen merkwürdigen Brief. Die Handschrift war zittrig und altmodisch, was auf einen älteren Absender schließen ließ.

Bitte schicken Sie mir eine Ausgabe Ihrer Zeitschrift mit dem Artikel über den jungen Mann (Alex McCandless), der in Alaska umgekommen ist. Ich möchte demjenigen, der den Vorfall recherchierte, gerne etwas dazu schreiben. Ich habe den Jungen ... im März 1992 ... von Salton City, Kalif., nach Grand Junction, Col., gefahren ... Dort ließ ich ihn raus. Er wollte nach South Dakota weitertrampen. Beim Abschied versprachen wir uns, in Verbindung zu bleiben. Den letzten Brief von ihm bekam ich Anfang April 1992. Während unserer gemeinsamen Fahrt machten wir viele Aufnahmen, ich mit dem Camcorder + Alex mit seinem Fotoapparat.

Falls Sie noch ein Heft jener Ausgabe haben, teilen Sie mir bitte die Kosten dafür mit ...

Wie ich hörte, ist ihm was zugestoßen. Falls dies zutrifft, würde ich gerne wissen, wie es passiert ist, denn er hat in seinem Rucksack immer ausreichend Reis, winterfeste Kleidung + genügend Geld dabeigehabt.

Mit freundlichen Grüßen
Ronald A. Franz

Ich darf Sie bitten, diesen Brief vorläufig vertraulich zu behandeln, bis ich die genaueren Umstände seines Todes kenne, denn er war mehr als nur ein gewöhnlicher Vagabund. Bitte glauben Sie mir.

Die Zeitschrift, um die Franz bat, war die Ausgabe von *Outside* vom Januar 1993, in der eine Titelgeschichte über den Tod von Chris McCandless erschienen war. Sein Brief war an die Geschäftsstelle von *Outside* in Chicago adressiert. Da ich die McCandless-Geschichte geschrieben habe, war er an mich weitergeleitet worden.

McCandless hinterließ im Laufe seiner *Hedschra* bei einer ganzen Reihe von Leuten einen bleibenden Eindruck. Die meisten hatten nur ein paar Tage oder höchstens ein, zwei Wochen mit ihm verbracht, doch keiner war so nachhaltig von der kurzen Begegnung mit dem Jungen beeinflußt wie Ronald Franz, der im Januar 1992, als sich ihre Wege kreuzten, achtzig Jahre alt war.

Nachdem McCandless sich von der Post in Salton City von Jan Burres verabschiedet hatte, zog er zu Fuß in die Wüste weiter und schlug sein Lager in einem Kreosotgebüsch am Rand des Anza-Borrego Desert State Park auf. Ganz in der Nähe davon befindet sich der Saltonsee, ein gut achtzig Meter unter dem Meeresspiegel gelegener Miniaturozean, der 1905 durch einen katastrophalen Planungsfehler entstanden war: Kurz nachdem vom Colorado River ausgehend ein Kanal angelegt worden war, um das fruchtbare Ackerland des Imperial Valley zu bewässern, durchbrach der Fluß während mehrerer großer Überschwemmungen seine Ufer, spülte sich eine neue Stromrinne frei und ergoß sich in den Imperial Valley-Kanal. Über einen Zeitraum von mehr als zwei Jahren strömten so ungehindert die gesamten, ungeheuren Wassermassen des Colorado in die Salton-Bodensenke. Das Wasser brach über die ehemals ausgedörrte Senke ein und überflutete Gehöfte und Siedlungen. Schließlich wurde ein vierhundert Quadratmeilen großes Wüstengebiet überschwemmt, und ein künstlicher See entstand.

Das Westufer des Saltonsees, der nur fünfzig Meilen von den Limousinen, den exklusiven Tennisclubs und den saftig grünen Golfplätzen von Palm Springs entfernt liegt, war einst Schauplatz reger Immobilienspekulationen. Luxuriöse Feriensiedlungen waren in Planung, grandiose Villen bereits entworfen. Aber von der versprochenen Erschließung des Geländes kam wenig zustande. Heute liegen die meisten Grundstücke unbebaut da, und die Wüste erobert Meter um Meter ihr Terrain zurück. Durch die breiten, menschenleeren Boulevards von Salton City weht das Steppenläuferkraut. Verblichene Schilder mit der Aufschrift »For Sale« säumen den Straßenrand, und an den unbewohnten Häusern blättert die Farbe ab. Auf einem Anschlagzettel im Fenster des Salton-Sea-Immobilien- und Planungsbüros steht groß und unmißverständlich: CLOSED/CERRADO. Die gespenstische Stille wird nur vom Röcheln des Windes unterbrochen.

Die Landschaft steigt vom Seeufer aus erst zögernd, dann immer steiler an, um schließlich in die verdörrten, gespenstischen Badlands von Anza-Borrego überzugehen. Die *bajada* unterhalb der Badlands ist eine offene Fläche, die von sogenannten *arroyos* durchschnitten wird, kleinen Bächen und Flußarmen mit steilen, felsigen Ufern. Hier, auf einem kleinen, verdörrten Hügel, der mit Feigenkakteen, Bastard-Indigosträuchern und drei Meter hohen Kerzenstrauchstämmen gesprenkelt ist, schlug Chris McCandless sein Lager auf. Er hängte an dem Ast eines Kreosotbusches eine Plane als Sonnenschutz auf und schlief auf dem Sandboden.

Zum nächsten Dorf waren es nur vier Meilen. Wenn er Proviant brauchte, ging er zu Fuß oder fuhr per Anhalter dorthin, um Reis zu kaufen oder seinen Plastikcontainer mit Wasser aufzufüllen. Das einzige Geschäft am Ort, ein beiges stuckverziertes Gebäude, war Supermarkt, Spirituosenladen und Postamt in einem. Darüber hinaus fungierte es als eine Art Nachrichtenbörse von Salton City und Umgebung. Als er an einem Donnerstag Mitte Januar mit aufgefülltem Container wieder in die *bajada* zurücktrampte, hielt ein älterer Mann namens Ron Franz an und nahm ihn mit.

»Wo haben Sie Ihr Camp?« fragte Franz.

»Draußen hinter Oh-My-God Hot Springs«, erwiderte McCandless.

»Ich bin mittlerweile sechs Jahre in dieser Gegend und hab noch nie von diesem Ort gehört. Sie müssen mir sagen, wie ich da hinkomme.«

Sie fuhren erst den Borrego-Salto Seaway entlang, und nach ein paar Minuten bat McCandless ihn, nach links ins Wüstengebiet abzubiegen, wo sich ein holpriger, nur mit Allradantrieb zu bewältigender Pfad an einem schmalen Trockenbett entlangschlängelte. Nach ungefähr einer Meile erreichten sie einen seltsamen Lagerplatz, an dem gut zweihundert Menschen in ihren fahrbaren Untersätzen überwinterten. Die Kommune lebte jenseits aller gesellschaftlicher Normen, sie war gleichsam eine Vision des postapokalyptischen Amerika. Man traf dort auf Familien, die sich in billigen Zeltanhängern verschanzten, alternde Hippies in bunt bemalten Kleinbussen und Charles-Manson-Doppelgänger in verrosteten Studebakers, die schon seit Eisenhowers Zeiten rumstanden. Viele liefen splitternackt herum. Im Schatten einer Palmengruppe im Zentrum des Lagers war Quellwasser aus einer heißen Thermalquelle in zwei seichte, dampfende, von Steinen umrandete Becken geleitet worden. Dies war Oh-My-God Hot Springs.

McCandless lebte jedoch nicht direkt bei den Quellen: er kampierte etwas abseits, ungefähr eine halbe Meile weiter in der *bajada*. Franz fuhr Alex das restliche Stück dorthin. Sie plauderten noch eine Weile, und schließlich machte sich der alte Mann wieder auf den Weg zurück ins

Dorf. Er lebte allein in einem heruntergekommenen Mietshaus, wo er zur freien Miete als Hausmeister fungierte.

Franz, ein gottesfürchtiger Christ, hatte den größten Teil seines Erwachsenenlebens in der Armee zugebracht und war in Shanghai und auf Okinawa stationiert gewesen. In der Silvesternacht von 1957, die er in Übersee verbrachte, kamen seine Frau und sein einziges Kind bei einem Autounfall ums Leben. Der Unfall war von einem Betrunkenen verursacht worden. Franz' Sohn wäre im Juni des folgenden Jahres mit seinem Medizinstudium fertig gewesen. Franz griff zur Whiskeyflasche und tauchte im Suff ab.

Sechs Monate später riß er sich zusammen, rührte von heute auf morgen keinen Tropfen mehr an, aber es half alles nichts; den Tod seiner beiden liebsten Menschen hat er niemals richtig überwunden. Um gegen die Vereinsamung und Isolation in den Jahren nach dem Unfall anzugehen, begann er am Gesetz vorbei bedürftige einheimische Kinder auf Okinawa zu »adoptieren«. Schließlich hatte er vierzehn Kinder und Jugendliche unter seinen Fittichen. Dem ältesten finanzierte er das Medizinstudium in Philadelphia und einem weiteren ein Medizinstudium in Japan.

Als Franz McCandless traf, wurden seine schlummernden Vaterinstinkte wiedererweckt. Der Junge ging ihm einfach nicht mehr aus dem Kopf. Er hatte gesagt, er heiße Alex – seinen Nachnamen wollte er nicht nennen – und stamme aus West Virginia. Er war höflich, freundlich, gepflegt.

»Er machte einen hochintelligenten Eindruck«, erzählt Franz. Sein exotischer Akzent klingt wie eine Mischung aus Schottisch, Pennsylvania-Dutch und dem typischen, gedehnten Carolina-Drawl. »Ich hab mir gedacht, der

Junge ist viel zu nett, um mit diesen Nackten, Säufern und Kiffern bei den Quellen dort zu leben.« Als er am Sonntag darauf aus der Messe kam, beschloß Franz, mit Alex »ein Wörtchen über seinen Lebenswandel« zu reden. »Irgend jemand mußte ihm klarmachen, daß er eine Ausbildung brauchte, einen Job, daß er was aus seinem Leben machen mußte.«

Als er aber McCandless' Lager erreichte und seinen Sermon über die Lebensgestaltung anstimmte, schnitt ihm McCandless kurzerhand das Wort ab. »Schauen Sie, Mr. Franz«, sagte er mit fester Stimme, »Sie brauchen sich um mich wirklich keine Sorgen zu machen. Ich habe ein abgeschlossenes Studium in der Tasche. Ich bin kein Sozialfall. Ich lebe aus freien Stücken so.« Anfangs reagierte er zwar bissig, aber allmählich erwärmte der Junge sich für den netten alten Herrn, und die beiden unterhielten sich und freundeten sich an. Sie fuhren in Franz' Pick-up nach Palm Springs, aßen in einem netten Restaurant zu Abend und fuhren mit der Trambahn auf den Gipfel des San Jacinto Peak. Am Fuße des Berges suchte McCandless noch eines seiner Verstecke auf und grub einen mexikanischen Umhang und ein paar andere Sachen aus, die er dort vor einem Jahr vergraben hatte.

Während der nächsten Wochen waren McCandless und Franz oft gemeinsam unterwegs. Chris trampte regelmäßig nach Salton City. Er wusch seine Wäsche in Franz' Wohnung, und sie grillten sich Steaks. Er gestand ihm, daß er eigentlich nur noch auf den Frühling warte, um endlich nach Alaska aufzubrechen, wo er das »ultimative Abenteuer« erleben wollte. Er drehte den Spieß um und hielt der großväterlichen Gestalt Vorträge über die Nachteile eines seßhaften Lebenswandels. Er redete auf den Achtzigjährigen ein, forderte ihn auf, Hab und Gut zu verkaufen, aus der Wohnung auszuziehen und sich in das

Abenteuer der Straße zu stürzen. Franz ließ McCandless' leidenschaftliche Reden gelassen über sich ergehen und freute sich einfach an seiner Gesellschaft.

Franz war sehr geschickt in der Herstellung von Lederaccessoires und weihte Alex in die Geheimnisse seiner Kunst ein. McCandless' erstes Stück war ein mit Punzarbeiten verzierter Gürtel, dessen phantasievolle Bilderfolge Erlebnisse aus seinen Wanderungen aufgreift. Am Lochende des Gürtels ist ALEX ins Leder gestanzt. Gleich dahinter umrahmen die Initialen C. J. M. (für Christopher Johnson McCandless) einen Totenkopf. Nach einer zweispurigen Asphaltstraße und einem WENDEN-VERBOTEN-Schild folgen die eigentlichen Stationen und Erlebnisse der Reise: ein Gewitter mit einem von Wasser umspülten Automobil, der Daumen eines Anhalters, ein Adler, die Sierra Nevada, Lachse, die im Pazifischen Ozean herumtollen, der Pacific Coast Highway zwischen Oregon und Washington, die Rocky Mountains, Weizenfelder in Montana, eine Klapperschlange in South Dakota, Westerbergs Haus in Carthage, der Colorado River, ein Orkan im Golf von Kalifornien, ein Strand mit Zelt und Kanu, Las Vegas, die Initialen T. C. D., Morro Bay, Astoria, und am Schnallenende der Buchstabe *N* (vermutlich für *Norden*). Die Kunstfertigkeit und Phantasie in der Ausführung des Gürtels sind bemerkenswert, wie überhaupt alles, was McCandless angefertigt und zurückgelassen hat.

Franz schloß McCandless immer mehr ins Herz. »Mann, der Junge hatte wirklich was auf dem Kasten«, krächzt der alte Mann kaum hörbar. Sein Blick wandert zu einem Fleckchen Sand zwischen seinen Füßen. Er schweigt. Er beugt sich mühsam vor und wischt sich nicht vorhandenen Schmutz vom Hosenbein. Die peinliche Stille wird nur von dem Knacken seiner alten Gelenke durchbrochen.

Das Schweigen dauert über eine Minute. Franz blinzelt

in den Himmel und denkt wieder an die Zeit mit dem Jungen zurück. Wenn sie sich gegenseitig besuchten, erinnert sich Franz, zog Alex immer wieder mit düsterer Miene über seine Eltern her oder über die Politiker und die seuchenhaft um sich greifende Verblödung der amerikanischen Gesellschaft. Um sich seine Freundschaft mit dem Jungen nicht zu verscherzen, schwieg Franz während solcher Ausbrüche meist und ließ ihn schimpfen.

Eines Tages, Anfang Februar, verkündete McCandless, daß er sich nach San Diego absetzen wolle, um zusätzliches Geld für die Alaskareise zu verdienen.

»Du brauchst nicht nach San Diego zu gehen«, wandte Franz ein. »Wenn du Geld brauchst, geb ich's dir.«

»Nein. Du verstehst nicht. Ich *gehe* nach San Diego. Und zwar am Montag.«

»O.k. Ich werd dich hinfahren.«

»Mach dich doch nicht lächerlich«, sagte McCandless spöttisch.

»Ich muß sowieso hin«, log Franz. »Ich brauche noch mehr Leder.«

McCandless gab nach. Er brach sein Lager ab, brachte den größten Teil seiner Habe zu Franz in die Wohnung – er hatte keine Lust, Schlaf- oder Rucksack durch die Stadt zu schleppen – und fuhr mit dem alten Mann über die Berge zur Küste. Als Franz McCandless im Hafenviertel von San Diego aussteigen ließ, regnete es in Strömen. »Der Abschied fiel mir sehr schwer.«

Am 19. Februar rief McCandless Franz an, R-Gespräch, und gratulierte ihm zum einundachtzigsten Geburtstag. McCandless hatte das Datum nicht vergessen, weil sein eigener Geburtstag genau eine Woche früher war: am 12. Februar war er vierundzwanzig Jahre alt geworden. Während des Telefonats gestand er Franz auch, daß er Schwierigkeiten habe, einen Job zu finden.

Am 28. Februar schickte er Jan Burres eine Karte. »Hallo!« heißt es dort,

... schlage mich seit einer Woche in den Straßen von San Diego durch. Als ich ankam, regnete es in Strömen. Die Missionshäuser hier sind das letzte. Die Leute predigen einen zu Tode. Dafür ist die Stadt mit Jobs nicht gerade gesegnet, und morgen werde ich nach Norden weiterziehen.

Ich habe beschlossen, spätestens am 1. Mai Richtung Alaska aufzubrechen, aber vorher muß ich unbedingt noch etwas Geld auftreiben, um mir eine Ausrüstung zu kaufen. Kehre vielleicht nach South Dakota zurück, um dort für einen Freund zu arbeiten, falls er mich brauchen kann. Weiß noch nicht genau, wo ich jetzt hinfahre. Aber ich schreib, sobald ich dort ankomme. Hoffe, Euch geht's gut. Paßt gut auf Euch auf, Alex

Am 5. März schickte McCandless eine weitere Karte an Burres und eine an Franz. Die Burres-Karte lautet:

Grüße aus Seattle! Ich bin jetzt ein echter Landstreicher! Ja, ich springe neuerdings auf Züge auf. Macht richtig Spaß, schade, daß ich erst jetzt draufgekommen bin. Die Schienen haben jedoch ein paar Nachteile. Erstens wird man dabei total dreckig. Zweitens kann es einem passieren, daß man an ein paar ziemlich bescheuerte Wachleute gerät. Ich saß einmal in L. A. in einem Expreßgüterzug, und gegen zehn Uhr spürt mich so ein Bahnhofsbulle mit seiner Taschenlampe auf. »Raus da, oder ich KNALL *dich ab!« schrie der Bulle. Ich bin raus und habe nur gesehen, daß er seinen Revolver gezückt hat. Er verhört mich, die Knarre immer auf mich gerichtet, und zum Schluß knurrt er mich nur an: »Wenn ich dich noch mal in der Nähe dieses Zuges erwisch, knall ich dich ab! Und jetzt verpiß dich!« Ein Wahnsinniger! Zum Schluß hab ich's ihm doch noch gezeigt. Fünf Minuten später bin ich auf denselben Zug aufgesprungen und damit bis nach Oakland gefahren. Ich melde mich,*

Alex

Eine Woche später klingelte Franz' Telefon. »Es war die Vermittlung«, erzählt er, »die wollte wissen, ob ich ein R-Gespräch von einem gewissen Alex annehmen würde. Als ich dann seine Stimme hörte, war das wie ein Sonnenstrahl nach einem Monat Regen.«

»Kannst du kommen und mich abholen?« fragte McCandless.

»Ja. Wo in Seattle bist du?«

»Ron«, lachte McCandless, »Ich bin nicht in Seattle. Ich bin in Kalifornien, in Coachella. Du brauchst nur die Straße rauffahren.« Nachdem er im verregneten Nordwesten keinen Job gefunden hatte, war McCandless kurzentschlossen auf eine Reihe von Güterzügen gesprungen und in die Wüste zurückgefahren. In Colton, Kalifornien, war er von einem weiteren Wachmann erwischt und ins Gefängnis gesteckt worden. Nach seiner Entlassung war er nach Coachella in der Nähe von Palm Springs getrampt, von wo aus er nun anrief. Franz hängte ein und fuhr gleich los.

»Wir haben uns in ein Restaurant gesetzt, wo ich ihn mit Steak und Hummer gefüttert habe«, erinnert sich Franz, »und dann sind wir nach Salton City zurückgefahren.«

Wie sich herausstellte, hatte McCandless nur einen Tag Zeit und war eigentlich nur gekommen, um Wäsche zu waschen und seinen Rucksack zu packen. Wayne Westerberg hatte einen Job für ihn im Getreidesilo in Carthage. Er wollte so schnell wie möglich dorthin. Es war der 11. März, ein Mittwoch. Franz bot McCandless an, ihn nach Grand Junction, Colorado, zu fahren. Er habe am folgenden Montag einen Termin in Salton City und könne ihn daher nicht viel weiter bringen. Zu seiner Überraschung und großen Erleichterung nahm McCandless das Angebot ohne viel Aufhebens an.

Kurz vor der Abfahrt schenkte Franz McCandless ein paar Kleinigkeiten, die ihm bei seinem Alaska-Abenteuer vielleicht von Nutzen wären: unter anderem eine Machete, einen gefütterten Parka und eine zusammenschiebbare Angelrute. Donnerstag früh brachen sie auf und verließen in Franz' Pick-up Salton City. In Bullhead City machten sie Station, lösten McCandless' Konto auf und schauten kurz bei Charlie vorbei, in dessen Trailer McCandless Bücher und andere Sachen wie zum Beispiel das Fotoalbum/Tagebuch der Kanufahrt auf dem Colorado deponiert hatte. Schließlich bestand McCandless darauf, Franz zum Mittagessen ins Golden Nugget Casino in Laughlin am gegenüberliegenden Ufer einzuladen. Eine Kellnerin erkannte McCandless und rief überschwenglich: »Alex! Alex! Du bist wieder da!«

Franz hatte sich vor der Reise eine Videokamera gekauft und hielt unterwegs immer wieder an, um Aufnahmen von den Sehenswürdigkeiten zu machen. McCandless duckte sich meist sofort aus dem Bild, wenn das Objektiv sich auf ihn richtete. Dennoch gibt es ein paar Aufnahmen von ihm, wie er oberhalb des Bryce Canyon ungeduldig im Schnee steht. »O.k. jetzt aber wieder los«, ruft er nach ein paar Augenblicken protestierend in Richtung Kamera. »Wir haben noch viel vor, Ron.« Er trägt Jeans und Wollpullover, ist sonnengebräunt und wirkt kräftig und gesund.

Franz schildert die Reise als sehr angenehm, obwohl sie kaum Rast machten. »Während der Fahrt haben wir manchmal stundenlang schweigend nebeneinander gesessen«, erinnert er sich. »Selbst wenn er schlief, war ich glücklich, einfach weil er da war.« Irgendwann fand Franz den Mut, McCandless um einen besonderen Gefallen zu bitten. »Meine Mutter war ein Einzelkind«, erklärt er. »Mein Vater auch. Und ich bin ihr einziges Kind. Seit mein eigener Sohn tot ist, bin ich der letzte von uns. Wenn es mich nicht mehr gibt, wird meine Familie ausgestorben sein, so als hätte es uns nie gegeben. Also fragte ich Alex, ob ich ihn adoptieren könnte, ob er mein Enkel sein möchte.« McCandless, dem die Bitte peinlich war, reagierte ausweichend. »Laß uns drüber reden, wenn ich aus Alaska zurück bin, Ron.«

Am 14. März ließ Franz McCandless außerhalb von Grand Junction auf dem Seitenstreifen der Interstate 70 aussteigen und kehrte nach Südkalifornien zurück. McCandless war überglücklich, daß es endlich losging, daß er auf dem Weg nach Norden war. Und er war erleichtert – erleichtert darüber, daß es ihm wieder einmal gelungen war, sich der drohenden menschlichen Nähe und Freundschaft zu entziehen und den unüberschaubaren emotionalen Verwirrungen und Belastungen, die so was nach sich zu ziehen pflegt. Er war der klaustrophobischen Enge seiner Familie entkommen. Er hatte es geschafft, Jan Burres und Wayne Westerberg auf Distanz zu halten und sich aus ihrem Leben zu entfernen, bevor irgendwelche Erwartungen an ihn gestellt werden konnten. Und jetzt hatte er sich aus dem Leben von Ron Franz gestohlen, kurz und schmerzlos.

Schmerzlos vor allem für ihn, McCandless – nicht aber für den Einundachtzigjährigen. Man könnte lange darüber spekulieren, warum Franz in diesem kurzen Zeitraum eine so starke Zuneigung zu dem Jungen entwickelt hatte, Tatsache ist jedoch, daß seine Gefühle echt, tief und selbstlos waren.

Ron Franz führte seit vielen Jahren ein Einsiedlerdasein. Er hatte keine Familie und nur wenige Freunde. Diszipliniert und daran gewöhnt, für sich selbst zu sorgen, kam er trotz seiner Einsamkeit und des hohen Alters gut zurecht. Doch sein sorgfältig aufgebauter Schutzschild wurde von dem Jungen, der mit plötzlicher Vehemenz in sein Leben getreten war, angeschlagen. Franz genoß McCandless' Gesellschaft in vollen Zügen, aber durch ihre erblühende Freundschaft wurde ihm erst recht klar, wie einsam er all die Jahre gewesen war. Und je mehr der Junge half, die klaffende Leere in Franz' Leben zu füllen, desto offensichtlicher wurde sie. Als McCandless dann ebenso schnell wieder verschwand, wie er gekommen war, fühlte Franz sich unversehens tief verletzt.

Anfang April war ein langer, in South Dakota abgestempelter Brief in Franz' Postfach angekommen. »Hallo, Ron«, heißt es dort,

... hier ist Alex. Jetzt schufte ich schon seit fast zwei Wochen hier in Carthage, South Dakota. Drei Tage nachdem wir uns in Grand Junction, Colorado, getrennt hatten, kam ich hier an. Ich hoffe, du bist gut nach Salton City zurückgekommen. Die Arbeit hier gefällt mir, und zur Zeit läuft es ganz gut. Das Wetter ist gar nicht mal so übel, und manchmal ist es hier sogar überraschend mild. Ein paar Farmer sind sogar schon draußen auf den Feldern. Bei Euch in Kalifornien wird es jetzt wohl schon langsam ganz schön heiß. Ich frage mich, ob Du vielleicht mal zu den Thermalquellen gefahren bist und mitbekommen hast, wie viele Leute zu dem Regenbogen-Treffen am 20. März gekommen sind. War sicher ganz lustig, obwohl ich das Gefühl habe, daß Du zu solchen Leuten keinen Draht hast.

Ich bleibe nicht mehr lange in South Dakota. Mein Freund Wayne möchte, daß ich noch den Mai über im Getreidesilo arbeite und dann mit ihm den ganzen Sommer mähen gehe, aber mein Gefühl sagt mir, daß ich jetzt nach Alaska muß, und ich hoffe, daß ich spätestens am 15. April dorthin aufbrechen kann. Das heißt also, daß ich hier schon bald die Zelte abbrechen werde. Daher wäre es gut, wenn Du mir möglichst bald meine Post schickst, falls welche angekommen ist. Die Adresse steht unten.

Ron, ich bin Dir wirklich dankbar für all Deine Hilfe und auch für die tolle Zeit, die wir zusammen verbracht haben. Ich hoffe, daß Dich der Abschied nicht allzu traurig gemacht hat. Es kann noch viel Zeit vergehen, bis wir uns wiedersehen. Aber Du hörst von mir, vorausgesetzt, daß ich mein Alaska-Vorhaben auch heil überstehe.

Ich möchte aber gern noch einmal auf meinen Ratschlag zurückkommen; ich finde nämlich, daß Du Dein Leben radikal ändern und ganz mutig Dinge in Angriff nehmen solltest, die Dir früher nie in den Sinn gekommen wären oder vor denen Du im letzten Moment zurückgeschreckt bist. So viele Leute sind unglücklich mit ihrem Leben und schaffen es trotzdem nicht, etwas an ihrer Situation zu ändern, weil sie total fixiert sind auf ein angepaßtes Leben in Sicherheit, in dem möglichst alles gleichbleibt – alles Dinge, die einem scheinbar inneren Frieden garantieren. In Wirklichkeit wird die Abenteuerlust im Menschen jedoch am meisten durch eine gesicherte Zukunft gebremst. Leidenschaftliche Abenteuerlust ist die Quelle, aus der der Mensch die Kraft schöpft, sich dem Leben zu stellen. Freude empfinden wir, wenn wir neue Erfahrungen machen, und von daher gibt es kein größeres Glück als in einen immer wieder wechselnden Horizont blicken zu dürfen, an dem jeder Tag mit einer neuen, ganz anderen Sonne anbricht. Wenn Du mehr aus Deinem Leben machen willst, Ron, dann mußt Du Deine Vorliebe für monotone, gesicherte Verhältnisse ablegen und das Chaos in Dein Leben lassen, auch wenn es Dir am Anfang verrückt erscheinen mag. Aber sobald Du Dich an ein solches Leben einmal gewöhnt hast, wirst Du die volle Bedeutung erkennen, die darin verborgen liegt, und die schier unfaßbare Schönheit. Um es auf den Punkt zu bringen, Ron: Geh fort aus Salton City und fang an zu reisen. Du wirst noch froh darüber sein, das garantiere ich. Ich fürchte jedoch, daß Du meinen Ratschlag ignorieren wirst. Du hältst mich für stur, aber der wahre Dickkopf bist Du. Auf der Rückfahrt hattest Du Gelegenheit, Dir eines der größten Natur-

wunder der Welt anzusehen, den Grand Canyon, etwas, das jeder Amerikaner mindestens einmal in seinem Leben gesehen haben sollte. Aber aus irgendwelchen für mich nicht nachvollziehbaren Gründen wolltest Du nur so schnell wie möglich nach Hause zurück, geradewegs in die gleiche Situation, die Du Tag für Tag für Tag erlebst. Ich fürchte, daß Du dieser Neigung in Dir auch in Zukunft folgen wirst und daher nie die wundervollen Dinge entdecken wirst, die Gott um uns herum erschaffen hat, um sie uns entdecken zu lassen. Sei nicht so träge und bleib nicht einfach immer am selben Platz. Beweg Dich, reise, werde ein Nomade, erschaffe Dir jeden Tag einen neuen Horizont. Du wirst noch so lange leben, Ron, und es wäre eine Schande, wenn Du die Gelegenheit nicht nutzen würdest, Dein Leben von Grund auf zu ändern, um in ein vollkommen neues Reich der Erfahrungen einzutreten.

Es stimmt nicht, wenn Du glaubst, daß Glück einzig und allein zwischenmenschlichen Beziehungen entspringt. Gott hat es überall um uns herum verteilt. Es steckt in jeder kleinen Erfahrung, die wir machen. Wir müssen einfach den Mut haben, uns von unserem gewohnten Lebensstil abzukehren und uns auf ein unkonventionelles Leben einzulassen.

Vor allem möchte ich Dir sagen, daß Du weder mich noch sonstwen brauchst, um dieses neue, hoffnungsfroh schimmernde Licht in Dein Leben zu bringen. Du mußt nur zur Tür hinausgehen und die Hand danach ausstrecken und schon ist es Dein. Du selbst bist Dein einziger Feind, Du und Deine Sturheit, mit der Du Dich weigerst, Dich auf etwas Neues einzulassen.

Ron, ich hoffe wirklich, daß Du so bald wie möglich aus Salton City fortziehst, auf der Ladefläche Deines Pick-up ein kleines Wohnmobil einrichtest und Dir die großartigen Werke ansiehst, die Gott im amerikanischen Westen vollbracht hat. Du wirst staunen, was es alles zu sehen gibt, und Du wirst Leute kennenlernen, von denen man eine Menge lernen kann. Aber mach es ohne viel Geld, keine Motels, und Dein Essen kochst Du Dir selbst. Je weniger Du ausgibst, desto höher ist der Erlebniswert. Ich hoffe, daß Du ein neuer Mensch bist, wenn ich Dich das nächste Mal sehe, ein Mann mit einem großen Schatz an Erfahrungen und Abenteuern. Jetzt heißt es, nicht lange zu zögern, Entschuldigungen zählen nicht mehr. Geh einfach raus und tu's. Geh einfach raus und tu's. Du wirst noch sehr, sehr froh drüber sein.

Paß auf Dich auf, Ron,
Alex

Bitte schreib mir an folgende Adresse:
Alex McCandless
Madison, SD 57042

Erstaunlicherweise nahm der einundachtzigjährige Mann sich die forschen Ratschläge des vierundzwanzigjährigen Vagabunden zu Herzen. Franz räumte Möbel und den größten Teil seiner Habe in einen Container, kaufte sich einen GMC Duravan und stattete ihn mit Kojen und Campinggerät aus. Dann kündigte er seine Wohnung und zog in die *bajada*.

Er legte einen Kreis von Steinen um McCandless' alten Lagerplatz gleich hinter den Thermalquellen aus, fuhr den GMC-Bus drauf und pflanzte noch ein paar Feigenkakteen und Bastard-Indigosträucher um, »weil es so landschaftlich schöner wirkt«. Dann harrte er in der Wüste aus, Tag für Tag für Tag, und erwartete die Rückkehr seines jungen Freundes.

Für einen Mann, der auf die Neunzig zugeht und zwei Herzinfarkte überlebt hat, wirkt Ronald Franz (der Name wurde auf seine Bitte von mir geändert) bemerkenswert rüstig. Er hat kräftige Arme und eine breite, gewölbte Brust, seine einsachtzig lange Gestalt hält er kerzengerade. Er hat auffallend große Ohren, und auch seine knorrigen Hände sind überproportional groß. Als ich seinen Lagerplatz in der Wüste betrete und mich vorstelle, trägt er eine alte Jeans und ein blitzsauberes weißes T-Shirt, dazu einen reichverzierten, selbstgemachten Ledergürtel, weiße Socken und abgewetzte schwarze Mokassins. Sein hohes Alter ist nur an den Falten quer über der Stirn und der stolzen, tief zerfurchten Nase ersichtlich. Ein breites, violettes Venengeflecht zieht sich über sie hinweg wie eine künstlerische Tätowierung. Etwas über ein Jahr nach McCandless' Tod betrachtet er die Welt mit argwöhnischen blauen Augen.

Um Franz' Mißtrauen zu zerstreuen, überreiche ich ihm eine Auswahl von Fotos meiner Alaska-Reise im letzten Sommer. Ich war damals auf den Spuren von Chris McCandless den Stampede Trail hinuntergewandert. Die zuoberst liegenden Bilder sind Landschaften und zeigen den von Bäumen und Büschen überwucherten Trail, die umliegenden Wälder, die Berge am Horizont und den Sushana River. Franz sieht sie sich schweigend an und nickt gelegentlich, wenn ich den Bildern Erklärungen hinzufüge. Er ist offenbar froh, sie sich ansehen zu dürfen.

Als er jedoch bei den Fotos vom Bus, in dem der Junge starb, angelangt ist, erstarrt er plötzlich. Ein paar davon sind im Innern des Busses aufgenommen und zeigen McCandless' Sachen. Als ihm schließlich klar wird, was er da sieht, treten ihm Tränen in die Augen. Er drückt mir den Stapel wieder in die Hand, und während ich eine Entschuldigung murmele, entfernt er sich kurz, um sich wieder zu sammeln.

Franz wohnt nicht mehr auf McCandless' altem Lagerplatz. Nachdem eine Überschwemmung den Pfad dorthin unpassierbar gemacht hatte, ist er zwanzig Meilen weiter gezogen, in Richtung der Borrego Badlands. Dort kampiert er neben einer einsamen Pappelgruppe. Oh-My-God Hot Springs ist ebenfalls verschwunden. Bulldozer haben alles eingeebnet, und die Quellen wurden auf Weisung des Imperial-Valley-Gesundheitsamtes zubetoniert. Den Bezirksbeamten zufolge mußte die Quelle geschlossen werden, da ernsthafte Erkrankungen durch infektiöse Mikroben zu befürchten waren.

»Kann schon sein, klar«, sagt der Angestellte des einzigen Ladens in Salton City, »aber die meisten hier glauben, daß sie die Quellen plattgemacht haben, weil sie die ganzen Hippies und Penner und das ganze Gesocks angezogen haben. Wurde auch Zeit, wenn Sie mich fragen.«

Ron Franz hatte über acht Monate nach seinem Abschied von McCandless an seinem Lagerplatz ausgeharrt. Er hatte geduldig Alex' Rückkehr abgewartet, die Straße hinuntergespäht und nach einem jungen Mann mit großem Rucksack Ausschau gehalten. Ende 1992, am zweiten Weihnachtsfeiertag, nahm er auf der Rückfahrt von Salton City, wo er nach seiner Post geschaut hatte, zwei Tramper mit. »Der eine stammte aus Mississippi, glaub ich. Der andere war Indianer«, erinnert sich Franz. »Auf dem Weg nach Hot Springs hab ich angefangen, ihnen von meinem Freund Alex zu erzählen und dem Abenteuer, für das er nach Alaska gegangen war.«

Plötzlich unterbrach ihn der Indianer mit einer Frage: »Hieß er zufällig Alex McCandless?«

»Ja, genau. Dann habt ihr ihn also getroffen – «

»Tut mir leid, was ich Ihnen jetzt sagen muß, Mister, aber Ihr Freund ist tot. In der Tundra erfroren. Hab darüber gerade erst in *Outside* gelesen, einer Zeitschrift.«

Völlig schockiert hakte Franz nach, stellte dem Tramper alle möglichen Fragen. Die Details stimmten, alles paßte zusammen. Irgend etwas war fürchterlich schiefgelaufen. McCandless würde nie zurückkehren.

»Als Alex nach Alaska aufbrach«, erinnert sich Franz, »habe ich gebetet. Ich habe zu Gott gesagt, hier, dieser Junge, hab immer ein Auge auf ihn. Ich habe ihm gesagt, der Junge ist was ganz Besonderes. Aber er hat Alex sterben lassen. Als ich dann am 26. Dezember erfahren habe, was passiert ist, habe ich mit Gott gebrochen. Ich bin aus der Kirche ausgetreten und Atheist geworden. Ich habe mir einfach gesagt, ich kann nicht an einen Gott glauben, der es zuläßt, daß einem Jungen wie Alex so was Schreckliches zustößt.

Ich hab die Tramper abgesetzt«, fährt Franz fort, »ich bin umgedreht und zum Laden zurückgefahren und hab mir eine Flasche Whiskey gekauft. Und dann bin ich in die Wüste rausgefahren und hab sie getrunken. Ich war den Alkohol nicht mehr gewohnt, und mir ist schlecht geworden. Hab gehofft, daß es mich umbringt, hat's aber nicht. Mir ist einfach nur sehr, sehr schlecht geworden.«

Carthage

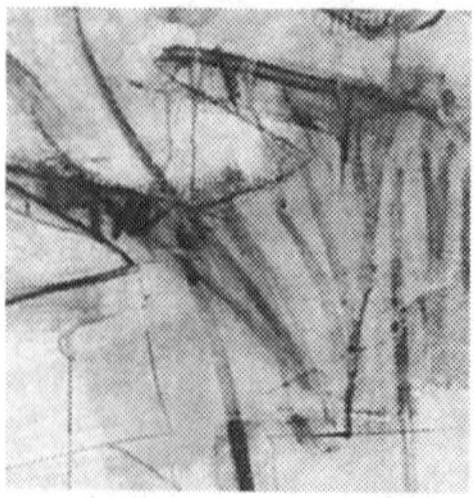

KAPITEL SIEBEN

Da waren ein paar Bücher ... Eins war Pilgrims Progress, *über einen Mann, der seine Familie verlassen hat, weshalb, stand nicht drin. Ich hab richtig viel drin gelesen, wenn mir danach war. Was darin so gesagt wurde, war interessant, aber ganz schön hart.*

MARK TWAIN,
»HUCKLEBERRY FINNS ABENTEUER«

Es ist wohl wahr, daß schöpferische Menschen in ihren zwischenmenschlichen Beziehungen oft scheitern, und einige unter ihnen führen ein geradezu isoliertes Dasein. Sicherlich ist auch nicht zu leugnen, daß es genügend Fallbeispiele gibt, in denen ein frühes Trauma – z. B eine im frühen Kindesalter zu bewältigende Trennung oder irgendein schmerzlicher Verlust – einen potenziell gestalterisch-kreativen Geist dazu veranlaßten, verstärkt die Seiten seiner Persönlichkeit auszubauen, die es ihm ermöglichen, auch in relativer Isolation Erfüllung zu finden. Aber dies bedeutet nicht, daß eine einsame, kreative Beschäftigung zwangsläufig auch pathologisch ist ...

Vermeidungsverhalten ist eine Reaktion, mit der ein Säugling sich vor drohenden Verhaltensstörungen zu schützen sucht. Im späteren Erwachsenenleben können sich von Vermeidungsverhalten geprägte Säuglinge durchaus ein starkes Bedürfnis entwickeln, Sinn und Ordnung in ein Leben zu bringen, dessen Gelingen nicht *völlig oder hauptsächlich von zwischenmenschlichen Beziehungen abhängt.*

ANTHONY STORR,
»SOLITUDE: A RETURN TO THE SELF«,

❖

Das Hirsefeld ist erst halb abgemäht. Der schwere Mähdrescher – eine John Deere 8020 – hockt im Abendlicht inmitten der einsamen Weite von South Dakota stumm da. Wayne Westerbergs schlammbeschmierte Sneakers ragen aus dem Schlund der Maschine hervor, der ihn wie ein monströses Stahlreptil zu verschlucken scheint. »Gebt mir mal den verdammten Schraubenschlüssel«, ruft eine wütende Stimme aus dem Innern der Maschine. »Oder könnt ihr bloß blöd rumstehen?« Der Mähdrescher war zum dritten Mal in drei Tagen liegengeblieben, und Westerberg werkelte verzweifelt daran herum und versuchte, noch vor Einbruch der Dunkelheit ein schwer erreichbares Zapfenlager zu ersetzen.

Eine Stunde später hat er es doch noch geschafft und taucht öl- und spreuverschmiert wieder auf. »Tut mir leid wegen vorhin. Daß ich so laut geworden bin«, entschuldigt sich Westerberg. »Wir schieben zu viele Achtzehn-Stunden-Tage. Ich schätze, mir geht langsam die Geduld aus, jetzt am Ende der Saison und so, und genug Leute haben wir auch nicht. Wir haben ja voll auf Alex gezählt.«

Es war jetzt anderthalb Monate her, daß McCandless' Leiche am Stampede Trail in Alaska gefunden worden war.

Sieben Monate zuvor, an einem klirrend kalten Nachmittag im März, war McCandless ins Büro der Siloanlagen von Carthage geschlendert und hatte verkündet, daß er wieder zur Verfügung stehe. »Wir sitzen da und machen gerade die Abrechnungen, so wie jeden Morgen«, erinnert sich Westerberg, »und dann kommt Alex mit einem riesigen alten Rucksack reinspaziert.« Er sagte zu Westerberg, daß er bis zum 15. April bleiben wolle, gerade lange genug, um sich das Geld für eine Alaska-Reise zusammenzusparen, für die er noch jede Menge Ausrüstung benötige. McCandless versprach, wieder früh genug nach South Dakota zurückzukehren, um bei der Ernte im Herbst zu helfen. Er wolle es jedoch unbedingt vor Ende April bis Fairbanks schaffen, um dort oben so viel Zeit wie möglich zu verbringen.

Die Arbeit in jenen vier Wochen in Carthage war hart. McCandless übernahm die schmutzigsten und stumpfsinnigsten Tätigkeiten, Jobs, vor denen alle anderen sich drückten: Lagerhäuser ausmisten, Ungeziefer vernichten, anstreichen, Unkraut jäten. Um McCandless auch mal mit einer etwas anspruchsvolleren Arbeit zu belohnen, versuchte Westerberg, ihm das Fahren eines Frontladers beizubringen. »Alex hatte wohl nie viel mit Maschinen zu tun gehabt«, erzählt Westerberg mit einem Kopfschütteln, »und es war schon ziemlich witzig, zuzusehen, wie er versuchte, ein Gefühl für die Kupplung zu kriegen und für all die anderen Hebel. Daß er technisch begabt gewesen wäre, kann man ihm jedenfalls nicht nachsagen.«

Auch sein Sinn fürs Praktische ließ zu wünschen übrig. Viele, die ihn kannten, erlaubten sich zuweilen die Bemerkung, daß er oft den Wald vor lauter Bäumen nicht gesehen habe. »Alex schwebte zwar nicht in einer anderen Welt«, erklärt Westerberg, »verstehen Sie mich nicht falsch. Aber er hatte seine Aussetzer. Ich weiß noch, wie ich einmal zum Haus rüber bin, durch die Küche komm und dann diesen fürchterlichen Gestank bemerke. Es hat richtig fies gestunken. Ich hab die Mikrowelle aufgemacht, und da war unten eine ganz dicke, ranzige Fettschicht. Alex hat die Mikrowelle immer zum Hähnchenbraten hergenommen, und er ist nie auf die Idee gekommen, daß das Fett ja wohl irgendwohin ablaufen muß. Er war nicht etwa zu faul, das Ding zu reinigen – im Gegenteil, Alex hat immer penibel für Ordnung und Sauberkeit gesorgt –, er hat nur einfach das Fett nicht bemerkt.«

Kurz nachdem McCandless in jenem Frühjahr nach Carthage zurückgekehrt war, stellte Westerberg ihn seiner langjährigen Freundin vor, Gail Borah. Die beiden hatten sich über die Jahre etliche Male getrennt und dann wieder zusammengerauft. Sie ist eine zierliche Frau mit feinen Gesichtszügen, traurigen Augen und langen blonden Haaren. McCandless und die fünfunddreißigjährige geschiedene Mutter zweier halbwüchsiger Kinder freundeten sich bald an. »Anfangs war er irgendwie schüchtern«, erzählt Borah. »Man hatte das Gefühl, daß es ihn streßte, mit Leuten zusammen zu sein. Ich hab mir einfach nur gedacht, daß das daher kommt, daß er so viel Zeit allein verbracht hat.

Ich hab Alex so gut wie jeden Abend zum Essen dagehabt«, fährt Borah fort. »Er hatte einen gesunden Appetit. Hat den Teller immer leergegessen. Immer. Er war auch ein guter Koch. Manchmal hat er mich zu Wayne eingeladen und für uns alle Abendessen gemacht. Hat viel mit Reis gemacht. Ein Wunder, daß ihm der Reis nicht irgendwann mal zum Hals raushing. Er hat mal gesagt, daß er einen ganzen Monat lang von zwölf Kilo Reis und nichts anderem leben könnte.

Alex hat viel erzählt, wenn wir zusammen waren«, erinnert sich Borah. »Ging über richtig ernste Dinge, so, als ob er einem seine Seele ausschüttet oder so. Er hat gemeint, daß er mir Sachen erzählen kann, die er den anderen nicht sagen kann. Irgend etwas hat an ihm genagt, das hat man gleich gemerkt. Anscheinend kam er mit seinen Eltern und seiner Familie nicht zu Rande, aber er hat nie viel über sie erzählt, außer über Carine, seine kleine Schwester. Er hat gemeint, daß sie sich sehr nahe sind. Daß sie eine Schönheit ist und daß sich die Jungs auf der Straße nach ihr umdrehen und sich die Augen aus dem Kopf starren.«

Was Westerberg anlangt, so kümmerte er sich weniger um McCandless' Familiengeschichten. »Ich hab nie rausgekriegt, warum er so sauer auf die war, aber ich hab mir gedacht, er wird schon seine Gründe haben. Jetzt, wo er tot ist, bin ich mir da nicht mehr so sicher. Wenn Alex jetzt hier wär, würd ich ihm meine Meinung sagen: Was zum Teufel hast du dir eigentlich dabei gedacht? Dich die ganze Zeit nicht bei deiner Familie zu melden, sie wie'n Stück Dreck zu behandeln! Einer von den Jungs, die hier für mich arbeiten, hat überhaupt keine Eltern, verdammt noch mal, aber ich hab ihn noch nie meckern hören. Ich hab keine Ahnung, was mit den Eltern von Alex los war, aber was auch immer es ist, ich hab auf jeden Fall schon sehr viel Schlimmeres gesehen. So wie ich Alex kenne, ist bestimmt irgendwas zwischen ihm und seinem Vater vorgefallen, und Alex konnte keine Ruhe geben.«

Westerbergs letztere Vermutung war, wie sich herausstellte, eine ziemlich scharfsinnige Analyse des Verhältnisses zwischen Chris und Walt McCandless. Beide, der Vater wie der Sohn, waren reizbare Dickköpfe. Angesichts Walts Sucht, alle und alles kontrollieren zu wollen, und Chris' extrem ausgeprägter Freiheitsliebe war der Streit vorprogrammiert. Während seiner Schul- und Collegezeit fügte Chris sich Walts Autorität noch in erstaunlichem Maße, doch innerlich kochte und gärte es in dem Jungen schon unablässig. Er brütete ausgiebig über vermeintliche moralische Unzulänglichkeiten seines Vaters, den heuchlerischen Lebensstil seiner Eltern und dem Druck ihrer Liebe, die immer an bestimmte Bedingungen geknüpft war. Irgendwann probte Chris den Aufstand – und als er einmal damit angefangen hatte, tat er es mit der ihm eigenen Unerbittlichkeit.

Kurz bevor er verschwand, beschwerte Chris sich bei Carine über seine Eltern. Ihr Verhalten sei »dermaßen selbstherrlich und repressiv, dermaßen dreist und demütigend, daß bei mir die Schmerzgrenze erreicht ist«. Er schreibt weiter:

Da sie sich kategorisch weigern, mich ernst zu nehmen, werde ich sie nach dem College-Abschluß ein paar Monate in dem Glauben lassen, daß sie ja so recht haben mit allem, daß ich »die Dinge jetzt endlich auch mal von ihrer Warte aus sehe« und daß unser Verhältnis sich normalisiert. Und dann, wenn die Zeit gekommen ist, werde ich sie mit einem einzigen, schnellen Schlag total aus meinem Leben katapultieren. Ich werde sozusagen die Scheidung einreichen, mich für immer und ewig von ihnen lossagen und, solange ich lebe, nie mehr ein Wort an diese beiden Idioten richten. Ich werde mit ihnen fertig sein, ein für allemal, für immer und ewig.

Die menschliche Kälte, die Westerberg in dem Verhältnis zwischen Alex und seinen Eltern vermutete, stand in krassem Gegensatz zu der Wärme, die McCandless in Carthage ausstrahlte. Kontaktfreudig und von einnehmen dem Wesen, wenn er in der richtigen Laune war, bezauberte er die Leute regelrecht. Wenn er nach South Dakota zurückkam, wartete stets ein ganzer Stapel Post auf ihn – Briefe von Leuten, die er unterwegs kennengelernt hatte, unter anderem auch von einem Mädchen, das, wie Westerberg noch weiß, »total verknallt in ihn war, irgend jemand, den er in so einer Art Timbuktu – so was wie ein Camping-Platz, glaub ich – kennengelernt hat«. McCandless hatte jedoch nie etwas von irgendwelchen Liebschaften erwähnt, weder Westerberg noch Borah gegenüber.

»Ich wüßte nicht, daß Alex jemals was von irgendwelchen Freundinnen erzählt hätte«, sagt Westerberg. »Obwohl, ab und zu hat er davon geredet, daß er eines Tages heiraten und eine Familie gründen will. Alex war niemand, der Beziehungen auf die leichte Schulter nimmt. Er war nicht der Typ, der rausgeht und irgendein Mädchen abschleppt.«

Auch Borah war klar, daß McCandless nicht viel Zeit damit verbracht hatte, Single-Bars abzuklappern. »Einmal sind wir alle in eine Bar drüben in Madison gegangen«, erzählt sie, »und wir haben ihn kaum auf die Tanzfläche gekriegt. Aber als er einmal drauf war, war er kaum noch runter zu kriegen. Wir haben einen Riesenspaß gehabt. Als Alex tot war, hat Carine mir erzählt, daß ich ihres Wissens eins der wenigen Mädchen war, mit dem Alex jemals tanzen gegangen ist.«

Auf der High School hatte McCandless mit zwei oder drei Angehörigen des anderen Geschlechts ein engeres Verhältnis, und Carine erinnert sich an einen Vorfall, als er in völlig betrunkenem Zustand mitten in der Nacht versucht hatte, ein Mädchen zu sich aufs Schlafzimmer abzuschleppen (als sie die Treppe hochgingen, machten sie einen solchen Krach, daß Billie aufwachte und das Mädchen nach Hause schickte). Aber auch sonst ist nichts darüber bekannt, daß er als Teenager sexuelle Erfahrungen gemacht hätte, und noch weniger deutet daraufhin, daß er nach der High-School mit einer Frau geschlafen hätte. (Auch gibt es keinen Grund anzunehmen, daß er mit einem Mann intim gewesen wäre.) McCandless fühlte sich also allem Anschein nach zu Frauen hingezogen, übte sich aber in mönchischer Enthaltsamkeit.

Keuschheit und moralische Unbeflecktheit waren Werte, über die McCandless oft und ausgiebig sinnierte. Tatsächlich fand man unter den Büchern bei seiner Leiche eine Kurzgeschichtensammlung, die Tolstois »Kreutzersonate« enthielt, in der ein zur Askese bekehrter Edelmann die »Versuchungen des Fleisches« anprangert. Eine ganze Reihe solcher und ähnlicher Passagen des arg zerlesenen Textes sind mit Sternchen versehen oder dick angestrichen. Die Ränder sind übersät mit rätselhaften Notizen in McCandless' Handschrift. Und in dem Kapitel »Höhere Gesetze« in Thoreaus »Walden«, das ebenfalls im Bus gefunden wurde, kreiste McCandless folgende Stelle ein: »Keuschheit ist des Menschen Blüte, und was wir Genius, Heroismus, Heiligkeit nennen, sind nur die verschiedenen Früchte, die sie reifen läßt.«

Wir Amerikaner sind besessen vom Sex. Sex ist überall. Überall erregt er uns, kitzelt uns, erschreckt uns. Wenn ein offensichtlich gesunder Mensch, insbesondere ein gesunder, junger Mann, beschließt, den Verlockungen des Fleisches zu entsagen, dann reagieren wir schockiert und blicken uns scheeläugig an. Unser Argwohn ist geweckt.

McCandless' offensichtliche sexuelle Unschuld steht jedoch in der Tradition eines Menschentypus, den man in unserem Kulturkreis zu bewundern vorgibt, zumindest gilt das für ihre berühmteren Verfechter. Mit seinen widersprüchlichen Gefühlen in bezug auf Sexualität wandelt

McCandless auf den Spuren mehrerer gefeierter Persönlichkeiten, die sich wie er für die unberührte Natur begeisterten – Thoreau (der sein Leben lang keusch blieb) und der Naturschützer John Muir, um nur zwei der prominentesten Vertreter zu nennen, ganz zu schweigen von den Heerscharen weniger berühmter Pilger, Wahrheitssucher, Aussteiger und Abenteurer. Wie so viele andere, die den Verlockungen der Wildnis erlagen, schien auch McCandless von einer Variante der Lust getrieben zu sein, die die sexuelle Begierde verdrängt. In gewissem Sinne war seine Sehnsucht zu stark, um durch natürlichen menschlichen Kontakt gestillt zu werden. Der Beistand, den ein Verhältnis mit einer Frau versprach, mag McCandless gereizt haben, doch letztendlich verblaßte dieser Reiz neben der Aussicht auf die Vereinigung mit der nackten Natur, dem Kosmos. Und so verwundert es nicht, daß es ihn nach Norden zog, nach Alaska.

McCandless versicherte sowohl Westerberg als auch Borah, daß er im Anschluß an seinen Aufenthalt im Norden nach South Dakota zurückkehren und zumindest den Herbst über bleiben wolle. Danach würde man weitersehen.

»Ich hatte den Eindruck, daß diese Alaska-Eskapade sein letztes, großes Abenteuer werden sollte«, meint Westerberg, »und daß er dann so langsam mit 'nem geregelten Leben anfangen wollte. Er meinte, daß er über seine Reisen ein Buch schreiben will. Er hat sich in Carthage wohl gefühlt. Mit seiner Ausbildung hat ihm keiner abgenommen, daß er den Rest seines Lebens in einem gottverdammten Getreidesilo schaffen würde. Aber er hatte fest vor zurückzukommen und noch 'ne Zeitlang zu bleiben, uns im Silo auszuhelfen und sich zu überlegen, was weiter wird.«

In jenem Frühling jedoch waren McCandless' Pläne

unverrückbar auf Alaska gerichtet. Bei jeder Gelegenheit redete er von seiner Reise. Er machte erfahrene Jäger der Umgegend ausfindig und bat sie um Tips für die Pirsch, das Ausnehmen und Zerlegen von Wild und das Haltbarmachen von Fleisch. Borah fuhr ihn zu einem großen Einkaufszentrum in Mitchell, wo er noch ein paar Sachen für seine Ausrüstung kaufen wollte.

Mitte April hatte Westerberg viele Aufträge, aber kaum Leute. Daher bat er McCandless, seine Abreise um ein, zwei Wochen zu verschieben. McCandless wollte jedoch nichts davon hören und lehnte ab. »Wenn Alex sich einmal etwas in den Kopf gesetzt hatte, war er durch nichts und niemand mehr davon abzubringen«, klagt Westerberg. »Ich hab ihm sogar angeboten, ihm ein Flugticket nach Fairbanks zu kaufen. Damit hätte er noch zehn Tage weiterarbeiten können und wär immer noch Ende April in Alaska gewesen, aber er hat gesagt: ›Nein, ich will in den Norden *trampen*. Fliegen wäre nicht fair. Würde mir die ganze Reise kaputtmachen.‹«

Zwei Tage vor McCandless' geplantem Aufbruch lud ihn Mary Westerberg, Waynes Mutter, zum Abendessen ein. »Meine Mutter mag die meisten Leute nicht, die ich so anheure«, erklärt Westerberg, »und sie war auch nicht allzu begeistert von der Idee, Alex kennenzulernen. Aber ich hab ihr immer wieder damit in den Ohren gelegen und gesagt: ›Du mußt den Jungen unbedingt kennenlernen‹, und dann hat sie schließlich nachgegeben und ihn zum Abendessen eingeladen. Die beiden haben sich auf Anhieb verstanden. Fünf Stunden lang haben sie nonstop miteinander gequatscht.«

»Er hatte irgendwas Faszinierendes an sich«, erklärt Mrs. Westerberg, die an einem glänzend polierten Walnußtisch sitzt. An dem gleichen Platz hatte an jenem Abend McCandless gesessen. »Alex kam mir viel älter vor als vierundzwanzig. Bei allem, was ich sagte, wollte er genauer Bescheid wissen und hat nachgehakt, was ich genau meinte, warum ich dies oder jenes dachte. Er war wißbegierig. Im Gegensatz zu den meisten Menschen war er jemand, der streng nach seinen Überzeugungen lebt, komme was wolle.

Wir haben uns stundenlang über Bücher unterhalten. In Carthage gibt es nicht so viele Leute, die sich gern über Bücher unterhalten. Er hat in einem fort über Mark Twain geredet. Mensch, hat das Spaß gemacht, den Jungen dazuhaben. Ich hätte die ganze Nacht so sitzenbleiben können. Ich hatte mich so drauf gefreut, ihn im Herbst wiederzusehen. Er geht mir nicht mehr aus dem Kopf. Ich seh immer wieder sein Gesicht vor mir. Er saß in dem gleichen Stuhl, in dem Sie sitzen. Wenn ich bedenke, daß Alex und ich ja nur ein paar Stunden miteinander verbracht haben, erstaunt es mich, wie nahe mir sein Tod geht.«

An seinem letzten Abend in Carthage ging McCandless mit Westerbergs Crew ins »Cabaret« und feierte noch einmal kräftig. Der Jack Daniels floß in Strömen. Alle waren überrascht, als McCandless sich ans Piano setzte – er hatte nie erwähnt, daß er Klavier spielt – und schräge Country- und Varietémelodien runterhämmerte, dann Ragtime und schließlich noch ein paar Tony-Bennett-Nummern. Und er war nicht etwa irgendein Betrunkener, der mit seinem vermeintlichen Talent die Geduld seines Publikums strapazierte. »Alex«, stellt Borah klar, »konnte wirklich spielen. Ich meine er war *gut*. Wir waren alle völlig hingerissen von der Show.«

Am Morgen des 15. April trafen sich alle am Silo, um McCandless Lebewohl zu wünschen. Sein Rucksack war schwer. In seinem Stiefel hatte er an die eintausend Dollar verstaut. Tagebuch und Fotoalbum ließ er zur Verwahrung bei Westerberg. Darüber hinaus schenkte er ihm den Ledergürtel, den er in der Wüste gefertigt hatte.

»Alex hat immer an der Bar im Cabaret gesessen und stundenlang Geschichten aus dem Gürtel vorgelesen«, erzählt Westerberg, »so als ob er Hieroglyphen für uns übersetzen würde. Alle Bilder, die er ins Leder geritzt hat, haben ihre eigene, lange Geschichte gehabt.«

Als McCandless Borah beim Abschied umarmte, erzählt sie, »hab ich gemerkt, daß er weint. Das hat mir einen Schrecken eingejagt. Denn so lange wollte er ja gar nicht wegbleiben. Ich hab dann gedacht, daß er bestimmt ein paar richtig riskante Sachen vorhatte und wußte, daß er vielleicht nicht wiederkommt, sonst hätte er ja wohl nicht geweint. Da hab ich zum erstenmal so ein ungutes Gefühl gekriegt, daß wir Alex nie wiedersehen.«

Ein großer, traktorähnlicher Pick-up wartete mit laufendem Motor vor der Tür. Rod Wolf, einer von Westerbergs Angestellten, mußte eine Ladung Sonnenblumen-Saatgut nach Enderlin, North-Dakota, befördern und hatte versprochen, McCandless bis zur Bundesstraße 94 mitzunehmen.

»Als ich ihn rausgelassen hab, hat ihm diese riesige verdammte Machete von der Schulter gehangen«, erzählt Wolf. »Ich hab noch gedacht: ›Mann, mit dem Ding nimmt den kein Mensch mit.‹ Aber ich hab dann nichts gesagt. Ich hab ihm einfach nur die Hand gedrückt, ihm viel Glück gewünscht und gesagt, daß er auf jeden Fall schreiben soll.«

Und das tat McCandless dann auch. Eine Woche später erhielt Westerberg eine Postkarte mit einer kurzen Nachricht. Die Karte war in Montana abgestempelt worden:

18. April: Bin heute morgen auf einem Güterzug in Whitefish angekommen. Komme gut voran. Heute werde ich mich über die Grenze schleichen. Dann heißt es Richtung Norden, nach Alaska. Grüße an alle.

Alles Gute, Alex.

Dann, Anfang Mai, erhielt Westerberg die nächste Karte, diesmal aus Alaska. Die Karte zeigte einen Eisbären. Der Stempel stammte vom 27. April 1992. »Grüße aus Fairbanks!« heißt es da:

Dies wird meine letzte Nachricht an Dich sein, Wayne. Bin vor zwei Tagen hier angekommen. Das Trampen in der Gegend um den Yukon lief nicht so gut. Aber jetzt bin ich endlich hier.

Schicke bitte all meine Post an den Absender zurück. Es kann noch lange dauern, bis ich wieder im Süden bin. Dieses Abenteuer geht vielleicht tödlich aus, und es kann sein, daß Du nie wieder von mir hören wirst. Ich möchte aber, daß Du weißt, wie sehr ich Dich bewundere. Ich breche nun in die Wildnis auf.

Alex.

Am selben Tag schickte McCandless eine Karte mit ähnlichem Inhalt an Jan Burres und Bob:

Hallo Leute! Dies wird meine letzte Message an Euch sein. Ich breche jetzt auf und werde in der Wildnis leben. Paßt auf Euch auf, es war toll, Euch kennenzulernen.

Alexander.

Alaska

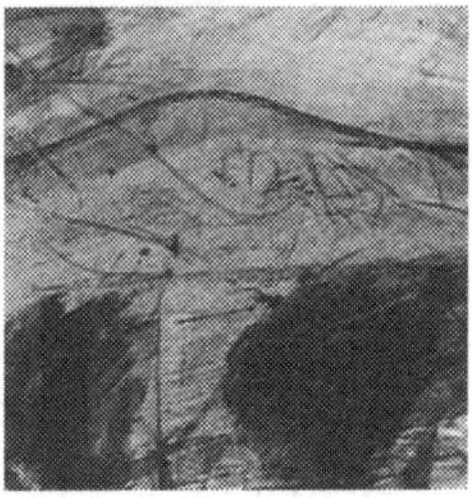

KAPITEL ACHT

Vielleicht ist es schließlich doch die schlechte Angewohnheit schöpferischer Menschen, mit pathologisch anmutender Energie geistiges Neuland zu betreten. Die Erkenntnisse, zu denen sie dabei gelangen, sind oft bemerkenswert. Allerdings verhelfen sie nur jenen zu einer dauerhaften Existenz, denen es gelingt, sie in nennenswerte Kunst oder Gedankenwelten zu übertragen.

THEODORE ROSZAK,
»IN SEARCH OF THE MIRACULOUS«

Wir haben in Amerika die Tradition des »Großen doppelherzigen Stroms«: das Ritual besteht darin, daß man seine Wunden zur Heilung, zur Umkehr oder was auch immer in die Wildnis trägt. Und wenn, wie in der Hemingway-Geschichte, die Wunden nicht allzu tief gehen, klappt dies auch. Aber wir sind hier nicht in Michigan (und auch nicht in Faulkners »Big Woods« in Mississippi). Dies hier ist Alaska.

EDWARD HOAGLAND,
»UP THE BLACK TO CHALKYITSIK«

Als McCandless in Alaska tot aufgefunden wurde und die Medien von den verblüffenden Umständen seines Todes berichteten, dachten viele, daß der Junge geistig verwirrt gewesen sein mußte. Der Artikel über McCandless in *Outside* rief eine Flut von Leserbriefen hervor, und nicht wenige der Briefe gingen mit dem jungen Traveler hart ins Gericht – und auch mit mir, dem Autor der Story, dem vorgeworfen wurde, einen Tod zu verherrlichen, den man für dumm und sinnlos hielt.

Viele der ablehnenden Briefe stammten von Alaskanern. »Alex ist für mich ein Verrückter, wie er im Buche steht«, schrieb ein Einwohner von Healy, dem kleinen Städtchen am Anfang des Stampede Trail. »Der Autor beschreibt einen Mann, der ein kleines Vermögen verschenkt, seine ihn aufrichtig liebende Familie im Stich läßt, einen Mann, der seinen Wagen, seine Uhr und seine Landkarte achtlos zurückläßt, der sein letztes Geld verbrennt, und das alles nur, um westlich von Healy in die ›Wildnis‹ zu latschen.«

»Ich persönlich kann weder an Chris McCandless' Art zu leben noch an seiner Wildnis-Doktrin etwas Positives finden«, schimpfte ein anderer Leser. »Absichtlich schlecht vorbereitet in die Wildnis aufzubrechen und eine todesähnliche Erfahrung zu überstehen macht einen nicht zum besseren Menschen. Es bedeutet nur, daß man verdammt viel Schwein gehabt hat.«

Ein Leser von *Outside* fragte sich, wie es möglich ist, »daß jemand, der vorhat, ›ein paar Monate lang von dem, was das Land so hergibt‹, zu leben, die allererste Pfadfinderregel vergißt: Sei für alles gerüstet. Wie kann ein Sohn seinen Eltern und seiner Familie einen so tiefen, bleibenden Schmerz zufügen?«

»Krakauer muß ganz schön spinnen, wenn er nicht kapiert, daß Chris ›Alexander Supertramp‹ der größte

Spinner aller Zeiten ist«, meint ein Mann aus North Pole, Alaska. »McCandless hatte schon lange jede Menge Schrauben locker, und die sind ihm in Alaska eben zum Verhängnis geworden.«

Die schärfste Kritik traf in Form einer seitenlangen dichtbeschriebenen Epistel aus Ambler ein, einer winzigen Eskimosiedlung am Kobruk River nördlich des Polarkreises. Der Autor des Briefes war Weißer, stammte ursprünglich aus Washington D.C. und hieß Nick Jans. Jans, Schriftsteller und Schullehrer von Beruf, schickte warnend voraus, daß es bereits ein Uhr nachts sei und die Flasche Seagram's so gut wie leer. Dann machte er seinem Ärger Luft:

In den letzten fünfzehn Jahren sind mir hier draußen mehr als nur ein McCandless über den Weg gelaufen. Immer das gleiche: idealistische, energiegeladene Jungs, die ihre Kräfte über- und die der Natur unterschätzen, und ehe sie sich's versehen, stekken sie bis zum Hals in Schwierigkeiten. McCandless ist wahrlich kein Einzelfall. Von diesen Typen hängen jede Menge bei uns herum. Sie sind einander zum Verwechseln ähnlich und schon beinahe zu einem allgemeinen Klischee geworden. Der einzige Unterschied besteht darin, daß McCandless am Ende mit dem Leben zahlte und seine Blödheit in sämtlichen Gazetten Verbreitung fand ... (In »Feuer im Schnee« hat Jack London all dies sehr treffend beschrieben. McCandless ist letztlich nichts weiter als eine blasse, zeitgenössische Parodie auf Londons Protagonisten, der erfriert, weil er jeglichen Ratschlag in den Wind schlägt und Opfer seiner eigenen Selbstüberschätzung wird) ...

Was McCandless umgebracht hat, ist seine Ignoranz, der er ohne weiteres durch eine Geländekarte und das allgemeine Pfadfinderhandbuch hätte abhelfen können. Für seine Eltern tut es mir leid, für ihn jedoch kann ich kein Mitgefühl aufbringen. Ein solches Ausmaß an vorsätzlicher Ignoranz ... läuft auf schiere

Respektlosigkeit gegenüber der Natur hinaus, und paradoxerweise liegt ihr die gleiche Art von Arroganz zugrunde, die zu dem Tankerunglück der Exxon Valdez führte – noch so ein Fall von überheblichen und völlig unzureichend vorbereiteten Männern, die vor sich hin wursteln und vor allem deshalb versagten, weil ihnen die nötige Demut fehlte. Der Unterschied zu McCandless ist rein quantitativ.

McCandless' aufgesetztes Asketentum und seine pseudoliterarische Geisteshaltung verschlimmern all diese Unzulänglichkeiten nur, statt sie zu mindern … McCandless' Postkarten, Notizen und Tagebücher … lesen sich wie die Ergüsse eines überdurchschnittlich begabten, ein wenig zur Theatralik neigenden Schuljungen – oder habe ich da was mißverstanden?

In Alaska ist man also allgemein der Überzeugung, daß McCandless lediglich ein verträumtes, halbstarkes Greenhorn mehr war, das in der Hoffnung, Antworten auf seine Probleme zu finden, in die Wälder gezogen war. Gefunden hatte er statt dessen aber Moskitos und einen einsamen Tod. Über die Jahre gab es Dutzende von Sonderlingen, die in die Wildnis Alaskas auszogen und von denen man nie wieder hörte. Einige sind im kollektiven Gedächtnis des Landes fest verankert.

Da gab es den anti-kulturellen Idealist, der Anfang der siebziger Jahre durch das Dorf Tanana zog und verkündete, daß er den Rest seines Lebens fortan damit verbringen werde, »mit der Natur einen Gedankenaustausch zu führen«. Irgendwann mitten im Winter fand ein Naturbiologe seine gesamte Habe in einer Blockhütte in der Nähe von Tofty – zwei Gewehre, Camping-Ausrüstung und ein Tagebuch, das mit einem wirrem Wortsalat über das Wahre, Schöne und Gute und einer abstrusen Öko-Theorie vollgekritzelte war. Das Innere der Hütte war in

Schneeverwehungen versunken, und der junge Mann ist bis heute verschollen.

Ein paar Jahre später kam der Vietnam-Veteran. Er zimmerte sich östlich von Chalkyitsik, am Black River, eine Blockhütte, »um endlich keine Menschen mehr zu sehen«. Im Februar gingen ihm die Lebensmittel aus und er verhungerte. Allem Anschein nach hatte er nicht einen Versuch unternommen, sich zu retten, obwohl sich drei Meilen weiter stromabwärts eine weitere Hütte befand, in der Fleisch gelagert wurde. Edward Hoagland hatte seinen Tod schriftlich festgehalten und dabei die Beobachtung gemacht, »daß Alaska nicht gerade der ideale Ort für Einsiedler-Experimente und Peace-and-Love-Schwärmer« sei.

Und dann war da jenes eigenwillige Genie, das ich 1981 zufällig am Ufer des Prince-William-Sunds traf. Ich zeltete damals in den Wäldern bei Cordova, Alaska, und versuchte als Aushilfe auf einem Wadenfischerboot anzuheuern. In Kürze würde das Jagd- und Fischereiamt die erste »Freigabe« verkünden – den Beginn der kommerziellen Lachsfangzeit –, und ich versuchte vergeblich, den rechten Augenblick abzupassen. Als ich mich an einem regnerischen Nachmittag in die Stadt aufmachte, begegnete mir ein ungepflegter, seltsam aufgewühlt wirkender Mann um die Vierzig. Er trug einen riesigen schwarzen Zottelbart und schulterlanges Haar, das er sich mit einem schmuddeligen Nylon-Kopfband aus dem Gesicht hielt. Er kam mit flinken, energischen Schritten auf mich zu, während seine Schultern sich unter der nicht zu unterschätzenden Last eines knapp zwei Meter langen Baumstamms beugten.

Als er näher kam, begrüßte ich ihn. Er murmelte eine Antwort, und wir blieben kurz im Nieselregen stehen und unterhielten uns. Ich fragte ihn nicht, warum er einen durchnäßten Baumstamm in den Wald schleppte, wo es doch dort solche Stämme in Hülle und Fülle gab. Nachdem wir ein paar Minuten ernste Banalitäten ausgetauscht hatten, ging jeder wieder seines Weges.

Aus unserer kurzen Unterhaltung folgerte ich, daß ich gerade den berühmt-berüchtigten Exzentriker getroffen hatte, den die Einheimischen den »Bürgermeister von Hippie Cove« nannten – eine Anspielung auf eine kleine Meeresbucht im Norden der Stadt, die zu einem Magneten für langhaarige Rucksacktouristen geworden war. Der Bürgermeister hatte einige Jahre in der Nähe der Bucht gewohnt. Die meisten Bewohner von Hippie Cove waren wie ich Sommersiedler, die in der Hoffnung nach Cordova gekommen waren, hervorragend bezahlte Jobs auf Fischerbooten zu ergattern oder, falls dies nicht klappte, in einer der Lachskonservenfabriken unterzukommen. Bei dem Bürgermeister lag die Sache jedoch anders.

Sein wirklicher Name war Gene Rosellini. Er war der älteste Stiefsohn von Victor Rosellini, einem vermögenden Gastronomen aus Seattle, und der Vetter von Albert Rosellini, dem ausgesprochen beliebten Gouverneur des Staates Washington zwischen 1957 und 1965. Gene war als junger Mann ein ausgezeichneter Athlet und hervorragender Student gewesen. Er verschlang massenweise Bücher, praktizierte Yoga und wurde ein Experte in diversen Kampfsportarten. Ob High School oder College, stets hielt er seinen exzellenten Notendurchschnitt. An der University of Washington und später an der Seattle University vertiefte er sich in Anthropologie, Geschichte, Philosophie und Linguistik. Er häufte Hunderte von Seminar-Scheinen an, ohne jemals einen akademischen Grad zu erlangen. Wozu auch? Bildung und das Streben nach Wissen war seiner Ansicht nach ein Wert an sich, der keiner äußerlichen Legitimation bedurfte.

Nach und nach kehrte Rosellini der akademischen Welt den Rücken und verließ Seattle. Ohne bestimmtes Ziel reiste er die Küste entlang, tourte duch British Columbia und den Panhandle, den unteren Landzipfel Alaskas. 1977 landete er in Cordova. Dort, im Wald am Rande des Dorfes, beschloß er, sein Leben einem ehrgeizigen, anthropologischen Experiment zu widmen.

»Ich wollte herausfinden, ob es möglich ist, ohne Hilfe der modernen Technik auszukommen«, diktierte er ein Jahrzehnt nach seiner Ankunft in Cordova einer Reporterin der *Anchorage Daily News*, Debra McKinney, ins Mikrofon. Er fragte sich, ob der Mensch dazu in der Lage war, so zu leben wie unsere Ahnen, als noch Mammuts und Tiger mit säbelgroßen Hauern die Lande durchstreiften, oder ob unsere Spezies sich zu weit von ihren Wurzeln entfernt hatte, um ohne Schießpulver, Stahl und andere zvilisatorische Errungenschaften zu überleben. Mit besessener Akribie, wie sie verkannten Genies von seinem Schlage eigen ist, verbannte Rosellini selbst die primitivsten Werkzeuge aus seinem Leben, es sei denn, er hatte sie eigenhändig aus Naturmaterialien hergestellt.

»Er war zu der Überzeugung gelangt, daß der Mensch sich zunehmend zum minderwertigen Wesen degeneriert«, führt McKinney aus, »und es war sein erklärtes Ziel, zu einem natürlichen Dasein zurückzukehren. Er experimentierte ständig mit verschiedenen Zeitaltern – dem Zeitalter der Römer, der Eisenzeit, der Bronzezeit. Am Ende zeigte seine Lebensweise Elemente der Jungsteinzeit auf.«

Er ernährte sich von Wurzeln, Beeren und Seetang. Wild erlegte er mit Speeren und Schlingen. Auch den allerhärtesten Winter ertrug er nur mit Lumpen bekleidet. Offenbar genoß er die Entbehrungen, denen er sich aussetzte. Sein Haus oberhalb der Hippie Cove war eine fensterlose Bruchbude, die er ohne Säge und Axt erbaut hatte. »Er hat ganze Tage damit verbracht«, erzählt McKinney, »einen Baumstamm mit einem scharfkantigen Stein entzweizumahlen.«

Und als ob das Leben nach seinen selbstauferlegten Regeln nicht schon beschwerlich genug wäre, legte Rosellini, wann immer die Futtersuche ihm dazu Zeit ließ, eine Runde Leibesübungen ein. Er füllte seine Tage mit Gymnastik, Gewichtheben und Joggen aus, häufig trug Rosellini dabei auch noch einen Sack voll Steine auf dem Rücken. Im Laufe eines typischen Sommers legte er durchschnittlich achtzehn Meilen pro Tag zurück, wie er erzählte.

Rosellinis »Experiment« zog sich weit über ein Jahrzehnt hin, aber irgendwann hatte er das Gefühl, daß die große, ihn bewegende Frage beantwortet war. In einem Brief an einen Freund schrieb er:

Ich trat mein Erwachsenenleben mit der Hypothese an, daß es möglich sei, ein Steinzeitmensch zu werden. Über dreißig Jahre lang programmierte ich mich und übte mich darin, dieses Ziel zu erreichen. Ich glaube mit Fug und Recht von mir behaupten zu können, in den letzten zehn Jahren die physische, mentale und emotionale Realität der Steinzeit hautnah erlebt zu haben. Aber, wie die Buddhisten zu sagen pflegen, am Ende steht der Mensch Auge in Auge mit der nackten Realität. Ich mußte erkennen, daß es dem Menschen so, wie wir ihn kennen, nicht möglich ist, nur von dem zu leben, was die Natur uns schenkt.

Rosellini schien es nicht weiter zu stören, daß seine Hypothese sich als falsch erwiesen hatte. Im Alter von neunundvierzig Jahren verkündete er, daß er seine Ziele »umgestaltet« habe. Er wolle nun »nur mit einem Rucksack bepackt einmal rund um die Welt wandern. Ich möchte pro Tag achtzehn bis siebenundzwanzig Meilen zurücklegen, sieben Tage die Woche, dreihundertfünfundsechzig Tage im Jahr.«

Die Weltumwanderung fand niemals statt. Im November 1991 wurde Rosellini mit dem Gesicht nach unten auf dem Boden seiner Hütte entdeckt. Aus seiner Brust stak ein Messer. Die Obduktion ergab, daß der Tote sich die Wunde selbst zugefügt hatte. Es gab keinen Abschiedsbrief. Rosellini hinterließ keinen Hinweis darauf, warum er beschlossen hatte, seinem Leben zu diesem Zeitpunkt und auf diese Art ein Ende zu setzen. Wir werden es wohl nie erfahren.

Rosellinis Tod und die Geschichte seines sonderbaren Lebens gelangten auf die Titelseite der *Anchorage Daily News*. Die Mühen des John Mallon Waterman erregten dagegen weit weniger Aufsehen. Watermann, Jahrgang 1952, wuchs in den gleichen Washingtoner Vororten auf, die auch Chris McCandless geprägt haben. Sein Vater ist Musiker und freier Schriftsteller, der – neben anderen Verdiensten, die ihn zum Anwärter auf ein bescheidenes Maß an Berühmtheit machen – Reden für Präsidenten, Ex-Präsidenten und andere prominente Politiker Washingtons verfaßte. Waterman senior ist zudem ein erfahrener Bergsteiger, der seinen drei Söhnen schon früh das Klettern beibrachte. John, der zweitälteste, war dreizehn, als er zum erstenmal einen Felsen erklomm.

Er war ein Naturtalent. Bei jeder sich bietenden Gelegenheit zog er zu einer Bergtour hinaus, und wenn er nicht klettern konnte, trainierte er wie ein Besessener. Er legte vierhundert Liegestützen pro Tag hin und ging zweieinhalb Meilen im Eilschritt zur Schule. Wenn er nachmittags wieder zu Hause ankam, tippte er kurz die Haustüre an und kehrte zur Schule zurück, um eine zweite Runde zu drehen.

Mit sechzehn Jahren – 1969 – bestieg er den Mount McKinley (den er Mount Denali nannte; wie die meisten Alaskaner gab er dem athabaskischen Namen des Gipfels den Vorzug) und wurde damit der drittjüngste Mensch, der den höchsten Gipfel des Kontinents bezwang. In den folgenden Jahren brachte er sogar noch eindrucksvollere Besteigungen zuwege, sowohl in Alaska und Kanada als auch in Europa. Als er schließlich 1973 nach Fairbanks zog und sich an der Universität von Alaska einschrieb, galt Waterman als einer der vielversprechendsten jungen Alpinisten Nordamerikas.

Waterman war kleinwüchsig und maß nur knapp über einsfünfzig. Er hatte zarte, elfenhafte Gesichtszüge und den kräftigen, sehnigen Körperbau eines Geräteturners. Die, die ihn kannten, haben ihn als ein unbeholfenes ewiges Kind in Erinnerung, mit ausgefallenem Humor und einer nervösen, beinahe manisch-depressiven Persönlichkeit.

»Als ich John kennenlernte«, erzählt James Brady, ein Bergsteigerkamerad und Studienfreund, »lief er immer in einem langen, schwarzen Umhang und so einer blauen Elton-John-Brille mit einem Stern zwischen den Gläsern in der Uni herum. Und dann hat er ständig so eine billige Gitarre dabeigehabt, die total zerschunden und überall mit Kreppband geflickt war. Bei jeder Gelegenheit hat er in die Saiten gegriffen und einem mit seiner schrägen Stimme was vorgesungen, meistens ein endlos langes Ständchen über seine Abenteuer. Fairbanks hat schon immer die seltsamsten Typen angezogen, aber er war schon eine Nummer für sich, selbst nach Fairbanks-Maßstäben. Ja, klar, John hatte ganz schön einen weg. Die Leute wußten wirklich nicht, was sie von ihm halten sollten.«

Plausible Gründe für Watermans Labilität gab es

zuhauf. Als er noch ein Teenager war, ließen seine Eltern sich scheiden. Seine Mutter litt lange Zeit unter schweren psychischen Störungen. Johns älterer Bruder Bill, an dem er sehr hing, verlor als Jugendlicher bei dem Versuch, auf einen Güterzug aufzuspringen, ein Bein.

1973 verschickte Bill einen rätselhaften Brief, in dem er vage von einer großen Reise sprach. Er verschwand spurlos, und bis zum heutigen Tag weiß niemand, was aus ihm geworden ist. Und seit John sich der Bergsteigerei verschrieben hatte, kamen acht seiner besten Freunde und Bergsteigerkameraden bei Unfällen um oder begingen Selbstmord. Es ist also nur allzu begreiflich, wenn Watermans junge Psyche durch diese lange Kette von Unglücksfällen einen schweren Knacks abbekam.

Im März 1978 brach Waterman zu seinem aufsehenerregendsten Unternehmen auf, einer Alleinbesteigung der vorspringenden Südostwand des Mount Hunter, eine bis dahin unbezwungene Route, an der bereits drei Teams aus Elite-Alpinisten gescheitert waren. Der Journalist Glenn Randall berichtete über das Bravourstück in der Zeitschrift *Climbing*. Waterman habe auf seiner Besteigung drei Gefährten gehabt, die er als »den Wind, den Schnee und den Tod« beschrieben habe.

Gesteinsvorsprünge so zart und luftig wie Sahnebaisers ragten über kilometertiefen Abgründen hervor. Die senkrechten Eiswände waren so spröde wie ein halbaufgetauter und ins Gefrierfach zurück gestellter Kübel mit Eiswürfeln. Sie führten zu Bergkämmen hinauf, die dermaßen schmal waren und zu beiden Seiten so steil abfielen, daß er sich über sie nur rittlings hinwegschieben konnte. In manchen Augenblicken brachen Schmerz und Einsamkeit mit solcher Übermacht über ihn herein, daß er nur noch weinen konnte.

Nach einundachtzig Tagen unter strapaziösen, extrem gefährlichen Bedingungen erreichte Waterman den 4400 Meter hohen Gipfel des Hunter. Der Berg liegt in der Alaska Range und schließt sich unmittelbar südlich an den Denali an. Der riskante Abstieg nahm weitere neun Wochen in Anspruch. Insgesamt verbrachte Waterman einhundertfünfundvierzig Tage allein auf dem Berg. Nach seiner Rückkehr in die Zivilisation borgte er sich zwanzig Dollar von Cliff Hudson, dem Piloten, der ihn aus dem Gebirge herausflog – er war total pleite. Er kehrte nach Fairbanks zurück und fing als Tellerwäscher an, der einzige Job, den er finden konnte.

Dennoch wurde Waterman von der kleinen Bergsteigergemeinde in Fairbanks als Held bejubelt. Er hielt einen öffentlichen Dia-Vortrag über die Hunter-Besteigung, den Brady als »unvergeßlich« bezeichnet. »Was für ein Abend. Unglaublich, wie er das gemacht hat. Er hat sich überhaupt keinen Zwang angetan, hat alles rausgelassen, seine Gedanken und Gefühle, die Angst, zu versagen, und die Todesängste, die er ausgestanden hat. Es war, als wäre man selbst dabei gewesen.« In den Monaten nach der historischen Tat mußte Waterman jedoch feststellen, daß der Erfolg seine Dämonen nicht etwa beruhigt hatte, im Gegenteil, sie waren nur noch aufsässiger.

Waterman war mehr und mehr im Begriff, sich aufzulösen. »John war sehr selbstkritisch und analysierte sich ständig selbst«, erinnert Brady sich. »Und ein bißchen zwanghaft war er ja immer schon gewesen. Er hatte immer mehrere Klemmbretter und Notizbücher dabei. Darin hat er sich ausgiebig Notizen gemacht und alles aufgezeichnet, was er im Laufe des Tages so getrieben hat. Ich weiß noch, wie wir uns einmal im Zentrum von Fairbanks begegnet sind. Ich gehe auf ihn zu, und er holt ein Klemmbrett raus und trägt den genauen Zeitpunkt unserer Begegnung ein. Und dann hat er unsere Unterhaltung – bei der es wirklich nicht um viel ging – protokolliert. Seine Notizen über unser Treffen waren drei, vier Seiten lang, zusätzlich zu all dem anderen Zeug, das er an jenem Tag bereits gekritzelt hatte. Er muß ganze Stapel von diesen Notizen gehabt haben, irgendwo aufbewahrt, und ich bin sicher, daß niemand außer John sie verstanden hätte.«

Bald danach kandidierte Waterman für die örtliche Schulaufsichtsbehörde und versprach, sich im Falle seiner Wahl für freien Sex unter Schülern und die Freigabe von halluzinogenen Drogen einzusetzen. Als er die Wahl verlor – was außer ihm selbst niemand überraschte –, bewarb er sich gleich für das nächste Amt, diesmal für die Präsidentschaft der Vereinigten Staaten. Er kandidierte unter dem Banner der »Tod-dem-Hungertod«-Partei, deren Hauptanliegen es war, daß niemand auf diesem Planeten an Hunger sterben darf.

Um seiner Kandidatur die nötige Publicity zu verschaffen, kam er auf die Idee, die Südwand des Denali zu besteigen, das steilste Stück des Berges. Die Alleinbesteigung sollte im Winter und mit einem Minimum an Verpflegung durchgeführt werden, womit er auf den verschwenderischen und unmoralischen Umgang mit Nahrungsmitteln in den USA aufmerksam machen wollte. Sein Trainingsprogamm für die Besteigung bestand unter anderem darin, Tauchbäder in einer Badewanne voller Eis zu nehmen.

Im Dezember 1979 ließ Waterman sich schließlich zum Kahiltna-Gletscher hinausfliegen und nahm die Besteigung in Angriff. Nach nur vierzehn Tagen blies er jedoch alles wieder ab. »Bring mich nach Hause«, soll er seinem Piloten gesagt haben. »Ich will nicht sterben.« Zwei Monate später jedoch bereitete er sich auf einen zweiten Versuch vor. Aber in Talkeetna, einem Dorf südlich des

Denali, das Bergsteigerexpeditionen in der Alaska Range oft als Basislager dient, ging die Hütte, die er bewohnte, in Flammen auf und brannte völlig aus. Sowohl seine Ausrüstung als auch seine umfangreichen Notizen, Gedichte und Tagebücher, die er über die Jahre angelegt hatte und als sein Lebenswerk betrachtete, fielen den Flammen zum Opfer.

Waterman konnte nicht mehr. Der Verlust hatte seiner Psyche den letzten Schlag versetzt. Am Tag nach dem Brand begab er sich freiwillig in die Obhut des Instituts für Psychiatrie in Anchorage. Zwei Wochen später verließ er es jedoch wieder, überzeugt, daß eine Verschwörung gegen ihn im Gange sei und man ihn bis an das Ende seiner Tage in der Klapsmühle behalten wolle. Dann, im Winter '81, stellte er sich erneut dem Denali.

Den Berg im Alleingang im Winter zu erklimmen war ihm offenbar nicht Herausforderung genug. Er beschloß, den Einsatz zu erhöhen und die Besteigung dieses Mal auf Meereshöhe zu beginnen. Damit mußte er zusätzlich einhundertsechzig sich umständlich schlängelnde Meilen vom Strand des Cook Inlet aus zurücklegen, um überhaupt den Fuß des Berges zu erreichen. Im Februar brach er an der Küste auf und arbeitete sich Richtung Norden vor.

Seine anfängliche Begeisterung währte nicht lange, und als er die unteren Ausläufer des Ruth-Gletschers erreichte, gut dreißig Meilen vom Gipfel entfernt, brach er das Unternehmen ab und zog sich nach Talkeetna zurück. Im März jedoch raffte er sich wieder auf und trat seinen einsamen Marsch von neuem an. Als er aufbrach, sagte er zum Piloten Cliff Hudson, den er als einen Freund betrachtete: »Wir werden uns nicht wiedersehen.«

Der März in der Alaska Range war außergewöhnlich kalt. Gegen Ende des Monats traf er zufällig Mugs Stump.

Die Begegnung fand auf dem oberen Abschnitt des Ruth-Gletschers statt. Stump, ein Alpinist von internationalem Ruf, der 1992 auf dem Denali sein Leben ließ, hatte gerade den Mooses Tooth – einen der umliegenden Berge – auf einer neuen, schwierigen Route bestiegen. Kurz nach der zufälligen Begegnung mit Waterman besuchte Stump mich in Seattle und meinte, daß »John nicht ganz beieinander zu sein schien. Er hat sich ganz komisch verhalten und jede Menge wirres Zeug geredet. Angeblich stand nun diese große Winterbesteigung des Denali an, aber er hatte so gut wie keine Ausrüstung bei sich, nur einen billigen, einteiligen Schneemobilanzug. Nicht einmal einen Schlafsack hatte er dabei. Und was die Verpflegung anging, hatte er bloß eine Packung Mehl, etwas Zucker und eine große Dose Crisco mit.«

In seinem Buch »Breaking Point« schreibt Glenn Randall:

Waterman hielt sich mehrere Wochen in der Nähe der Sheldon-Gebirgshütte auf, einer kleinen Blockhütte am Rande des Ruth-Gletschers, mitten in der Alaska Range. Kate Bull, eine Freundin von Waterman, die damals ebenfalls eine Besteigung in der Gegend unternahm, berichtet, daß er ausgezehrt wirkte und nicht so vorsichtig wie sonst vorgegangen sei. Als er sich von Cliff [Hudson] Nachschub einfliegen ließ, gab er ihm das Gerät zurück, das er sich von ihm geliehen hatte.

»Ich brauch's nicht mehr«, sagte er. Das Gerät war seine einzige Möglichkeit, Hilfe herbeizurufen.

Waterman war allem Anschein nach zuletzt auf der Northwest Fork des Ruth-Gletschers unterwegs. Anhand von Fußspuren ließ sich rekapitulieren, daß er in Richtung der vorspringenden Ostwand des Denali marschiert war, geradewegs durch ein gigantisches Gletscherspaltenlabyrinth. Demnach machte er sich also nicht einmal mehr die Mühe, offensichtliche Gefahrenstellen zu umgehen. Er wurde nie mehr gesehen. Es wird angenommen, daß er sich auf eine zu schwache Schneebrücke gewagt hatte und in eine der Gletscherspalten gestürzt ist. Nach seinem Verschwinden suchte ein Rettungsteam der Forstbehörden eine Woche lang aus der Luft seine geplante Route ab, jedoch vergeblich. Etwas später entdeckten ein paar Bergsteiger in der Sheldon-Gebirgshütte auf einer Kiste mit seiner Ausrüstung eine Notiz von ihm. »13.3.82« stand dort geschrieben. »Mein letzter Kuß 13 Uhr 42.«

Es ist kaum verwunderlich, daß zwischen John Watermann und Chris McCandless immer wieder Vergleiche gezogen werden. Ähnlichkeiten drängen sich auch zwischen McCandless und Carl McCunn auf, einem freundlichen, ein wenig zerstreuten Texaner, der während des Ölbooms in den siebziger Jahren nach Fairbanks zog und einen lukrativen Job beim Bau der Transalaska-Pipeline annahm. Anfang März '81, als Waterman gerade zu seiner letzten Reise aufbrach, ließ sich McCunn von einem Buschpiloten zu einem abgelegenen See in der Nähe des Coleen River fliegen, der ungefähr fünfundsiebzig Meilen nordwestlich von Fort Yukon am Südrand der Brooks Range liegt.

McCunn, ein fünfunddreißigjähriger Amateurfotograf, hatte gegenüber Freunden erklärt, daß er vor allem Tierfotos machen wolle. Er hatte fünfhundert Rollen Film, ein .22er und ein .30-.30er Gewehr dabei, des weiteren eine Schrotflinte und rund siebenhundert Kilo Verpflegung. Geplant war ein Aufenthalt bis Ende August. Irgendwie versäumte er es jedoch, dem Piloten klarzumachen, daß er am Ende des Sommers wieder in die Zivilisation zurückgeflogen werden müsse. Eine Zerstreutheit, die McCunn das Leben kostete.

Mark Stoppel, ein junger Fairbanker, der mit McCunn neun Monate auf der Pipeline-Baustelle gearbeitet hatte, zeigte sich von diesem erstaunlichen Versäumnis wenig überrascht. Er hatte den schlaksigen Texaner in den neun Monaten vor dessen Trip in die Brooks Range recht gut kennengelernt.

»Carl war ein patenter Kerl. Er war sehr nett und allseits beliebt«, erinnert Stoppel sich. »Und er schien auch echt was auf dem Kasten zu haben. Aber er hatte auch eine Seite, die verträumt und weltfremd war. Und dann hat er auch was Schillerndes an sich gehabt, war auf Partys immer der letzte, der ging. Man konnte sich zwar absolut auf ihn verlassen, aber er hat die Sachen gerne aus dem Handgelenk geschüttelt und sich auf seine forsche Art verlassen. Nein, genaugenommen überrascht es mich gar nicht, daß Carl rausgezogen ist und vergessen hat, den Rückflug klarzumachen. Aber, ehrlich gesagt, überrascht mich kaum noch was. Mehrere meiner Freunde sind ertrunken oder ermordet worden oder durch merkwürdige Unfälle ums Leben gekommen. In Alaska gewöhnt man sich an die seltsamsten Dinge.«

Ende August, als die Tage kürzer wurden und die Luft in den Bergen der Brooks Range immer schneidender und herbstlicher, regten sich in McCunn allmählich Zweifel. Kein Flugzeug weit und breit in Sicht. »Vielleicht hätte ich doch besser vorausplanen und meinen Rückflug definitiv klarmachen sollen«, vertraute er seinem Tagebuch an, von dem größere Abschnitte nach seinem Tode in einer fünfteiligen Serie von Kris Capps im *Fairbanks Daily News Miner* veröffentlicht wurden. »Es wird sich ja bald zeigen.«

Mit jeder Woche, die verging, spürte er den nahenden Winter. Als seine Nahrungsvorräte langsam zur Neige gingen, bereute McCunn bitterlich, daß er seine Schrotpatronen bis auf ein restliches Dutzend in den See geworfen hatte. »Ich muß ständig an die ganze Schrotmunition denken, die ich vor zwei Monaten weggeworfen habe«, schreibt er. »Hatte fünf Schachteln, und als ich sie immer so vor mir liegen sah, kam ich mir ziemlich albern vor, daß ich soviel mitgeschleppt habe. (Kam mir wie ein Waffenhändler vor.) ... Toller Schachzug. Wer hätte gedacht, daß ich sie eines Tages fürs nackte Überleben brauchen würde.«

Dann, an einem frischen Septembermorgen, schien die Rettung nahe. McCunn war mit seinen letzten Patronen auf Entenjagd gegangen. Plötzlich wurde die Stille von dem Brummen eines Flugzeugs durchbrochen, das bald darauf direkt über ihm erschien. Der Pilot entdeckte McCunns Lager und umkreiste es zweimal im Tiefflug, offensichtlich, um es sich genauer anzusehen. McCunn winkte und wedelte aufgeregt mit einem fluoreszierenden, orangefarbigen Schlafsacküberzug. Die Maschine hatte Räder und kein Schwimmgestell und konnte daher nicht landen. Aber McCunn zweifelte keinen Augenblick daran, gesichtet worden zu sein, und war überzeugt, daß man nun ein Wasserflugzeug nach ihm aussenden würde. Er war so sicher, schrieb er in sein Tagebuch, daß »ich, nachdem die Maschine mich das erste Mal überflogen hatte, aufhörte zu winken. Gleich darauf räumte ich meine Sachen zusammen und bereitete alles für den Aufbruch vor.«

Doch an jenem Tag sollte sich kein Flugzeug mehr blikken lassen, und auch an den folgenden Tagen nicht. Als er sich dann später einmal zufällig die Rückseite seiner Jagdlizenz ansah, wurde ihm schlagartig klar, warum. Auf dem kleinen, viereckigen Stück Papier waren die Bodensignale zur Verständigung mit Flugzeugen abgebildet. »Soweit ich weiß, hatte ich die rechte Hand etwa in Schulterhöhe gehoben, und als mich die Maschine das zweite Mal überflog, reckte ich ihr die geballte Faust entgegen«, schrieb McCunn. »Als Zeichen des Jubels – wie beim Football, wenn dein Team einen Touchdown oder so was erzielt.« Unglücklicherweise ist jedoch, wie er nun zu spät entdeckte, ein einzelner erhobener Arm das weltweit gültige Zeichen für »Alles O.K., keine Hilfe nötig.« Das Signal für »SOS, sofort Hilfe schicken« dagegen sind zwei erhobene Arme.

»Das wird wohl der Grund dafür sein, daß die Leute, als sie praktisch schon davongeflogen waren, wieder zurückgekehrt sind, um wirklich sicherzugehen. Aber da habe ich überhaupt nichts mehr signalisiert (wenn ich mich recht erinnere, hatte ich mich sogar bereits umgedreht)«, sinnierte McCunn gleichmütig. »Wahrscheinlich haben sie mich als Verrückten abgeschrieben.«

Ende September war der See zugefroren, und die Tundra verschwand unter einer dicken Schneeschicht. Die Vorräte schrumpften weiter, und er machte sich nun daran, Hagebutten zu sammeln und Hasenfallen aufzustellen. Einmal hatte er Glück. Ein krankes Karibu war in den See gewandert und gestorben. Er zog das Tier an Land und schlachtete es aus. Spätestens im Oktober jedoch waren die Fettreserven seines Körpers so gut wie aufgezehrt, und er schaffte es kaum mehr, sich während der langen, eiskalten Nächte warmzuhalten. »Mittlerweile wird ja wohl irgend jemand zu Hause gemerkt haben, daß etwas nicht stimmt, daß ich immer noch nicht zurück bin«, schrieb er. Aber noch immer tauchte kein Flugzeug auf.

»Das ist typisch Carl, anzunehmen, daß jemand wie durch Zauber auftaucht und ihn rettet«, meint Stoppel. »Er war Fahrer – Lastwagenfahrer –, das heißt, er hatte sehr viel Leerlauf, wo nichts passierte und er bloß in seinem Brummi rumgesessen ist und mit offenen Augen geträumt hat. So ist er auch auf die Idee mit dem Trip in die Brooks Range gekommen. Für ihn war es ein todernstes Unternehmen: er hat mehr als ein halbes Jahr drüber nachgedacht, geplant und hin und her überlegt. In den Mittagspausen haben wir uns darüber unterhalten, was er an Ausrüstung mitnehmen soll. Er hat zwar alles haarklein vorbereitet, aber andererseits gab er sich auch den verrücktesten Träumereien hin.

Zum Beispiel«, fährt Stoppel fort, »wollte Carl nicht allein in die Wildnis gehen. Sein großer Traum war ursprünglich, mit irgendeiner Schönheit in der Einsamkeit der Natur zu leben. Von den Mädchen, die mit uns gearbeitet haben, hatte er mehr als nur eine im Auge und er hat richtig viel Zeit und Energie darauf verwendet, Sue oder Barbara oder wen auch immer dazu zu überreden, mitzukommen – was an sich schon reines Wunschdenken war. In der Hinsicht lief nämlich bei uns rein gar nichts. Ich meine, in dem Pipeline-Camp, in dem wir waren, Pumpstation 7, kam auf ungefähr vierzig Männer eine Frau. Aber Carl war eben ein Träumer, und bis zum Schluß hat er gehofft und gehofft, daß eins der Mädchen sich's anders überlegt und doch noch mitkommt.

Genauso«, erklärt Stoppel, »war Carl der Typ, der so unrealistisch ist und denkt, daß jemand schon merken wird, Carl ist in Schwierigkeiten und man muß ihn da rausholen. Wahrscheinlich hat er sogar noch geglaubt, als er schon am Verhungern war, daß Big Sue im letzten Moment vorbeigeflogen kommt, das Flugzeug randvoll mit Fressalien, und endlich diese heiße Romanze mit ihm hat. Seine Phantasiewelt war so was von abgedreht, daß die Leute einfach nichts damit anfangen konnten. Carl ist einfach nur immer hungriger geworden. Als es ihm endlich dämmerte, daß niemand kommen wird, um ihn zu retten, war er bereits zu geschwächt, um sich selbst zu retten.«

Als McCunns Verpflegungsvorräte so gut wie aufgebraucht waren, schrieb er ins Tagebuch: »Ich fange an, mir ernsthaft Sorgen zu machen. Um die Wahrheit zu sagen, langsam krieg ich's mit der Angst zu tun.« Das Thermometer war auf minus zwanzig Grad Celsius gefallen. An Fingern und Zehen bildeten sich schmerzhafte, eitrige Frostbeulen.

Im November verbrauchte er seine letzte Ration. Er fühlte sich schwach und schwindlig. Immer wieder wurde sein abgezehrter Körper von Kälteschauern durchzuckt. In seinem Tagebuch heißt es: »Hände und Nase werden immer schlimmer, und auch die Füße. Nasenspitze dick angeschwollen, voller Blasen und schorfig... Eine langsame, quälende Art zu sterben, soviel ist sicher.« McCunn erwog, sein Lager zu verlassen und sich zu Fuß nach Fort Yukon aufzumachen. Schließlich setzte sich jedoch bei ihm die Einsicht durch, daß er zu schwach sei und unterwegs vor Erschöpfung und Kälte zusammenbrechen würde.

»Die Gegend, wo Carl hin ist, ist ein abgelegener, völlig unerschlossener Teil Alaskas«, meint Stoppel. »Im Winter wird's da eiskalt. Manche Leute in seiner Situation hätten irgendwie einen Weg gefunden, rauszuwandern oder vielleicht zu überwintern, aber dazu muß man schon sehr findig sein. Dazu muß man wirklich auf Draht sein. Man muß wie ein Tiger sein, wie ein Killer, eine halbe Bestie. Und Carl war für so was viel zu weich. Er war ein Party-Typ.«

»Ich fürchte, ich kann so nicht weitermachen«, schrieb McCunn irgendwann Ende November auf eine der letzten Seiten seines Tagebuchs, das mittlerweile einhundert blaulinierte Notizblockseiten füllte. »Lieber Gott, der du bist im Himmel, bitte vergib mir meine Schwäche und meine Sünden. Bitte beschütze meine Familie.« Und dann legte er sich in seinem Steilwandzelt zurück, hielt die Mündung des .30-.30ers an die Schläfe und riß mit dem Daumen den Abzug nach unten. Zwei Monate später, am 2. Februar 1982, stießen zwei Alaska State Troopers auf die Lagerstelle. Als sie einen Blick ins Zelt warfen, entdeckten sie die ausgezehrte, steinhart gefrorene Leiche.

Zwischen Rosellini, Waterman, McCunn und auch McCandless gibt es Ähnlichkeiten. Wie Rosellini und Waterman war McCandless ein Suchender, und wie auf sie übte die Wildnis eine weltferne Faszination auf ihn aus. Wie Waterman und McCunn legte er einen erschütternden Mangel an gesundem Menschenverstand an den Tag. Aber McCandless war im Unterschied zu Waterman nicht geistesgestört. Und anders als McCunn ging er nicht in dem Glauben in die Wildnis, daß schon irgend jemand auftauchen würde, um ihn zu retten, falls etwas schieflaufen sollte.

McCandless paßt nicht so recht ins stereotype Bild des Opfers der Wildnis. Auch wenn er zu überstürzten Entscheidungen neigte, von den schwierigen Lebensbedingungen im Landesinnern keine Ahnung hatte und achtlos bis zur Tollkühnheit war: ein Dilettant war er nicht – sonst hätte er wohl kaum einhundertdreizehn Tage durchgehalten. Und er war kein durchgeknallter Spinner, kein Soziopath, kein ausgestoßener Sonderling. McCandless war etwas anderes – was genau, ist schwierig zu sagen. Vielleicht ein Pilger.

Um Chris McCandless' tragisches Ende besser zu verstehen, lohnt es sich vielleicht, sich mit einigen seiner Vorläufer zu beschäftigen, Menschen, die aus demselben, exotischen Holz geschnitzt waren wie er. Und dazu muß man einen Blick über Alaska hinaus wagen, zu den kahlen Canyons des südlichen Utah. Im Jahre 1934 zog dort ein seltsamer zweiundzwanzigjähriger Junge in die Wüste aus und kehrte nie wieder zurück. Er hieß Everett Ruess.

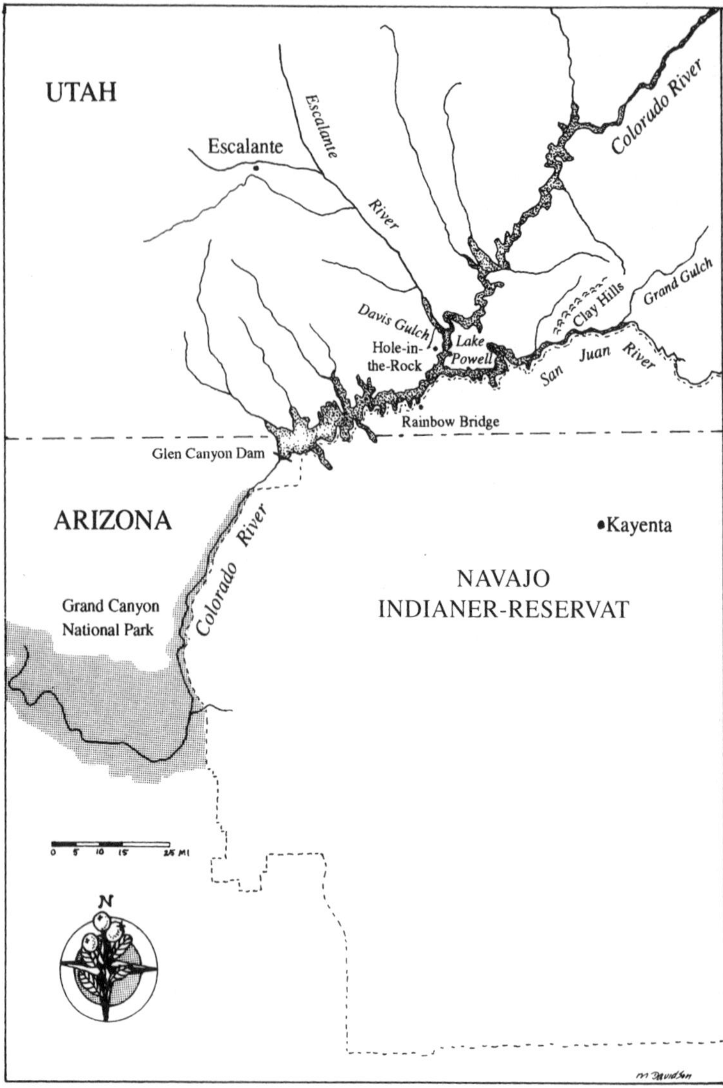
UTAH
Escalante
Escalante River
Colorado River
Davis Gulch
Hole-in-the-Rock
Lake Powell
Clay Hills
Grand Gulch
San Juan River
Rainbow Bridge
Glen Canyon Dam
ARIZONA
Colorado River
Kayenta
NAVAJO
INDIANER-RESERVAT
Grand Canyon
National Park
0 5 10 15 25 MI
N
M Davidson

Die Davis-Schlucht

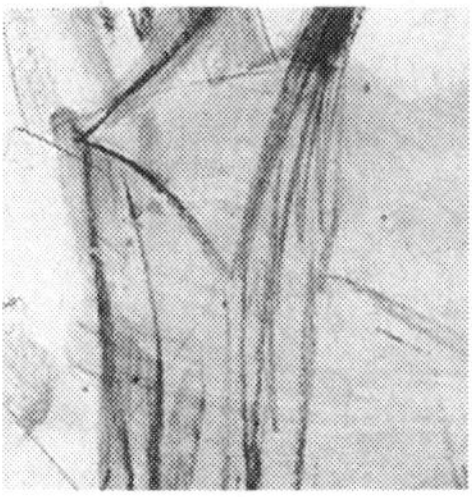

KAPITEL NEUN

Du fragst, wann ich meinen nächsten Abstecher in die zivilisierte Welt machen werde. Nun, ich glaube nicht, daß dies sehr bald sein wird. Ich bin der Wildnis noch lange nicht überdrüssig, genieße vielmehr ihre Schönheit und das Wanderleben, das ich führe, mit jedem neuen Tag mehr. Ich sitze tausendmal lieber im Sattel als in der Trambahn, und auf ein Dach über dem Kopf verzichte ich gern, wenn ich nur unter einem besternten Himmel sitzen darf; der einsame, unwegsame Trail, der mich an einen unbekannten Ort führt, reizt mich mehr als jeder asphaltierte Highway, und auch bin ich lieber vom tiefen Frieden der Wildnis umgeben als von der Unzufriedenheit, die in den Städten herrscht. Kannst Du es mir verübeln, wenn ich bleibe, wo ich mich heimisch fühle, wo ich eins bin mit der Welt um mich herum? Es ist wahr, mir fehlt zuweilen der gute Freund, das geistreiche Gespräch. Doch es gibt kaum jemanden, mit dem ich mich über die Erlebnisse, die mir soviel bedeuten, austauschen könnte. Ich habe daher längst gelernt, darauf zu verzichten. Es reicht mir vollkommen, von Schönheit umgeben zu sein …

Auch wenn Du's mir nur flüchtig geschildert hast, weiß ich, daß ich den Trott und die Eintönigkeit des Lebens, das Du zu führen gezwungen bist, nicht einen Tag aushalten könnte. Ich kann mir nicht vorstellen, meinem Wanderleben jemals abzuschwören. Ich bin zu tief in die Geheimnisse des Lebens vorgedrungen und würde so ziemlich alles einer Rückkehr ins Leben der Mittelmäßigkeit vorziehen.

DER LETZTE BRIEF VON
EVERETT RUESS AN SEINEN BRUDER WALDO
VOM 11. NOVEMBER 1934

Everett Ruess hatte die Suche nach Schönheit zum Lebensinhalt erkoren. Sein Verständnis von Schönheit war dabei von einer naiven Romantik bestimmt, und der eine oder andere mag vielleicht über die Übertriebenheit seiner Schönheitsverehrung lächeln, wenn da nicht die einzigartige Hingabe wäre, mit der er sie betrieb. Ästhetizismus als Salonpose ist lächerlich und grenzt ans Obszöne; als Lebensform erlangt sie jedoch zuweilen Würde. Wenn wir Everett Ruess verlachen, so ist John Muir ebenso lächerlich, denn abgesehen vom Alter besteht zwischen den beiden kaum ein Unterschied.

WALLACE STEGNER,
»MORMON COUNTRY«

❖

Der Davis-Creek ist ein Großteil des Jahres über nur ein Rinnsal, und manchmal nicht einmal das. Am Fuße einer hochaufragenden Felswand entspringend, dem sogenannten Fiftymile Point, schlängelt er sich durch die rosa schimmernden Sandsteintafeln Süd-Utahs. Nach nur vier Meilen mündet er in aller Bescheidenheit in den Lake Powell, die gigantische Talsperre, die sich vom Glen-Canyon-Damm aus einhundertneunzig Meilen weit in

Richtung Norden erstreckt. Die schlitzförmige Davis-Schlucht, die der Creek durchfließt, ist eine winzige, aber reizvolle Wasserscheide. Das Gelände ist verdorrt und unwegsam, und seit Jahrhunderten verläßt sich der Durchreisende auf die fruchtbare Oase, die sich tief unten in der Schlucht verborgen hält. Gespenstische, neunhundert Jahre alte Felszeichnungen und Hieroglyphen schmücken die Steilwände. In geschützten Nischen liegen zerfallene Felsbehausungen des längst verschwundenen Kayenta-Anasazi-Stamms versteckt, den Schöpfern der Zeichnungen. Im Sand finden sich noch alte Tonscherben der Anasazi, vermischt mit rostigen, achtlos beiseite geworfenen Konservendosen der Viehhüter, die um die Jahrhundertwende im Canyon ihr Vieh weideten und tränkten.

Die Schlucht ist verhältnismäßig kurz. Wie eine tiefe, klaffende Wunde windet sie sich durch das glatte Felsgestein. An manchen Stellen wird sie so eng, daß man über sie hinwegspucken könnte. Überall vereiteln Felsvorsprünge einen Abstieg in den Creek. Am unteren Ende der Schlucht, unweit der Mündungsstelle am Lake Powell, gibt es jedoch einen verborgenen Pfad, eine natürliche abschüssige Rampe, die in Serpentinen den Westrand des Canyons hinunterführt. Sie endet ein Stück oberhalb der Wasserrinne und geht in eine holprige Treppe über, die vor fast einem Jahrhundert von mormonischen Viehhütern in den weichen Sandstein gemeißelt wurde.

Die Landschaft um die Schlucht herum ist von nacktem Fels und ziegelrotem Sand geprägt. Der Pflanzenwuchs ist spärlich. Es gibt praktisch keinen Schutz vor der sengenden Sonne. Wer jedoch in den Canyon hinabsteigt, sieht sich urplötzlich in eine andere Welt versetzt. Pappeln beugen sich anmutig über blühende Kakteengruppen. Hochaufgeschossene Gräser wiegen sich im Wind. Die kurzlebige Blüte einer Mormonentulpe lugt unter einem dreißig Meter hohen Felsbogen hervor, und das klagende Zwitschern von Zaunkönigen weht aus dichtbelaubten Zwergeichen herüber. Moosbeete und saftig grüne Büschel von herabhängendem Frauenhaar gedeihen an dem feuchten Lauf einer kleinen Quelle, die hoch oben der Felswand entspringt.

In diesem bezaubernden Refugium, knapp eine Meile von der Stelle, an der die Treppenstufen zu dem Talgrund aufschließen, ritzte vor sechs Jahrzehnten der damals zwanzigjährige Everett Ruess unter einer Felstafel mit Hieroglyphen der Anasazi sein Schriftstellerpseudonym in die Steilwand des Canyons, genau so wie an den Eingang zu einer kleinen Steinhütte, die von den Anasazi zur Getreidelagerung errichtet worden war. »NEMO 1934«, kritzelte er. Zweifellos folgte er dabei demselben Impuls, aus dem heraus Chris McCandless »Alexander Supertramp/May 1992« auf den Bus am Sushana schrieb – ein Impuls, der sich vielleicht gar nicht so stark unterscheidet von dem, der die Anasazi-Indianer dazu bewog, das Felsgestein mit ihren mittlerweile nicht mehr entzifferbaren Symbolen zu schmücken. Wie auch immer, kurz nachdem Ruess sein Signum in den Sandstein geritzt hatte, verließ er die Davis-Schlucht und verschwand auf rätselhafte Weise. Sein Verschwinden war offenbar von ihm selbst geplant worden. Eine großangelegte Suchaktion ergab keinerlei Aufschlüsse über sein Verbleiben. Er war einfach weg, von der Wüste verschluckt. Sechzig Jahre später wissen wir immer noch so gut wie nichts über das, was damals wirklich geschah.

Everett wurde 1914 als der jüngere von zwei Söhnen von Christopher und Stella Ruess in Oakland, Kalifornien, geboren. Christopher hatte Theologie in Harvard studiert und war gleichzeitig Dichter, Philosoph und Priester der Unitarian Church. Seinen Unterhalt verdiente er sich allerdings als Verwaltungsbeamter im kalifornischen Strafvollzug. Stella war eigenwillig, energiegeladen und allem Unkonventionellen zugetan. Sie hatte ausgeprägte künstlerische Ambitionen, und zwar sowohl für sich selber als auch für ihre Kinder. Auf eigene Kosten gab sie eine literarische Zeitschrift heraus, das *Ruess Quartette,* auf dessen Titelblatt die Familienmaxime prangte: »Preise den Tag«. Die vier waren eine verschworene Gemeinschaft, trotz oder gerade wegen ihres nomadischen Lebensstils. Sie zogen über Oakland nach Fresno und weiter nach Los Angeles. Von dort ging es nach Boston, dann nach Brooklyn, dann nach New Jersey und weiter nach Indiana, bis sie sich in Südkalifornien niederließen. Everett war vierzehn.

In Los Angeles besuchte Everett die Otis Art School und die Hollywood-High-School. Er war sechzehn, als er zu seinem ersten langen Alleintrip aufbrach und im Sommer 1930 durch Yosemite und Big Sur trampte, wobei er schließlich in Carmel landete. Zwei Tage nachdem er dort angekommen war, klopfte er in munterer Respektlosigkeit an die Tür Edward Westons, der vom Charme des rast- und ruhelosen jungen Mannes so eingenommen war, daß er ihn bei sich aufnahm. In den nächsten zwei Monaten bestärkte der berühmte Fotograf den Jungen in seinen noch etwas holprigen, jedoch vielversprechenden Mal- und Holzschnittversuchen. Ruess durfte sich mit Westons Söhnen, Neil und Cole, im Studio herumtreiben.

Als der Sommer zu Ende war, kehrte Everett nach Hause zurück, allerdings nur, um schnell die High School abzuschließen. Im Januar 1931 erhielt er sein Abschlußzeugnis, und einen knappen Monat später war er schon wieder unterwegs. Er reiste allein durch die Canyon-Gebiete von Utah, Arizona und New Mexiko, das damals beinahe ebenso spärlich besiedelt und sagenumwoben war wie Alaska heute. Abgesehen von einem kurzen, nicht sehr glücklichen Zwischenspiel an der University of California in Los Angeles (nach nur einem Semester stieg er zum ewigen Bedauern seines Vaters wieder aus), zwei längeren Besuchen bei seinen Eltern und einem in San Francisco ausgesessenen Winter (wo es ihm gelang, sich in den Kreis um Dorothea Lange, Ansel Adams und dem Maler Maynard Dixon einzuschmuggeln) sollte er den Rest seiner kurzen, sternschnuppenhaften Existenz auf Reisen verbringen. Er lebte aus seinem Rucksack, hatte kaum Geld, schlief im Dreck und überlebte oft tagelang ohne Nahrung, was seiner guten Laune jedoch keinen Abbruch tat.

Ruess war, wie Wallace Stegner es ausdrückte, »ein Romantiker, jung und unerfahren, ein jugendlicher Ästhet, ein atavistischer Wanderer der Wüsten«:

Mit achtzehn hatte er einen Traum. Er sah sich, wie er sich durch Dschungelgebiete schleppte, sich an den Klippen der Felswände hochhangelte und die romantischen Einöden dieser Erde durchwanderte. Jedem Mann, der noch die Säfte der Jugend in sich verspürt, sind solche Träume unvergeßlich. Das Besondere an Everett Ruess ist, daß er auszog und genau das, wovon er träumte, auch tat, und zwar nicht im Rahmen eines zweiwöchigen Urlaubs in gezähmten und veredelten Wunderparadiesen, sondern inmitten des wahren Wunders selbst …

Freiwillig setzte er sich horrenden Qualen aus, überforderte seinen Körper und testete seine Ausdauer. Stets entschied er sich für Trails, vor denen Indianer oder ältere Einwohner der Gegend ihn warnten. Er kletterte in Steilwände, die ihn mehr als nur einmal zwischen den Geröllhaufen am Boden und dem rettenden Rand baumeln ließen … Von seinen Lagerplätzen an den Wasserstellen, in den Canyons oder hoch oben auf dem bewaldeten Kamm des Navajo Mountain schrieb er lange, phantasievolle und überschwengliche Briefe an seine Familie und seine Freunde, in denen er die stereotypen Lebensweisen der Zivilisation verfluchte und der Welt seinen barbarischen, jugendlichen Übermut ins Gesicht schmetterte.

Ruess produzierte solche Briefe am laufenden Band. Sie trugen die Poststempel der abgelegensten Siedlungen, die er durchstreift hatte: Kayenta, Chinle, Lukachukai; Zion Canyon, Grand Canyon, Mesa Verda; Escalante, Rainbow Bridge, Canyon de Chelly. Dem Leser dieser Briefe (sie finden sich in gesammelter Form in W. L. Rushos sorgfältig recherchierter Biographie, »Everett Ruess: A Vagabond for Beauty«) wird die starke Sehnsucht Ruess' nach einer innigen Verbindung mit der Natur auffallen sowie seine gleichsam trotzige Leidenschaft für das Land, das er durchstreifte. »Seit meinem letzten Brief an Dich hatte ich ein paar phantastische Erlebnisse in der Wildnis – ergreifend, überwältigend«, schwärmte er gegenüber seinem Freund Cornel Tengel. »Aber ich bin ja ständig überwältigt. Ich brauche dieses Gefühl wie die Luft zum Atmen.«

Die Briefe lassen geradezu gespenstische Parallelen zwischen Ruess und Chris McCandless erkennen. Es folgen Auszüge aus drei Ruess-Briefen:

Mehr und mehr komme ich zu der Überzeugung, daß ich dazu bestimmt bin, ein einsamer Wanderer der Wildnis zu bleiben. Gott, welch verführerische Macht der Trail doch auf mich ausübt. Du kannst die unwiderstehliche Faszination, die von ihm ausgeht, nicht nachvollziehen. Schließlich ist der einsame Trail auch der beste … Ich werde ewig weiterwandern. Und wenn meine Zeit gekommen ist und der Tod naht, werde ich den abgelegensten, einsamsten, verlassensten Ort aufsuchen.

Die Schönheit dieses Landes wird allmählich zu einem Teil meiner selbst. Ich fühle mich dem Leben entrückter, bin irgendwie sanfter und gütiger geworden … Ich habe hier ein paar gute Freunde, aber niemanden, der wirklich begreift, warum ich hier bin oder was ich mache, und es gibt auch niemanden, der mich mehr als nur teilweise versteht. Ich bin zu lange allein gegangen.

Das Leben, wie die meisten Leute es führen, hat mich noch nie befriedigt. Schon seit ich denken kann, sehne ich mich nach einem intensiveren, reicheren Leben.

Die Risiken und Abenteuer auf meinen Wanderungen in diesem Jahr waren wilder und aufregender denn je. Und was für gewaltige Landschaften ich sehen durfte – riesige, ungezähmte Einöden, vergessene Hochlandregionen, blaue Bergmassive, die aus orange schimmerndem Wüstensand aufragen, ein Meter fünfzig breite Canyons, die über hundert Meter tief waren. Wolkenbrüche, die sich über namenlose Canyons ergossen, und Hunderte von Felsbehausungen, die vor eintausend Jahren verlassen wurden.

Ein halbes Jahrhundert später ähneln McCandless' Worte auf unheimliche Weise denen von Ruess, wenn er in einer Postkarte an Wayne Westerberg erklärt, daß er beschlossen habe, »dieses Leben noch eine ganze Weile fortzusetzen. Die Freiheit und die schlichte Schönheit daran sind einfach zu verlockend.« Und auch in McCandless' letztem Brief an Ronald Franz [siehe Seite 87–90] finden sich Anklänge an Ruess.

Ruess war genau so ein Romantiker wie McCandless, wenn nicht sogar stärker, und genau wie McCandless pfiff er auf die Gefahr. Clayborn Lockett, ein Archäologe, für den Ruess bei Ausgrabungsarbeiten der Anasazi-Felsbehausungen vorübergehend als Koch arbeitete, erklärte

Rusho gegenüber, daß er »entsetzt war über die unbekümmerte Art, an den gefährlichsten Felswänden herumzuturnen«.

Tatsächlich prahlt Ruess in einem seiner Briefe stolz: »Hunderte Male habe ich mein Leben auf der Suche nach Wasser oder einer verlassenen Felshöhle brüchigem Sandstein und mehr oder weniger senkrechten Steilhängen anvertraut. Zweimal wäre ich beinahe von den Hörnern eines wilden Stieres durchbohrt worden. Aber bis jetzt bin ich immer ungeschoren davongekommen und ins nächste Abenteuer aufgebrochen.« Und in seinem letzten Brief gesteht Ruess seinem Bruder lässig:

Manchmal ist es ganz schön knapp geworden, wenn mal wieder eine Klapperschlange vor mir auftauchte oder ich an einem von diesen bröckeligen Steilhängen hing. Das letzte Desaster ist mir passiert, als Chocolatero [sein Packesel] einen Bienenschwarm in Aufruhr versetzte. Ein paar Stiche mehr, und ich hätte es nicht überlebt. Drei oder vier Tage lang konnte ich weder die Augen öffnen noch die Hände bewegen.

Wie McCandless ließ auch Ruess sich nicht von körperlichen Schmerzen abschrecken. Teilweise hat man sogar den Eindruck, daß er sie gerne in Kauf nahm. »Seit nunmehr sechs Tagen leide ich unter den schrecklichsten Qualen. Ich bin, wie alle sechs Monate, mit Giftsumach in Berührung gekommen – ein Ende meiner Qualen ist nicht abzusehen«, erzählt er seinem Freund Bill Jacobs. Er fährt fort:

Zwei Tage lang wußte ich nicht, ob ich nun tot oder lebendig bin. Ich wand und krümmte mich in der brütenden Hitze, während Fliegen und ganze Heerscharen von Ameisen auf mir herumkrabbelten. Die Entzündungen im Gesicht, an den Armen und auf dem Rücken eiterten und verkrusteten. Ich konnte nichts essen – mir blieb nichts anderes übrig, als alles stoisch über mich ergehen zu lassen.

Es erwischt mich jedesmal, aber so schnell lasse ich mich aus den Wäldern nicht vertreiben.

Und wie McCandless legte sich auch Ruess auf seiner letzten Odyssee einen neuen Namen beziehungsweise eine ganze Reihe neuer Namen zu. In einem Brief vom 1. März 1931 setzt er seine Familie davon in Kenntnis, daß er sich von nun an Lan Rameau nennt und bittet sie, »meinen Plüschnamen ... oder was sagt man auf französisch? *Nomme de plusse,* oder wie?« zu respektieren. Zwei Monate später jedoch verkündet er in einem anderen Brief, daß »ich meinen Namen erneut geändert habe. Ich heiße jetzt Evert Rulan. Die, die mich noch von früher kennen, fanden mein erstes Pseudonym zu spleenig und französisiert.« Und im August desselben Jahres nennt er sich ohne nähere Erklärung wieder Everett Ruess und bleibt auch dabei – bis zu dem Tag, an dem er in die Davis-Schlucht absteigt. Aus irgendwelchen unergründlichen Motiven ritzte er an zwei Stellen *Nemo* – lateinisch für »niemand« – in den weichen Navajo-Sandstein, um dann spurlos zu verschwinden. Er war zwanzig Jahre alt.

Seine letzten Briefe waren am 11. November 1934 in Escalante abgestempelt worden, einer Mormonensiedlung siebenundfünfzig Meilen nördlich der Davis-Schlucht. Sie waren an seine Eltern und seinen Bruder adressiert, und Ruess deutete darin kurz an, daß er »ein, zwei Monate lang« jegliche Verbindung zur Außenwelt abbrechen wolle. Acht Tage nachdem er sie abgeschickt hatte, begegnete Ruess ungefähr eine Meile von der Schlucht entfernt zwei Schafhirten und verbrachte mit ihnen zwei Tage an ihrem Lagerplatz. Die Männer waren die letzten Menschen, die den Jungen nachweislich lebend gesehen haben.

Etwa drei Monate nachdem Ruess Escalante verlassen hatte, erhielten seine Eltern ein Bündel ungeöffneter Briefe, das von der Post in Marble Canyon, Arizona, an sie weitergeleitet worden war, da Ruess die Stadt schon längst passiert haben sollte. Um ihren Sohn besorgt, setzten Christopher und Stella Ruess sich mit den Behörden von Escalante in Verbindung, die Anfang März 1935 einen Suchtrupp auf die Beine stellten. Sie begannen beim Hirtenlager, wo Ruess zuletzt gesehen worden war, und durchkämmten von dort aus die gesamte Umgebung. Schon bald stießen sie auf Everetts zwei Packesel, die in der Davis-Schlucht in einem aus Gestrüpp und Ästen improvisierten Pferch zufrieden vor sich hin grasten.

Die Esel befanden sich im oberen Teil des Canyons, etwas stromaufwärts von der Stelle, wo die Mormonentreppe zu der Canyon-Sohle aufschließt. Ein Stück weiter stromabwärts fand der Suchtrupp Überreste eines eindeutig von Ruess angelegten Lagers, und am Eingang eines Getreidespeichers der Anasazi, unter einem prächtigen, natürlichen Felsbogen, stießen sie auf die in eine Felsplatte geritzte Inschrift »NEMO 1934«. Auf einem nahegelegenen Felsen standen sorgfältig arrangiert vier Anasazi-Töpfe. Drei Monate später stieß ein weiterer Suchtrupp etwas tiefer in die Schlucht auf eine zweite in Stein gekratzte Nemo-Inschrift (beide Inschriften sind nicht mehr vorhanden; nach Fertigstellung des Glen Canyon-Dammes im Jahre 1963 wurden sie von den Fluten des sich allmählich füllenden Lake Powell ausgewaschen). Abgesehen von den Packeseln und dem Zaumzeug mit den Gepäcktaschen konnte jedoch nichts von Ruess' Habseligkeiten – seine Camping-Utensilien, Tagebücher und Malereien – gefunden werden.

Es wird allgemein angenommen, daß Ruess bei dem Versuch, in einem der Canyons eine Steilwand zu erklimmen, in den Tod gestürzt ist. In Anbetracht der tückischen topographischen Beschaffenheit der Gegend (die meisten Schluchten dieser Region sind aus brüchigem, die Erosion begünstigenden Navajo-Sandstein geformt) und Ruess' Vorliebe zu gefährlichen Klettertouren ist dies eine durchaus einleuchtende Erklärung. Dennoch konnten bei ausgedehnten Suchexpeditionen zu den Steilhängen in näherer und weiterer Umgebung keine menschlichen Gebeine ausfindig gemacht werden.

Und wie will man die Tatsache erklären, daß Ruess die Schlucht allem Anschein nach mit seiner gesamten schweren Ausrüstung, jedoch ohne seine Packesel verlassen hat? Diese verblüffenden Umstände haben manch einen, der dem Fall nachspürte, zu der Schlußfolgerung veranlaßt, daß Ruess von einer Viehdiebbande ermordet wurde, die sich zu jener Zeit bekanntermaßen in der Gegend herumtrieb. Anschließend hätten sie seine Habseligkeiten an sich genommen und seine Leiche vergraben oder in den Colorado River geworfen. Auch diese Theorie ist nicht von der Hand zu weisen; beweisen läßt sie sich jedoch nicht.

Kurz nach Everetts Verschwinden äußerte sein Vater die Vermutung, daß der Junge wahrscheinlich von Jules Vernes »Zwanzigtausend Meilen unterm Meer« dazu inspiriert worden war, sich Nemo zu nennen – ein Buch, das Everett viele Male gelesen hatte und in dem der wakkere Held, Kapitän Nemo, der Zivilisation entflieht und »auch die letzten Bande zur Erde« zerreißt. Everetts Biograph, W. L. Rusho, stimmt mit Christopher Ruess überein und meint weiter, daß Everetts »Rückzug aus der

Gesellschaft, seine Geringschätzung irdischer Vergnügen und das besagte NEMO-Signum in der Davis-Schlucht die Vermutung sehr nahelegen, daß er sich mit der Jules-Verne-Figur stark identifizierte«.

Die Tatsache, daß Ruess von Kapitän Nemo fasziniert war, nährte unter einer ganzen Reihe von Ruess-Mythographen die Spekulation, daß Everett, nachdem er die Davis-Schlucht verlassen hatte, der Welt einen Streich spielte, sich unter einem anderen Namen irgendwo niederließ und quicklebendig ist – oder war. Als ich vor einem Jahr gerade in Kingman, Arizona, meinen Pick-up auftankte, kam ich zufällig mit dem Tankwart, einem kleinen Mann mittleren Alters mit fahrigen Bewegungen und Bierschaum an den Mundwinkeln, ins Gespräch. Wir unterhielten uns über Ruess. Im Brustton der Überzeugung schwor er, daß er »jemanden kennt, der Ruess getroffen hat, hundert Pro«, und zwar in den späten Sechzigern in einer einsamen, erdbedeckten Indianerhütte im Navajo-Reservat. Dem Freund des Tankwarts zufolge war Ruess mit einer Navajo-Indianerin verheiratet, mit der er mindestens ein Kind großgezogen habe. Natürlich ist der Wahrheitsgehalt dieses und anderer Berichte, nach denen Ruess erst kürzlich gesichtet worden sei, höchst zweifelhaft.

Ken Sleight, der sich ebenfalls eingehend mit dem Rätsel Everett Ruess befaßte, ist überzeugt, daß der Junge 1934 oder Anfang 1935 starb. Darüber hinaus glaubt er zu wissen, wie Ruess ums Leben kam. Der fünfundsechzigjährige Sleight ist ein professioneller Flußführer und eine wahre Wüstenratte. Er stammt aus einer Mormonen-Familie und ist bekannt für seine Schnodderigkeit. Als Edward Abbey »The Monkey Wrench Gang« schrieb, einen Schelmenroman über Öko-Terrorismus in der Canyon-Region, nahm er angeblich Ken Sleight zum Vorbild für die Figur des Seldom Seen Smith. Sleight, der die Gegend seit vierzig Jahren sein Zuhause nennt, suchte sämtliche Orte auf, an denen Ruess sich aufgehalten hatte. Er unterhielt sich mit vielen Leuten, die Ruess mehr oder weniger gut kannten, und führte auch Ruess' älteren Bruder Waldo in die Davis-Schlucht, um den Ort von Everetts Verschwinden in Augenschein zu nehmen.

»Waldo glaubt, daß Everett ermordet worden ist«, erzählt Sleight. »Aber das glaub ich nicht. Ich hab zwei Jahre in Escalante gelebt und dort mit den Leuten geredet, die man beschuldigt, ihn umgebracht zu haben, und ich glaub einfach nicht, daß sie so was getan haben. Aber wer weiß? Man kann nie wirklich sagen, was jemand macht, sobald man ihm den Rücken zukehrt. Andere Leute meinen ja, Everett ist beim Klettern abgestürzt. Tja, möglich wär's. In der Gegend ist so was schneller passiert, als man denkt. Aber ich glaub nicht dran. Ich sag Ihnen, was ich glaube: Ich glaub, er ist ertrunken.«

Sleight hatte vor vielen Jahren ein weiteres Nemo-Signet entdeckt. Er war gerade den Grand Gulch entlanggewandert, einen Nebenfluß des San Juan River, etwa fünfundvierzig Meilen östlich der Davis-Schlucht. Der Name war in den weichen Mörtel eines Getreidespeichers der Anasazi geritzt worden. Sleight geht davon aus, daß Ruess es eingekerbt hat, kurz nachdem er aus der Davis-Schlucht fortgewandert war.

»Er hat die Esel eingepfercht«, meint Sleight, »und seine gesamten Sachen irgendwo in einer Höhle versteckt. Dann ist er losgezogen und hat Kapitän Nemo gespielt. Ruess hatte ein paar Freunde bei den Indianern vom Navajo-Reservat, und da ist er, glaub ich, hin.« Eine denkbare Route ins Navajo-Reservat hätte Ruess bei Hole-in-the-Rock über den Colorado River geführt, dann über einen felsigen, 1880 von Mormonen-Siedlern erkundeten

Trail durch die Wilson Mesa und über die Clay Hills, und schließlich am Grand Gulch entlang zum San Juan River, an dessen gegenüberliegendem Ufer das Reservat lag. »Everett hat sein Nemo in die Speicherruine im Grand Gulch geritzt, etwa eine halbe Meile von der Stelle, wo der Collins Creek mündet, und dann ist er am San Juan River entlang weitergewandert. Und als er versucht hat, ans andere Ufer zu schwimmen, ist er ertrunken. So, jetzt wissen Sie, was ich glaube.«

Nach Sleights Ansicht wäre es Ruess unmöglich gewesen, seine Anwesenheit im Reservat zu verbergen, wenn er es wirklich lebend erreicht hätte, »selbst dann, wenn er immer noch sein Nemo-Versteckspiel gespielt hätte. Everett war 'n Einzelgänger, aber, verdammt, er hat die Menschen viel zu sehr gemocht, um dort draußen zu bleiben und sich den Rest seines Lebens zu verstecken. Die meisten von uns sind so – ich bin so, Ed Abbey war so, und es sieht ganz so aus, als ob dieser McCandless-Bursche auch so war: Wir schätzen Freundschaft und all das, verstehen Sie, aber wenn wir zu lange unter Menschen sind, kriegen wir 'nen Koller. Wir verdünnisieren uns, kommen dann für 'ne Weile zurück, und dann verziehen wir uns wieder. So hat Everett es gemacht.

Everett war ein seltsamer Typ«, räumt Sleight ein. »Irgendwie anders. Aber er und McCandless – die beiden haben zumindest versucht, ihre Träume zu leben. Das ist das Großartige an ihnen. Sie haben es versucht. Das tun die wenigsten.«

Um Everett Ruess und Chris McCandless besser zu verstehen, mag es helfen, ihre Handlungen in einem größeren Zusammenhang zu betrachten. Es ist aufschlußreich, sich mit ihren Pendants zu beschäftigen, mit Menschen, die vor langer Zeit an einem fernen Ort lebten.

Vor der Südostküste Islands erhebt sich eine flache, dem Festland wie ein Wall vorgelagerte Insel namens Papós. Kahl, felsig und von heulenden Nordatlantikstürmen heimgesucht, bezieht sie ihren Namen von den ersten dort ansässigen Siedlern, den *papar* genannten irischen Mönchen, die von dort allerdings schon lange verschwunden sind. Als ich an einem Sommernachmittag den von Wind und Wetter zerklüfteten Strand der Insel entlangspazierte, stolperte ich über das Muttergestein von verwitterten, fest in den Tundraboden verankerten Rechtecken: Überreste der ehemaligen Behausungen der Mönche, die sogar noch einige hundert Jahre älter sind als die Anasazi-Ruinen in der Davis-Schlucht.

Die Mönche segelten oder ruderten von der Westküste Irlands herüber und gelangten bereits im fünften oder sechsten Jahrhundert auf die Insel. Sie stießen mit ihren sogenannten Coraclen in See, kleinen, offenen Booten aus Korb und darübergezogenen Rindshäuten, und überquerten eines der tückischsten Meeresgebiete der Welt. Sie hatten dabei nicht die leiseste Ahnung, ob sie auf der anderen Seite etwas erwartete, und wenn ja, was.

Die *papar* riskierten ihr Leben – und verloren es in ungezählten Scharen. Sie taten dies weder, um Reichtum und persönlichen Ruhm zu erlangen, noch um für irgendeinen Despoten Land in Besitz zu nehmen. Wie der große Polarforscher und Nobelpreisträger Fridtjof Nansen betont, waren »diese bemerkenswerten Reisen … hauptsächlich auf dem Wunsch begründet, menschenleere Gebiete ausfindig zu machen, an denen diese Einsiedler in Frieden leben konnten, fern vom Lärm und den Versuchungen der zivilisierten Welt.« Als im neunten Jahrhundert die ersten Norweger vor den Küsten Islands auftauchten, wurde es den *papar* zu eng – obwohl die Gegend immer noch so gut wie menschenleer war. Die Mönche reagierten prompt, stiegen in ihre Coraclen und ruderten in Richtung Grönland. Nur ein inneres Verlangen und eine Sehnsucht von derart seltsamer Intensität, die unser heutiges Vorstellungsvermögen übersteigt, trieben sie über den windgepeitschten Ozean, trieben sie nach Westen, über den Rand der alten und damals noch einzig bekannten Welt hinaus.

Wer über diese Mönche liest, wird unweigerlich von ihrem Mut, ihrer verwegenen Unschuld und ihrer großen Sehnsucht zutiefst berührt. Wer über diese Mönche liest, fühlt sich unwillkürlich an Everett Ruess und Chris McCandless erinnert.

Fairbanks

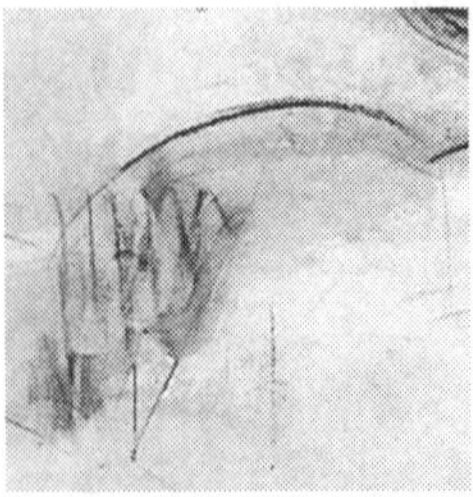

KAPITEL ZEHN

RUCKSACKREISENDER FÜHRT TAGEBUCH,
WÄHREND ER IN DER WILDNIS STIRBT

ANCHORAGE, 12. *September (AP) – Am vergangenen Sonntag wurde in einem abgelegenen Waldlager im Landesinnern Alaskas ein junger Rucksackreisender tot aufgefunden. Eine Verletzung hatte ihn am Weiterkommen gehindert. Der Mann konnte bisher noch nicht identifiziert werden. Sein Tagebuch und zwei am Lager gefundene Zettel erzählen jedoch die bewegende Geschichte seines verzweifelten, von Tag zu Tag aussichtsloser werdenden Überlebenskampfes.*

Aus dem Tagebuch geht hervor, daß sich der Mann, ein etwa dreißig Jahre alter Amerikaner, vermutlich durch einen Sturz eine Verletzung zuzog und über drei Monate an sein Lager gefesselt war. Es beschreibt, wie er sich durch die Jagd und das Sammeln von Pflanzen und Früchten vor dem Verhungern zu bewahren suchte, und wie er trotz allem immer schwächer wurde.

Einer der beiden Zettel ist ein Hilferuf, den er schrieb, als er sich auf Nahrungssuche begeben mußte, und mit dem er auf sein Schicksal aufmerksam machen wollte. Auf dem zweiten Zettel verabschiedet er sich von der Welt ...

Die am gerichtsmedizinischen Institut in Fairbanks durchgeführte Autopsie ergab, daß der Mann vermutlich Ende Juli verhungert ist. Die zuständigen Behörden entdeckten bei der Überprüfung der Sachen des Mannes einen Namen, von dem angenommen wird, daß es der des Toten ist. Da es bisher jedoch nicht gelungen ist, den Toten einwandfrei zu identifizieren, wird der Name von den Behörden weiterhin vertraulich behandelt.

THE NEW YORK TIMES,
13. SEPTEMBER 1992

❖

Als die *New York Times* sich der Geschichte des einsamen Wanderers annahm, hatten die Alaska State Troopers sich bereits seit einer Woche bemüht, die Identität der Leiche festzustellen. Der Tote trug ein blaues Sweatshirt mit dem Logo einer in Santa Barbara ansässigen Firma, einem Abschleppdienst mit dazugehörigem Schrotthandel, und als die Troopers dort nach McCandless fragten, wurde ihnen nur erklärt, daß man weder etwas über ihn wußte noch darüber, wie er an das T-Shirt gekommen war. Mit der Leiche war auch das kurze, zahlreiche Fragen aufwerfende Tagebuch sichergestellt worden. Bei vielen Einträgen handelte es sich um knappe, präzise Beobachtungen zu Flora und Fauna, was zu der Spekulation anregte, McCandless sei Naturbiologe gewesen. Aber auch diese Fährte führte letztlich in eine Sackgasse.

Am 10. September, drei Tage bevor die Nachricht von dem tot aufgefundenen Traveller in der *Times* erschien, kam die Geschichte auf die Titelseite der *Anchorage Daily News.* Als Jim Gallien die Schlagzeile und die dazugehörige Karte sah, aus der hervorging, daß die Leiche fünfundzwanzig Meilen westlich von Healy am Stampede Trail gefunden worden war, hielt er entsetzt den Atem an: Alex. In Gallien lebte noch immer die Erinnerung an das Bild des seltsamen, sympathischen Jugendlichen fort, der den Trail in zwei Nummern zu großen Stiefeln hinuntergeschritten war – Galliens Stiefeln, den alten, braunen extrastarken Gummistiefeln, die er dem Jungen mehr oder weniger hatte aufdrängen müssen. »Der Artikel hat, trotz der spärlichen Informationen, so geklungen, als ob es derselbe ist«, erzählt Gallien, »also hab ich die State Troopers angerufen und gesagt, ›Leute, ich glaub, den Jungen hab ich ein Stück per Anhalter mitgenommen.‹«

»O.k., verstanden«, erwiderte Trooper Roger Ellis am anderen Ende der Leitung. »Warum glauben Sie das? Sie sind mittlerweile der sechste innerhalb der letzten Stunde, der hier anruft und behauptet, er weiß, wer der Junge ist.« Aber Gallien ließ sich nicht beirren, und als er einige Details nennen konnte, schwand Ellis' anfängliche Skepsis. Gallien konnte Teile der Ausrüstung beschreiben, die sich bei der Leiche befanden und in dem Artikel nicht erwähnt waren. Und dann fiel Ellis der erste, kryptische Tagebucheintrag des Jungen wieder ein. Er lautete, »Exit Fairbanks. Gallien-Sitzung. Kaninchen Tag.«

Die Troopers hatten inzwischen den Film aus der Minolta des Jungen entwickeln lassen. Bei mehreren Bildern handelte es sich ganz offensichtlich um Selbstporträts. »Als sie die Fotos zu mir auf die Baustelle gebracht haben, auf der ich damals gearbeitet hab«, erzählt Gallien, »da gab es keinen Zweifel mehr. Der Junge auf dem Bild war Alex.«

Da McCandless Gallien erzählt hatte, er stamme aus South Dakota, verlagerten die Troopers ihre Suche nach den nächsten Verwandten unverzüglich dorthin. Eine

Suchmeldung an alle Polizeidienststellen führte auf die Spur eines Vermißten mit dem Namen McCandless aus dem Osten von South Dakota, der noch dazu zufälligerweise aus einer kleinen Stadt stammte, die nur zwanzig Meilen von Westerbergs Carthage entfernt lag. Eine Weile glaubten die Troopers, ihren Mann gefunden zu haben. Aber auch diese Fährte führte ins Nichts.

Westerberg hatte seit der Postkarte aus Fairbanks vom Frühjahr zuvor nichts mehr von jenem Freund, den er als Alex McCandless kannte, gehört. Als er nach viermonatiger Erntezeit in Montana am 13. September seine Mähdrescher-Kolonne nach Carthage zurückführte und einen leeren, endlosen Highway außerhalb von Jamestown hinunterrollte, schaltete sich plötzlich sein Funkgerät ein »Wayne!« rief die aufgeregte Stimme eines seiner Arbeiter aus den anderen Lastern. »Bob hier. Hast du dein Radio eingeschaltet?«

»Ja, Bobby. Hier Wayne. Was gibt's?«

»Schnell – schalt dein Radio ein und hör dir Paul Harvey an. Er quatscht gerade was von irgend 'nem Jungen, der in Alaska verhungert sein soll. Die Polizei weiß nicht, wer er ist. Hört sich verdammt nach Alex an.«

Westerberg fand den Sender gerade noch rechtzeitig, um das Ende der Paul-Harvey-Sendung mitzubekommen. Er mußte Bob wohl oder übel recht geben: die bruchstückhafte Beschreibung paßte beunruhigend genau auf seinen Freund.

In Carthage angekommen, rief ein niedergeschlagener Westerberg unverzüglich die Alaska State Troopers an und erzählte ihnen, was er über McCandless wußte. Inzwischen war jedoch in vielen Zeitungen des Landes ausführlich über den toten Traveller berichtet worden. Einige Zeitungen hatten sogar Auszüge seines Tagebuchs abgedruckt. Folglich erhielten die Troopers massenweise

Anrufe von Leuten, die alle behaupteten, den Jungen zu kennen, und waren noch kürzer angebunden als bei Galliens Anruf. »Der Bulle am Telefon hat gemeint, daß sie mittlerweile Anrufe von hundertfünfzig Leuten gehabt hätten, die geglaubt haben, Alex ist ihr Kind, ihr Freund, ihr Bruder«, erzählt Westerberg. »Na ja, jedenfalls ist er mir mit seiner Art ziemlich schnell auf den Sack gegangen und ich hab dem Typen gesagt: ›Hören Sie, ich bin nicht irgendein Spinner. Ich *weiß*, wer er ist. Er hat für mich gearbeitet. Wenn mich nicht alles täuscht, dann muß hier sogar irgendwo noch seine Sozialversicherungsnummer rumfliegen.‹«

Westerberg wühlte die Aktenordner vom Getreidesilo durch und fand schließlich zwei von McCandless ausgefüllte Steuerformulare. Auf dem einen, das noch von McCandless' allererstem Aufenthalt in Carthage 1990 stammte, hatte er oben drüber »Befreit Befreit Befreit Befreit« gekritzelt: Seinen Namen hatte er mit Iris Fucyu angegeben. Adresse: »Geht Euch nix an.« Sozialversicherungsnummer: »Hab ich vergessen.«

Aber auf dem zweiten Formular, das vom 30. März '92 stammte, also zwei Wochen vor seinem Aufbruch nach Alaska, hatte er seinen richtigen Namen angegeben: »Chris J. McCandless.« Und in dem Kästchen für die Sozialversicherungsnummer hatte er die Nummer »228-31-6704« eingetragen. Westerberg rief wieder in Alaska an. Diesmal nahmen die Troopers ihn ernst.

Wie sich herausstellte, war die Sozialversicherungsnummer echt: McCandless hatte einen ständigen Wohnsitz im Norden Virginias. Die Behörden in Alaska setzten sich mit den zuständigen Stellen in Virginia in Verbindung, die wiederum die Telefonbücher wälzten und nach Eintragungen unter dem Namen McCandless suchten. Walt und Billie McCandless waren inzwischen an die

Küste von Maryland gezogen und somit aus den Verzeichnissen gestrichen worden. Aber Walts ältester Sohn aus seiner ersten Ehe wohnte in Annandale und stand im Telefonbuch. Am späten Nachmittag des 17. September erhielt Sam McCandless einen Anruf von einem Kommissar der Fairfax-County-Mordkommission.

Sam, der neun Jahre älter als Chris war, hatte ein paar Tage zuvor in der *Washington Post* einen kurzen Artikel über den Traveller gelesen. Wie er zugibt, wäre ihm jedoch nie in den Sinn gekommen, »daß der junge Wanderer vielleicht Chris sein könnte. Daran habe ich nicht im entferntesten gedacht. Das Ironische daran ist, daß ich, als ich den Artikel las, noch gedacht habe: ›O mein Gott, was für eine Tragödie. Die Familie des Jungen kann einem aber leid tun, auch wenn ich sie nicht kenne. Was für eine traurige Geschichte.‹«

Sam war bei seiner Mutter in Kalifornien und Colorado aufgewachsen und erst '87 nach Virginia gezogen, als Chris den Bundesstaat schon längst verlassen hatte, um in Atlanta zu studieren. Sam kannte seinen Halbbruder also kaum. Als aber der Beamte der Mordkommission fragte, ob ihm der Traveller irgendwie bekannt vorkäme, erzählt Sam, »war ich ziemlich sicher, daß es Chris war. Die Tatsache, daß er nach Alaska gegangen war, und zwar allein – das paßte alles.«

Auf Bitten des Beamten machte sich Sam ins Revier der Fairfax County Police auf, wo man ihm ein Foto des Travellers zeigte, das aus Fairbanks gefaxt worden war. »Es war eine Vergrößerung, achtzehn mal vierundzwanzig«, weiß Sam noch, »nur der Kopf. Er hatte langes Haar und trug einen Bart. Chris hatte fast immer kurzes Haar gehabt und sich regelmäßig rasiert. Hinzu kam, daß das Gesicht auf dem Bild sehr hager war. Aber ich hab ihn gleich erkannt. Es gab keinen Zweifel. Es war Chris. Ich bin nach Hause gefahren, hab Michele, meine Frau, abgeholt und bin nach Maryland rausgefahren, um es Dad und Billie zu sagen. Ich wußte nicht, wie ich es ihnen sagen sollte. Wie bringt man jemandem bei, daß sein Kind tot ist?«

Chesapeake Beach

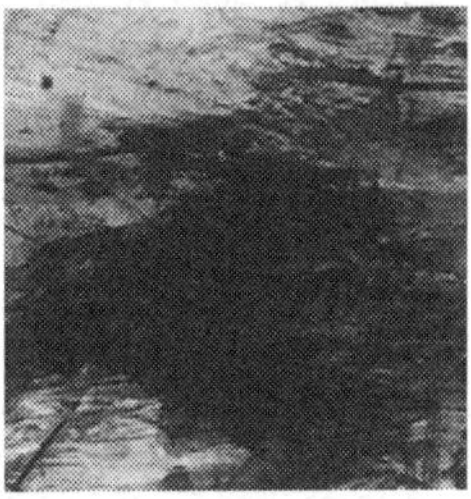

KAPITEL ELF

Mit einem Schlag hat sich alles verwandelt, der Ton und die Luft, man weiß nicht mehr, was man denken und auf wen man hören soll. Es ist, als wärst du dein Lebtag wie ein kleines Kind an der Hand geführt worden, und plötzlich läßt man dich los und sagt: Lerne allein gehen! Und es gibt niemanden mehr in deiner näheren und ferneren Umgebung, keine Familie, keine Autorität. Jetzt, da die menschlichen Einrichtungen zusammengebrochen sind, müßte man sich auf das Wesentliche stützen, auf die Lebenskraft, die Schönheit oder auf die Wahrheit. Ihnen müßte man sich in einer vollkommeneren und rücksichtsloseren Weise anvertrauen als in Friedenszeiten und im Alltagsleben, das es nicht mehr gibt.

BORIS PASTERNAK,
»DOKTOR SCHIWAGO«

Von Chris McCandless angestrichener Passus aus einem der Bücher, die unter seinen Habseligkeiten gefunden wurden. »Suche nach einem Sinn« stand in seiner Handschrift am Seitenrand.

Samuel Walter McCandless jun. ist ein sechsundfünfzig Jahre alter wortkarger Mann. Er trägt einen Bart, und sein halblanges, von silbernen Strähnen durchzogenes Haar ist glatt nach hinten gekämmt. Er ist groß und kräftig gebaut und macht einen intelligenten, gelehrten Eindruck, was nicht zuletzt an der Brille mit Drahtgestell liegt. Sieben Wochen sind vergangen, seit der Leichnam seines Sohnes in einem Schlafsack in Alaska aufgefunden wurde, den Billie aus vorgefertigten Teilen für Chris genäht hatte. Walter steht am Fenster seines Reihenhauses und blickt auf ein dahingleitendes Segelboot hinunter. »Wie ist es nur möglich«, fragt er sich laut, während er mit abwesenden Augen über die Chesapeake Bay hinwegblickt, »daß ein so einfühlsamer Junge wie Chris seinen Eltern solches Leid beschert?«

Das Haus der McCandless' in Chesapeake Beach, Maryland, ist geschmackvoll eingerichtet. Mit seiner makellosen Sauberkeit zeugt es von peinlicher Ordnungsliebe. Die großen, vom Boden bis zur Decke reichenden Fenster überblicken das diesige Buchtpanorama. Ein großer Chevrolet Suburban und ein weißer Cadillac stehen draußen vor der Tür, eine liebevoll restaurierte 69er Corvette in der Garage, und am Pier liegt ein zehn Meter langer, kreuzfahrttauglicher Katamaran vor Anker. Seit Tagen sind vier große viereckige Pinnwände mit zahllosen Fotos, die Chris' kurzes Leben dokumentieren, auf dem Eßtisch ausgebreitet.

Billie geht bedächtig um den Tisch herum und weist auf ein Bild von Chris, der auf einem Schaukelpferdchen sitzt, dann auf Chris als neugierig gespannten Achtjährigen in einer gelben Regenjacke während seiner ersten Wandertour und schließlich auf Chris an seinem ersten High-School-Tag. »Am meisten schmerzt uns, daß er einfach nicht mehr da ist«, sagt Walt. In seiner Stimme liegt ein beinahe unhörbares Zittern. Er hält über einem Foto seines Sohnes inne, das ihn herumalbernd auf einem Familienurlaub zeigt. »Ich habe viel Zeit mit Chris verbracht, vielleicht mehr als mit den anderen Kindern. Ich war einfach sehr gern mit ihm zusammen, obwohl er uns so oft enttäuscht hat.«

Walt trägt eine graue Jogginghose, Tennisschuhe und eine Baseballjacke aus Satin mit aufgesticktem Logo des Jet Propulsion Laboratory, einer Versuchswerkstatt für Düsenantriebssysteme. Trotz des sportlich-lässigen Outfits hat er unbestreitbar etwas Autoritäres an sich. In der Nomenklatura seines geheimnisumwitterten Forschungsfeldes – einer hochmodernen Technologie, die unter der Bezeichnung »Synthetic aperture radar«, kurz SAR, bekannt ist – steht er ganz oben. SAR ist seit 1978 fester Bestandteil der spektakulärsten Raumfahrtmissionen. Damals wurde der erste mit SAR bestückte Satellit, *Seasat*, in die Erdumlaufbahn gebracht. NASA-Projektleiter jenes bahnbrechenden *Seasat*-Starts war Walt McCandless.

Die erste Zeile auf Walts Lebenslauf lautet: »Keine Angaben: Top Secret, U.S. Verteidigungsministerium.« Ein paar Zeilen darunter beginnt eine Darstellung seiner beruflichen Qualifikation: »Ich führe beratende Tätigkeiten im Bereich der Konstruktion von Telesensoren und Satellitensystemen durch sowie für damit verbundene Signalverarbeitungs-, Datenreduktions- und Informationsgewinnungsprozesse.« Kollegen scheuen sich nicht, Walt McCandless brillant zu nennen.

Walt ist es gewohnt, das Sagen zu haben. Ganz unbewußt, wie durch einen Reflex, ergreift er die Zügel. Obwohl er im sanften gelassenen Tonfall der Westküste spricht, unterliegt seiner Stimme eine gewisse Schärfe, und ein harter Zug um sein Kinn verrät eine unterschwellige nervöse Energie. Selbst von der anderen Seite des

Raumes ist nicht zu übersehen, daß hier ein Mann vor einem steht, der unter ständiger Hochspannung steht. Es liegt auf der Hand, woher die Kraft und das Feuer in Chris stammte.

Wenn Walt etwas sagt, hört man ihm zu. Falls ihm jemand oder etwas mißfällt, verengen sich seine Augen, und er wirkt plötzlich kurz angebunden. Aus dem entfernteren Familienkreis ist zu hören, daß er bisweilen verschlossen und launisch sein kann, obwohl, so die allgemeine Ansicht, sein berüchtigtes aufbrausendes Naturell in den letzten Jahren viel von seiner Unberechenbarkeit eingebüßt hat. Nachdem Chris sich 1990 ohne Vorwarnung aus dem Staub gemacht hatte, trat bei Walt eine Wandlung ein. Das Verschwinden seines Sohnes machte ihm angst und stimmte ihn nachdenklich. Eine sanftere, tolerantere Seite seines Wesens kam zum Vorschein.

Walt wuchs in ärmlichen Verhältnissen auf. Er stammt aus Greely, Colorado, einem Farmerstädtchen in der windgepeitschten Hochprärie ganz in der Nähe der Grenze zu Wyoming. Er sei, wie er nüchtern feststellt, »nicht auf der Sonnenseite des Lebens groß geworden«. Aber er war klug und ehrgeizig, jemand, der aus seinem Leben etwas machen wollte. Er bekam ein Uni-Stipendium für die Colorado State University im nahen Fort Collins. Um sich während der Studienzeit über Wasser zu halten, hatte er eine ganze Reihe von Jobs inne, unter anderem in einer Leichenhalle. Ein wirklich regelmäßiges Einkommen bescherte ihm aber vor allem die Arbeit mit Charlie Novak, dem Bandleader eines beliebten Jazzquartetts. Novaks Band – Walt war der Pianist – bediente die lokale Tanzszene und tingelte mit ihren Tanznummern und alten Standards durch verrauchte Schuppen am Fuße der Rocky Mountains. Walt ist ein begeisterter Musiker mit beachtlichem Talent, und auch heute noch übernimmt er von Zeit zu Zeit ein Engagement.

1957 schossen die Sowjets die *Sputnik I* in den Weltraum. Über Amerika legte sich ein Schatten der Angst. In der nun folgenden nationalen Hysterie schleuste der Kongreß Millionen und Abermillionen von Dollars in die in Kalifornien beheimatete Raumfahrtindustrie, die einen rasanten Aufschwung erlebte. Für den jungen Walt McCandless – frisch von der Uni, verheiratet und werdender Vater – öffnete die *Sputnik* die Tür ins Reich der unbegrenzten Möglichkeiten. Als er den ersten Teil seines Studiums abgeschlossen hatte, trat er eine Stellung bei Hughes Aircraft an. Von dort aus wurde er für drei Jahre nach Tucson geschickt, wo er an der University of Arizona seinen Magister in Antennentheorie machte. Sobald er seine Dissertation – »Analyse konischer Spiralen« – fertiggestellt hatte, wechselte er an Hughes' riesiges, kalifornisches Stammwerk über, wo damals die spannendsten Projekte in Gang waren. Walt war entschlossen, sich in dem Wettlauf der Raumfahrtsysteme einen Namen zu machen.

Er kaufte einen kleinen Bungalow in Torrance, arbeitete hart und erklomm in raschen Sprüngen die Karriereleiter. Sam wurde 1959 geboren, und die vier anderen Kinder – Stacy, Shawna, Shelly und Shannon – folgten in kurzen Abständen. Walt wurde zum Testleiter und Ressortchef der *Surveyor-1*-Mission bestellt, des ersten Raumschiffes, dem eine weiche, aufsetzende Landung auf dem Mond gelang. Walts Stern ging auf und leuchtete.

1965 jedoch scheiterte seine Ehe. Er und seine Frau Marcia trennten sich. Walt begann sich häufiger mit seiner Sekretärin bei Hughes zu treffen. Sie hieß Wilhemina Johnson – alle nannten sie Billie –, war zweiundzwanzig

Jahre alt und hatte auffallend dunkle Augen. Sie verliebten sich und zogen zusammen. Billie wurde schwanger. Ihr zierlicher Körper legte in neun Monaten nur acht Pfund zu, so daß sie nicht einmal Umstandskleider tragen mußte. Am 12. Februar 1968 brachte Billie einen Sohn zur Welt. Er hatte Untergewicht, war ansonsten aber gesund und munter. Walt schenkte Billie eine Gianini-Gitarre, auf der sie Wiegenlieder anstimmte, um das quengelnde Neugeborene zu besänftigen. Zweiundzwanzig Jahre später sollten die Ranger des Nationalparks ebendiese Gitarre auf dem Rücksitz des am Lake Mead stehengelassenen, gelben Datsuns finden.

Es ist natürlich unmöglich zu bestimmen, welches obskure Chromosomen-Zusammenspiel, welche Eltern-Kind-Dynamik und zufällige Sternenkonstellation dafür verantwortlich war, daß Christopher Johnson McCandless die Welt mit einer Vielzahl ungewöhnlicher Talente betrat und mit einem Willen, der der Durchschlagskraft von Walts NASA-Raketen in nichts nachstand. Mit gerade mal zwei Jahren stand er eines Nachts auf, gelangte nach draußen und drang in eines der Nachbarhäuser ein, um dort die Schublade mit Süßigkeiten zu plündern.

Als er in der dritten Klasse in einem Einstufungstest ein hervorragendes Ergebnis erzielte, wurde er in ein Hochbegabtenprogramm gesteckt. »Er war darüber alles andere als glücklich«, weiß Billie noch, »weil damit zusätzliche Hausaufgaben verbunden waren. Also hat er eine Woche lang versucht, sich aus dem Programm wieder hinauszuwinden. Dieser kleine Junge ging also hin und versuchte, den Lehrer, den Direktor – jeden, der ihm Gehör schenkte – davon zu überzeugen, daß die Testergebnisse nicht stimmten, daß er eigentlich gar nicht dort hingehörte. Wir haben erst auf einem Elternabend davon erfahren. Seine Lehrerin nahm uns beiseite und sagte uns, daß ›Chris nach einer anderen Musik tanzt‹. Sie schüttelte nur den Kopf.«

»Selbst als wir noch klein waren«, erzählt Carine, die drei Jahre nach Chris geboren ist, »war er gerne für sich. Nicht daß er abweisend oder ein Eigenbrötler gewesen wäre – er hatte immer Freunde, und alle mochten ihn –, aber er konnte sich eben auch gut allein unterhalten, und zwar stundenlang. Er brauchte keine Freunde oder Spielsachen, zumindest erweckte er diesen Eindruck. Er konnte allein sein, ohne sich einsam zu fühlen.«

Als Chris sechs war, wurde Walt ein Posten bei der NASA angeboten, und die Familie zog in die Hauptstadt um. Die Familie kaufte ein geräumiges, mehrstöckiges Haus mit grünen Fensterläden, Erkerfenster und einem hübschen Garten am Willet Drive in Annandale, einem Vorort von Washington. Vier Jahre nach dem Umzug nach Virginia gab Walt seinen Job bei der NASA auf und gründete eine Beraterfirma – User Systems, Incorporated –, die Billie und er von zu Hause aus führten.

In der Anfangszeit fehlte es überall an Geld. Die Familie hatte ein regelmäßiges Gehalt gegen die Unwägbarkeiten eines selbständigen Unternehmens eingetauscht. Hinzu kam, daß Walt wegen der Scheidung von seiner ersten Frau praktisch für den Unterhalt von zwei Familien aufkommen mußte. »Damit das Ganze auch klappte, haben Mom und Dad Tag und Nacht gearbeitet. Wenn Chris und ich morgens aufstanden, um zur Schule zu gehen, waren sie im Büro bei der Arbeit. Wenn wir nachmittags heimkehrten, waren sie im Büro bei der Arbeit. Wenn wir nachts schlafen gingen, waren sie im Büro bei der Arbeit. Sie haben eine wirklich tolle Firma aufgebaut, und irgendwann haben sie damit auch haufenweise Geld verdient, aber sie haben die ganze Zeit non-stop gearbeitet.«

Es war eine schwierige Zeit. Walt und Billie sind beide von impulsivem, leicht erregbarem Wesen. Beide geben nur ungern nach, und es blieb nicht aus, daß ihre Temperamente in hitzigen Wortgefechten aufeinanderprallten. Im Eifer des Gefechts drohte der eine dem anderen häufig mit Scheidung. Die Streitereien schienen oft schlimmer, als sie tatsächlich waren, meint Carine, aber »ich glaube, daß sie einer der Gründe dafür waren, daß Chris und ich uns so nahestanden. Wir wußten, wir konnten uns aufeinander verlassen, wenn Mom und Dad aneinandergerieten.«

Aber es gab auch gute Zeiten. An den Wochenenden und in den Schulferien machten sie Familienausflüge: Sie fuhren nach Virginia Beach und an den Strand von Carolina oder auch nach Colorado, um Walts Kinder aus seiner ersten Ehe zu besuchen, zu den Großen Seen und zu den Blue Ridge Mountains in den Appalachen. »Wir haben dann die Ladefläche unseres Pick-up – ein Chevy Subarban – zum Wohnwagen umgebaut«, erzählt Walt. »Später haben wir einen Airstream-Wohnwagen gekauft und sind mit dem gefahren. Chris war verrückt nach diesen Reisen, je länger desto besser. In unserer Familie herrschte immer ein gewisses Fernweh, und schon früh war klar, daß Chris es geerbt hatte.«

Im Laufe ihrer Reisen besuchte die Familie auch Iron Mountain in Michigan, eine kleine Bergbaustadt in den Waldgebieten der Halbinsel zwischen dem Lake Superior und dem Huronsee, wo Billie unter fünf anderen Geschwistern aufgewachsen war. Loren Johnson, Billies Vater, war offiziell Fernfahrer, »aber er hat es nie lange bei einer Stelle ausgehalten«, erzählt sie.

»Billies Vater hat sich nie wirklich in die Gesellschaft einordnen können«, fügt Walt erklärend hinzu. »Er und Chris hatten viel gemein.«

Loren Johnson war stolz, stur und verträumt: Er war ein Kenner des Waldes, selbstgelernter Musiker und Dichter. In der Gegend von Iron Mountain war sein Verhältnis zu den Kreaturen des Waldes schon legendär. »Er hatte immer irgendwelche Tiere, die er aufzog«, erzählt Billie. »Wenn er auf ein Tier mit einem Fangeisen stieß, nahm er es mit nach Hause, amputierte das verletzte Bein, pflegte es gesund und setzte es dann wieder aus. Einmal überfuhr mein Vater mit seinem Pick-up ein Reh und machte sein Junges zur Waise. Er war am Boden zerstört. Also brachte er das kleine Kitz mit heim und zog es im Haus groß, hinter dem Holzofen, so als wär's eins seiner leiblichen Kinder.«

Um seine Familie zu ernähren, versuchte er sich in den verschiedensten unternehmerischen Unterfangen, die jedoch alle zum Scheitern verurteilt waren. Eine Weile züchtete er Hühner, dann Nerze und Chinchillas. Er zog einen Reitstall auf und vermietete Pferde an Touristen. Die meisten Mahlzeiten setzten sich aus dem zusammen, was er auf der Jagd erbeuten konnte – obwohl ihm das Töten von Tieren gegen den Strich ging. »Mein Vater hat jedesmal geweint, wenn er ein Reh schoß«, weiß Billie noch, »aber wir brauchten was zu essen, also hat er es getan.« Er arbeitete auch als Jagdführer, was ihn noch mehr peinigte. »Reiche Hobbyjäger aus der Stadt kamen in ihren dicken Cadillacs vorgefahren, und mein Vater führte sie für eine Woche auf seine Jagdhütte hinauf, damit sie sich zu Hause irgendein Geweih an die Wand hängen konnten. Er garantierte jedem, der kam, einen Rehbock, aber die meisten von ihnen waren fürchterlich schlechte Schützen. Darüber hinaus tranken sie so viel, daß sie sowieso nichts getroffen hätten. Normalerweise mußte er ihnen also ihren Bock abknallen. Gott, wie er das haßte.«

Ganz klar, daß Loren von Chris eingenommen war. Und Chris liebte seinen Großvater über alles. Die hinterwäldlerische Schläue des alten Mannes und seine Liebe zur Natur hinterließen einen bleibenden Eindruck auf den Jungen.

Als Chris acht Jahre alt war, nahm Walt ihn auf seine erste größere Wandertour mit. In einem Drei-Tage-Trip im Shenandoah-Nationalpark bestiegen sie zusammen den Old Rag. Sie schafften es tatsächlich bis zum Gipfel, und Chris hatte bis zuletzt seinen Rucksack allein getragen. Von da an wurde es zwischen Vater und Sohn zur Tradition, den Berg zu besteigen. Beinahe jedes Jahr wanderten sie den Old Rag hoch.

Als Chris etwas älter war, nahm Walt Billie und die Kinder aus beiden Ehen mit nach Colorado, um den Longs Peak zu besteigen – mit 4345 Metern der höchste Gipfel im Rocky-Mountain-Nationalpark. Als Walt, Chris und Walts jüngster Sohn aus seiner ersten Ehe das Keyhole erreichten, einen aus der Bergwand hervorspringenden Engpaß in knapp viertausend Meter Höhe, beschloß Walt umzukehren. Er war erschöpft und spürte die Höhenluft. Der Rest der Strecke wirkte steinig, zerklüftet und gefährlich. »Ich war total fertig«, erklärt Walt, »aber Chris wollte unbedingt auf den Gipfel. Ich hab ihm gesagt, nie und nimmer. Er war damals erst zwölf, mehr als herumnörgeln konnte er also nicht. Wenn er vierzehn oder fünfzehn gewesen wäre, wäre er einfach ohne mich weitergegangen.« Walt hält plötzlich ein und schaut mit abwesendem Blick in die Ferne. »Chris kannte schon als kleiner Junge keine Angst«, sagt er nach langem Schweigen. »Er hat nie geglaubt, daß es ihn irgendwie erwischen könnte, auch nicht wenn er Dinge tat, die wirklich riskant waren. Wir waren immer damit beschäftigt, ihn vorm Abgrund zu bewahren.«

Chris war in beinahe allem, was er anfaßte, erfolgreich. Von der Schule und der Uni brachte er am laufenden Band Einser nach Hause. Nur einmal hatte er eine schlechtere Note als eine Zwei: eine Sechs in Physik auf der High School. Als Walt das Zeugnis sah, bat er den Physiklehrer um einen Termin, um herauszufinden, wo das Problem lag. »Er war ein pensionierter Oberst der Luftwaffe«, weiß Walt noch, »er war schon etwas älter, erzkonservativ und ziemlich unflexibel. Am Anfang des Schuljahres hatte er den Schülern erklärt, er habe zweihundert Schüler, Laborprotokolle sollten also alle in einem bestimmten Format abgefaßt sein, damit er sie leichter korrigieren konnte. Chris fand, daß die Vorschrift dumm und unnötig war, und hat sich deshalb nicht dran gehalten. Also hat er seine Protokolle zwar geschrieben, aber nicht im richtigen Format, und der Lehrer gab ihm eine Sechs. Nachdem ich mit dem Mann gesprochen hatte, kam ich nach Hause zurück und sagte zu Chris, daß er nun die Note bekommen hat, die er verdient.«

Chris und Carine hatten Walts musikalische Begabung geerbt. Chris spielte Gitarre, Klavier und Waldhorn. »Auch wenn man es sich bei einem Kind seines Alters kaum vorstellen kann«, erzählt Walt, »aber er war ganz vernarrt in Tony Bennett. Er hat Nummern wie ›Tender is the Night‹ gesungen, und ich habe ihn dazu auf dem Klavier begleitet. Er war richtig gut.« Und das war er wirklich. In einem Blödel-Video, das Chris auf dem College aufgenommen hatte, hört man ihn Songs wie »Summers by the Sea« und »Sailboats in Capri« schmettern. Er singt mit eindrucksvollem Elan, und seine schmachtende Stimme steht einem professionellen Pianobarsänger in nichts nach.

Als talentierter Hornist war er in seiner Jugendzeit Mitglied der American University Symphony, schied aber früh aus, weil ihn, wie Walt meint, ein paar Vorschriften störten, die der Dirigent erlassen hatte. Carine weiß aber, daß da noch mehr dahintersteckte. »Natürlich, er mochte es nicht, wenn jemand ihm sagte, was er zu tun hatte, aber das war nur der eine Grund. Der andere war ich. Ich wollte immer wie Chris sein, also hab ich auch angefangen, Waldhorn zu spielen. Und wie sich herausstellte, war es das einzige, das ich besser konnte als er. In meinem ersten High-School-Jahr wurde ich gleich als erste Hornistin ins Oberstufen-Orchester aufgenommen. Chris war in seinem letzten Jahr, und nichts hätte ihn dazu gebracht, sich hinter seine verdammte Schwester zu setzen.«

Ihr Wetteifern auf musikalischem Gebiet scheint das Verhältnis zwischen Chris und seiner Schwester jedoch keineswegs gestört zu haben. Von Kindesbeinen an waren sie eine verschworene Gemeinschaft. Damals hatten sie oft im Wohnzimmer von Annandale miteinander gespielt und stundenlang Westernforts aus Kissen und Decken gebaut. »Er war immer sehr lieb zu mir«, weiß Carine noch, »und hat mich immer beschützt. Wenn wir die Straße hinuntergegangen sind, hat er mich an die Hand genommen. Als er dann auf die High-School kam und ich immer noch zur Grundschule ging, hatte er früher Schluß als ich. Aber er ist dann einfach zu Brian Paskowitz, seinem Freund, gegangen und hat so lange gewartet, bis wir zusammen nach Hause gehen konnten.«

Chris erbte Billies engelhafte Gesichtszüge, vor allem ihre dunklen Augen, in denen sich all seine Gefühle widerspiegelten. Obwohl von kleinem Wuchs – auf Schulfotos ist er immer in der ersten Reihe zu finden, der Kleinste der Klasse – war Chris für seine Größe kräftig und in seinen Bewegungen sehr gewandt. Er probierte eine ganze Reihe von Sportarten aus, hatte letztendlich aber nicht die Geduld, sich in technische Feinheiten hineinzuknien. Wenn die Familie in Colorado auf Skiurlaub war, machte Chris sich so gut wie nie die Mühe, auch einmal in Slalomschwüngen hinabzufahren. Statt dessen ging er in die »Gorillahocke«, spreizte die Beine, um sich einen besseren Halt zu verschaffen, und fuhr einfach im Schuß den Berg hinunter. »Beim Golfspielen war's ähnlich«, weiß Walt zu erzählen. »Als ich versuchte, es ihm beizubringen, weigerte er sich, die Tatsache zu akzeptieren, daß Schlagtechnik alles ist. Chris stellte sich einfach hin und holte jedesmal zu einem gigantischen Schlag aus. Manchmal schoß er den Ball dreihundert Meter weit, aber oft genug drehte der Ball einfach nur auf den nächsten Fairway ab.

Chris hatte so vielfältige Begabungen«, fährt Walt fort, »aber wenn man versuchte, ihn mit ins Training zu nehmen, sein Können zu verfeinern, das entscheidende gewisse Etwas aus ihm herauszukitzeln, stieß man auf eine Wand. Er hat sich nichts sagen lassen, nie, sofort regte sich bei ihm der Widerstand. Ich spiele leidenschaftlich gern Racketball und habe es Chris beigebracht, als er elf war. Mit fünfzehn oder sechzehn war er so gut, daß er fast immer gegen mich gewann. Er war unglaublich flink und hatte einen harten Schlag. Als ich ihn aber mal auf einige Schwachstellen in seinem Spiel hinwies, an denen er arbeiten sollte, hat er sich taub gestellt. In einem Turnier traf er einmal auf einen fünfundvierzigjährigen, sehr erfahrenen Spieler. Chris lag gleich zu Anfang mit ein paar Punkten vorne, aber in Wirklichkeit testete sein Gegner ihn nur, suchte nach Schwachstellen. Sobald er heraushatte, welcher Schlag Chris die größten Schwierigkeiten bereitete, war das der einzige Schlag, den Chris von da an zu sehen bekam, und das war's dann.«

Feinheiten, Strategie und alles, was über Grundtechniken hinausging, waren bei Chris verlorene Liebesmüh. Es gab für ihn nur eine Art, eine Herausforderung anzugehen, und zwar direkt und frontal, mit der ganzen Wucht seiner erstaunlichen Energie. Klar, daß er dabei oft enttäuscht und frustriert zurückblieb. Erst als er sich dem Langstreckenlauf widmete, einer Sportart, in der Wille und Entschlossenheit stärker belohnt werden als Geschick oder Cleverness, fand er seine athletische Berufung. Mit zehn lief er sein erstes Rennen, einen Zehn-Kilometer-Straßenlauf. Er wurde Neunundsechzigster und ließ damit mehr als tausend Erwachsene hinter sich. Seither hatte der Langstreckenlauf ihn in seinem Bann, und schon ein paar Jahre später sollte er zu den besten Läufern der Region zählen.

Als Chris zwölf war, kauften Walt und Billie Carine einen kleinen Welpen, einen Shetland-Collie, den sie Buckley nannten. Chris machte es sich zur Gewohnheit, den Hund auf seine täglichen Trainingsläufe mitzunehmen. »Buckley sollte ja eigentlich mein Hund sein«, sagt Carine, »aber er und Chris wurden unzertrennlich. Buck war schnell und er kam immer als erster zu Hause an, wenn sie laufen gingen. Ich weiß noch heute, wie aufgeregt Chris war, als er es das erste Mal vor Buckley nach Hause schaffte. Er ist kreuz und quer durchs Haus gejagt und rief immer wieder: ›Ich habe Buck geschlagen! Ich habe Buck geschlagen!‹«

An der W. T. Woodson High School – einer großen, staatlichen Schule in Fairfax, Virginia, die für ihre hohen schulischen Anforderungen und erfolgreichen Leichtathletik-Teams bekannt ist – war Chris Kapitän der Dauerlauf-Mannschaft. Er genoß seine Position und ersann ständig neue, strapaziöse Trainingseinheiten, die seine Kameraden im Team immer noch gut in Erinnerung haben.

»Chris mußte immer das letzte aus sich herausholen«, meint Gordon Cucullu, ein jüngeres Teammitglied. »Er hatte sich dieses Trainingsprogramm ausgedacht, das er ›Road Warriors‹ nannte: Er führte uns auf lange, selbstmörderische Läufe durch Felder und Baustellen, Orte, an denen wir wirklich nichts zu suchen hatten, und dann hat er es so gemacht, daß wir uns verirrten. Wir sind so weit und so schnell gelaufen, wie wir konnten, über die seltsamsten Straße und Wege, durch Wälder, was auch immer. Es ging darum, daß wir die Orientierung verlieren sollten, in unbekanntes Terrain vorstoßen sollten. Dann haben wir das Tempo etwas verlangsamt, bis wir auf eine Straße kamen, die wir kannten, und sind dann wieder volle Pulle heimgelaufen. In gewisser Hinsicht hat Chris sein ganzes Leben so gelebt.«

McCandless sah im Langstreckenlauf eine intensive, spirituelle Übung, die einer religiösen Erfahrung nahekam. »Chris hat den spirituellen Aspekt benutzt, um uns zu motivieren«, erinnert sich Eric Hathaway, ein anderes Teammitglied. »Er hat uns gesagt, daß wir an das ganze Böse in der Welt denken sollen, den ganzen Haß. Wir sollten uns vorstellen, gegen die Kräfte der Finsternis oder die Wand des Bösen anzurennen, die uns davon abhalten wollte, Bestzeit zu laufen. Er war der Meinung, daß die eigene Leistung allein von der mentalen Einstellung abhing und daß es nur darum ging, soviel von seinen Ressourcen zu mobilisieren wie möglich. Wir waren damals junge High-School-Kids und leicht zu beeindrukken, und solche Sätze haben uns natürlich vom Hocker gehauen.«

Aber Langstreckenlaufen war nicht ausschließlich eine spirituelle Angelegenheit. Es war auch ein Wettkampf. Wenn Chris McCandless lief, lief er, um zu gewinnen. »Chris hat das Laufen wirklich ernst genommen«, meint

Kris Maxie Gillmer, eine der Frauen im Team, die wohl seine beste Freundin auf Woodson war. »Ich weiß noch, wie ich an der Ziellinie stand und ihm bei einem Rennen zusah. Ich wußte, er wollte unbedingt gut abschneiden und würde total enttäuscht sein, wenn es nicht klappte. Nach einem schlechten Rennen oder auch nur nach einer schlechten Laufzeit bei Übungswettkämpfen hat er sich die schlimmsten Vorwürfe gemacht. Und er hat auch nicht darüber reden wollen. Wenn ich versucht hab, ihn zu trösten, war er verärgert und hat mich ziemlich rüde angemacht. Er hat seine Enttäuschung nur mit sich selbst ausgemacht, sich in irgendeine Ecke verkrochen und gelitten.

Chris hat nicht nur das Laufen so ernst genommen«, fügt Gillmer hinzu. »Er war mit allem so. In der High-School denkt man ja im allgemeinen nicht an Leistungsgrenzen und solche Sachen. Aber ich schon, und er auch, deshalb haben wir uns so gut verstanden. Wir sind in den Pausen bei seinem Spind rumgehangen und haben über das Leben, die Probleme in der Welt geredet, ganz ernsthafte Sachen. Ich bin schwarz, und ich habe mein Lebtag nicht verstanden, warum alle so ein Riesentheater um die Hautfarbe machen. Mit Chris konnte ich über solche Sachen reden. Er hat so was verstanden. Er hat sich an den gleichen Sachen gestört wie ich, und hat die gleichen Fragen gestellt. Ich hab ihn wirklich gemocht. Er war ein echt prima Typ.«

McCandless nahm sich die Ungerechtigkeiten in dieser Welt sehr zu Herzen. In seinem letzten Jahr auf Woodson wurde er zu einem fanatischen Gegner der Apartheidpolitik in Südafrika. Er sprach in allem Ernst zu seinen Freunden davon, Waffen in das Land zu schmuggeln und den Kampf gegen die Rassendiskriminierung anzutreten. »Wir haben uns darüber öfters hitzige Debatten geliefert«, weiß Hathaway noch. »Chris war nicht der Typ, der sich gerne in geregelten Bahnen bewegte oder der versucht hätte, von innen heraus etwas zu verändern und zu warten, bis er mit seinen Ideen an der Reihe war. Er sagte einfach: ›Komm schon, Eric, wir können genug Geld auftreiben und auf eigene Faust nach Südafrika gehen, jetzt gleich. Wir müssen es einfach nur wirklich wollen, das ist alles.‹ Ich hab ihm dann widersprochen und gemeint, daß wir ja nur ein paar Schuljungen sind, die dort drüben wirklich nicht viel ausrichten können. Aber man durfte sich mit ihm auf keine Diskussion einlassen. Er kam einem dann gleich mit so was wie: ›Ach so, dir ist anscheinend völlig egal, was richtig ist und was falsch.‹«

Während seine High-School-Freunde sich an den Wochenenden auf Bierpartys in irgendeinem sturmfreien Elternhaus herumtrieben oder versuchten, in die Bars von Georgetown eingelassen zu werden, wanderte McCandless in den Elendsvierteln von Washington umher und unterhielt sich mit Prostituierten und Obdachlosen. Er kaufte ihnen etwas zu essen und machte ihnen ernsthafte Vorschläge, wie sie ihr Leben ändern könnten.

»Chris konnte einfach nicht fassen, wie es möglich war, daß Menschen Hunger litten, schon gar nicht in diesem Land«, meinte Billie. »Er konnte über solche Sachen stundenlange Vorträge halten.«

Einmal machte Chris Nägel mit Köpfen und führte einen obdachlosen Mann von den Straßen der Hauptstadt ins grüne, wohlhabende Annandale. Er brachte ihn heimlich in dem Airstream-Wohnwagen unter, den seine Eltern neben der Garage stehen hatten. Walt und Billie erfuhren nie, daß ein Stadtstreicher bei ihnen zu Gast war.

Ein anderes Mal fuhr Chris zu dem Haus der Hathaways

und verkündete groß, daß man den Abend in der Innenstadt verbringen würde. »Klasse!« dachte Hathaway und erinnert sich heute noch. »Es war Freitagabend, und ich hab gedacht, wir gehen nach Georgetown und machen einen drauf. Statt dessen parkte Chris den Wagen in der Vierzehnten Straße, was damals ein richtiges Elendsviertel war. Dann sagte er: ›Weißt du, Eric, man kann ja über diese Sachen lesen, aber verstehen tut man's erst, wenn man's erlebt. Und genau das werden wir heute abend tun.‹ Die nächsten paar Stunden verbrachten wir in ziemlich üblen Läden und unterhielten uns mit Zuhältern und Nutten und total fertigen Gestalten. Ich hatte *richtig Schiß.*

Als der Abend zu Ende ging, fragte Chris mich, wieviel Geld ich hätte. Fünf Dollar, sagte ich. Er hatte zehn. ›O.k., du bezahlst das Benzin‹, sagte er zu mir. ›Ich werde was zu essen kaufen.‹ Und dann hat er den Zehner für eine ganze Tüte voller Hamburger ausgegeben, und wir sind durch die Gegend gegondelt und haben sie an so versiffte Typen verteilt, die auf Kanaldeckeln schliefen. Es war der seltsamste Freitagabend meines Lebens. Aber Chris hat so was häufig gemacht.«

Zu Beginn seines letzten Jahres auf Woodson teilte Chris seinen Eltern mit, daß er nicht die Absicht hätte, zu studieren. Als Walt und Billie ihm klarzumachen versuchten, daß er einen Uni-Abschluß brauche, um eine befriedigende Karriere einschlagen zu können, meinte Chris nur, daß Karriere eine »entwürdigende Erfindung des zwanzigsten Jahrhunderts« sei, etwas, das eher eine Belastung für die Menschen war, als daß es ihnen half, ihr Leben zu gestalten. Er könne sehr gut ohne sie auskommen, danke.

»Das hat uns sehr beunruhigt«, gesteht Walt. »Billie und ich stammen beide aus kleinen Verhältnissen. Ein Universitätsabschluß ist nichts, das wir auf die leichte

Schulter nehmen, verstehen Sie, und wir haben hart gearbeitet, um unsere Kinder auf gute Schulen zu schicken. Billie hat sich also mit ihm hingesetzt und gesagt: ›Chris, wenn du in dieser Welt etwas ausrichten willst, wenn du Menschen, die keine Chance haben, helfen willst, verschaff dir erst mal die Mittel dazu. Geh auf die Universität, werde Anwalt, und dann wirst du in der Lage sein, wirklich etwas zu bewegen.‹«

»Chris hatte immer sehr gute Zeugnisse«, meint Hathaway. »Was das anging, hatte er nie Schwierigkeiten, er war ungemein leistungsfähig, was er tun mußte, hat er getan. Seine Eltern hatten nie Anlaß zur Klage. Aber als er nicht auf die Uni wollte, sind sie ihm ganz schön aufs Dach gestiegen, und ich weiß nicht, was sie zu ihm gesagt haben, aber auf jeden Fall hat es gewirkt. Denn er ist auf die Emory gegangen, obwohl er keinen Sinn darin sah und es für die reinste Zeit- und Geldverschwendung hielt.«

Es ist schon erstaunlich, daß Chris dem Druck seiner Eltern, zu studieren, nachgab, da er sonst kaum auf ihre Ratschläge hörte. Aber das Verhältnis zwischen Chris und seinen Eltern war ganz allgemein sehr widersprüchlich. Wenn Chris Kris Gillmer besuchte, zog er ständig über Walt und Billie her und stellte sie als unberechenbare Tyrannen dar. War er jedoch mit seinen anderen Kumpanen zusammen – Hathaway, Cucullu und Andy Horowitz, einem der Besten im Dauerlaufteam – verlor er nie ein Wort über sie. »Ich hatte einen sehr netten Eindruck von seinen Eltern«, meint Hathaway, »nicht viel anders als meine oder irgendwelche anderen Eltern. Chris konnte es einfach nicht ausstehen, wenn ihm jemand Vorschriften machte. Egal welche Eltern er gehabt hätte, er hätte immer etwas auszusetzen gehabt. Die ganze *Vorstellung* von Eltern behagte ihm nicht.«

McCandless' Persönlichkeit war ebenso komplex wie verwirrend. Einerseits konnte er sich völlig in sich selbst zurückziehen, andererseits konnte er aber auch ganz unbeschwert und gesellig sein. Und trotz seines überentwickelten sozialen Gewissens war er kein schmallippiger, ewig grimmiger Weltverbesserer, ohne Spaß am Leben. Im Gegenteil, er trank auch mal ganz gerne ein Gläschen und hatte ständig einen Scherz auf Lager.

Sein vielleicht größter innerer Widerspruch bestand in seinem gespaltenen Verhältnis zu Geld. Walt und Billie kannten Armut von Kindesbeinen an, und nachdem sie sich endlich nach oben gearbeitet hatten, hatten sie keinerlei Skrupel, die Früchte ihrer Arbeit zu genießen. »Wir haben wirklich sehr, sehr hart gearbeitet, Tag und Nacht«, betont Billie. »Als die Kinder noch klein waren, haben wir auf alles mögliche verzichtet, und was wir verdient haben, haben wir gespart und in die Zukunft investiert.« Als die Zunkunft schließlich Gegenwart war, trugen sie ihren bescheidenen Reichtum nicht zur Schau, aber sie kauften sich gute Kleider, ein wenig Schmuck für Billie und einen Cadillac. Schließlich erwarben sie das Haus an der Bucht und das Segelboot. Sie fuhren mit ihren Kindern nach Europa und nahmen sie mit in den Skiurlaub nach Breckenridge oder auf eine Kreuzfahrt in die Karibik. »Chris war das alles peinlich«, gesteht Billie ein.

Ihr Sohn, schon als Jugendlicher ein überzeugter Tolstoi-Fan, war der Meinung, daß Reichtum etwas Beschämendes sei, etwas Korrumpierendes, das von Natur aus böse sei – was eine gewisse Ironie enthält, da Chris der geborene Kapitalist war, mit untrüglichem Gespür dafür, wie man schnelles Geld machen konnte. »Chris war der geborene Unternehmer«, lacht Billie. »Von Anfang an.«

Als er acht war, legte er hinterm Haus in Annandale

einen Gemüsegarten an, zog mit der Ernte von Tür zu Tür und verkaufte sie in der Nachbarschaft. »Da war also dieser süße, kleine Fratz, der einen Karren frisch geernteter Bohnen, Tomaten und Paprikaschoten hinter sich her zog«, erzählt Carine. »Wer konnte da schon widerstehen? Und Chris wußte das natürlich genau. Er hatte dann diesen Gesichtsausdruck, der sagte: ›Ich bin ja so süß! Wollen Sie mir keine Bohnen abkaufen?‹ Wenn er von seiner Runde zurückkehrte, war der Karren leer, und er hatte einen schönen Batzen Geld verdient.«

Als Chris zwölf war, ließ er einen Stapel Flugblätter ausdrucken und startete in der Nachbarschaft einen Kopierservice: Chris' Schnellkopien. Er bot einen kostenlosen Abholdienst an und benutzte den Kopierer in Walts und Billies Büro. Seinen Eltern zahlte er ein paar Cents pro Kopie, und der Preis, den er von den Kunden verlangte, lag zwei Cents niedriger als der im Copy-Shop an der Ecke. Er machte einen ansehnlichen Profit.

Nach seinem ersten Jahr auf Woodson wurde Chris 1985 von einer Baufirma der Gegend dazu angeheuert, die Stadtviertel nach zum Verkauf stehenden Häusern abzuklappern und Gebäudeverkleidungs- und Küchenrenovierungsarbeiten an Land zu ziehen. Und er war erstaunlich erfolgreich, ein Verkaufstalent, das seinesgleichen suchte. Nach wenigen Monaten arbeitete ein halbes Dutzend anderer Schüler für ihn, und er konnte siebentausend Dollar auf sein Sparkonto legen. Mit einem Teil des Geldes kaufte er den gelben Datsun, den gebrauchten B210.

Chris' Verkaufstalent war so ausgeprägt, daß Walt im Frühling '86, als die Abschlußprüfungen der High School näherrückten, einen Anruf des Besitzers der Baufirma erhielt. Er bot Walt an, Chris das Studium zu finanzieren, wenn Walt seinen Sohn dazu überreden könnte, in

Ananndale zu bleiben und während des Studiums weiterzuarbeiten, statt an die Emory zu gehen und den Job aufzugeben.

»Als ich Chris von dem Angebot erzählte«, sagt Walt, »hat er kategorisch abgelehnt. Er hat seinem Boß gesagt, daß er andere Pläne hat.« Sobald er die High-School beendet habe, verkündete Chris, werde er sich hinter das Steuer seines neuen Wagens setzen und den Sommer über das Land durchqueren. Niemand ahnte, daß die Reise nur der Anfang einer ganzen Serie von transkontinentalen Abenteuern sein würde. Genausowenig konnte irgend jemand in der Familie voraussehen, daß eine zufällige Entdeckung während dieser Jungfernreise Chris endgültig sich von den anderen abwenden lassen und nach innen kehren würde – eine Entdeckung, die Chris und die, die ihn liebten, in einen Sumpf aus Wut, Mißverständnissen und Sorgen ziehen würde.

Annandale

KAPITEL ZWÖLF

Lieber als Liebe, als Geld, als Ruhm gebt mir Wahrheit. Ich saß an einem Tische, wo feine Weine und Speisen in Überfluß vorhanden waren, wo man mich sorgsam bediente, wo es aber keine Aufrichtigkeit und Wahrheit gab. Hungrig verließ ich ihren ungastlichen Tisch. Die Gastfreundschaft war so kalt wie das Gefrorene.

HENRY DAVID THOREAU,
»WALDEN. EIN LEBEN IN DEN WÄLDERN«

Von Chris McCandless angestrichener Passus aus einem der mit der Leiche geborgenen Bücher. McCandless hatte an den oberen Rand der Seite das Wort »Wahrheit« in großen Druckbuchstaben geschrieben.

Denn Kinder sind unschuldig und lieben die Gerechtigkeit, während die meisten von uns verderbt sind und natürlich der Gnade den Vorzug geben.

G. K. CHESTERTON

Als Chris an jenem schwülen Frühlingswochenende im Jahr 1986 die Woodson-High-School abschloß, schmissen Walt und Billie für ihn eine Party. Walt hatte wenige Tage später, am 10. Juni, Geburtstag, und während der Party überreichte Chris seinem Vater ein Geschenk: ein sehr wertvolles Teleskop von Questar.

»Ich weiß noch, wie ich dasaß, als er Dad das Fernrohr gab«, erzählt Carine. »Chris hatte ein paar Drinks gekippt und ganz schön einen sitzen. Er ist richtig sentimental geworden. Er hat mit den Tränen gekämpft und gesagt, daß sie zwar in den letzten Jahren so ihre Schwierigkeiten miteinander gehabt hätten, aber daß er ihm für alles, was er für ihn getan hat, dankbar ist. Er hat Dad gesagt, wie sehr er ihn dafür bewundert, daß er bei null angefangen und ein ganzes Studium hinter sich gebracht hat und sich dann den Arsch aufgerissen hat, um acht Kinder zu ernähren. Es war eine bewegende Rede. Alle waren total gerührt. Und dann ist Chris auf seine große Reise gegangen.«

Walt und Billie versuchten nicht, Chris von seinen Reiseplänen abzubringen. Sie überredeten ihn allerdings, für alle Fälle Walts Texaco-Kreditkarte mitzunehmen, und rangen ihm das Versprechen ab, alle drei Tage anzurufen. »Die ganze Zeit seiner Abwesenheit haben wir Blut und Wasser geschwitzt«, sagt Walt, »aber wir hätten ihn nicht davon abhalten können, zu fahren.«

Von Virginia aus fuhr er nach Süden, dann weiter nach Westen durch die flache texanische Prärie. Von dort aus durchquerte er die Hitze New Mexicos und Arizonas und erreichte schließlich die Pazifikküste. Anfänglich hielt er sich sogar an die Abmachung mit seinen Eltern, regelmäßig anzurufen, doch im Laufe des Sommers wurden die Anrufe immer spärlicher. Erst zwei Tage vor Beginn des Herbstsemesters der Emory University kehrte er nach

Hause zurück. Als er das Haus in Annandale betrat, hatte er einen ungepflegten Bart, langes, zottiges Haar und war um dreißig Pfund abgemagert.

»Als ich hörte, daß er wieder da ist«, erzählt Carine, »rannte ich gleich in sein Zimmer, um mit ihm zu reden. Er lag auf seinem Bett und schlief. Er war *so* dünn. *Er sah aus wie mit Jesus am Kreuz in diesen Gemälden.* Als Mom sah, wie abgemagert er war, war sie total fertig. Sie fing an, wie verrückt zu kochen, um ihn wieder aufzupäppeln.«

Wie sich herausstellte, hatte Chris sich gegen Ende der Reise in der Mohave-Wüste verirrt und wäre beinahe verdurstet. Als seine Eltern hörten, wie knapp er einer Katastrophe entkommen war, waren sie in heller Aufregung. Sie wußten aber nicht, wie sie Chris dazu bringen konnten, in Zukunft besser auf sich aufzupassen. »Chris gelang fast alles, was er anfaßte«, sinniert Walt, »und das machte ihn zu selbstsicher. Wenn man ihn von etwas abbringen wollte, widersprach er einem nicht. Er nickte nur höflich und tat letztlich genau das, was er wollte.

Am Anfang vermied ich es also, über Vorsicht und Aufpassen und so weiter zu sprechen. Ich bin mit ihm Tennisspielen gegangen, habe von ganz anderen Dingen geredet, und nach einer Weile setzte ich mich mit ihm hin und sprach die sinnlosen Risiken an, die er eingegangen war. Ich hatte ja meine Erfahrungen mit ihm gemacht und wußte, daß die direkte Art – ›Mann, da hast du ja vielleicht was angestellt. Mach das bloß nicht noch mal!‹ – zu nichts führte. Statt dessen versuchte ich ihm klarzumachen, daß wir nichts gegen seine Reisen hätten und uns nur wünschten, daß er ein bißchen besser auf sich aufpaßt und sich ab und zu mal meldet und uns sagt, wo er ist.«

Zu Walts Bestürzung reagierte Chris auf den kleinen väterlichen Ratschlag mit Verärgerung. Er bewirkte nur, daß er nun noch weniger Lust hatte, seiner Familie von seinen Plänen zu erzählen.

»Chris«, sagt Billie, »hatte überhaupt kein Veständnis dafür, daß wir uns Sorgen machten. Er fand es völlig idiotisch.«

Chris hatte auf seinen Reisen eine Machete und ein Gewehr von Kaliber 30-06 erworben, und als Walt und Billie ihn zur Immatrikulation nach Atlanta fuhren, bestand er darauf, das Gewehr und das riesige Messer mitzunehmen. »Als wir zu seiner Bude im Studentenwohnheim raufgingen«, erinnert sich Walt mit einem Lachen, »dachten wir schon, daß die Eltern seines Zimmergenossen bestimmt der Schlag trifft. Sein Mitbewohner war ein braver, adretter Junge aus Connecticut, angezogen wie ein Schüler, und Chris kommt mit seinem zottigen Bart und den zerschlissenen Klamotten hereinspaziert. Mit der Machete und dem schweren Gewehr sah er aus wie Jeremiah Johnson. Aber wissen Sie was? Drei Monate später hatte sein adretter Zimmergenosse das Studium geschmissen, während Chris auf der Liste der Jahrgangsbesten stand.«

Zur angenehmen Überraschung seiner Eltern lebte sich Chris im Laufe des Semesters immer besser in Emory ein und war schon bald ganz begeistert. Er rasierte sich, ließ sich die Haare schneiden und sah wieder genauso gepflegt aus wie zu High-School-Zeiten. Seine Leistungen und Noten waren nahezu perfekt. Er fing an, für die Uni-Zeitung zu schreiben. Er redete sogar mit Begeisterung davon, nach dem Grundstudium weiterzumachen und Jura zu studieren. »Hör mal«, verkündete Chris einmal stolz Walt gegenüber, »ich glaube, mit den Noten, die ich hier habe, nimmt mich sogar die Harvard Law School.«

Nach den ersten beiden Semestern auf Emory kehrte Chris im Sommer nach Annandale zurück, um für die

Firma seiner Eltern zu arbeiten. Er entwickelte ein Computerprogramm. »Das Programm, das er für uns entworfen hat, war ohne Fehl und Tadel«, erzählt Walt. »Wir benutzen es bis heute und haben jede Menge davon an unsere Kunden verkauft. Aber als ich Chris bat, mir zu zeigen, wie er es gemacht hat, und mir zu erklären, warum und wie es funktionierte, stellte er sich stur. ›Du brauchst nur zu wissen, *daß* es funktioniert, nicht wie oder warum.‹ Das war typisch Chris, und ich kannte ihn ja, aber ich war trotzdem wütend. Er hätte einen hervorragenden CIA-Agenten abgegeben – im Ernst, ich kenne Leute, die für die CIA arbeiten. Chris hat uns immer nur soviel gesagt, wie wir unbedingt wissen mußten, und kein bißchen mehr. So war er in allen Dingen.«

Chris' widersprüchlicher Charakter verblüffte selbst seine Eltern immer wieder. Er konnte großzügig und uneigennützig bis zur Selbstverleugnung sein, aber er hatte auch seine dunklen Seiten, war bisweilen monomanisch, ungeduldig und egozentrisch; diese Eigenschaften schienen während seiner Studienzeit immer stärker in den Vordergrund zu treten.

»Ich hab Chris in Emory mal auf einer Party getroffen. Das war im vierten Semester«, erinnert sich Eric Hathaway, »und es stach einem förmlich ins Auge, wie sehr er sich verändert hatte. Er war verschlossen, beinahe abweisend. Ich sagte: ›Toll, dich zu sehen, Chris‹, und er antwortete nur zynisch: ›Ja, sagen hier alle.‹ Es war schwer, mit ihm ins Gespräch zu kommen. Wir haben uns schließlich übers Studium unterhalten, das einzige, was ihn wirklich zu interessieren schien. Das gesellschaftliche Leben in Emory spielte sich hauptsächlich in den Studentenverbindungen ab, etwas, das Chris total ablehnte. Ich schätze, als alle anfingen, sich solchen Verbindungen anzuschließen, hat er sich von seinen alten Freunden abgewandt und sich immer mehr nach außen verschanzt.«

Nach seinem zweiten College-Jahr kehrte Chris im Sommer wieder nach Annandale zurück und fing bei Domino's als Pizza-Fahrer an. »Nicht gerade der coolste Job, aber das war ihm egal«, erzählt Carine. »Er hat einen Haufen Geld gemacht. Ich weiß noch, wie er immer nachts nach Hause kam und am Küchentisch die Abrechnung machte, auch wenn er todmüde war. Er rechnete aus, wie viele Meilen er gefahren war, wieviel Domino's ihm fürs Benzin zahlte, wieviel das Benzin ihn tatsächlich kostete, seinen Reingewinn pro Schicht und wieviel es im Vergleich zur Woche davor war. Er hat alles akribisch festgehalten und mir gezeigt, wie man es anstellt, wie man Profit macht. Es war weniger das Geld, was ihn interessierte, eher die Tatsache, daß er sehr gut darin war, es zu verdienen. Es war wie ein Sport, und Geldzählen war seine Art, sich über den Spielstand zu informieren.«

Das ungewöhnlich positive Verhältnis, das zwischen Chris und seinen Eltern bestand, seit er die High School abgeschlossen hatte, sollte sich in jenem Sommer auffällig verschlechtern. Walt und Billie wußten nicht, weshalb. Billie zufolge »war er immer öfter sauer auf uns und verschloß sich immer mehr – nein, das ist nicht das richtige Wort. Chris war nie *verschlossen*. Aber er erzählte uns nicht mehr, was ihn beschäftigte, und verbrachte mehr Zeit mit sich allein.«

Chris' schwelende Wut hatte sich allem Anschein nach an einer Entdeckung entzündet, die er im Sommer vor zwei Jahren während seiner großen Reise gemacht hatte. In Kalifornien besuchte er das El-Segundo-Viertel, in dem er seine ersten sechs Lebensjahre verbracht hatte. Er rief ein paar alte Freunde der Familie an, unterhielt sich mit ihnen, stellte Fragen und bastelte sich schließlich aus den

Antworten die näheren Umstände von Walts erster, gescheiterter Ehe zusammen – Umstände, die ihm bis dato verborgen geblieben waren.

Walts Scheidung von seiner ersten Frau Marcia war keine saubere, im gegenseitigen Einvernehmen vollzogene Trennung gewesen. Nachdem er sich längst in Billie verliebt hatte, ja sogar noch nach Chris' Geburt, führte er heimlich seine Beziehung zu Marcia fort. Er führte ein Doppelleben, lebte in zwei Haushalten, in zwei Familien. Er verfing sich in einem Netz aus Lügen, und wenn er zur Rede gestellt wurde, ersetzte er die alten Lügen nur durch neue. Zwei Jahre nach Chris' Geburt zeugte Walt mit Marcia einen weiteren Sohn – Quinn McCandless. Als Walts Doppelleben aufflog, rissen die ans Tageslicht gekommenen Wahrheiten tiefe Wunden. Alle Beteiligten durchlebten eine schreckliche Zeit.

Schließlich zogen Walt und Billie mit Chris und Carine an die Ostküste. Die Scheidung von Marcia war endlich vollzogen; Walt und Billie konnten heiraten. Alle versuchten so gut wie möglich, einen Strich unter die Vergangenheit zu ziehen und wieder nach vorne zu blicken. Zwei Jahrzehnte vergingen. Man wurde weiser, übte sich in Nachsicht. Die Schuldgefühle, der Schmerz und die erbitterte Eifersucht verloren sich in der fernen Vergangenheit. Der Sturm schien sich gelegt zu haben. Und dann fuhr Chris 1986 nach El Segundo, klopfte an die Türen ehemaliger Nachbarn und erfuhr all die schmerzhaften Details dieser Ereignisse.

»Chris war ein Typ, der über die Dinge brütete«, stellt Carine fest. »Wenn er irgendwie sauer war, sagte er es einem nicht gleich. Er behielt es für sich, schmorte vor sich hin und wurde nur noch wütender.« Genau dies scheint nach den Enthüllungen von El Segundo der Fall gewesen zu sein.

Kinder sind in ihrem Urteil über ihre Eltern oft grausam und lassen nur selten Milde walten. Chris war diesbezüglich alles andere als eine Ausnahme. Mehr als andere Jugendliche tendierte er dazu, die Dinge schwarz-weiß zu sehen. Er maß seine Umgebung an einem strengen Moralkodex, dem keiner genügen konnte.

Seltsamerweise scherte er dabei jedoch nicht alle über einen Kamm. Beispielsweise war einer der Menschen, die er in den letzten beiden Jahren seines Lebens aufrichtig zu bewundern vorgab, ein schwerer Alkoholiker und unverbesserlicher Schürzenjäger, der seine Freundinnen regelmäßig verprügelte. Chris war sich der charakterlichen Mängel dieses Mannes sehr wohl bewußt, störte sich aber nicht weiter daran. Auch war es ihm möglich, die menschlichen Schwächen seiner literarischen Vorbilder zu entschuldigen oder sie geflissentlich zu übersehen: Jack London war ein notorischer Trinker; Tolstoi war trotz seines vielbeachteten, öffentlichen Eintretens für Keuschheit als junger Mann ein richtiger Schürzenjäger, der mindestens dreizehn Kinder zeugte. Einige davon entstanden just zu jener Zeit, als der gestrenge Graf in seinen Schriften gegen die sündige Fleischeslust wetterte.

Wie viele Leute, so beurteilte auch Chris Künstler und enge Freunde anhand ihrer Werke und nicht ihrer Lebensführung. Dennoch war er nicht in der Lage, diese Nachsicht auch auf seinen Vater auszudehnen. Wenn Walt McCandless in seiner unnachgiebigen Art gegenüber Chris, Carine oder einer ihrer Halbgeschwister eine Rüge aussprach, dann dachte Chris an das wahrlich nicht tadellose Verhalten seines Vaters vor vielen Jahren und verdammte ihn insgeheim als schamlosen Heuchler.

Chris führte über jedes begangene Unrecht sorgfältig

Buch. Und mit der Zeit steigerte er sich in einen Zustand selbstgerechter Entrüstung, dem er irgendwann Luft verschaffen mußte.

Nachdem Chris die Details von Walts Scheidung ausgegraben hatte, vergingen zwei Jahre, bis seine Wut nach außen drang. Der Junge konnte seinem Vater die Fehler, die er als junger Mann begangen hatte, nicht verzeihen, und schon gar nicht den Versuch, das Geschehene totzuschweigen. Später erklärte er gegenüber Carine und anderen, daß ihm angesichts des von Walt und Billie gesponnenen Lügennetzes seine »ganze Kindheit wie eine bloße Fiktion erscheint«. Aber er konfrontierte seine Eltern nicht mit seinen Kenntnissen, weder damals noch später. Statt dessen machte er aus seinem Wissen um die Vergangenheit ein düsteres Geheimnis und versteckte seine Wut, fraß sie stumm in sich hinein und zog sich mürrisch in sich selbst zurück.

Aber Chris nahm nicht nur seinen Eltern gegenüber eine immer unversöhnlichere Haltung an. Auch seine Empörung über das allgemeine Unrecht in der Welt wuchs ins Maßlose. Im Sommer 1988 fing Chris, wie Billie noch weiß, an, »sich über all die reichen Söhne und Töchter auf Emory zu beschweren«. Mehr und mehr bevorzugte er Seminare, die sich mit den sozialen Problemen dieser Welt – Rassismus, Welthunger und ungerechte Verteilung des Reichtums – auseinandersetzten. Aber trotz seiner Aversion gegen Geld und Konsum ist seine politische Haltung kaum als liberal zu bezeichnen.

Tatsächlich hatte er einen Riesenspaß dabei, sich über das politische Programm der Demokratischen Partei lustig zu machen. Chris war ein lautstarker Ronald-Reagan-Anhänger. In Emory ging er sogar soweit, sich an der Gründung eines republikanischen College-Clubs zu beteiligen. Seine scheinbar widersprüchlichen politischen

Ansichten lassen sich am besten mit einem Ausspruch aus Thoreaus »Zivilem Ungehorsam« resümieren: »Mit ganzem Herzen willige ich in das Motto ein – ›Die beste Regierung ist die, welche am wenigsten regiert.‹« Darüber hinaus ist sein politisches Weltbild zu diffus, um es in Worte zu fassen.

Als stellvertretender Leitartikler des *Emory Wheel* verfaßte er zahllose Kommentare zum Zeitgeschehen. Wer diese Artikel heute, ein halbes Jahrzehnt später, liest, dem fällt sofort auf, wie jung und leidenschaftlich McCandless damals war. Seine mit eifernder Logik vorgetragenen Ansichten zielen in alle Richtungen. Er karikierte Jimmy Carter und Senator Joe Biden, forderte den Rücktritt von Justizminister Edwin Meese, fiel über die neue christliche Rechte und ihre bibelschwingenden Jünger her, mahnte zur Wachsamkeit gegen die sowjetische Bedrohung, drosch auf die Japaner ein, weil sie Wale jagten, und verteidigte Jesse Jackson als Präsidentschaftskandidaten der Zukuft. In einer in typisch überdrehtem Ton verfaßten Erklärung vom 1. März 1988 lautet die Eröffnungszeile von McCandless' Leitartikel: »Heute bricht der dritte Monat des Jahres 1988 an, das auf dem besten Wege ist, als eines der politisch korruptesten und skandalträchtigsten Jahre der Neuzeit in die Geschichte einzugehen ...« Chris Morris, der Herausgeber des Blattes, hat McCandless als einen »sehr angespannten Menschen« in Erinnerung.

Seiner stetig schrumpfenden Schar von Mitstreitern sollte McCandless mit jedem verstreichenden Monat immer angespannter vorkommen. Im Frühling '89 brach Chris gleich nach Vorlesungsende zu einem weiteren, verlängerten Spontantrip in seinem Datsun auf. »Wir haben während des gesamten Sommers nur zwei Postkarten von ihm erhalten«, erzählt Walt. »Auf der ersten stand ›Unterwegs nach Guatemala‹. Als ich das las, dachte ich nur: ›O Gott, er fährt da runter, um sich den Rebellen anzuschließen. Die werden ihn bestimmt an die Wand stellen und abknallen.‹ Dann, gegen Ende des Sommers, traf die zweite Karte ein, und dort stand nur ›Bin in Fairbanks. Reise morgen ab. Wir sehen uns in ein paar Wochen.‹ Er hatte also kurzerhand umdisponiert und war nicht nach Süden, sondern nach Alaska gefahren.«

Die beschwerliche, staubige Fahrt über den Alaska Highway war Chris' erste Reise in den hohen Norden. Es wurde ein verhältnismäßig kurzer Aufenthalt – er sah sich ein wenig in Fairbanks und Umgebung um, mußte dann aber gleich wieder los, um es noch rechtzeitig zum Beginn des Wintersemesters nach Atlanta zu schaffen –, doch er war überwältigt von der grenzenlosen Weite der Landschaft, der gespenstischen Färbung der Gletscher und dem glasklaren, subarktischen Himmel. Kein Zweifel, eines Tages würde er hierher zurückkommen.

In seinem Abschlußjahr wohnte Chris außerhalb des Universitätsgeländes in seinem kahlen, spartanischen Zimmer, das er nur mit Milchkästen und einer Matratze ausgestattet hatte. Von seinen Freunden sahen ihn nur wenige auch nach dem Unterricht. Ein Professor gab ihm einen Bibliotheksschlüssel, so daß er auch außerhalb der Öffnungszeiten hineinkonnte. Dort verbrachte er einen Großteil seiner Freizeit. Andy Horowitz, ein enger Freund aus High-School-Zeiten und Mitglied der alten Dauerlaufmannschaft, traf ihn dort zufällig eines Morgens kurz vor der Abschlußprüfung. Obwohl Horowitz und McCandless in Emory im gleichen Jahrgang waren, hatten sie sich seit zwei Jahren nicht gesehen. Sie unterhielten sich kurz, doch ein richtiges Gespräch kam nicht zustande, und nach ein paar Minuten verschwand McCandless in einer Lesenische.

Chris meldete sich in jenem Jahr nur selten bei seinen

Eltern, und da er selbst kein Telefon hatte, war es für sie sehr schwierig, Verbindung mit ihm aufzunehmen. Walt und Billie machten sich über die emotionale Distanz ihres Sohnes immer größere Sorgen. In einem Brief an Chris schrieb Billie beschwörend: »Du hast Dich allen, die Dich lieben und Dich gern haben, radikal entzogen. Was auch immer es ist, mit wem auch immer Du zusammen bist – hältst Du dies für richtig?« Chris sah darin eine Einmischung in seine Angelegenheiten und empfand den Brief als »völlig daneben«, wie er sich Carine gegenüber äußerte.

»Was soll eigentlich dieses ›mit wem auch immer Du zusammen bist?‹« schimpfte er seiner Schwester gegenüber. »Die spinnt wohl. Weißt du, was ich glaube? Ich wette, sie halten mich für schwul. Todsicher. Wie sind sie nur auf so einen Schwachsinn gekommen? Diese Volltrottel.«

Als Walt, Billie und Carine im Frühling 1990 Chris' Abschlußfeier beiwohnten, machte er auf sie einen glücklichen, zufriedenen Eindruck. Als er auf die Bühne trat, um sein Zeugnis entgegenzunehmen, strahlte er über das ganze Gesicht. Er sagte ihnen, daß er vorhabe, wieder länger zu verreisen, gab ihnen aber zu verstehen, daß er sie vorher noch in Annandale besuchen würde. Kurze Zeit später spendete er sein gesamtes Bankguthaben der OXFAM, packte den Datsun mit seinen Sachen voll und verschwand aus ihrem Leben. Seit diesem Zeitpunkt vermied er jeden Kontakt mit seinen Eltern oder auch mit Carine, der Schwester, an der er angeblich so hing.

»Irgendwann hörten wir nichts mehr von ihm und haben uns Sorgen gemacht«, sagt Carine, »und ich glaube, bei meinen Eltern kam auch noch eine gewisse Wut hinzu, und sie fühlten sich gekränkt. Er hat nicht geschrieben, aber ich selbst war deshalb nicht gekränkt.

Ich wußte, er ist glücklich und tut, was ihm Spaß macht. Ich hab gespürt, daß es wichtig für ihn ist, herauszufinden, wie weit er mit seiner Unabhängigkeit gehen kann. Und ihm war natürlich klar, daß, wenn er mir schreibt oder mich anruft, Mom und Dad sofort rauskriegen, wo er ist, dorthin fliegen und versuchen, ihn heimzuholen.«

Walt streitet dies nicht ab. »Keine Frage«, sagt er. »Wenn wir irgendeinen Hinweis gehabt hätten, wo wir suchen müssen – klar –, ich wäre auf dem schnellsten Wege dorthin gefahren, hätte rausgekriegt, wo er steckt, und dann hätte ich unseren Sohn nach Hause gebracht.«

Als ganze Monate ohne Nachricht von Chris verstrichen – und dann Jahre –, wurde aus Sorge qualvolle Angst. Billie verließ nie das Haus, ohne einen Zettel mit einer Nachricht für Chris an die Tür zu kleben. »Jedesmal, wenn wir im Auto unterwegs waren und einen Anhalter gesehen haben«, erzählt sie, »der Chris irgendwie ähnlich sah, haben wir gewendet und sind zurückgefahren. Es war eine schreckliche Zeit. Nachts war es am schlimmsten, vor allem wenn es kalt war und draußen stürmte. Man fragt sich: ›Wo *ist* er? Ist ihm warm genug? Ist er verletzt? Ist er einsam? Geht es ihm gut?‹«

Juli 1992, Chesapeake Beach, zwei Jahre nachdem Chris Atlanta verlassen hatte: Billie liegt schlafend im Bett. Plötzlich, mitten in der Nacht, fährt sie hoch und weckt Walt. »Ich hatte gehört, wie Chris mich ruft. Ich war absolut sicher«, beteuert sie unter Tränen. »Ich weiß nicht, wie ich jemals darüber hinwegkommen soll. Ich habe nicht geträumt. Ich habe nicht phantasiert. Ich habe seine Stimme gehört! Er flehte um Hilfe: ›Mom! Hilf mir!‹ Aber ich konnte ihm nicht helfen. Ich hab ja nicht gewußt, wo er ist. Und mehr hat er nicht gesagt, nur: ›Mom! Hilf mir!‹«

Virginia Beach

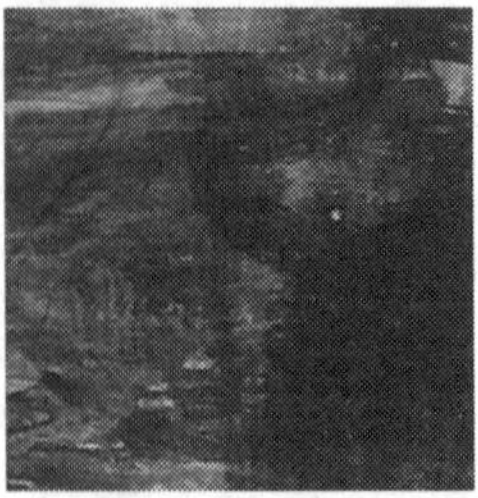

KAPITEL DREIZEHN

Kraft und Kühnheit der Landschaft spiegelten sich in mir wider.

Die Wege, die ich mir bahnte, führten hinaus in die Berge und Sümpfe, aber ebenso führten sie nach innen. Ich erforschte die einfachsten Dinge um mich herum, las viel, dachte lange über das Gelesene nach und gelangte so zu einer tiefgehenden Auseinandersetzung mit mir und der Landschaft. Mit der Zeit verschmolz beides zu einer Einheit.

Mit zunehmender Heftigkeit kristallisierte sich in mir eine leidenschaftliche, unbeirrbare Sehnsucht heraus – das Denken und all die sich daraus ergebenden Komplikationen für immer hinter mir zu lassen und mich nur noch von den unmittelbaren Bedürfnissen leiten zu lassen.

Einfach drauflosgehen, die Augen in die Ferne gerichtet. Ob zu Fuß, in Schneeschuhen oder mit dem Schlitten in die sommerlichen Hügellandschaften und ihren kühlen, spätabendlichen Schatten hinein – eine Baummarkierung oder Laufspuren im Schnee verrie-

ten meine Wege. Soll der Rest der Menschheit mich doch finden, wenn er kann.

JOHN HAJNES,
»THE STARS, THE SNOW, THE FIRE:
TWENTY-FIVE YEARS IN THE
NORTHERN WILDERNESS«

❖

Auf dem Kaminsims in Carine McCandless' Haus in Virginia Beach stehen zwei gerahmte Fotos: Das eine zeigt Chris in seinem ersten Jahr auf der High-School, das andere zeigt ihn als Siebenjährigen. Auf dem zweiten Bild, das an einem Osterwochenende geknipst wurde, steht er in einem winzigen Kinderanzug mit schief sitzender Krawatte neben Carine, die ein mit Rüschen besetztes Kleid und einen neuen Hut trägt. »Das Erstaunliche ist«, sagt Carine, die Augen auf die Bilder ihres Bruders geheftet, »daß, obwohl die Bilder im Abstand von zehn Jahren aufgenommen sind, der Gesichtsausdruck derselbe geblieben ist.«

Es stimmt: Auf beiden Fotos schaut Chris mit dem gleichen nachdenklichen, störrischen Blick in die Kamera, so als wäre er gerade dabei, einen wichtigen Gedanken zu fassen, und ärgert sich nur darüber, seine Zeit mit Fotografiertwerden zu verschwenden. Sein Ausdruck ist vor allem auf dem Osterfoto auffällig, weil er in so krassem Gegensatz zu Carines freudestrahlendem Lächeln steht. »Das ist Chris«, sagt sie mit zärtlichem Lächeln. Sie streicht mit den Fingerspitzen über das Bild. »So hat er ganz oft geschaut.«

Zu Carines Füßen liegt Buckley, der Shetland-Collie, an dem Chris so hing. Er ist mittlerweile dreizehn Jahre alt und um die Schnauze herum schon ganz weiß. In einem Bein hat er Arthritis und hinkt. Wenn jedoch Max, Carines achtzehn Monate alter Rottweiler, in Buckleys Revier eindringt, zögert der kleine, sieche Buck keine Sekunde, das viel größere Tier mit einem lauten Bellen und ein paar kurzen, wohlplazierten Beißattacken anzugehen. Der einhundertdreißig Pfund schwere Rottweiler eilt erschrokken davon.

»Chris war ganz vernarrt in Buck«, erzählt Carine. »In dem Sommer, in dem er verschwunden ist, wollte er Buck mitnehmen. Er war gerade mit der Uni fertig, und da hat er Mom und Dad gefragt, ob er Buck zu sich holen kann, aber sie haben nein gesagt. Buckley war gerade von einem Auto angefahren worden und noch nicht wieder ganz auf dem Damm. Jetzt tut ihnen die Entscheidung natürlich ein wenig leid, aber Buck hatte wirklich schwer was abgekriegt. Der Tierarzt hat nach dem Unfall gemeint, daß Buck nie wieder laufen wird. Meinen Eltern spukt immer noch die Frage im Kopf rum – und ich geb zu, mir auch –, wie die Dinge wohl gelaufen wären, wenn Chris Buck mitgenommen hätte. Chris dachte sich nichts dabei, sein eigenes Leben aufs Spiel zu setzen, aber nie und nimmer hätte er Buckley in Gefahr gebracht. Er wäre auf gar keinen Fall die gleichen Risiken eingegangen, wenn Buck dabeigewesen wäre.«

Carine ist etwas über einssiebzig und damit genauso groß wie ihr Bruder, vielleicht ein, zwei Zentimeter größer. Sie sieht ihm so ähnlich, daß sie öfters gefragt wurden, ob sie Zwillinge seien. Sie erzählt sehr lebendig, und wenn sie spricht, zerteilt sie mit kleinen, ausdrucksstarken Händen die Luft, um dies oder jenes zu betonen. Sie hat langes, bis an die Hüfte reichendes Haar und wirft immer wieder den Kopf zurück, um es sich aus dem Gesicht zu halten. Sie ist barfuß. An ihrem Hals baumelt ein goldenes Kreuz. Ihre Jeans sind sauber gebügelt, mit nach vorn abstehender Bügelfalte.

Carine ist, wie Chris, energiegeladen, selbstsicher und sehr ausdauernd. Sie ist es gewohnt, immer offen ihre Meinung zu sagen, und als Heranwachsende hatte auch sie heftige Auseinandersetzungen mit Walt und Billie. Dennoch sind die Unterschiede zwischen den beiden Geschwistern größer als die Gemeinsamkeiten.

Carine schloß mit ihren Eltern kurz nach Chris' Verschwinden Frieden, und jetzt, mit zweiundzwanzig Jahren, bezeichnet sie ihr Verhältnis als »besonders gut«. Sie ist um vieles geselliger als Chris und kann sich nicht vorstellen, einfach so alleine in die Wildnis hinauszuziehen – oder überhaupt ohne Begleitung zu verreisen. Und obwohl sie Chris' Empörung über Rassendiskriminierung teilt, ist Reichtum für sie nichts Verwerfliches. Erst kürzlich erwarb sie für viel Geld ein neues Haus. Sie klotzt regelmäßig Vierzehn-Stunden-Tage bei C.A.R. Services, Inc., der Autoreparaturfirma, die sie zusammen mit ihrem Mann, Chris Fish, führt. Carine hofft, daß sie ihre erste Million noch als junge Frau verdient.

»Ich hab Mom und Dad früher immer damit genervt, daß sie die ganze Zeit arbeiten und nie da sind«, sinniert sie mit einem selbstironischen Lächeln, »und jetzt schauen Sie mich an: Ich bin genauso.« Chris hat sie immer wegen ihres kapitalistischen Eifers aufgezogen, wie sie gesteht, und sie die Herzogin von York, Ivana Trump McCandless und »die zukünftige Leona Helmsley genannt«. Die Kritik an seiner Schwester ging jedoch nie über liebevolle Neckereien hinaus. Chris und Carine standen sich ungewöhnlich nah. In einem Brief, in dem Chris ihr den Krach mit Walt und Billie darlegte, schrieb er ihr einmal: »Wie auch immer, ich erzähle Dir davon, weil Du der *einzige* Mensch auf Erden bist, der überhaupt versteht, worum es mir bei dem Ganzen geht.«

Zehn Monate nach Chris' Tod trauert Carine noch

immer um ihren Bruder. »Es vergeht kein Tag, an dem ich nicht weine«, sagt sie mit verwirrtem Blick. »Ich weiß nicht, warum, aber am schlimmsten ist es, wenn ich allein im Wagen sitze. Die Fahrt ins Geschäft dauert zwanzig Minuten, und ich habe es bisher nicht ein einziges Mal geschafft, nicht an Chris zu denken und loszuheulen. Ich fang mich dann zwar wieder, aber trotzdem, wenn es passiert, ist es schlimm.«

Am Abend des 17. September 1992 badete Carine gerade im Freien ihren Rottweiler, als Chris Fish die Auffahrt hochgefahren kam. Sie war überrascht, weil es noch so früh war. Fish arbeitete normalerweise bis spät in die Nacht bei C.A.R. Services.

»Er war irgendwie komisch«, weiß Carine noch. »Er wirkte ganz verstört. Er ist reingegangen, kam dann wieder raus und fing an, mir mit Max zu helfen. Da wußte ich, irgendwas stimmt nicht. Fish wäscht sonst nämlich nie den Hund.«

»Ich muß mit dir reden«, sagte Fish. Carine folgte ihm ins Haus, spülte noch kurz Max' Halsbänder in der Küche ab und ging ins Wohnzimmer. »Fish saß im Dunkeln auf dem Sofa. Er wirkte ganz geknickt. Ich wollte einen Scherz machen, um ihn aufzumuntern, und sagte: ›Was *hast* du denn?‹ Ich dachte, bestimmt haben die Jungs in der Firma ihn mit irgendwas aufgezogen – vielleicht haben sie ihm gesagt, sie hätten mich mit einem anderen Mann gesehen oder so. Ich hab gelacht und gefragt: ›Machen die Jungs dir mal wieder das Leben schwer?‹ Aber er hat nicht zurückgelacht. Dann hat er aufgeschaut. Er hatte ganz rote Augen.«

»Es geht um deinen Bruder«, sagte Fish. »Sie haben ihn gefunden. Er ist tot.« Sam, Walts ältester Sohn, hatte Fish in der Firma angerufen und es ihm gesagt.

Carine wurde plötzlich schwarz vor Augen. Sie schüttelte mechanisch den Kopf, immer wieder. »Nein«, sagte sie fest, »Chris ist nicht tot.« Dann fing sie an zu schreien. Ihr Schluchzen und Klagen war so laut und anhaltend, daß Fish befürchtete, die Nachbarn würden meinen, er schlage sie, und die Polizei rufen.

Carine rollte sich wie ein Fötus auf dem Sofa zusammen. Als Fish sie trösten wollte, stieß sie ihn weg und schrie ihn an, daß er sie in Ruhe lassen solle. Sie verharrte fünf Stunden so, von Weinkrämpfen geschüttelt. Um elf hatte sie sich wieder einigermaßen im Griff. Sie packte schnell ein paar Sachen zusammen und ließ sich von Fish zu Walt und Billie nach Chesapeake Beach bringen, das etwa vier Stunden entfernt liegt.

Als sie Virginia Beach verließen, bat Carine Fish, bei ihrer Kirche anzuhalten. »Ich ging hinein und setzte mich eine Stunde oder so vor den Altar. Fish hat im Wagen auf mich gewartet«, weiß Carine noch. »Ich wollte ein paar Antworten von Gott. Aber ich bekam keine.«

Ein paar Stunden zuvor hatte Sam bestätigt, daß es sich bei dem aus Alaska gefaxten Foto des unbekannten Trampers tatsächlich um Chris handelte. Der Leichenbeschauer in Fairbanks forderte jedoch Chris' zahnärztliche Unterlagen an, um die Leiche definitiv identifizieren zu können. Der Vergleich der Röntgenbilder nahm einen weiteren Tag in Anspruch. Billie weigerte sich, das gefaxte Foto anzuschauen. Sie wollte die Ergebnisse der dentalen Identifizierung abwarten, um einen eindeutigen Beweis zu haben, daß der Junge, der in dem Bus am Sushana River verhungerte, tatsächlich ihr Sohn war.

Am nächsten Tag flogen Sam und Carine nach Fairbanks, um Chris' sterbliche Reste zu überführen. Im Büro des Leichenbeschauers wurden ihnen die wenigen, mit der Leiche sichergestellten Sachen ausgehändigt: Chris' Gewehr, ein Fernglas, die Angel, die Ronald Franz ihm geschenkt hatte, eines der Schweizer Armeemesser, die er von Jan Burres hatte, das Pflanzenkundebuch, in dem er Tagebuch geführt hatte, eine Minolta und fünf Rollen Film – mehr nicht. Der Leichenbeschauer schob ihnen ein paar Unterlagen über den Tisch zu, und Sam schob sie unterschrieben zurück.

Knapp vierundzwanzig Stunden nach ihrer Ankunft in Fairbanks flogen Carine und Sam nach Anchorage weiter. Chris' Leiche war dort nach der Autopsie im gerichtsmedizinischen Institut eingeäschert worden. Der Verantwortliche der Leichenhalle schickte ihnen Chris' Asche in einer Plastikdose ins Hotel. »Ich war erstaunt, wie groß die Dose war«, sagt Carine. »Sein Name war falsch geschrieben. Auf dem Aufklebeschildchen stand Christopher R. MCCANDLESS. Seine mittlere Initiale war in Wirklichkeit *J*. Es hat mich wahnsinnig gemacht, daß die das nicht hingekriegt haben. Ich wäre beinahe an die Decke gegangen vor Wut. Dann dachte ich nur: ›Chris wär's egal. Er würde es höchstens witzig finden.‹«

Am nächsten Morgen flogen sie nach Maryland. Carine hatte die Asche ihres Bruders in ihrem kleinen Rucksack verstaut.

Auf dem Heimflug aß Carine alles, was ihr von den Flugbegleitern vorgesetzt wurde, bis auf den letzten Krümel auf, »obwohl es«, wie sie sagt, »dieses gräßliche Zeugs war, das sie einem in Flugzeugen servieren. Chris war verhungert, und der Gedanke, Essen zu verschwenden, war mir einfach unerträglich.« In den Wochen darauf mußte sie jedoch feststellen, daß sie kaum noch einen Bissen herunterkriegte. Sie nahm zehn Pfund ab, und ihre Freunde befürchteten bereits, daß sie an Magersucht litt.

Billie, die in Chesapeake Beach zurückgeblieben war, konnte ebenfalls nichts mehr essen. Die zierliche Achtundvierzigjährige mit den mädchenhaften Zügen verlor acht Pfund, bevor ihr Appetit schließlich zurückkehrte. Walt reagierte genau umgekehrt: er begann zwanghaft zu essen und nahm acht Pfund zu.

Einen Monat später sitzt Billie am Eßzimmertisch und sichtet die fotografischen Zeugnisse von Chris' letzten Tagen. Sie muß sich direkt überwinden, die unscharfen, verschwommenen Bilder anzuschauen. Immer wieder bricht sie dabei zusammen, weint, wie nur eine Mutter weinen kann, die ihr eigenes Kind überlebt hat. Ihre Tränen zeugen von einem entsetzlichen, irreparablen Verlust, der sich jeder Beschreibung entzieht. Wer solche Trauer aus nächster Nähe miterlebt, hat fürs erste die Nase voll von all den ausgefeilten Rechtfertigungen für hochriskante Extremtouren. Sie klingen albern und hohl.

»Ich kann einfach nicht verstehen, warum er sich solchen Gefahren aussetzen mußte«, protestiert Billie unter Tränen. »Ich kann es wirklich nicht verstehen.«

Das Stikine-Gletscher-plateau

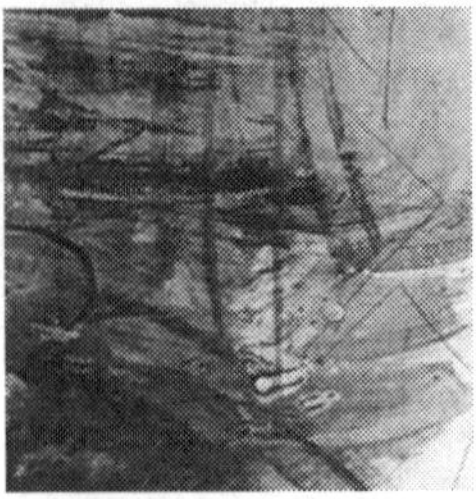

KAPITEL VIERZEHN

Als Kind strotzte ich vor Lebenskraft, aber schon damals war ich besessen von einer fiebrigen Sehnsucht. Ich wollte stets mehr vom Leben, suchte nach etwas Greifbarem. Ich sehne mich nach Wirklichkeit, so, als ob sie nicht da wäre ...

Man sieht jedoch gleich, was ich tue. Ich gehe in die Berge und erklimme ihre Gipfel.

JOHN MENLOVE EDWARDS,
»LETTER FROM A MAN«

Ich kann nicht mehr genau sagen – es ist schon lange her –, unter welchen Umständen ich zum ersten Mal hinaufgestiegen bin, ich weiß nur noch, daß mich während des Wanderns ein Zittern ergriff (ich habe eine vage Erinnerung daran, alleine unter freiem Himmel übernachtet zu haben), – dann stieg ich kontinuierlich einen felsigen Bergkamm hinauf, auf dem vereinzelt karge Bäume wuchsen und wilde Tiere lebten, bis ich mich in der Höhe und den Wolken verlor und die unsichtbare Grenze zu überqueren glaubte, die einen Hügel, der nichts anderes ist als eine Haufen Erde, von einem Berg trennte: Ich befand mich in überirdischer Pracht und Erhabenheit. Der Gipfel hebt sich von der irdischen Grenze ab, weil er unberührt, eindrucksvoll, großartig ist. Er wird einem nie vertraut werden; in dem Moment, in dem man seinen Fuß dorthin setzt, ist man schon verloren. Man kennt den Weg, doch man läuft erregt über den kahlen, unwegsamen Felsen, als handele es sich um verfestigte Luft und Wolken. Dieser felsige Gipfel, in Dunst gehüllt und von Wolken verborgen, ist weitaus eindrucksvoller, fesselnder und erhabener als ein Vulkankrater, der Feuer spuckt.

HENRY DAVID THOREAU,
»JOURNAL«

❖

Auf seiner letzten Postkarte an Wayne Westerberg hatte McCandless geschrieben: »Dieses Abenteuer geht vielleicht tödlich aus, und es kann sein, daß Du nie wieder von mir hören wirst. Ich möchte aber, daß Du weißt, wie sehr ich Dich bewundere. Ich breche nun in die Wildnis auf.« Als das Abenteuer dann tatsächlich tödlich ausging, gab diese dramatische Äußerung Anlaß zu der Spekulation, daß der Junge partout Selbstmord begehen wollte, daß er, als er in die Wildnis auszog, nie vorhatte, sie lebend wieder zu verlassen. Ich bin mir da jedoch nicht so sicher.

Ich glaube nicht, daß McCandless seinen Tod geplant hatte. Ich glaube, es war ein tragischer Unfall. Meine Vermutung stützt sich vor allem auf die wenigen Dokumente, die er hinterließ, aber auch auf die Berichte der Männer und Frauen, mit denen er während des letzten

Jahres seines Lebens Kontakt hatte. Aber auch mein Verständnis von McCandless' Beweggründen entspringt einer eher persönlichen Sichtweise.

Ich muß in meiner Jugend, wie ich immer wieder höre, ein störrischer, unzugänglicher, launischer und oft auch leichtsinniger Bursche gewesen sein. Mein Vater hatte bestimmte Hoffnungen in mich gesetzt, die ich ein ums andere Mal enttäuschte. Wie bei Chris McCandless erregten männliche Führerfiguren in mir eine verwirrende Mischung aus verklemmter Wut und dem Verlangen, es ihnen recht zu machen. Wenn meine unbändige Phantasie von etwas gefangengenommen wurde, verfolgte ich es mit einem Eifer, der an Besessenheit grenzte. Zwischen siebzehn und Ende Zwanzig war dieses Etwas Bergsteigen.

Von früh bis spät träumte ich davon, die fernen Berge Alaskas und Kanadas zu erklimmen – bis ich sie schließlich tatsächlich erklomm. Es handelte sich dabei meist um irgendwelche obskuren Gipfel, die steil und furchteinflößend waren, von denen aber bis auf eine Handvoll Kletterfreaks kein Mensch je gehört hatte. Meine Besessenheit hatte jedoch auch seine guten Seiten. Während ich wie gebannt von einem bestiegenen Gipfel zum nächsten schaute, gelang es mir, die nebelumschleierten Klippen der Pubertät heil und unversehrt zu durchschiffen. Berg steigen war etwas, das *zählte*. Durch die ständig lauernde Gefahr wurde die Welt in einen grellen Glorienschein getaucht, der alles wie in einem schimmernden Relief gestochen scharf heraustreten ließ – von der geschwungenen Bergwand über die orangenen und gelben Felsenflechten bis zu den hohen Wolkenformationen. Ich fühlte mich dem Leben plötzlich so nah, spürte sein rhythmisches Atmen. Die Welt war echt und greifbar geworden.

1977 saß ich auf einem Barhocker in Colorado, brütete vor mich hin und kratzte an meinen existentiellen Wunden und Narben. Plötzlich kam mir die Eingebung, den sogenannten Devil's Thumb zu besteigen. Bei dem Berg handelt es sich um einen Einschluß von dioritischem Eruptivgestein, der von vorzeitlichen Gletschern zu einem Gipfel von ungeheuren, spektakulären Ausmaßen geformt wurde. Von Norden her wirkt er besonders imposant: Aus einem weiten Gletscherplateau ragt jäh und spitz die große, damals noch unbezwungene Nordwand in eine Höhe von knapp zweitausend Metern empor, doppelt so hoch wie El Capitan im Yosemite Park. Ich würde also nach Alaska gehen, von der Küste aus auf Skiern dreißig Meilen über Glazialeis wandern und die mächtige Nordwand besteigen. Und zwar allein.

Ich war dreiundzwanzig, ein Jahr jünger als McCandless, als er in die Wildnis von Alaska auszog. Die Überlegungen, die ich dabei anstellte – falls man sie denn so nennen kann –, waren ebenso konfus wie die jugendliche Leidenschaft, an der sie sich entzündet hatten. Ich verschlang damals gerade im Übermaß die Werke von Nietzsche, Kerouac und John Menlove Edwards. Bei dem letzteren handelt es sich um einen zutiefst verstörten Schriftsteller und Psychiater, der, bevor er sich 1958 mit einer Kapsel Zyankali das Leben nahm, einer der herausragenden britischen Bergsteiger seiner Zeit war. Edwards betrachtete Bergsteigen als eine »psychoneurotische Neigung«. Er kletterte nicht um des Sports willen, sondern um vor der quälenden inneren Unruhe Zuflucht zu finden, die ihn zeitlebens beherrschte.

Noch während ich an dem Plan bastelte, den Thumb zu besteigen, ahnte ich dunkel, daß die Sache vielleicht eine Nummer zu groß für mich sei. Aber das machte das Projekt nur noch reizvoller. Daß die Sache kein Kinderspiel werden würde – darum ging's ja gerade.

Ich hatte ein Buch, in dem der Devil's Thumb abgebildet war. Die Schwarzweiß-Aufnahme stammte von Maynard Miller, einem bedeutenden Glaziologen. In Millers Luftaufnahme wirkte der Berg besonders bedrohlich: eine riesige, schuppige Gesteinsflosse, dunkel und eisverschmiert. Das Bild übte eine beinahe pornografische Faszination auf mich aus. Was für ein Gefühl das wohl sein muß, fragte ich mich, auf diesem schmalen, klingenförmigen Gipfelkamm zu stehen? Sich zusammengekauert gegen den Wind zu stemmen, der klirrenden Kälte zu trotzen? In der Ferne drohen die Sturmwolken, links und rechts nur der jähe Abgrund. Konnte ein einzelner Mensch das Entsetzen, das einen bei so was packt, überhaupt aushalten, bis er rauf- und wieder runtergeklettert war?

Und was wäre, wenn ich es tatsächlich schaffte ... Ich hatte Angst, mir den Triumph danach vorzustellen, und wollte das Schicksal nicht herausfordern. Aber ich zweifelte keine Sekunde lang daran, daß die Besteigung des Devil's Thumb mein Leben von Grund auf verändern würde. Wie könnte es anders sein?

Ich arbeitete damals vorübergehend als Schreiner auf einer Baustelle in Boulder für drei Dollar fünfzig die Stunde. Wir zogen Grundgerüste für Apartmenthäuser hoch. Eines Nachmittags, nachdem ich neun Stunden lang Balken geschleppt und Zwanzig-Zentimeter-Nägel ins Holz gehämmert hatte, sagte ich zu meinem Boß, daß ich den Job schmeißen würde. »Nein, nicht in ein paar Wochen, Steve. Ich meine, jetzt gleich.« Innerhalb von ein paar Stunden hatte ich meine Werkzeuge und meine Sachen aus dem klapprigen Bauwagen geholt, in dem ich gehaust hatte. Dann stieg ich in meinen Wagen und brach nach Alaska auf. Ich war wie immer überrascht davon, wie leicht es letztlich war, einen Schlußstrich unter etwas zu ziehen, und wie gut man sich dabei fühlte. Die Welt mit all ihren Möglichkeiten stand mir plötzlich wieder offen.

Der Devil's Thumb markiert die Grenze zwischen Alaska und British-Columbia. Er liegt östlich von Petersburg, einem Fischerdorf, das nur mit dem Schiff oder per Flugzeug zu erreichen ist. Es gab zwar einen Pendelflugverkehr dorthin, aber außer meinem 1960er Pontiac Star Chief besaß ich nur zweihundert Dollar in bar, was nicht einmal für einen einfachen Hinflug reichte. Ich fuhr also bis Gig Harbor, ließ den Wagen stehen und erschnorrte mir eine Fahrt auf einem Lachsfischerboot.

Die *Ocean Queen* war ein robustes Arbeitsboot ohne viel Schnickschnack. Aus den dicken, gelben Planken der Alaska-Zeder gebaut, war sie für Schleppnetzfahrten und für Sacknetzfang getakelt. Um mir meine Fahrt nach Norden zu verdienen, mußte ich lediglich in regelmäßigem Turnus das Steuerrad bewachen – alle zwölf Stunden eine Vier-Stunden-Wache. Außerdem half ich, die endlos langen Kurrleinen des Heilbuttfanggeschirrs einzuholen. Wir durchquerten in gemächlichem Tempo die *Inside Passage*, und die Fahrt verging in einem phantastisch-verschwommenen Gefühl der Vorfreude. Ich war unterwegs, ein inneres Gebot befolgend, dem ich mich nicht entziehen konnte, das ich nicht einmal verstand.

Wir tuckerten die Straße von Georgia hoch, und das Wasser glitzerte in der Sonne. Steilwände säumten die Küste, dicht bewachsen von düster schimmernden Schierlingen, Igel-Aralien und Zedern, über uns kreisten die Möwen. Vor Malcolm Island teilte das Boot einen Schwarm von sieben Schwertwalen. Ihre mannshohen Rückenflossen durchschnitten die kristallene Oberfläche, und sie kamen so nah, daß man von der Reling aus auf sie spucken konnte.

Als ich während unserer zweiten Nacht auf See mit dem Steuer in der Hand auf der Brücke stand, tauchte im Scheinwerferkegel des Schiffes plötzlich ein Großohrhirsch auf. Das Tier befand sich mitten im Fitz Hugh Sund. Es schwamm durch das kalte schwarze Wasser, mehr als eine Meile von der kanadischen Küste entfernt. Die Augen des Hirsches glühten rot im Scheinwerferlicht. Er schien am Ende seiner Kräfte, wahnsinnig vor Angst. Ich riß das Steuerrad nach Steuerbord, und das Boot glitt vorbei. Der Hirsch wurde von der Dünung des Kielwassers zweimal auf und nieder gewogen und verschwand schließlich in der Dunkelheit.

Der größte Teil der *Inside Passage* besteht aus schmalen, fjordähnlichen Kanälen. Als wir aber Dundas Island hinter uns ließen, öffnete sich vor uns plötzlich der Horizont. Nach Westen hin war das Meer nun offen auf die ganze Weite des Pazifik. Das Boot hüpfte und rollte auf einer schweren, drei Meter hohen Westdünung. Wellen brachen über die Reling herein. Steuerbord voraus tauchte in der Ferne ein Gewirr von niedrigen, schroffen Felsgipfeln auf. Ich spürte, wie mein Puls schneller ging. Jene Berge blickten mich verheißungsvoll an. Hinter ihnen lag das Ziel meiner Träume. Wir waren in Alaska angekommen.

Fünf Tage, nachdem wir Gig Harbor verlassen hatten, gingen wir in Petersburg vor Anker, um zu tanken und die Wasservorräte aufzufüllen. Ich überquerte das Schanzdeck, nahm meinen schweren Rucksack und ging den Kai hinunter. Es regnete. Ohne zu wissen, wie es weitergehen würde, suchte ich unter dem Vordach der Stadtbücherei Zuflucht und setzte mich auf mein Gepäck.

Petersburg ist ein kleines, für alaskanische Verhältnisse recht sauberes, schmuckes Städtchen. Eine große, schlaksige Frau kam vorbei und sprach mich an. Sie hieß Kai, sagte sie, Kai Sandburn. Sie war fröhlich und aufgeschlossen, und es war leicht, mit ihr ins Gespräch zu kommen. Ich erzählte ihr von meinem großen Vorhaben, und zu meiner Erleichterung lachte sie mich weder aus, noch wirkte sie befremdet. »Bei klarem Wetter«, sagte sie nur, »kann man den Thumb von hier aus sehen. Sieht schön aus. Er ist gleich da drüben, auf der anderen Seite vom Frederick Sund.« Sie wies mit dem Arm nach Osten, in Richtung einer niedrighängenden Wolkenfront.

Kai lud mich zu sich nach Hause zum Essen ein. Später nahm ich meinen Schlafsack und rollte ihn auf dem Boden aus. Noch lange nachdem sie eingeschlafen war, lag ich im Nebenzimmer wach und lauschte ihrem ruhigen, regelmäßigen Atem. Monatelang hatte ich mir eingeredet, daß mir die fehlende Wärme und Intimität in meinem Leben und der Mangel an einer echten menschlichen Verbindung nichts ausmachen würde. Aber bei der Freude, die ich in der Gegenwart dieser Frau verspürte – dem Klang ihres Lachens oder einer ihrer harmlosen Berührungen, wenn sie zum Beispiel ihre Hand auf meinen Arm legte –, dämmerte es mir langsam, daß ich mir da offensichtlich selbst etwas vormachte. Ich fühlte mich leer und verlassen.

Petersburg liegt auf einer Insel, der Devil's Thumb auf dem Festland. Er erhebt sich aus einem kahlen, vereisten Plateau, dem sogenannten Stikine-Gletscherplateau, dessen Eismassen weit über die Kammlinie der Boundary Ranges hinausreichen. Von weitem wirkt er wie ein labyrinthähnliches, von Einkerbungen übersätes Rückenschild einer Schildkröte. Zahlreiche blaugefärbte Gletscherzungen schieben sich unter der riesigen Last der

Jahrtausende Zentimeter um Zentimeter zum Meer vor. Zwischen mir und dem Fuß des Berges lagen fünfundzwanzig Meilen Salzwasser und der Baird, ein dreißig Meilen langes Gletschertal. Ich mußte also nur eine Überfahrt organisieren und dann auf Skiern das Gletschertal durchwandern, das, wie ich vermutete, schon seit vielen, vielen Jahren von keinem Menschen mehr betreten worden war.

Drei Baumpflanzer nahmen mich an den Rand der Thomas Bay mit und setzten mich an einem Kiesstrand an Land. Eine Meile vor mir konnte ich den breiten, von Eisschutt übersäten Gletscher erkennen. Eine halbe Stunde später arbeitete ich mich mühsam das Zungenende hoch und trat meinen langen Marsch auf den Thumb an. Der Gletscher trug keinen Schnee und war in eine Mulde aus grobem Kies gebettet, der unter den Zacken meiner Steigeisen knirschte.

Nach drei oder vier Meilen erreichte ich die Schneelinie und tauschte die Steigeisen gegen Skier aus. Mit den Brettern an den Füßen verringerte sich meine Gepäcklast um fünf Kilo. Es ging nun schneller voran. Unter dem Schnee lauerten jedoch tückische Gletscherspalten.

Auf der Hinreise hatte ich in weiser Voraussicht an einer Eisenwarenhandlung in Seattle haltgemacht und zwei dicke, je drei Meter lange Vorhangstangen aus Aluminium gekauft. Ich band die Stangen über Kreuz zusammen und befestigte sie an dem Hüftgürtel meines Rucksacks. Die Stangen hingen horizontal an meinem Körper über dem Schnee. Ich kam mir wie ein seltsamer Büßermönch vor, schwerbeladen, mit einem lächerlichen Metallkreuz, das an mir baumelte. Falls ich jedoch über einer dieser tückischen Gletscherspalten durch die Schneedecke brach, würden die Vorhangstangen – wie ich inständig hoffte – sich über den Schlitz legen und mich davor bewahren, von den eisigen Tiefen des Baird verschluckt zu werden.

Zwei Tage lang stapfte ich beharrlich das Gletschertal hoch. Das Wetter war schön, und mein Weg lag gerade vor mir, frei von nennenswerten Hindernissen. Da ich aber allein war, gewannen mit der Zeit auch die banalsten Umstände eine tiefe, mysteriöse Bedeutung. Das Eis wirkte kälter und geheimnisvoller, der Himmel schien von einem klareren Blau. Die namenlosen, über dem Gletscher hochaufragenden Gipfel wirkten höher, anmutiger und unendlich bedrohlicher. Und auch meine Gefühlsregungen waren von doppelter Intensität: die Hochgefühle waren höher, Verzweiflungsphasen um so dunkler und abgründiger. Auf einen bis zum Letzten entschlossenen jungen Mann, trunken von dem Drama seines Lebens, übte all dies eine enorme Anziehungskraft aus.

Drei Tage, nachdem ich Petersburg verlassen hatte, kam ich am Fuße des Stikine-Gletscherplateaus an, wo der lange Arm des Baird in den Eiskuchen des Hauptgletschers übergeht. Der Gletscher kommt über den scharfkantigen Rand eines Hochplateaus gezüngelt und fällt wie in einer Phantasmagorie aus zertrümmertem Eis in eine von zwei Steilhängen flankierte Schlucht hinab. Als ich eine Meile entfernt wie gebannt auf dieses tumultartige Schauspiel starrte, überkam mich zum ersten Mal, seit ich Colorado verlassen hatte, wirkliche Angst.

Der Eisfall war kreuzweise von Gletscherspalten und den wankenden Pfeilern eines Eisbruchs durchschnitten. Von weitem fühlte ich mich an die Trümmerhaufen nach einem schweren Zugunglück erinnert, so als wären am Gletschersaum gespenstische weiße Waggons entgleist und einfach den Hang hinuntergepurzelt. Je näher ich kam, desto unfreundlicher wirkte das Ganze. Angesichts von fünfzehn Meter breiten und Hunderte von Metern tiefen Gletscherspalten kam ich mir mit meinem selbstgebastelten Stangenkreuz ein wenig verloren vor. Noch bevor ich mir Gedanken über eine gangbare Route durch den Eisfall machen konnte, kam ein heftiger Wind auf, und es fing an zu schneien. Der Schnee blies mir ins Gesicht und brannte auf meiner Haut. Die Sichtweite reduzierte sich auf ein Minimum.

Himmel und Erde schienen ineinanderzufließen, und den größten Teil des Tages tappte ich blind in dem Labyrinth umher, verfolgte meine Schritte von einer Sackgasse in die nächste zurück. Immer wieder glaubte ich, einen Weg ins Freie gefunden zu haben, nur um in einer weiteren tiefblauen Sackgasse hängenzubleiben oder auf dem Scheitel eines alleinstehenden Eisblocks zu landen. Meinen Bemühungen war schon bald eine gewisse, nicht zu leugnende Dringlichkeit eigen, die von den Geräuschen unter meinen Füßen herrührte. Ein mehrstimmiges Madrigal aus Knirschlauten und anderen versteckten, dissonanten Andeutungen – es klang wie das Bersten eines Tannenasts kurz vor dem Abbrechen – ließ mich nie vergessen, daß es in der Natur eines Gletschers liegt, sich zu bewegen, und Eisbrüche gerne aneinanderkrachen.

Ich brach mit einem Fuß in eine Schneebrücke ein. Die Gletscherspalte darunter klaffte so tief, daß man den Grund nicht sehen konnte. Wenig später brach ich bis zur Hüfte durch eine weitere Schneebrücke. Die Stangen bewahrten mich davor, vierzig Meter in die Tiefe zu fallen. Als ich mich wieder befreit hatte, würgte und krümmte ich mich. Mir war kotzübel. Die Vorstellung, mit zertrümmerten Knochen dort unten auf dem Grund der Gletscherspalte zu liegen und auf den Tod zu warten, ließ mich nicht mehr los. Niemand hätte jemals erfahren, wie oder wo mein Schicksal mich ereilt hätte.

Als ich das obere Ende des Eisbruchhangs erreichte und auf das windgepeitschte Gletscherplateau hinaustrat, war es bereits dunkel. Der Schrecken saß mir noch in allen Gliedern, und ich stellte mich sofort wieder auf meine Skibretter und fuhr weiter, nur um endlich das Rumpeln und Knirschen des Eisbruchs nicht mehr hören zu müssen. Ich schlug das Zelt auf, kroch in meinen Schlafsack und zitterte mich in einen von Angstträumen duchzuckten Schlaf.

Mein Plan sah einen drei- bis vierwöchigen Aufenthalt auf dem Gletscherplateau vor. Um nicht den Proviant für vier Wochen den Baird hochschleppen zu müssen – meine Kletter- und Campingausrüstung war schwer genug –, hatte ich einem Piloten in Petersburg hundertfünfzig Dollar dafür gezahlt, daß er mir sechs Kartons mit Proviant aus dem Flugzeug abwirft, sobald ich am Fuße des Thumb angelangt wäre. Es war mein letztes Geld. Ich hatte dem Piloten auf seiner Karte genau gezeigt, wo ich ihn erwarten würde, und ihm gesagt, daß er drei Tage rechnen sollte, bis ich die Stelle erreicht hätte. Er versprach, den Abwurf zu erledigen, sobald das Wetter es zuließ.

Am 6. Mai errichtete ich ein Stück nordöstlich des Thumb ein Basislager und wartete auf den Fallschirmabwurf. Während der nächsten vier Tage schneite es, was jede Möglichkeit eines Abwurfs zunichte machte. Ich hatte immer noch eine Heidenangst vor Gletscherspalten und verbrachte deshalb die meiste Zeit liegend im Zelt – zum Sitzen war es zu niedrig – und kämpfte gegen einen ganzen Chor von Zweifeln an.

Mit jedem Tag wurden meine Schrecken größer. Ich hatte weder ein Funkgerät noch irgendeine andere Möglichkeit, mit der Außenwelt Kontakt aufzunehmen. Diese Gegend des Gletscherplateaus war seit Jahren nicht mehr betreten worden, und es war davon auszugehen, daß sich dies in nächster Zukunft nicht ändern würde. Ich hatte kaum noch Gas für meinen kleinen Brenner, und an Proviant war mir nur ein Stück Käse, eine japanische Nudelsuppe und eine halbvolle Schachtel Kokosnußgebäck geblieben. Drei, vier Tage, länger konnte ich damit nicht überleben. Und was dann? Zur Thomas Bay zurück waren es nur zwei Tage, auf Skiern, den Baird hinunter. Bevor ich dort jedoch einen Fischkutter Richtung Petersburg aufgetan hätte, konnte locker eine Woche vergehen (die drei Baumpflanzer, mit denen ich gekommen war, hatten ihr Lager fünfzehn Meilen südlich von mir inmitten des zerklüfteten Vorgebirges an der Küste aufgeschlagen. Sie waren praktisch nur mit dem Boot oder per Flugzeug zu erreichen).

Als ich mich am Abend des 10. Mai zum Schlafen legte, herrschte immer noch heftiges Schneetreiben. Ein paar Stunden später hörte ich kurz ein schwaches Surren, kaum lauter als das Summen eines Moskitos. Ich riß die Zeltklappe auf. Die Wolkendecke hatte sich größtenteils aufgelöst, von einem Flugzeug war jedoch nichts zu sehen. Das Surren kehrte zurück, diesmal lauter, anhaltender. Dann sah ich es: hoch oben am westlichen Himmel brummte ein winziger, rot-weißer Fleck auf mich zu.

Ein paar Minuten später flog die Maschine direkt über mich hinweg. Der Pilot kannte sich jedoch in Gletscherflügen nicht aus. Er hatte sich grob verschätzt, was die Ausmaße des Terrains anging. Aus Angst, zu niedrig zu fliegen und in unerwartete Turbulenzen zu geraten, hielt er sich mindestens dreihundert Meter über mir – in dem Glauben, sich knapp über dem Plateau zu befinden. Es war später Abend, und in dem fahlen Licht war mein Zelt für ihn nicht erkennbar. Alles Winken und Rufen war vergebens. Von dort oben war ich ungefähr so groß wie ein Kieselstein auf einem Felsen. Eine Stunde lang umkreiste er das Plateau und suchte vergeblich die kahlen Umrisse ab. Doch es muß dem Piloten hoch angerechnet werden, daß er den Ernst der Lage begriff und nicht aufgab. Ich wurde langsam panisch. Ich fummelte meinen Schlafsack an das Ende einer der Vorhangstangen und wedelte damit krampfhaft umher. Das Flugzeug legte sich scharf in die Kurve und kam direkt auf mich zu.

Der Pilot brummte dreimal in rascher Folge dicht über mein Zelt hinweg und warf jeweils zwei Kartons ab. Minuten später verschwand das Flugzeug hinter einem Bergkamm, und ich war wieder allein. Über den Gletscher legte sich wieder völlige Stille, und ich fühlte mich plötzlich verloren, schutzlos ausgesetzt. Ich merkte, daß ich weinte, schämte mich meiner Tränen, und um der ganzen Flennerei ein Ende zu bereiten, fing ich an zu fluchen und mir mit Obszönitäten die Kehle wund zu schreien.

Am Morgen des 11. Mai erwachte ich unter einem strahlend blauen Himmel, und mit nur sechs Grad minus war es relativ warm. Das schöne Wetter scheuchte mich förmlich aus meinem Schlafsack. Ich war zwar seelisch nicht darauf vorbereitet, bereits mit dem Aufstieg zu beginnen, packte aber in aller Eile meinen Rucksack, legte die Skier an und brach in Richtung Thumb auf. Zwei vorangegangene Alaska-Touren hatten mich gelehrt, daß Schönwetterperioden rar und von kurzer Dauer sind und daß man es sich nicht leisten konnte, sie ungenutzt verstreichen zu lassen.

Am Rande des Gletscherplateaus kommt einem ein schmaler Hängegletscher entgegen. Wie eine Rampe führt er zur Nordwand hoch und schlängelt sich quer über sie hinweg. Mein Plan sah vor, dieser Rampe bis an einen großen, schiffsbugartig gewölbten Vorsprung auf mittlerer Höhe zu folgen und dadurch einen Bogen um die bedrohliche, ständig von Lawinen überrollte untere Hälfte der Wand zu schlagen.

Die Rampe stellte sich als eine Serie von im Fünfzig-Grad-Winkel ansteigenden Eisfeldern heraus, die von Gletscherspalten durchzogen und mit knietiefem Pulverschnee bedeckt sind. Durch den Schnee kam ich nur mühsam voran. Als ich mich drei, vier Stunden später mit meinen Eispickeln die überhängende Wand des Bergschrunds hocharbeitete, war ich bereits am Ende meiner Kräfte. Und dabei lag die eigentliche Kletterarbeit noch vor mir. Direkt über mir ging der Gletscher in eine vertikale Felswand über.

Ein Blick nach oben war wenig ermutigend. Das Felsgestein war von einer bröckeligen, fünfzehn Zentimeter dikken Schicht Rauhfrost überzogen und zeichnete sich vor allem durch den Mangel an Griffen und Tritten aus. Gleich links der großen gewölbten Ausbuchtung entdeckte ich jedoch eine flache Nische. Sie war mit einem Eisband aus gefrorenem Schmelzwasser überzogen, das in gerader Linie hundert Meter weit nach oben führte. Wenn das Eis sich als fest genug erwies und nicht gleich unter der Wucht meiner Eispickel zerbröckelte, wäre dies vielleicht eine gangbare Route. Ich schob mich zu einer Stelle unterhalb der Nische vor und stach einen Eispickel vorsichtig in das fünf Zentimeter dicke Eis. Es war fest und von guter Konsistenz, etwas dünner, als ich es mir gewünscht hätte, aber insgesamt vielversprechend.

Ich war der Nordwand nun schutzlos ausgeliefert, und der Aufstieg war dermaßen steil, daß mir schwindlig wurde. Unter meinen Vibram-Sohlen fiel die Wand eintausend Meter tief in das schmutzige, von Lawinen zerrissene Kar des Witches-Cauldron-Gletschers. Über mir wölbte sich der Fels in wuchtigem Schwung zum Gipfelkamm hinauf. Bis dahin waren es jedoch noch achthundert senkrechte Meter. Mit jedem Schwung meiner Eispikkel verkürzte sich diese Distanz um fünfzig Zentimeter.

Alles, was mich vor dem Abgrund bewahrte und mich in dieser Welt hielt, waren zwei kleine Spitzen aus Chrom-Molybdänstahl, etwa zwei Zentimeter tief in Schmelzeis gehauen. Dennoch, je höher ich stieg, desto sicherer fühlte ich mich. Zu Beginn einer schwierigen Besteigung, insbesondere einer schwierigen Alleinbesteigung, sitzt einem ständig dieser furchterregende Abgrund im Nacken. Um sich der Sogwirkung, die er ausübt, zu entziehen, darf der Kletterer in seiner Konzentration nicht einen Augenblick nachlassen. Der Sirenengesang der Leere zermürbt einen, läßt einen in den Knien weich werden. Den Bewegungen fehlt noch der nötige Fluß, und man zögert oft. Aber dann, im Laufe des Aufstiegs, gewöhnt man sich an den schwindelerregenden Abgrund, an die eigene Schutzlosigkeit und daran, Schulter an Schulter mit dem Tod zu stehen. Man beginnt seinen Händen und Füßen zu vertrauen und verläßt sich zunehmend auf seinen Verstand. Das Zutrauen in die eigene Körperbeherrschung wächst, je weiter man vorankommt.

Nach und nach versinkt man so tief in die sich wiederholenden Bewegungsabläufe, daß man die blutigen Fingerknöchel, die von Krämpfen durchzuckten Oberschenkel, den Druck der pausenlosen Anspannung nicht mehr bemerkt. Das ganze Schinden und Schuften geht in einem tranceähnlichen Zustand auf, und der Aufstieg wird zu einem kristallklaren Wachtraum. Stunden scheinen im Minutentakt zu vergehen. Der angestaute Frust des Alltags – die kleinen Mißverständnisse, die unbezahlten Rechnungen, die verpatzten Gelegenheiten, der Staub unterm Sofa, das unentrinnbare Gefängnis der eigenen

Gene –, all dies ist für kurze Zeit wie weggeblasen. Es verschwindet vor der überwältigenden Klarheit des Ziels und dem Ernst der zu bewältigenden Aufgabe.

In solchen Momenten spürt man tatsächlich so etwas wie Glück in sich aufsteigen, ein Gefühl, auf das man sich jedoch nicht allzusehr verlassen sollte. Eine Alleinbesteigung wird vor allem von einer gehörigen Portion Chuzpe zusammengehalten, nicht gerade das verläßlichste Bindemittel. Spät am Nachmittag spürte ich, wie sich jener Klebstoff unter einem einzigen Schwung eines Eispickels auflöste.

Seit ich den Hängegletscher hinter mir gelassen hatte, hatte ich fast zweihundertfünfzig Meter an Höhe gewonnen, und zwar lediglich mit den Steigeisen unter den Schuhen und den Schwüngen meiner Eispickel. Das Eisband ging nach einhundert Metern in eine bröckelige Schicht aus angereimtem Rauhfrost über, der in etwa die Festigkeit von Gips hatte, also kaum körpergewichttauglich war. Die Anreimschicht war jedoch gut siebzig, achtzig Zentimeter dick, und so schuftete ich mich weiter nach oben. Die Wand war jedoch unmerklich steiler geworden, und je steiler sie anstieg, desto dünner wurde der Anreim. Ich war in einen langsamen, tranceartigen Rhythmus verfallen – hacken, hacken; treten, treten; hacken, hacken; treten, treten. Plötzlich schlug mein linker Eispickel auf das Dioritgestein des Felsens, nur wenige Zentimeter unter dem Rauhfrost.

Ich versuchte es weiter links, dann rechts, aber wohin ich meinen Eispickel auch schlug, überall traf ich auf harten Fels. Der Anreim, auf dem ich mich hielt, war anscheinend nur noch zehn Zentimeter dick und hatte in etwa die Festigkeit einer vertrockneten Scheibe Maisbrot. Unter mir tat sich ein Abgrund von über einhundert Metern Tiefe auf, und ich turnte auf einem Kartenhaus herum.

Meine Angst wurde immer größer, und ich spürte einen sauren Geschmack im Mund. Ich sah alles nur noch verschwommen, mein Atem wurde kürzer, und ich verspürte ein unkontrollierbares Zittern in den Schenkeln. Ich schob mich einen halben Meter nach rechts, hoffte, daß das Eis dort dicker war, verbog mir aber nur einen meiner Eispickel an hartem Felsgestein.

Mit ungelenken Bewegungen fing ich an, mich nach unten zu hangeln, wie gelähmt vor Angst. Der Anreim wurde wieder dicker. Nach etwa fünfzehn Metern Abstieg erreichte ich wieder einigermaßen festes Terrain. Ich blieb dort lange Zeit stehen, versuchte, mich zu beruhigen. Nach einer Weile lehnte ich mich an meinen Eispikkeln zurück und blickte nach oben. Irgendwo mußte es doch so was wie festes, solides Eis geben. Ich suchte die Wand nach irgendeiner Variation im Felsgestein ab, nach irgend etwas, das mich nach oben führen würde. Ich suchte, bis mir der Nacken schmerzte, konnte aber nichts entdecken. Die Besteigung war vorbei. Es blieb nur der Rückzug.

Das Stikine-Gletscherplateau

KAPITEL FÜNFZEHN

Bevor wir jedoch das Wagnis nicht eingegangen sind, können wir nicht wissen, wieviel von jener Unbändigkeit in uns steckt. Sie ist es, die uns über Gletscher und durch reißende Ströme zwingt, die uns die gefährlichsten Gipfel erklimmen läßt, und mag es uns auch noch so unvernünftig erscheinen.

JOHN MUIR,
»THE MOUNTAINS OF CALIFORNIA«

Hast du eigentlich bemerkt, wie Sam II die Mundwinkel verzieht, wenn er dich ansieht? Es bedeutet erstens, daß er nicht damit einverstanden ist, daß du ihn Sam II genannt hast, und zweitens bedeutet es, daß er eine abgesägte Schrotflinte in seinem linken Hosenbein stecken hat und einen fiesen Stahlhaken im rechten. Er wartet nur auf eine Gelegenheit, um dich mit einem von beiden zu massakrieren. Der Vater ist verblüfft. Wenn sein Sohn sich mit ihm anlegt, sagt er in der Regel: »Ich hab dir mal die Windeln gewech-

selt, du kleiner Rotzbengel.« Das ist wirklich unfair. Erstens entspricht es nicht der Wahrheit (neun von zehn Windeln werden von Müttern gewechselt), und zweitens erinnert es Sam II sofort an den Grund seiner unbändigen Wut. Er ist so wütend, weil er klein war, als du groß warst, nein, Moment, das ist es nicht, er ist so wütend, weil er hilflos war, als du stark und mächtig warst, nein, Moment, das auch nicht, er ist so wütend, weil er nebensächlich war, als du lebenswichtig warst, nicht ganz, er ist rasend vor Wut, weil er dich einmal geliebt hat und du es nicht einmal bemerkt hast.

DONALD BARTHELME,
»THE DEAD FATHER«

❖

Wieder unten am Fuße des Devils Thumb angelangt, geriet ich in heftige Schneestürme und saß drei Tage lang in meinem Zelt fest. Die Stunden vergingen quälend langsam. Um die Zeit totzuschlagen, zündete ich eine Zigarette nach der anderen an – solange der Vorrat reichte – und las Bücher. Als mir auch noch der Lesestoff ausgegangen war, war ich dazu verdammt, in die Zeltdecke mit ihrem eingewebten Riffelmuster zu starren. Dies tat ich Stunde um Stunde, flach auf dem Rücken liegend – ich starrte Löcher in die Decke und überlegte hin und her, was ich nun tun sollte: zur Küste aufbrechen, sobald das Wetter es erlaubte, oder bleiben und mich dem Berg ein zweites Mal stellen?

Soweit war mir mein Nordwand-Abenteuer ganz schön an die Nieren gegangen, das war nicht zu leugnen. Ich verspürte nicht die geringste Lust, mich noch einmal an den Thumb zu wagen. Aber der Gedanke, mich geschlagen zu geben und geknickten Hauptes nach Boulder zurückzukehren, war ebenfalls nicht sehr verlockend. Ich konnte mir schon jetzt die süffisanten Beileidsbekundungen all jener vorstellen, die mein Scheitern vorausgesagt hatten.

Als es am Nachmittag des dritten Tages immer noch schneite, hielt ich es nicht mehr aus: die Eishöcker, die mir beim Liegen in den Rücken stachen, die feuchten Nylon-Wände, die mir bei jeder Bewegung ins Gesicht fuhren, und der entsetzliche Gestank, der mir aus den Untiefen meines Schlafsacks entgegenwehte. Ich wühlte in dem Durcheinander zu meinen Füßen, bis ich fand, wonach ich suchte: einen kleinen grünen Beutel, in dem sich ein Filmdöschen aus Metall befand. Es enthielt die Zutaten zu dem, das einmal meine Siegeszigarre werden sollte. Ursprünglich hatte ich es bis zu meiner Rückkehr vom Gipfel des Thumb aufbewahren wollen, aber was machte das jetzt noch – es sah nicht danach aus, als würde ich bald dort oben stehen. Ich schüttete den größten Teil des Döscheninhalts in ein Blättchen Zigarettenpapier, rollte es zu einem krummen Joint zusammen und paffte ihn mit ein paar kräftigen Zügen bis auf den Stumpen auf.

Das Marihuana bewirkte natürlich nur, daß das Zelt noch beengter, erdrückender und unerträglicher erschien. Außerdem wurde ich plötzlich von einem Riesenhunger überwältigt. Ich fand, daß eine Portion Haferbrei jetzt genau das richtige wäre. Sie zuzubereiten, war jedoch eine langwierige, nahezu lächerlich umständliche Angelegenheit: Zuerst mußte man draußen im Sturm einen Topf voll Schnee holen, dann mußte der Brenner zusammengesetzt und angezündet werden. Als nächstes mußten die Haferflocken und der Zucker ausfindig gemacht und außerdem noch die Reste des Abendessens vom Vortag aus meinem Schälchen gekratzt werden. Als der Brenner schließlich brannte und der Schnee vor sich hin schmolz, merkte ich plötzlich, daß es nach Verbranntem roch. Eine gründliche Überprüfung des Brenners und der

Stelle, an der ich ihn aufgebaut hatte, verlief ergebnislos. Völlig perplex wollte ich den Gestank schon meiner chemisch angeheizten Vorstellungskraft zuschreiben, als ich es plötzlich hinter mir knistern hörte.

Ich wirbelte herum und sah gerade noch, wie der Müllbeutel – in den ich das Streichholz für den Brenner geworfen hatte – in Flammen aufging. Ich schlug mit den Händen auf das Feuer ein und hatte es auch innerhalb von ein paar Sekunden gelöscht, allerdings erst, nachdem ein großes Stück der Innenwand des Zeltes sich vor meinen Augen in Rauch aufgelöst hatte. Die zweite, eingenähte Zeltwand entkam jedoch den Flammen. Das Zelt war also immer noch wasserdicht, allerdings war es drinnen jetzt ungefähr fünfzehn Grad kälter.

Meine Hand fing an zu schmerzen. Ich untersuchte sie und bemerkte eine rosafarbene Brandverletzung. Aber das Schlimmste war, daß es gar nicht mein Zelt war: Ich hatte das gute und teure Stück von meinem Vater geborgt. Es war nagelneu – das Preisschild hatte noch drangehangen –, und er hatte es mir nur ungern geliehen. Die ersten Minuten saß ich wie gelähmt da und starrte auf das, was von dem einst so würdevollen Zelt noch übrig war. Es stank penetrant nach verbrannten Haaren und geschmolzenem Plastik. Eins mußte man mir lassen, dachte ich: Ich war ein wahres Genie darin, meinen Vater in seinen schlimmsten Befürchtungen zu bestätigen.

Mein Vater war ein impulsiver, äußerst schwieriger Mensch. Er hatte eine forsche Art, hinter der er aber nur seine tiefe Unsicherheit verbarg. Falls er jemals in seinem Leben einen Irrtum zugegeben haben sollte, habe ich nichts davon mitbekommen. Aber er – selbst ein Wochenend-Bergsteiger – war es, der mir das Klettern beibrachte. Als ich acht war, kaufte er mir mein erstes Seil und meinen ersten Eispickel. Er führte mich in die Cascade Range, und ich durfte mich an die South Sister wagen, einen sanft ansteigenden, dreitausend Meter hohen Vulkan, der nicht allzu weit entfernt von unserem Wohnort in Oregon lag. Er wäre nie darauf gekommen, daß die Kletterei eines Tages mein Lebensinhalt werden würde.

Lewis Krakauer war ein liebenswürdiger und großzügiger Mensch, der seine fünf Kinder – auf autokratisch-väterliche Art – aufrichtig liebte, aber seine Sicht der Dinge war von einem unbarmherzigen Konkurrenzdenken geprägt. Das Leben, so wie er es sah, war ein Wettkampf. Er las immer wieder die Werke von Stephen Potter – dem englischen Schriftsteller, der in seinen Büchern Begriffe wie »Kampf um die Spitze« und »ehrlicher Betrug« geprägt hatte –, und zwar nicht im Sinne einer Sozialsatire, sondern als Handbuch mit praktischen Lebensstrategien. Mein Vater war ehrgeizig bis zum Äußersten, und ganz wie bei Walt McCandless setzte sich sein Ehrgeiz in seinen Kindern fort.

Noch bevor ich meinen ersten Kindergartenplatz bekam, bereitete er mich auf eine glänzende Medizinerkarriere vor. Falls das schiefgehen sollte, hätte er sich, als schwachen Trost, vielleicht auch mit einer Laufbahn als Anwalt abgefunden. Zu Weihnachten und zu meinen Geburtstagen bekam ich Dinge wie ein Mikroskop, eine Chemielaborausrüstung und die »Encyclopaedia Britannica« geschenkt. Von der Grundschule bis zur High-School wurden meine Geschwister und ich darauf getrimmt, Klassenbeste zu sein, auf wissenschaftlichen Nachwuchsveranstaltungen Medaillen zu gewinnen, zur Abschlußballkönigin erkoren und zum Schulsprecher gewählt zu werden. So und nur so, wurde uns beigebracht, würde es uns gelingen, in das richtige College aufgenommen zu werden, wodurch wir wiederum auf die

Harvard Medical School kämen: der Ausgangspunkt zu einem glücklichen, erfolgreichen Leben.

Mein Vater ließ sich in seinem Glauben an diesen einen vorgezeichneten Weg durch nichts erschüttern. Denn schließlich war es ja der Weg, der ihm zu Wohlstand verholfen hatte. Aber ich war nicht der Klon meines Vaters. Als ich mir als Jugendlicher dieser Tatsache bewußt wurde, wich ich vom vorgegebenen Kurs ab, erst ganz zögernd, dann im Neunzig-Grad-Winkel. Mein Aufstand führte zu jeder Menge Geschrei im Haus. Die Wände unseres Hauses wackelten unter dem Donner von Ultimaten. Schließlich verließ ich Corcallis, Oregon, und schrieb mich an einer abgelegenen Universität ein, ohne Efeu an altehrwürdigen Mauern. Mit meinem Vater sprach ich zu diesem Zeitpunkt, wenn überhaupt, nur noch mit zusammengebissenen Zähnen. Als ich vier Jahre später mein Grundstudium abschloß und weder nach Harvard noch an sonst irgendeine Medizinfakultät ging und statt dessen Schreiner und mittelloser Klettermaxe wurde, wuchs die tiefe Kluft zwischen uns ins Unermeßliche.

Man hatte mir sehr früh ungewöhnlich viel Freiheit zugestanden und Verantwortung übertragen, wofür ich außerordentlich dankbar hätte sein sollen, aber ich war's nicht. Statt dessen fühlte ich mich von den Erwartungen meines alten Herrn erdrückt. Es war mir eingebleut worden, daß nur der Sieg zählte und alles andere Versagen war. Als leicht zu beeindruckender Sohn faßte ich seine Sprüche und Maximen nicht etwa rhetorisch auf; ich nahm sie wörtlich. Und dies war der Grund, weshalb ich später, als lang gehütete Familiengeheimnisse ans Licht kamen und ich merkte, daß diese Gottheit, die nur unbedingte Perfektion zufriedenstellte, selber alles andere als perfekt war, daß er in Wirklichkeit gar keine Gottheit war – tja, ich konnte dies nicht einfach so mit einem Achselzucken abtun. Im Gegenteil, ich verzehrte mich vor Wut. Die Erkenntnis, daß er bloß ein Mensch war, und zwar durch und durch, war zu grausam für mich, um zu verzeihen.

Zwei Jahrzehnte später merkte ich plötzlich, daß meine Wut verraucht war, und zwar seit Jahren. Sie hatte sich in Beklommenheit und Mitgefühl verwandelt, in etwas, das an Zuneigung rankam. Mir wurde klar, daß ich meinen Vater ebensosehr vor den Kopf gestoßen und zur Verzweiflung getrieben hatte wie er mich. Ich begriff, daß ich egoistisch und verbohrt und eine fürchterliche Nervensäge gewesen war. Er hatte mir eine Brücke der Privilegien gezimmert, einen in liebevoller Kleinarbeit gefertigten Steg in eine lebenswerte Zukunft, und ich revanchierte mich, indem ich den Steg niederhackte und auf die Trümmer schiß.

Aber diese Einsicht kam mir erst mit den Jahren und nach einer traurigen Wende im Leben unserer Familie. Die selbstzufriedene Existenz, die mein Vater geführt hatte, brach ihm unter den Füßen weg. Es begann mit seinem körperlichen Verfall: Dreißig Jahre nachdem er einen Anfall von Kinderlähmung überstanden hatte, flammten die Symptome völlig unerklärlicherweise wieder auf. Gelähmte Muskelgruppen verfielen weiter, Nervenverbindungen versagten ihren Dienst, verkrüppelte Beine gehorchten nicht mehr. Medizinischen Fachzeitschriften entnahm er, daß er an einer neu entdeckten Krankheit litt, dem sogenannten posterioren Polio-Syndrom. Schmerzen, die zeitweise von geradezu unerträglicher Heftigkeit waren, füllten seine Tage wie ein schrilles, anhaltendes Geräusch.

Um den Verfall aufzuhalten, ging er unklugerweise dazu über, sich selbst zu behandeln. Der kleine Kunstlederkoffer, der randvoll war mit Dutzenden von Pillendosen aus orangefarbenem Plastik, wurde sein ständiger

Begleiter. Alle ein, zwei Stunden wühlte er in dem Medizinköfferchen herum, blickte kurz auf die Etiketten und schüttelte Dexedrin-, Percodan-, Prozac- oder Deprenyltabletten heraus. Er schluckte die Tabletten gleich dutzendweise, mit schmerzverzerrter Grimasse, ohne Wasser. Auf dem Waschbecken im Badezimmer tauchten immer häufiger gebrauchte Spritzen und leere Ampullen auf. Sein Leben drehte sich in zunehmendem Maße um ein riesiges Arsenal an Medikamenten, die er sich selbst verabreichte: Steroide, Amphetamine, Anti-Depressiva und verschiedene Schmerzmittel. Die Medikamente verwirrten seinen einst so beeindruckenden Verstand.

Als sein Verhalten immer irrationaler und besessener wurde, wandten sich auch die letzten Freunde von ihm ab. Meiner Mutter, die sich ihrem Schicksal lange Zeit geduldig ergeben hatte, blieb schließlich keine andere Wahl mehr, als auszuziehen. Mein Vater überschritt die Grenze zum Wahnsinn. Beinahe wäre es ihm gelungen, sich das Leben zu nehmen – und er wußte dafür zu sorgen, daß dies in meiner Gegenwart geschah.

Nach dem Selbstmordversuch wurde er in eine psychiatrische Klinik in der Nähe von Portland eingeliefert. Als ich ihn dort besuchte, war er an Armen und Beinen ans Bett geschnallt. Er schimpfte unzusammenhängendes Zeug vor sich hin und hatte ins Bett defäkiert. Seine Augen wirkten irre. Erst trotzig aufflackernd, im nächsten Moment von unschuldigem Entsetzen erfüllt, rollten sie weit zurück und gaben einen bestürzend klaren Einblick in seine gequälte Seele. Als die Krankenschwestern versuchten, die Bettwäsche zu wechseln, zerrte er an seinen Fesseln und verfluchte sie, verfluchte mich und verfluchte sein Schicksal. Daß sein Lebensplan mit eingebauter Erfolgsgarantie ihn schließlich hierher, auf diese alptraumhafte Krankenstation, geführt hatte, war eine Ironie, an der ich keinen Gefallen finden konnte, die ihm jedoch völlig entging.

Es gab noch eine weitere ironische Wendung, die er nicht zu würdigen wußte: Seine unablässigen Bemühungen, mich nach seinem Bilde zu formen, waren letztendlich erfolgreich gewesen. Das alte Walroß hatte es tatsächlich geschafft, mir einen starken, brennenden Ehrgeiz einzutrichtern, der sich allerdings in Zielvorstellungen niederschlug, die nie auf seinem Plan gestanden hatten. Er begriff nie, daß der Devils Thumb das gleiche war wie ein Medizinstudium, nur anders.

Ich denke, es war wohl dieser ererbte, abnorme Ehrgeiz, der mich nach dem ersten, gescheiterten Besteigungsversuch davon abhielt, aufzugeben, selbst nachdem ich beinahe mein Zelt abgebrannt hatte. Drei Tage nach meinem ersten Versuch ging ich die Nordwand ein weiteres Mal an. Diesmal kam ich nur bis etwa vierzig Meter über dem Bergschrund, bis mir beim Klettern die nötige Gelassenheit ausging und ein heftiges Schneetreiben mich schließlich zum Rückzug zwang.

Anstatt jedoch ins Basislager auf dem Gletscherplateau zurückzukehren, beschloß ich, die Nacht auf dem seitlichen Steilhang des Berges zu verbringen, genau unterhalb des Gipfels. Dies erwies sich als schwerwiegender Fehler. Am späten Nachmittag hatte sich das Schneetreiben zu einem tobenden Blizzard ausgewachsen. Riesige Schneemengen, etwa zwei bis drei Zentimeter pro Stunde, fielen vom Himmel, Staubschneelawinen zischten die Bergwand herunter und spülten wie Meereswellen über den Rand des Bergschrunds hinweg, unter dem ich in meinem Biwak-Sack kauerte. Nach und nach begrub der Staubschnee auch meine kleine Nische.

Nach zwanzig Minuten war es dann soweit. Der Schnee reichte bis an den Atemschlitz meines Biwak-Sacks – einer dünnen Nylon-Umhüllung, die aussah wie eine Sandwich-Verpackung. Dies geschah insgesamt viermal, und viermal schaufelte ich mich wieder frei. Nach dem fünften Begräbnis hatte ich die Nase voll. Ich stopfte meine komplette Ausrüstung in meinen Rucksack und floh ins Basislager.

Der Abstieg geriet zum Alptraum. Wegen der Wolken, des Bodenblizzards und des fahlen, schwindenden Lichts tappte ich blind in der Gegend umher. Ich hatte die alles andere als unbegründete Angst, danebenzutreten und von der Spitze eines Eisblocks in den Witches Cauldron zu fallen, achthundert Meter in die Tiefe. Als ich schließlich das Plateau erreichte, mußte ich feststellen, daß meine Spuren längst verweht waren. Ich hatte nicht die geringste Ahnung, wie ich mein Zelt finden sollte. Das Gletscherplateau war eine riesige einförmige Fläche und bot keinerlei Orientierungshilfen. In der Hoffnung, irgendwann durch Zufall auf mein Lager zu stoßen, kreiste ich auf meinen Skiern eine Stunde lang umher – bis ich mit einem Fuß in eine kleine Gletscherspalte rutschte. Mir wurde klar, daß das der reine Wahnsinn war. Ich sollte mich einfach hinhocken und das Ende des Sturms abwarten.

Ich hob eine kleine Mulde aus, wickelte den Biwak-Sack fest um mich und setzte mich in dem Schneetreiben auf meinen Rucksack. Um mich herum türmte sich der Schnee auf. Meine Füße wurden taub. Staubschnee war in meinen Parka geweht und hatte mein Hemd durchnäßt. Ein feuchtes Kältegefühl kroch mir vom Hals abwärts die Brust hinunter. Wenn ich nur eine Zigarette hätte, dachte ich, eine einzige Zigarette, dann könnte ich dieser beschissenen Situation ganz anders ins Auge blicken, oder überhaupt dieser ganzen beschissenen Reise. Ich zog den Biwack-Sack fester um meine Schultern. Windböen schlugen von hinten auf mich ein. Jenseits jeglichen Schamgefühls vergrub ich den Kopf in den Händen und versank in einer Orgie des Selbstmitleids.

Ich war mir der Tatsache vollkommen bewußt, daß Bergsteiger bisweilen den Tod finden. Aber ich war dreiundzwanzig Jahre alt und die eigene Sterblichkeit – der Gedanke, selbst sterben zu müssen – überstieg mein Vorstellungsvermögen. Als ich von Boulder aus nach Alaska aufgebrochen war, den Kopf voll großartiger Visionen von Ruhm und Erlösung auf dem Devils Thumb, war es mir nicht in den Sinn gekommen, daß ich unter Umständen demselben Prinzip von Ursache und Wirkung unterlag wie jeder andere Mensch auch. Meine Sehnsucht, den Berg zu besteigen, war zu groß; zu lange schon hatte der Thumb meine Gedanken beherrscht, und nie hätte ich gedacht, daß solche Banalitäten wie das Wetter, Gletscherspalten oder die zu dünne Anreimschicht auf dem Felsen mir einen Strich durch die Rechnung machen konnten.

Bei Sonnenuntergang hatte sich der Sturm gelegt, und als auch die Wolkendecke sich um etwa fünfzig Meter über den Gletscher gehoben hatte, fand ich endlich mein Basislager. Ich kam zwar unversehrt am Zelt an, mußte mir aber endlich eingestehen, daß der Thumb meine Pläne vereitelt hatte. Ich mußte einfach zur Kenntnis nehmen, daß mich der Wille allein, mochte er auch noch so fest und ausgeprägt sein, nicht die Nordwand hochbringen würde. Ja, daß es nichts gab, was mich je da hochbringen würde.

Es gab jedoch eine Möglichkeit, die Expedition zu retten. Eine Woche zuvor hatte ich auf Skiern die Südostseite des Berges umkurvt, um mir die Abstiegsroute anzusehen, die ich nach der Bezwingung der Nordwand hatte nehmen wollen. Es war die Route, auf der Fred Beckey, der legendäre Alpinist, den Thumb 1946 zum ersten Mal bestiegen hatte. Auf meinem Erkundungsausflug war mir eine offensichtlich unbestiegene Längsachse des Berges, links von der Beckey-Route, aufgefallen – ein zerklüftetes Geflecht aus Eis, das die Südostwand umgab –, die mir zunächst als relativ einfacher Weg zum Gipfel erschienen war. Damals hielt ich diese Route jedoch für meiner unwürdig. Jetzt, nach meiner enttäuschend verlaufenen Liaison mit der Nordwand, war ich bereit, meine Ansprüche zurückzuschrauben.

Als der Schneesturm sich am Nachmittag des 15. Mai schließlich gelegt hatte, kehrte ich an die Südostseite zurück und kletterte einen schmalen Grat hinauf, der dem Gipfel wie der Strebebogen einer gotischen Kathedrale vorsteht. Ich beschloß, dort, auf dem beengten Kamm sechshundert Meter unterhalb des Gipfels, die Nacht zu verbringen. Der Abendhimmel war von kaltem, wolkenlosem Glanz. Ich konnte bis an die Küste und weiter sehen. Als die Dämmerung hereinbrach, blickte ich nach Westen und beobachtete gebannt, wie in Petersburg Lichter erschimmerten. Seit dem Proviantabwurf war dies der erste Kontakt zu meinen Mitmenschen, wenn auch nur von weitem. Das ferne Lichterspiel löste in mir eine Flut von Gefühlen aus. Unwillkürlich dachte ich an Menschen, die vor dem Fernseher saßen und sich ein Baseballspiel ansahen, Menschen, die gebratene Hähnchen in hellerleuchteten Küchen aßen, die Bier tranken oder sich liebten. Als ich mich schlafen legte, spürte ich eine quälende Einsamkeit in mir aufsteigen und mir den Hals zuschnüren. Niemals in meinem Leben hatte ich mich je so einsam gefühlt.

In dieser Nacht wurde ich von Alpträumen heimgesucht. Ich träumte von einer Polizeirazzia, Vampiren und einer Unterweltexekution und hörte jemanden flüstern: »Ich glaube, er ist da drin ...« Wie von der Tarantel gestochen fuhr ich hoch und riß die Augen auf. Es war kurz vor Sonnenaufgang. Der Himmel glühte rot und war immer noch klar und wolkenlos. Nur hoch oben hatte sich eine dünne, flaumige Zirrusschicht ausgebreitet, und weit hinten über dem westlichen Horizont war eine dunkle Silhouette von Quellwolken erkennbar. Ich schlüpfte in meine Stiefel und schnallte meine Steigeisen an. Fünf Minuten später verließ ich mein Nachtlager.

Ich hatte weder ein Seil noch ein Zelt, weder meinen Biwak-Sack noch, abgesehen von zwei Eispickeln, irgendwelche Kletterutensilien dabei. Mein Plan war, ohne viel Gepäck so schnell wie möglich den Gipfel zu erreichen und vor dem Wetterumschwung wieder zurück zu sein. Immer wieder trieb ich mich an, keuchend, außer Atem. Ich eilte links hoch über kleine Schneefelder, die durch eisverstopfte Felsspalten und kurze, treppenähnliche Partien untereinander verbunden waren. Das Klettern war beinahe angenehm – der Fels war voller Griffe und Tritte. Das Eis war zwar dünn, aber die verschiedenen Partien waren nie steiler als siebzig Grad. Meine einzige Sorge galt der Gewitterfront, die vom Pazifik her heranzog und den Himmel verdunkelte.

Ich hatte keine Uhr, aber schon nach kurzer Zeit – jedenfalls kam es mir so vor – erreichte ich das unverkennbar letzte Eisfeld. Mittlerweile war der ganze Himmel von dunklen Wolken übersät. Der leichtere Weg führte links herum, geradeaus weiter zu klettern erschien mir jedoch schneller. Um nicht schutzlos von einem Unwetter hoch oben auf dem Gipfel überrascht zu werden, wählte ich die direktere Route. Der Fels wurde steiler und das Eis dünner. Ich schwang meinen linken Eispickel und stieß auf Stein. Ich versuchte es an einer anderen Stelle, und wieder prallte er mit dumpfem, metallischem Klingen am harten Diorit ab. Und wieder und wieder. Es war wie eine Wiederholung meines ersten Versuchs an der Nordwand. Ich sah zwischen meinen Beinen nach unten und erhaschte einen flüchtigen Blick auf den Gletscher knapp siebenhundert Meter unter mir. Mir drehte sich der Magen um.

Fünfzehn Meter über mir ging die Wand in den flachen Gipfelhang über. Wie gelähmt vor Entsetzen und Unentschiedenheit klammerte ich mich an meine Eispickel. Wieder blickte ich nach unten auf den Gletscher, dann nach oben. Dann kratzte ich etwas oberhalb von mir die Eisschicht vom Fels. Ich hakte die Spitze meines linken Eispickels an einem pfennigbreiten Vorsprung im Fels ein und testete mit meinem Gewicht die Festigkeit. Es hielt. Ich zog meinen rechten Pickel aus dem Eis, streckte mich und wand den Pickel in eine gekrümmte, knapp zwei Zentimeter tiefe Ritze hinein, bis er feststak. Ich wagte kaum zu atmen, zog meine Füße hoch, scharrte mit meinen Steigeisen über das glasige Eis. Ich langte mit dem linken Arm so hoch, wie ich konnte, und stach mit sanftem Schwung in die milchig schimmernde Oberfläche. Ich hatte keine Ahnung, was meinen Eispickel dort erwartete. Ich hörte ein kräftiges »Schschupp«, und der Pickel stak fest! Ein paar Minuten später stand ich auf einem breiten Felsvorsprung. Der eigentliche Gipfel, ein schmaler Felsgrat, dessen grotesk geformte Eisschicht an Schaumgebäck erinnerte, lag nur fünf, sechs Meter über mir.

Die weiche, trügerische Rauhfrostschicht sorgte dafür, daß auch jene letzten Meter strapaziöse, nervenaufreibende Kletterarbeit blieben. Doch plötzlich ging es nicht mehr höher. Ich spürte, wie meine aufgesprungenen Lippen sich zu einem schmerzhaften Grinsen weiteten. Ich stand auf dem Gipfel des Devils Thumb.

Auch hier oben blieb der Berg sich treu: Der Gipfel war ein surrealer, feindseliger Ort, ein furchterregend schmaler Keil aus Felsgestein und Anreim, nicht breiter als ein

Aktenschrank. Er lud keineswegs zum Verweilen ein. Ich setzte mich rittlings auf den höchsten Punkt. Unter meinem rechten Schuh brach die Südwand in einen achthundert Meter tiefen Abgrund weg; unter meinem linken Schuh fiel die Nordwand etwa doppelt so tief. Ich machte ein paar Fotos zum Beweis, daß ich wirklich dort war, und bemühte mich noch ein paar Minuten lang, einen verbogenen Eispickel zu richten. Dann stand ich auf, drehte mich vorsichtig um und machte mich auf den Heimweg.

Eine Woche später kampierte ich an der Küste. Es regnete in Strömen, und ich gab mich staunend dem Anblick von Moos, Weidenbäumen und Moskitos hin. Die salzgeschwängerte Luft stank nach dem Formenreichtum des Meeres. Ein kleines Skiff kam in die Thomas-Bucht getukkert und legte nicht weit von meinem Zelt am Strand an. Der Mann auf dem Boot war ein Holzfäller aus Petersburg. Er hieß Jim Freeman und erzählte mir, es sei sein freier Tag und er sei hierhergefahren, um seiner Familie den Gletscher zu zeigen und nach Bären zu suchen. Er fragte mich, ob ich »jagen war oder was?«

»Nein«, erwiderte ich verlegen. »Ich habe gerade den Devils Thumb bestiegen. Ich bin schon seit zwanzig Tagen hier draußen.«

Freeman fummelte an einer Klampe herum und sagte nichts. Es war offensichtlich, daß er mir nicht glaubte. Außerdem behagten ihm weder mein zerzaustes, schulterlanges Haar noch der Gestank, den ich verströmte. Ich hatte drei Wochen lang weder gebadet noch die Kleider gewechselt. Als ich ihn jedoch fragte, ob er mich in die Stadt mitnehmen könne, brummte er ein mißmutiges: »Warum nicht?«

Das Wasser war bewegt, und die Fahrt durch den Frederick-Sund dauerte zwei Stunden. Wir unterhielten uns, und Freeman taute langsam auf. Er war zwar immer noch nicht gänzlich davon überzeugt, daß ich den Devils Thumb bestiegen hatte, aber als er das Skiff schließlich durch die Wrangell-Meerenge manövrierte, tat er zumindest so. Nachdem er am Kai angelegt und das Boot vertaut hatte, bestand er darauf, mir einen Cheeseburger zu kaufen. Es war Abend geworden, und er bot mir an, in einem ausrangierten Lieferwagen im Garten hinter seinem Haus zu übernachten.

Ich legte mich eine Weile lang hinten in die alte Kiste, konnte aber nicht einschlafen. Ich stand auf und ging in eine Bar, die sich *Kito's Kave* nannte. Die Euphorie, das überwältigende Gefühl der Erleichterung, das mich bei meiner Rückkehr nach Petersburg begleitet hatte, klang allmählich ab und machte einer merkwürdigen Melancholie Platz. Die Leute, mit denen ich mich in Kitos Laden unterhielt, schienen zwar nicht daran zu zweifeln, daß ich auf dem Gipfel des Devils Thumb gestanden hatte, aber es interessierte sie einfach nicht besonders. Als es später wurde, leerte sich der Laden und ich war allein, abgesehen von einem alten, zahnlosen Tlingit-Indianer an einem der hinteren Tische. Ich trank mutterseelenallein meinen Drink, fütterte die Jukebox mit Vierteldollar-Stücken und spielte immer wieder die gleichen fünf Songs. Schließlich rief das Barmädchen genervt: »Heh, Kleiner, jetzt laß es langsam mal gut sein!« Ich murmelte eine Entschuldigung, schob mich zur Tür und taumelte zu Freemans Lieferwagen zurück. Ich legte mich hinten auf den Boden, den süßen Duft von Motoröl in der Nase, und pennte schließlich neben einem ausgeschlachteten Getriebe ein.

Knapp einen Monat, nachdem ich auf dem Gipfel des Thumb gesessen hatte, war ich wieder in Boulder und zimmerte Grundgerüste für Apartmenthäuser in der Spruce Street zusammen. Es waren die gleichen Hütten, an denen ich bereits vor meiner Alaskareise gearbeitet hatte. Ich bekam eine Gehaltserhöhung und verdiente nun vier Dollar die Stunde. Und Anfang Herbst zog ich von dem Bauwagen in eine billige Einzimmerwohnung in der Nähe der Einkaufsstraße im Stadtzentrum um.

Als junger Mann erliegt man allzuleicht dem Irrtum, daß Wollen und Haben eins seien. Man lebt in dem Glauben, daß man, wenn man etwas unbedingt haben will, auch das verdammte Recht hat, es zu kriegen. Als ich in jenem April genau wie Chris McCandless beschloß, nach Alaska aufzubrechen, war ich ein ungestümer Jüngling, der Leidenschaft mit Klarblick verwechselte und den Regeln einer obskuren, fehlerhaften Logik gehorchte. Ich ging davon aus, daß mit der Besteigung des Devils Thumb alle meine Probleme mit einem Schlag gelöst wären. Letztendlich aber änderte sich natürlich so gut wie gar nichts. Doch immerhin kam ich zu der Einsicht, daß man seine Träume besser nicht auf Berge projiziert – die Moral meiner Geschichte. Und ich habe überlebt, um sie weiterzuerzählen.

Als junger Mann war ich in vielerlei Hinsicht anders als McCandless. Vor allem besaß ich weder seinen Intellekt noch seine hochfliegenden Ideale. Ich glaube jedoch, daß wir ähnlich stark von komplizierten, verkorksten Vater-Beziehungen geprägt waren. Und ich vermute, daß wir von ähnlicher Intensität und ähnlicher Unbesonnenheit beherrscht waren, angetrieben von einer ähnlichen inneren Unruhe.

Die Tatsache, daß ich im Unterschied zu McCandless mein Alaska-Abenteuer überlebt habe, war vor allem auf mein Glück zurückzuführen. Wenn ich 1977 nicht vom Stikine-Gletscherplateau zurückgekehrt wäre, hätten die Leute natürlich von mir gesagt – wie sie es jetzt von ihm behaupten –, ich sei von Todessehnsucht erfüllt gewesen. Achtzehn Jahre nach der Besteigung ist mir klar, daß ich vielleicht an Hybris litt und ganz sicher auch an einem geradezu erschreckenden Maß an Naivität – aber Selbstmordabsichten hatte ich nicht.

Zu jener Zeit blieb der Tod für mich ein ebenso abstraktes Konzept wie die Nicht-Euklidische Geometrie oder das Heiraten. Ich hatte keinen blassen Schimmer von seiner entsetzlichen Endgültigkeit oder von der Verheerung, die er in den Herzen derer anrichtete, die den Verstorbenen liebten. Vergänglichkeit und Sterblichkeit waren ein finsteres Geheimnis, das mich zutiefst beunruhigte. Ich konnte der Versuchung nicht widerstehen, mich an den Rand des Abgrundes zu schleichen und in die Tiefe zu spähen. Allein die Andeutung dessen, was in jenen dunklen Nischen und Schatten verborgen lag, erfüllte mich mit Entsetzen. Doch ich hatte einen Blick erheischt von etwas, das mir bisher verschlossen geblieben war, ich war zu einem Verbot vorgestoßen, einem elementaren Rätsel, das von ebenso großer Anziehungskraft war wie die süßen, verborgenen Blütenblätter der Scham einer Frau.

In meinem Fall – und ich schätze auch im Falle von Chris McCandless – hatte dies ganz und gar nichts mit Todessehnsucht zu tun.

Im Herzen Alaskas

KAPITEL SECHZEHN

Ich strebte danach, mir die Einfachheit, die natürlichen Gefühle und die Tugenden eines Lebens in der Wildnis anzueignen; mich der künstlichen, zur zweiten Natur gewordenen Gewohnheiten, der Vorurteile und Unvollkommenheiten der Zivilisation zu entledigen… und inmitten der Einsamkeit und Erhabenheit der westlichen Wildnis genauere Einsichten über die menschliche Natur und die wahre Bestimmung des Menschen zu gewinnen. Die Zeit der Schneefälle war mir am liebsten, damit ich in den Genuß des Leidens und dem so erfrischenden Gefühl der Gefahr kam.

ESTWICK EVANS,
»A PEDESTRIOUS TOUR, OF FOUR
THOUSAND MILES, THROUGH THE
WESTERN STATES AND TERRITORIES,
DURING THE WINTER AND SPRING OF 1818«

Die Wildnis übte vor allem auf jene eine starke Anziehungskraft aus, die angesichts der Taten und Werke der Menschheit Langeweile oder gar Ekel empfanden. Sie ermöglichte nicht nur die Flucht aus der Gesellschaft, sondern bot dem romantisch veranlagten Menschen eine ideale Bühne, auf der er den Kult ausleben konnte, den er so häufig um sein Seelenleben macht. Die Einsamkeit und absolute Freiheit der Wildnis lieferten einen geradezu idealen Hintergrund sowohl für Melancholie als auch für triumphierenden Jubel.

RODERICK NASH,
»WILDERNESS AND THE
AMERICAN MIND«

❖

Am 15. April 1992 verließ Chris McCanderless Carthage, South Dakota. Er saß in der Fahrerkabine eines schweren Mack-Lasters, der Sonnenblumenkerne geladen hatte. Seine »große Alaska-Odyssee« war in vollem Gang. Drei Tage später überquerte er bei Roosville, British Columbia, die kanadische Grenze. Von dort aus trampte er durch Skookumchuck und Radium Junction, Lake Louise und Jasper, Prince George und Dawson Creek – wo er im Stadtzentrum ein Foto von dem Straßenschild machte, das den offziellen Anfang des Alaska Highway markiert. »Meile 0« steht dort, und »Fairbanks 1523 Meilen«.

Per Anhalter zu fahren ist auf dem Alaska Highway ein hartes Brot. Am Stadtrand von Dawson Creek stehen oft ein Dutzend und mehr verdrossen dreinblickende Männer und Frauen mit ausgestrecktem Daumen an der Straße. Wer Pech hat, wartet eine Woche oder noch länger auf die nächste Fahrt. McCandless jedoch kam zügig voran. Am 21. April – Carthage lag nur sechs Tage hinter ihm – erreichte er die Thermalquellen am Liard River, die Schwelle zum Yukon Territory.

Am Liard River gibt es einen öffentlichen Campingplatz, von dem aus ein Holzsteg eine halbe Meile weit durch ein Sumpfgelände zu einer Reihe von natürlichen Thermalquellen führt. Der Ort ist der beliebteste Rastplatz am Alaska Highway, und McCandless beschloß, eine Pause einzulegen, um sich in den warmen Quellen zu aalen. Als er sein Bad beendet hatte und sich wieder daran machte, weiterzutrampen, mußte er jedoch feststellen, daß sein Glück ihn verlassen hatte. Niemand nahm ihn mit. Zwei Tage nach seiner Ankunft war er immer noch in Liard River und stand sich die Beine in den Bauch.

An einem kühlen Donnerstagmorgen um halb sieben – der Boden war immer noch steinhart vom Nachtfrost – stolzierte Gaylord Stuckey über den Holzsteg zu dem größten Thermalbecken. Er hatte erwartet, dort noch eine Weile allein zu sein, und war überrascht, als er jemanden in dem dampfenden Wasser antraf. Der junge Mann stellte sich als Alex vor.

Stuckey, ein glatzköpfiger, fröhlicher Dreiundsechzigjähriger mit fleischigem Gesicht, stammt aus Indiana. Er war damals unterwegs nach Fairbanks, wo er bei einem Wohnwagenhändler einen Hauscaravan abzuliefern hatte, ein Teilzeitjob, den er nach vierzigjähriger Tätigkeit in der Gastronomie nebenbei erledigte. Als er McCandless sein Ziel verriet, rief der Junge aus: »Hey, da muß ich auch hin! Aber ich sitze hier schon tagelang fest, weil mich keiner mitnimmt. Kann ich nicht vielleicht mitfahren?«

»O je«, erwiderte Stuckey. »Ich würd dich ja liebend gerne mitnehmen, mein Junge, aber es geht leider nicht. Die Firma, für die ich arbeite, hat uns strikt verboten, Tramper mitzunehmen. Da bin ich meinen Job los.«

Doch als er sich dann weiter mit McCandless durch den schwefeligen Dunst hindurch unterhielt, überlegte er sich es noch einmal: »Alex war frisch rasiert und hatte kurze

Haare. Ich hab gleich an den Worten, die er benutzt hat, gemerkt, daß er ein richtig kluger Bursche war. So wie man sich einen typischen Anhalter vorstellt, war er jedenfalls nicht. Ich bin sonst schon mißtrauisch bei denen. Ich denk mir, da kann irgendwas nicht stimmen mit 'nem Typen, der sich nicht mal 'ne Busfahrkarte kaufen kann. Jedenfalls, nach ungefähr einer halben Stunde sagte ich: ›Weißt du was, Alex: Liard ist tausend Meilen von Fairbanks weg. Ich nehm dich fünfhundert Meilen mit, bis Whitehorse. Von da kommst du bestimmt weiter.‹«

Anderthalb Tage später jedoch, als sie in Whitehorse ankamen – die Hauptstadt von Yukon Territory und die größte und lebendigste Stadt am Alaska Highway –, hatte Stuckey solchen Geschmack an der Gesellschaft des Jungen gefunden, daß er seine Meinung änderte und einverstanden war, ihn bis nach Fairbanks mitzunehmen. »Alex hat am Anfang kaum was gesagt«, berichtet Stuckey. »Aber es ist eine lange Fahrt, die nur schleppend vorangeht. Wir haben insgesamt drei Tage zusammen verbracht, und die Straßen waren so glitschig wie Waschbretter. Am Ende war er nicht mehr so mißtrauisch und hat frei von der Leber weg erzählt. Ich sag Ihnen was: Er war'n lieber Junge. Richtig höflich, und er hat gar nicht geflucht und so Ausdrücke und so was gebraucht. Man hat gleich gemerkt, der kommt aus einer guten Familie. Die meiste Zeit hat er von seiner Schwester erzählt. Ich glaub, mit seinen Eltern hat er sich nicht gut verstanden. Sein Dad ist ein Genie bei der NASA, hat er mir erzählt, ein Raketenspezialist, der aber mal ein Bigamist gewesen ist – und so was ging Alex gegen den Strich. Er hat gemeint, daß er seine Eltern schon seit mehreren Jahren nicht mehr gesehen hat, seit er mit der Uni fertig ist.«

McCandless erzählte Stuckey ganz offen, daß er den

Sommer allein in der Wildnis verbringen und sich nur von dem ernähren wolle, was die Natur abwarf. »Er hat gemeint, daß er das immer schon mal tun wollte, schon seit er ein kleiner Junge war«, erzählt Stuckey. »Daß er keine Menschenseele sehen will, keine Flugzeuge, nichts, was an die Zivilisation erinnert. Er hat sich selber beweisen wollen, daß er sich allein durchschlagen kann, ohne irgendwelche Hilfe von anderen.«

Am Nachmittag des 25. April kamen Stuckey und McCandless in Fairbanks an. Der ältere Mann ging mit dem Jungen zu einem Lebensmittelgeschäft, wo McCandless sich einen großen Sack Reis kaufte, »und dann hat Alex gemeint, daß er jetzt zur Universität raus will und nachschlagen, was für Pflanzen er essen kann. Beeren und so 'n Zeugs. Ich hab zu ihm gesagt: ›Alex, du bist zu früh dran. Da draußen liegen immer noch siebzig, achtzig Zentimeter Schnee. Da wächst noch gar nichts.‹ Aber er war fest entschlossen. Er hat richtig drauf gebrannt, endlich unterwegs zu sein und loszulegen.« Stuckey fuhr zum Campus der University of Alaska am Westrand von Fairbanks und setzte McCandless dort abends um halb sechs ab.

»Bevor ich ihn rausgelassen hab«, erzählt Stuckey, »hab ich zu ihm gesagt: ›Alex, ich hab dich jetzt eintausend Meilen im Wagen gehabt. Ich hab dich drei Tage hintereinander durchgefüttert. Schick mir wenigstens eine Karte, wenn du aus Alaska zurück bist, das bist du mir schuldig.‹ Und er hat es versprochen.

Ich hab ihn auch angefleht und auf ihn eingeredet, daß er seine Eltern anruft. Ich kann mir nichts Schlimmeres vorstellen, als einen Sohn irgendwo da draußen rumlaufen zu haben und jahrelang nicht zu wissen, wo er abgeblieben ist, nicht mal zu wissen, ob er tot ist oder lebendig. ›Hier hast du meine Kreditkartennummer‹, hab ich zu ihm gemeint. ›*Bitte* ruf sie an!‹ Aber er hat nur gesagt: ›Vielleicht, vielleicht auch nicht.‹ Als er weg war, hab ich gedacht, Mann, warum hast du dir denn nicht die Nummer von seinen Eltern geben lassen und sie selbst angerufen? Aber irgendwie ging alles so schnell.«

Nachdem er McCandless an der Uni abgesetzt hatte, fuhr Stuckey zurück in die Stadt, um den Caravan bei dem vereinbarten Händler abzuliefern. Als er dort ankam, erfuhr er, daß der für Fahrzeugeingänge zuständige Angestellte schon heimgegangen war und erst Montag früh wieder da sein würde. Stuckey mußte also zwei Tage lang in Fairbanks die Zeit totschlagen, bevor er nach Indiana zurückfliegen konnte. Am Sonntag morgen kehrte er zur Universität zurück. »Ich hab gehofft, daß ich Alex finde und noch einen Tag mit ihm verbringen kann, ihm die Stadt zeigen oder so was. Ich hab ein paar Stunden lang gesucht, hab mit dem Wagen die ganze Gegend abgeklappert, aber keine Spur von ihm. Er war bereits weg.«

Nachdem er sich Samstagabend von Stuckey verabschiedet hatte, verbrachte McCandless noch zwei Tage und drei Nächte in der Umgebung von Fairbanks. Die meiste Zeit war er an der Uni. In der Buchhandlung auf dem Campus, im untersten Regal der Alaska-Abteilung versteckt, stieß er auf einen anspruchsvollen, penibel recherchierten Führer über die eßbaren Pflanzen der Region: »Tanaina Pflanzenkunde/Dena'ina K'et'una. Eine Ethnobotanik der Dena'ina-Indianer im südlichen Zentrum Alaskas« von Priscilla Russell Kari. An einem Postkartenständer in der Nähe der Kasse suchte er sich zwei Eisbärkarten aus, auf die er seine letzten Nachrichten an Wayne Westerberg und Jan Burres schrieb. Die Karten wurden vom Postamt der Universität aus abgeschickt.

Er sah die Kleinanzeigen der Zeitungen durch und stieß auf eine Anzeige für eine gebrauchte halbautomatische .22er Remington mit einem 4x-20er-Zielfernrohr und einem Plastikschaft. Wegen seiner Verläßlichkeit und des geringen Gewichts war das Modell mit der Bezeichnung Nylon 66, das nicht mehr hergestellt wird, besonders unter Trappern beliebt. Er schloß den Handel auf einem Parkplatz ab und wird für das Gewehr wohl an die einhundertfünfundzwanzig Dollar gezahlt haben. In einem Waffengeschäft in der Nähe kaufte er sich noch vier mal einhundert Schuß Hohlspitzgeschoß-Munition für Langwaffen.

Als er alles erledigt hatte, packte er seine Sachen und brach von der Universität aus in Richtung Westen auf. Als er das Uni-Gelände verließ, kam er am Geophysikalischen Institut vorbei, einem hohen Glas- und Betonbau, der von einer großen Satellitenschüssel gekrönt wird. Die Schüssel ragt über die Skyline von Fairbanks hinaus und ist zu einem der augenfälligsten Wahrzeichen der Stadt geworden. Sie dient dazu, Daten von Satelliten zu sammeln, die mit einem synthetischen Blendenradar, den Walt McCandless entworfen hatte, ausgerüstet sind. Walt war in Fairbanks gewesen, als die Empfängerstation in Betrieb genommen wurde, und hatte einen Teil der Software erstellt. Falls das Geophysikalische Institut Chris an seinen Vater erinnert haben sollte, so erwähnte er in seinen Notizen nichts davon.

Vier Meilen westlich der Stadt schlug McCandless sein Zelt auf. In der Abenddämmerung war es merklich kühler geworden, und der Boden war hartgefroren. Sein Lagerplatz war von Birken umgeben und lag etwas unterhalb eines Hügelkamms, von dem aus man auf Gold Hill Gas & Liquor sah. Zur anderen Seite hin, etwa fünfzig Meter entfernt, verlief eine riesige, in die Wildnis geschlagene Schneise: der George Parks Highway, die Straße, die ihn zum Stampede Trail bringen würde. Am Morgen des 28. April wachte er früh auf und stieg im Zwielicht der Dämmerung zum Highway hinab. Zu seiner angenehmen Überraschung hielt gleich der erste Wagen an und nahm ihn mit. Es war ein grauer Ford Pick-up mit einem Aufkleber auf der hinteren Stoßstange. *Ich fische, also bin ich. Petersburg, Alaska,* stand dort geschrieben. Am Steuer saß ein Elektriker auf dem Weg nach Anchorage, der nicht viel älter war als McCandless. Er hieß Jim Gallien.

Drei Stunden später bog Gallien vom Highway ab und fuhr, so weit er konnte, einen unbefestigten kleinen Pfad hinunter. Als er McCandless am Stampede Trail absetzte, war es ungefähr null Grad kalt – nachts würde die Temperatur auf minus zehn Grad sinken –, und der Boden war von matschigem, fünfzig Zentimeter hohem Frühlingsschnee bedeckt. Der Junge konnte seine Aufregung kaum verbergen. Endlich war er allein in der unermeßlichen Weite von Alaskas Wildnis.

Er stapfte in seinem mit Kunstpelz gefütterten Parka den Pfad hinab, das Gewehr über die Schulter geschlungen, fiebrig gespannt. An Verpflegung hatte er nur einen Fünf-Kilo-Sack mit Langkorn-Reis dabei – und den Maiskuchen und die beiden Sandwiches, die Gallien beigesteuert hatte. Ein Jahr zuvor hatte er am Golf von Kalifornien über einen Monat lang von nur zweieinhalb Kilo Reis und ein paar Fischen gelebt, die er mit einer billigen Angel gefangen hatte; eine Erfahrung, die ihn zuversichtlich machte, daß er genügend Nahrung finden würde, um auch einen längeren Aufenthalt in der Wildnis Alaskas durchzustehen.

Den größten Teil des Gewichts in seinem halbvollen Rucksack machten seine Bücher aus: neun oder zehn Taschenbücher, die ihm größtenteils Jan Burres in Niland geschenkt hatte. Darunter befanden sich Werke von Thoreau, Tolstoi und Gogol. McCandless war jedoch kein literarischer Snob: Er hatte einfach nur das mit, was ihm irgendwie interessant vorkam, so auch Bestsellertitel von Michael Crichton, Robert Pirsing und Louis L'Amour. Da er vergessen hatte, Papier einzupacken, schrieb er seine kurzgefaßten Tagebuchnotizen auf ein paar Leerseiten am Ende der »Tanaina-Pflanzenkunde«.

Während der Wintermonate wird das Healy-Ende des Stampede Trail von einigen Hundeschlittenfahrern, Skilangläufern und Schneemobilfans aufgesucht, allerdings nur bis Ende März, Anfang April, wenn das Eis der Flüsse zu tauen beginnt. Als McCandless sich auf den Weg machte, waren die meisten der größeren Flüsse bereits aufgebrochen, und seit zwei, drei Wochen war niemand mehr sehr weit auf dem Trail vorgedrungen. Er fand nur noch die verwehten Furchen einer Schneemobilloipe vor.

Am zweiten Tag erreichte er den Teklanika River. Die Ufer waren noch von herangespülten Eistrümmern gesäumt, ansonsten hatte das Wasser sich jedoch freigebrochen, und er mußte den Fluß durchwaten. Anfang April hatte kurze Zeit Tauwetter geherrscht, und die Eisschmelze hatte 1992 relativ früh eingesetzt. Dann war es jedoch wieder kälter geworden, daher war der Wasserstand des Teklanika noch recht niedrig, als McCandless ihn durchquerte – wahrscheinlich reichte er ihm kaum bis an die Schenkel. McCandless ahnte nicht, daß er damit seinen Rubikon überquerte. In zwei Monaten, wenn der Sommer einkehrte und die Gletscher und Schneefelder im Quellgebiet des Teklanika zu schmelzen begannen, würde sich die Wassermenge des Flusses verneun- oder verzehnfachen und ihn in einen tiefen, reißenden Strom verwandeln, der mit dem sanften Bächlein, das McCandless so fröhlich durchwatet hatte, nichts mehr gemein hat.

Er war jedoch viel zu unerfahren, um sich dessen bewußt zu sein.

Aus seinem Tagebuch geht hervor, daß er am 29. April irgendwo durchs Eis brach, wahrscheinlich, als er hinter dem Westufer des Teklanika eine Reihe von Biberteichen überquerte. Doch nichts weist darauf hin, daß er sich dabei verletzte. Als ihn der Trail einen Tag später zu einem Hügelkamm hinaufführte, erhaschte er zum erstenmal einen Blick auf die mächtigen, blendend weißen Felsgruppen des Mount McKinley. Einen Tag später, am 1. Mai, stieß er auf den alten Bus am Sushana River. Er stand etwa zwanzig Meilen von der Stelle entfernt, an der Gallien ihn abgesetzt hatte. Der Bus war mit Pritschen und einem einfachen Holzofen ausgestattet. Es gab einen ganzen Vorrat an Streichhölzern, Insektenspray und anderen nützlichen Kleinigkeiten, die sich über die Jahre dort angesammelt hatten. »Magic Bus Day«, schrieb er in sein Tagebuch. Er beschloß, sich in dem alten Gefährt ein paar Tage lang auf die faule Haut zu legen und den bescheidenen Komfort zu genießen.

Er war überglücklich, dort zu sein. Auf eine verwitterte Sperrholzplatte, die von innen über ein kaputtes Fenster genagelt war, kritzelte McCandless seine schwärmerische Unabhängigkeitserklärung:

Zwei Jahre lang durchstreift er zu Fuß die Welt. Kein Telefon, keine liebgewonnenen Haustiere, keine Zigaretten. Freiheit total. Ein Extremreisender. Ein ästhetischer Wanderer der Welten, der nur die Straße sein Heim nennt, denn »The West is the Best.« Und nun, nach zwei Jahren der Wanderschaft, kommt das ultimative und größte Abenteuer. Es gilt, die letzte Schlacht zu schlagen, die zur zweiten Natur gewordene Falschheit auszumerzen und die spirituelle Wallfahrt siegreich zu beenden. Zehn Tage und Nächte auf Güterzügen und per Anhalter bringen ihn in den großen weißen Norden. Auf der Flucht vor dem

Gift der Zivilisation durchschreitet er allein das Land, um sich in der Wildnis zu verlieren.

Alexander Supertramp, Mai 1992

Die harte Realität sollte McCandless jedoch schon bald einholen und aus seiner Träumerei herausreißen. Es gelang ihm nicht, genügend Wild zu erlegen, und die täglichen Tagebucheinträge enthalten Kommentare wie »krank und schwach«, »eingeschneit«, und »Katastrophe«. Am 2. Mai bekam er einen Grizzly zu Gesicht, schoß aber nicht; am 4. Mai schoß er auf ein paar Enten, verfehlte sie aber; am 5. Mai schließlich erlegte und aß er ein Rebhuhn. Erst am 9. Mai erlegte er sein nächstes Wild, ein einziges, kleines Eichhörnchen. Da hatte er jedoch in seinem Tagebuch bereits den »4. Hungertag« notiert.

Doch schon kurze Zeit später sollte sich sein Schicksal zum Besseren wenden. Mitte Mai kreiste die Sonne bereits hoch am Himmel und ihre Strahlen überfluteten die Taiga. Wenn sie schließlich am westlichen Horizont verschwand, dann nur für knapp vier Stunden. Um Mitternacht war es stets noch hell genug zum Lesen. Außer an den nach Norden gewandten Hängen und in verborgenen Schluchten schmolz überall der Schnee. Das Tauwetter legte die Hagebutten und Preiselbeeren vom letzten Jahr frei. McCandless pflückte und aß sie in rauhen Mengen.

Auch als Jäger hatte er mehr Erfolg als zu Anfang und während der nächsten sechs Wochen stand bei ihm regelmäßig Eichhörnchen, Rebhuhn, Ente, Gans und Stachelschwein auf dem Speiseplan. Am 22. Mai löste sich an einem seiner Backenzähne eine Krone, aber er schien sich dadurch nicht weiter beirren zu lassen. Bereits am nächsten Tag kletterte er einen alleinstehenden, höckerförmigen Berg hinauf, der direkt nördlich vom Bus tausend Meter hochragt. Oben angekommen, blickte er auf die vereisten Felsschwünge der Alaska Range und unzählige Meilen von unbewohntem Land. Sein Tagebucheintrag für jenen Tag ist zwar von typischer Knappheit, dennoch ist der darinliegende Jubel unverkennbar:

»BERG BESTIEGEN!«

McCandless hatte Gallien erzählt, er wolle während seines Aufenthalts in den Wäldern ständig unterwegs sein. »Ich werd einfach losziehen und immer weiter in Richtung Westen wandern«, hatte er gesagt. »Vielleicht schaffe ich es ja sogar bis zum Beringmeer.« Nachdem er sich vier Tage lang in und um den Bus ausgeruht hatte, nahm er am 5. Mai seine Wanderungen wieder auf. Oberhalb des Busses verliert sich der Stampede Trail ein wenig, und aus den mit der Minolta sichergestellten Fotos geht hervor, daß McCandless den Pfad aus den Augen verlor (oder absichtlich davon abwich). Er wanderte nach Nordwesten durch das Hügelgebiet oberhalb des Sushana River. Unterwegs bemühte er sich immer wieder zu jagen und sich so gut wie möglich mit Wild einzudecken.

Er kam nur mühsam voran. Jeden Tag verbrachte er viele Stunden damit, sich an Wild heranzupirschen. Darüber hinaus taute nun auch der Boden auf, und seine Wanderwege verwandelten sich in einen Irrgarten aus Sümpfen und undurchdringlichen Erlenbüschen. McCandless lernte einen der wichtigsten (wenn auch scheinbar widersprüchlichen) Grundsätze des Nordens schätzen: der Winter, nicht der Sommer, ist die beste Jahreszeit, um über Land zu wandern.

Bis an die Küste des Beringmeers waren es noch gut und gerne fünfhundert Meilen, und als McCandless klar wurde, welch einen Schwachsinn er sich da ausgedacht hatte – daß er dort nie und nimmer ankommen würde –, änderte er seine Pläne. Als er am 19. Mai den gerade einmal fünfzehn Meilen entfernten Toklat River erreichte, kehrte er wieder um. Eine Woche später stand er wieder vor der alten Busruine, offensichtlich ohne seinen Entschluß zu bedauern. Er war zu der Ansicht gelangt, daß das Abflußgebiet um den Sushana River Wildnis genug sei, zumindest für seine Zwecke, und daß Bus Nr. 142 der Fairbanker Verkehrsgesellschaft für den Rest des Sommers ein großartiges Basislager abgeben würde.

Ironischerweise ist das Gebiet um den Bus – das kleine, von üppigem Pflanzenwuchs bedeckte Fleckchen, auf dem McCandless sich »in der Wildnis verlieren« wollte – kaum als Wildnis anzusehen, zumindest nicht für alaskanische Verhältnisse. Keine dreißig Meilen östlich davon verläuft eine der Hauptverkehrsadern Alaskas, der George Parks Highway. Nur sechzehn Meilen entfernt, hinter einem Ausläufer der Outer Range, rollen täglich Hunderte von Touristen über eine von den Forstbehörden kontrollierte Straße in den Denali-Park. Und – was der ästhetische Wanderer der Welten nicht wußte – im Radius von sechs Meilen um dem Bus herum liegen vier Blockhütten verstreut (die allerdings im Sommer '92 alle unbewohnt waren).

Aber auch wenn der Bus von Zivilisation umgeben war, so war McCandless im Grunde vom Rest der Welt abgeschnitten. Er verbrachte alles in allem vier Monate allein in der Wildnis, und in dieser Zeit traf er nicht einen einzigen Menschen. Letztlich war die Gegend um den Sushana River abgelegen genug, um McCandless das Leben zu kosten.

Nachdem er in der letzten Maiwoche seine wenigen Habseligkeiten in den Bus verfrachtet hatte, fertigte McCandless auf einem pergamentähnlichen Stück Birkenrinde eine Liste mit zu erledigenden Hausarbeiten an: Eisstücke vom Fluß herbeitragen und lagern, um das Fleisch zu konservieren, die kaputten Fenster mit Plastikfolien abdecken, einen Vorrat an Brennholz anlegen, die Asche vom Vortag aus dem Ofen leeren. Und unter der Überschrift »Längerfristig« listete er seine ehrgeizigeren Projekte auf: eine Karte der Gegend anfertigen, eine Badewanne bauen, Felle und Federn zu Kleidungsstücken vernähen, verschiedene Reparaturen, eine Brücke über einen nahegelegenen Bach bauen, ein Wegenetz für die Jagd anlegen.

Die Tagebucheinträge nach seiner Rückkehr zum Bus zeugen von einem üppigen Speiseplan. 28. Mai: »Gourmet-Ente!« 1. Juni: »5 Eichhörnchen.« 2. Juni: »Stachelschwein, Schneehuhn, 4 Eichhörnchen, grauer Vogel.« 3. Juni: »Wieder ein Stachelschwein! 4 Eichhörnchen, 2 graue Vögel, aschgrauer Vogel.« 4. Juni: »STACHELSCHWEIN NUMMER DREI!, Eichhörnchen, grauer Vogel.« Am 5. Juni schoß er eine Kanadagans von den Ausmaßen eines Weihnachtstruthahns. Dann, am 9. Juni, landete er seinen großen Coup: »ELCH!« schrieb er in sein Tagebuch. Er kniete sich freudestrahlend über seine Trophäe und machte ein Foto von sich, das Gewehr triumphierend über den Kopf geschwungen, ganz der stolze Jäger. Wie er so dasitzt, mit ekstatischer Freude in den Gesichtszügen und dem kindlichen Erstaunen in den Augen, wirkt er wie irgendein arbeitsloser Pförtner, der nach Reno gefahren ist und dort gleich den Jackpot mit einer Million Dollar geknackt hat.

McCandless war zwar pragmatisch genug, um zu wissen, daß, wer in und von der Wildnis leben will, zwangsläufig auch auf die Jagd angewiesen ist. Dennoch stand er dem Töten von Tieren von jeher skeptisch gegenüber. Diese Zwiespältigkeit sollte sich schon bald, nachdem er den Elch erlegt hatte, in eindeutige Reue verwandeln. Der Elch war zwar mit sechs-, siebenhundert Pfund relativ klein, dennoch war es eine riesige Menge Fleisch. McCandless war der festen Überzeugung, daß es moralisch unvertretbar ist, einen noch so geringen Teil von Tierfleisch verkommen zu lassen. Der Elch war schließlich zu Ernährungszwecken geschossen worden, und er verbrachte sechs Tage harter Arbeit damit, sein Fleisch vor dem Verderben zu bewahren. Er schlachtete den Kadaver unter einem Schwarm umhersurrender Fliegen und Moskitos aus und verarbeitete die Innereien zu einem Eintopf. Dann mühte er sich damit ab, an dem steinigen Flußufer unterhalb vom Bus eine Höhle auszuheben, um darin die riesigen, dunkelroten Fleischbrocken durch Räuchern haltbar zu machen.

In Alaska weiß jeder Jäger, daß Fleisch am einfachsten zu konservieren ist, wenn man es in dünne Scheiben schneidet und auf einem improvisierten Gestell lufttrocknet. In seiner Naivität verließ McCandless sich jedoch auf die Ratschläge von Jägern, die er in South Dakota befragt hatte. Dort hatte man ihm empfohlen, das Fleisch zu räuchern, was unter den hiesigen Bedingungen alles andere als einfach war.

»Schlachten sehr schwierig«, schrieb er am 10. Juni in sein Tagebuch. »Fliegen- und Moskitoschwärme. Gedärme, Leber, Nieren, eine Lunge, Steaks entfernt. Hinterviertel und Bein zum Fluß gebracht.«

11. Juni: »Herz und andere Lunge entfernt. Vorderbeine und Kopf. Den Rest zum Fluß gebracht. Zur Höhle geschleppt. Versucht, mit Räuchern zu konservieren.«

12. Juni: »Halben Brustkorb und Steaks entfernt. Kann nur nachts arbeiten. Räucherstellen in Gang gehalten.«

13. Juni: »Rest von Brustkorb, Schulter und Hals zur Höhle gebracht. Mit Räuchern angefangen.«

14. Juni: »Maden! Räuchern scheint nichts zu bringen. Ratlos, sieht nach Fiasko aus. Ich hätte den Elch nicht schießen dürfen. Einer der schlimmsten Irrtümer meines Lebens.«

McCandless gab es nun auf, die Fleischmassen zu konservieren, und überließ den Kadaver den Wölfen. Obwohl er sich bittere Vorwürfe machte, ein Leben genommen und achtlos verschwendet zu haben, schien er am nächsten Tag wieder neuen Mut gefaßt zu haben. In sein Tagebuch schreibt er: »Von nun an werde ich lernen, mit meinen Fehlern und Irrtümern zu leben, wie schlimm sie auch sein mögen.«

Kurz nach dem Vorfall mit dem Elch begann McCandless, Thoreaus »Walden« zu lesen. In dem mit »Höhere Gesetze« überschriebenen Kapitel, in dem Thoreau über die Ethik des Essens nachsinnt, strich McCandless folgende Passage an: »... wenn ich meine Fische gefangen, gereinigt, gekocht und gegessen hatte, dann fühlte ich mich nicht sonderlich gesättigt. Es erschien mir als etwas Überflüssiges und Unnötiges, das soviel Mühe nicht wert war.«

»DER ELCH«, schrieb McCandless an den Rand. Und in dem gleichen Passus strich er an:

Die Abneigung gegen animalische Nahrung ist nicht aus einer Erfahrung herzuleiten, sondern als Instinkt zu begreifen. Es erschien mir richtiger, einfach und in mancher Hinsicht dürftig zu leben; wenn es mir auch praktisch nie ganz gelang, so hielt ich dieses Ziel doch hoch. Ich glaube, daß jeder Mensch, der ernstlich Wert darauf legt, seine höheren und dichterischen Fähigkeiten in ihrem besten Zustande zu bewahren, animalische Kost und größere Nahrungsmengen irgendwelcher Art überhaupt vermeidet...

Die Beschaffung und Zubereitung einer Diät, die so einfach und zuträglich ist, daß sie die Sinne nicht beleidigt, ist schwierig; aber diese, so denke ich, sollten mit dem Körper zugleich ernährt werden. Sie sollten beide von derselben Tafel speisen. Wäre das unmöglich? Essen wir in mäßiger Weise Früchte, so brauchen wir uns unseres Appetites nicht zu schämen und auch nicht zu befürchten, daß wir unsere höheren Ziele aus den Augen verlieren. Füge jedoch deiner Speise ein Extragewürz bei, so wirst du dich vergiften!

»JA«, schrieb McCandless, und zwei Seiten später: »Sich der Ernährung bewußt sein. Sich beim Kochen und Essen konzentrieren ... Essen = heilig.« Auf der Rückseite des Buches, das ihm als Tagebuch diente, verkündete er:

Ich bin wiedergeboren. Dies ist mein Morgengrauen. Das wahre *Leben hat jetzt erst begonnen.*

Mit Besonnenheit leben: bewußte Aufmerksamkeit den elementaren Dingen des Lebens gegenüber, und eine ständige Aufmerksamkeit dem direkten Umfeld gegenüber und dem, was es einem abverlangt, Beispiel → Ein Job, eine zu erledigende Aufgabe, ein Buch; alles, was nachhaltige Konzentration erfordert (die äußeren Umstände an sich sind unwichtig. Wichtig ist die eigene Einstellung zu einem Ereignis. Der wahre Sinn liegt in dem persönlichen Verhältnis zu einem Phänomen, was es einem bedeutet.)

Die Große Heiligkeit von **Lebensmitteln**, *das lebensspendende Feuer.*

Positivismus, die unübertreffbare Glückseligkeit der Lebensästhetik.

Absolute Wahrheit und Ehrlichkeit.

Wirklichkeit.

Unabhängigkeit.

Entschiedenheit – innere Festigkeit – Kontinuität.

McCandless vergaß allmählich die Verschwendung des Elches, und die Zufriedenheit, die ihn seit Mitte Mai erfüllte, umfing ihn wieder und schien bis Anfang Juli anzuhalten. Dann wurde er jedoch durch den ersten von zwei folgenschweren Rückschlägen jäh aus dieser Idylle herausgerissen.

McCandless hatte nun bereits zwei Monate allein in der Wildnis gelebt. Offenbar zufrieden mit dem, was er in dieser Zeit gelernt hatte, beschloß er, in die Zivilisation zurückzukehren: Es war an der Zeit, sein »letztes und größtes Abenteuer« zu beenden und sich wieder in die Welt der Männer und Frauen zu begeben, wo man ein Bier trinken, philosophieren oder seine Zuhörer mit Geschichten von seinen Abenteuern fesseln konnte. Er schien nicht mehr das Bedürfnis zu haben, weiter so unerbittlich auf seiner Unabhängigkeit zu beharren und sich von seinen Eltern zu lösen. Vielleicht war er ja gewillt, ihnen ihre Unzulänglichkeiten zu verzeihen; vielleicht war er sogar gewillt, die eine oder andere eigene Unzulänglichkeit zu verzeihen. McCandless schien, eventuell, bereit, heimzukehren.

Vielleicht aber auch nicht. Wir können nur darüber spekulieren, was er sich für die Zeit nach seiner Rückkehr aus der Wildnis vornahm. Es steht jedoch zweifelsfrei fest, daß er zurückkehren wollte.

Auf ein Stück Birkenrinde schrieb er eine Liste von Dingen, die er vor seiner Abreise noch zu erledigen hatte: »Jeans flicken, Rasieren! Packen ...«

Kurze Zeit später stellte er seine Minolta auf eine Öltonne und schoß ein Selbstporträt – sauber rasiert, die schmutzstarrende Jeans an den Knien mit Fetzen aus einer Armeedecke geflickt, grinst er in die Kamera und wedelt mit einem Einweg-Rasierer umher. Er sieht gesund aus, ist allerdings auch stark abgemagert. Die Wangen sind bereits eingefallen. Die Nackensehnen stehen wie zwei gespannte Telefondrähte heraus.

Am 2. Juli las McCandless Tolstois »Familienglück« zu Ende, in dem er einige Passagen angestrichen hatte, die ihn besonders berührten:

Mit Recht sagte Sergeej Michailowitsch, daß es im Leben nur ein unzweifelhaftes Glück gebe: für einen anderen zu leben.

Ich habe viel erlebt, und glaube, daß ich jetzt das gefunden habe, was ich zu meinem Glück brauche. Ein stilles, zurückgezogenes Leben in unserer ländlichen Einsamkeit, mit der Möglichkeit, den Menschen Gutes zu tun, denen man so leicht Gutes tun kann und die so wenig daran gewöhnt sind; ferner Arbeit, eine Arbeit, von der man sich einen Nutzen verspricht; ferner Erholung, die Natur, Bücher, Musik, die Liebe zu einem geliebten Menschen, das ist mein Glück, das höchste, das ich mir denken kann. Und nun zu alldem noch eine Lebensgefährtin wie Sie und vielleicht eine Familie – das ist alles, was ein Mensch sich nur wünschen kann.

Am 3. Juli warf er sich seinen Rucksack über und trat den zwanzig Meilen langen Marsch zum befestigten Teil des Stampede Trail an. Zwei Tage später erreichte er auf halbem Weg bei strömendem Regen die Biberteiche, die den Zugang zum Teklanika River versperrten. Im April, als sie noch zugefroren waren, hatten sie kein Hindernis dargestellt. Jetzt aber muß er mit Entsetzen registriert haben, daß die Teiche zu einem drei Hektar großen See angeschwollen waren. Um nicht durch das schlammige, brusttiefe Wasser waten zu müssen, erklomm er einen steil ansteigenden Hügel, umging die Teiche auf der Nordseite und stieg am Ausgang der Schlucht wieder zum Fluß hinab.

Als er den Fluß vor siebenundsechzig Tagen in der eisigen Aprilkälte durchquert hatte, war das Wasser zwar eiskalt, aber nur knietief gewesen, ein zahmer Bach, den er mühelos durchwatet hatte. Am 5. Juli jedoch war der Teklanika durch den Regen und die Schneeschmelze auf den Gletschern der Alaska Range zu einem mächtigen, reißenden Strom angeschwollen.

Wenn er das andere Ufer erreichen könnte, wäre das restliche Stück zum Highway ein Kinderspiel, aber um dort hinzukommen, mußte er eine über dreißig Meter breite Flußbarriere überwinden. Das Wasser war durch die Glazialsedimente ganz trüb und hatte die Farbe von nassem Zement. Es war nur ein paar Grad wärmer als das Eis, aus dem es sich speiste, und viel zu tief, um durchwaten zu können. Der Fluß donnerte vorbei wie ein Güterzug. Die mächtige Strömung würde ihn rasch umreißen und forttragen.

McCandless war kein guter Schwimmer, und er hatte einigen Leuten gegenüber zugegeben, daß er sogar Angst vor Wasser habe. Ans andere Ufer zu schwimmen oder den Fluß auf irgendeinem behelfsmäßigen Floß zu überqueren war bei dieser unbändigen, betäubend kalten Flut viel zu riskant, um auch nur einen Gedanken daran zu verschwenden. Ein Stück stromabwärts von der Stelle, an der der Trail auf den Fluß stieß, zwängte sich der Teklanika durch eine enge Schlucht und entlud sich in brodelnde, wild aufschäumende Gischt. An Schwimmen und Paddeln war da gar nicht zu denken. Er würde sofort in diese Stromschnellen gerissen werden und ertrinken.

In seinem Tagebuch schrieb er dazu: »Katastrophe ... Strömender Regen. Kann nicht weiter. Fluß unmöglich zu überqueren. Fühle mich einsam, habe Angst.« Er ging zu Recht davon aus, daß die Fluten ihn wohl in den Tod reißen würden, zumindest wenn er es an jener Stelle und zu diesem Zeitpunkt versuchte. Es wäre glatter Selbstmord; es war ganz einfach unmöglich.

Wenn McCandless ungefähr eine Meile weiter stromaufwärts gewandert wäre, hätte er gesehen, wie der Fluß sich in ein weitläufiges Geflecht aus zahllosen kleinen Rinnen teilt. Wenn er dann noch sorgfältig gesucht hätte, hätte er durch Herumprobieren vielleicht sogar eine Stelle gefunden, wo diese Rinnen nur brusttief waren. Die

Strömung hätte ihn zwar auch dann noch umgerissen, aber er hätte zumindest mit den Armen weiterpaddeln und sich hüpfend immer wieder gegen die Strömung stemmen können. Es ist gut möglich, daß er es so bis ans andere Ufer geschafft hätte, bevor er in die Schlucht gerissen worden oder an Unterkühlung zugrunde gegangen wäre.

Es wäre jedoch immer noch eine riskante Angelegenheit gewesen, und zu diesem Zeitpunkt sah McCandless keinen Grund, ein solches Risiko einzugehen. Er hatte sich hier draußen auf dem Land bisher sehr gut alleine durchgeschlagen. Wahrscheinlich war ihm klar, daß es nur eine Frage der Zeit war, bis der Wasserstand sich normalisieren und der Fluß wieder passierbar würde. Nachdem er eine Weile abgewägt hatte, entschied er sich für die klügere Lösung. Er kehrte um und wanderte in Richtung Bus zurück, zurück in das launische, unberechenbare Herz der Wildnis.

Der Stampede Trail

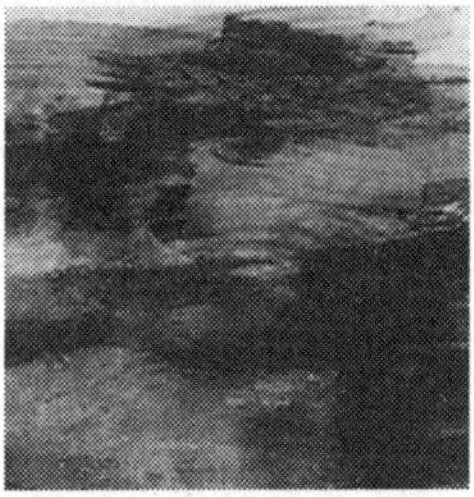

KAPITEL SIEBZEHN

Die Natur hier war zwar ungezähmt und schrecklich, doch wunderschön. Mit Ehrfurcht betrachtete ich den Grund, auf dem ich gewandelt war, um zu sehen, was die Mächte geschaffen hatten, die Form, das Wesen und die Beschaffenheit ihrer Arbeit. Das war die Erde, von der wir gehört haben, die entstanden ist aus dem Chaos und der Ewigen Nacht. Das hier ist nicht der Garten des Menschens, sondern einfach der unberührte Globus. Das war kein Rasen, keine Weide, keine Wiese, kein Wald, keine Aue, kein Acker, keine Wüste. Es war die frische und natürliche Oberfläche des Planeten Erde, gemacht wie für alle Ewigkeit – sozusagen als Zuhause für den Menschen –, von der Natur geschaffen, um vom Menschen nach Möglichkeit genutzt zu werden. Sonst war dem Menschen dort keine Rolle zugewiesen. Dies war Materie, unermeßlich, und kolossal; es war nicht des Menschen Mutter Erde, von der wir häufig gehört haben, nicht die Erde, auf der er herumläuft oder in der er begraben wird – nein, sogar seine Knochen dort hineinzulegen wäre zu vertraulich –, dies war das Zuhause von Notwendigkeit und Schicksal. Die Anwesenheit einer Macht, die dem Menschen keinen Gefallen schuldet, war deutlich zu spüren. Dies war der Ort von Barbarei und abergläubischen Riten – den Menschen als Lebensraum vorbehalten, die näher mit Felsen und wilden Tieren verwandt sind als wir ... Was hat man davon, in ein Museum eingelassen zu werden, um unzählige ausgefallene Dingen zu sehen, im Vergleich dazu, die Oberfläche mancher Sterne und Urgestein an seinem Herkunftsort betrachten zu können! Ich stehe ehrfürchtig vor meinem eigenen Körper, dieses Material, das zu mir gehört, ist mir so fremd geworden. Ich habe keine Angst vor Geistern und Gespenstern, zu denen ich zähle – oder davor, daß mein Körper zu ihnen zählen könnte –, doch ich habe Angst vor Menschen, und ich zittere bei dem Gedanken, ihnen zu begegnen. Wer ist dieser Titan, der von mir Besitz ergriffen hat? Man rede von Geheimnissen! Man denke an unser Leben in der Natur und an die Stoffe, die wir täglich sehen und spüren – Felsen, Bäume, Wind auf unseren Wangen! die feste Erde! die wirkliche Welt! der gemeine Menschenverstand! Kontakt! Kontakt! Wer sind wir? Wo sind wir!

HENRY DAVID THOREAU,
»KTAADN«

❖

Ein Jahr und eine Woche, nachdem Chris McCandless beschloß, den Teklanika nicht zu überqueren, stehe ich am gegenüberliegenden Ufer – dem Ostufer, der Highway-Seite – und blicke in die brodelnde Flut. Auch ich hoffe den Fluß zu überqueren. Ich möchte mir den Bus ansehen. Ich möchte sehen, wo McCandless starb, um besser zu begreifen, warum es geschah.

Es ist ein heißer, schwüler Nachmittag. Der Fluß ist fahl und trüb von den rasch schmelzenden Schneemassen, die immer noch die Gletscher in den höheren Lagen der

Alaska Range bedecken. Der Wasserstand sieht heute erheblich niedriger aus als auf den Fotos, die McCandless vor zwölf Monaten machte. Dennoch ist nicht daran zu denken, den Fluß hier in dieser donnernden hochsommerlichen Flut zu überqueren. Das Wasser ist zu tief, zu kalt, zu reißend. Als ich so in den Fluß blicke, höre ich über den Grund rumpelnde Gesteinsbrocken, so groß wie Bowlingkugeln, die von der reißenden Strömung stromabwärts gerollt werden. Nach wenigen Metern würde es mich umreißen, und ich würde in die enge Schlucht weiter unten gerissen, die den Fluß in eine Flut von schäumenden Stromschnellen zwängt, die sich fünf Meilen fortsetzen.

Anders als McCandless habe ich in meinem Rucksack jedoch eine Geländekarte im Maßstab 1:63.360 dabei (auf dieser Karte stellt ein Inch, also zweieinhalb Zentimeter, eine Meile dar). In ihrer Detailgenauigkeit zeigt sie sogar eine Wasserstandmeßstation an, die eine halbe Meile weiter stromabwärts in dem Nadelöhr der Schlucht vom Staatlichen Geologischen Vermessungsamt errichtet wurde. Anders auch als McCandless bin ich mit drei Begleitern hier: den beiden Alaskanern Roman Dial und Dan Solie sowie Andrew Liske, einem Freund von Roman aus Kalifornien. Die Meßstation ist von der Stelle, wo der Stampede Trail auf das Flußufer stößt, nicht zu sehen, doch nachdem wir uns zwanzig Minuten lang durch das dichte Unterholz der Fichten und Zwergbirken gekämpft haben, ruft Roman: »Ich sehe sie! Da vorne! Hundert Meter weiter.«

Als wir dort ankommen, finden wir ein fast drei Zentimeter dickes Drahtseil vor, das zwischen einen fünf Meter hohen, begehbaren Turm auf unserer Seite und einen knapp einhundertfünfzig Meter entfernten Felsvorsprung am anderen Ufer gespannt worden ist. Das Drahtseil war 1970 aufgespannt worden, um die jahreszeitlich bedingten Schwankungen des Teklanika tabellarisch zu erfassen. Hydrologen konnten wie mit einer Seilbahn über den Fluß hin und her fahren und von einem Transportkorb aus ein Senkblei hinablassen, um den Wasserstand zu messen. Die Meßstation wurde vor neun Jahren wegen Geldmangels geschlossen. Aus Sicherheitsgründen sollte der Korb an den Turm auf unserer Seite des Flusses – der Highway-Seite – festgekettet werden. Doch als wir den Turm bestiegen, war von einem Korb nichts zu sehen. Ich blickte über den reißenden Strom hinweg und entdeckte ihn am gegenüberliegenden Ufer, der Bus-Seite.

Wie sich später herausstellte, hatten ein paar einheimische Jäger die Kette aufgeschnitten, waren mit dem Korb hinübergefahren und hatten ihn dort befestigt. Zweck der Aktion war es, Fremden zu erschweren, den Teklanika zu überqueren und in ihr Jagdrevier einzudringen. Als McCandless vor einem Jahr und einer Woche aus der Wildnis zurückkehren wollte, befand sich die Gondel genau dort, wo sie sich jetzt befindet, auf der anderen Seite der Schlucht. Wenn er dies gewußt hätte, wäre es für ihn ein leichtes gewesen, den Teklanika zu überqueren. Da er aber keine Geländekarte besaß, konnte er nicht ahnen, daß die Rettung so nah war.

Andy Horowitz, einer von McCandless' Freunden aus dem Dauerlaufteam auf der Woodson High School, hatte einmal die Bemerkung gemacht, daß »Chris im falschen Jahrhundert geboren ist. Er hat sich nach mehr Abenteuer und Freiheit gesehnt, als die heutige Gesellschaft bietet.« Bei seinem Alaska-Trip sehnte McCandless sich danach, Gegenden zu durchwandern, die in keiner Landkarte verzeichnet waren. 1992 jedoch gab es solche Gegenden nicht mehr – weder in Alaska noch sonst irgendwo. Aber Chris, mit seiner verqueren Logik, wußte einen eleganten Ausweg aus diesem Dilemma: Er entledigte sich einfach der

Karte. In seiner eigenen Vorstellung – und nur dort – blieb die *terra* dadurch *incognita*.

Da er keine gute Karte hatte, blieb auch das Drahtseil mit dem Transportkorb incognito. Nachdem er sich also eine Weile lang die reißende Strömung angeschaut hatte, schloß McCandless fälschlicherweise, daß es unmöglich war, ans gegenüberliegende Ufer zu gelangen. In der Annahme, der Rückweg sei ihm versperrt, kehrte er zum Bus zurück – in Anbetracht seiner mangelnden topographischen Kenntnisse eine vernünftige Entscheidung. Aber warum harrte er dann im Bus aus und verhungerte? Warum versuchte er nicht, den Teklanika im August zu überqueren, wenn die Flut wieder zurückgegangen wäre und der Fluß gefahrlos überquert werden konnte?

Diese Fragen verwirren mich und lassen mir keine Ruhe, und ich hoffe, daß das vor sich hin rostende Wrack des Fairbanker Bus Nr. 142 mir dabei hilft, die Antworten zu finden. Um dorthin zu gelangen, muß jedoch auch ich den Fluß überqueren, und der Aluminium-Korb ist immer noch am gegenüberliegenden Ufer festgekettet.

Von der Plattform des Meßturms aus befestige ich mich mit Bergsteiggerät an dem Drahtseil und arbeite mich ans andere Ufer vor, indem ich mich mit beiden Händen am Seil entlanghangele; Bergsteiger bezeichnen dies als Tiroler Quergang. Die Unternehmung stellte sich als wesentlich anstrengender heraus, als ich angenommen hatte. Zwanzig Minuten später schleppe ich mich schließlich auf den kleinen Felsvorsprung am gegenüberliegenden Ufer; ich bin am Ende meiner Kräfte und so erschöpft, daß ich kaum noch einen Arm heben kann. Nachdem ich wieder einigermaßen Atem geschöpft habe, klettere ich in den Korb – eine rechteckige, etwa sechzig Zentimeter tiefe und einen Meter zwanzig breite Aluminiumgondel –, löse die Kette und mache mich wieder auf den Rückweg, um meine Gefährten hinüberzufahren.

Das Seil hängt in der Mitte stark durch, daher gewinnt die Gondel unter ihrem eigenen Gewicht rasch an Geschwindigkeit, als ich mich von dem Felsvorsprung abstoße. Immer schneller rollt sie am Stahlseil entlang, auf den niedrigsten Punkt zu – eine aufregende Fahrt. Als ich mit zwanzig, dreißig Meilen die Stunde über die Stromschnellen hinwegrausche, entfährt mir unwillkürlich ein Angstschrei. Mir wird jedoch sofort klar, daß ich nicht in Gefahr bin, und ich beruhige mich wieder.

Schließlich sind wir alle vier auf der Westseite der Schlucht angelangt. Wir schlagen uns dreißig Minuten lang durch dichtes Ufergebüsch, um wieder auf den Stampede Trail zurückzukehren. Die zehn Meilen lange Strecke, die wir bereits hinter uns haben – das Stück zwischen der Stelle, wo wir unsere Autos geparkt haben, und dem Fluß – war frei von Hindernissen, übersichtlich und verhältnismäßig viel begangen. Doch die zehn Meilen, die vor uns liegen, sind schon von anderem Kaliber.

Da sich während der Frühlings- und Sommermonate nur sehr wenige Leute über den Teklanika wagen, ist der Weg von Sträuchern überwuchert, und der Trail verliert sich oft im Dickicht. Gleich hinter dem Fluß schwenkt er nach Südwesten ab und führt an einem kleinen sprudelnden Gebirgsbach entlang. Da Biber in diesen Bach eine ganze Reihe miteinander verbundener Dämme gebaut haben, führt der Weg direkt durch einen sumpfigen, drei Hektar großen See. Die Biberteiche sind zwar schlimmstenfalls nur brusttief, aber das Wasser ist eiskalt. Als wir hindurchwaten, verwandelt der von unseren Füßen aufgewühlte Schlamm den Teich in ein übelriechendes Miasma aus verfaulendem Schleim.

Hinter den Biberteichen geht es einen Hügel hoch, und

der Trail schließt wieder zu dem steinigen, gewundenen Gebirgsbach auf, bevor er sich weiter oben erneut im Dikkicht der Vegetation verliert. Die Strecke ist im Grunde nicht allzu beschwerlich, und doch wirkt das fünf Meter hohe Erlengestrüpp, das einen von beiden Seiten bedrängt, düster, klaustrophobisch und bedrückend. In der stickigen Hitze tauchen immer wieder Moskitoschwärme auf. Alle paar Minuten wird ihr nervenzermürbendes Surren vom entfernten Donnern eines Gewitters übertönt. Am Horizont zieht eine mächtige, dunkle Wolkenfront über die Taiga herauf.

Struppiges Unterholz hinterläßt auf meinen Schienbeinen ein Gitterwerk blutiger Striemen. Mehrere Haufen Bärenkot und dann eine Reihe frischer Grizzlyspuren – jeder Tatzenabdruck eineinhalbmal so groß wie Schuhgröße 44 – machen mich nervös. Keiner von uns hat eine Waffe dabei. »Hey, Griz!« rufe ich ins Gebüsch, um eine Zufallsbegegnung auszuschließen. »Hey, Bär! Wir müssen hier nur kurz durch! Brauchst dich also nicht aufzuregen!«

Ich war in den letzten zwanzig Jahren ungefähr zwanzigmal in Alaska – mal zum Bergsteigen, mal um als Schreiner, Lachsfischer oder Journalist zu arbeiten, mal einfach so, um mich umzusehen. Im Laufe meiner vielen Reisen hierher habe ich eine Menge Zeit allein im Landesinnern verbracht und dies für gewöhnlich sehr genossen. Ehrlich gesagt hatte ich vor, allein zu dem Bus zu wandern, und war verstimmt, als mein Freund Roman sich selbst einlud und zwei andere gleich dazu. Jetzt bin ich jedoch sehr dankbar dafür, daß sie mich begleitet haben. Irgend etwas an dieser schaurigen, überwucherten Gegend ist zutiefst beunruhigend. Sie wirkt feindseliger, bösartiger als andere abgelegene, mir bekannte Landstriche Alaskas – die von Tundra bedeckten Hänge der Brooks Range, die Wolkenwälder des Alexanderarchipels und sogar die eisbedeckten, windgepeitschten Höhen des Denali-Massivs. Ich bin verdammt froh, daß ich nicht allein hier bin.

Es ist neun Uhr abends. Der Trail macht eine Biegung, und dort, am Rand einer kleinen Lichtung, steht der Bus. Rosafarbenes Berufkraut wuchert in den Radausbuchtungen bis zu den Achsen hoch. Der Bus steht zehn Meter vom Rand eines steilen Abhangs entfernt, neben einem Espenwäldchen auf einer kleinen Anhöhe, von wo aus es den Zusammenfluß des Sushana River mit einem kleineren Nebenfluß überblickt.

Der Platz ist hübsch und anheimelnd, voller Licht. Es ist leicht verständlich, warum McCandless beschloß, den Bus zu seinem Basislager zu machen.

Wir bleiben in einiger Entfernung vor dem Bus stehen und fixieren ihn eine Weile lang schweigend. Die Lackierung ist spröde und blättert ab. Mehrere Fenster fehlen. Der Boden um den Bus ist mit Hunderten von kleinen, dünnen Knochen und Tausenden von Stachelschweinstacheln übersät: die Überreste des Kleinwilds, das den größten Teil von McCandless' Ernährung ausmachte. Und am Rande dieses Knochenfriedhofs liegt ein ungleich größeres Skelett: das des Elchs, den er geschossen hatte und dessentwegen er sich solche Vorwürfe gemacht hatte.

Als ich Gordon Samel und Ken Thompson befragte, kurz nachdem sie McCandless' Leiche gefunden hatten, bestanden beide hartnäckig darauf, daß das große Skelett von einem Karibu stammt. Sie machten sich noch über die Ahnungslosigkeit des Jungen lustig, einen Elch mit einem Karibu verwechselt zu haben. »Durch die Wölfe waren die Knochen ein wenig verstreut«, hatte Thompson mir gesagt, »aber es war offensichtlich, daß das mal ein

Karibu war. Der Junge hat einfach von Tuten und Blasen keine Ahnung gehabt.«

»Es war auf jeden Fall ein Karibu«, hatte Samel in spöttischem Ton hinzugefügt. »Als ich in der Zeitung gelesen hab, daß er einen Elch geschossen haben will, da hab ich gleich gedacht, daß der Junge nicht aus Alaska ist. Zwischen Elch und Karibu gibt es einen großen Unterschied. Einen Riesenunterschied. Da muß man schon ziemlich blöd sein, wenn man die nicht auseinanderhalten kann.«

Im Vertrauen darauf, daß Samel und Thompson – zwei erfahrene alaskanische Jäger, die zusammen schon eine Menge Elche und Karibus erlegt haben – sich schon nicht irren werden, berichtete ich in meinem *Outside*-Artikel ordnungsgemäß von McCandless' Irrtum. Damit bestätigte ich die Ansicht von zahllosen Lesern, daß McCandless für die Reise geradezu lachhaft schlecht vorbereitet gewesen sei, daß er in der Wildnis nichts zu suchen hatte, und schon gar nicht in den allein Könnern vorbehaltenen Wäldern der Last Frontier. McCandless starb nicht nur an seiner eigenen Dummheit, wie ein Alaska-Korrespondent bemerkte, darüber hinaus »war sein selbstgebasteltes Abenteuer von solch bescheidenen Dimensionen, daß es schon wieder bemitleidenswert ist – in einem Bus ein paar Meilen von Healy entfernt zu hocken, Eichelhäher und Eichhörnchen aus den Bäumen zu schießen, ein Karibu mit einem Elch zu verwechseln (dazu gehört schon was)... Für den Jungen gibt's nur ein Wort: Unfähig.«

Die Briefe, die ich erhielt und die McCandless in Grund und Boden verdammten, gingen buchstäblich alle auf die Verwechslung von Elch und Karibu ein. Dies sei der definitive Beweis, daß McCandless keinen blassen Schimmer davon hatte, was es bedeutet, im Hinterland zu überleben. Was jene wütenden Briefeschreiber jedoch nicht wußten, war, daß das Huftier, das McCandless erlegte, genau das war, für was er es hielt. Im Gegensatz zu dem, was ich in *Outside* berichtet hatte, handelte es sich tatsächlich um einen Elch, wie eine genauere Untersuchung des Skelettes nun ergab. Mehrere Fotos, die McCandless gemacht hatte, räumten später auch noch die letzten Zweifel aus. Der Junge hatte auf dem Stampede Trail zwar so einige Fehler begangen, aber ein Karibu mit einem Elch zu verwechseln gehörte nicht dazu.

Ich gehe auf den Bus zu, lasse die Elchknochen hinter mir, und steige hinten durch den Notausgang ein. Noch in der Tür stoße ich auf die Matratze, auf der McCandless starb: ein halbzerissenes, fleckiges, schimmeliges Teil. Ich bin irgendwie unangenehm berührt, als ich auf dem groben Matratzendrillich verstreut eine Sammlung seiner Besitztümer vorfinde: eine grüne Plastikfeldflasche, ein winziges Fläschchen mit Wasserreinigungstabletten, ein leeres Röhrchen Lippenbalsam, eine dickgefütterte Fliegerhose von der Art, wie sie in Armeerestbestandsläden verkauft werden, eine Taschenbuchausgabe des Bestsellers »O Jerusalem!« mit zerfleddertem Buchrücken, Wollhandschuhe, eine Flasche Insektenspray, eine volle Schachtel Streichhölzer, ein Paar brauner, robuster Gummistiefel, auf deren Stulpen in verblichener Schrift der Name »Gallien« steht.

Trotz fehlender Fensterscheiben ist die Luft hier im Innern des Fahrzeugwracks modrig und abgestanden. »Wow«, entfährt es Roman. »Hier stinkt's nach toten Vögeln.« Gleich darauf stoße ich auf den Auslöser dieses penetranten Gestanks: ein Plastiksack randvoll mit Federn, Daunen und den abgetrennten Flügeln mehrerer Vögel. Allem Anschein nach hat McCandless sie aufbewahrt, um seine Kleidung zu füttern oder vielleicht auch, um ein Kopfkissen daraus zu machen.

Auf einem behelfsmäßigen Sperrholztisch im vorderen

Teil des Busses sind neben einer Kerosinlampe McCandless' Töpfe und sein Geschirr aufgestapelt. Eine lange, große Lederscheide ist in raffiniert geprägten Schriftzügen mit den Initialen R. F. geschmückt: die Machetenscheide, die Ronald Franz McCandless bei seinem Aufbruch aus Salton City zum Geschenk machte.

Neben der blauen Zahnbürste des Jungen liegen eine halbleere Tube Colgate-Zahnpasta, eine Packung Zahnseide und die goldene Backenzahnkrone, die sich, wie in seinem Tagebuch vermerkt, drei Wochen nach seiner Ankunft vom Zahn gelöst hatte. Ein paar Zentimeter weiter befindet sich ein Schädel von der Größe einer Wassermelone. Aus dem schneeweißen Kiefergerüst ragen elfenbeinfarbene Fangzähne. Der Schädel gehörte einem Bär, es ist der sterbliche Überrest eines Grizzlys, der wohl die Beute eines früheren Gastes war, viele Jahre, bevor McCandless hier Quartier machte. Das Einschußloch wird von einer kleinen Botschaft umrahmt. Es ist unverkennbar Chris' saubere Handschrift: *Es lebe der Phantom-Bär, das Tier, das in uns allen steckt. Alexander Supertramp. Mai 1992.*

Die Blechwände des Busses sind voll mit Graffitis von den zahllosen Besuchern, die den Bus über die Jahre hinweg aufgesucht haben. Roman macht mich auf eine Botschaft aufmerksam, die er vor vier Jahren beim Durchqueren der Alaska Range gekritzelt hatte: *Nudelesser unterwegs nach Lake Clark 8/89.* Die meisten Leute haben sich wie Roman auf eine kurze Mitteilung mit Namen und Datum beschränkt. Die längste und aussagekräftigste Äußerung stammt von McCandless, der gleich mehrere hinterlassen hat. Ein Ausruf des Jubels, der mit einer Anspielung auf seinen Lieblingssong von Roger Miller beginnt: *Zwei Jahre lang durchstreift er zu Fuß die Welt. Kein Telefon, keine liebgewonnenen Haustiere, keine Zigaretten.*

Freiheit total. Ein Extremreisender. Ein ästhetischer Wanderer der Welten, der nur die Straße *sein Heim nennt …*

Direkt unterhalb dieses Manifestes steht der Ofen, der aus einem rostigen Ölfaß zusammengebastelt wurde. Aus seiner Öffnung ragt ein vier Meter langer Fichtenstamm heraus. Über dem Stamm liegen zwei zerschlissene Jeans, die dort allem Anschein nach zum Trocknen ausgebreitet wurden. Eine davon – Größe dreißig/zweiunddreißig – ist notdürftig mit silbernem Isolierband geflickt. Das andere Paar ist sorgfältiger repariert worden, mit Flicken aus einer verblichenen Bettdecke, die über riesige Löcher an den Knien und am Hosenboden genäht wurden. Durch die Gürtelschlaufen der letzteren ist noch eine Art Gürtel gezogen, ein schmaler langer Stoffstreifen aus einer Wolldecke. Wie mir plötzlich klar wird, hatte McCandless sich diesen Gürtel wahrscheinlich deshalb gemacht, weil er so stark abgemagert war und ihm ständig die Hose herunterrutschte.

Ich setze mich auf eine Stahlkoje gegenüber vom Ofen und grübele weiter über den gespenstischen Anblick nach, der sich mir bietet. Wo immer ich auch hinsehe, überall macht sich McCandless' Anwesenheit bemerkbar. Hier sein Nagel-Clipper, da drüben sein grünes Nylon-Zelt, das eins der herausgebrochenen Fenster der Vordertüre notdürftig zudeckt. Seine Wanderschuhe stehen fein säuberlich unter dem Ofen, so als würde er gleich zurückkehren, um hineinzusteigen und sich auf den Weg zu machen. Mir ist richtig mulmig zumute; ich komme mir vor wie ein Eindringling, wie ein Voyeur, der sich in McCandless' Schlafzimmer gestohlen hat, während er kurz weg ist. Plötzlich ist mir ganz übel. Ich wanke aus dem Bus und gehe ein paar Schritte am Fluß entlang, um frische Luft zu schnappen.

Eine Stunde später machen wir in der Abenddämmerung ein Lagerfeuer. Die Regenwolken mit ihren kurzen, windigen Schauern haben den schwülen Dunstschleier aus der Luft gespült und sind weitergezogen. In der Ferne setzen sich Hügelketten in all ihren Einzelheiten gegen den leuchtenden Abendhimmel ab. Am nordwestlichen Horizont, hinter den letzten Wolken, erstrahlt ein weißglühender Streifen Himmel. Roman packt ein paar Steaks aus, die noch von einem Elch stammen, den er letzten September in der Alaska Range erlegt hat, und legt sie auf den rußigen Grill übers Feuer, auf denselben Rost, auf dem McCandless gegrillt hat. Elchfett spritzt zischend in die Glut. Mit den Fingern essen wir das knorpelige Fleisch, schlagen nach Moskitos und unterhalten uns über diesen so sonderbaren Menschen, den keiner von uns kannte. Wir überlegen, auf welche Weise McCandless letztlich den Tod fand, und auch, warum die Leute ihn so sehr dafür verachten, daß er hier an diesem Ort gestorben ist.

Als McCandless in diese Gegend kam, hatte er absichtlich eine unzureichende Menge an Proviant dabei, und in seiner Ausrüstung fehlten gewisse Dinge, die viele Alaskaner für unentbehrlich halten: ein großkalibriges Gewehr, Karte und Kompaß, und eine Axt. Dies wurde immer wieder als Beweis herangezogen, und zwar nicht nur für seine Dummheit, sondern für die ungleich schlimmere Sünde der Arroganz. Einige Kritiker haben McCandless sogar mit der zugleich berüchtigsten und tragischsten Figur der Arktis verglichen: Sir John Franklin, einem britischen Marineoffizier des neunzehnten Jahrhunderts, der in seinem blasierten Hochmut den Tod von ungefähr einhundertvierzig Menschen, seinen eigenen eingeschlossen, mitzuverantworten hatte.

Die britische Admiralität hatte Franklin 1819 damit beauftragt, eine Expedition in die Wildnis von Nordwestkanada anzuführen. Zwei Jahre, nachdem es England verlassen hatte, wurde sein kleines Expeditionskorps vom Wintereinbruch überrascht, während er und seine Männer sich gerade durch ein weitläufiges Tundragebiet kämpften. Das Gebiet war so unermeßlich und bar jeden Lebens, daß sie ihm den Namen »The Barrens« – Ödland – gaben, unter dem es bis heute bekannt ist. Schon bald war ihnen der Proviant ausgegangen. Da es kaum Wild gab, blieb Franklin und seinen Männern nichts anderes übrig, als sich von Flechten, die sie von Felsblöcken kratzten, von abgeflammter Rehhaut, Tierkadaverknochen, ihrem eigenen Stiefelleder und schließlich sogar von dem Fleisch ihrer eigenen Gefährten zu ernähren. Bevor das Martyrium ein Ende nahm, waren mindestens zwei Leute ermordet und verspeist worden. Der Mordverdächtige war im Schnellverfahren hingerichtet worden, acht Männer waren durch Krankheit verendet oder verhungert. Franklin selbst hätte höchstens noch ein, zwei Tage überlebt, als er und die anderen Überlebenden von einer Gruppe umherziehender Mestizen gerettet wurden.

Franklin, einem freundlichen viktorianischen Gentleman, wurde nachgesagt, ein gutmütiger Dilettant zu sein, der ebenso stur wie ahnungslos war. Seine Vorstellungen und Ideale waren von kindlicher Naivität, und er betrachtete es unter seiner Würde, sich mit den Überlebenstechniken in der Wildnis vertraut zu machen. Er war auf eine geradezu jämmerliche Weise unvorbereitet auf die Reise gegangen und hätte nie und nimmer eine Expedition in die Arktis anführen dürfen. Nach seiner Rückkehr nach England war er nur noch als »Der Mann, der seine Schuhe aß« bekannt – ein Spitzname, der allerdings meist mit mehr Bewunderung als Spott ausgesprochen wurde. Er wurde als Volksheld gefeiert, zum Kapitän der Admiralität befördert und für einen Bericht über sein Martyrium großzügig entlohnt. 1825 wurde ihm erneut das Kommando für eine Expedition in die Arktis übertragen.

Diese Reise verlief ohne nennenswerte Vorkommnisse. Franklin war es jedoch immer noch nicht gelungen, die sagenhafte Nordwest-Durchfahrt zu finden, und im Jahre 1845 beging er den Fehler, ein drittes Mal in die Arktis zurückzukehren. Er und die einhundertachtundzwanzig Männer unter seinem Kommando verschwanden spurlos. Es wurden etwa vierzig Suchtrupps nach ihnen ausgesandt, bis schließlich aufgrund gewisser Anhaltspunkte feststand, daß alle ausnahmslos tot waren: sie waren nach unbeschreiblichen Qualen verhungert oder an Skorbut verendet.

Als McCandless tot aufgefunden wurde, wurde er nicht nur deshalb mit Franklin verglichen, weil beide verhungerten, sondern weil man von beiden annahm, daß es ihnen an der nötigen Demut gefehlt habe. Bei beiden meinte man einen mangelnden Respekt gegenüber dem Land, der Natur zu erkennen. Ein Jahrhundert nach Franklins Tod wies der große Forschungsreisende Vilhjalmur Stefansson darauf hin, daß sein englischer Kollege sich damals nie die Mühe gemacht hatte, sich die Überlebenstechniken der Indianer und Eskimos anzueignen – Völkern, die es in dem gleichen unwegsamen Land, das Franklin zum Verhängnis wurde, zu hoher Blüte gebracht haben und »es seit Generationen schafften, ihre Kinder großzuziehen und ihre Ältesten zu pflegen«. (Stefansson übersah geflissentlich die Tatsache, daß auch unter den Indianern und Eskimos viele ihr Leben lassen mußten, weil sie ganz einfach verhungerten.)

McCandless' Arroganz war jedoch ganz anderer Art. Franklin sah in der Natur immer ein widerspenstiges Hindernis, das sich letztlich menschlicher Kraft, angesehener Herkunft und viktorianischer Disziplin beugen würde.

Statt im Einklang mit der Natur zu leben und sich wie die Einheimischen auf das zu verlassen, was das Land abwarf, versuchte er, mit ungeeigneter militärischer Ausrüstung und ebensolchen Gepflogenheiten gegen die nördlichen Gegebenheiten anzugehen. McCandless wiederum praktizierte genau das Gegenteil und schoß dabei ebensoweit übers Ziel hinaus. Er versuchte, sich ausschließlich von der Natur und dem, was das Land hergab, zu ernähren – und er unternahm diesen Versuch, ohne sich vorher in essentiellen Überlebenstechniken geübt zu haben.

Es wäre jedoch verfehlt, McCandless dafür zu kritisieren, daß er schlecht vorbereitet war. Er war noch grün hinter den Ohren, und er überschätzte seine Kräfte. Aber er hatte es immerhin geschafft, sechzehn Wochen lang mit wenig mehr als seinem Verstand und zehn Pfund Reis zu überleben. Und als er in die Wildnis auszog, war ihm vollkommen bewußt, daß er sich gefährlich nahe am Abgrund bewegte. Er wußte genau, welches Risiko er einging.

Es ist alles andere als ungewöhnlich, wenn ein junger Mann nach etwas strebt, das die Erwachsenen als leichtsinnig betrachten. Das Risiko zu suchen ist – in unserer Kultur wie auch in den meisten anderen – eine Art Initiationsritual. Die Gefahr hatte schon immer ihren Reiz. Dies ist einer der Hauptgründe, weshalb so viele Jugendliche zu schnell fahren, zu viel trinken und zu viele Drogen nehmen; und aus demselben Grund war es seit jeher so leicht, junge Menschen dafür zu gewinnen, in den Krieg zu ziehen. Man kann sogar soweit gehen und behaupten, daß jugendliches Draufgängertum auf einen evolutionären Anpassungsprozeß zurückzuführen ist und ein Verhaltensmuster aufzeigt, das sich in verschlüsselter Form bereits in unseren Genen befindet. McCandless hat die dem Menschen innewohnende Risikobereitschaft einfach bis zum Äußersten geführt.

Er hatte das Bedürfnis, sich selbst auf die Probe zu stellen, und zwar dort, wo, wie er es gerne ausdrückte, »es zählte«. Er hatte große – manche würden sagen zu große – spirituelle Ansprüche. Innerhalb des moralischen Absolutismus, der McCandless auszeichnete, ist eine Herausforderung, deren erfolgreicher Ausgang von vornherein feststeht, nicht der Mühe wert.

Es ist natürlich nicht nur die Jugend, die dem Reiz der Gefahr erliegt. John Muir ist uns vor allem als nüchterner Naturschützer, Gründungsmitglied und Präsident des Sierra Clubs bekannt, aber er war auch ein kühner Abenteurer und furchtloser Kletterkünstler, der sich sein Leben lang an Gipfeln, Gletschern und Wasserfällen versuchte. Sein bekanntester Essay erzählt unter anderem von einer Besteigung des Mount Ritter im Jahr 1872, bei der er um ein Haar in den Tod gestürzt wäre. In einem anderen Essay beschreibt er ganz verzückt, wie er einmal – freiwillig – einen wildtobenden Sierra-Sturm in den höchsten Wipfeln einer dreißig Meter hohen Douglastanne überstand:

Nie zuvor erlebte ich einen solch edlen Rausch der Bewegung. Die zarten Wipfel schwangen und schlugen im tobenden Sturm hin und her, krümmten sich vor und zurück oder drehten sich immer wieder im Kreise, so als spürten sie unbeschreiblichen Kombinationen aus vertikalen und horizontalen Kurven nach. Und ich umklammerte mit letzter Kraft den Stamm, wie ein Paperling ein Schilfrohr.

Er war damals sechsunddreißig Jahre alt. Es ist nicht anzunehmen, daß Muir McCandless' Aktion für besonders seltsam oder töricht gehalten hätte.

Selbst der betuliche Thoreau, der bekanntermaßen erklärte, daß es genügte »in Concord viel umhergekommen zu sein«, spürte den Drang, die viel wilderen und furchterregenderen Landstriche im Maine des neunzehnten Jahrhunderts aufzusuchen und den Gipfel des Mount Katahdin zu erklettern. Die Besteigung der »zerklüfteten, angsteinflößenden und dennoch wunderschönen« Felswände erschütterte und ängstigte ihn und erfüllte ihn doch gleichzeitig mit einer fast trunkenen Ehrfurcht. Einige seiner eindringlichsten und besten Schriften sind der Unruhe zu verdanken, die ihn auf den Granitgipfeln des Katahdin durchströmte und einen tiefen Eindruck auf seine Sicht der Welt in ihrem nackten, ungezähmten Zustand hinterließ.

Anders als Muir und Thoreau zog McCandless nicht in erster Linie in die Wildnis aus, um über die Natur oder die Welt im allgemeinen nachzusinnen. Sein Ziel war vielmehr, das weite Land seiner Seele zu erkunden. Er sollte dabei jedoch rasch eine Entdeckung machen, die für Muir und Thoreau längst selbstverständlich war: Ein längerer Aufenthalt in der Wildnis lenkt die Aufmerksamkeit in gleichem Maße auf die Außenwelt wie auch auf das Innenleben. Es ist unmöglich, von dem Land, der Flora und Fauna zu leben, ohne sowohl ein eingehendes Verständnis als auch eine starke emotionale Bindung zu dem Land und allem, was darauf wächst und gedeiht, zu entwickeln.

McCandless' Tagebucheinträge enthalten wenig theoretische Überlegungen über die Wildnis, genaugenommen überhaupt nur wenig an Allgemein-Philosophischem. Umgebung und Landschaft finden darin ebenfalls kaum Erwähnung. Tatsächlich geht es in diesen Einträgen, wie Romans Freund Andrew Liske beim Lesen einer Kopie des Tagebuchs bemerkt, »beinahe ausschließlich um das, was er gegessen hat. Er hat fast ausschließlich übers Essen geschrieben.«

Andrew übertreibt nicht: Das Tagebuch ist nicht viel mehr als eine Aufzählung der Pflanzen, die er aufgestöbert, und dem Wild, das er erlegt hat. Es wäre jedoch ungerecht, daraus zu schließen, daß McCandless die Schönheit der Landschaft, die ihn umgab, nicht zu schätzen wußte, daß ihn die überwältigende Kraft der Natur kalt ließ. Der Kulturökologe Paul Shepard bemerkte:

Der nomadische Beduine ergeht sich nicht in langen Schwärmereien über die Landschaft. Weder malt er sie, noch käme es ihm in den Sinn, eine für das alltägliche Leben nutzlose naturgeschichtliche Abhandlung zu schreiben... Sein Leben und Tun greifen so eng mit der Natur ineinander, daß es für Abstraktion, Ästhetik oder einer über den Alltag hinausgehende »Naturphilosophie« keinen Platz gibt... Die Natur und seine Beziehung zu ihr sind eine todernste Angelegenheit, die ihm durch Konvention, Mysterium und die tägliche Gefahr auferlegt wird. Seine Mußestunden verbringt er nicht mit eitlen Vergnügungen, noch würde er sich anmaßen, in die Vorgänge, die sich in der Natur abspielen, einzugreifen. Sein Leben ist jedoch von einem starken Bewußtsein geprägt für diese Kraft der Natur, das Land, das launische Wetter und den schmalen Grat, auf dem er sich bewegt, um zu überleben.

Vieles davon trifft auch auf McCandless während der Monate zu, die er am Sushana River verbrachte.

Man würde es sich zu einfach machen, wollte man McCandless auf das Klischee des allzu überschwenglichen Jünglings reduzieren, der zuviel Zeit mit Bücherlesen verschwendete und nicht einmal ein Minimum an gesundem Menschenverstand besaß. Aber dieses Klischee paßt nicht zu ihm. McCandless war nicht irgendein hohler Traumtänzer, ziel- und orientierungslos und von einer existentiellen Hoffnungslosigkeit befallen. Im Gegenteil: Er wollte leben, und zwar so intensiv wie irgend möglich, und er wußte auch, wofür. Aber was er dem Leben an Sinn abgerungen hatte, war nicht auf dem

Weg des geringsten Widerstands zu erreichen: Alles, was zu einfach war, war McCandless von vornherein suspekt. Er verlangte sich sehr viel ab – mehr als er am Ende in der Lage war, zu geben.

Manche Leute versuchen, McCandless' unkonventionelles Verhalten damit zu erklären, daß er wie John Waterman von kleiner Statur war und daher vielleicht an einem Minderwertigkeitskomplex litt, einem grundlegenden Mangel an Selbstvertrauen, der ihn dazu zwang, seine Männlichkeit durch extreme physische Belastungsproben ständig unter Beweis zu stellen. Eine andere Theorie besagt, daß ein schwärender ödipaler Konflikt die Ursache seiner verhängnisvollen Odyssee gewesen sei. Auch wenn beide Hypothesen irgendwo zutreffen, so ist diese Art der posthumen Fernanalyse ein fragwürdiges, höchst spekulatives Unterfangen, das den Analysanden zwangsläufig herabwürdigt und trivialisiert. Es erscheint von fraglichem Nutzen, McCandless' sonderbares spirituelles Streben auf ein paar ins Bild passende psychische Störungen zu reduzieren.

Roman, Andrew und ich blicken abwesend in die Glut und unterhalten uns bis spät in die Nacht über McCandless. Roman ist zweiunddreißig, hat Biologie studiert und in Stanford promoviert. Er ist von Natur aus wißbegierig, sagt ungeschminkt seine Meinung und ist von jeher mißtrauisch gegenüber konventionellen Wahrheiten. Seine Jugend brachte er wie McCandless in den Washingtoner Villenvierteln zu und erlebte sie in jeder Hinsicht als ebenso erdrückend wie Chris. Nach Alaska kam er zum erstenmal als Neunjähriger, um ein Onkeltrio zu besuchen, das auf einer Zeche von Usibelli arbeitete, einem großen Bergwerkskonzern mit Tagebaugruben östlich von Healy. Hals über Kopf verliebte er sich in den Norden und alles, was damit zusammenhing. In den folgenden

Jahren kehrte er immer wieder in den neunundvierzigsten Bundesstaat zurück. 1977 – da war er sechzehn und hatte gerade als Klassenbester die High-School abgeschlossen – zog er nach Fairbanks und machte Alaska zu seiner Wahlheimat.

Derzeitig unterrichtet Roman in Anchorage an der Alaska Pacific University und ist im ganzen Staat für eine Reihe langer, draufgängerischer Touren durch das Landesinnere bekannt: Er hat – neben anderen Bravourstücken – zu Fuß und mit dem Kajak die eintausend Meilen lange Brooks Range durchquert, ist im Winter bei Temperaturen um minus zwanzig Grad auf Skiern zweihundertfünfzig Meilen durch das Staatliche Wildreservat der Arktis gefahren, durchmaß die siebenhundert Meilen langen Kammlagen der Alaska Range und brachte über dreißig Erstbesteigungen alaskanischer Berg- und Felsgipfel zuwege. Und Roman sieht keinen Unterschied zwischen seinen allgemein bewunderten Leistungen und McCandless' Abenteuer, außer daß McCandless das Pech hatte, umzukommen.

Ich bringe McCandless' Hybris und die dummen Fehler, die er sich leistete, zur Sprache – die zwei, drei leicht vermeidbaren Schnitzer, die ihn schließlich das Leben kosteten. »Klar, er hat's vermasselt«, antwortet Roman, »aber ich bewundere ihn für das, was er versucht hat. Nur von dem zu leben, was die Natur an Nahrung hergibt, und das über Monate, ist irrsinnig schwer. Ich hab's nie versucht. Und ich wette, von denen, die McCandless als unfähig verschreien, hat es ebenfalls kaum einer versucht, jedenfalls nicht länger als ein, zwei Wochen. Sich über einen längeren Zeitraum in der Wildnis aufzuhalten und sich allein auf das zu verlassen, was man erjagt oder an Früchten und Pflanzen sammeln kann – die meisten Leute haben ja gar keine Ahnung, wie schwierig das in Wirklichkeit ist. Und McCandless hätt's beinahe hingekriegt.

Ich schätze, ich komm nicht drum 'rum, mich mit diesem Typen zu identifizieren«, gesteht Roman, während er mit einem Zweig in der Glut herumstochert. »Ich geb's nur ungern zu, aber es ist noch gar nicht mal so lang her, da hätte mir das gleiche passieren können. Ganz am Anfang, als ich gerade in Alaska war, war ich, glaub ich, ganz genauso: genauso grün und übereifrig. Und ich bin sicher, daß es hier in Alaska eine Menge anderer Leute gibt, die damals, als sie hier ankamen, viel mit ihm gemein hatten. Seine Kritiker kann man da getrost miteinschließen. Was vielleicht genau der Grund ist, weshalb sie ihn so streng beurteilen. Vielleicht erinnert McCandless sie zu sehr daran, wie sie früher einmal waren.«

Romans Beobachtung unterstreicht, wie schwierig es für die unter uns ist, die ganz und gar im Alltagstrott des Erwachsenenlebens aufgehen, sich daran zu erinnern, wie überschwenglich und ungestüm wir in unserer Jugend waren. Wie Everett Ruess' Vater Jahre nachdem sein zwanzigjähriger Sohn für immer in der Wüste verschollen ging, es formulierte: »Der erwachsene Mensch nimmt die seelischen Höhenflüge des Heranwachsenden nicht wahr. Ich glaube, wir alle haben kaum verstanden, was wirklich in Everett vorging.«

Roman, Andrew und ich bleiben noch weit über Mitternacht hinaus wach und versuchen, aus McCandless' Leben und Tod irgendwie klug zu werden. Unsere Antworten zielen jedoch irgendwie ins Leere, und das, was ihn wirklich ausmachte, sein Wesen, scheint uns verborgen zu bleiben. Nach und nach gerät die Unterhaltung ins Stocken und kommt schließlich zum Erliegen. Als ich mich vom Feuer abkehre, um nach einem Platz für meinen Schlafsack zu suchen, erblaßt der Nordrand des Himmels bereits im schmutzigen Grau der Morgendämmerung. Obwohl in dieser Nacht überall Moskitoschwärme surren und der Bus bestimmt ein gewisses Maß an Schutz bietet, beschließe ich, mich nicht im Bus schlafen zu legen. Auch die anderen bleiben draußen, fällt mir noch auf, bevor ich in einen traumlosen Schlaf sinke.

Der Stampede Trail

KAPITEL ACHTZEHN

Der heutige Mensch ist kaum mehr fähig, sich auch nur vorzustellen, was es heißt, sich allein von der Jagd zu ernähren. Das Leben eines Jägers besteht in einer einzigen, harten, scheinbar nicht endenwollenden Reise quer durchs Land … Ein Leben in der ständigen Angst, daß der nächste Schritt fehlschlägt, daß das Fangeisen nicht zuschnappt, daß die Treibjagd ergebnislos verläuft oder daß die großen Herden in diesem Jahr ausbleiben. Das Leben des Jägers ist also vor allem von Entbehrung und dem ständig lauernden Hungertod gekennzeichnet.

JOHN M. CAMPBELL,
»THE HUNGRY SUMMER«

Was ist Geschichte? Sie ist der Beginn einer jahrhundertelangen systematischen Arbeit, die dazu bestimmt ist, das Geheimnis des Todes aufzuklären und endlich den Tod selber zu überwinden. Aus keinem anderen Grund komponieren die Menschen Sinfonien, ent-

decken sie die mathematische Unendlichkeit und die elektromagnetischen Wellen. Um in diese Richtung vorzudringen, braucht man einen gewissen Aufschwung der Seele. Sie können keine Entdeckungen machen ohne das geistige Rüstzeug, das uns in den Evangelien gegeben ist. Da ist als erstes die Nächstenliebe, diese hochentwickelte Form der lebendigen Energie, die das Herz des Menschen bis zum Überfluß erfüllt und nach Hingabe und Verschwendung verlangt. Da sind die zwei wesentlichen Elemente, die für die Existenz des modernen Menschen unerläßlich sind: die Idee der Freiheit der Persönlichkeit und die Vorstellung vom Leben als Opfer.

BORIS PASTERNAK,
»DOKTOR SCHIWAGO«

Angestrichender Absatz in einem
der Bücher, die unter Christopher
McCandless' Habseligkeiten gefunden
wurden; die Unterstreichungen
stammen von McCandless.

❖

Nachdem sein Plan, die Wildnis zu verlassen, durch den hohen Wasserstand des Teklanika vereitelt worden war, kehrte McCandless am 8. Juli zum Bus zurück. Man kann nur spekulieren, was zu jenem Zeitpunkt in ihm vorging, da sein Tagebuch nichts verrät. Es ist allerdings gut möglich, daß er sich nicht allzu viele Gedanken darüber machte, daß ihm der Rückweg versperrt war. Warum auch? Zu jener Zeit hatte er kaum Grund zur Sorge: Es war Hochsommer, der Wald strotzte geradezu vor Pflanzen- und Tierleben, und er hatte genug zu essen. Wahrscheinlich hielt er es einfach für das beste, bis August auszuharren und zu warten, bis der Teklanika weit genug zurückgegangen war, um ihn zu überqueren.

Nachdem er sich in dem rostigen Wrack des 142er Busses wieder eingerichtet hatte, nahm er erneut sein Jäger- und Sammlerleben auf. Er las Tolstois »Der Tod des Iwan Iljitsch« und Michael Crichtons »Terminal Man«. In seinem Tagebuch ist zu lesen, daß es eine Woche lang pausenlos regnete. An Wild herrschte kein Mangel: In den letzten drei Juliwochen erlegte er fünfunddreißig Eichhörnchen, vier Rebhühner, fünf Eichelhäher und Spechte sowie zwei Frösche. Dies alles ergänzte er mit Trichterwindenwurzeln, wildem Rhabarber, verschiedenen Beerensorten und jeder Menge Pilze. Obwohl dies alles recht üppig erscheinen mag, war an den Tieren, die er erlegte, nur wenig Fleisch, und er verbrannte mehr Kalorien, als er zu sich nahm. Seit nunmehr drei Monaten schlug er sich mit einem Speiseplan von äußerst geringem Nährwert durch. Er litt mittlerweile unter beträchtlichem Kaloriendefizit, und seine Gesundheit hing an einem seidenen Faden. Ende Juli beging er schließlich den entscheidenden Fehler.

Er hatte gerade »Doktor Schiwago« zu Ende gelesen, ein Buch, das ihm sehr gefiel. Begeistert kritzelte er die Seitenränder mit Anmerkungen voll und hob mehrere Passagen hervor:

Lara ging auf einem Pfade, der an Gleisen entlangführte und von Pilgern und Wallfahrern benutzt wurde. Dann bog sie in eine Wiese ein, die am Waldrand lag. Hier pflegte sie haltzumachen und die Augen halb zu schließen, um die berauschend duftende Luft der unendlichen Waldweite in sich einzusaugen. Diese Luft war ihr mehr verwandt als Vater und Mutter, sie war ihr vertrauter als ihr Geliebter, sie lehrte sie eine tiefere Weisheit als jedes Buch. Für einen Augenblick erschloß sich ihr aufs neue des Lebens Sinn. Sie erkannte, daß sie hier war, um sich in der fast unfaßbaren Schönheit und Herrlichkeit der Erde zurechtzufinden und um allen Dingen einen Namen zu geben.

Wenn dies jedoch ihre Kraft überstieg, so wollte sie, aus Liebe zum Leben, Nachkommen gebären, die an ihre Stelle treten würden.

»NATUR/REINHEIT«, schrieb er in fetten Druckbuchstaben über die Seite.

McCandless versah den Absatz mit Sternchen und Klammern. »Zuflucht in der Natur« kreiste er mit schwarzer Tinte ein.

An den Rand von »And so it turned out...« schrieb er die Bemerkung, »GLÜCK NUR DANN ECHT, WENN GEMEINSAM MIT ANDEREN«.

Die letzte Anmerkung bietet sich an als weiterer Beweis dafür, daß McCandless' lange, einsame Wanderjahre ihn auf tiefgreifende Art verändert hatten. Vielleicht kann sie auch so gedeutet werden, daß er bereit war, den Panzer, den er um sein Herz gelegt hatte, ein wenig zu lockern, daß er sich vornahm, bei seiner Rückkehr in die Zivilisation sein einsames Vagabundenleben aufzugeben und nicht mehr weiter vor Nähe und Intimität die Flucht zu ergreifen, ja sich sogar wieder in die menschliche Gemeinschaft einzugliedern. Wir werden es jedoch nie erfahren, denn »Doktor Schiwago« war das letzte Buch, das McCandless jemals lesen sollte.

Am 30. Juli, zwei Tage nachdem er das Buch zu Ende gelesen hatte, verzeichnet sein Tagebuch einen unheilverkündenden Eintrag: »EXTREM SCHWACH. WEGEN KART.-SAMEN. KANN MICH KAUM AUF DEN BEINEN HALTEN. BIN AM VERHUNGERN. SCHWEBE IN LEBENSGEFAHR.« Vor diesem Eintrag steht in dem Tagebuch nichts, das vermuten ließe, McCandless befände sich in ernster Notlage. Er litt an Hunger und war durch anhaltend schlechte Ernährung bis auf Haut und Knochen abgemagert. Sein Allgemeinzustand schien jedoch alles in allem gut. Dann, nach dem 30. Juli, ging es mit seiner körperlichen Verfassung plötzlich rasant bergab. Am 19. August war er tot.

Es wurde viel darüber gemutmaßt, was die Ursache eines solch rapiden Verfalls gewesen sein könnte. Wayne Westerberg konnte sich in den Tagen nach der Identifizierung der Leiche noch vage daran erinnern, daß Chris sich in South Dakota Saatgut gekauft hatte. Darunter seien möglicherweise auch Kartoffelsamen gewesen. McCandless habe vorgehabt, einen Gemüsegarten anzulegen, nachdem er sich in der Wildnis einigermaßen eingelebt habe. Eine Theorie besagt, daß McCandless nie dazu gekommen sei, den Garten anzulegen (ich habe in der Umgebung des Busses keinen Hinweis auf einen Garten entdecken können). Ende Juli habe der Hunger ihn dann dazu getrieben, die Samen zu essen, was schließlich zu seiner Vergiftung geführt habe.

Nachdem sie zu sprießen begonnen haben, sind Kartoffelsamen in der Tat leicht giftig. Sie enthalten Solanin, ein Gift, das in der Familie der Nachtschattengewächse recht häufig vorkommt. Solanin verursacht kurzfristiges Erbrechen, Durchfall, Kopfschmerzen und Schlafsucht mit Bewußtseinsstörungen. Wenn die Samen dem Körper über einen längeren Zeitraum zugeführt werden, können sie Herzrhythmusstörungen und Probleme mit dem Blutdruck verursachen. Diese Theorie hat jedoch einen Haken: Kartoffelsamen entfalten nämlich nur dann ihre verheerende Wirkung, wenn mehrere Kilo davon verspeist werden. Bedenkt man jedoch, wie leicht McCandless' Gepäck war, als Gallien ihn absetzte, so ist es höchst unwahrscheinlich, daß er, wenn überhaupt, mehr als nur ein paar Gramm dabei hatte.

Andere Deutungen der Geschehnisse, in denen es ebenfalls um Kartoffelsamen, allerdings einer ganz anderen Art, geht, klingen da schon plausibler. Auf Seite 126/127 der »Tanaina-Pflanzenkunde« wird eine Pflanze beschrieben, die die Dena'ina-Indianer »Wilde Kartoffel« nennen und deren karottenähnliche Wurzel sie sammeln. Bei der Pflanze handelt es sich um eine Trichterwinde, die Botanikern als *Hedysarum alpinum* bekannt ist. Sie wächst auf steinigem Grund und ist in der gesamten Region anzutreffen.

Dem Pflanzenkundebuch zufolge ist »die Wurzel der Wilden Kartoffel vermutlich das wichtigste Nahrungsmittel der Dena'ina, abgesehen von wildwachsenden Früchten. Die Dena'ina essen sie auf verschiedene Art – roh, gekocht, gebacken oder gebraten – und tunken sie bevorzugt in Öl oder Schmalz, womit sie sie auch konservieren.« In dem Zitat heißt es weiter, daß die beste Zeit, um Wilde Kartoffeln zu stechen, »der Frühling ist, wenn der Boden auftaut... Im Sommer trocknen sie offenbar aus und werden hart«.

Priscilla Russel Kari, die Autorin der »Tanaina-Pflanzenkunde«, erklärte mir, daß »der Frühling für das Dena'ina-Volk die härteste Jahreszeit ist, früher noch viel mehr als heute. Das Wild, auf das ihre Ernährung baute, war oft rar, oder die Fische kamen später als erwartet. Deshalb blieb ihnen oft nur die Wilde Kartoffel als Hauptnahrungsmittel, bis im Spätfrühling endlich die Fische kamen. Sie schmeckt sehr süß. Sie war – und ist heute noch – eine ihrer Leibspeisen.«

Über der Erde wächst sich die Wilde Kartoffel zu einem buschigen Strauch aus. Sie kann über einen halben Meter hoch wachsen, und an ihren Stengeln sprießen zarte rosafarbene Blüten, die wie kleine Gartenwicken aussehen. Auf seine Lektüre von Karis Buch hin begann McCandless am 24. Juni damit, Wurzeln der Wilden Kartoffel zu stechen und zu essen, anscheinend ohne Schaden zu nehmen. Am 14. Juli begann er damit, auch die erbsengroßen

Samentriebe der Pflanze zu essen, vermutlich weil die Wurzeln mittlerweile zu hart und zäh waren. Ein Foto, das er in jenen Tagen schoß, zeigt eine große Plastiktüte, die bis zum Rand mit diesen Samen gefüllt ist. Und dann, am 30. Juli, folgt in seinem Tagebuch die Eintragung: »Extrem schwach. Wegen Kart.-Samen ...«

In Karis Pflanzenkundebuch wird auf der Seite nach der Beschreibung der Wilden Kartoffel eine eng verwandte Spezies abgehandelt, die wildwachsende Gartenwicke, *Hedysarum mackenzij*. Obwohl die Pflanze etwas kleiner ist, sieht sie der Wilden Kartoffel zum Verwechseln ähnlich, und selbst ausgewiesene Botaniker finden es oft schwierig, die beiden Pflanzen auseinanderzuhalten. Es gibt nur ein einziges unterscheidendes Merkmal, das absolut verläßlich ist: Die Unterseite der kleinen grünen Blättchen der Wilden Kartoffel ist von deutlich sichtbaren, seitlich verlaufenden Äderchen durchzogen. Auf den Blättern der Gartenwicke fehlen solche Äderchen.

Karis Buch warnt den Leser ausdrücklich vor der wildwachsenden Gartenwicke. Da diese ausgesprochen schwer von der Wilden Kartoffel zu unterscheiden »und angeblich giftig ist, sollte man bei der Bestimmung der beiden Pflanzen sehr sorgfältig vorgehen. Erst dann darf die Wilde Kartoffel zu Ernährungszwecken herangezogen werden.« Der modernen medizinischen Fachliteratur sind keine Berichte über Vergiftungserscheinungen an Menschen bekannt, die auf das Verspeisen der *H. mackenzij* zurückzuführen wären. Die Ureinwohner Alaskas und Kanadas scheinen jedoch seit Menschengedenken gewußt zu haben, daß die Gartenwicke toxisch ist. Sie verwenden auch heute noch große Sorgfalt darauf, die *H. alpinum* nicht mit der *H. mackenzij* zu verwechseln.

Um auf einen dokumentierten Fall einer Gartenwicken-

Vergiftung zu stoßen, mußte ich bis in die Annalen einer Arktis-Expedition des 19. Jahrhunderts zurückgehen. In den Tagebüchern von Sir John Richardson, einem berühmten schottischen Chirurgen, Naturschützer und Forschungsreisenden, wurde ich schließlich fündig. Er war bei Sir John Franklins unseligen ersten beiden Expeditionen dabei und hat beide heil überstanden. Er war es auch, der auf der ersten Expedition den des Mordes und Kannibalismus verdächtigten Mann per Pistolenkugel exekutierte. Richardson ist zufällig auch der Botaniker, der als erster eine Spezifizierung der *H. mackenzij* verfaßte und der Pflanze ihren botanischen Namen gab. Im Jahre 1848, als er auf der Suche des bereits vermißten Franklin eine Expedition durch die Kanadische Arktis leitete, zog er einen botanischen Vergleich zwischen der *H. mackenzij* und der *H. alpinum*. Die letztere, wie er in seinem Tagebuch festhielt,

entwickelt lange, biegsame Wurzeln, die süß wie Lakritze schmecken. Während des Frühlings werden sie viel von den Eingeborenen gegessen. Wenn es wärmer wird, werden sie jedoch hölzern und büßen an Saftigkeit und Frische ein. Die Wurzel der mit weißlichen Härchen besetzten, rankenden und weniger zierlichen, aber mit größeren Blüten versehenen Hedysarum mackenzij *ist giftig und hätte eine alte Indianer-Frau auf Fort Simpson, die sie mit der eingangs erwähnten Spezies verwechselt hatte, beinahe das Leben gekostet. Glücklicherweise stellte sie sich als emetisch heraus, und nachdem die Frau alles, was sie geschluckt hatte, erbrochen hatte, erfreute sie sich erneut bester Gesundheit. Ihre Genesung war jedoch lange Zeit fraglich.*

Die Vermutung drängte sich auf, daß McCandless den gleichen Fehler wie die Indianer-Frau begangen hatte und ähnlich darniederlag. Sämtliche Anhaltspunkte wiesen darauf hin, und es gab kaum Zweifel, daß McCandless – von Natur aus unbedacht und zu überstürzten Entschlüssen neigend – sich einen groben Schnitzer geleistet, eine Pflanze mit der anderen verwechselt hatte und daraufhin gestorben war. In dem *Outside*-Artikel vermeldete ich fest überzeugt, daß *H. mackenzij* dem Jungen zum Verhängnis geworden war. So ziemlich jeder andere Journalist, der über die McCandless-Tragödie schrieb, vertrat dieselbe Meinung.

In den folgenden Monaten hatte ich jedoch Zeit und Muße, mich eingehender mit McCandless' Tod zu befassen, und je mehr ich darüber nachdachte, desto weniger überzeugte mich die allgemeine Übereinstimmung in dieser Frage. McCandless hatte vom 24. Juli an drei Wochen lang Dutzende von Wilden Kartoffelwurzeln gestochen und verspeist, und zwar ohne *H. mackenzij* mit *H. alpinum* zu verwechseln. Warum hätte er also vom 14. Juli an, als er damit begann, Samen anstatt Wurzeln zu sammeln, die beiden Spezies plötzlich durcheinanderbringen sollen?

Immer mehr gelangte ich zu der Überzeugung, daß McCandless penibel darauf geachtet haben muß, nicht an die giftige *H. mackenzij* zu geraten, daß er weder die Samen noch irgendeinen anderen Teil der Pflanze verspeist haben konnte. Er zog sich tatsächlich eine Vergiftung zu, aber die Pflanze, die ihn das Leben kostete, war nicht die Gartenwicke. Das todbringende Agens war die Wilde Kartoffel, *H. alpinum,* also die Spezies, die in dem Pflanzenkundebuch unmißverständlich als ungiftig ausgewiesen wird.

Das Buch informiert den Leser nur darüber, daß die Wurzeln der Wilden Kartoffel eßbar sind. Es steht nichts darüber drin, daß auch die Samen der Pflanze eßbar sind, noch daß sie toxisch wirken. Um McCandless gerecht zu werden, sollte hier fairerweise darauf hingewiesen werden, daß die Samen der *H. alpinum* in wissenschaftlichen Veröffentlichungen bisher noch nie als toxisch beschrieben wurden: Eine umfassende Durchsicht medizinischer und botanischer Fachliteratur ergab keinen einzigen Hinweis darauf, daß irgendein Bestandteil der *H. alpinum* toxisch wirkt.

Die Familie der Hülsenfrüchtler (*Leguminosae*, zu der die *H. alpinum* gehört), ist jedoch reich an Arten, die Alkaloide produzieren – organische Basen, die bei Menschen und Tieren eine starke pharmakologische Wirkung entfalten. (Morphin, Koffein, Nikotin, Kurare, Strychnin und Meskalin sind alles Alkaloide.) Darüber hinaus befindet sich der Giftstoff in vielen alkaloid-produzierenden Arten ausschließlich in den Wurzeln und Endtrieben.

»Ein Phänomen von Hülsenfrüchtlern ist«, erklärt John Bryant, ein Chemie-Ökologe an der University of Alaska in Fairbanks, »daß sich im Spätsommer ihre Samenschalen mit Alkaloiden anreichern, um sich vor pflanzenfressenden Tieren zu schützen. Je nach Jahreszeit wäre es für eine Pflanze mit eßbaren Wurzeln nicht ungewöhnlich, giftige Samen zu haben. Wenn es sich um eine alkaloid-produzierende Spezies handelt, ist das Gift gegen Ende des Sommers am ehesten in den Samen zu finden.«

Ich hatte damals während meines Aufenthalts am Sushana River ein paar Proben der *H. alpinum* gesammelt, die nur ein paar Meter vom Bus entfernt wuchsen. Die Samentriebe schickte ich an Tom Clausen, einen Kollegen von Professor Bryant an der chemischen Fakultät der University of Alaska. Eine abschließende spektrographische Analyse steht noch aus, aber erste durch Clausen und einen seiner Studenten, Edward Treadwell, durchgeführte Tests zeigen, daß die Samen in jedem Falle Spuren von Alkaloiden enthalten. Überdies handelt es sich bei dem nachgewiesenen Alkaloid aller Wahrscheinlichkeit nach um Swainsonin, eine chemische Base, die Ranchern und Viehzüchtern als das toxische Agens im Narrenkraut bekannt ist.

Es gibt ungefähr fünfzig verschiedene Arten von giftigem Narrenkraut. Die meisten davon gehören zur Gattung der *Astragalus* – einer Gattung, die eng verwandt ist mit *Hedysarum*. Die auffälligsten Symptome einer Narrenkrautvergiftung sind neurologischer Art. Einer im *Journal of the American Vetinary Medicine Association* veröffentlichten Studie zufolge ruft eine derartige Vergiftung unter anderem »Niedergeschlagenheit, einen langsamen, schleppenden Gang, glanzloses Fell, einen leeren, starren Blick, starken Gewichtsverlust, Bewegungsstörungen und Nervosität (insbesondere in Momenten größerer Belastung) hervor. Darüber hinaus neigen von einer Vergiftung betroffene Tiere in der Regel zur Bockigkeit. Sie sondern sich ab und lassen sich kaum mehr zur Nahrungsaufnahme oder zum Trinken bewegen.«

Mit Clausens und Treadwells Entdeckung, daß die Samen Wilder Kartoffeln möglicherweise Swainsonin oder eine ähnlich toxische Base speichern, könnte ein schlüssiger Beweis dafür gefunden sein, daß diese Samen McCandless' Tod herbeigeführt haben. In diesem Fall wäre McCandless jedoch nicht der sorglose Traumtänzer, als der er immer hingestellt wurde. Er hat nicht leichtfertig eine Spezies mit der anderen verwechselt. Die Pflanze, die ihm zum Verhängnis wurde, war nicht als toxisch bekannt – in der Tat hatte er sich von ihren Wurzeln wochenlang problemlos ernährt. In seinem Hunger beging er lediglich den Fehler, sich auch die Samentriebe einzuverleiben. Jemand mit einem besseren Verständnis für botanische Zusammenhänge hätte sie wahrscheinlich nicht gegessen. Der Irrtum ist jedoch durchaus verständlich – dennoch kostete er ihn das Leben.

Die Folgen einer Swainsoninvergiftung sind chronischer Natur – das Alkaloid führt nur selten den direkten Tod herbei. Das Toxin ist heimtückisch und wirkt indirekt. Es hemmt ein Enzym, das für den Stoffwechsel von Glykoproteiden unentbehrlich ist. Wie in den Benzinleitungen eines Verbrennungsmotors ruft es in den Nachschubbahnen des Körpers erhebliche Blasenbildung hervor: Der Organismus wird daran gehindert, Nährstoffe in brauchbare Energie umzuwandeln. Wer zuviel Swainsonin zu sich nimmt, verhungert zwangsläufig, egal wieviel Nahrung er in sich hineinstopft.

Ein gesundes, robustes Tier kann es mitunter schaffen, sich von einer Swainsoninvergiftung zu erholen. Das Toxin kann durch den Urin wieder ausgeschieden werden. Dazu muß es sich jedoch zuerst mit einer ausreichenden Anzahl von Glukosemolekülen oder Aminosäuren verbinden. Gleichzeitig bedarf es einer großen Menge an Eiweiß- und Zuckerstoffen, die das Gift aufsaugen und aus dem Körper spülen.

»Das Problem ist«, sagt Professor Bryant, »daß jemand, der geschwächt ist und an starkem Hunger leidet, natürlich keine überschüssigen Eiweiß- und Zuckerstoffe freisetzen kann. Das Gift kann also nicht aus dem Organismus gespült werden. Ein verhungerndes Säugetier wird von einem Alkaloid – selbst einem so harmlosen wie Koffein – viel stärker in Mitleidenschaft gezogen als gewöhnlich. Ohne die nötigen Glukosereserven kann es das Zeugs nicht abbauen. Das Alkaloid speichert sich einfach im Organismus. Falls McCandless eine größere Portion von diesen Samen gegessen hat und bereits in halbverhungertem Zustand war, wäre das der Nagel zu seinem Sarg gewesen.«

Die toxischen Samen hatten McCandless schwer angeschlagen, und ihm wurde plötzlich klar, daß er viel zu geschwächt war, um zum Highway zurückzulaufen und sich zu retten. Er war nun sogar zu schwach, um richtig zu jagen, und wurde daher noch schwächer. Der Hungertod rückte näher und näher. Mit seiner Gesundheit ging es immer steiler bergab, und sein Leben zerrann ihm unter den Fingern.

Für den 31. Juli und 1. August verzeichnet das Tagebuch keine Einträge. Am 2. August steht dort lediglich »ENTSETZLICHER WIND«. Der Herbst stand vor der Tür. Es wurde kälter, und die Tage wurden merklich kürzer: Jede Erdumdrehung bedeutete sieben Minuten weniger Tageslicht und sieben zusätzliche Minuten Kälte und Dunkelheit. Innerhalb einer einzigen Woche gewann die Nacht fast eine Stunde hinzu.

»DER HUNDERTSTE TAG! GESCHAFFT!« schrieb er am 5. August, außer sich vor Freude. Er war stolz, einen solchen Meilenstein erreicht zu haben. »Aber total geschwächt. Tod droht. Nicht mehr von der Hand zu weisen. Zu schwach, um hier wegzukommen. Sitze in der Falle. – Kein Wild.«

Wäre McCandless in Besitz einer Geländekarte des Geologischen Vermessungsamtes gewesen, hätte er gewußt, daß sich am Oberlauf des Sushana River eine Forsthütte der Rangers befindet. Sie liegt sechs Meilen Luftlinie vom Bus entfernt, und vielleicht hätte er es bis dorthin sogar in seinem kritischen, geschwächten Zustand geschafft. Die Hütte liegt kurz hinter der Grenze zum Denali-Nationalpark und ist mit ein wenig Notfall-Nahrung, einer Schlafstelle und einem Vorrat an Erste-Hilfe-Medikamenten ausgestattet. Sie dient den Rangers im Winter auf langen Patrouillenfahrten zur Einkehr.

Zwei Meilen näher am Bus liegen – auch wenn sie nicht auf der Karte eingezeichnet sind – zwei private Blockhütten. Die eine gehört den in Healy allgemein bekannten Hundeschlittenfahrern Will und Linda Forsberg, die andere einem Angestellten des Nationalparks, Steve Carwile. In den Hütten hätte sich ebenfalls Nahrung befinden müssen.

McCandless' Rettung schien also, in anderen Worten, nur ein drei Stunden langer Marsch stromaufwärts zu sein. Diese traurige Ironie wurde nach seinem Tode immer wieder zur Sprache gebracht. Aber selbst wenn McCandless von diesen Hütten gewußt hätte, sie hätten ihn nicht vor dem Hungertod bewahrt: Irgendwann in der zweiten Aprilhälfte, als das Hundeschlitten- und Schneemobilfahren wegen der einsetzenden Frühlingsschmelze immer beschwerlicher wurde und die Hütten nicht mehr benutzt wurden, brach ein Unbekannter in alle drei Hütten ein und demolierte sie. Die darin befindlichen Nahrungsmittel waren aufgebrochen worden, und was nicht von den Tieren weggefressen worden war, war nach einer Weile von selbst verdorben.

Der Schaden wurde erst Ende Juni von Paul Atkinson, einem Zoologen, bemerkt. Atkinson hatte gerade vom Highway aus die Outer Range überquert, ein strapaziöser, zehn Meilen langer Trip durch unwegsamstes Gelände. Als er das gedankenlose Zerstörungswerk sah, war er wie vom Schlag getroffen. »Es war ganz eindeutig nicht das Werk eines Bären«, berichtet Atkinson. »Ich habe in meiner praktischen Arbeit sehr viel Umgang mit Bären und weiß, wie die Schäden aussehen, die sie anrichten. Dies sah so aus, als ob jemand mit einem Vorschlaghammer angerückt ist und alles, was ihm in die Quere kam, kurz und klein geschlagen hat. Die Matratzen waren hinausgeworfen und Berufkraut war hindurchgewachsen. An der Höhe des Krauts ließ sich klar erkennen, daß die Sache bereits vor vielen Wochen passiert sein mußte.«

»Sie war total verwüstet«, sagt Will Forsberg von seiner Hütte. »Alles, was nicht niet- und nagelfest war, war runtergerissen und in tausend Stücke zertrümmert worden. Sämtliche Lampen und fast alle Fenster waren kaputt. Das Bettzeug und die Matratzen waren nach draußen gezerrt und alle auf einen Haufen geworfen, Deckenplanken waren runtergerissen, Benzinkanister durchlöchert, und der Holzofen war rausgerissen – sogar ein großer Teppich war nach draußen geschleppt worden und ist verrottet. Und das ganze Essen war weg. Die Hütten hätten Alex also nicht viel genützt, selbst wenn er sie gefunden hätte. Aber vielleicht hat er sie ja gefunden.«

Forsberg hält McCandless für den Hauptverdächtigen. Er glaubt, daß McCandless in der ersten Maiwoche, kurz nachdem er an dem Bus angekommen war, zufällig auf die Hütten stieß. Wutentbrannt darüber, daß die Zivilisation ihm sein geliebtes Wildnisabenteuer verdarb, habe er die Hütten systematisch demoliert. Aber warum zerstörte McCandless dann nicht auch den Bus?

Auch Carwile verdächtigt McCandless. »Ist nur so eine Ahnung«, erklärt er, »aber ich werd das Gefühl nicht los, daß der Junge einer von den Typen war, die ›die Wildnis befreien‹ wollen. Die Hütten zu zerstören wäre seine Art dazu beizutragen. Oder vielleicht war ja seine starke Abneigung gegen die Regierung der Auslöser: Er hat das Schild an der Rangerhütte gesehen und angenommen, daß alle drei Hütten Regierungseigentum sind. Und dann hat er beschlossen, es dem Großen Bruder mal zu zeigen. Möglich ist es in jedem Fall.«

Die Forstbehörden ihrerseits glauben nicht, daß McCandless der Randalierer war. »Wir haben wirklich keinen blassen Schimmer, wer es gewesen sein könnte«, sagt Ken Kehrer, leitender Ranger des Denali Nationalparks. »Aber Chris McCandless wird von den Forstbehörden nicht als Verdächtiger gehandelt.« Tatsächlich gibt es in McCandless' Tagebuch und auf seinen Fotos nichts, das darauf hinweist, daß er in die Nähe der Hütten gekommen wäre. Als McCandless Anfang Mai vom Bus aus erste Exkursionen unternahm, machte er sich, wie die Fotos zeigen, in Richtung Norden auf. Er wanderte stromabwärts am Sushana entlang, in die entgegengesetzte Richtung der Hütten. Und selbst wenn er irgendwie über sie gestolpert wäre, ist es nur schwer vorstellbar, daß er sich mit der vermeintlichen Großtat nicht in seinem Tagebuch brüstete.

Für den 6., 7. und 8. August sind in McCandless' Tagebuch keine Einträge verzeichnet. Am 9. August schrieb er, daß er auf einen Bären schoß, ihn aber verfehlte. Am 10. August sichtete er ein Karibu, das ihm aber entwischte. Es gelang ihm jedoch zumindest, fünf Eichhörnchen zu erlegen. Falls sich in seinem Körper allerdings bereits eine höhere Menge Swainsonin angestaut hatte, wäre auch diese unerwartete Beute kaum ausreichend gewesen, um ihn zu stärken. Am 11. August erlegte und aß er ein Schneehuhn. Am 12. August schleppte er sich aus dem Bus, um Beeren zu sammeln. Zuvor brachte er noch einen Zettel mit einem Hilferuf an der Vordertüre an, falls in seiner Abwesenheit jemand vorbeikommen sollte, was jedoch unwahrscheinlich war. Auf einer aus der Gogol-Erzählung »Taras Bulba« gerissenen Buchseite stand dort in sorgfältiger Blockschrift:

S.O.S. ICH BRAUCHE IHRE HILFE: ICH BIN SCHWER VERLETZT, DEM TODE NAH. ICH BIN ZU SCHWACH, UM HIER WEGZUKOMMEN. ICH BIN GANZ ALLEIN. DIES IST KEIN SCHERZ. IN GOTTES NAMEN, BITTE GEHEN SIE NICHT WEG,

BITTE RETTEN SIE MICH. ICH BIN NICHT WEIT, GEHE JETZT BEEREN SAMMELN. BIN GEGEN ABEND WIEDER DA. DANKE.

Er unterschrieb mit »CHRIS McCANDLESS. AUGUST?« Er war sich dem Ernst seiner Lage vollkommen bewußt und verzichtete deshalb auf seinen großspurigen Spitznamen, Alexander Supertramp, dem er in den letzten Jahren seinem Taufnamen gegenüber den Vorzug gegeben hatte.

Viele Alaskaner haben sich gefragt, warum McCandless in seiner Verzweiflung nicht einen Waldbrand entfachte, als Notsignal. Im Bus befanden sich zwei beinahe volle Vier-Liter-Gasflaschen für den Ofen. Damit wäre es vermutlich ein leichtes gewesen, einen ausreichend großen Brand zu legen, der vorbeifliegende Flugzeuge alar miert hätte. Zumindest hätte er damit ein riesiges SOS-Zeichen in die Sumpflandschaft brennen können.

Anders als jedoch allgemein angenommen, liegt der Bus nicht unterhalb einer offiziellen Flugroute, und nur selten verirrt sich ein Flugzeug dorthin. In den vier Tagen, die ich am Stampede Trail verbrachte, konnte ich, abgesehen von Linienjets, die in Höhen von über achttausend Metern fliegen, kein einziges Flugzeug am Himmel entdecken. Sicherlich kommt es wohl ab und zu vor, daß auch kleinere Flugzeuge in Sichtweite des Busses vorüberfliegen, aber McCandless hätte schon einen sehr großen Waldbrand entfachen müssen, um ihre Aufmerksamkeit zu erregen. Und wie Carine McCandless feststellt: »Chris hätte niemals absichtlich einen Wald niedergebrannt, nicht mal, um sein Leben zu retten. Wer so was denken kann, der kennt meinen Bruder einfach nicht.«

Der Hungertod ist wirklich keine angenehme Art des Ablebens. Im fortgeschrittenen Stadium, wenn der Körper anfängt sich selbst aufzuzehren, stellen sich Muskelschmerzen ein, Herzrhythmusstörungen, Haarausfall,

Schwindel und Atemnot, ferner eine extreme Kälteempfindlichkeit und ein Zustand allgemeiner physischer und geistiger Erschöpfung. Die Haut verfärbt sich. In Ermangelung elementarer Nährstoffe kommt es im Gehirn zu einem starken chemischen Ungleichgewicht, das Schüttelkrampf und Halluzinationen hervorruft. Etliche Menschen, die kurz vor dem Hungertod noch gerettet werden konnten, berichten jedoch, daß das Hungergefühl gegen Ende verschwindet. Der schreckliche Schmerz löst sich auf und macht einer großen Euphorie Platz, einer tiefen inneren Ruhe, begleitet von einer geradezu übernatürlichen geistigen Klarheit. Ob McCandless eine ähnliche Verzückung gewährt war, wissen wir natürlich nicht. Wir können es nur hoffen.

Am 12. August schrieb er in sein Tagebuch: »Wunderschöne Blaubeeren.« Es war sein letzter Eintrag. Vom 13. bis 18. August wird in seinem Tagebuch nur noch eine Strichliste der einzelnen Tage geführt. In jener Woche riß er die letzte Seite aus Louis L'Amours Memoiren, »Education of a Wandering Man«, heraus. Es war eine Seite mit ein paar Versen, die L'Amour aus Robinson Jeffers' Gedicht »Wise Men in Their Bad Hours« zitiert hatte:

Der Tod ist ein grimmiger Wiesenstärling: aber zu sterben
Und den Jahrhunderten mehr gegeben zu haben
Als Knochen und Muskeln, heißt vor allem, eine Schwäche abstreifen.
Die Berge sind toter Stein, die Menschen
Bewundern oder verabscheuen ihre Größe, ihr unverschämtes Schweigen,
Die Berge sind weder besänftigt noch aufgewühlt
Und die Gedanken ein paar toter Männer sind vom gleichen Temperament.

Auf der leeren Rückseite schrieb McCandless ein kurzes Lebewohl: »Ich habe ein glückliches Leben gelebt und bin Gott von ganzem Herzen dankbar. Lebt wohl, und Gott segne euch alle!«

Dann kroch er in den Schlafsack, den seine Mutter ihm genäht hatte, und versank in Bewußtlosigkeit. Er starb wahrscheinlich am 18. August, einhundertzwölf Tage nachdem er in die Wildnis gekommen war, neunzehn Tage bevor sechs Alaskaner an dem Bus vorbeikamen und den Leichnam entdeckten.

Kurz vor dem Ende machte er noch ein Foto von sich. Er steht unter einem strahlenden alaskanischen Himmel neben dem Bus. Mit der einen Hand hält er seine letzte Botschaft in die Kamera, die andere ist zu einem tapferen, seligen Lebewohl gehoben. Sein Gesicht ist erschreckend abgemagert, einem Totenkopf ähnlich. Aber falls er sich in jenen letzten, schwierigen Stunden selbst bemitleidet haben sollte – weil er so jung war und so allein, weil sein Körper und seine Willenskraft ihn im Stich gelassen hatten –, so ist auf dem Foto jedenfalls nichts davon zu erkennen. Er lächelt, und der Blick in seinen Augen läßt keinen Zweifel zu: Chris McCandless war mit sich selbst in Frieden. Er strahlt die heitere Gelassenheit eines Mönchs aus, der zu seinem Herrn aufsteigt.

Epilog

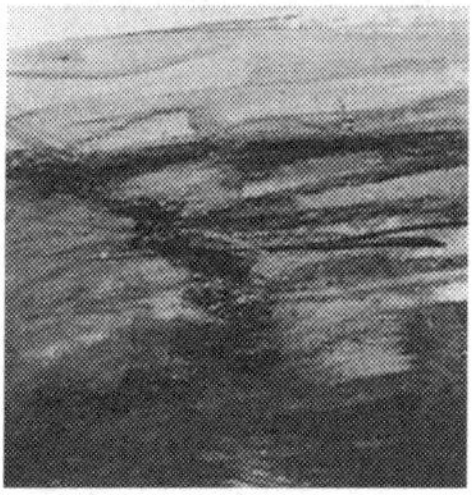

Und dennoch, die letzte, wehmütige Erinnerung streift umher und zieht bisweilen wie eine Nebelschwade vorüber. Die Sonne verschwindet, erkaltet ist die Erinnerung an glücklichere Zeiten. Es gab Glücksmomente, die zu schön waren, um sie zu beschreiben, und Leidensmomente, die ich tapfer erduldet habe. Und in diesem Sinne sage ich: Geht auf die Berge, wenn ihr wollt, aber bedenkt, daß euch Mut und Kraft ohne Klugheit nichts nützen werden und daß eine kleine Unaufmerksamkeit euch euer Lebensglück kosten kann. Nehmt euch Zeit für jeden Schritt und denkt von Anfang an ans Ende.

EDWARD WHYMPER,
»SCRAMBLES AMONGST THE ALPS«

Wir schlafen zu dem ewigen Leierspiel der Zeiten, wir wachen, wenn überhaupt, beim Schweigen Gottes. Und dann, wenn wir an den festen Pfeilern der ungeborenen Zeiten wachen und die erre-

gende Dunkelheit über die weiten Hügel der Zeit hereinbricht, dann wird es Zeit, die Dinge in Bewegung zu bringen, wie zum Beispiel unsere Vernunft und unseren Willen; dann wird es Zeit, uns davonzumachen, und zwar nach Hause.

Es gibt keine Ereignisse, nur Gedanken und das heftig klopfende Herz, das Herz, das so beschwerlich lernt, wo es lieben soll und wen. Der Rest ist nichts als Geschwätz und Geschichten für andere Zeiten.

ANNIE DILLARD,
»HOLY THE FIRM«

❖

Der Helikopter schraubt sich über den Felsvorsprung des Mount Healy in die Höhe, *Tschock-tschock-tschock*. Als der Höhenmesser fünfzehnhundert Meter streift, heben wir uns über einen schlammfarbenen Gipfelgrat hinaus. Die Erde unter uns verliert immer mehr an Kontur, und ein atemberaubendes Panorama der Taiga erfüllt die Plexiglas-Windschutzscheibe. In der Ferne entdecke ich den Stampede Trail, einen dünnen, gekrümmten Streifen, der sich von Osten nach Westen durch die Landschaft zieht.

Billie McCandless sitzt vorne, Walt und ich auf dem Rücksitz. Seit Sam McCandless an ihrer Haustür in Chesapeake Beach auftauchte, um ihnen mitzuteilen, daß Chris nicht mehr lebt, sind zehn schwere Monate vergangen. Walt und Billie wollten den Ort, an dem ihr Sohn sein Leben ließ, mit eigenen Augen sehen, und sie fanden, daß nun die Zeit reif war.

Walt hat die letzten zehn Tage in Fairbanks verbracht. Im Auftrag der NASA wird dort ein in Suchflugzeugen einzubauendes Radarsystem entwickelt, das es ermöglichen soll, ein abgestürztes Flugzeug inmitten eines dichtbewaldeten, Tausende von Hektar großen Gebietes zu finden.

Seit einigen Tagen wirkt er fahrig, nervös und gereizt. Billie, die vor zwei Tagen in Alaska ankam, erzählte mir im Vertrauen, daß Walt sich mit der Vorstellung, den Bus aufzusuchen, bis zum Schluß nicht anfreunden konnte. Zu meiner Überraschung sagt sie, daß sie sich gut fühlt und gelassener Stimmung ist, ja, daß sie sich schon seit geraumer Zeit auf diese Reise freue.

Daß wir im Hubschrauber zu dem Bus fliegen, hatte sich erst in letzter Minute ergeben. Billie wollte unbedingt auf dem Landweg dorthin kommen und dem Stampede Trail folgen, so wie Chris es getan hatte. Sie hatte sich zu diesem Zweck mit Butch Killian in Verbindung gesetzt, dem Bergarbeiter aus Healy, der dabeigewesen war, als man Chris' Leiche entdeckt hatte. Killian erklärte sich bereit, Walt und Billie in seinem Argo zu dem Bus zu fahren. Gestern jedoch rief er sie in ihrem Hotel an und sagte ihnen, daß der Teklanika immer noch sehr hoch stehe – zu hoch, wie er befürchtete, um ihn gefahrlos durchqueren zu können, nicht einmal in seinem achträdrigen Amphibienfahrzeug. Daher der Hubschrauber.

Siebenhundert Meter unterhalb der Kufen des Helikopters überzieht ein fleckig-grünes Tweedmuster aus Sümpfen und Fichtenwäldern die hügelige Landschaft. Der Teklanika wirkt wie ein langes braunes, achtlos hingeworfenes Band. In der Nähe des Zusammenflusses von zwei kleineren Bächen rückt ein unnatürlich grelles Objekt ins Blickfeld: Bus Nr. 142, Fairbanks. Fünfzehn Minuten für eine Strecke, die Chris vier Tage kostete.

Der Hubschrauber setzt geräuschvoll auf dem Boden auf. Der Pilot stellt den Rotor ab, und wir springen auf den sandigen Boden. Gleich darauf hebt die Maschine in einem orkanartigen Luftstrudel wieder ab. Eine majestätische Stille umgibt uns. Walt und Billie stehen zehn Meter vom Bus entfernt und fixieren stumm das absonderliche

Gefährt. In einer Zitterpappel zwitschert ein Eichelhähertrio.

»Er ist kleiner«, sagt Billie schließlich, »als ich ihn mir vorgestellt habe. Ich meine den Bus.« Und dann, während sie sich umsieht: »Wie schön es hier ist. Es erinnert mich so sehr an zu Hause, ich meine, wo ich aufgewachsen bin. O Walt, hier sieht es genauso aus wie auf der Upper Peninsula! Chris muß sich hier wirklich wohl gefühlt haben.«

»Ich habe wirklich keinen Grund, Alaska zu mögen, o. k.?« antwortet er finster. »Aber es stimmt – es ist auf eine seltsame Art und Weise schön hier. Ich kann mir gut vorstellen, warum es Chris hier gefiel.«

Die nächste halbe Stunde umkreisen Walt und Billie schweigend das klapprige, rostige Gefährt, schlendern ans Ufer des Sushana River und spazieren ein wenig im Wald umher.

Billie betritt als erste den Bus. Als Walt vom Fluß zurückkehrt, sitzt sie auf der Matratze, auf der Chris starb, und nimmt das schäbige Innere des Busses in Augenschein. Lange blickt sie stumm auf die Wanderstiefel ihres Sohnes unter dem Ofen, seine Schrift auf den Wänden und auf seine Zahnbürste. Sie weint nicht, heute nicht. Sie untersucht das Durcheinander auf dem Tisch und beugt sich schließlich vor, um sich einen Löffel mit einem eigenartigen Blumenmuster auf dem Stiel genauer anzusehen. »Walt, sieh nur«, sagt sie. »Das ist noch von dem Besteck, das wir in unserem Haus in Annandale hatten.«

Im Vorderteil des Busses hebt Billie eine von Chris' zerschlissenen, geflickten Jeans auf. Sie schließt die Augen und drückt sie sich ans Gesicht. »Riech nur«, drängt sie ihren Mann mit einem schmerzerfüllten Lächeln. »Sie riechen immer noch nach Chris.« Nach einem langen, bewegenden Moment sagt sie, mehr zu sich selbst: »Er muß am

Ende sehr tapfer und stark gewesen sein, daß er nicht selbst Schluß gemacht hat.«

Billie und Walt gehen die nächsten zwei Stunden in dem Bus ein und aus. Walt bringt an der Innentüre ein kleines Gedenkzeichen an, ein einfaches Messingschildchen mit ein paar eingravierten Worten. Darunter stellt Billie einen kunstvoll arrangierten Strauß aus Berufkraut, Eisenhut, Schafgarbe und Fichtenzweigen zusammen. Unter das Bett im hinteren Teil des Busses stellt sie einen Koffer mit einem Verbandskasten, Dosenkonserven und vielem mehr, das in einer Notsituation hilfreich sein könnte. Dazu legt sie einen Zettel, auf dem sie jeden, der ihn zufällig lesen sollte, bittet, »sobald wie möglich deine Eltern anzurufen«. In dem Koffer befindet sich ferner eine Bibel, die Chris als Kind gehörte. »Obwohl ich«, wie Billie zugibt, »nicht mehr gebetet habe, seit wir ihn verloren haben.«

Walt ist eher nachdenklicher Stimmung und hat die ganze Zeit kaum etwas gesagt. Er wirkt jedoch so entspannt wie schon lange nicht mehr. »Ich hatte keine Ahnung, wie ich auf all das reagieren würde«, gesteht er und zeigt auf den Bus. »Aber jetzt bin ich froh, daß wir hier waren.« Dieser kurze Abstecher, wie er sagt, hat ihm geholfen, besser zu begreifen, warum sein Sohn in dieses Land gekommen ist. Christ ist ihm in vielerlei Hinsicht noch immer unverständlich und wird es wohl immer bleiben. Aber nun ist er der Lösung des Rätsels ein wenig näher gekommen. Und für diesen kleinen Trost ist er dankbar.

»Es ist irgendwie beruhigend, zu wissen, daß Chris hier war«, erklärt Billie, »genau zu wissen, daß er an diesem Fluß war, daß er hier auf diesem Flecken Erde gestanden hat. Wenn wir in den letzten drei Jahren irgendwo verreist waren, haben wir uns immerzu gefragt, ob Chris vielleicht auch einmal dort war. Die Ungewißheit war schrecklich – gar nichts zu wissen.

Immer wieder höre ich von Leuten, daß sie Chris für das, was er zu tun versucht hat, bewundern. Wenn er es überlebt hätte, würde ich es auch so sehen. Aber er hat es nicht überlebt, und niemand kann ihn wieder lebendig machen. Da läßt sich nichts mehr ändern. Die meisten Dinge lassen sich irgendwie wieder richten, aber dies nicht. Ich weiß nicht, wie man über solch einen schlimmen Verlust hinwegkommen kann. Die Tatsache, daß Chris nicht mehr da ist, ist ein stechender Schmerz, den ich jeden einzelnen Tag spüre. Es ist wirklich schwer. An einigen Tagen ist es besser als an anderen, aber es wird für den Rest meines Lebens jeden Tag schwer sein.«

Plötzlich wird die Stille von den schlagenden Rotorblättern des Hubschraubers erschüttert. Er senkt sich in einer Spirale aus den Wolken hinab und landet auf einem mit Berufkraut bewachsenen Flecken. Wir klettern hinein. Der Hubschrauber hebt sich in die Lüfte, bleibt einen kurzen Moment lang im Schwebeflug stehen. Dann geht er in Schräglage und driftet steil nach Südosten ab. Ein paar Minuten lang ist zwischen den verkümmerten Bäumen das Dach des Busses noch zu sehen, ein winziger weißer Schimmer in einem wilden, grünen Meer. Der weiße Schimmer wird kleiner und kleiner, dann ist er weg.

Mord im Auftrag Gottes

Wir glauben an Rechtschaffenheit, Moral und Aufrichtigkeit; aber wenn tyrannische Gesetze erlassen werden, die uns die freie Ausübung unserer Religion untersagen, können wir das nicht dulden. Gott ist größer als die Vereinigten Staaten, und wenn die Regierung in Widerstreit mit dem Himmel gerät, so werden wir uns unter dem Banner des Himmels sammeln und der Regierung widersetzen … Die Polygamie ist ein göttliches Gesetz. Sie ist direkt von Gott gegeben. Die Vereinigten Staaten können sie nicht abschaffen. Kein Volk der Erde kann das, nicht einmal alle Völker zusammen … Ich widersetze mich den Vereinigten Staaten; ich werde Gott gehorchen.

John Taylor (am 4. Januar 1880),
Präsident, Prophet, Seher und Offenbarer,
Kirche Jesu Christi der Heiligen der Letzten Tage

Kein westliches Land ist so von Religion durchdrungen wie unseres, wo neun von zehn Menschen Gott lieben und von ihm geliebt werden. Diese gegenseitige Leidenschaft steht im Mittelpunkt unserer Gesellschaft und erfordert ein gewisses Verständnis, falls unsere weltuntergangsfixierte Gesellschaft überhaupt zu verstehen ist.

Harold Bloom
The American Religion

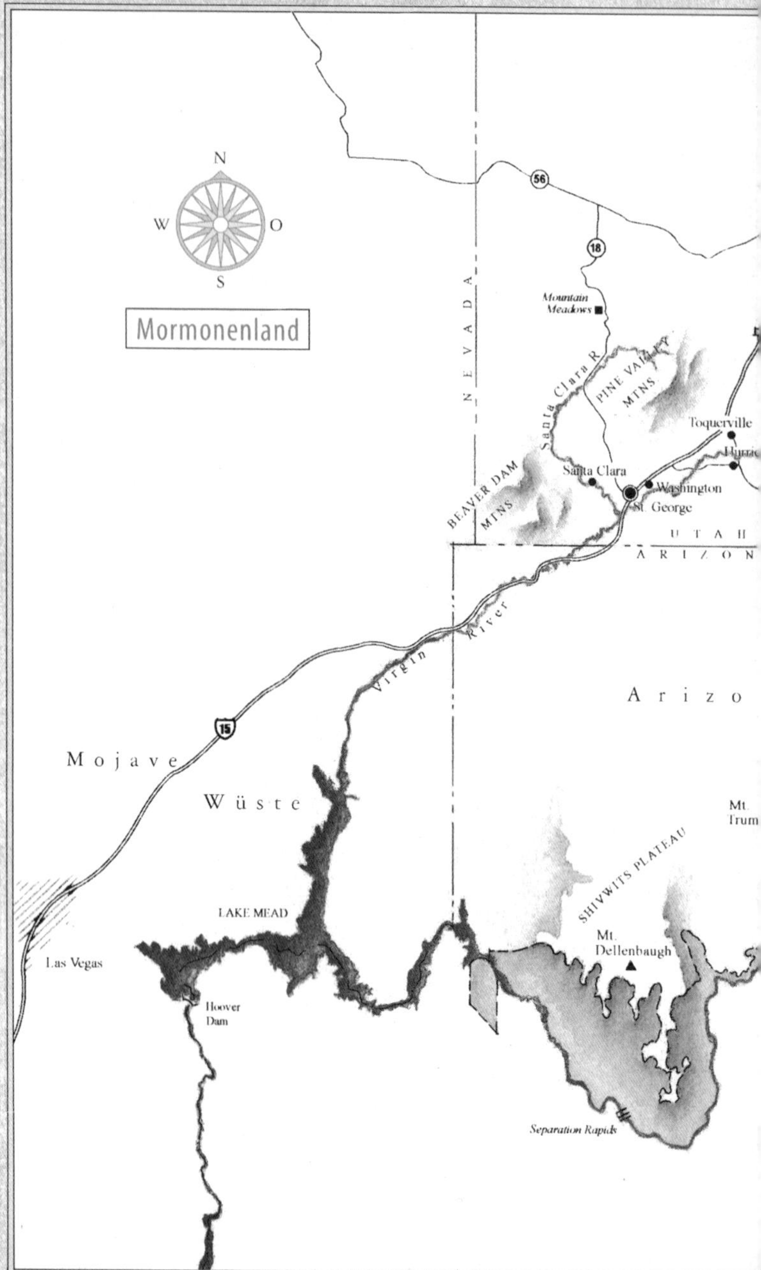
Mormonenland
N
W
O
S
NEVADA
UTAH
ARIZONA
Arizo
56
18
15
Mountain Meadows
Santa Clara R.
PINE VALLEY MTNS
Toquerville
Santa Clara
Washington
St. George
BEAVER DAM MTNS
Virgin River
Mojave Wüste
Mt. Trum
SHIVWITS PLATEAU
LAKE MEAD
Mt. Dellenbaugh
Las Vegas
Hoover Dam
Separation Rapids

Nevada
Utah
Arizona
Panguitch
Parowan
edar City
Orderville
ON
IONAL
PARK
LAKE POWELL
Paria River
CLIFFS
VERMILION
Canaan Mtn.
Kanab
Big Water
Colorado City-
Hildale
Fredonia
Glen
Canyon
Dam
Lee's Ferry
Pipe Spring
89
89A
389
67
t r i p
Kanab Ck.
GRAND
Colorado
CANYON
River
NATIONAL
PARK
Tuba City
0 Miles 5 10 15 20 25
0 Kilometer 25

Inhalt

Teil Eins

Teil Zwei

Teil Drei

Teil Vier

Prolog

Im Utah County hat fast jeder von den Lafferty-Jungs gehört. Was natürlich in erster Linie an den grausigen Morden liegt, aber der Name Lafferty war schon ziemlich bekannt, bevor Brenda und Erica Lafferty umgebracht wurden. Watson Lafferty, der Familienpatriarch, war Chiropraktiker und hatte eine gutgehende Praxis in seinem Haus im historischen Viertel von Provo. Er und seine Frau Claudine hatten sechs Söhne und zwei Töchter, denen sie eine ausgeprägte Arbeitsmoral und eine große Hingabe an die Mormonenkirche anerzogen. Die gesamte Familie wurde für ihren Fleiß und ihre Rechtschaffenheit bewundert.

Allen – das jüngste der Lafferty-Kinder, inzwischen Mitte Vierzig – arbeitet seit seiner Jugend als Fliesenleger. Im Sommer 1984 lebte er mit seiner vierundzwanzigjährigen Frau und seiner kleinen Tochter in American Fork, einer schläfrigen, spießigen Vorstadt an der Autobahn, die Provo mit Salt Lake City verbindet. Seine Frau Brenda, eine ehemalige Schönheitskönigin, war als Nachrichtensprecherin auf Kanal 11, dem örtlichen Ableger von PBS, allgemein bekannt geworden. Auch wenn sie ihre Fernsehkarriere abgebrochen hatte, um Allen zu heiraten und eine Familie zu gründen, hatte Brenda nichts von ihrem lebhaften Wesen eingebüßt, durch das sie den Fernsehzuschauern ans Herz gewachsen war. Ihre Wärme und Kontaktfreudigkeit hinterließen einen bleibenden Eindruck.

Am Morgen des 24. Juli 1984 verließ Allen vor Sonnenaufgang die kleine zweistöckige Wohnung und fuhr 130 Kilometer über die Interstate zur Arbeit, auf eine Baustelle östlich von Ogden. In der Mittagspause rief er Brenda an, die kurz mit ihm sprach und dann ihrer fünfzehn Monate alten Tochter Erica den Hörer hinhielt. Erica machte ein paar glucksende Laute in ihrer Babysprache, dann sagte Brenda ihrem Mann, es sei alles in Ordnung, und verabschiedete sich.

Müde von dem langen Arbeitstag kam Allen abends gegen acht Uhr nach Hause. Überrascht stellte er fest, daß die Haustür abgeschlossen war; das passierte nur äußerst selten. Er schloß die Tür auf und war erneut überrascht, weil im Wohnzimmer lautstark ein Baseballspiel im Fernsehen lief. Weder er noch Brenda mochten Baseball – sie sahen sich nie ein Spiel an. Nachdem er den Fernseher ausgeschaltet hatte, kam es ihm in der Wohnung seltsam still vor, als wäre niemand zu Hause. Allen nahm an, Brenda sei mit dem Baby spazierengegangen. »Ich wollte nachschauen, ob sie vielleicht bei den Nachbarn war«, erklärte er später, »aber plötzlich bemerkte ich Blut auf dem Lichtschalter neben der Tür.« Und dann sah er Brenda in einer Blutlache auf dem Küchenfußboden liegen.

Als er ihren Namen rief und keine Antwort bekam, kniete er sich neben sie und legte ihr die Hand auf die Schulter. »Ich habe sie berührt«, sagte er, »und ihr Körper war ganz kühl... Ihr Gesicht und ihr Körper waren voller Blut.« Allen griff nach dem Küchentelefon, das neben seiner Frau auf dem Boden lag, und wählte die Notrufnummer, stellte dann aber fest, daß kein Amtszeichen zu hören war. Jemand hatte die Schnur aus der Wand gerissen. Als er ins Schlafzimmer lief, um den anderen Apparat zu benutzen, warf er einen Blick ins Kinderzimmer und sah, daß Erica in seltsamer Haltung reglos in ihrem Bettchen lag. Sie hatte nur eine Windel an, die genau wie die Bettdecken blutdurchtränkt war.

Allen rannte ins Schlafzimmer, aber das zweite Telefon funktionierte auch nicht, deshalb klingelte er bei den Nachbarn und erreichte von dort aus schließlich die Polizei. Er schilderte das Blutbad und rief dann seine Mutter an.

Allen kehrte in seine Wohnung zurück und wartete auf die Polizei. »Ich bin zu Brenda gegangen und habe gebetet«, sagte er. »Und während ich da stand, habe ich mir das Ganze etwas genauer angesehen und festgestellt, daß ein erbitterter Kampf stattgefunden hatte.« Zum ersten Mal bemerkte er, daß das

Blut nicht auf die Küche beschränkt war: Auch die Wohnzimmerwände, der Fußboden, die Türen, die Vorhänge waren blutverschmiert. Ihm war klar, wer für den Mord verantwortlich war. Er hatte es schon im ersten Moment gewußt, als er Brenda auf dem Küchenfußboden liegen sah.

Die Polizisten nahmen Allen mit aufs Revier von American Fork und verhörten ihn die ganze Nacht. Sie hielten ihn für den Mörder, denn in den meisten Fällen ist der Ehemann der Täter. Nach und nach konnte Allen die Beamten jedoch davon überzeugen, daß Ron Lafferty, der älteste seiner fünf Brüder, der Hauptverdächtige war. Ron war in den vergangenen drei Monaten mit seinem Bruder Dan meist im Westen unterwegs gewesen und gerade erst ins Utah County zurückgekehrt. Nach Rons Wagen, einem blaßgrünen 1974er Impala-Kombi mit Utah-Kennzeichen, wurde eine Fahndung herausgegeben.

Es schien sich um Ritualmorde zu handeln, was die besondere Aufmerksamkeit der Nachrichtenmedien erregte und die Öffentlichkeit äußerst nervös machte. Am nächsten Abend waren die Lafferty-Morde im ganzen Staat das Hauptthema der Nachrichtensendungen. Am Donnerstag, dem 26. Juli, verkündete eine Schlagzeile auf der ersten Seite der *Salt Lake Tribune:*

Großangelegte Suche nach Tatverdächtigem für den Mord in American Fork

Von Mike Gorrell, Tribune-Redaktion, und Ann Shields, Tribune-Korrespondentin

AMERICAN FORK – Die Polizei von Utah und den umliegenden Staaten suchte am Mittwoch nach einem religiösen Fundamentalisten und früheren Gemeinderat von Highland, Utah County, der der am Dienstag begangenen Morde an seiner Schwägerin und ihrer fünfzehn Monate alten Tochter beschuldigt wird.

Ronald Watson Lafferty, 42, Adresse unbekannt, wird beschuldigt, Brenda Wright Lafferty, 24, und ihre Tochter Erica Lane ermordet zu haben …

Das Motiv für die Morde scheint noch unklar zu sein, und die Polizei von American Fork weigert sich, zu Gerüchten Stellung zu nehmen, daß der Verdächtige, ein exkommuniziertes Mitglied der Kirche Jesu Christi der Heiligen der Letzten Tage, Verbindungen zu polygamistischen oder fundamentalistischen Sekten unterhielt und diese Verbindungen etwas mit den Morden zu tun haben könnten …
Nachbarn waren fassungslos, daß »so etwas« in ihrem Viertel geschehen konnte.
»Die ganze Stadt ist bestürzt, daß in einer netten, ruhigen Gemeinde wie American Fork so etwas passieren konnte. Menschen, die behaupten, sie hätten noch nie ihre Türen abgeschlossen, sagten, jetzt würden sie es tun«, berichtete ein Nachbar, der nicht namentlich genannt werden will.
Ken Beck, ein Bischof der HLT-Gemeinde von American Fork, an deren Gottesdiensten Allen und Brenda Lafferty teilnahmen, sagte, sie seien »ein nettes, normales Paar« gewesen, aktiv in Kirchenangelegenheiten.

Ebenfalls auf der ersten Seite, direkt unter diesem Artikel, stand ein weiterer Bericht:

Nachbarn erinnern sich an Veränderungen bei 42jährigem Mordverdächtigen
Sonderbericht für die Tribune

AMERICAN FORK – Nachbarn haben Ronald Watson Lafferty als entschlossenen Menschen in Erinnerung, der sich von einem aktiven Mormonen und konservativen Republikaner zu einem strengen Konstitutionalisten und Fundamentalisten entwickelte und aus der Kirche ausgeschlossen wurde …
Als Highland 1977 gegründet wurde, war Mr. Lafferty im ersten Gemeinderat der Kleinstadt im Norden des Utah County vertreten. Damals leitete Mr. Lafferty eine Aktion zum Verbot des Bierverkaufs im einzigen Lebensmittella-

den der Stadt – wo Besucher des American Fork Canyon noch heute kein Bier kaufen können.
»Vor zwei Jahren sah er noch gepflegt aus, richtig amerikanisch, selbst morgens nach dem Melken«, sagte ein Nachbar in einer Siedlung voller Kinder, Pferde, Ziegen, Hühner und großer Gemüsebeete, wo auch Mr. Lafferty früher lebte.
Letztes Jahr wurden er und seine Frau nach mehrjähriger Ehe geschieden. Mr. Lafferty wurde ein Jahr lang nicht mehr in der Gegend gesehen.
Kurz nach Weihnachten verließ Mrs. Diana Lafferty, die als »eine tragende Säule der Mormonengemeinde« beschrieben wird, zusammen mit ihren sechs Kindern den Staat. Nachbarn erzählten, der Grund für die Scheidung seien unterschiedliche Ansichten über Religion und Politik gewesen.
»Er hat immer gesagt, daß man für das eintreten muß, was richtig ist – egal, was daraus folgt«, meinte ein Nachbar.
Freunde sagten, auch die politische Überzeugung von Mr. Lafferty hätte sich von konservativem Republikanertum zu striktem Fundamentalismus gewandelt – oder vielleicht weiterentwickelt. In den zwölf Jahren, die er in Highland lebte, kam er zu der Überzeugung, daß man zum Goldstandard und zu striktem Konstitutionalismus zurückkehren und nur »gerechte Gesetze« befolgen solle, meinte ein Nachbar.
»Er hatte den inbrünstigen Wunsch, die Verfassung – und das Land – zu retten«, sagte ein langjähriger Freund. »Das wurde zu einer religiösen Obsession.«

Die Kriminalbeamten verhörten alle Geschwister Allens, die sie ausfindig machen konnten, außerdem seine Mutter und mehrere Freunde. Wie auf der ersten Seite der Samstagsausgabe der *Tribune* zu lesen war, reimte sich die Polizei allmählich ein Motiv für die brutale Tat zusammen:

Waren die beiden Morde Folge einer religiösen Offenbarung?

Drei Tatverdächtige für den Mord an Mutter und Kind

Von Ann Shields, Tribune-Korrespondentin

AMERICAN FORK – In Zusammenhang mit dem Mord vom 24. Juli an einer Frau aus American Fork und ihrer fünfzehn Monate alten Tochter gibt es zwei weitere Tatverdächtige. Die Polizei hat bekanntgegeben, daß die Morde Folge einer religiösen »Offenbarung« sein könnten.

Seit Freitag gelten Dan Lafferty, Salem, Alter unbekannt, ehemaliger Kandidat für den Posten des Utah-County-Sheriffs und Schwager des Opfers, sowie Richard M. Knapp, 24, ehemals wohnhaft in Wichita, Kansas, als dringend tatverdächtig.

Dan Laffertys Bruder Ronald Lafferty, 42, Highland, Utah County, wird bereits seit Mittwoch wegen zweifachen vorsätzlichen Mordes gesucht.

Polizeichef Randy Johnson … teilte am Freitag mit, die Ermittlungen deuteten darauf hin, »daß Ron eine handschriftlich festgehaltene Offenbarung besaß, in der stand, daß er das Verbrechen begehen sollte. Falls dieses Dokument existiert, ist es ein wichtiges Beweisstück, und wir würden es gern sehen.« Er forderte alle Personen auf, die im Besitz von Informationen über dieses Dokument seien, sich mit der Polizei von American Fork oder dem FBI in Verbindung zu setzen …

Polizeichef Johnson gab an, die Männer seien wahrscheinlich bewaffnet und als gefährlich einzustufen, besonders gegenüber Polizeibeamten …

Nachbarn und Freunde der Verdächtigen und Opfer sagten, Ron Lafferty sei anscheinend Mitglied oder Gründer einer polygamistischen oder fundamentalistischen religiösen Sekte, was zu der Vermutung führte, die beiden Morde seien vielleicht die Folge einer religiösen Auseinandersetzung innerhalb der Familie.

Am 30. Juli wurde Rons klappriger Impala vor einem Haus in Cheyenne, Wyoming, entdeckt. Als das Haus von der Polizei gestürmt wurde, fand man zwar nicht die Lafferty-Brüder, aber man verhaftete Richard »Ricky« Knapp und Chip Carnes, zwei Streuner, die seit dem Frühsommer mit den Laffertys durch den Westen gezogen waren. Die Aussagen von Knapp und Carnes führten die Staatsgewalt nach Reno, Nevada, wo die Polizei Ron und Dan am 7. August verhaftete, als die beiden in der Schlange vor dem Büfett des Circus-Circus-Kasinos standen.

Vor ihrem Prozeß setzten die Brüder vom Gefängnis aus eine nicht besonders überzeugende Medienkampagne in Gang, in der sie ihre Unschuld beteuerten. Ron beharrte darauf, daß die Anschuldigungen falsch seien und die Mormonenkirche, die »in Utah alles kontrolliert«, einen fairen Prozeß gegen seinen Bruder und ihn verhindern wolle. Obwohl er gestand, an die Berechtigung der »Vielehe« zu glauben, sagte Ron, er habe weder Polygamie praktiziert noch einer extremistischen Sekte angehört. Dann behauptete er, die Mormonenkirche zu lieben, machte aber zugleich darauf aufmerksam, die augenblickliche Führung der HLT sei von den heiligen Lehren des Religionsgründers und Propheten Joseph Smith abgewichen.

Vier Tage später gab Dan Lafferty eine schriftliche Erklärung an die Medien, in der er behauptete, die Brüder seien »unschuldig an allen Verbrechen, deren wir angeklagt sind«, und daß »bald die Zeit gekommen ist, wo die wahren Verbrecher bekanntgemacht werden«.

Am 29. Dezember, fünf Tage vor dem angesetzten Beginn ihres Prozesses in Provo, holte Lieutenant Jerry Scott, der Oberaufseher des Utah-County-Gefängnisses, Dan aus seiner Zelle, um ihm weitere Fragen zu stellen. Als Dan zurückkehrte, stellte er fest, daß sein älterer Bruder in der Nebenzelle bewußtlos mit dem Hals am Handtuchhalter hing und nicht mehr atmete; Ron hatte ein T-Shirt benutzt, um sich zu erhängen. »Ich hab auf den Knopf der Sprechanlage gedrückt und gesagt, sie sollten besser runterkommen«, sagt Dan. Lieutenant Scott kam sofort, spürte bei Ron aber keinen Puls mehr. Obwohl

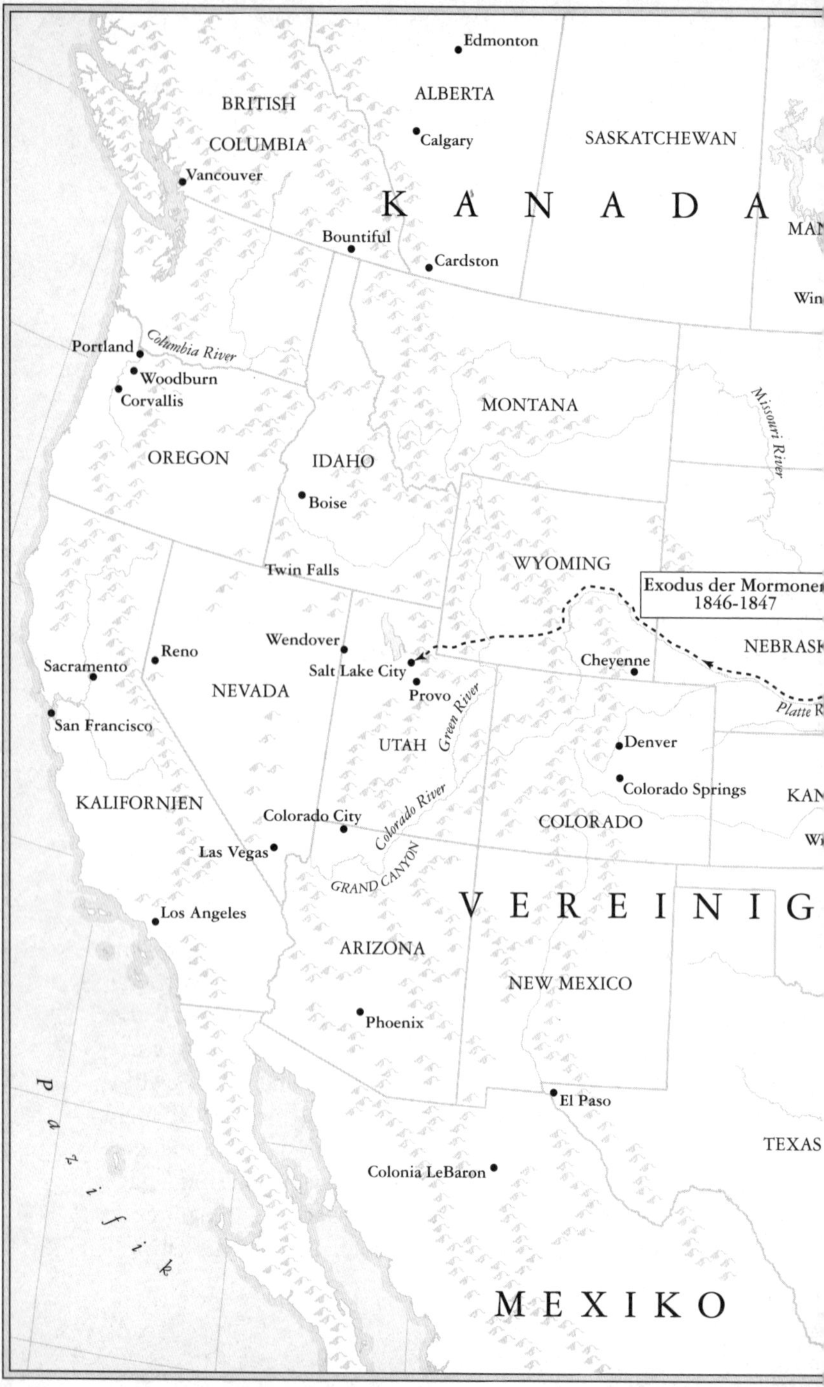
Edmonton
BRITISH
COLUMBIA
ALBERTA
Calgary
SASKATCHEWAN
Vancouver
K A N A D A
Bountiful
Cardston
Portland
Columbia River
Woodburn
Corvallis
MONTANA
Missouri River
OREGON
IDAHO
Boise
WYOMING
Twin Falls
Exodus der Mormonen
1846-1847
Wendover
Reno
Sacramento
Salt Lake City
Cheyenne
NEBRASKA
NEVADA
Provo
Green River
Platte River
San Francisco
UTAH
Denver
Colorado Springs
KALIFORNIEN
Colorado River
COLORADO
Colorado City
Las Vegas
GRAND CANYON
V E R E I N I G
Los Angeles
ARIZONA
NEW MEXICO
Phoenix
El Paso
P a z i f i k
TEXAS
Colonia LeBaron
M E X I K O

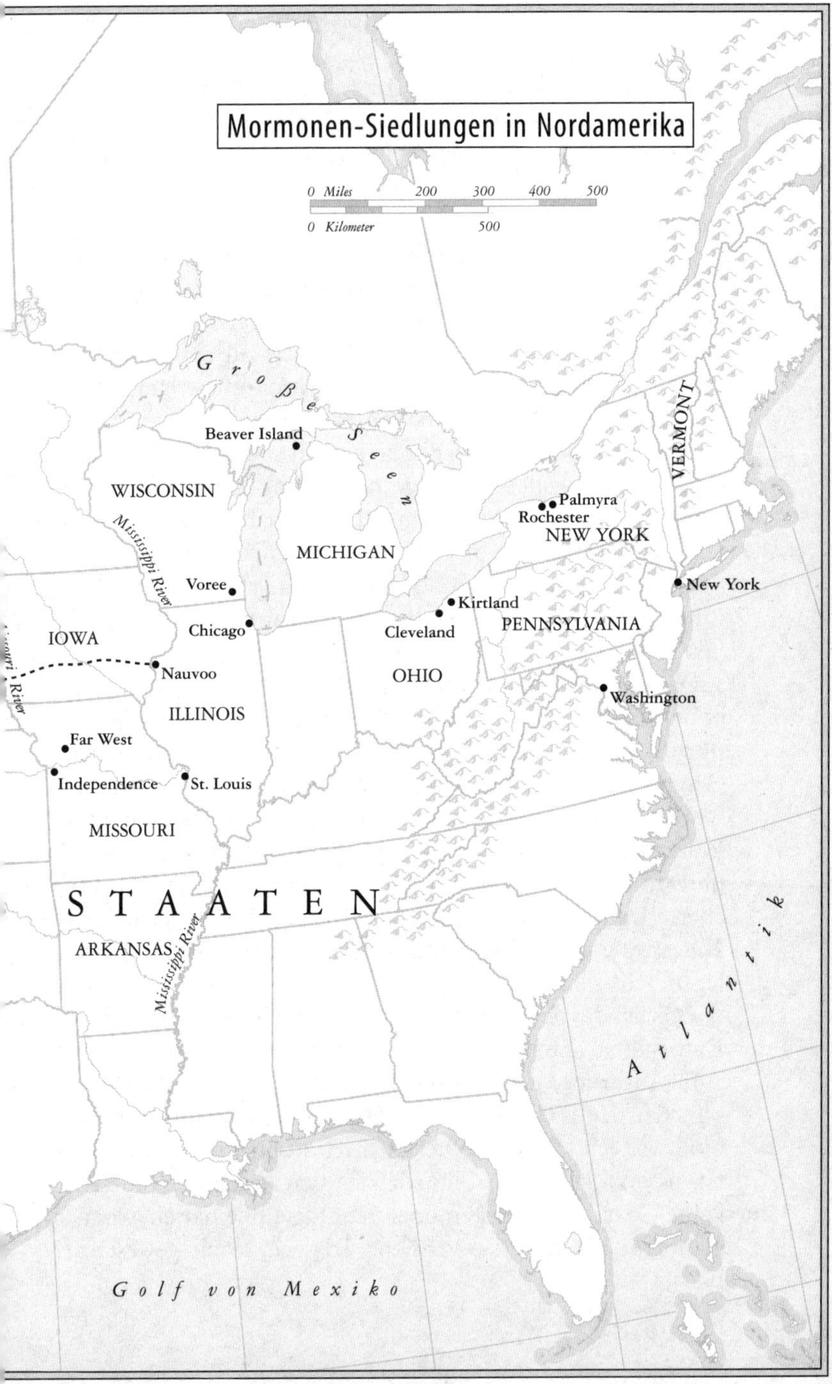
Mormonen-Siedlungen in Nordamerika
0 Miles 200 300 400 500
0 Kilometer 500
Große Seen
Beaver Island
WISCONSIN
Mississippi River
MICHIGAN
Voree
Chicago
IOWA
Nauvoo
ILLINOIS
Far West
Independence
St. Louis
MISSOURI
Kirtland
Cleveland
OHIO
Palmyra
Rochester
NEW YORK
VERMONT
New York
PENNSYLVANIA
Washington
STAATEN
ARKANSAS
Mississippi River
Atlantik
Golf von Mexiko

Scott und zwei Wärter Mund-zu-Mund-Beatmung und eine Herz-Lungen-Wiederbelebung durchführten, konnten sie Ron nicht wieder zu Bewußtsein bringen. Scott sagte aus, beim Eintreffen der Sanitäter sei der Häftling »anscheinend schon tot« gewesen.

Obwohl Ron ungefähr eine Viertelstunde lang nicht geatmet hatte, gelang es den Sanitätern schließlich, sein Herz wieder zum Schlagen zu bringen, und er wurde auf der Intensivstation des Utah Valley Regional Medical Center an ein Beatmungsgerät angeschlossen. Nach zwei Tagen im Koma erlangte er das Bewußtsein wieder – ein erstaunliches Ereignis, das Dan göttlichem Eingreifen zuschreibt. Eigentlich sollte die Verhandlung gegen beide Brüder drei Tage nach Rons Erwachen aus dem Koma stattfinden, doch Richter J. Robert Bullock ordnete an, Dan zunächst allein vor Gericht zu stellen, damit Ron sich erholen und einer umfassenden psychiatrischen Untersuchung unterzogen werden konnte, die einen Gehirnschaden ausschließen sollte.

Das Gericht ernannte zwei Anwälte zu Dans Vertretung, aber er bestand darauf, sich selbst zu verteidigen, und akzeptierte sie nur als Berater. Fünf Tage nach Prozeßbeginn zogen sich die Geschworenen zur Beratung zurück, und neun Stunden später wurde Dan des zweifachen Mordes für schuldig befunden. Während der folgenden Sitzung, bei der entschieden wurde, ob Dan für seine Verbrechen hingerichtet werden sollte, versicherte Dan den Geschworenen: »An Ihrer Stelle würde ich die Todesstrafe verhängen«, und versprach, keine Berufung einzulegen, falls sie zu diesem Urteil kämen.

»Als ich das gesagt habe, ist der Richter ausgerastet«, erklärte Dan später. »Er hat gedacht, ich brächte einen Todeswunsch zum Ausdruck, und hat die Geschworenen darauf hingewiesen, daß sie nicht für meine Hinrichtung stimmen dürften, bloß weil ich sterben wollte. Aber ich wollte nur, daß sie ihrem Gewissen folgen. Ich wollte, daß sie sich wegen der Todesstrafe keine Gedanken machten oder Schuldgefühle hätten, wenn sie glaubten, ich hätte sie verdient. Ich war bereit gewesen, für

Gott zu töten, deshalb dachte ich, ich sollte auch bereit sein, für Gott mein eigenes Leben hinzugeben. Wenn es Gottes Wille war, daß ich hingerichtet würde, dann war das für mich in Ordnung.«

Zehn Geschworene stimmten für die Todesstrafe, aber zwei weigerten sich, der Mehrheit zuzustimmen. Weil für die Verhängung der Todesstrafe ein einstimmiges Urteil erforderlich war, blieb Dan am Leben. Dem Obmann zufolge war einer der Geschworenen, die vor dem Hinrichtungsurteil zurückschreckten, eine Frau, die Dan durch »Blickkontakt, Lächeln und andere charismatische, nonverbale Zuneigungsbekundungen und psychosexuelle Verführung« beeinflußt und dazu gebracht habe, alle Beweise und die Belehrungen durch den Richter außer acht zu lassen. Der Obmann war entsetzt und wütend, daß Dan auf diesem Wege der Todesstrafe entging.

Dan sagte, auch er war »seltsamerweise ein bißchen enttäuscht, daß ich nicht hingerichtet wurde«.

Richter Bullock wandte sich mit unverhohlener Verachtung an den Verurteilten und erinnerte Dan daran, daß »die menschlichen Gesetze, die Sie ablehnen, Ihnen das Leben gerettet haben«. Dann gewann sein Abscheu die Oberhand, und er fügte hinzu: »In den zwölf Jahren meiner Richtertätigkeit habe ich noch nie eine Verhandlung wegen eines so grausamen, verabscheuungswürdigen, sinnlosen und gefühllosen Verbrechens wie der Morde an Brenda und Erica Lafferty geführt. Und ich habe auch noch keinen Angeklagten erlebt, der so wenig Reue oder Gefühl gezeigt hat.« Diese Vorhaltung kam von demselben hartgesottenen Richter, der 1976 die berüchtigte, in die Geschichte eingegangene Verhandlung gegen Gary Mark Gilmore wegen der grundlosen Morde an zwei jungen Mormonen geführt hatte.[1] Nachdem Richter Bullock verkündet hatte, daß die Geschworenen sich nicht auf die Todesstrafe einigen konnten, wandte er sich mit folgenden Worten an Dan: »Sie sollen jeden Augenblick Ihres Lebens hinter Gittern im Utah State Prison verbringen, das ordne ich hiermit an.« Er verurteilte Dan zu zweimal lebenslänglich.

Rons Verhandlung begann fast vier Monate später, im April 1985, nachdem eine Reihe von Psychiatern und Psychologen entschieden hatte, daß er zurechnungsfähig sei. Seine vom Gericht ernannten Anwälte hofften, die Mordanklagen auf Totschlag reduzieren zu können, indem sie behaupteten, Ron sei geistig verwirrt gewesen, als er und Dan Brenda Lafferty und ihr Baby ermordeten, doch Ron ließ das nicht zu. »Das kommt mir wie ein Schuldeingeständnis vor«, sagte er zu Richter Bullock. »Aber ich habe nicht vor, mich schuldig zu bekennen.«

Ron wurde wegen Mordes verurteilt, und diesmal schreckten die Geschworenen nicht vor der Verhängung der Todesstrafe zurück. Sie verurteilten ihn zum Tode, entweder durch eine tödliche Injektion oder durch vier Schüsse aus kurzer Entfernung ins Herz. Ron entschied sich für letzteres.

Am 15. Januar 1985, unmittelbar nachdem Richter Bullock die lebenslängliche Gefängnisstrafe angeordnet hatte, wurde Dan Lafferty ins Staatsgefängnis Point of the Mountain in der Nähe von Draper, Utah, gebracht, wo ein Gefängnisbeamter ihm die Haare schnitt und die Koteletten abrasierte. Knapp siebzehn Jahre sind verstrichen, und Dan hat sich seither weder rasiert noch die Haare geschnitten. Sein Bart, mit Gummiringen zu einem steifen grauen Tau geschlungen, reicht ihm inzwischen bis zum Bauch. Sein Haar ist weiß und wallt über den Rücken seines orangen Gefängnisoveralls. Obwohl er vierundfünfzig Jahre alt ist und sich in seinen Augenwinkeln Krähenfüße gebildet haben, hat er unverkennbar jungenhafte Gesichtszüge. Seine Haut ist so bleich, daß sie durchscheinend wirkt.

Von Dans linkem Ellbogen breitet sich strahlenförmig die plumpe Tätowierung eines Spinnennetzes aus und bedeckt die Armbeuge mit einem zerfransten indigoblauen Gitter. Er trägt Handschellen, und seine angeketteten Knöchel sind an einem Stahlring befestigt, der in den Betonboden eingelassen ist. Seine nackten Füße stecken in billigen Gummilatschen. Der großgewachsene Mann bezeichnet den Hochsicherheitstrakt des Gefängnisses als »mein Kloster«.

Jeden Morgen um halb sieben hallt ein Weckruf durch die Flure des Gefängnistrakts, gefolgt von einem Appell. Dans Zellentür bleibt zwanzig Stunden am Tag verschlossen. Dan sagt, selbst wenn sie nicht verschlossen ist, »bin ich fast immer in meiner Zelle. Ich verlasse sie bloß, um zu duschen oder Essen auszuteilen – das ist hier meine Aufgabe. Aber mit den anderen verkehre ich nicht soviel. Ich verlasse meine Zelle nur, wenn es unbedingt nötig ist. Hier drin gibt es so viele Arschlöcher. Sie verwickeln einen in ihr Gezänk, und am Ende muß man jemandem eine reinhauen. Und schon ist man seine Vergünstigungen los. Ich hab zuviel zu verlieren. Im Moment ist es wirklich angenehm. Ich habe einen echt guten Paßmann, und den will ich nicht verlieren.«

Dieser Paßmann oder Zellengenosse ist Mark Hofmann, ein ehemals frommer Mormone, der als Missionar in England seinen Glauben verlor und insgeheim Atheist wurde, bei seiner Rückkehr nach Utah aber weiter den vorbildlichen Heiligen der Letzten Tage spielte. Bald darauf erkannte Hofmann, daß er ein besonderes Talent als Fälscher hatte. Er stellte gefälschte historische Dokumente von hervorragender Qualität her, für die ihm Sammler große Summen zahlten. Als er im Oktober 1985 befürchtete, durch die laufenden Ermittlungen könne jeden Moment ans Licht kommen, daß es sich bei mehreren von ihm verkauften alten mormonischen Urkunden um Fälschungen handelte, zündete er zur Ablenkung der Polizei eine Reihe von Rohrbomben, tötete dabei aber zwei unschuldige Glaubensbrüder.[2] Viele von Hofmanns Fälschungen sollten Joseph Smith und die heilige Geschichte des Mormonentums in Mißkredit bringen; über vierhundert dieser gefälschten Urkunden wurden von der HLT-Kirche erworben (die sie für authentisch hielt) und dann weggesperrt, um sie vor der Öffentlichkeit zu verbergen.

Obwohl Hofmann inzwischen seine Verachtung für Religion im allgemeinen und speziell für das Mormonentum zum Ausdruck bringt, scheint sein Atheismus die Freundschaft zu Dan Lafferty nicht zu behindern – trotz der Tatsache, daß Dan, seinen eigenen, stolzerfüllten Worten zufolge, weiterhin ein Glaubenseiferer ist. »Mein Glaube ist für meinen Paßmann nebensächlich«, bestätigt Dan. »Wir sind trotzdem so was wie Brüder. Wir sind seelenverwandt.«

Vor seiner Verurteilung und über zehn Jahre danach behauptete Dan standhaft, er sei unschuldig an der Ermordung von Brenda und Erica Lafferty. Als er im August 1984 in Reno verhaftet wurde, sagte er zu den Polizisten: »Sie glauben, ich bin ein Mörder, aber das stimmt nicht.« Noch immer beharrt er darauf, kein Verbrechen begangen zu haben, streitet aber paradoxerweise nicht ab, daß er Brenda und Erica umgebracht hat. Bittet man ihn zu erklären, wie diese beiden anscheinend widersprüchlichen Behauptungen wahr sein können, erwidert er: »Ich habe Gottes Willen vollstreckt, das ist kein Verbrechen.«

Bereitwillig schildert Lafferty die Geschehnisse vom 24. Juli 1984. Er sagt, er, Ron und die beiden Streuner Ricky Knapp und Chip Carnes, die mit ihnen herumgereist waren, seien kurz nach Mittag zur Wohnung ihres jüngsten Bruders Allen in American Fork gefahren, auf der Interstate zwanzig Minuten entfernt von dem Ort, wo er jetzt eingesperrt ist. In der zweistöckigen Wohnung habe er seine fünfzehn Monate alte Nichte Erica gesucht, die in ihrem Bettchen gestanden und ihn angelächelt habe. »Ich hab kurz mit ihr gesprochen«, erinnert sich Lafferty. »Ich hab ihr gesagt: ›Ich weiß nicht genau, worum es hier geht, aber anscheinend ist es Gottes Wille, daß du diese Welt verläßt; vielleicht können wir später mal drüber reden.‹« Und dann schlitzte er ihr mit einem dreißig Zentimeter langen Ausbeinmesser die Kehle auf.

Nachdem er Erica getötet hatte, ging er seelenruhig in die Küche und brachte mit demselben Messer auch die Mutter des Babys um. Jetzt, siebzehn Jahre nach diesen beiden Morden, beharrt er mit großer Überzeugungskraft darauf, daß er die Tat weder bereut noch sich je dafür geschämt hat.

Genau wie sein älterer Bruder Ron wurde Dan Lafferty zu einem frommen Mormonen erzogen. »Ich habe mich schon immer für Gott und das Reich Gottes interessiert«, sagt er.

»Das stand seit meiner frühesten Kindheit im Mittelpunkt meines Interesses.« Und er ist davon überzeugt, nach Gottes Willen gehandelt zu haben, als er Brenda und Erica Lafferty umbrachte: »Es war, als hätte mich an diesem Tag jemand an die Hand genommen und mich sicher durch all das geleitet, was passiert ist. Ron hatte von Gott die Offenbarung erhalten, daß diese Menschen getötet werden mußten. Ich sollte es tun. Und wenn Gott will, daß etwas geschieht, dann geschieht es auch. Man will doch nicht gegen Ihn sündigen, indem man Seine Gebote nicht ausführt.«

Die beiden Morde sind aus vielerlei Gründen schockierend, aber nichts ist so beunruhigend wie Laffertys völlige und entschiedene Reuelosigkeit. Wie konnte ein anscheinend geistig gesunder, erklärtermaßen frommer Mann eine unschuldige Frau und ihr Baby auf so grauenhafte Weise und ohne die geringste Gefühlsregung umbringen? Woher nahm er die moralische Rechtfertigung? Was erfüllte ihn mit solcher Gewißheit? Jeder Versuch, diese Fragen zu beantworten, muß die dunklen Bereiche des Herzens und des Verstandes ergründen, aus denen die meisten von uns ihren Glauben an Gott schöpfen – und die ein paar Fanatiker dazu zwingen, diesen vernunftwidrigen Glauben bis an sein logisches Ende zu führen.

Es gibt eine dunkle Seite der Frömmigkeit, die zu oft übersehen oder geleugnet wird. Um jemanden dazu zu bringen, grausam und unmenschlich zu sein – Böses zu tun, wie die Gläubigen es ausdrücken würden –, ist vielleicht nichts so geeignet wie die Religion. Beim Thema religiös motivierter Morde denken viele Amerikaner sofort an islamischen Fundamentalismus, was nach den Terroranschlägen auf New York und Washington am 11. September 2001 nicht überraschend ist. Aber schon seit die Menschen an Götter glauben, haben sie im Namen Gottes verabscheuungswürdige Taten verübt, und Extremisten gibt es in allen Religionen. Mohammed ist nicht der einzige Prophet, dessen Worte zur Billigung barbarischer Verbrechen benutzt wurden; in der Menschheitsgeschichte wimmelt es nur so von Christen, Juden, Hindus, Sikhs und sogar

Buddhisten, die durch heilige Schriften dazu gebracht wurden, Unschuldige abzuschlachten. Viele dieser religiösen Extremisten waren waschechte Amerikaner.

Auf den Glauben gegründete Gewalt gab es schon lange vor Osama bin Laden, und sie wird uns auch noch lange nach seinem Ableben begleiten. Religiöse Eiferer wie bin Laden, David Koresh, Jim Jones, Shoko Asahara[3] oder Dan Lafferty sind in jeder Epoche zu finden, genau wie sonstige Fanatiker. Es wird immer Menschen geben, die sich ihren Bestrebungen mit so großer Konzentration und ungetrübter Leidenschaft widmen, daß sie völlig davon in Anspruch genommen werden. Man denke nur an jemanden, der den Drang verspürt, sein ganzes Leben auf eine Karriere als Konzertpianist oder die Besteigung des Mt. Everest auszurichten. Auf manche Menschen übt der Bereich des Extremen einen unwiderstehlichen Reiz aus. Und ein gewisser Prozentsatz solcher Fanatiker ist zwangsläufig auf Spirituelles fixiert.

Nach außen hin wird der Glaubenseiferer vielleicht von der Aussicht auf eine große Belohnung angetrieben – Reichtum, Ruhm, ewige Erlösung –, aber die tatsächliche Belohnung ist wahrscheinlich die Besessenheit selbst. Das gilt gleichermaßen für den religiösen Fanatiker wie für den fanatischen Pianisten oder den fanatischen Bergsteiger. Infolge dieser blinden Leidenschaft ist ihr Leben völlig zielgerichtet. Aus der Weltsicht des Fanatikers verschwindet die Zweideutigkeit, eine narzißtische Selbstsicherheit verdrängt jeglichen Zweifel. Ein herrlicher Zorn erhöht seinen Pulsschlag, angefacht durch die Sünden und Fehler geringerer Sterblicher, die überall, wo er hinschaut, die Welt beschmutzen. Sein Blickwinkel verengt sich immer mehr, bis ihm der Sinn für Proportionen völlig verlorengeht. Durch Maßlosigkeit gerät er in einen verzückungsähnlichen Zustand.

Obwohl das weite Feld des Extremen eine berauschende Anziehungskraft auf jeden dafür empfänglichen Menschen ausüben kann, scheint der Extremismus besonders unter Menschen verbreitet zu sein, die eine Veranlagung zur Religiosität haben oder religiös erzogen wurden. Glaube ist das genaue Gegenteil von Verstand, Unvernunft ein wesentlicher Bestandteil spiritueller Hingabe. Und wenn religiöser Fanatismus vernünftiges Denken ersetzt, muß man mit allem rechnen. Alles ist möglich. Absolut alles. Der gesunde Menschenverstand kann es nicht mit der Stimme Gottes aufnehmen – wie Dan Laffertys Taten deutlich beweisen.

Ziel dieses Buches ist es, etwas Licht auf Lafferty und seinesgleichen zu werfen. Auch wenn der Versuch, solche Menschen zu verstehen, eine entmutigende Aufgabe ist, erscheint er mir dennoch nützlich – wegen allem, was er uns über die Wurzeln brutaler Gewalt sagen könnte, und erst recht wegen allem, was wir über das Wesen des Glaubens erfahren könnten.

Teil Eins

Die Schismen, von denen das Mormonentum immer wieder erschüttert wurde – gefährlicher als alle Anfechtungen von außen –, bezeugen nur seine Kraft. Sie zeigten, wie ernst Konvertiten und Dissidenten ihre Erlösung nahmen, bereit, ihre Seele für Lehren aufs Spiel zu setzen, die eine spätere, nicht so stark an der Bibel ausgerichtete Generation als selbstverständlich betrachten konnte.

William Mulder & A. Russell Mortensen
Among the Mormons

1 Die Stadt der Heiligen

Denn du bist ein heiliges Volk dem Herrn, deinem Gott; und der Herr hat dich erwählt, daß du sein Eigentum seist, aus allen Völkern, die auf Erden sind.

5. Mose 14, 2

Und es wird sich begeben: Ich, der Herr Gott, werde einen senden, mächtig und stark, der das Zepter der Macht in der Hand hält, mit Licht bekleidet wie mit einem Mantel, dessen Mund Worte reden wird, ewige Worte; sein Inneres aber wird eine Quelle der Wahrheit sein, und er wird das Haus Gottes in Ordnung bringen.

Lehre und Bündnisse, Abschnitt 85
Offenbarung, empfangen von Joseph Smith am
27. November 1832

Auf dem höchsten Turm des Salt Lake Temple wacht – die goldene Trompete erhoben – eine in der Sonne von Utah glänzende Statue des Engels Moroni über die Innenstadt von Salt Lake City. Dieses wuchtige Granitgebäude ist der spirituelle und weltliche Mittelpunkt der Kirche Jesu Christi der Heiligen der Letzten Tage (HLT), die sich als die einzig wahre Religion der Welt darstellt. Der Temple Square ist für Mormonen dasselbe wie für Katholiken der Vatikan oder für Moslems die Kaaba in Mekka. Bei der letzten Zählung gab es weltweit über elf Millionen Heilige, und das Mormonentum ist die schnellstwachsende Religion in der westlichen Hemisphäre. Zur Zeit gibt es in den Vereinigten Staaten mehr Mormonen als Presbyterianer oder Episkopale. Auf dem gesamten Planeten übersteigt die Zahl der Mormonen inzwischen die der Juden. In Akademikerkreisen ist man der Ansicht, daß das Mormonentum auf dem besten Weg ist, eine der großen Weltreligionen zu werden – die erste seit dem Islam.

Direkt nebenan schwillt der Gesang der dreihundertfünfundzwanzig Stimmen des Mormon-Tabernacle-Chors an und erfüllt den riesigen Innenraum des Tempels mit dem kräftigen, eindringlichen Klang von »The Battle Hymn of the Republic«, dem Markenzeichen des Ensembles: *»Mine eyes have seen the glory of the coming of the Lord…«*

Für viele Menschen symbolisieren dieser Chor und sein makelloser Zusammenklang die Mormonen als Ganzes: anständig, optimistisch, kontaktfreudig, pflichtbewußt. Wenn Dan Lafferty die mormonischen Schriften zitiert, um seinen Mord zu rechtfertigen, paßt das so wenig dazu, daß es einem unwirklich vorkommt.

Die Angelegenheiten der Mormonen werden von einer Gruppe älterer weißer Männer in dunklen Anzügen geregelt, die ihren heiligen Aufgaben in einem sechsundzwanzigstöckigen Büroturm am Temple Square nachkommen.[4] Die gesamte Führung der HLT beharrt darauf, daß Lafferty unter keinen Umständen als Mormone anzusehen sei. Der Glaube, der Lafferty dazu brachte, seine Nichte und seine Schwägerin zu ermorden, ist als mormonischer Fundamentalismus bekannt; den Verantwortlichen der HLT-Kirche sträuben sich sichtlich die Haare, wenn Mormonen und mormonische Fundamentalisten auch nur im selben Atemzug genannt werden. Gordon B. Hinckley, der damals achtundachtzigjährige HLT-Präsident und Prophet, betonte 1998 in einem Fernsehinterview bei *Larry King Live:* »Sie stehen in keinerlei Verbindung zu uns. Sie gehören der Kirche nicht an. Sie sind keine *mormonischen* Fundamentalisten.«

Dennoch glauben die Mormonen und die, die sich mormonische Fundamentalisten (oder FHLT) nennen, an dieselben heiligen Schriften und dieselbe heilige Geschichte. Beide glauben, daß Joseph Smith, der das Mormonentum 1830 gründete, in Gottes Plan für die Menschheit eine wichtige Rolle spielte;

sowohl die HLT als auch die FHLT halten ihn für einen Propheten von ähnlichem Format wie Moses und Jesaja. Die Mormonen und die mormonischen Fundamentalisten sind beide davon überzeugt, daß Gott sie, und nur sie, als seine bevorzugten Kinder betrachtet: »So sollt ihr mein Eigentum sein vor allen Völkern.« Aber auch wenn beide sich stolz als das vom Herrn auserwählte Volk bezeichnen, weichen sie doch in einem besonders heiklen Punkt der religiösen Lehre voneinander ab: Im Gegensatz zu ihren heutigen mormonischen Landsleuten glauben die mormonischen Fundamentalisten fest daran, daß die Heiligen die göttliche Pflicht haben, mehrere Frauen zu heiraten. Die Anhänger des FHLT-Glaubens betrachten die Polygamie, so erklären sie, als religiöse Pflicht.

In Kanada, Mexiko und im amerikanischen Westen leben über dreißigtausend FHLT-Polygamisten. Manche Experten schätzen, daß es vielleicht sogar um die hunderttausend sind. Selbst die größere Zahl entspricht nicht einmal einem Prozent der Mitglieder der HLT-Kirche, aber dennoch bereitet diese gewaltige Menge polygamer Brüder den Führern der Hauptkirche großes Unbehagen. Die Verantwortlichen der Mormonenkirche behandeln die Fundamentalisten wie einen geisteskranken Onkel – sie versuchen, die »Polygs« auf dem Dachboden zu verstecken, wo sie nicht zu sehen sind, doch die Fundamentalisten scheinen sich ständig wegzuschleichen, um zu den ungelegensten Momenten in der Öffentlichkeit aufzutauchen, ein unerfreulicher Anblick, der dem gesamten HLT-Clan peinlich ist.

Die HLT-Kirche ist äußerst abweisend, wenn es um ihre kurze, ungewöhnliche Geschichte geht – und kein Aspekt dieser Geschichte läßt sie so in Abwehrstellung gehen wie die »Vielehe«. Die Führung der HLT hat sich sehr bemüht, die heutigen Kirchenmitglieder und die amerikanische Öffentlichkeit davon zu überzeugen, daß die Polygamie eine kuriose, längst aufgegebene Besonderheit war, die nur von einer Handvoll Mormonen im 19. Jahrhundert ausgeübt wurde. In der religiösen Literatur, die von ernsten jungen Missionaren auf dem

Temple Square verteilt wird, ist nicht erwähnt, daß Joseph Smith – noch immer die bedeutendste Persönlichkeit dieser Religion – mindestens dreiunddreißig Frauen heiratete, wahrscheinlich sogar achtundvierzig. Auch wird nicht erwähnt, daß die jüngste dieser Frauen erst vierzehn Jahre alt war, als Joseph ihr erklärte, Gott habe befohlen, daß sie ihn heiraten solle oder der ewigen Verdammnis anheimfalle.

Die Polygamie war in Wirklichkeit eines der heiligsten Kredos von Josephs Kirche – ein Lehrsatz, der so wichtig war, daß er für alle Zeiten als Abschnitt 132 von *Lehre und Bündnisse,* einer der wichtigsten Schriften des Mormonentums, kanonisiert wurde.[5] Der verehrte Prophet beschrieb die Vielehe als Teil der »heiligsten und wichtigsten Lehre, die dem Menschen auf Erden je offenbart wurde«, und lehrte, daß ein Mann mindestens drei Frauen haben müsse, um im Leben nach dem Tode »die Fülle der Verzückung« zu erlangen. Er wies darauf hin, daß Gott ausdrücklich befohlen habe: »Alle, denen dieses Gesetz offenbart wird, müssen es befolgen ... und wenn ihr diesen Bund nicht einhaltet, so seid ihr verdammt; denn niemand kann diesen Bund verwerfen und dennoch ins Reich der Seligkeit eintreten.«

Joseph wurde 1844 von aufgebrachten Mormonenhassern ermordet. Brigham Young übernahm die Leitung der Kirche und führte die Heiligen in die karge Wildnis des Great Basin, wo sie in kurzer Zeit ein beachtliches Reich aufbauten und sich schamlos den Bund »der spirituellen Ehe« zu eigen machten. Das kitzelte und schockierte das Zartgefühl der Amerikaner des viktorianischen Zeitalters, die die Polygamie als eine brutale, der Sklaverei gleichzustellende Unsitte betrachteten.[6] Als sich der republikanische Kandidat John C. Frémont, der das Ausmaß der Anti-Polygamie-Stimmung erkannt hatte, 1856 um die Präsidentschaft bewarb, versprach er, »diese beiden barbarischen Relikte – Polygamie und Sklaverei – im ganzen Land zu verbieten«. Frémont verlor die Wahl, aber ein Jahr später schickte Präsident James Buchanan, der siegreiche Kandidat, die US-Armee nach Utah, um Brigham Youngs Theokratie zu zerstören und der Polygamie ein Ende zu bereiten.

Durch den sogenannten Utah-Krieg wurde jedoch zum Ärger und Erstaunen einer ganzen Reihe amerikanischer Präsidenten weder Brigham von der Macht verdrängt noch die Lehre der Vielehe abgeschafft. Es folgte eine Reihe eskalierender gerichtlicher und gesetzlicher Auseinandersetzungen um die Polygamie, die im Edmunds-Tucker-Gesetz von 1887 gipfelten, das der HLT-Kirche den Status einer Körperschaft nahm, woraufhin der gesamte Kirchenbesitz im Wert von über 50 000 Dollar der Zentralregierung zufiel. Mit den Füßen im Feuer blieb den Heiligen letztlich nichts anderes übrig, als der Polygamie abzuschwören. Aber selbst als die HLT-Führer 1890 öffentlich behaupteten, die Ausübung der Polygamie aufgegeben zu haben, schickten sie in aller Stille Gruppen von Mormonen nach Mexiko und Kanada, um dort polygamistische Kolonien zu gründen, und einige der höchsten HLT-Verantwortlichen heirateten insgeheim noch bis weit ins 20. Jahrhundert mehrere Frauen und führten Vielehen.

Obwohl die HLT-Führer zunächst nur ungern auf die Vielehe verzichteten, nahmen sie schließlich eine pragmatischere Haltung zur amerikanischen Politik ein, lehnten die Polygamie strikt ab und drängten die Regierungsbehörden, Polygamisten strafrechtlich zu verfolgen. Hauptsächlich durch diesen kirchenpolitischen Kurswechsel wurde die HLT-Kirche in ihr erstaunlich erfolgreiches heutiges Abbild umgeformt. Nachdem die Mormonen die Polygamie aufgegeben hatten, wurden sie allmählich nicht mehr als verrückte Sekte betrachtet. Die HLT-Kirche übernahm den äußeren Anschein eines herkömmlichen Glaubens so erfolgreich, daß sie inzwischen allgemein als der Inbegriff amerikanischer Religion betrachtet wird.

Die mormonischen Fundamentalisten glauben jedoch, die Aufnahme in die amerikanische Gesellschaft habe einen viel zu hohen Preis gekostet. Sie finden, daß die Mormonenführer einen unverzeihlichen Kompromiß eingegangen sind, als sie vor über einem Jahrhundert in Sachen Polygamie vor der US-Regierung kapituliert haben. Sie behaupten, die Kirche habe sie verraten – die Führung der HLT habe aus politischer Berechnung einen der wichtigsten Glaubenssätze aufgegeben. Deshalb halten sich die heutigen Polygamisten für die Hüter der Flamme – die einzigen wahren und wirklichen Mormonen. Als die HLT-Kirche den Abschnitt 132 – das heilige Leitprinzip der Vielehe – aufgab, ist sie nach Meinung der Fundamentalisten vom rechten Weg abgekommen. Fundamentalistische Propheten brüllen von den Kanzeln herab, die heutige mormonische Kirche sei zur »schlimmsten Hure auf Erden« geworden.

Die mormonischen Fundamentalisten zitieren den Abschnitt 132 aus *Lehre und Bündnisse* vermutlich öfter als irgendeine andere Stelle aus den HLT-Schriften. Ihr zweitliebstes Zitat dürfte der Abschnitt 85 sein, wo Joseph folgendes offenbart wurde: »Ich, der Herr Gott, werde einen senden, mächtig und stark ... und er wird das Haus Gottes in Ordnung bringen.« Viele Fundamentalisten sind überzeugt, daß der eine Mächtige und Starke, »der das Zepter der Macht in der Hand hält«, bereits unter ihnen weilt und die Mormonenkirche schon bald auf den rechten Weg zurückführen und Josephs »heiligste und wichtigste Lehre« wiedereinführen wird.

2 Short Creek

Extreme und bizarre religiöse Vorstellungen sind in der amerikanischen Geschichte so oft anzutreffen, daß man sie kaum als Randerscheinung bezeichnen kann. Wenn man von einer Randerscheinung spricht, muß es auch eine Hauptrichtung geben, aber was die Zahlen betrifft, so bleibt der größte Teil des religiösen Spektrums im heutigen Amerika das, was er schon seit der Kolonialzeit ist: ein fundamentalistischer evangelischer Glaube mit starken millenaristischen Zügen. Der Tag des Jüngsten Gerichts gehört schon immer zum religiösen Gedankengut Amerikas. Es gab in Amerika zu jeder Zeit Gläubige, die auf diese Bedrohung mit dem Entschluß reagierten, dem künftigen Zorn zu entfliehen und aus der Stadt der Zerstörung auszuziehen, selbst wenn das bedeutete, mit dem Gesetz in Konflikt zu geraten oder sich mit ihrer Gemeinde oder Familie zu überwerfen … Im gesamten Verlauf der amerikanischen Geschichte lassen sich separatistische Gruppen Auserwählter finden, die in Ablehnung der herkömmlichen Auffassungen über Besitz, Familienleben und Sexualität auf einen Propheten warteten, der göttliche Offenbarungen empfing. Es waren Randgruppen, seltsame Leute, die sich von den anderen unterschieden: die Shaker und die Ephrata-Gemeinde, die Oneida und die Amana Community, die Anhänger von Joseph Smith und Brigham Young.

Philip Jenkins
Mystics and Messiahs

Der Grand Canyon, der sich diagonal durch den Norden Arizonas schlängelt, ist ein beeindruckender, 445 Kilometer langer

Riß in der Erdkruste. Er bildet eine gewaltige natürliche Barriere und schneidet den nordwestlichen Zipfel vom Rest des Staates ab. Dieses abgeschiedene Stück Hinterland – fast so groß wie New Jersey, aber nur von einem einzigen asphaltierten Highway durchzogen – wird Arizona Strip genannt und hat eine der geringsten Bevölkerungsdichten der Vereinigten Staaten.

Aber es gibt dort einen relativ großen Ort. Colorado City hat mit über neuntausend Seelen mehr als fünfmal so viele Einwohner wie jede andere Stadt in der Gegend. Autofahrer, die auf dem Highway 389 in westlicher Richtung durch das verdorrte Ödland des Uinkaret Plateaus fahren, sind oft überrascht, wenn 45 Kilometer hinter Fredonia (1036 Einwohner, die zweitgrößte Stadt im Strip) plötzlich Colorado City aus dem Nichts auftaucht: eine wildwuchernde Stadt mit kleinen Betrieben und ungewöhnlich großen Häusern, die sich unter eine steil aufragende Schichtstufe aus rotem Sandstein namens Canaan Mountain kauern. Fast alle Einwohner sind mormonische Fundamentalisten. Sie leben in dieser Wüstengegend, weil sie hoffen, daß man sie dort in Ruhe läßt und sie das heilige Leitprinzip der Vielehe befolgen können, ohne daß die Regierungsbehörden oder die HLT-Kirche sich einmischen.

Colorado City erstreckt sich auf beiden Seiten der Grenze zwischen Utah und Arizona und beherbergt mindestens drei Sekten mormonischer Fundamentalisten, darunter auch die weltgrößte: die Fundamentalistische Kirche Jesu Christi der Heiligen der Letzten Tage. Sie ist besser bekannt unter dem Namen United Effort Plan (oder UEP), und ihre Mitglieder leben strikt nach den Geboten eines altersschwachen zweiundneunzigjährigen namens Rulon T. Jeffs, der sich vom Steuerberater zum Propheten gewandelt hat.[7] »Onkel Rulon«, wie er von seinen Anhängern genannt wird, kann seine gottgewollte Führerschaft in direkter Linie bis zu Joseph Smith zurückverfolgen. Obwohl er wegen seiner Altersschwäche für diese Rolle ungeeignet scheint, glauben die Einwohner von Colorado City, daß Onkel Rulon »der eine Mächtige und Starke« ist, dessen Ankunft 1832 von Joseph prophezeit wurde.

»Viele hier sind überzeugt, daß Onkel Rulon ewig leben wird«, sagt DeLoy Bateman, ein achtundvierzigjähriger Lehrer, der an der Colorado City High School Naturwissenschaften unterrichtet. DeLoy wurde nicht nur von klein auf nach diesem Glauben erzogen, sondern seine Vorfahren gehören auch zu den glanzvollsten Gestalten dieser Religion: Sein Urgroßvater und Ururgroßvater zählten zu den dreizehn Gründungsmitgliedern der Fundamentalistischen Mormonenkirche; und sein Adoptivgroßvater LeRoy Johnson war der Prophet, der direkt vor Onkel Rulon die Führung von Colorado City innehatte. Im Augenblick fährt DeLoy in seinem gebrauchten Chevy-Kleinbus auf einer unbefestigten Straße am Stadtrand. Eine seiner beiden Ehefrauen und acht seiner siebzehn Kinder sitzen hinten. Plötzlich tritt er auf die Bremse, und der Bus hält mit einem Ruck an. »Das ist ja interessant«, sagt DeLoy und betrachtet die Trümmer einer Satellitenschüssel, die hinter dem Beifuß am Straßenrand liegen. »Sieht aus, als hätte jemand seinen Fernseher loswerden müssen. Hat ihn aus der Stadt gebracht und dann weggeworfen.«

Er erklärt, daß es den Kirchenmitgliedern verboten ist, fernzusehen und Zeitschriften oder Zeitungen zu lesen. Die Verlockungen der Außenwelt sind jedoch groß, und einige Glaubensbrüder erliegen ihnen zwangsläufig. »Sobald man etwas verbietet«, sagt DeLoy, »wird es unwahrscheinlich reizvoll. Die Leute fahren heimlich nach St. George oder Cedar City und kaufen sich eine Schüssel, hängen sie irgendwo auf, wo man sie nicht sehen kann, und verbringen heimlich jede freie Minute vor dem Fernseher. Dann hält Onkel Rulon eines Sonntags eine seiner Predigten über die Übel des Fernsehens. Er verkündet, daß er *genau* weiß, wer einen Apparat hat, und daß sie damit ihr Seelenheil aufs Spiel setzen.

Jedesmal, wenn er das tut, werden sofort eine Menge Satellitenschüsseln in die Wüste gekippt, so wie die hier. Danach gibt es in der Stadt zwei, drei Jahre lang keine Fernseher, aber dann werden nach und nach heimlich wieder Satellitenschüsseln angebracht, bis Onkel Rulon das nächste Mal hart durchgreift.

Die Leute versuchen, sich richtig zu verhalten, aber sie sind auch bloß Menschen.«

Wie das Fernsehverbot zeigt, hat das Leben in Colorado City unter Rulon Jeffs große Ähnlichkeit mit dem Leben in Kabul unter den Taliban. Onkel Rulons Wort ist Gesetz. Der Bürgermeister und alle anderen städtischen Angestellten sind ihm gegenüber rechenschaftspflichtig, genau wie die gesamte Polizei und die Schulverwaltung. Sogar Tiere sind seinen Launen ausgesetzt. Vor zwei Jahren hat ein Rottweiler in der Stadt ein Kind getötet. Daraufhin wurde der Erlaß herausgegeben, daß in der Stadt keine Hunde mehr erlaubt seien. Eine Schar junger Männer mußte alle Hunde zusammentreiben, und dann wurden die nichtsahnenden Tiere in einem ausgetrockneten Flußbett erschossen.

Onkel Rulon hat schätzungsweise fünfundsiebzig Frauen geheiratet, mit denen er mindestens fünfundsechzig Kinder gezeugt hat; mehrere seiner Frauen wurden mit ihm verheiratet, als sie vierzehn oder fünfzehn waren und er schon über achtzig. In seinen Predigten betont er immer wieder die Notwendigkeit absoluten Gehorsams. »Ich will euch sagen, daß die größte Freiheit, die ihr genießen könnt, im Gehorsam liegt«, verkündete er. »Aus vollkommenem Gehorsam erwächst vollkommener Glaube.« Wie bei den meisten Propheten der FHLT stützen sich seine Lehren auf die langatmigen, im 19. Jahrhundert von Joseph Smith und Brigham Young verfaßten Schriften. Onkel Rulon ruft seinen Anhängern gern Brighams Warnung ins Gedächtnis, daß für diejenigen, die so unsägliche Sünden wie Homosexualität oder Geschlechtsverkehr mit einem Angehörigen der afrikanischen Rasse begehen, »die Strafe, die darauf folgt, der sofortige Tod ist. Dies wird immer so sein.«

In Utah und Arizona verstößt Polygamie gegen das Gesetz. Um einer strafrechtlichen Verfolgung zu entgehen, heiraten die Männer von Colorado City in der Regel nur die erste ihrer Ehefrauen; deshalb bleiben alle späteren Ehefrauen, obwohl von Onkel Rulon mit ihrem Mann »spirituell getraut«, in den Augen des Staates ledige Mütter. Was den zusätzlichen Vorteil hat, daß die riesigen Familien Sozialhilfe und andere Formen öffentlicher Unterstützung erhalten. Obwohl Onkel Rulon und seine Anhänger die Regierungen Arizonas, Utahs und der Vereinigten Staaten als satanische Mächte betrachten, die den UEP vernichten wollen, bezieht ihre polygamistische Gemeinde jährlich über sechs Millionen Dollar an öffentlichen Mitteln.

Mehr als vier Millionen Dollar Staatsgelder fließen jedes Jahr an den Schulbezirk von Colorado City – die laut der *Phoenix New Times* »in erster Linie dem finanziellen Nutzen der FHLT-Kirche und der persönlichen Bereicherung der Vorstandsmitglieder des FHLT-Schulbezirks dienen«. Der Reporter John Dougherty fand heraus, daß Mitglieder der Schulverwaltung »die Kasse des Bezirks geplündert haben, indem sie die Kreditkarten des Bezirks mit persönlichen Ausgaben über Tausende von Dollar belasteten, sich teure Fahrzeuge für den privaten Gebrauch kauften und ausgedehnte Reisen unternahmen. Der Höhepunkt wurde im Dezember 2002 erreicht, als der Bezirk eine 220 000 Dollar teure Cessna 210 kaufte, um seinen Angestellten Ausflüge in Städte im gesamten Staat zu ermöglichen.«

Colorado City hat vom Bauministerium 1,9 Millionen Dollar für Straßenbauarbeiten, den Ausbau der Feuerwehrzentrale und die Verbesserung der Wasserversorgung erhalten. Direkt vor der südlichen Stadtgrenze wurde mit Bundesmitteln ein 2,8 Millionen Dollar teurer neuer Flughafen gebaut, der fast ausschließlich von der fundamentalistischen Gemeinde genutzt wird. Im Jahr 2002 bezogen 78 Prozent der Stadtbewohner, die auf der Seite von Arizona leben, Lebensmittelmarken. Zur Zeit erhalten die Einwohner von Colorado City für jeden Dollar, den sie an Steuern zahlen, acht Dollar an staatlichen Leistungen; die übrigen Bewohner des Mohave County, Arizona, bekommen nur etwas mehr als einen Dollar pro gezahlten Steuerdollar.

»Onkel Rulon rechtfertigt das ganze Geld vom gottlosen Staat mit der Behauptung, daß es in Wirklichkeit vom Herrn kommt«, sagt DeLoy Bateman. »Uns wird gesagt, daß der Herr das System benutzt, um für sein auserwähltes Volk zu sorgen.« Die Fundamentalisten nennen den Betrug am Staat »das Tier ausbluten« und betrachten es als heiligen Akt.

Onkel Rulon und seine Anhänger glauben, daß die Erde erst siebentausend Jahre alt ist und nie ein Mensch auf dem Mond war: Filmausschnitte, auf denen die Apollo-Astronauten auf der Mondoberfläche zu sehen sind, seien Teil einer ausgeklügelten Irreführung der Welt durch die amerikanische Regierung. Neben dem Fernseh- und Zeitungsverbot ist den Bewohnern von Colorado City auch jeglicher Kontakt zu Leuten untersagt, die nicht dem UEP angehören – dazu zählen auch abtrünnige Familienmitglieder. DeLoy ist ein solcher Apostat.

DeLoy und seine riesige Familie wohnen in einem entsprechend großen Haus – mit fünfzehnhundert Quadratmetern mehr als fünfmal so groß wie ein normales Einfamilienhaus –, das er eigenhändig mitten in der Stadt gebaut hat. DeLoys Bruder David wohnt ein paar Meter weiter, hinter einem zwei Meter hohen Zaun, in einem ähnlich großen Haus. »Mein Bruder«, sagt DeLoy und deutet mit dem Kinn über den Zaun, »und ich stehen uns so nahe wie sonst niemand auf diesem Planeten. Unser Vater war seit unserer Kindheit Invalide, also haben David und ich uns gegenseitig großgezogen. Aber jetzt darf er nicht mehr mit mir sprechen, weil ich aus der Kirche ausgeschlossen wurde. Wenn ihn seine Frau dabei ertappen würde, daß er sich mit mir unterhält, würde sie sich alle Kinder schnappen, und Onkel Rulon würde sie innerhalb weniger Stunden einem anderen Mann zur Frau geben. Und David wäre dann ein sogenannter Eunuch: jemand, der zwar im Schoß der Kirche bleiben darf, dem man aber seine Familie weggenommen hat – das, was auch mit mir passieren sollte, als ich die Religion verließ.«

DeLoy war früher ein angesehenes Mitglied der Kirche. Er rührte keinen Tropfen Alkohol oder Kaffee an, rauchte nicht, gab keine Gotteslästerungen von sich. Er war unerschütterlich in seinem Gehorsam und begehrte nicht auf. Doch 1996 begannen Verwandte seiner zweiten Frau, Verleumdungen über ihn zu verbreiten. Jemand unterrichtete den Propheten davon, und als Ergebnis, beklagt sich DeLoy, »zitierte Onkel Rulon mich in sein Büro und erhob alle möglichen Anschuldigungen gegen mich«.

DeLoy sagt, der Prophet »war sehr wütend – so wütend, daß er am ganzen Körper bebte, und als er sprach, spritzte Speichel aus seinem Mund. Wenn einem der Prophet so gegenübertritt, sagt man normalerweise bloß: ›Es tut mir leid, daß meine Handlungen dir mißfallen. Was verlangst du von mir?‹ Aber diesmal brachte ich es nicht über mich. Ich konnte es nicht sagen. Seine Anschuldigungen stimmten einfach nicht.

Also habe ich mich vorgebeugt, bis mein Gesicht ganz nah an seinem war, und dann hab ich – ganz ruhig, mit leiser Stimme – gesagt: ›Onkel Rulon, alles, was du gesagt hast, ist gelogen, völlig gelogen.‹ Und da hat er sich total schockiert auf dem Stuhl zurückgelehnt. Das hatte noch keiner gewagt.«

Zu Hause dachte DeLoy über die Ungeheuerlichkeit nach, die sich gerade zugetragen hatte: »Onkel Rulon sprach ständig mit Gott. All seine Weisheit und sein Wissen waren ihm angeblich direkt vom Herrn gegeben. Aber in wenigen Augenblicken war mir klargeworden, daß dieser Mann nicht mit Gott kommunizierte, sonst hätte er gewußt, daß die Anschuldigungen nicht der Wahrheit entsprachen. Ich beschloß auf der Stelle, die Kirche zu verlassen, obwohl das hieß, daß mein gewohntes Leben zu Ende sein würde.«

Als DeLoy am folgenden Sonntag nicht zum wöchentlichen Treffen der Priesterschaft erschien, schickte Onkel Rulon innerhalb von vierundzwanzig Stunden jemanden zu DeLoys Haus, um ihm Frau und Kinder wegzunehmen. Nach der UEP-Lehre gehören weder die Frauen ihrem Mann noch die Kinder ihren Eltern; alle sind Eigentum der Priesterschaft und können jederzeit zurückgefordert werden. Onkel Rulon verfügte, daß DeLoys Frauen und Nachkommen sofort einem anderen, würdigeren Mann gegeben werden sollten.

Aber beide Frauen weigerten sich, DeLoy zu verlassen. Onkel Rulon war bestürzt. »Die Priesterschaft hat eine viel größere Bedeutung als die Familie und alles andere«, erklärt DeLoy.

»Daß meine Frauen sich Onkel Rulon widersetzten und bei mir blieben, obwohl ich direkt in die Hölle kommen würde – so was war noch nie dagewesen.« Dadurch wurden auch DeLoys Ehefrauen und seine Kinder, außer den drei ältesten, zu Apostaten.

In Colorado City wird den Gläubigen beigebracht, daß Apostaten schlimmer sind als Ungläubige oder Mormonen der Hauptkirche.[8] In einer Predigt vom 16. Juli 2000 betonte Bischof Warren Jeffs (Onkel Rulons Sohn und gesetzmäßiger Erbe), daß ein Apostat »derböseste Mensch auf Erden« ist. Er sagte, Apostaten »sind zu Verrätern an der Priesterschaft und ihrer eigenen Existenz geworden und werden von ihrem Meister geleitet: Luzifer ... Apostaten sind buchstäblich Werkzeuge des Teufels.«

Als DeLoy vom Glauben abfiel, wurde seinen kirchentreuen Verwandten verboten, je wieder mit ihm, seinen Frauen oder seinen abtrünnigen Kindern zu sprechen. Und auch wenn DeLoy sein Haus selbst gebaut und bezahlt hat, gehört dem UEP das ganze Land in der Stadt, also auch das Grundstück, auf dem DeLoys Haus steht. Onkel Rulon und der UEP haben Klage eingereicht, um DeLoys Haus in Besitz zu nehmen, und versuchen zur Zeit, ihn aus Colorado City zu vertreiben.

Es ist kein Zufall, daß Colorado City so weit vom Schuß liegt. Short Creek, wie die Stadt damals hieß, wurde in den zwanziger Jahren von einem halben Dutzend fundamentalistischer Familien besiedelt, die an einem Ort leben wollten, wo sie unbehelligt Joseph Smiths Heiligste Lehre befolgen konnten. Dem UEP war jedoch nicht klar, wie sehr Polygamie die Gefühle der breiten Öffentlichkeit immer wieder aufwühlte.

Anfang der fünfziger Jahre war die Einwohnerschaft von Short Creek auf über vierhundert angewachsen. Das alarmierte Regierungsbeamte und die Führung der HLT in Salt Lake City dermaßen, daß Howard Pyle, der Gouverneur von Arizona, mit moralischer und finanzieller Unterstützung der Kirche einen detaillierten Plan ausarbeitete, die Stadt zu besetzen und der Polygamie ein Ende zu bereiten.[9] Am 26. Juli 1953 – acht

Monate bevor DeLoy Bateman geboren wurde – drangen mehrere hundert Staatspolizisten, vierzig Hilfssheriffs und Dutzende Trupps der Nationalgarde Arizonas vor Sonnenaufgang in Short Creek ein und verhafteten einhundertzweiundzwanzig Polygamisten, darunter auch DeLoys Vater. Die 263 Kinder dieser Familien wurden unter Amtsvormundschaft gestellt, mit Bussen ins 600 Kilometer entfernte Kingman, Arizona, gebracht und auf Pflegefamilien verteilt.

In einer sorgfältig formulierten mehrseitigen Erklärung zur Verteidigung der Maßnahme sprach Gouverneur Pyle von einer »bedeutsamen Polizeiaktion gegen einen Aufruhr innerhalb der Grenzen von Arizona«. Er sagte:

> Die Verantwortlichen dieser massenhaften Übertretung so vieler unserer Gesetze haben gegenüber Beamten des Mohave County geprahlt, ihre Unternehmungen hätten ein solches Ausmaß angenommen, daß der Staat Arizona machtlos sei.
>
> Bekanntermaßen waren sie geschützt durch die geographischen Gegebenheiten im äußersten Norden Arizonas … dem Gebiet auf der Nordseite des Grand Canyon, das unter dem Namen »The Strip« bekannt ist.
>
> Das ist eine Gegend mit Hochplateaus, dichten Wäldern, breiten Einschnitten und Schluchten, welligem, kargen Gelände und kräftigen Farben … eine Gegend, die zwischen den noch höheren Plateaus von Utah und dem Grand Canyon von Arizona eingezwängt ist.
>
> Short Creek ist auf der kürzesten Strecke über 600 Kilometer von der Bezirkshauptstadt Kingman entfernt …
>
> Die gewaltigen Felsen, die sich nördlich der schmalen Hauptstraße von Short Creek erheben, bilden eine natürliche Barriere nach Norden. Im Osten und Westen erstrekken sich trockene und karge Plateaus, und dann kommen Wälder. Im Süden liegt der Grand Canyon.
>
> In diesem abgelegenen Ort Arizonas wurde eine äußerst üble Verschwörung angezettelt, die sich in beängstigender

geometrischer Progression ausgebreitet hat. Hier hat sich eine ganze Gemeinde der grotesken Philosophie verschrieben, daß eine Handvoll gieriger und lüsterner Männer das Recht und die Macht haben sollte, das Schicksal jedes einzelnen Bewohners zu kontrollieren.

Hier hat sich eine Gemeinde – bedauerlicherweise auch viele der Frauen – unabänderlich der gefährlichen Theorie verschrieben, daß heranreifende Mädchen mit Männern jeden Alters in die Fesseln der Vielehe gezwungen werden sollten, zu dem einzigen Zweck, noch mehr Kinder zu gebären, die man dazu erzieht, Sklaven dieses völlig gesetzwidrigen Unterfangens zu werden.

Einen Tag später wurde die Polizeiaktion im Leitartikel der *Deseret News*, einer Zeitung im Besitz der HLT-Kirche, begrüßt: »Utah und Arizona schulden Gouverneur Howard Pyle großen Dank ... hoffentlich ist damit das unglückselige Treiben in Short Creek ein für allemal vorbei.«

Die Aktion machte landesweit Schlagzeilen; sogar auf der ersten Seite der *New York Times* wurde darüber berichtet, und dem Artikel wurde dieselbe Bedeutung beigemessen wie der Bekanntgabe des Waffenstillstands, der den Koreakrieg beendete. Doch zur Bestürzung der HLT-Führung stellte die Presse die Polygamisten größtenteils in rosigem Licht dar. Fotos von weinenden Kindern, die ihren Müttern aus den Armen gerissen wurden, erzeugten im ganzen Land Mitleid mit den Fundamentalisten, die beteuerten, sie seien rechtschaffene, gesetzestreue Mormonen und wollten bloß ihre von der Verfassung geschützten Freiheiten wahrnehmen.

Die Polizeiaktion wurde allgemein als religiöse Verfolgung durch übereifrige Regierungsbehörden empfunden und löste eine große Protestwelle zugunsten der Polygamisten aus. Die *Arizona Republic* zum Beispiel kritisierte die Aktion als »Mißbrauch öffentlicher Mittel«. 1954 verlor Gouverneur Pyle hauptsächlich wegen dieser Sache und des schlechten Presseechos die Wiederwahl. Die Verhaftungen und die anschließenden Prozesse kosteten die Steuerzahler 600 000 Dollar, doch 1956 waren alle festgenommenen Polygamisten auf freiem Fuß und wieder mit ihren Familien in Short Creek vereinigt. Die Mitglieder des UEP orientierten sich nach wie vor schamlos an Joseph Smiths Leitprinzip, und die Einwohnerzahl der Stadt verdoppelte sich weiterhin alle zehn Jahre – eine Folge der riesigen Familien und der astronomischen Geburtenrate im Ort.

Paradoxerweise erwies sich die Polizeiaktion in Short Creek für die FHLT-Kirche als großer Segen. Wegen der darauf folgenden Gegenreaktion konnten die Fundamentalisten die Polygamie in den nächsten fünfzig Jahren im ganzen Intermountain West ohne große staatliche Einmischung praktizieren – bis zum Mai 1998, als ein grün und blau geschlagenes Mädchen von einem Münztelefon in einer Fernfahrerkneipe in Nordutah die Notrufnummer wählte.

Mary Ann hatte etwas Erschütterndes zu berichten. Direkt nach ihrem sechzehnten Geburtstag habe sie ihr Vater, ein Geschäftsmann namens John Kingston, von der High School genommen und gezwungen, die fünfzehnte Frau seines Bruders David Ortell Kingston – des zweiunddreißigjährigen Onkels des Mädchens – zu werden. John Daniel, David Ortell und Mary Ann gehören zu den zwölfhundert Mitgliedern des sogenannten Kingston-Clans – einer äußerst geheimniskrämerischen fundamentalistischen Mormonensekte mit Sitz im Salt Lake County, offiziell unter dem Namen Kirche Jesu Christi der Letzten Tage bekannt und zur Zeit von einem Anwalt namens Paul Kingston geführt, der mit mindestens fünfundzwanzig Frauen verheiratet ist und über zweihundert Kinder gezeugt hat.

In mindestens fünf Staaten im Westen Amerikas besitzen die Kingstons zahlreiche Firmen – ein undurchsichtiges Netzwerk aus Aktien- und Kommanditgesellschaften im Wert von über einhundertfünfzig Millionen Dollar. Trotz des großen Reichtums der Kingstons leben viele Frauen und Kinder des Clans in Armut und bekommen Sozialhilfe. Bis auf wenige Privilegierte müssen alle Sektenmitglieder gegen geringe Entlohnung sechzig Stunden pro Woche in einer der Firmen arbeiten. Der Lohn wird den Clanmitgliedern nicht überwiesen, sondern auf ein Bankkonto der Kingstons eingezahlt, und sie erhalten bloß Berechtigungsscheine, mit denen sie in den Kingston-Läden einkaufen können. Miete, Schulden und der obligatorische Zehnte werden jeweils einbehalten. Laut einem Artikel von Jennifer Gallagher und Susan Snyder aus der *Salt Lake Tribune* predigen die Führer der Kingston-Sekte »ein Evangelium der Zerstörung, sie glauben, daß die Mitglieder nicht in den Himmel kommen, wenn keine ihrer Töchter mit einem Clanführer verheiratet ist, und schreiben ihnen sogar vor, wie sie ihre Milchkartons auszuspülen und ihr Shampoo aufzubewahren haben.«

Beim Kingston-Clan ist Inzest noch häufiger anzutreffen als bei anderen fundamentalistischen Mormonensekten. Die Clanführer fördern diese Praktik, um ihre Abstammungslinie zu »reinigen«, deshalb greifen zunehmend Geburtsschäden um sich. Die Genealogin Linda Walker berichtet von Frauen aus der Kingston-Sekte, die angeblich »Protoplasmaklumpen« zur Welt gebracht haben und »acht- oder neunmal schwanger waren, ohne auch nur ein einziges lebendes Kind zu gebären. Die Clanführer geben natürlich den Frauen die Schuld und bezeichnen es als Strafe für ihre Sündhaftigkeit.«

Nachdem Mary Ann Kingston mit sechzehn gegen ihren Willen mit ihrem Onkel David Ortell Kingston verheiratet worden war, versuchte sie zweimal wegzulaufen, wurde aber jedesmal erwischt. Beim zweiten Mal suchte sie Zuflucht bei ihrer Mutter – die das Mädchen prompt seinem Vater John Daniel Kingston übergab. Daraufhin brachte John Daniel Mary Ann auf eine abgelegene Ranch nahe der Grenze zwischen Utah und Idaho, die von den Kingstons als »Umerziehungslager« für eigensinnige Ehefrauen und ungehorsame Kinder benutzt wurde. Er führte seine Tochter in eine Scheune, schnallte seinen Gürtel ab, schlug damit brutal auf ihr Gesäß, ihre Schenkel und ihren Rücken ein und fügte ihr schwere Verletzungen zu. Später erzählte Mary Ann einem Richter, ihr Vater habe vorher gesagt, »er würde mir für jedes Vergehen zehn Hiebe verpassen«.

Nachdem John Daniel seine Tochter brutal verprügelt hatte, fuhr er weg, und Mary Ann flüchtete von der Ranch und humpelte auf einer unbefestigten Straße acht Kilometer weit, bis sie zu einer Tankstelle kam, von wo sie die Polizei verständigte. John Daniel und David Ortell Kingston wurden verhaftet und später in aufsehenerregenden Prozessen verurteilt. John Daniel wurde der Kindesmißhandlung für schuldig befunden und saß achtundzwanzig Wochen lang im Bezirksgefängnis; David Ortell wurde wegen Inzests und sexuellen Mißbrauchs zu zehn Jahren Haft im Utah State Prison verurteilt, kam aber wegen guter Führung schon nach vier Jahren wieder auf freien Fuß. Mary Ann Kingston fand das Urteil ungerecht, reichte im August 2003 Zivilklage ein und forderte von den 242 Mitgliedern des Kingston-Clans »für alles, was sie mir angetan haben«, eine Entschädigung von mehr als 110 Millionen Dollar.

Nach der Verurteilung der Kingstons im Jahre 1999 standen die mormonischen Fundamentalisten im ganzen Westen plötzlich wieder im unbehaglichen Licht der Öffentlichkeit. Auch die Einwohner von Colorado City waren über die erhöhte Aufmerksamkeit besorgt und wurden noch nervöser, als im April 2000 ein weiterer Polygamist aus Utah namens Thomas Arthur Green der Bigamie und der vorsätzlichen Vergewaltigung eines Kindes beschuldigt wurde. Der Kingston-Prozeß machte zwar in Utah Schlagzeilen, schlug aber anderswo keine hohen Wellen. Die strafrechtliche Verfolgung Greens hingegen wurde zu einem öffentlichen Spektakel, größtenteils von Green selbst inszeniert, und über seine Vielehe wurde in allen größeren Medien zwischen Seattle und Miami berichtet.

Der vierundfünfzigjährige Tom Green ist ein dicker, bärtiger Mann mit Geheimratsecken und hat zweiunddreißig Kinder und fünf Ehefrauen (insgesamt hat er mindestens zehn verschiedene Frauen geheiratet, aber die anderen fünf haben ihn verlassen). Die älteste seiner derzeitigen Ehefrauen ist zweiundzwanzig Jahre jünger als er, die jüngste neunundzwanzig Jahre. Greens riesige Familie hauste in einer Reihe klappriger Wohnwagen, die auf einem zehn Morgen großen Stück Wüste im einsamen Snake Valley im Juab County aufgestellt waren, weit draußen an der Grenze zu Nevada, 150 Kilometer entfernt von der nächsten asphaltierten Straße. Green hat dieses kleine Reich bescheiden Greenhaven getauft.

Im Gegensatz zu den meisten Polygamisten, die darauf bedacht sind, sich dem forschenden Blick Außenstehender zu entziehen, hat Green ein unstillbares Verlangen nach Publicity. Er und seine Frauen haben zahlreichen Zeitungsreportern von ihrem Leben erzählt und sind bereitwillig in Fernsehsendungen wie »*Judge Judy*«, »*Jerry Springer*«, »*Queen Latifah*«, »*Sally Jesse Rafael*« und »*Dateline NBC*« aufgetreten. Green sagt, sie hätten beschlossen, die Aufmerksamkeit der Medien zu suchen, nachdem er eines Morgens aufgewacht sei und gehört habe, »wie eine Stimme zu mir sagt: ›Stell dein Licht nicht unter den Scheffel, sondern laß es so vor den Menschen leuchten, daß sie deine guten Worte sehen und deinen Vater im Himmel lobpreisen.‹ Ich habe meinen Frauen erzählt, was ich gehört hatte, und sagte, ich hätte daraus entnommen, es sei Gottes Wille, durch uns zu zeigen, daß die Vielehe funktionieren kann … Wir schämen uns weder unseres Glaubens noch unserer Familie … Wir wollen den Leuten bloß begreiflich machen, daß Polygamisten keine Bedrohung sind, wir sind keine Fanatiker, wir sind keine Verbrecher.«

Zu Tom Greens Pech schaltete David O. Leavitt, Staatsanwalt von Juab County und jüngerer Bruder von Mike Leavitt, dem Gouverneur von Utah, 1999 eines Abends zufällig seinen Fernseher an und sah, wie Green in »*Dateline NBC*« mit seinen jungen Ehefrauen prahlte. Obwohl Leavitt schon lange von Greens polygamistischer Kolonie in der westlichen Wüste wußte, hatte er nicht vorgehabt, ihn strafrechtlich zu verfolgen. Als Kind hatte Leavitt Freunde gehabt, die Nachkommen von Polygamisten waren, und auch sein eigener Urgroßvater hatte mehrere Frauen geheiratet. Nachdem Leavitt 1993 sein Jurastudium abgeschlossen hatte und als Pflichtverteidiger arbeitete, verteidigte er sogar einen Polygamisten und gewann den Prozeß mit dem Argument, daß die in der amerikanischen Verfassung garantierte Religionsfreiheit Vorrang vor Staatsgesetzen habe, die die Vielehe kriminalisierten.

Aber dann sah Leavitt, wie Green sich im überregionalen Fernsehen damit brüstete, er habe seine derzeitigen Frauen alle geheiratet, als sie noch junge Mädchen waren. Eine von ihnen war erst dreizehn und er siebenunddreißig, als er sie schwängerte. Wenn ein erwachsener Mann Geschlechtsverkehr mit einem dreizehnjährigen Mädchen hat, gilt das nach den Gesetzen Utahs als Kapitalverbrechen. »Auf den ersten Blick wirkte Tom Green wie jemand, über den man sich nicht den Kopf zerbrechen mußte«, erklärte Leavitt im November 2000 der Associated-Press-Reporterin Pauline Arrillaga. »Aber er hat sich dreizehn- und vierzehnjährige Mädchen genommen, ihnen jegliche Bildung vorenthalten, sie geheiratet, sie geschwängert und vom Staat verlangt, daß der die Rechnung bezahlt, und er hat ein dreizehnjähriges Mädchen vergewaltigt.« Fünf Monate nach Ausstrahlung der Sendung erhob Leavitt Klage gegen Green, der mit seiner riesigen Familie von Sozialhilfe lebte.

Ermittlungsbeamte der Generalstaatsanwaltschaft von Utah haben dokumentiert, daß Tom Green und seine Angehörigen zwischen 1989 und 1999 über 647 000 Dollar an Unterstützung bezogen, darunter 203 000 Dollar in Lebensmittelmarken und knapp 300 000 Dollar für Arzt- und Zahnarztkosten. Hätte man den Ermittlern uneingeschränkten Zugang zu den einschlägigen Regierungsakten seit 1985 gewährt, als Green mit seiner polygamen Lebensführung begann, dann hätten sie nach eigenen Schätzungen beweisen können, daß Green über eine Million Dollar Sozialhilfe bezogen hatte.

Linda Kunz Green, inzwischen achtundzwanzig, war dreizehn, als sie Tom Green heiratete. Sie betont, er habe nichts Unrechtes getan, und sie fühle sich nicht als Opfer. Sie sagt, es gefalle ihr, in einer Vielehe zu leben, und weist darauf hin, daß es ihre Idee gewesen sei, Green zu heiraten. Leavitt entgegnet, Linda sei bloß das Opfer eines Phänomens, das Psychologen Stockholm-Syndrom nennen, bei dem die Geiseln mit den Geiselnehmern sympathisieren und diese später in Schutz nehmen. »Linda Green hat nie die Fähigkeit besessen, sich zu entscheiden«, argumentiert Leavitt.

Als Linda Kunz Tom Green heiratete, war ihre Mutter Beth Cooke ebenfalls mit ihm verheiratet, aber Cooke hat ihn inzwischen verlassen (sieben der zehn Frauen, die Green geheiratet hat, und alle derzeitigen Ehefrauen waren Töchter seiner anderen Ehefrauen; er hat es sich zur Gewohnheit gemacht, seine Stieftöchter zu heiraten, die alle erst sechzehn oder jünger waren, als er mit ihnen die Ehe einging). Cooke ist in Short Creek aufgewachsen, in einer polygamistischen Familie. Als sie 1953 mit ansah, wie die Hilfssheriffs aus Mohave County bei der Polizeiaktion in Short Creek ihren Vater und dreißig weitere Männer verhafteten, war sie neun Jahre alt. Drei Jahre später, im Alter von zwölf, wurde Cooke mit ihrem Stiefvater Warren »Elmer« Johnson, dem Bruder des Propheten LeRoy Johnson, verheiratet. Cooke wurde eine von sieben Frauen, mit denen Elmer verheiratet war.

Nachdem Elmer Johnson 1984 gestorben und Cooke den folgenden Ehemann verlassen hatte, wurden sie und ihre zwei Töchter auf einer Sonntagsschulversammlung Green vorgestellt. »Ich war richtig gespannt auf ihn«, erzählte Cooke der freischaffenden Journalistin Carolyn Campbell, »denn meine Freundin sagte, sie hätte Tom Green kennengelernt und er wäre der häßlichste Mann, dem sie je begegnet ist.« Cooke, die vier Jahre älter ist als Green, war anderer Meinung. Sie fand, daß er gut aussah und hochintelligent war. Sie war beeindruckt von der Art, wie er die Versammlung in die Hand nahm. Er verabredete sich mit ihr und sagte bei ihrem ersten Rendezvous, daß er sie heiraten werde – eine Prophezeiung, die sich schnell erfüllte. Die Frischvermählten verbrachten ihre Flitterwochen in Bountiful, Kanada, einer Kolonie von UEP-Polygamisten im Südosten British Columbias.

1985 merkte Cooke, daß ihre dreizehnjährige Tochter Linda Kunz gegenüber Green »Gefühle zeigte«. Linda saß gern auf dem Schoß ihres Stiefvaters und »hing wie eine Klette an ihm«. Sie sprach ständig von Green und fragte Cooke schließlich, ob sie ihn heiraten könne. Cooke willigte ein, und im Januar 1986 heiratete Linda Tom Green in Los Molinos, Mexiko, einem polygamistischen Außenposten auf der Halbinsel Baja. »Ich freute mich für meine Tochter, denn sie war glücklich, und es war das, was sie wollte«, sagte Cooke später. »Ich freute mich, einen Mann mit ihr zu teilen, den ich von ganzem Herzen liebte und für einen ganz besonderen Menschen hielt.« Noch vor ihrem vierzehnten Geburtstag wurde Linda Kunz Green schwanger.

Obwohl Beth Cooke ihren Mann verließ, verteidigt sie die Ehe ihrer Tochter mit ihm. »Nach fünfzehn Jahren«, sagte sie 2001 in einem Interview mit der Journalistin Campbell, »zeigt sich, daß es eine gute Entscheidung war… Tom wurde aufgrund von Moralvorstellungen aus dem 19. Jahrhundert angeklagt. Wen kümmert es heutzutage schon, wer mit wem schläft? Sie sind doch alle erwachsen. Inzwischen leben Lesbierinnen, Homosexuelle und unverheiratete Paare zusammen. Verheiratete leben mit Partnern zusammen, mit denen sie nicht verheiratet sind.«

David Leavitt betrachtet Greens Vielehe weder als eine Frage der Religionsfreiheit noch als harmlose sexuelle Beziehung zwischen Erwachsenen. Für ihn ist Green schlicht und einfach ein Pädophiler. »Er ist über kleine Mädchen hergefallen, die von der Wiege an nichts anderes als Polygamie kannten«, sagte Leavitt im August 2002 zu Holly Mullen, einer Reporterin von der *Salt Lake Tribune.* »Er hat sie ihrer Kindheit beraubt. Als ich mir dieses Foto ansah, wurde mir klar, daß es fünf Frauen zeigte, die ihrem Mann alle von ihren Müttern zur Frau gegeben worden waren, alle von ihren Vätern dazu erzogen, noch als Kinder zu heiraten. Sie sind Opfer von Pädophilen, und sie sind Opfer des Staates Utah, der sich sechzig Jahre lang nicht um die Polygamie gekümmert hat.«

Vor Gericht erwiesen sich Leavitts Argumente als überzeugend. Im August 2001 wurde Green der Bigamie in vier Fällen und der Nichterfüllung der Unterhaltsverpflichtung gegenüber seiner Familie für schuldig befunden. Er wurde zu fünf Jahren Gefängnis und einer Schadenersatzzahlung von 78 868 Dollar verurteilt.

Ein Jahr später brachte Leavitt Green noch einmal vor Gericht, unter der neuen – und viel gravierenderen – Anklage, er habe mit Linda Kunz Geschlechtsverkehr gehabt, als sie erst dreizehn war, was ihm eine lebenslängliche Freiheitsstrafe einbringen konnte. Diesmal hatte Green jedoch Glück: Obwohl er der vorsätzlichen Vergewaltigung eines Kindes für schuldig befunden wurde, verhängte der Richter nur die Mindeststrafe von fünf Jahren bis lebenslänglich gegen ihn, die Green zusammen mit seinen fünf Jahren wegen Bigamie zu verbüßen hat.

Die relativ milde Strafe ärgerte viele Leute in Utah. Zwei Tage nach Greens Verurteilung stand in einem Leitartikel des *Spectrum*, der Tageszeitung von St. George, Utah, einer HLT-Hochburg ungefähr 60 Kilometer von Colorado City entfernt:

> Die Steuerzahler und – am allerwichtigsten – die Kinder haben am Dienstag bei der Festsetzung des Strafmaßes für den inzwischen berüchtigten Polygamisten Tom Green verloren …
>
> In manchen polygamistischen Beziehungen, besonders dann, wenn junge Mädchen betroffen sind, findet vor und nach den gesetzwidrigen »Trauungen« eine Art Gehirnwäsche statt. Den Mädchen wird eingeredet, solch eine Beziehung sei ein Weg zur Erlösung. Dann werden sie bezeichnenderweise von Männern zur Frau genommen, die doppelt so alt sind wie sie.
>
> Ohne den Kontext der spirituellen Ehe stände es außer Frage, daß es sich dabei um Pädophilie handelt …
>
> Ein Mann hat ein dreizehnjähriges Mädchen vergewaltigt und muß dafür im Grunde nur kurz ins Gefängnis.

Auch David Leavitt war über die milde Strafe gegen Green bestürzt. »Die Leute in Utah«, erklärte er, »verstehen einfach nicht, welche verheerende Wirkung die Ausübung der Polygamie auf junge Mädchen in unserer Gesellschaft hat, sie haben das fünfzig Jahre lang nicht verstanden.« Doch Leavitt sagte auch, bei den Bewohnern Utahs stelle sich allmählich ein veränderter Blick auf die Polygamie ein: »Der Stein kommt ins Rollen. Mit der Zeit wird diese Gesellschaft begreifen, daß die Ausübung der Polygamie ein Mißbrauch an Kindern, ein Mißbrauch an Frauen, ein Mißbrauch an der Gesellschaft ist.«

Leavitt siegte vor Gericht gegen Green und erhielt den Beifall der HLT-Kirche und der etablierten Leitartikler. Aber wie Howard Pyle, der Gouverneur von Arizona, der die Wiederwahl verlor, weil er 1953 die Polizeiaktion in Short Creek geleitet hatte, mußte Leavitt feststellen, daß sein Kreuzzug gegen die Polygamie bei den Leuten keinen Anklang fand. Im November 2002 reagierten die Wähler im Juab County auf die Verurteilung Tom Greens, indem sie den Staatsanwalt David Leavitt rauswarfen.

Schon seit der Verurteilung der Kingstons – noch bevor Tom Green wegen Bigamie angeklagt wurde – werden die fundamentalistischen Mormonen von der American Civil Liberties Union und von Aktivisten der Schwulenbewegung als Opfer religiöser Verfolgung unterstützt. Ein besonders seltsames und beunruhigendes Bündnis, denn in der FHLT-Lehre werden Sodomie und Homosexualität als ungeheuerliche Vergehen gegen Gott und die Natur bezeichnet, die mit dem Tod zu bestrafen sind – und doch haben sich Schwule und Polygamisten zusammengetan, um den Staat aus ihrem Schlafzimmer herauszuhalten. Diese Partnerschaft erscheint noch unvereinbarer, weil sich andererseits radikale Feministinnen mit der entschieden anti-feministischen HLT-Kirche verbündet haben, um eine aggressive Strafverfolgung der Polygamisten durchzusetzen.[10]

Nachdem sie aus dem Schatten ins grelle Licht der Nachrichtenmedien gezerrt wurden, beteuern die Polygamisten weiter, sie versuchten nur gemäß ihres tiefen, von der Verfassung geschützten Glaubens zu leben. »Was hier in unseren Häusern passiert, geht niemanden etwas an«, sagt Sam Roundy, Polizeichef von Colorado City. »Wir schädigen niemanden. Haben wir nicht das Recht, unsere Religion auszuüben?«

Aber Polygamie ist in allen fünfzig Staaten und auch in Kanada verboten, und Polizisten haben sich eidlich verpflichtet, das Gesetz zu hüten. Als Ruth Stubbs – die dritte Frau eines Polizeibeamten – am 6. Februar 2002 mit ihren beiden Kindern aus Colorado City floh, in Phoenix in den Abendnachrichten auftauchte und sich beklagte, daß ihr Mann Rodney Holm sie geschlagen habe und die Polygamie eine Form von Mißbrauch sei, wurde dieser Punkt für Polizeichef Roundy zu einem Problem.

Ruth, inzwischen neunzehn und sichtlich schwanger mit ihrem dritten Kind, war nach der sechsten Klasse von der Schule genommen worden. Direkt nach ihrem sechzehnten Geburtstag war sie zu einem Treffen mit Onkel Rulon und seinem Sohn Warren Jeffs zitiert worden, der ihr mitteilte, daß sie in vierundzwanzig Stunden Officer Holm heiraten würde – einen gutaussehenden, wortkargen Mann, der genau doppelt so alt war wie sie. Ruth hatte jemand anderen heiraten wollen, einen Jungen, der nicht viel älter war als sie. Als sie davor zurückscheute, eine von Holms Frauen zu werden, und sich etwas Bedenkzeit erbat, bezeichnete ihre ältere Schwester Suzie Stubbs – eine der beiden Frauen, die bereits mit dem Polizeibeamten verheiratet waren – Ruth als »Arschloch, weil du Rod so was antust«. Suzie bekniete Ruth, Holms dritte Frau zu werden, bis Ruth schließlich nachgab und ihn heiratete.

»Sie haben mir gesagt, wen ich heiraten soll«, erklärte Ruth, nachdem sie aus Colorado City geflohen war. »Ich finde, Frauen sollten das Recht haben, ›ja‹ oder ›nein‹ zu sagen – das Recht zu bestimmen, was in ihrem Leben passiert.« Holm hatte das Gesetz nicht bloß gebrochen, weil er drei Frauen geheiratet hatte, er hatte auch eine Vergewaltigung begangen – was in

Utah und Arizona als Kapitalverbrechen gilt –, da er mit Ruth Geschlechtsverkehr hatte, als sie erst sechzehn war.

Die Polizei von Colorado City hat bis heute kein Disziplinarverfahren gegen Officer Holm eingeleitet, der so tut, als wäre er in dieser Auseinandersetzung der Geschädigte. Mit Hilfe von UEP-Anwälten versucht Rodney Holm augenblicklich, das Sorgerecht für Ruths Kinder zu bekommen, damit sie zusammen mit seinen anderen achtzehn Kindern »nach den sittlichen Werten der FHLT erzogen« werden können.

Im Oktober 2002 erhob die Generalstaatsanwaltschaft von Utah Anklage gegen Holm wegen Bigamie und gesetzwidrigem Geschlechtsverkehr in zwei Fällen. Die Anklage gegen Rodney Holm steht jedoch inzwischen auf schwachen Füßen: Nachdem Ruth Stubbs dem Gericht im November 2002 einen unterzeichneten, handschriftlichen Zettel vorgelegt hatte, auf dem stand, sie wolle nicht, daß Holm »ins Gefängnis geht!«, und weigere sich, gegen ihn auszusagen, verschwand sie spurlos. In einem Leitartikel des *Spectrum,* der Tageszeitung von St. George, war zu lesen: »Diese Wendung in einem bereits seltsamen Fall zeigt, wie kompliziert es ist, die Mitglieder der Fundamentalistischen Kirche Jesu Christi der Heiligen der Letzten Tage, die sich gesetzwidrig verhalten, strafrechtlich zu verfolgen.«[10a]

Vor ihrem Verschwinden wohnte Ruth Stubbs in Phoenix im Haus ihrer Tante Pennie Peterson, die selbst mit vierzehn aus Colorado City geflohen war, als der Prophet ihr befohlen hatte, die fünfte Frau eines achtundvierzigjährigen Mannes zu werden. Sechzehn Jahre später ist Peterson immer noch völlig verbittert über die polygamistische Kultur des UEP. »Die Polygamisten behaupten, daß sie wegen ihrer Religion angegriffen werden«, sagte sie der *Salt Lake Tribune,* »aber wo steht in der Verfassung geschrieben, daß es in Ordnung ist, junge Mädchen zu belästigen und zu schwängern?«

Dan Barlow, der Bürgermeister von Colorado City, glaubt, daß Apostaten wie Pennie Peterson falsch informiert und rachsüchtig sind, und betrachtet die strafrechtliche Verfolgung von

Rodney Holm als staatliche Schikane gegen eine unorthodoxe, aber ehrenwerte religiöse Minderheit. Barlow fühlt sich durch den Fall Holm beunruhigend an die Polizeiaktion in Short Creek im Jahre 1953 erinnert. »Sie sind wieder hinter uns her«, klagt er, »und sie verwenden sogar dieselbe Sprache.«

Doch es gibt in Colorado City ein urkundlich belegtes Muster sexuellen Mißbrauchs, das Bürgermeister Barlows Versuch untergräbt, die Sache als religiöse Verfolgung hinzustellen. Im April 2002 wurde zum Beispiel Dan Barlow jr., der Sohn des Bürgermeisters, angeklagt, fünf seiner Töchter wiederholt über zehn Jahre hinweg belästigt zu haben. Barlow gab zu, seine Töchter als »Ehefrauen« betrachtet zu haben, aber die Stadt stellte sich geschlossen hinter ihn, und sein Vater, der Bürgermeister, bat vor Gericht um Milde. Am Ende weigerten sich vier der Töchter, gegen Barlow auszusagen. Er kam mit einer Bewährungsstrafe davon, nachdem er bereit war, eine Erklärung zu unterschreiben, in der stand: »Ich habe einen Fehler begangen. Ich will ihn wiedergutmachen. Es tut mir leid. Ich will ein guter Mensch sein. Ich habe gute Kinder großgezogen, war ein guter Vater. Ich liebe sie alle, mit väterlicher Liebe.«

»Niemand, der sich mit dieser Religion ein bißchen auskennt, ist überrascht, daß Dan nicht ins Gefängnis mußte«, sagt Debbie Palmer, ein ehemaliges Mitglied des kanadischen Zweigs der Kirche, und kann ihre Empörung kaum unterdrükken. »Haben Sie eine Vorstellung davon, was für ein Druck auf die armen Barlow-Mädchen ausgeübt worden sein muß, damit sie nicht gegen ihren Vater, den Sohn des Bürgermeisters, aussagen? Der Prophet hat ihnen bestimmt angedroht, sie würden direkt in die Hölle kommen, wenn sie auch nur ein Sterbenswörtchen sagten. Als ich von führenden Mitgliedern der Kirche mißbraucht wurde, hat man mir jedesmal genau das gesagt.«

Die Leute in Colorado City schenken solchen gotteslästerlichen Reden von jemandem wie Palmer keine Beachtung. Sie sind überzeugt, daß allein der Satan und die ruchlosen Ungläubigen und Apostaten, die unter seinem Einfluß stehen, an den Problemen der Stadt schuld sind. »Der Satan ist schon seit dem

Ersten Tag neidisch auf Gott«, erklärt ein junger, hingebungsvoller Priester mit strahlenden Augen, nachdem er vorher nervös das trockene Bett des Short Creek entlanggeblickt hat, und dann schaut er noch mal in beide Richtungen, um sich zu vergewissern, daß niemand ihn bei einem Gespräch mit einem ungläubigen Journalisten sieht. »Der Satan will die Herrschaft haben. Er will nicht, daß Gott die Herrschaft hat, deshalb bringt er schwache Menschen mit List dazu, sich von der Kirche loszusagen und zur anderen Seite überzuwechseln.« Dieser junge Mann glaubt, genau wie die meisten anderen Einwohner von Colorado City, daß die Welt schon bald von den Dienern des Satans – egal, ob Apostaten, der Hauptkirche angehörende Mormonen oder ungläubige Journalisten – gründlich gereinigt wird, denn das hat ihm der Prophet in den letzten Jahren oft genug erzählt.

Ende der neunziger Jahre, als das neue Jahrtausend näherrückte, versicherte Onkel Rulon seinen Anhängern, sie würden schon bald ins Himmlische Reich »emporgehoben« werden, während »Seuchen, Hagel, Hungersnot und Erdbeben« die Gottlosen (d. h. alle anderen) vom Erdboden hinwegfegen würden. Da der Prophet befürchtete, alleinstehende Frauen müßten in der Apokalypse zurückbleiben und sterben, weil sie noch nicht die Möglichkeit hatten, nach dem Leitprinzip zu leben, verheiratete er eine Reihe junger Mädchen mit älteren, bereits verheirateten Männern. Ruth Stubbs gehörte dazu. Als das Jahr 2000 verstrich, ohne daß Armageddon kam oder jemand emporgehoben wurde, verkündete Onkel Rulon seinen Anhängern, sie seien daran schuld, weil ihr Gehorsam nicht ausgereicht habe. Reumütig versprachen die Einwohner von Colorado City, rechtschaffener zu leben.

»Wenn Onkel Rulon das Ende der Welt voraussagt, gewinnt er in jedem Falle«, sagt der Apostat DeLoy Bateman. »Falls es nicht eintritt, kann man das immer auf die Sündhaftigkeit der Leute schieben und das wiederum danach als Knüppel benutzen, den man über ihren Köpfen schwenkt, um sie unter Kontrolle zu halten.«

3 Bountiful

Das Leitprinzip des Mormonentums ist nicht die Polygamie, sondern das Bestreben einer kirchlichen Hierarchie, die Oberherrschaft auszuüben; die Seele und das Leben ihrer Untertanen, unbehindert von jeglicher Staatsgewalt, mit absoluter Machtfülle zu beherrschen.

The Salt Lake Tribune
15. Februar 1885

1500 Kilometer nördlich von Colorado City, direkt hinter der kanadischen Grenze, erheben sich die Purcell Mountains steil aus der weiten grünen Tiefebene des Kootenay River. Dort, ein paar Kilometer entfernt von Creston, British Columbia, steht eine Gruppe von Häusern und Farmen inmitten der Wiesen, direkt unterhalb der steilen, dicht bewaldeten Hänge des Mt. Thompson. Die bukolisch wirkende Siedlung heißt Bountiful. Obwohl die regennasse Gegend sich von der trockenen Landschaft um Colorado City stark unterscheidet, sind die beiden Orte untrennbar miteinander verbunden. In Bountiful leben über siebenhundert fundamentalistische Mormonen, die dem UEP angehören und dem Propheten Rulon Jeffs vorbehaltlos Rechenschaft ablegen. Regelmäßig werden Mädchen aus Bountiful über die Staatsgrenze nach Süden geschickt, damit sie mit Männern in Colorado City verheiratet werden, und aus Colorado City werden noch mehr Mädchen nach Norden gebracht, um Männer aus Bountiful zu heiraten.

Debbie Oler Blackmore Ralston Palmer hat den größten Teil ihres Lebens in Bountiful verbracht. 1957, als sie zwei Jahre alt war, zog ihr Vater Dalmon Oler mit seiner Familie ins Creston

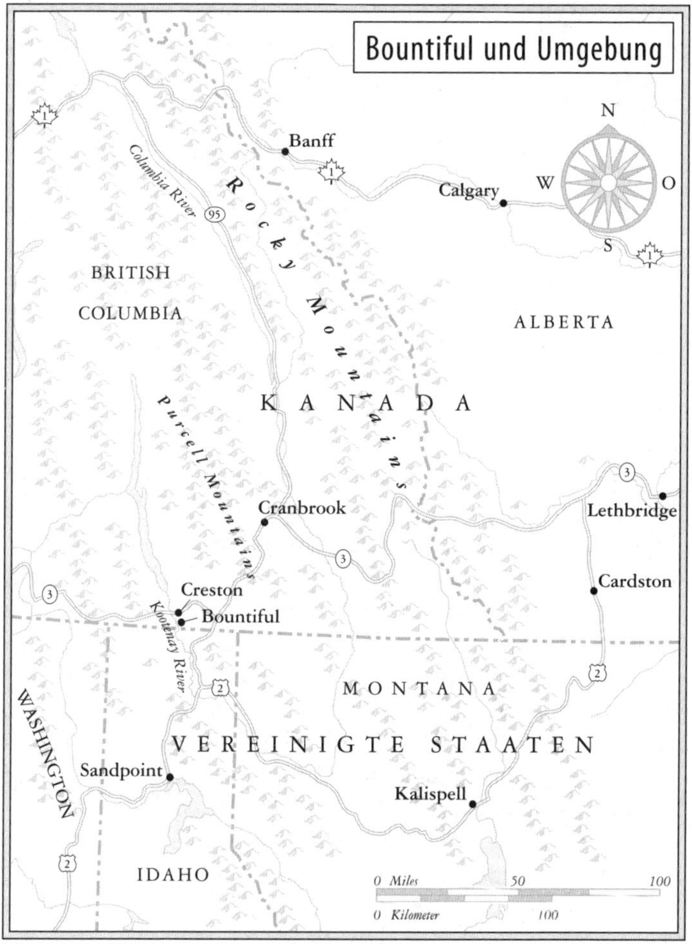

Bountiful und Umgebung
N
W
O
S
Banff
Calgary
Rocky Mountains
Columbia River
95
1
BRITISH
COLUMBIA
ALBERTA
KANADA
Purcell Mountains
3
Lethbridge
Cranbrook
Cardston
Creston
Bountiful
Kootenay River
2
MONTANA
WASHINGTON
VEREINIGTE STAATEN
Sandpoint
Kalispell
IDAHO
0 Miles
50
100
0 Kilometer
100

Valley, um sich einer fundamentalistischen Gruppe anzuschließen, die sich ein paar Jahre zuvor dort niedergelassen hatte. Sie wurde von einem gutaussehenden, charismatischen Mann namens Ray Blackmore angeführt, der die Gruppe mit den UEP-Polygamisten unter Prophet LeRoy Johnson in Short Creek/Colorado City vereinigt hatte.

Wie viele kanadische Mormonen stammte Ray Blackmore von Polygamisten aus Utah ab, die, als sich die HLT-Kirche in den Vereinigten Staaten gezwungen sah, der Polygamie abzuschwören, über die Grenze geschickt worden waren, um die Lehre der Vielehe weiter zu befolgen. Als Debbie nach Bountiful zog, hatten sich die Familien von Eldon Palmer und Sam Ralston[11] bereits dem Blackmore-Clan angeschlossen und praktizierten offen die Vielehe.

In Bountiful angekommen, heiratete Debbies Vater innerhalb kurzer Zeit selbst insgesamt sechs Frauen, mit denen er fünfundvierzig Kinder zeugte, von denen Debbie die Älteste war. Um bei so vielen Nachkommen den Überblick zu behalten, verfiel ihr Vater auf die Idee, allen Kindern, die in einem bestimmten Jahr geboren wurden, Namen zu geben, die mit demselben Buchstaben begannen. »Wir nannten sie die A's, die T's, die J's oder so«, erklärte er im kanadischen Fernsehen. 1976 war zum Beispiel das Jahr der J's: Zwischen Juni und Oktober jenes Jahres brachten Olers Frauen die Kinder Jared, Jeanette, Julia und Jennifer zur Welt.

Dalom Oler heiratete seine zweite Frau Memory Blackmore nur ein Jahr nach seiner Ankunft in Bountiful. Sie war die älteste Tochter von Ray Blackmore, und durch ihre Ehe mit Debbies Vater bekam Debbie erstmals eine dunkle Ahnung davon, daß die Vielehe nicht immer so wunderbar war, wie man ihr weisgemacht hatte. »Mother Mem« war unsicher und schrecklich eifersüchtig und schlug Debbie, wenn ihre leibliche Mutter nicht anwesend war. Als Debbie sechs war, starb ihre leibliche Mutter, und Mem wurde noch gewalttätiger gegenüber Debbie, die sich schon als junges Mädchen als intelligent und eigensinnig erwies und keine Lust hatte, sich einer Autorität blind zu unterwerfen. Debbie stellte lieber Fragen und machte sich ihre eigenen Gedanken – was in der fundamentalistischen Kirche nicht als wünschenswert gilt.

Bis 1986, als Rulon Jeffs die Führung des UEP übernahm, war LeRoy Johnson der Prophet, ein freimütiger Farmer, den seine Anhänger als »Onkel Roy« kannten. Johnsons Predigten waren meist Variationen zum Thema »Der Weg in den Himmel führt über absoluten Gehorsam«. Heutzutage ist Onkel Roys Erbe in ganz Bountiful zu sehen, wo der Wahlspruch der Gemeinschaft – »Bleib freundlich, egal was passiert« – in jedem Haus an der Wand oder an der Kühlschranktür hängt.

Das Mormonentum ist eine patriarchalische Religion, fest verwurzelt in den Traditionen des Alten Testaments. Abweichende Meinungen werden nicht geduldet. Die Erlasse religiöser Autoritäten in Frage zu stellen, gilt als ein subversiver Akt, der den Glauben untergräbt. Wie der angesehene Erste Ratgeber der HLT-Kirche N. Eldon Tanner 1979 in einer berühmten Erklärung in der offiziellen Kirchenzeitschrift *Ensign* schrieb: »Wenn der Prophet spricht, ist die Diskussion beendet.« Männer, und nur Männer, werden in die Priesterschaft aufgenommen und bekleiden die wichtigen Positionen in der Kirchenhierarchie, darunter auch das Amt des Propheten. Und nur Propheten können Offenbarungen empfangen, die festlegen, wie die Gläubigen ihr Leben zu führen haben, bis hin zum Aussehen der heiligen Unterwäsche, die die Gläubigen jederzeit tragen müssen. All das gilt sowohl für die HLT-Hauptkirche als auch für die Fundamentalistische Kirche, doch die Fundamentalisten sind bei diesen starren Vorstellungen – von Gehorsam, von Kontrolle, von verschiedenen und unabänderlichen Rollen für Männer und Frauen – viel extremer. Die wichtigste Aufgabe für Frauen in FHLT-Gemeinschaften (noch ausgeprägter als bei der mormonischen Hauptkirche) besteht darin, ihren Männern zu dienen, so viele Kinder wie möglich zu bekommen und diese zu gehorsamen Mitgliedern der Kirche zu erziehen. Viele Frauen, die in die FHLT-Kirche hineingeboren wurden, haben das als problematisch empfunden. Debbie Palmer ist eine davon.

Debbie fährt mit dem Zeigefinger labyrinthische Linien entlang und versucht, eine unglaublich komplizierte schematische Darstellung zu entmystifizieren, die auf den ersten Blick die Feinheiten eines gewaltigen Bauprojekts zu zeigen scheint – vielleicht eines Atomkraftwerks. Bei näherer Betrachtung erweist es sich jedoch als ihr Familienstammbaum.

Als Debbie vierzehn war, hatte sie das Gefühl, »von Gott ausersehen zu sein«, Ray Blackmore, den Führer der Gemeinschaft, zu heiraten. Debbie bat ihren Vater, über ihren göttlichen Auftrag mit dem Propheten LeRoy Johnson zu sprechen, der regelmäßig von Short Creek nach Bountiful kam, um verschiedene religiöse Aufgaben zu verrichten. Weil Debbie schön und anmutig war, stimmte Onkel Roy der Heirat zu. Ein Jahr später kam der Prophet wieder nach Kanada und verheiratete sie mit dem kränkelnden siebenundfünfzigjährigen Blackmore. Als Blackmores sechste Frau wurde Debbie die Stiefmutter seiner einunddreißig Kinder, von denen die meisten älter waren als sie. Und da er zufällig der Vater von Debbies Stiefmutter Mem war, wurde sie unbewußt zur Stiefmutter ihrer Stiefmutter und damit ihre eigene Stiefgroßmutter.

Nach Ray Blackmores Tod 1974 wurde Debbies Vater Dalmon Oler Führer von Bountiful. Er hatte diese Position bis 1985 inne, als Rays intriganter neunundzwanzigjähriger Sohn Winston Blackmore Oler erfolgreich von der Macht verdrängte, ihn finanziell ruinierte und es mit sehr viel Geschick schaffte, selbst die Führung von Bountiful zu übernehmen. Durch Charme, Zwang und ein Spionagenetzwerk, um das ihn der KGB beneidet hätte, festigte Winston in den folgenden Jahren seine Macht. Zur Zeit ist er oberster Bischof des kanadischen Kirchenzweigs, hat die Aufsicht über die Schulen von Bountiful (die von den Steuerzahlern in British Columbia finanziert werden), ist Herausgeber der lokalen Zeitung und vertritt alle wichtigen Geschäftsinteressen der Gemeinschaft.[12] Die Kontrolle, die er über das Leben seiner Anhänger ausübt, ist beunruhigend. Nach der letzten Zählung hat Winston mit über dreißig Frauen ungefähr hundert Kinder gezeugt. Er ist lediglich

Gott und dem Propheten in Colorado City rechenschaftspflichtig.

Nachdem Winston Debbies Vater aus dem Weg geräumt hatte, wurden sie und Winston erbitterte Feinde, aber durch ein irrwitziges Geflecht von Familienbeziehungen blieben sie eng miteinander verbunden. Obwohl Debbie nur ein Jahr älter ist als Winston, ist sie seine Stiefmutter. Ihre älteste Tochter ist seine Halbschwester. Debbies leibliche Schwester wurde die erste von Winstons zahlreichen Frauen.

Eine von Debbies Stieftöchtern ist Alaire Blackmore, sieben Jahre älter als Debbie, die bei ihrer Geburt von Ray Blackmore adoptiert wurde. Als Achtzehnjährige wurde Alaire mit Ray, ihrem eigenen Adoptivvater, verheiratet. Dadurch war Alaire Debbies Ehegenossin und zugleich ihre Stieftochter. Nach Rays Tod wurde Alaire mit Debbies Vater verheiratet; als Winston die Macht übernahm, wurde sie Debbies Vater weggenommen und mit Winston verheiratet – der ihr eigener Adoptivbruder war. Obwohl sich diese Beziehungen ohne Flußdiagramm kaum nachvollziehen lassen, sind solche Verhältnisse in Bountiful und anderen polygamistischen Gesellschaften völlig normal.

Trotz ihrer Fruchtbarkeit sind fundamentalistische Mormonen ziemlich prüde, wenn es um Sexualität geht. Jungen und Mädchen dürfen vor der Ehe nicht miteinander flirten oder sich verabreden. Die Sexualerziehung besteht darin, den Kindern beizubringen, daß der menschliche Körper ein anstößiges Gefäß ist, das jederzeit vor den Blicken anderer Menschen verborgen werden sollte. »Man hat uns gesagt, wir sollten uns gegenseitig feindselig wie Schlangen behandeln«, erklärt einer von Debbies Söhnen. Frauen und Mädchen müssen lange Kleider tragen, sogar beim Schwimmen. Jungen und Männer tragen lange Hosen und langärmelige Hemden. Beide Geschlechter müssen unter ihrer Kleidung jederzeit heilige lange Unterwäsche tragen, auch an glühendheißen Sommertagen. Dem sogenannten Gesetz der Keuschheit zufolge ist der Geschlechtsverkehr offiziell selbst zwischen Eheleuten verboten, wenn die Frau keinen Eisprung hat.

Kies knirscht unter den Reifen, als Debbies Wagen um eine Kurve biegt und das Haus, in dem sie aufgewachsen ist, plötzlich halb verfallen vor uns liegt, am Rand eines feuchten Hangs voller Farn und Nadelbäume. Es ist viele Jahre her, daß sie zum letzten Mal hier war. »Sehen Sie den Wagen, der da drüben steht?« fragt Debbie und deutet auf ein altes Fahrzeug, das unter einem Baldachin aus Virginischem Wacholder vor sich hin rostet. »In den ist Renny Blackmore[13] mit mir gestiegen, als ich sechs war. Hat gesagt, er will mir beibringen, wie man fährt.« Doch statt Debbie eine Fahrstunde zu geben, verging sich Renny (einer von Winstons älteren Brüdern) an ihr. »Igitt«, sagt sie und verzieht das Gesicht. »Wenn ich daran denke, was er mir in dem Auto angetan hat, überläuft's mich noch immer eiskalt.«

Trotz – oder vielmehr wegen – der Atmosphäre sexueller Unterdrückung nehmen Inzest und andere beunruhigende Verhaltensweisen in Bountiful überhand, auch wenn das offensichtlich niemand zugibt. Debbie kann sich noch erinnern, daß ältere Jungs vierjährige Mädchen in eine große weiße Scheune hinter der Schule mitnahmen, um zwischen den Heubündeln »Kuh und Stier« zu spielen. Ein Junge, der später ein bekanntes Mitglied der Kirchenführung wurde, vergewaltigte eine von Debbies Freundinnen, als er zwölf und das Mädchen sieben war. Debbie sagt, Winstons vierzehnjähriger Bruder Andrew Blackmore[14] habe ihr mit vier »einen Stock in die Vagina gerammt, ihn eine Weile dort steckenlassen und mir gesagt, ich soll ganz still liegen und mich nicht bewegen«.

Vor seinem Tod 1998 baute Debbies Vater ein viel größeres zweites Haus direkt oberhalb des bescheidenen Gebäudes, in dem Debbie aufgewachsen war: ein scheunenartiges weißes Holzhaus mit vierzehn Bädern und fünfzehn Schlafzimmern, in dem über fünfzig Menschen wohnen. Heute sind Memory Blackmore – »Mother Mem« – und ihr einundvierzigjähriger Sohn Jimmy Oler, Debbies Halbbruder, für die Führung des Haushalts verantwortlich. Keiner von beiden ist im Moment zu Hause, aber ein halbes Dutzend junge Mädchen schaukeln in dem riesigen Wohnzimmer im Erdgeschoß Babys auf der Hüfte: Es sind die Frauen von Jimmy und einigen anderen Männern aus Bountiful. Unter den Jugendlichen ist auch ein kicherndes Mädchen mit Zahnlücken, das aussieht, als würde es noch zur Grundschule gehen – das aber hochschwanger ist.

Am oberen Ende der Treppe befindet sich ein langer Flur, dessen Wände mit Schnappschüssen von Debbies riesiger Familie bedeckt sind. Auf mehreren Fotos ist Debbie zu sehen. Auf einem davon posiert sie als lächelnder Teenager in einem knöchellangen rosa Rüschenkleid: Das Foto wurde bei ihrer Hochzeit mit Ray Blackmore aufgenommen; damals war Debbie nur ein Jahr älter als die schwangere Vierzehnjährige im Erdgeschoß. Debbies frisch Angetrauter, auf dem Bild neben ihr, ist ein runzliger grauhaariger Mann, der fast viermal so alt ist wie sie. »Bald darauf wurde ich schwanger«, erzählt sie, »aber ich hatte eine Fehlgeburt. Man sagte mir, das läge daran, daß ich während der Schwangerschaft Geschlechtsverkehr gehabt und damit gegen das Gesetz der Keuschheit verstoßen hätte. Ray gab mir die Schuld und machte mir ein schlechtes Gewissen.«

Debbie sagt, das habe ihr den Boden unter den Füßen weggezogen: »Ray sprach nur selten mit mir. Er schenkte mir tagelang keine Beachtung. Nur wenn wir miteinander schliefen. Es kam so weit, daß ich mich nur geliebt fühlte, wenn ich einen Penis in mir spürte. Und ich war doch noch ein Kind, als ich mit alldem fertig werden mußte! Ich fühlte mich wie eine Hure, eine Frau, die abgesehen von ihrer Vagina und ihrem Schoß völlig wertlos war. In der Stadt wurde ich zur Zielscheibe gemeiner Witze.«

1974, als die neunzehnjährige Debbie etwas mehr als drei Jahre mit ihm verheiratet war und eine Tochter zur Welt gebracht hatte, starb Ray Blackmore an Leukämie. Bald darauf wurde angeordnet, daß Debbie entgegen ihrem Wunsch Sam Ralston heiraten sollte – einen der Gründungsväter von Bountiful, einen gewalttätigen vierundfünfzigjährigen Soziopathen, der schon vier Frauen hatte. Nachdem sie zwei von Ralstons

Kindern zur Welt gebracht und seine Grausamkeit jahrelang ertragen hatte, war sie so verzweifelt, daß sie ihm davonlief und im Haus ihres Vaters Zuflucht suchte.

Als der Prophet LeRoy Johnson – Onkel Roy – jedoch das nächste Mal nach Kanada kam, befahl er Debbie, zu Sam Ralston zurückzukehren. »Ich bat ihn, mich nicht dazu zu zwingen«, sagt sie, »aber er erzählte mir, sie hätten mich mit Sam in der Hoffnung verheiratet, daß ihn das in der Priesterschaft stärken und gegenüber meinem Vater freundlicher stimmen würde. Ich war schockiert, denn ich begriff, daß meine Ehe mit Sam auf dem Willen dieser Männer und nicht auf dem Willen Gottes beruhte.« Debbie kehrte gehorsam zu Ralston zurück, woraufhin er zu ihr sagte, »ich wäre eine schlechte Frau und müßte für meine Verderbtheit büßen«.

Debbie bekam Depressionen und wurde immer selbstzerstörerischer. Ihr Vater war so entsetzt über ihren seelischen Verfall, daß er Debbie und ihre Kinder heimlich aus Ralstons Haus zurückholte, sie bei sich zu Hause unterbrachte und Onkel Roy überredete, sie aus ihrer Ehe zu »entlassen«. Doch das Scheitern ihrer zweiten Ehe bestätigte die Ansicht der Leute in Bountiful, daß Debbie eine dumme, ungehorsame Nervensäge sei, die der Gemeinschaft mehr Schwierigkeiten mache, als sie wert sei.

»Ich fing an, Pillen zu schlucken«, berichtet sie, »jede Menge Pillen: Schlaftabletten, Schmerztabletten, Beruhigungsmittel.« Als Debbie bei ihrem Vater Trost suchte, zitierte er bloß die Bibel und sagte: »Du mußt zerbrochnen Herzens sein und ein zerschlagen Gemüt haben, damit Gott dir nahe ist.« 1980, nicht lange nach diesem Rat, lag Debbie eines Nachts weinend und halb bewußtlos von den Medikamenten im Bett, als ihr Vater in ihr Schlafzimmer kam und sie zu trösten begann. Doch schon bald hatte sie in ihrem benebelten Zustand das dunkle Gefühl, daß sich seine Fürsorge in etwas anderes verwandelt hatte: Er hatte Geschlechtsverkehr mit ihr. Sie blieb passiv und wehrte sich nicht. Später fragte sie sich aus Schuldgefühl, ob sie ihn irgendwie dazu ermutigt hatte.

Danach versuchte Debbie, sich im Goat River, einem rauschenden Bergbach, der an Bountiful vorbeifließt, zu ertränken, aber auch das gelang ihr nicht. Nachdem sie einen weiteren Selbstmordversuch unternommen hatte, diesmal mit einer Überdosis Beruhigungsmittel, wurde sie in die psychiatrische Abteilung eines nahe gelegenen Krankenhauses eingeliefert. Während ihrer Genesung wurde sie von einem Bekannten namens Michael Palmer[15] im Krankenhaus besucht. Palmer – ein achtunddreißigjähriger Fernfahrer, der mit zwei von Winston Blackmores Schwestern verheiratet war – gehörte ebenfalls der Kirche an, arbeitete aber nicht in Bountiful. Debbie erinnert sich, daß Palmer sie bei seinem Besuch »berührte und küßte. Er gab mir das Gefühl, schön zu sein.« Aber als sie aus dem Krankenhaus entlassen wurde, hielt die Gemeinschaft sie noch immer für eine schwierige, unbeherrschte Frau, und niemand wußte, was man mit ihr anfangen sollte.

Onkel Roy – inzwischen dreiundneunzig Jahre alt, todkrank und schon ziemlich senil – kam nach Kanada und fragte Debbie, ob es irgendeinen Mann gebe, der ihr gefalle. »Michael Palmer«, antwortete sie. »Also befahl der Prophet Michael, mich zu heiraten«, erklärt sie. »Ich wurde Michaels dritte Frau. Anfangs war das Leben mit Michael herrlich. Er nahm mich in den Arm und half mir, meine Pillen wegzuwerfen. Als ich von ihm eine Tochter bekam, war er glücklich und spielte richtig mit dem Baby. Er bestärkte mich darin, eigene Vorstellungen zu entwickeln. Ich habe ihn geliebt.«

Aber es gab auch Eheprobleme. Zwischen Marlene und Michelle Blackmore, den beiden Frauen, die schon mit Michael verheiratet und zudem Debbies Stieftöchter waren, herrschte starke Eifersucht, und als Debbie als dritte Frau in ihr Haus kam, verschlimmerte sich die Situation. Besonders Michelle, Michaels erster Frau, fiel es sehr schwer, ihn mit jemand anderem zu teilen. In den Nächten, wenn Michael mit Debbie schlief, saß Michelle im Zimmer darunter, bekam abwechselnd Weinkrämpfe und horchte auf Lustlaute, die bestätigten, daß Debbie Michael besser gefiel. »Eines Nachts, als Michael und ich gerade miteinander geschlafen hatten und ich nach unten ging, um nach den Kindern zu sehen, habe ich Michelle dort entdeckt«, sagt Debbie. »Als ich sie sah, kam ich mir vor wie in einem Alptraum. Ich fühlte mich in meiner Privatsphäre gestört, aber die Scham und der Schmerz in ihrem Gesicht machten es mir unmöglich, das auch nur auszusprechen.«

Irgendwann fand Michelle heraus, daß Michael mit Debbie während der Schwangerschaft geschlafen hatte – ein schwerer Verstoß gegen das Gesetz der Keuschheit. Debbie erinnert sich, wie Michelle sie danach zur Rede stellte: »Das Gesicht rot vor Wut und Schmerz, spie sie das Gift ihrer Eifersucht hervor: ›Du bist eine Dirne und eine Hure, und weil du Michael dazu verleitet hast, während deiner Schwangerschaft mit dir zu schlafen, hat er sich versündigt, und meine Chance auf Entrückung ist zunichte gemacht! Das erzähl ich Winston, dann bist du in großen Schwierigkeiten.‹« Michelle hielt Wort, und Debbie bekam wirklich Probleme.

1986 starb Onkel Roy, und Rulon Jeffs wurde der neue Prophet des UEP. Während der anschließenden Umwälzungen herrschte in Bountiful und Colorado City großes Durcheinander. Michael fiel in Ungnade, weil er außerhalb der Gemeinschaft unter Ungläubigen arbeitete, und wurde aus der Priesterschaft abgewählt. Als er davon erfuhr, war er am Boden zerstört, und durch die Enttäuschung kam seine latente Labilität zum Vorschein.

Michael wurde verschlossen und jähzornig. Er verging sich an einem von Debbies Söhnen und noch einem anderen Jungen. Am 27. Oktober 1986 lag Debbies Tochter Sharon mit hohem Fieber im Bett. Debbie sagt, Michael ging in Sharons Zimmer »und wischte ihr mit einem kalten Tuch das Gesicht ab. Dann zog er der Dreizehnjährigen das Nachthemd aus und wusch ihren Rücken und ihre Brüste. Als sie ihn bat aufzuhören, stellte er sich taub und machte einfach weiter. Er wusch sie am ganzen Körper, zog ihr dann das Nachthemd wieder an, legte sie auf den Teppich, beugte sich über sie und massierte weiter ihre Brüste und ihren Kopf.«

Sharon erzählte ihrer Mutter, was Michael getan hatte, und weinte wochenlang hemmungslos. Sie sagte zu Debbie, sie habe »Angst, daß sie Michael heiraten müßte, denn einige ihrer Freundinnen in Colorado City mußten ihre Stiefväter heiraten, nachdem die sie sexuell belästigt hatten«.

Winston befahl Sharon – die seine Halbschwester war – im Dezember 1987, Debbies Haus zu verlassen und bei ihm einzuziehen. Debbie sagt, als sie das erfahren habe, »drehte ich durch. Ich hatte schon so oft erlebt, wie er den Frauen ihre Kinder wegnahm, und ich wollte nicht zulassen, daß er sich Sharon holte. Ich ging sofort zu Winston und stellte ihn zur Rede. Er lag im Bett. Ich stürmte in sein Schlafzimmer und schrie, daß er Sharon auf keinen Fall kriegen würde.«

Debbie kann sich noch lebhaft erinnern, wie Winston darauf reagierte, weil er es nicht gewohnt war, daß sich ihm eine Frau widersetzte. »Er stieß eine klare, unmißverständliche Drohung aus«, sagt sie. »Plötzlich trat ein kalter Blick in Winstons Augen, und er sagte: ›Du solltest lieber vorsichtig sein … Ich habe mindestens sechs Jungs, die dein Gesicht übel zurichten, sobald ich es ihnen sage.‹«

Debbie ließ sich nicht einschüchtern. »Du kriegst Sharon nur über meine Leiche«, schwor sie. Und dann ging sie nach Hause.

Inzwischen hatte Winston Michelle und Marlene aus Michaels Haus vertrieben und forderte auch Debbie auf, das Gebäude zu räumen, damit er es in Besitz nehmen konnte. »Winston kam jeden Tag an die Tür und brüllte mich an«, erinnert sich Debbie. »Er schrie: ›Du mußt verschwinden! Und zwar *SOFORT!*‹ Aber ich konnte nirgends hin. Bloß ins Haus meines Dads. Doch das brachte ich nicht über mich. Nicht nach dem, was er mir angetan hatte.« Mit störrischer Entschlossenheit ließ Debbie jedesmal, wenn Winston auftauchte, seine Schimpfkanonade über sich ergehen und wartete dann schweigend, bis er ging. Sie weigerte sich auszuziehen. Ihre Hartnäckigkeit machte ihn wütend. Allein mit ihren Kindern in Michaels großem Haus, dachte Debbie an die Frauen, die den Mut aufgebracht hatten, Bountiful zu verlassen. Im Lauf der Jahre hatten Winston, Onkel Roy und Onkel Rulon oft damit gedroht, daß diejenigen, die so dumm seien, die Religion aufzugeben, »in die Finsternis hinausgeworfen und zermalmt werden« würden. Sie würden als Huren enden und ihren Körper in den Straßen an schmutzige Ungläubige verkaufen, verdammt bis zum Ende der Zeit. Debbie hatte nie angezweifelt, daß einem genau das zustoßen würde, wenn man Bountiful verließ und dem Glauben abschwor.

Doch das Verhalten einiger Religionsbrüder kam ihr immer selbstgerechter vor. Es fiel Debbie immer schwerer zu glauben, daß Gott seinen Willen durch die Gebote selbsternannter Propheten wie der Führer des UEP kundtat. Sie merkte, daß sie herauszufinden versuchte, »wo Gott aufhört und der Mensch ins Spiel kommt«. Sie sagt, es sei ein beängstigender Schritt gewesen, alle Auffassungen über die Welt, die sie für wahr gehalten hatte, aufgeben zu müssen, »aber ich wußte, daß ich die Verantwortung für mein Leben und meine Kinder übernehmen und aufhören mußte, so zu tun, als ob Gott an meinem Kummer schuld wäre«.

Am 7. Februar 1988 machte Debbie das Haus gründlich sauber. Es war ein Sonntag. Sie schob einen Truthahn in den Backofen. Ein seltsames Gefühl überkam sie, als würde sie schlafwandeln. Der Tag war kalt und neblig, der Boden schneebedeckt, doch sie spürte die Kälte nicht. »Ich habe die Kinder ganz früh ins Bett gebracht«, erinnert sie sich. »Irgendwie wußte ich wohl schon vorher, was ich tun würde. Plötzlich wurde mir klar: ›Jetzt ist alles bereit. Das Haus ist sauber und aufgeräumt.‹ Ich hackte einen Haufen Feuerholz, steckte es mit ein bißchen Papier in einen Eckschrank und hielt ein Streichholz dran. Dann ging ich in mein Schlafzimmer am anderen Ende des Hauses und machte die Tür zu. Ich holte das Fotoalbum hervor, das die Geschichte meines Lebens erzählte. Ich setzte mich aufs Bett und sah mir die Fotos lange an, dann stellte ich das Album zurück ins Regal. Und dann setzte ich mich und wartete.

Ich dachte an die Kinder. Ich malte mir aus, wie ich Bountiful verlassen, nach Calgary ziehen und versuchen würde, allein zurechtzukommen, aber ich bekam rasende Kopfschmerzen. Ein stechender Schmerz – ich konnte nicht mehr nachdenken. Ich blieb einfach bei geschlossener Tür in meinem Zimmer, bis ich das Prasseln der Flammen hörte. Dann ging ich zur Tür und öffnete sie, ohne mir dessen richtig bewußt zu sein. Die Küche am anderen Ende des langen Flurs war voll zuckender, lodernder Flammen, die an der Decke entlang auf mich zu züngelten. Da wußte ich, daß ich die Kinder rausbringen mußte. Als ich nach unten lief, um sie zu wecken, schlug mir das Herz bis zum Hals.«

Nachdem Debbie die Kinder nach draußen gebracht hatte, kam Winston und fuhr sie alle zu seinem Haus hinunter. Ein Polizist aus Creston tauchte auf und fragte Debbie, wodurch der Brand ausgebrochen sei. »Ich habe im Backofen einen Truthahn gebraten«, erzählte sie überzeugend, »und muß vergessen haben, den Herd wieder auszuschalten.« Damit schien er sich zufriedenzugeben, und ein paar Minuten später verschwand er wieder. Debbie saß plötzlich allein in Winstons Küche. Nach einer Weile ging sie durch die rauhe Nacht wieder den Hügel hinauf, wo ihr Haus in Flammen stand. »Inzwischen war die Feuerwehr da«, sagt sie, »und lief überall herum. Plötzlich kamen alle aus dem Haus gerannt und brüllten, daß es gleich in die Luft fliegen würde. Kurz darauf gab es eine Explosion, und alle Fensterscheiben zersplitterten.

Ich stand auf einem Feld in der Nähe, neben einem Stacheldrahtzaun, beobachtete, wie die Flammen vor den Bergen im Hintergrund aufloderten, und schwankte und zitterte heftig. Nach einer Weile merkte ich, daß die Männer aufgehört hatten, Wasser ins Feuer zu spritzen, und wegfuhren, also wandte auch ich mich zum Gehen. Als ich meine Finger vom Zaun löste, war meine Hand feucht vor Blut. Ich hatte mich an einem Stück Stacheldraht festgehalten, und er hatte sich tief in meine Hand gebohrt, ohne daß ich es gespürt hatte.«

Ihr eigenes Haus niederzubrennen war eine Verzweiflungstat,

aber es war der erste Schritt zu ihrer Emanzipation. Die Glut war noch nicht lange abgekühlt, als Debbie ihre fünf Kinder und ein paar Müllsäcke, in denen sich ihre weltliche Habe befand, in einen verrosteten Wagen packte. Dann verließ sie Bountiful und fuhr nach Osten, über die schneebedeckten Rocky Mountains, entschlossen, an einem Ort, wohin die Macht von Winston, Onkel Rulon und dem UEP nicht reichte, mit ihren Kindern ein neues Leben anzufangen.

4 Elizabeth und Ruby

Dann seufz' ich, und nach einem Spruch der Bibel
Sag' ich, Gott heiße Gutes tun für Böses;
Und so bekleid' ich meine nackte Bosheit
Mit alten Fetzen, aus der Schrift gestohlen,
Und schein' ein Heil'ger, wo ich Teufel bin.

William Shakespeare
Richard III.

Am 5. Juni 2002 wurde die vierzehnjährige Elizabeth Smart in Salt Lake City mitten in der Nacht mit vorgehaltenem Messer aus ihrem Schlafzimmer entführt, während ihre Eltern nur einige Zimmer weiter schliefen. Atemlos wurden die Einzelheiten der dreisten Entführung von den Nachrichtenmedien verbreitet, und im ganzen Land waren die Leute entsetzt und verfolgten wie gebannt die Berichte. Als Elizabeth und ihr unidentifizierter Entführer trotz großangelegter Ermittlungen auch am Ende des Sommers noch nicht gefunden worden waren, befürchteten alle das Schlimmste: daß sie unbeschreiblichen Qualen ausgesetzt und ermordet worden war. Doch zur allgemeinen Überraschung tauchte sie neun Monate nach ihrem Verschwinden lebend wieder auf.

Elizabeth Smarts erstaunliche Wiederkehr ereignete sich in den bangen Tagen direkt vor dem Einmarsch in den Irak. Die meisten Amerikaner, besorgt wegen der Unwägbarkeiten des bevorstehenden Krieges, sehnten sich nach guten Nachrichten und freuten sich entsprechend, als das Mädchen wieder mit seiner Familie vereint war. Präsident George W. Bush unterbrach seine Planungen für den Angriff auf Bagdad, um Elizabeths Vater anzurufen und ihm die Freude des ganzen Landes über ihre wohlbehaltene Rückkehr zu übermitteln. Ed Smart ließ seinen Gefühlen freien Lauf und bezeichnete es als ein Wunder. »Gott lebt!« versicherte er. »Die Gebete der ganzen Welt haben Elizabeth wieder nach Hause gebracht.«

Wie viele andere Amerikaner verfolgte auch Dan Lafferty die herzzerreißenden Verwicklungen der Geschichte von Elizabeth Smart auf einem kleinen Fernseher in seiner Zelle im Utah State Prison. Schon wenige Stunden nach der Befreiung des Mädchens gaben die Medien bekannt, daß der Entführer ein exkommunizierter Mormone war. »Allein aufgrund dieser Information«, prahlt Lafferty, »habe ich sofort vermutet, daß er ein Fundamentalist ist und daß es dabei irgendwie um Polygamie ging.«

Laffertys Verdacht erwies sich schon bald als richtig. Der Mann, der Elizabeth entführt hatte, war ein neunundvierzigjähriger Mann aus Utah namens Brian David Mitchell. Obwohl er tatsächlich ein fundamentalistischer Mormone war, gehörte er weder der Fundamentalistischen Kirche Jesu Christi der Heiligen der Letzten Tage (der Splittergruppe, die in Bountiful und Colorado City-Hildale an der Macht ist) noch irgendeiner anderen etablierten Sekte an; er war ein sogenannter Unabhängiger, von denen zur Zeit im Westen der Vereinigten Staaten, in Kanada und in Mexiko unzählige die Polygamie praktizieren. Aufgrund der großen Publicity, die der Polygamist Tom Green 2001 durch seinen Prozeß und seine Gefängnisstrafe erhielt, war er der bisher bekannteste unabhängige Fundamentalist gewesen. Aber das änderte sich, als Mitchell wegen der Entführung von Elizabeth Smart verhaftet wurde und in die Nachrichten kam.

Mitchell war nicht in den Fundamentalismus hineingeboren worden. Den größten Teil seines Lebens war er ein pflichtgetreuer Heiliger der Letzten Tage gewesen und hatte sogar drei Jahre lang im Salt Lake Temple, dem Epizentrum der Hauptkirche, gearbeitet, wo er in rituellen Aufführungen der heiligen Geschichte mitspielte. Seine Frau Wanda Barzee war ebenfalls eine angesehene Heilige, die eine Zeitlang im Mormonentempel Orgel gespielt hatte. Einer von Barzees Musiklehrern beschrieb das Paar als »Inbegriff der Rechtschaffenheit, das jeden kirchlichen Dienst oder Auftrag erfüllte«.

Doch Mitchells Feuereifer rief schon damals Stirnrunzeln hervor. In seiner Zeit als Tempelbediensteter spielte er in religiösen Dramen die Rolle des Satans. Einem Artikel in der *Salt Lake Tribune* zufolge war Mitchell in dieser Rolle so überzeugend, daß es »die Kirchenoffiziellen beunruhigte«. Seine religiöse Inbrunst brachte ihn zwangsläufig mit der fundamentalistischen Randgruppe in Berührung, die entlang der Wasatch Front allgegenwärtig ist, auch wenn sie nur ein Schattendasein führt. Seit Mitte der neunziger Jahre war Mitchell der festen Überzeugung, daß der Kirchenführung über ein Jahrhundert zuvor ein verhängnisvoller Irrtum unterlaufen war, als sie sich von der Bundesregierung hatte zwingen lassen, der Polygamie abzuschwören. Er und Barzee widmeten sich dem fundamentalistischen Mormonentum genauso leidenschaftlich wie vorher der Hauptrichtung des Mormonentums und wurden offiziell aus der HLT-Kirche ausgeschlossen.

Im Jahr 2000 teilte Mitchell Barzee und allen, die es hören wollten, an Thanksgiving mit, er habe eine Offenbarung empfangen, in der der Herr ihm befohlen habe, sich sieben weitere Frauen zu nehmen. In späteren göttlichen Geboten wurde Mitchell offenbart, daß er eigentlich Immanuel David Isaiah heiße und auf die Erde gekommen sei, um dem Herrn während der Letzten Tage als Sprachrohr zu dienen. Mitchell hörte auf, sich zu rasieren und sich die Haare zu schneiden, kleidete sich in wallende Gewänder im Stil der alttestamentarischen Propheten und erwarb sich im ganzen Salt Lake Valley den Ruf, ein überspannter, aber harmloser Straßenprediger zu sein. Oft stellte er sich als »Gott sei mit uns« und Barzee als »Gott verleihe uns Glanz« vor.

Ein Jahr nachdem ihm offenbart worden war, daß er nach dem Willen Gottes mehrere Frauen heiraten sollte, kreuzten sich vor einem Einkaufszentrum in der Innenstadt Mitchells

Wege mit denen einer reichen Hausfrau namens Lois Smart; er erzählte ihr, er heiße Immanuel. Smart, die ein Herz für die Armen hatte – besonders wenn sie so fromm waren, wie Immanuel/Mitchell es zu sein schien –, gab dem Heiligen einen Fünfdollarschein und bot ihm an, er könne an ihrem feudalen Haus in Salt Lake City Gelegenheitsarbeiten ausführen. Daraufhin arbeitete Mitchell im November 2001 einen halben Tag bei den Smarts und half Lois' Ehemann Ed Smart, das Dach auszubessern und die Blätter im Garten zusammenzuharken. In den fünf Stunden, die er auf dem 1,1 Millionen Dollar teuren Grundstück verbrachte, lernte Mitchell Elizabeth, die vierzehnjährige Tochter der Smarts, kennen und verliebte sich in ihre engelsgleichen Gesichtszüge und ihr unschuldiges Auftreten. Er kam zu dem Schluß, daß sie nach dem Willen Gottes eine seiner Frauen werden sollte.

Im Laufe der folgenden Monate spionierte er Elizabeth zwanghaft nach und beobachtete sie von den niedrigeren Hängen der Wasatch Range aus, die sich direkt über dem wohlhabenden Viertel Federal Heights erhebt, in dem die Smarts wohnen. Am 5. Juni 2002 stellte Mitchell gegen zwei Uhr nachts einen Stuhl unter ein kleines Fenster im Erdgeschoß, das einen Spalt offenstand, schlitzte ein dünnes Fliegenfenster auf und zwängte sich durch die Öffnung in die Küche der Smarts. Auf seinem Weg durch das sechshundert Quadratmeter große Haus machte er im ersten Stock das Schlafzimmer ausfindig, das sich Elizabeth mit ihrer neunjährigen Schwester Mary Katherine teilte, und weckte Elizabeth. Ohne sein Wissen erwachte auch Mary Katherine; die Jüngere tat so, als würde sie schlafen, warf im Dunkeln einen verstohlenen Blick auf den Eindringling und hörte, wie er ihre Schwester bedrohte. Nachdem er Elizabeth befohlen hatte, sie solle sich Schuhe anziehen, drängte er sie an dem Schlafzimmer vorbei, in dem ihre Eltern tief und fest schliefen, und verließ mit ihr das Haus.

Mitchell zwang Elizabeth mit vorgehaltenem Messer, sechs Kilometer weit in die Ausläufer der Berge westlich ihres Elternhauses zu marschieren. Nachdem sie einen abgelegenen Zeltplatz im Dry Creek Canyon erreicht hatten, führten er und Barzee ein seltsames, selbsterdachtes Hochzeitsritual durch, um das Mädchen in »dem neuen und ewigen Bund« an Mitchell zu »siegeln« – ein Euphemismus der Mormonen für die Vielehe. Dann forderte Barzee Elizabeth auf, ihren roten Schlafanzug auszuziehen. Als das Mädchen zurückschreckte, erklärte Barzee, daß Mitchell ihr die Kleider vom Leib reißen werde, falls sie sich weigere. Vor diese Wahl gestellt, fügte sich Elizabeth, und Mitchell vollzog die Ehe durch Vergewaltigung.

Im Haus der Smarts war ihre Schwester Mary Katherine im Bett liegengeblieben. Was sie mitansehen mußte, hatte sie so verängstigt, daß sie es nicht wagte, aufzustehen und ihre Eltern zu alarmieren. Mindestens zwei Stunden vergingen, bevor sie den Mut aufbrachte, ins Schlafzimmer der Eltern zu gehen und sie zu wecken. Entsetzt versuchte Ed Smart zu begreifen, wie seine älteste Tochter aus ihrem eigenen Bett entführt werden konnte, und rief, noch bevor er die Polizei verständigte, den Präsidenten seiner örtlichen HLT-Gemeinde an, der seinerseits einen Suchtrupp aus getreuen Heiligen mobilisierte. Der Suchtrupp begann sofort, das Viertel nach Elizabeth zu durchkämmen, fand aber keine Spur von ihr.

Nach ihrer Entführung wurde Elizabeth mindestens zwei Monate lang auf einer Reihe von Zeltplätzen festgehalten, die in einem Labyrinth aus gestrüppreichen Schluchten oberhalb ihres Elternhauses versteckt lagen und so nah waren, daß sie hören konnte, wie die möglichen Befreier ihren Namen riefen. Manchmal saß sie in einer unterirdischen Höhle, die mit einem Wetterschutzdach abgedeckt war; und manchmal wurde ihr Fuß an einem Baum festgekettet. Mit Hilfe seiner fundamentalistischen Rhetorik und einer Manipulation der religiösen Unterweisung, die Elizabeth seit frühester Kindheit erhalten hatte, schüchterte Mitchell das Mädchen so ein, daß es sich in eine völlig unterwürfige polygamistische Nebenfrau verwandelte – und verlieh seinen theologischen Überredungskünsten mit der Drohung Nachdruck, sie und ihre Familie umzubringen. Da sie dazu erzogen worden war, mormonischen Autoritätspersonen blind zu gehorchen und daran zu glauben, daß die HLT-Lehre das Gesetz Gottes sei, war sie besonders empfänglich für die geschickte fundamentalistische Deutung, die Mitchell den vertrauten mormonischen Schriften gab. Die weißen Gewänder, die Mitchell und Barzee trugen und die auch sie tragen mußte, glichen den heiligen Gewändern, in die sie und ihre Familie sich kleideten, wenn sie den Mormonentempel betraten. Wenn Mitchell Elizabeth drängte, sich seinem sinnlichen Verlangen zu unterwerfen, benutzte er dazu die Worte Joseph Smiths – Worte, die, wie man ihr beigebracht hatte, von Gott stammten. »Ihre Erziehung hat sie besonders anfällig gemacht«, meint Debbie Palmer, die mit der Überzeugungskraft der fundamentalistischen Kultur seit ihrer Kindheit in Bountiful bestens vertraut ist. »Über ein nicht-mormonisches Mädchen hätte Mitchell nie solche Macht gehabt.«

Sobald er die psychische Kontrolle über Elizabeth erlangt hatte, war sich Mitchell sicher, daß sie weder fliehen noch die Polizei alarmieren würde, und ließ sich oft in aller Öffentlichkeit von ihr begleiten, wobei ihre blonden Zöpfe allerdings von einem Kopftuch bedeckt waren und sie ihr Gesicht hinter einem burka-ähnlichen Schleier verstecken mußte. Im September nahm Mitchell Elizabeth in dieser Verkleidung sogar auf eine lebhafte, bierselige Party in der Innenstadt von Salt Lake mit, auf der über hundert Leute anwesend waren (die meisten von ihnen nicht besonders fromm) und wo sie von einem der Gäste fotografiert, aber nicht wiedererkannt wurde. Während der Zeit, in der Elizabeth unter Mitchells Kontrolle stand, ließ dieser sie, einem ihrer Onkel zufolge, mindestens einmal fast einen ganzen Tag lang »völlig allein, aber sie versuchte nicht wegzulaufen«.

Am 24. Juli versuchte Mitchell in seiner gewohnten Dreistigkeit, eine fünfzehnjährige Cousine von Elizabeth zu entführen. Er wandte dieselbe Methode an und stellte einen Stuhl unter ein offenes Fenster, schlitzte mit seinem Messer das Fliegenfenster auf und wollte gerade in das Haus des Mädchens steigen, als er versehentlich ein gerahmtes Bild zu Boden stieß und soviel Lärm machte, daß das ganze Haus aufwachte und er fliehen mußte. Da die Polizei damals überzeugt war, den Hauptverdächtigen bereits in Gewahrsam zu haben – Richard Ricci, einen anderen ehemaligen Arbeiter der Smarts, der ein zweifelhaftes Alibi und ein umfangreiches Vorstrafenregister hatte –, kam es den Beamten nicht in den Sinn, daß das aufgeschlitzte Fliegenfenster und der am Tatort des versuchten Einbruchs liegengebliebene Stuhl wichtige Hinweise waren. Die Möglichkeit, daß Elizabeths Entführer jemand anders als Ricci sein könnte, jemand, der noch frei herumlief und versuchte, andere Mädchen zu entführen, wurde nie ernsthaft erwogen.

Im Oktober sagte Mary Katherine – die jüngere Schwester und einzige Tatzeugin – spätabends plötzlich zu Ed Smart: »Dad, ich glaube, ich weiß, wer es war.« Sie war ziemlich sicher, daß der kleine bärtige Mann, der bei der Dachreparatur geholfen hatte – der selbsternannte Prophet, der sich Immanuel nannte – Elizabeths Entführer war. Smart meldete der Polizei von Salt Lake City die verspätete Enthüllung seiner Tochter, aber da sich Mary Katherine mit der Identifizierung des Täters vier Monate Zeit gelassen hatte, schenkten die Beamten ihrer Aussage wenig Glauben. Dennoch erstellten sie in Zusammenarbeit mit der Familie Smart drei Phantombilder von Immanuel, die sich auf ihre verschwommenen Erinnerungen an sein Aussehen im November 2001 stützten, als er bei ihnen gearbeitet hatte. Die Smarts fanden, daß das letzte Bild dem Mann ziemlich ähnlich sah, und wollten damit an die Öffentlichkeit gehen, doch die Polizei behauptete, es sei nicht exakt genug und würde ihr bloß eine Flut falscher Hinweise einbringen. Außerdem hielt sie noch immer Ricci (der am 27. August im Gefängnis an einer Gehirnblutung gestorben war) für den Täter.

Frustriert nahmen die Smarts die Sache selbst in die Hand. Anfang Februar 2003 hielten sie eine Pressekonferenz ab, bei der sie das beste Phantombild veröffentlichten. Bald darauf meldete sich eine Frau, die das Phantombild gesehen hatte, und sagte, es habe Ähnlichkeit mit ihrem Bruder, einem

Mann mit festen religiösen Überzeugungen namens Brian David Mitchell, der sich Immanuel nenne. Sie schickte ein Foto von Mitchell, das am 15. Februar zusammen mit Fotos und Videoaufnahmen von Elizabeth und Ed Smarts Aufruf an die Zuschauer, bei der Suche nach seiner Tochter zu helfen, in der Fernsehsendung *America's Most Wanted* ausgestrahlt wurde.

Am 12. März 2003 entdeckte ein aufmerksamer Autofahrer, der sich die Sendung angeschaut hatte, in der Vorstadt Sandy jemanden, der Mitchell ähnlich sah und an der sechsspurigen State Street entlangging, einer der wichtigsten Nord-Süd-Verbindungen im Salt Lake County. Der Mann trug ein schäbiges Gewand und Sandalen und wurde von einer Frau mittleren Alters und einem jungen Mädchen begleitet, die ähnlich gekleidet waren wie er. Der Autofahrer wählte die Notrufnummer.

Ein Streifenwagen mit den beiden Polizeibeamten Karen Jones und Troy Rasmussen hielt das seltsam gekleidete Trio an. Der Mann, der einen buschigen graumelierten Bart hatte und Blumen in seinem ungekämmten Haar trug, gab an, er heiße Peter Marshall, und bestand darauf, für die beiden Frauen zu sprechen, die offenbar zur Verschleierung ihrer Identität Sonnenbrillen und billige graue Perücken trugen. Als die junge Frau direkt gefragt wurde, leugnete sie, Elizabeth Smart zu sein, und behauptete hartnäckig, sie heiße Augustine Marshall. Sie sagte, sie sei achtzehn Jahre alt und der Mann mit dem Bart sei ihr Vater. Ohne seine Einwilligung schien sie sich nur höchst ungern zu äußern oder etwas zu tun.

Officer Jones nahm das Mädchen beiseite und befragte es weiter, doch »Augustine« blieb ausweichend und starrköpfig. Als Officer Rasmussen fragte, warum sie eine Perücke trage, »wurde sie wütend«, wie er *NBC News* erzählte. »Sagte, das wäre ihre Sache, das ginge mich nichts an.« Die Polizisten fragten jedoch immer wieder, ob sie Elizabeth Smart sei, und nachdem sie das Mädchen eine Dreiviertelstunde in die Zange genommen hatten, gab es auf. Den Tränen nahe, enthüllte es seine wahre Identität mit den biblischen Worten »Du sagst es« – Jesu Antwort an Pilatus auf die Frage, ob er der König der Juden sei.

Auch nachdem sie zugegeben hatte, tatsächlich Elizabeth zu sein, und auf der Fahrt zum Polizeirevier im Fond des Streifenwagens saß, sorgte sie sich noch um Mitchells und Barzees Wohlergehen. »Als erstes«, sagte Officer Jones, »stellte sie die Frage: ›Was passiert jetzt mit ihnen? Wird es ihnen auch gutgehen?‹ Wollte nicht, daß sie Schwierigkeiten bekamen, daß man ihnen weh tat… Sie fing an zu weinen und weinte den ganzen Weg zum Revier.«

Viele Leute haben sich gefragt, wie es Brian David Mitchell gelang, so große Macht über das Mädchen auszuüben, und warum Elizabeth in den neun Monaten ihrer Gefangenschaft anscheinend keinen Fluchtversuch unternahm. Doch Julie Adkison – eine junge Mormonin, die Mitchell anderthalb Jahre vor der Entführung von Elizabeth Smart kennengelernt hatte – versteht ohne weiteres, wie Elizabeth unter seinen Einfluß geriet. Adkison war zwanzig Jahre alt und arbeitete in der Fashion Place Mall in Salt Lake City als Schuhverkäuferin, als sie Mitchell kennenlernte, der sich für Sandalen interessierte und ihr von den vertraulichen Gesprächen erzählte, die er regelmäßig mit Gott führe. Kurz darauf überreichte Mitchell ihr einen schriftlichen Heiratsantrag, in dem stand, der Herr wünsche, daß sie eine seiner Frauen werde. Adkison lehnte es ab, Mitchell zu heiraten, traf sich aber weiter mit ihm; einmal saß sie wie gebannt über fünf Stunden in einem Stadtpark neben ihm, während er sich über mormonische Theologie ausließ. Sie fühlte sich seltsam hingezogen zu Mitchell, erzählte sie *Newsweek,* denn »alles, was er sagte, waren Sachen, mit denen ich groß geworden war… Ich wollte schon seit Stunden gehen, aber ich saß einfach da.« Wäre sie noch so jung und leicht zu beeindrucken gewesen wie Elizabeth Smart, gestand Adkison: »Wer weiß, was ich dann getan hätte?«

Angesichts der seelischen Erschütterungen, denen Elizabeth als Mitchells Gefangene ausgesetzt war, schien sie sich nach ihrer Befreiung erstaunlich gut zu erholen. Ihr Vater meinte zwar, daß noch »ein langer Weg« vor ihr liege, doch er gab an, es gehe ihr sehr gut, seit sie wieder bei ihrer Familie sei. David Hamblin, der Bischof der Smartschen HLT-Gemeinde, erklärte, Elizabeth bleibe trotz allem, was Mitchell ihr angetan haben mag, »rein vor dem Herrn«.

Dan Lafferty, der in seiner Gefängniszelle alles verfolgte, nimmt an, daß es Elizabeth »nach ein paar Monaten wieder gutgeht«. Aber er sieht Elizabeths Leid aus einem ähnlichen Blickwinkel wie ihr Peiniger – dem eines Glaubenseiferers, mit dem Lafferty im Grunde genommen viel gemeinsam hat. Nachdem Lafferty beteuert hat, er sei »überglücklich gewesen, als ich gehört habe, daß man sie gefunden hat und sie noch am Leben ist«, meint er, Elizabeth seien »durch diese Erfahrung richtig die Augen geöffnet worden« – und sie werde ihr Leben nie mehr so sehen wie vorher. Beunruhigenderweise findet er das nicht beklagenswert, sondern betrachtet es eher als »Segen«.

Was Brian David Mitchell betrifft, so behauptete er in den Tagen nach seiner Verhaftung standhaft, er habe nichts Unrechtes getan, und es sei kein Verbrechen, ein vierzehnjähriges Mädchen in eine Vielehe zu zwingen, denn es sei »ein Gebot Gottes«. Über einen Anwalt ließ er mitteilen, Elizabeth sei »noch immer seine Frau, und er liebt sie noch immer und weiß, daß auch sie ihn noch immer liebt«.

Dan Lafferty war nicht der erste, der vermutet hatte, Mitchell sei ein fundamentalistischer Mormone, der Elizabeth Smart entführt habe, um sie zu einer seiner Frauen zu machen. Direkt nach der Entführung – neun Monate bevor Lafferty dieselbe Vermutung äußerte – schickte eine Frau namens Flora Jessop aus Phoenix, Arizona, den Medien eine E-Mail, in der sie die Hypothese aufstellte, Elizabeth sei von einem Polygamisten entführt worden. Ihre Vermutung kam zwar größtenteils »aus dem Bauch heraus«, beruhte aber auf persönlichen Erfahrungen: Jessop war als eins von achtundzwanzig Kindern einer polygamistischen Familie in Colorado City aufgewachsen. Mit vierzehn klagte sie wegen sexuellen Mißbrauchs gegen ihren fundamentalistischen Vater, den Familienpatriarchen, doch der Richter hielt sie für eine Lügnerin und wies die Klage ab, woraufhin die Führer der FHLT-Kirche Jessop zwei Jahre lang im Haus eines Verwandten einsperrten. Doch sie war ein trotziges, willensstarkes Mädchen und machte ihren Aufpassern so viel Ärger, daß die Kirchenoberen sie mit sechzehn vor die Wahl stellten, »entweder den Mann zu heiraten, den sie für mich ausgesucht hatten – einen der Söhne des Bruders meines Vaters –, oder man würde mich in die staatliche Nervenklinik einweisen«, sagt Jessop. Sie entschied sich für die vereinbarte Heirat und floh bei der ersten Gelegenheit aus der Ehe und aus Colorado City. Inzwischen ist sie vierunddreißig, Antipolygamie-Aktivistin und hat eine Organisation namens Help the Child Brides gegründet.

Jessop ist sehr erleichtert, daß Elizabeth Smart noch am Leben ist, und findet die Hilfe wunderbar, die Elizabeth erhalten hat. Aber Jessops Meinung nach unterstreicht das auch die beunruhigende Tatsache, daß einem anderen jungen Polygamieopfer – ihrer Schwester Ruby Jessop –, auf dessen Zwangslage sie die Regierungsbeamten bereits über ein Jahr vor Elizabeths Entführung aufmerksam gemacht hat, jegliche Hilfe versagt bleibt.

Ruby war vierzehn Jahre alt, als sie in Colorado City dabei beobachtet wurde, wie sie einen Jungen, den sie gern hatte, in aller Unschuld küßte. Wegen dieser unverzeihlichen Sünde wurde sie auf der Stelle gezwungen, in einer fundamentalistischen Zeremonie unter der Aufsicht von Warren Jeffs einen älteren Mann aus ihrer Großfamilie zu heiraten, den sie nicht ausstehen konnte. Wie Elizabeth wurde auch Ruby direkt nach der Trauung vergewaltigt – so brutal, daß sie in ihrer »Hochzeitsnacht« eine große Menge Blut verlor. Im Gegensatz zu Elizabeth versuchte Ruby jedoch, ihrer Zwangsehe zu entkommen, und floh in das Haus eines wohlwollenden Bruders, in dem sie Zuflucht zu finden glaubte. Im Mai 2001 wurde Ruby mit falschen Versprechungen aus dem Haus ihres Bruders gelockt, angeblich von Mitgliedern der FHLT-Kirche entführt und ins Haus ihres Stiefvaters Fred Jessop, des zweiten Ratgebers des Propheten, gebracht – dasselbe Haus, in dem Flora Jessop siebzehn Jahre vorher eingesperrt war.

Flora – die am Tag von Rubys Geburt, dem 3. Mai 1986, aus Colorado City geflohen war – rief den County-Sheriff an, um zu melden, daß ihre Schwester entführt worden sei. Als ein Hilfssheriff zur Untersuchung des mutmaßlichen Verbrechens nach Colorado City kam, erzählten ihm die Führer der Kirche, das Mädchen sei »im Urlaub«; der Hilfssheriff gab sich damit zufrieden und fuhr wieder ab. Wütend über dieses offensichtliche Pflichtversäumnis, verdoppelte Flora ihre Bemühungen, die Staatsbehörden davon zu überzeugen, daß sie im Interesse ihrer kleinen Schwester etwas unternehmen mußten. Dank Floras Beharrlichkeit wurden die Mitglieder der FHLT einen Monat später vom Familienministerium in Utah gezwungen, mit Ruby ins nahe gelegene St. George zu kommen und mit einem Sozialarbeiter zu sprechen. Da Ruby im einschüchternden Beisein eines ihrer vermeintlichen Entführer befragt wurde, behauptete sie, »es sei alles in Ordnung«, und wurde unverzüglich wieder ihren Glaubensbrüdern übergeben. Zwei Jahre danach brachte sie als Sechzehnjährige ein Kind zur Welt. Trotz Floras fortlaufender Bemühungen, Ruby zu befreien, hat seit dem Sommer 2001 außerhalb von Colorado City niemand etwas von ihr gehört. Sie ist zu guter Letzt im Schoß der Fundamentalistischen Kirche verschwunden.

Die Antipolygamie-Aktivistin Lorna Craig, eine Kollegin von Flora Jessop, ist verblüfft und empört über die Gleichgültigkeit, mit der der Staat Utah Ruby behandelt – vor allem im Vergleich zu der gewaltigen Anstrengung, die zur Befreiung Elizabeth Smarts und zu der strafrechtlichen Verfolgung ihrer Entführer aufgeboten wurde. Craig weist darauf hin, daß sowohl Elizabeth als auch Ruby vierzehn waren, als sie entführt, vergewaltigt und »von polygamistischen Fanatikern gefangengehalten« wurden. Der Hauptunterschied bei den Qualen, denen die beiden Mädchen ausgesetzt waren, liege darin, daß »Elizabeth neun Monate lang einer Gehirnwäsche unterzogen wurde«, während die polygamistischen Fanatiker an Ruby »von Geburt an« diese Gehirnwäsche vornahmen. Trotz der Ähnlichkeit beider Fälle wurden Elizabeths Entführer ins Gefängnis gesperrt und wegen Notzucht, schweren Diebstahls und Entführung angeklagt, während Ruby in Craigs Worten »wieder den Leuten übergeben wurde, die sie mißbraucht hatten, und es wurden keine richtigen Ermittlungen angestellt und keiner der Beteiligten angeklagt«.

Nach Craigs Meinung sind die unterschiedlichen Ergebnisse dem Umstand zuzuschreiben, daß Ruby Jessop in eine polygamistische Gemeinschaft hineingeboren wurde, die jahrzehntelang ungestraft Staats- und Bundesgesetze brechen konnte. Craig weist darauf hin, daß der Bürgermeister, die Polizei und der Richter in Colorado City-Hildale selbst Polygamisten sind, die ihrem Propheten blind gehorchen, und es deshalb »für Mißbrauchsopfer niemanden gibt, an den sie sich wenden können … Ich würde sagen, wenn man einem Mädchen beibringt, daß ihr Seelenheil davon abhängt, ob sie eine sexuelle Beziehung zu einem verheirateten Mann hat, dann ist das seiner Natur nach zerstörerisch.« Solche Beziehungen, meint Craig verbittert, sollten als »Verbrechen, und nicht als Religion« betrachtet werden.

5 Die Zweite Große Erweckung

Der sachliche Prediger, geübt in der Dialektik des Priesterseminars, war westlich der Appalachen eine Seltenheit. Statt dessen fand man Gesundbeter und berittene Wanderprediger, die ihre Zuhörer in religiöse Raserei versetzten … Durch ihre Exzesse schwächten die Erweckungsversammlungen die normale Abneigung gegen religiöse Überspanntheiten ab. Und diese Jahre der Pfingstbewegung, die mit Joseph Smiths Jugend und frühem Mannesalter zusammenfielen, waren in der amerikanischen Geschichte die fruchtbarsten für das Auftreten von Propheten.

Fawn Brodie
No Man Knows My History

Kurz nach Elizabeth Smarts Befreiung und der Verhaftung von Brian David Mitchell entdeckten FBI-Beamte eine siebenundzwanzigseitige Broschüre, die Mitchell zwei Monate vor der Entführung Elizabeth Smarts verfasst hatte. Die Broschüre trug den Titel »The Book of Immanuel David Isaiah«, und darin wurde behauptet, es handle sich um ein göttliches Manifest, das Immanuel/Mitchell offenbart worden sei und die Einführung einer neuen fundamentalistischen Kirche namens Seven Diamonds Plus One verkündige, die »ein glänzendes Diadem der Wahrheit« sein werde. Die Abhandlung wies Immanuel/Mitchell als den »einen … Mächtigen und Starken« aus, und es wurde erklärt, daß Gott ihn dazu bestimmt hatte, die neue Kirche zu führen – die »wahre und lebendige Kirche Jesu Christi der Heiligen der Letzten Tage, gereinigt und erhöht«. Im »Book of Immanuel David Isaiah« stand auch, Gott habe »die

Schlüssel, die Gewalt und die Sakramente der Heiligen Priesterschaft zur Erlösung der Menschheit ... durch eine Reihe von Propheten übergeben«. Die Broschüre verfolgte die von Gott bestimmte Abstammungslinie von Adam über Noah, Abraham, Moses und Jesus »zu Joseph Smith jr. und von Joseph Smith jr. zu Immanuel David Isaiah und von Immanuel David Isaiah bis zum Ende der Welt«.

Um Brian David Mitchell verstehen zu können – oder Dan Lafferty, Tom Green und die polygamistischen Einwohner von Bountiful und Colorado City –, muß man zunächst den gemeinsamen Glauben dieser Leute verstehen, der jedem Aspekt ihres Lebens Form und Zweck verleiht. Und dieses Verständnis muß bei dem oben erwähnten Joseph Smith jr. beginnen, dem Gründer der Kirche Jesu Christi der Heiligen der Letzten Tage. Über anderthalb Jahrhunderte nach seinem Tod hat die schiere Ausstrahlung seiner Persönlichkeit noch immer große Macht über Mormonen und fundamentalistische Mormonen. »Ich bewundere Joseph Smith«, beteuert Dan Lafferty mit glühendem Blick. »So sehr bewundere ich sonst niemanden.«

Egal, ob man den Glauben, den er begründete, für die einzig wahre Religion auf der Welt oder für ein groteskes Märchen hält, Joseph Smith taucht als eine der bemerkenswertesten Gestalten, die Amerika je gesehen hat, aus dem Nebel der Zeit auf. »Trotz all seiner Fehler«, schreibt Harold Bloom in seinem Buch *The American Religion*, »war Smith ein echter religiöser Schöpfer, einzigartig in der Geschichte unseres Landes ... Im Verhältnis zu seiner Bedeutung und seiner Vielschichtigkeit, seiner ungebrochenen Vitalität, bleibt er die am wenigsten erforschte Persönlichkeit in unserer gesamten Landesgeschichte.«

Joseph wurde am 23. Dezember 1805 in den Green Mountains von Vermont geboren. Sein Vater Joseph Smith sen. war ein Kleinpächter, ständig auf der Suche nach seiner großen Chance, und hatte kurz zuvor bei dem gescheiterten Projekt, Ginsengwurzel nach China zu exportieren, sein ganzes Geld verloren. Pleite und von einer hohen Schuldenlast niedergedrückt, war Smith *père* darauf angewiesen, seinen spärlichen Lebensunterhalt aus einem steinigen, nur schwer kultivierbaren Stück Ackerland zu scharren, das er zu seiner Schmach von seinem Schwiegervater pachten mußte.

Neuengland befand sich damals mitten in einer langen Wirtschaftskrise, und das Leben der Smiths war in Joseph juniors Kindheit von Armut geprägt. Immer auf der Suche nach besseren Zukunftsaussichten, zog die Familie in den ersten elf Lebensjahren des Jungen fünfmal um, bis sie sich in Palmyra niederließ, einer Stadt mit viertausend Einwohnern im Westen des Staates New York, direkt am Erie-Kanal, der damals gerade gebaut wurde. Der Kanal war das ehrgeizigste Bauprojekt jener Zeit und hatte einen starken, wenn auch nur vorübergehenden Aufschwung der örtlichen Wirtschaft ausgelöst. Joseph senior hoffte, davon profitieren zu können.

In einem der typisch abfälligen Artikel über den angehenden Propheten, erschienen am 1. Februar 1831 in der Lokalzeitung *Reflector,* als Josephs neue Religion gerade Furore zu machen begann, werden die Smiths bei ihrer Ankunft in Palmyra im Jahre 1817 folgendermaßen beschrieben:

> Joseph Smith senior, der Vater der Person, von der wir hier schreiben, war durch Mißgeschick oder sonstige Umstände dazu gezwungen, in größter Armut zu leben, bevor er in den Westen New Yorks kam. Er hatte eine große Familie mit neun oder zehn Kindern, von denen Joe junior das dritte oder vierte war. Wir konnten nicht in Erfahrung bringen, ob irgendein Familienmitglied je für etwas anderes bekannt war als Unwissenheit und Dummheit und, bei allem Respekt für den älteren Zweig der Familie, für einen Hang zum Aberglauben und eine Vorliebe für alles *Wunderbare.*

Damit wurde auf die spirituellen Schwärmereien der Eltern des Propheten – besonders seiner Mutter Lucy Mack Smith – angespielt. »Lucy hatte einen lebhaften, aber ungeschulten Verstand«, schreibt Fawn Brodie in *No Man Knows My History* – ihrer großartigen, umstrittenen Biographie von Joseph Smith:

> Lucy widmete sich besonders dem Mystizismus, den man sehr oft bei Menschen findet, die plötzlich von der Herrschaft und Disziplin einer Kirche befreit werden ... Sie machte sich ein sehr persönliches Bild von Gott, mit dem sie sprach, als wäre Er ein Familienmitglied. Ihre Religion war intim und häuslich, mit Gott als allgegenwärtigem Wesen, das einem im Traum erscheint, Wunder bewirkt und die Felder der Sünder zerstört.

Die theologischen Vorlieben des jungen Joseph waren größtenteils Lucy zu verdanken. Und Mutter und Sohn waren stark vom Zeitgeist beeinflußt.

Nach dem amerikanischen Unabhängigkeitskrieg wurde die neue Republik von einer Zeit kirchlichen Aufruhrs erschüttert, in der die etablierten Kirchen von einem Großteil der Bevölkerung als spirituell bankrott betrachtet wurden. Die Flut religiöser Experimente, die in den ersten Jahrzehnten des 19. Jahrhunderts über die Vereinigten Staaten hereinbrach und die Zweite Große Erweckung genannt wurde, hatte (abgesehen von Patschuli und LSD) eine gewisse Ähnlichkeit mit dem religiösen Aufruhr, der in den 1970er Jahren über das Land schwappte. Anfang des 19. Jahrhunderts gärte es an den sich ständig verschiebenden Landesgrenzen besonders stark – auch im Westen des Staates New York, wo die religiöse Inbrunst so heftig aufloderte, daß die Gegend um Palmyra »der verbrannte Distrikt« genannt wurde.

Die Leute malten sich den beißenden Geruch von Schwefel in der Luft aus. Die Apokalypse schien gleich um die Ecke zu lauern. »Noch nie in der Geschichte der westlichen Welt schien das Tausendjährige Reich so nahe bevorzustehen«, schreibt der mormonische Historiker Hyrum L. Andrews, »noch nie hatten die Leute seinen Beginn so sehnsüchtig und hoffnungsvoll erwartet. Man rechnete damit, daß diese friedliche Zeit in zwanzig Jahren oder noch früher anbrechen würde.« In diesem überhitzten religiösen Klima, in dem alles möglich schien, rief Joseph Smith einen Glauben ins Leben, der eine von Amerikas erfolgreichsten Religionen werden sollte.

Joseph junior war ein ernstes, gutmütiges Kind, das sich schnell langweilte, und hatte nicht die Absicht, ein schuldengeplagter Farmer wie sein Vater zu werden und jahrein, jahraus im Dreck zu wühlen. Seine Begabung verlangte nach einer viel imposanteren Arena. Obwohl er als Kind nur ein paar Jahre zur Schule gegangen war, hatte er anscheinend eine rasche Auffassungsgabe und eine erstaunlich lebhafte Phantasie. Wie viele Autodidakten fühlte er sich zu den wirklich großen Fragen hingezogen. Er dachte stundenlang über das Wesen des Göttlichen und über die Bedeutung von Leben und Tod nach und beurteilte die Vorzüge und Mängel der vielen konkurrierenden Religionen. Er war nicht nur gesellig, sportlich, gutaussehend, sondern auch ein geborener Erzähler, den Männer wie Frauen sehr charmant fanden. Seine Begeisterung war ansteckend. Er hätte einem Hund einen Maulkorb verkaufen können.

Die Grenze zwischen Religion und Aberglaube kann manchmal verschwimmen, und das galt besonders in den theologischen Wirren der Zweiten Großen Erweckung, als Joseph volljährig wurde. In seiner spirituellen Neugier bewegte sich der künftige Prophet auf beiden Seiten dieser verschwommenen Grenze und beschäftigte sich dabei auch längere Zeit mit der Kunst der Geisterbeschwörung. Genauer gesagt widmete er viel Zeit und Energie dem Bemühen, mit Hilfe von Schwarzer Magie und Hellseherei – Künsten, die er von seinem Vater gelernt hatte – vergrabene Schätze aufzuspüren. Ein paar Jahre später gab er seine dilettantischen okkultistischen Versuche auf, aber dieser Flirt mit dem Volkszauber hatte eine direkte und deutliche Auswirkung auf die Religion, die Joseph bald begründen würde.

Obwohl die »Geldgräberei«, wie dieser Brauch genannt wurde, gegen das Gesetz verstieß, war sie bei den einfachen Leuten aus Neuengland und dem Staat New York dennoch weit verbreitet. In den Wäldern rings um Palmyra wimmelte es von indianischen Grabhügeln, in denen uralte Knochen oder Gebrauchsgegenstände lagen, die teilweise aus Edel- oder Halbedelmetallen gearbeitet waren. Deshalb war es nicht verwunderlich, daß ein Junge mit Josephs überaktivem Verstand und verträumtem Wesen Pläne ausheckte, um durch die Entdeckung des Goldes, das in den nahe gelegenen Hügeln und Feldern vergraben war, reich zu werden.

Ernsthaft begann Joseph mit der Geldgräberei ein paar Monate vor seinem vierzehnten Geburtstag, zwei Jahre nach der Ankunft seiner Familie in Palmyra, als er von den hellseherischen Talenten eines Mädchens namens Sally Chase hörte, das unweit der Farm der Smiths wohnte. Als er erfuhr, daß sie einen magischen Stein besaß – einen sogenannten »Zauberstein« oder »Seherstein« –, der ihr erlaubte, »alles zu sehen, selbst wenn es anderen verborgen blieb«, lag Joseph seinen Eltern so lange in den Ohren, bis er das Mädchen besuchen durfte.

Sallys Zauberstein erwies sich als ein kleiner grünlicher Stein. Sie legte ihn in einen umgedrehten Hut und forderte Joseph auf, sein Gesicht in dem Hut zu vergraben, damit kein Licht hineinfiel. Als er der Aufforderung nachkam, hatte er Visionen. Unter anderem sah er einen kleinen weißen Stein, »der weit weg war. Er fing an zu leuchten und blendete ihn und wurde schon bald hell wie die Mittagssonne.« Sofort begriff er, daß auch dieser Stein ein Zauberstein war; in der Vision wurde auch der genaue Ort gezeigt, an dem der Stein lag, vergraben unter einem kleinen Baum. Joseph machte den Baum ausfindig, begann zu graben und förderte »mit einer gewissen Mühe und Anstrengung« den ersten von mindestens drei Zaubersteinen zutage, die er in seinem Leben besitzen würde.

Seine Karriere als Wahrsager oder Hellseher nahm ihren Lauf. Schon bald waren seine Fähigkeiten als Geisterbeschwörer so gefragt, daß er ein beachtliches Honorar verlangen konnte, wenn er für Grundbesitzer in der ganzen Gegend nach vergrabenen Schätzen suchte. 1825 war Joseph so berühmt, daß ein älterer Farmer namens Josiah Stowell aus Pennsylvania kam, um ihn kennenzulernen. Die Begegnung beeindruckte den Farmer stark, und er forderte den Zwanzigjährigen auf, mit ihm ins Susquehanna Valley zu fahren, wo Joseph mit seinen Zaubersteinen eine versteckte Silberader entdecken sollte, die angeblich vor mehreren Jahrhunderten von den Spaniern freigelegt worden war. Für seine Dienste erhielt Joseph von Stowell das großzügige Gehalt von 14 Dollar im Monat – mehr als ein Monatslohn der Arbeiter am Erie-Kanal –, bei freier Unterkunft und Verpflegung.

Das und weitere Einzelheiten aus Josephs Geldgräberzeit kann man in eidesstattlichen Erklärungen und anderen Urkunden aus dem Prozeß »Staat New York gegen Joseph Smith« nachlesen, der im März 1826 stattfand und in dem der junge Wahrsager für schuldig befunden wurde, »ein liederlicher Mensch und Betrüger« zu sein. Obwohl sich Joseph bemühte, die Wahrsagekunst mit Leidenschaft, Hingabe und dem besten Handwerkszeug auszuüben, scheint er außerstande gewesen zu sein, Stowells Silbermine zu entdecken. Und auch in den vorangegangenen sechs Jahren, in denen er als Geldgräber gearbeitet hatte, war es ihm nicht gelungen, einen Schatz zu heben. Als das ans Licht kam, reichte ein Neffe Stowells gegen Joseph Klage wegen Betrugs ein.

Der Prozeß und die schlechte Presse, die das nach sich zog, setzten seiner Karriere als professionellem Wahrsager ein jähes Ende. Gegenüber seinen zahlreichen Kritikern beteuerte er, daß er sich bessern und die Wahrsagerei ein für allemal aufgeben werde. Doch schon achtzehn Monate später spielten Zaubersteine und schwarze Magie wieder eine große Rolle in Josephs Leben. Ganz in der Nähe ihres Hauses in Palmyra entdeckte er schließlich einen vergrabenen Schatz, und seitdem hallt die Bedeutung seines Funds durch die religiöse und politische Landschaft Amerikas.

Im Herbst 1823, als Joseph siebzehn war, erfüllte eines Nachts ein ätherisches Licht sein Zimmer und ihm erschien ein Engel, der sich als Moroni vorstellte und erklärte, er sei von Gott gesandt worden. Er sei gekommen, um Joseph von einer heiligen Schrift zu erzählen, die auf massive Goldplatten geprägt und vor vierzehnhundert Jahren an einem nahe gelegenen Hang unter einem Stein vergraben worden sei. Dann zeigte Moroni Joseph in einer Vision, wo genau die Platten versteckt waren. Der Engel warnte den Jungen jedoch davor, die Platten irgend jemandem zu zeigen, zu versuchen, sich daran zu bereichern, oder sie schon jetzt auszugraben.

Am nächsten Morgen ging Joseph zu dem Hügel, der ihm in der Vision erschienen war, machte schnell den fraglichen Stein ausfindig, der unverwechselbar war, grub darunter und förderte eine Kiste zutage, die aus fünf flachen, mit Mörtel verbundenen Steinen bestand. In der Kiste befanden sich die goldenen Platten. Doch im Eifer des Gefechts vergaß er Moronis Warnung, daß »die Zeit, sie ans Tageslicht zu bringen, noch nicht gekommen sei«. Als Joseph die Platten herausnehmen wollte, lösten sie sich sofort in Luft auf, und er wurde gewaltsam zu Boden geschleudert. Später gestand er, daß seine Habgier die Oberhand gewonnen hatte, und fügte hinzu: »Deshalb wurde ich von dem Engel bestraft.«

Dennoch war Moroni bereit, Joseph noch eine Chance zu geben, seine Würdigkeit unter Beweis zu stellen. Der Engel befahl dem Jungen, jedes Jahr am 22. September an denselben Ort zurückzukehren. Joseph gehorchte, und in jedem Jahr erschien ihm Moroni auf dem später Berg Cumorah genannten Hügel, erteilte Joseph Anweisungen zu den goldenen Platten und dazu, was er nach dem Willen Gottes mit ihnen anfangen sollte.

Jedesmal kehrte Joseph zu seiner großen Enttäuschung mit leeren Händen heim. Doch bei ihrem Treffen im Jahre 1826 gab Moroni ihm Grund zu neuer Hoffnung: Der Engel verkündete, wenn Joseph »genau gemäß dem Willen Gottes handelte, könnte er die Platten am 22. Tag des nächsten September erhalten, und wenn nicht, würde er sie nie erhalten«. Durch den Blick in seinen verläßlichsten Zauberstein erfuhr Joseph außerdem, daß er, um die Platten zu bekommen, ein Mädchen namens Emma Hale heiraten und sie im September 1827 bei seinem nächsten Besuch auf dem Hügel mitbringen mußte.

Emma war eine sympathische Nachbarin von Josiah Stowell in Pennsylvania, die Joseph ein Jahr zuvor während seiner vergeblichen Suche nach der Silbermine auf Stowells Besitz kennengelernt hatte. Bei dieser ersten Begegnung hatten sich Emma und Joseph sofort zueinander hingezogen gefühlt, und er war mehrmals bei den Hales gewesen und hatte um ihre Hand angehalten. Doch jedesmal hatte sich Emmas Vater Isaac Hale energisch dagegen gewandt und Josephs anrüchige Vergangenheit als Geldgräber angeführt. Mr. Hale wies seine verliebte Tochter darauf hin, daß der junge Joe Smith erst vor wenigen Monaten wegen Betrugs verurteilt worden sei.

Durch Hales beharrliche Weigerung, ihm Emma zur Frau zu geben, verlor Joseph allmählich den Mut und war ganz verzweifelt. Der September rückte rasch näher. Wenn er und Emma dann nicht verlobt waren, würde ihm Moroni die goldenen Platten für immer vorenthalten. Von einem anderen Wahrsager lieh sich Joseph Pferd und Schlitten, fuhr noch einmal nach Pennsylvania und überredete Emma am 18. Januar 1827, sich ihrem Vater zu widersetzen und mit Joseph durchzubrennen, um ihn zu heiraten.

Acht Monate später, kurz nach Mitternacht an dem festgesetzten Tag, begaben sich Joseph und Emma zum Berg Cumorah. Nachdem ihm die Platten bei den letzten vier Besuchen verweigert worden waren, überließ Joseph diesmal nichts dem Zufall. Das junge Paar hielt sich genau an die althergebrachten Rituale der Geisterbeschwörung und war, ganz in Schwarz gekleidet, die fünf Kilometer von der Farm der Smiths zu dem Hügel in einer schwarzen Kutsche gefahren, gezogen von einem schwarzen Pferd. Oben am steilen Westhang des Hügels grub Joseph wieder im Dunkel der Nacht unter dem Stein, während Emma in der Nähe stand und ihm den Rücken zukehrte. Bald förderte er die Steinkiste zutage, die er vier Jahre zuvor nicht hatte herausnehmen dürfen. Doch diesmal erlaubte ihm Moroni, ihren Inhalt vorübergehend in Besitz zu nehmen.

Die Kiste enthielt eine heilige Schrift, »geschrieben auf goldene Platten, die von den früheren Bewohnern des Kontinents berichtete« und vierzehnhundert Jahre lang auf dem Hügel versteckt gewesen war. Nach Josephs Angaben war jede der goldenen Seiten, auf denen diese heilige Geschichte geschrieben stand, »fünfzehn Zentimeter breit und zwanzig Zentimeter lang und nicht ganz so dick wie gewöhnliches Blech. Darin eingraviert waren ägyptische Schriftzeichen, und das Ganze war mit drei Ringen zu einem Buch gebunden.« Der Stoß Metallplatten war ungefähr fünfzehn Zentimeter hoch.

Joseph nahm die Platten heraus und fuhr damit nach Hause. Später bestätigten neunzehn Zeugen, daß sie das goldene Buch mit eigenen Augen gesehen hätten; wie acht von ihnen gemeinsam in einer eidesstattlichen Erklärung beschworen, abgedruckt im *Buch Mormon,* »hat Joseph uns die Platten gezeigt ... die allem Anschein nach aus Gold sind; und ... die wir mit den Händen berührt haben: Und wir haben auch die eingravierten Schriftzeichen darauf gesehen, die allem Anschein nach aus der Antike stammten und von seltener Kunstfertigkeit waren.«

Der Text war zwar in einer fremden, längst toten Sprache verfaßt, die als »reformiertes Ägyptisch« bezeichnet wurde, doch Moroni hatte Joseph auch eine »Übersetzungshilfe« überreicht: eine von Gott gegebene Brille, die dem Menschen, der sie trug, erlaubte, die seltsamen Hieroglyphen zu verstehen. Mit Hilfe dieser Zauberbrille begann Joseph, das Dokument zu entziffern, und diktierte seine Übersetzung einem Nachbarn namens Martin Harris, der als sein Schreiber fungierte. Nach zwei Monaten sorgfältiger Arbeit hatten die beiden Männer die ersten einhundertsechzehn Seiten der Übersetzung fertiggestellt und legten eine Pause ein, während der Moroni die goldenen Platten und die Zauberbrille wieder an sich nahm. Joseph erlaubte Harris widerwillig, sich das Manuskript auszuleihen, um es seiner skeptischen, mißbilligenden Frau zu zeigen.

Dann geschah ein Unglück: Harris verlor alle einhundertsechzehn Seiten. Allgemein wird angenommen, seine Frau sei so wütend auf Harris gewesen, weil er sich auf einen solchen

Unsinn eingelassen hatte, daß sie die Blätter stahl und vernichtete. Was auch immer aus der verschwundenen Übersetzung geworden ist, Joseph war am Boden zerstört, als Harris ihm gestand, was passiert war. »O mein Gott«, rief Joseph. »Alles ist verloren!« Es sah aus, als hätte seine heilige Mission ein vorzeitiges Ende gefunden.

Doch nach vielen Gebeten und Reuebekundungen Josephs gab Moroni die Platten im September 1828 zurück, und die Übersetzung wurde wiederaufgenommen, anfangs mit Emma Smith als Schreiberin (später übernahmen auch andere diese Aufgabe).[16] Aber diesmal hatte ihm der Engel die Brille nicht zusammen mit den Platten zurückgegeben, und Joseph war bei der Entzifferung der ägyptischen Schriftzeichen auf seinen Lieblingszauberstein angewiesen, einen schokoladenbraunen eiförmigen Stein, den er 1822 im Beisein von Sally Chase' Vater beim Graben eines Brunnens acht Meter unter der Erde entdeckt hatte.

Tag für Tag benutzte Joseph die Methode, die er von Sally gelernt hatte, legte den magischen Stein in einen umgedrehten Hut, vergrub das Gesicht darin, während die Goldplatten in der Nähe lagen, und diktierte die Zeilen, die ihm aus der Dunkelheit erschienen. In dieser zweiten Übersetzungsphase arbeitete er in fieberhaftem Tempo und erreichte einen Schnitt von über dreitausendfünfhundert Wörtern am Tag, so daß er Ende Juni 1829 fertig war.

Joseph brachte das Manuskript zum Verleger der in Palmyra erscheinenden Lokalzeitung *Wayne Sentinel* und bat ihn, fünftausend Exemplare des Buches zu drucken und zu binden – eine ungewöhnlich hohe Auflage für das im Selbstverlag erscheinende Buch eines Unbekannten, was auf Josephs unrealistische Vorstellungen über die Aufnahme des Buches in der Öffentlichkeit hindeutet. Die Bücher sollten 1,25 Dollar kosten – durchaus kein astronomischer Preis, aber immer noch der doppelte Tagesverdienst der meisten örtlichen Lohnempfänger.

Der skeptische Verleger forderte 3000 Dollar Vorschuß, um

die Bücher zu drucken, viel mehr, als Joseph aufbringen konnte. Wie immer, wenn er vor einer scheinbar unüberwindlichen Hürde stand, suchte er göttliche Anleitung. Daraufhin verkündete Gott, es sei Sein göttlicher Wunsch, daß Martin Harris – Josephs Gehilfe und Schreiber – die Druckereirechnung bezahlte. Durch Joseph sagte Gott zu Harris:

> Und weiter gebiete ich dir: Sei nicht begierig nach deinem eigenen Eigentum, sondern gib davon gern für den Druck...
> Und Elend wirst du empfangen, wenn du diese Ratschläge mißachtest, ja, sogar deinen eigenen Untergang und den deines Eigentums... Bezahle die Schulden, die du beim Drucker gemacht hast!

Vorher war Harris stets Wachs in Josephs Händen gewesen, aber seine Mitarbeit an der Übersetzung war ihn bereits teuer zu stehen gekommen: Seine Besessenheit von der goldenen Bibel hatte seine Frau so erzürnt, daß sie sich hatte scheiden lassen. Deshalb wollte Harris das ihm von Joseph verkündete Gebot nicht befolgen. Doch letztlich konnte Harris keine strikte Weisung Gottes mißachten und erklärte sich widerwillig bereit, seine Farm zu verkaufen, um die Veröffentlichung zu finanzieren.

Neun Monate nach Fertigstellung der Übersetzung war das fünfhundertachtundachtzig Seiten starke Buch schließlich vollendet und wurde im Schaufenster der Druckerei in der Innenstadt von Palmyra zum Verkauf angeboten. Gut eine Woche danach – am 6. April 1830 – gründete Joseph formell die Religion, die wir heute als Kirche Jesu Christi der Heiligen der Letzten Tage kennen. Die Grundlage dieser Religion – ihr Prüfstein und ihre Leitschrift – war die Übersetzung der Goldplatten, die den Titel *Das Buch Mormon* trug.

6 Cumorah

Die Autorität, die das Mormonentum versprach, stützte sich nicht auf die Finesse ihres theologischen Systems. Sie stützte sich auf die Anziehungskraft einer neuen Erkenntnis – bezeugte goldene Platten, die in ein Buch übersetzt worden waren, dessen Sprache biblisch klang. Joseph Smith wußte instinktiv, was auch alle anderen Gründer neuer amerikanischer Religionen im 19. Jahrhundert instinktiv wußten. Viele Amerikaner waren damals bereit, teils wegen der weitverbreiteten Wissenschaftsbegeisterung, allem zuzuhören, was man als empirisch bewiesen betrachten konnte.

R. Laurence Moore
Religious Outsiders and the Making of Americans

Wie schon im 19. Jahrhundert ist der Berg Cumorah noch heute eine der heiligsten Stätten des Mormonentums, und sehr viele Heilige der Letzten Tage unternehmen eine Wallfahrt dorthin. Für einen Mormonen aus Utah, der die Dreitausender der Wasatch Front gewohnt ist, die sich wie die Zähne Gottes über dem Temple Square und der Stadt der Heiligen in den Himmel recken, muß die Mickrigkeit des Berges Cumorah eine ziemliche Enttäuschung sein. Der Hügel aus Gletscherschutt, der nach der letzten Eiszeit übriggeblieben ist, erhebt sich nur etwa 60 Meter über die umliegenden Maisfelder und ist größtenteils in dunkles Pflanzengewirr gehüllt.

Trotzdem ist dieser bescheidene Drumlin die höchste Erhebung in der Gegend, und von ganz oben kann man die Bürotürme in der Innenstadt von Rochester sehen, die, über 30 Kilometer entfernt, durch den hochsommerlichen Dunst schimmern. Den Gipfel zieren die amerikanische Flagge und eine imposante Statue des Engels Moroni. Am Hang unterhalb von Moronis riesigen, mit Sandalen bekleideten Füßen wurde der wildwuchernde Wald gerodet und ein breiter Streifen mit tadellos gepflegter Wiesenrispe bepflanzt. Irgendwo dort grub Joseph Smith vor hundertfünfundsiebzig Jahren die goldenen Platten aus, die zur Gründung des Mormonentums führten.

Es ist ein dunstiger Abend Mitte Juli, und über zehntausend Heilige strömen geordnet auf die Wiese am Fuß des Drumlins, auf der reihenweise Plastikstühle aufgestellt sind. Direkt oberhalb der Wiese, auf dem Schuttfächer des Hügels, erhebt sich eine terrassenförmige Bühne. Sie ist halb so groß wie ein Footballfeld und von einem stählernen Wald aus 15 Meter hohen Beleuchtungstürmen umringt. Die kunstvolle Bühne, die Beleuchtung und die Heerschar von Mormonen tauchen hier jeden Sommer auf, denn bei Sonnenuntergang wird das »Berg-Cumorah-Schauspiel: Amerikas Zeugnis für Christus« aufgeführt.

Den Werbebroschüren der HLT-Kirche zufolge ist das Schauspiel »Amerikas größte und spektakulärste Freilichtaufführung…, eine prachtvolle, familienorientierte Inszenierung«, voller atemberaubender Spezialeffekte direkt aus Hollywood: »Vulkane, Feuerbälle und Explosionen mit Klangeffekten aus dem Film ›Erdbeben‹. Ein Prophet wird auf dem Scheiterhaufen verbrannt. In einen Schiffsmast schlägt der Blitz. Bei der Szene von Christi Geburt leuchtet der ›Stern‹ einer 5000-Grad-Kelvin-Kohlebogenlampe (mit Genehmigung der Luftfahrtbehörde). Christus erscheint am Nachthimmel, steigt herab, unterweist die Menschen, fährt dann wieder in den Nachthimmel auf und verschwindet.« Das Schauspiel, das hier seit 1937 alljährlich an sieben Abenden im Juli aufgeführt wird, ist stets gut besucht. Der Eintritt ist frei.

Bei Einbruch der Dunkelheit dringen die beruhigenden Harmonien des Utah-Symphonieorchesters und des Mormon-Tabernacle-Chors aus den Konzertlautsprechern und wehen über das Feld. Zwei Trupps von Hilfssheriffs leiten den Verkehr auf Weiden, die in riesige Parkplätze umgewandelt wurden. Ein breiter Strom von Heiligen wälzt sich jetzt von den Autos und gecharterten Bussen zu den Sitzplätzen, und als sie den Highway 21 überqueren, um zu der Wiese unterhalb des Berges Cumorah zu gelangen, sehen sie sich den grimmigen Gesichtern von antimormonischen Demonstranten gegenüber.

Die Demonstranten, die evangelischen Konfessionen angehören, schwenken handgeschriebene Plakate und schreien die Mormonen wütend an: »Joseph Smith war ein Hurenbock!« »Es gibt nur ein Evangelium!« »*Das Buch Mormon* ist bloß ein Märchen!« »Mormonen sind *KEINE* Christen!«

Die meisten Mormonen schlendern ruhig und gelassen an den schimpfenden Evangelikalen vorbei, ohne sich ködern zu lassen. »Meine Güte, wir sind das gewohnt«, sagt Bruder Richard, ein dicker, freundlicher Mann mit Leberflecken und extremem Seitenscheitel, der damit prahlt, daß er achtundzwanzig Enkelkinder hat. Er und seine Frau sind in einem elf Meter langen Pace Arrow aus Mesa, Arizona, gekommen. Es ist schon ihr achter Besuch der Freilichtaufführung.

»Beim Jüngsten Gericht werden wir sehen, wer ins Himmelreich kommt und wer nicht«, meint Richard nachdenklich. »Aber ganz unter uns: Die Leute, die die Schilder schwenken, sollten sich Sorgen machen.« Als ihm dieser Gedanke über die Lippen kommt, verschwindet für einen Moment das Funkeln aus seinen Augen, und sein unschuldsvolles Gesicht verdüstert sich aus Mitleid. »Der Herr überläßt es jedem Menschen, ob er die Wahrheit sehen will oder nicht. Man kann einen Menschen nicht gewaltsam in den Himmel bringen, auch wenn es zu seinem eigenen Nutzen ist.«

Die Inszenierung des Berg-Cumorah-Schauspiels ist für die HLT-Kirche keine billige Angelegenheit. Obwohl auch Nichtmormonen ermuntert werden zu kommen und die Kirche die aufwendige Aufführung als ein wirksames Werkzeug ihrer unermüdlichen Versuche zur Bekehrung der Welt betrachtet, gehören über 95 Prozent des Publikums der Kirche bereits an.

In erster Linie ist das Schauspiel ein Treffen von Mormonen, die Gelegenheit für Mitglieder der Kirche, sich an ihrem Ursprungsort zu versammeln und ihr Glaubensbekenntnis zu zelebrieren.

Das Schauspiel strahlt die Kraft eines Phish-Konzerts aus, nur ohne Betrunkene, eigenwillige Frisuren (abgesehen von Bruder Richards extremem Seitenscheitel) oder Marihuanawolken. Die ersten sind schon vor Stunden eingetroffen, um sich die besten Plätze zu sichern. Während sie darauf warten, daß die Aufführung beginnt, sitzen am Rand der Wiese ganze Familien auf ihren Decken und essen Brathähnchen und Salat aus Plastikkühlboxen. In der Dämmerung spielen adrette Jugendliche fröhlich kreischend Frisbee oder werfen sich Wasserbälle zu. Natürlich herrscht überall Ordnung. In dieser Kultur wird Gehorsam als eine der höchsten Tugenden erachtet.

Schließlich versinkt die Sonne in einer ozonverstärkten orangen Glut hinter dem Horizont. Ein gepflegter Mormonen-»Ältester« Anfang Zwanzig tritt vor und spricht mit dem Publikum ein andächtiges Gebet. Kurz danach ertönen Trompetenstöße, und Laser durchbohren mit blendend hellen Strahlen den Nachthimmel. Ein Schauder läuft durch die Menschenmenge. Dicke Schwaden von Theaternebel rollen den Fuß des Berges Cumorah entlang. Aus dem Nebel marschieren sechshundertsiebenundzwanzig Schauspieler auf die Bühne, kostümiert als seltsame Mischung aus biblischen Gestalten und nordamerikanischen Ureinwohnern, von denen einige Kopfbedeckungen mit gewaltigen Geweihen tragen.

Plötzlich dröhnt eine geisterhafte Stimme – ein ernster Bariton, der klingt, als könnte er Gott selbst gehören – aus den fünfundsiebzig Lautsprechern: »Das ist die wahre Geschichte eines Volkes, das vom Herrn auf die Ankunft des Erlösers Jesus Christus vorbereitet wurde. Er erschien ihnen in Amerika, aber ihre Geschichte begann in der Alten Welt, in Jerusalem …« In den nächsten beiden Stunden wird dem verzückten Publikum *Das Buch Mormon* als Theaterinszenierung gezeigt.

Die Erzählung, die auf den goldenen Platten geschrieben stand und von Joseph Smith als *Das Buch Mormon* übersetzt wurde, ist die Geschichte eines alten hebräischen Stammes, der von einem tugendhaften Mann namens Lehi angeführt wurde. Bei der Erziehung seiner zahlreichen Nachkommenschaft trichterte Lehi den Kindern ein, daß es das Wichtigste im Leben sei, sich die Liebe Gottes zu verdienen, und er erklärte, das sei einzig und allein zu erreichen, wenn man alle Gebote des Herrn befolge.

Lehi und seine Anhänger verließen Jerusalem sechshundert Jahre vor Christi Geburt, direkt vor der letzten babylonischen Eroberung, und fuhren mit Schiffen nach Nordamerika. In der Neuen Welt flammten leider seit langem schwelende Familienzwistigkeiten wieder auf. Lehi hatte schon immer seinen jüngsten und vorbildlichsten Sohn Nephi bevorzugt, so daß niemand überrascht gewesen sein dürfte, als der alte Mann ihm die Führung des Stammes übertrug.[17] Doch das versetzte Nephis schurkischen Bruder Laman in Wut, und nach Lehis Tod spaltete sich der Stamm in zwei rivalisierende Sippen: die rechtschaffenen, hellhäutigen Nephiten und ihre erbitterten Widersacher, die Lamaniten, wie die Anhänger Lamans genannt wurden. Die Lamaniten waren »ein träges Volk, boshaft und hinterlistig«, und ihr Verhalten ärgerte Gott so sehr, daß Er sie alle mit dem Fluch dunkler Haut belegte, um sie für ihren Unglauben zu bestrafen.

Kurz nach seiner Auferstehung, so *Das Buch Mormon*, kam Jesus nach Nordamerika, um den Nephiten und Lamaniten Sein neues Evangelium zu verkünden und die beiden Sippen aufzufordern, ihre Streitigkeiten zu beenden. Sie befolgten Seinen Wunsch, vereinigten sich für Hunderte von Jahren als Christen und lebten in Wohlstand. Doch dann fielen die Lamaniten wieder in »Unglauben und Götzendienst« zurück. Zwischen den Sippen tat sich ein unüberbrückbarer Riß auf, und sie bekämpften sich mit immer größerer Gewalttätigkeit.

Spannungen bauten sich auf und lösten schließlich einen richtiggehenden Krieg aus, der um 400 n. Chr. in einem brutalen Feldzug gipfelte, bei dem die verworfenen Lamaniten alle zweihundertdreißigtausend Nephiten niedermetzelten (was erklärt, warum Kolumbus 1492 bei seiner Landung in der Neuen Welt keinem Weißen begegnete). Angesichts des drohenden Hungertods sahen sich die wenigen bei Kriegsende noch lebenden Nephitenkinder gezwungen, das Fleisch toter Familienmitglieder zu essen, doch am Ende starben auch sie. Die siegreichen Lamaniten waren die Vorfahren der neuzeitlichen Indianer, aber diese »roten Söhne Israels« verloren schließlich jegliche Erinnerung an die Nephiten und ihr jüdisches Erbe.

In den letzten verhängnisvollen Schlachten der Nephiten war ihr Führer eine heldenhafte Gestalt von ungewöhnlicher Klugheit namens Mormon gewesen; der einzige Nephit, der den wütenden Völkermord der Lamaniten überlebte, war Mormons Sohn Moroni, dessen Bericht vom Ende der Nephiten das letzte Kapitel im *Buch Mormon* umfaßt. Ebendieser Moroni sollte vierzehn Jahrhunderte später als Engel zurückkehren, um Joseph Smith die goldenen Platten zu übergeben, damit die Welt von der blutigen Geschichte seines Volkes erfuhr, und dadurch die Menschheit zu erlösen.

Nichtmormonen spotteten schon vor der Veröffentlichung über *Das Buch Mormon.* Kritiker führen an, daß die Goldplatten, die die Echtheit des Buches vermutlich beweisen würden, praktischerweise an Moroni zurückgegeben wurden, nachdem Joseph seine Übersetzung fertiggestellt hatte, und seitdem nicht wiederaufgetaucht sind. Wissenschaftler haben betont, daß weder in Nordamerika noch sonstwo irgendwelche archäologischen Gebrauchsgegenstände mit Verbindung zu der angeblich hochentwickelten und weitverbreiteten nephitischen Zivilisation gefunden wurden.

Außerdem wimmelt es historisch gesehen im *Buch Mormon* von schreienden Anachronismen und unvereinbaren Widersprüchen. Zum Beispiel werden oft Pferde und Wagen erwähnt, die es vor Kolumbus in der westlichen Hemisphäre noch gar nicht gab. In dem Buch gibt es im Altertum schon

Erfindungen wie Stahl oder die Siebentagewoche, lange bevor diese Dinge tatsächlich erfunden oder eingeführt wurden. Moderne DNA-Analysen haben eindeutig ergeben, daß die Indianer keine Nachfahren von Hebräern sind, wie es die Lamaniten angeblich sein sollten. Mark Twain verspottete den langweiligen, bibelähnlichen Stil des Buches treffend als »gedrucktes Chloroform« und wies darauf hin, daß die Redewendung »und es begab sich« über zweitausendmal vorkommt.

Aber diese Form von Kritik und Spott ist unerheblich. Jede religiöse Überzeugung beruht auf irrationalem Glauben. Und dem Glauben ist per Definition durch vernünftige Argumente oder wissenschaftliche Kritik nicht beizukommen. Außerdem zeigen Umfragen immer wieder, daß neun von zehn Amerikanern an Gott glauben – die meisten von uns gehören irgendeiner Religion an. Wer *Das Buch Mormon* kritisiert, darf nicht vergessen, daß die Glaubwürdigkeit von Josephs Buch bestimmt nicht geringer ist als die der Bibel, des Korans oder der heiligen Schriften der meisten anderen Religionen. Diese Texte haben einfach den großen Vorteil, daß sie in den dunklen Winkeln des Altertums entstanden und dadurch viel schwerer zu widerlegen sind.

Wie bei einem Film, der von New Yorker Kritikern verrissen, aber in der Provinz ein Riesenerfolg wird, macht es die ungeheure Popularität der Mormonenschrift sowieso unmöglich, darüber hinwegzugehen. Die große Zahl gedruckter Exemplare – inzwischen über hundert Millionen – verleiht dem *Buch Mormon* selbst bei Zynikern eine gewisse Gravität. Die Zahlen sprechen eine deutliche Sprache über die Macht des Buches als heiliges Symbol und seine rohe erzählerische Kraft. Es ist einfach so, daß *Das Buch Mormon* eine Geschichte erzählt, die eine Vielzahl von Leuten unwiderstehlich gefunden haben – und immer noch unwiderstehlich finden, wie die Menschenscharen beweisen, die jedes Jahr im Juli zum Berg-Cumorah-Schauspiel strömen.

Im Amerika des frühen 19. Jahrhunderts waren Zeugnisse einer früheren Zivilisation – wie die vielen indianischen Grabhügel in der Nähe von Josephs Elternhaus – überall zu finden. *Das Buch Mormon* erklärte den Ursprung dieser alten Grabhügel auf eine Art und Weise, die gut mit den christlichen Schriften und der damals weitverbreiteten Theorie zusammenpaßte, daß die Indianer von den Verlorenen Stämmen Israels abstammten. Josephs Buch funktionierte als Theologie und zugleich als Geschichte der Neuen Welt. Für erschreckend viele Leute ergibt diese Geschichte durchaus einen Sinn.

Gleich nachdem Joseph die Platten von Moroni erhalten hatte, lange bevor das Buch gedruckt und veröffentlicht wurde, nahm er erste Bekehrungen vor. Die Begeisterung von Martin Harris, Josephs Eltern und Geschwistern und anderen, die beschworen, sie hätten die »goldene Bibel« wirklich »gesehen und in Händen gehalten«, überzeugte ihre Freunde und Bekannten davon, »Mormoniten« zu werden, wie die Heiligen der Letzten Tage anfangs genannt wurden. Als die Mormonenkirche im April 1830 formell gegründet wurde, hatte sie ungefähr fünfzig Mitglieder. Ein Jahr später war die Mitgliederzahl auf über tausend angestiegen, und ständig kamen Neubekehrte hinzu.

Gehörig beeindruckt davon, daß Gott Joseph auserwählt hatte, die Goldplatten in Empfang zu nehmen, glaubten die Bekehrten ohne weiteres seiner Behauptung, seine neue Religion sei »die einzige wahre und lebendige Kirche auf dem ganzen Erdboden«, und *Das Buch Mormon* sei eine erforderliche Neufassung des Alten und Neuen Testaments. Ihnen wurde gesagt, es sei ein noch neueres Testament, das eine genauere und vollständigere Darstellung der heiligen Geschichte liefere.

Joseph erklärte, die Führer der Christen hätten im ersten Jahrhundert nach der Kreuzigung Jesu einen falschen theologischen Weg eingeschlagen und die Kirche in die Irre geführt. Er nannte diesen Fehler »der Große Abfall« und behauptete, daß praktisch alle christlichen Lehren, die danach entstanden sind – egal, ob katholisch oder protestantisch – eine Riesenlüge seien. Glücklicherweise sorge *Das Buch Mormon* für klare Verhältnisse und stelle die wahre Kirche Christi wieder her.

Die zentrale Botschaft des Buches, in der das Dasein als unzweideutiger Kampf zwischen Gut und Böse dargestellt wird, war von bestechender Einfachheit: »Es gibt nur zwei Kirchen; die eine ist die Kirche des Lammes Gottes, und die andere ist die Kirche des Teufels. Wer also nicht zur Kirche des Lammes Gottes gehört, der gehört zu jener großen Kirche, die die Mutter der Greuel ist.«

Das Buch Mormon hatte auch deshalb eine so große Anziehungskraft, weil es von Grund auf amerikanisch war. Der größte Teil der Geschichte spielte auf dem amerikanischen Kontinent. An einer der wichtigsten Stellen des Buches besucht Jesus Christus direkt nach Seiner Auferstehung extra die Neue Welt, um Seinem auserwählten Volk – den Bewohnern des späteren Amerika – die gute Nachricht zu überbringen. Moroni übergab die goldenen Platten einem durch und durch amerikanischen Propheten – Joseph –, der später eine Offenbarung empfing, in der Gott ihm mitteilte, daß der Garten Eden in Amerika gelegen habe. Und wenn die Zeit gekommen sei, daß Jesus auf die Erde zurückkehrt, versicherte Er Joseph, sei die glorreiche Ankunft des Menschensohnes in dieser Gegend Amerikas zu erwarten.

Doch der vielleicht größte Reiz des Mormonentums bestand in dem Versprechen, daß jedem Anhänger eine sehr intime Beziehung zu Gott zugestanden werde. Joseph lehrte und ermutigte seine Anhänger, persönliche Botschaften direkt vom Herrn zu empfangen. Die göttliche Offenbarung war das Fundament der Religion.

Gott sprach natürlich regelmäßig mit Joseph und auch mit seinen Anhängern. Die Verkündigung der himmlischen Wahrheit begann mit dem *Buch Mormon,* hörte damit aber keineswegs auf. Der Herr ließ immer wieder Gebote an Joseph ergehen und offenbarte ständig heilige Grundsätze, die revidiert oder völlig geändert werden mußten. Tatsächlich ist und bleibt der Gedanke, daß jeder Mormonenprophet durch eine fortlaufende Reihe von Offenbarungen angeleitet wird, einer der entscheidenden Lehrsätze des Mormonentums. Diese Offenbarungen sind in einem dünnen Buch mit dem Titel *Lehre und Bündnisse* zusammengestellt, das *Das Buch Mormon* als wichtigste Schrift der Heiligen der Letzten Tage in mancher Hinsicht ersetzt hat.

Mit diesen wegweisenden Offenbarungsschriften machte Joseph seine göttliche Mission bekannt: Es war seine Aufgabe, die wahre Kirche des Herrn wiederherzustellen und die Erde dadurch auf die Wiederkunft Christi vorzubereiten, die zweifellos nahe bevorstand. Joseph erklärte seinen verzückten Anhängern, daß sie die Auserwählten des Herrn seien – Gottes Eigentum, die wahren Söhne und Töchter Israels –, und jeder von ihnen sei aufgerufen, in den Letzten Tagen vor Anbruch des Tausendjährigen Reiches eine wichtige Rolle zu übernehmen. Sie seien, sagte Joseph, die Heiligen der Letzten Tage.

7
Die leise, feine Stimme

Von Anfang an stiftete der Brauch der Offenbarung im Mormonentum Zwietracht. Die Lehre von der neuzeitlichen kontinuierlichen Offenbarung, begonnen von Joseph Smith und anerkannt von den meisten Gruppen, die sich auf ihn berufen, machen die gesellschaftliche Ordnung anfällig für Gegenbehauptungen, die am Kern der kirchlichen Ordnung rütteln. Wenn der eine Mensch für Gott sprechen kann, warum dann nicht auch ein anderer? Mit dem Anspruch auf einen fortlaufenden Dialog mit Gott hat Joseph Smith einer gesellschaftlichen Kraft Tür und Tor geöffnet, die er schwerlich unter Kontrolle halten konnte.

Richard L. Saunders
»The Fruit of the Branch«
in: *Differing Visions: Dissenters in Mormon History*

Ja, so spricht die leise, feine Stimme, die alles durchraunt und alles durchdringt, die mich oft bis ins Gebein erbeben läßt, wenn sie etwas kundtut, nämlich:
Und es wird sich begeben: Ich, der Herr Gott, werde einen senden, mächtig und stark … und er wird das Haus Gottes in Ordnung bringen.

Lehre und Bündnisse, Abschnitt 85

Umgeben von schneebedeckten Feldern in einem spärlich besiedelten Tal in Utah steht ein abgelegenes Backsteinfarmhaus. Bei 13 Grad minus steigt von einem nahe gelegenen Fluß Nebel auf. Im Haus sitzt ein hochgewachsener Mann mit blauen

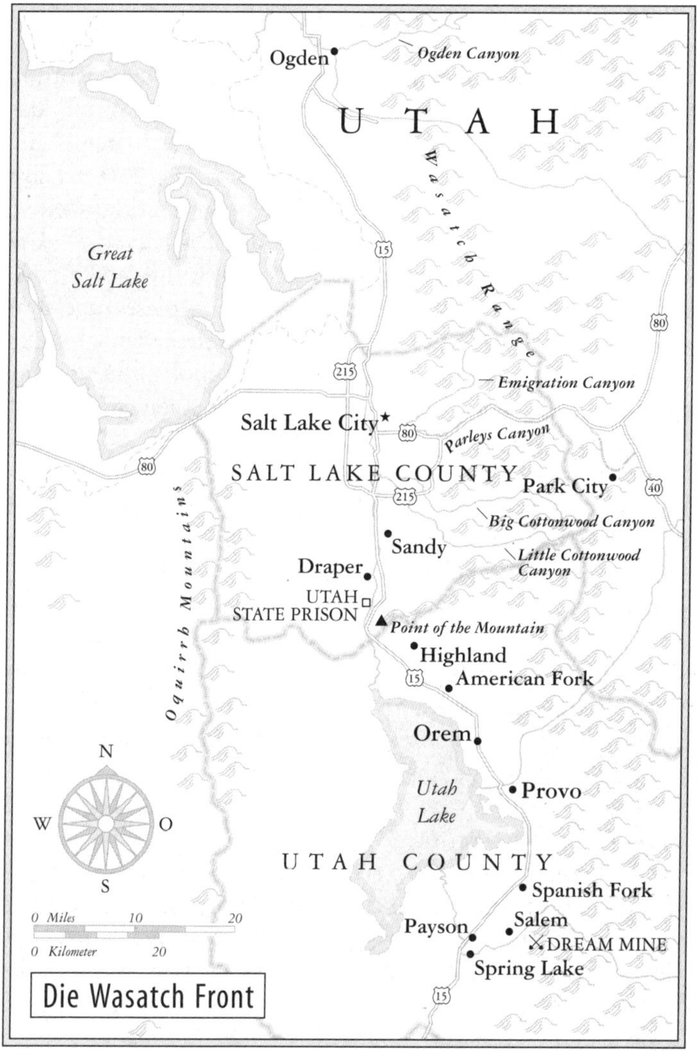

Die Wasatch Front

Augen an einem aufgeräumten Schreibtisch und liest durch eine Brille mit Drahtgestell in einem Buch. Als er sich dichter über die Seite beugt, um den gedruckten Zeilen eine Bedeutung abzuringen, fallen die Strahlen der Wintersonne durch das Fenster neben ihm auf seinen glänzenden, von einem Ring dünner weißer Haare umkränzten Schädel. Der Mann heißt Robert Crossfield, und das Buch, das seine Aufmerksamkeit so stark in Anspruch nimmt, trägt den Titel *The Second Book of Commandments.* Er hat es selbst verfaßt und veröffentlicht, unter seinem bekannten Namen: der Prophet Onias. Angelehnt an *Lehre und Bündnisse* (die gesammelten Offenbarungen Joseph Smiths), ist *The Second Book of Commandments* eine Sammlung von zweihundertfünf Offenbarungen, die Crossfield/Onias seit 1961 vom Herrn empfangen hat.

Crossfield ist fundamentalistischer Mormone und Polygamist, doch er beteuert, daß sein Glaubenssystem viel gütiger und mitfühlender ist als der Fundamentalismus von Rulon Jeffs, Winston Blackmore oder Dan Lafferty – die er alle drei gut kennt. Vor allem verabscheut Crossfield Gewalt. Und obwohl er von der Richtigkeit der Vielehe überzeugt ist, wie sie Joseph Smith als Leitprinzip offenbart wurde, hält er es für eine Sünde, wenn ein Mann eine Frau zwingt, ihn zu heiraten, ja sogar, wenn er sie nur darum *bittet;* die Frau muß den Mann auswählen, damit die Ehe rechtmäßig ist.

Crossfield wurde 1929 im Norden von Alberta geboren und ist der Sohn eines Farmers, der bei dem Versuch, in der Prärie westlich von Edmonton zu siedeln, pleite ging. Als Neunzehnjähriger bekam Robert Tuberkulose und mußte neun Monate in einem Sanatorium verbringen. Während seiner Bettlägerigkeit vertrieb er sich die Zeit damit, alles zu lesen, was ihm die Krankenschwestern brachten, und eines der Bücher, die neben seinem Bett lagen, war zufällig *Das Buch Mormon.* Der junge Robert Crossfield, der vorher nicht religiös gewesen war, schlug das Buch aus Langeweile auf und las es.

»Ganz hinten im *Buch Mormon* steht das Versprechen«, sagt Crossfield, »daß, wenn man es mit aufrichtigem Herzen liest und den Herrn fragt, ob es der Wahrheit entspricht, er einem diese Wahrheit durch die Gabe des Heiligen Geistes offenbart. Der Heilige Geist kam zu mir, als ich das Buch durchgelesen hatte, und zeigte mir ganz deutlich, daß es der Wahrheit entsprach. Also konvertierte ich zum Mormonentum.« Crossfield wurde ein aktiver und sehr frommer Heiliger, ließ sich im HLT-Tempel trauen und arbeitete als Wirtschaftsprüfer, um seine wachsende Familie ernähren zu können.

Im März 1961 hörte er, während er sich mit dem Hauptbuch von McLeod Mercantile in Spruce Grove, Alberta, abplagte, plötzlich »die leise, feine Stimme des Herrn«, die ihm offenbarte, daß er auserwählt sei, Gott als Sprachrohr zu dienen – daß er ein heiliger Prophet des Herrn sei. Und die allerersten Worte, die Gott an jenem Tag an ihn richtete, bestätigten, daß *Lehre und Bündnisse,* Abschnitt 132, und das Leitprinzip der Vielehe richtig seien.

Ein paar Monate nach dieser ersten Offenbarung verließ Crossfield Spruce Grove und wurde Büroleiter einer landwirtschaftlichen Kooperative in Creston, British Columbia – einer agrarisch geprägten Kleinstadt direkt nördlich der Grenze zu Idaho. Wie sich herausstellte, lebte ganz in der Nähe von Creston eine Schar von Fundamentalisten, die mit den UEP-Polygamisten im damaligen Short Creek, Arizona, verbündet war. Wie ihre Brüder in den Staaten folgten die Polygamisten aus Creston damals den Lehren des Propheten LeRoy Johnson – des bescheidenen, allseits beliebten Onkel Roy. Als Crossfield in Creston eintraf, hörte er von den »Polygs« in der Gegend und wurde neugierig. Er nahm an ihren Gebetstreffen teil und erkannte sie sofort als Gleichgesinnte.

Debbie Palmer war sechs Jahre alt, als Crossfield in Bountiful auftauchte. Sie hat ihn als mürrischen, durchgeistigten Menschen mit pockennarbigem Gesicht in Erinnerung, der zu ihnen nach Hause kam und mit ihrem Vater lange theologische Diskussionen führte. Crossfield sei eine mysteriöse Erscheinung gewesen, die am Rand der Gemeinschaft gelebt habe: »Als ich noch ein kleines Mädchen war, fand ich den Propheten

Onias – damals hat er sich wohl noch Robert Crossfield genannt – seltsam und unheimlich. Meine Freundinnen und ich hatten Angst, wir müßten ihn heiraten, sobald wir vierzehn wären.« Auf Ray Blackmore, Onkel Roy, Debbies Vater und die anderen Fundamentalistenführer machte Crossfield einen wesentlich besseren Eindruck; sie bewunderten, wie offen und ehrlich er war, und baten ihn schon bald, sich ihrer Gemeinschaft anzuschließen.

Während Crossfield im Creston Valley lebte und sich in die fundamentalistische Lehre vertiefte, sprach Gott weiter zu ihm. Die meisten dieser Offenbarungen waren eng an die Lehren von Onkel Roy angelehnt und bestätigten, daß die Führung der HLT-Kirche »sich von der Stimme des Herrn abgeschnitten« habe und einige von Joseph Smiths wichtigsten Lehrsätzen verrate – unter anderem das heilige Leitprinzip der Vielehe.

1972 hatte Crossfield dreiundzwanzig bedeutende Offenbarungen empfangen, die er in einem Band mit dem Titel *The First Book of Commandments* sammelte, für ein paar tausend Dollar drucken ließ und an Büchereien und religiöse Buchläden in Kanada und im Westen der Vereinigten Staaten verschickte. Aber einer dieser schmalen Bände geriet zufällig in die Hände des hochrangigen HLT-Mitglieds und Apostels Mark E. Peterson »und das«, sagt Crossfield, »war das Ende meiner Kirchenmitgliedschaft. Befehl von ganz oben. Ich wurde aus der Mormonenkirche ausgeschlossen.« Tief aus seiner Brust kommt ein angespanntes Lachen. »Ich habe diese Kirche geliebt. Tu ich eigentlich immer noch. Es bereitete mir große Freude, sonntags den Gottesdienst zu besuchen, und ich habe das noch lange nach meiner Exkommunizierung beibehalten. Aber schließlich hat man mir gesagt, ich dürfte nicht mehr kommen.«

Die Zurückweisung durch die Hauptkirche wurde von den Fundamentalisten in Creston als Auszeichnung betrachtet, und sie bewunderten Crossfield wegen seiner freimütig geäußerten Ansichten – bis Gott Crossfield offenbarte, daß auch Onkel Roy und die anderen UEP-Führer vom rechten Weg abgekommen seien und mehrere wichtige Punkte der heiligen

Lehre falsch auslegten. Genaugenommen sagte Gott 1974 zu Crossfield, daß dessen Version der Einen Wahren Kirche richtig sei und die von Onkel Roy falsch.

Im März 1962, nur ein paar Monate nachdem Crossfield begonnen hatte, an den Gebetstreffen der Polygamisten in Creston teilzunehmen, hatte Gott ihm offenbart: »Ich werde unter euch einen erwecken, mächtig und stark, der das Zepter der Gerechtigkeit in der Hand hält, und er wird all jene zermalmen, die Meinem Werk zuwiderhandeln, denn die Gebete der Rechtschaffenen werden nicht ungehört bleiben.« Das war ein direkter Verweis auf *Lehre und Bündnisse,* Abschnitt 85, wo Gott erstmals zu Joseph Smith sagte, er »werde einen senden, mächtig und stark«, der »das Haus Gottes in Ordnung bringen« werde.[18] Obwohl Crossfield nie öffentlich behauptet hat, er sei der eine Mächtige und Starke, lassen seine niedergeschriebenen Offenbarungen kaum einen Zweifel daran, daß er zumindest insgeheim glaubt, er könnte tatsächlich »der eine« sein.

In einem Gebot, das Crossfield 1975 empfing, nannte Gott ihn bei dem Namen »Onias«, offenbarte ihm, daß er der wahre Prophet und rechtmäßige Führer der HLT-Kirche sei, und erklärte, Onias sei speziell auf die Erde gesandt worden, »um Meine Kirche in Ordnung zu bringen«.[19] Den Worten Gottes zufolge sollten Onkel Roy und seine Stellvertreter im UEP in Zukunft ihre Anweisungen von Crossfield/Onias erhalten.

All das kam natürlich weder bei Onkel Roy noch bei den anderen Verantwortlichen in Creston und Colorado City gut an. Der Führer der Polygamisten in Creston teilte Crossfield/Onias unverzüglich mit, er sei bei den Gebetstreffen in Creston nicht mehr erwünscht, und aus dem UEP wurde er hinausgeworfen. Davon unbeeindruckt zog Onias zunächst nach Idaho und Anfang der achtziger Jahre nach Utah, in eine Kleinstadt in der Nähe von Provo.

Der offizielle Titel des obersten Führers der HLT-Kirche – heute wie auch schon in den vergangenen Jahrhunderten – lautet »Präsident, Prophet, Seher und Offenbarer«. Das liegt daran, daß das Mormonentum von Anfang an ein Glaube war, bei dem religiöse Wahrheit und kirchliche Autorität aus einer endlosen Folge göttlicher Offenbarungen hergeleitet werden sollten.

Anfangs hatte Joseph Smith die große Bedeutung der persönlichen Offenbarung für alle betont. Er verunglimpfte die damals etablierten Kirchen, die eher dazu neigten, das Wort Gottes durch institutionelle Hierarchien zu filtern, und wies die Mormonen an, den direkten »Kontakt zum Herrn« zu suchen und sich in allen Lebensfragen von ihm leiten zu lassen. Doch Joseph erkannte schnell den großen Nachteil dieser Methode: Wenn Gott direkt zu allen Mormonen sprach, wer sollte dann entscheiden, ob die Wahrheiten, die Er Joseph offenbarte, eine größere Gültigkeit besaßen als widersprechende Wahrheiten, die Er vielleicht einem anderen offenbarte? Wenn jeder Offenbarungen empfangen konnte, lief der Prophet Gefahr, die Kontrolle über seine Anhänger zu verlieren.

Joseph versuchte rasch, dieses Problems Herr zu werden, und verkündete 1830 – im selben Jahr, als die Mormonenkirche gegründet wurde –, daß Gott ihm nachträglich offenbart habe: »Niemand soll bestimmt werden, in dieser Kirche Gebote und Offenbarungen zu empfangen, ausgenommen mein Knecht Joseph Smith jr.« Aber der Geist war bereits aus der Flasche. Joseph hatte seine Heiligen gelehrt und ermuntert, persönliche Offenbarungen zu empfangen, und dieser Gedanke erfreute sich ungeheurer Beliebtheit. Es gefiel den Leuten, direkt und unter vier Augen, ohne eine Mittelsperson mit Gott zu sprechen. Das war einer der reizvollsten Gesichtspunkte von Josephs neuer Kirche.

Und selbst als Joseph seinen Anhängern mitteilte, daß es künftig verboten sei, göttliche Gebote zu empfangen, die die kirchliche Lehre beträfen, ignorierten viele der Heiligen diesen Erlaß im stillen und hörten weiter auf die Stimme Gottes, egal, ob Er über theologische Fragen oder persönliche Angelegenheiten zu ihnen sprach. Es war einfach so, daß Gottes Worte stets mehr Gewicht haben würden als die von Joseph, dagegen konnte der Prophet nicht viel tun. Das erklärt größtenteils, warum sich seit 1830 über zweihundert mormonische Sekten von Josephs ursprünglicher Kirche abgespalten haben und diese Abspaltungen ständig weitergehen. Das beste Beispiel sind die UEP-Gemeinschaften in Colorado City und Creston. Die Anhänger Robert Crossfields, des Propheten Onias, sind ein weiteres – zu ihnen gehört, wie sich herausstellte, auch Dan Lafferty.

An der Interstate eine Stunde südlich von Salt Lake City liegt in der Ebene zwischen dem Utah Lake und dem 3300 Meter hohen Provo Peak die dynamische Stadt Provo. Sie hat etwas mehr als hunderttausend Einwohner, ist Sitz des Utah County, beherbergt das HLT-Ausbildungszentrum für Missionare – von wo jedes Jahr dreißigtausend junge Männer und Frauen losziehen, um rund um die Welt Menschen zu bekehren – und die Brigham Young University (BYU), das Flaggschiff unter den höheren Ausbildungsstätten des Mormonentums, betrieben und streng kontrolliert von der HLT-Kirche.

Für jemanden, der das Vielvölkergemisch von Los Angeles, Vancouver, New York oder auch Denver gewohnt ist, kann ein Spaziergang über den Campus der BYU eine erschütternde Erfahrung sein. Es gibt keine Graffiti, nirgends liegt Abfall herum. Über 90 Prozent der dreißigtausend Studenten sind Weiße. Alle jungen Mormonen, denen man begegnet, sind erstaunlich gepflegt und adrett angezogen. Bärte, Tätowierungen und durchstochene Ohren (oder andere Körperteile) sind für Männer streng verboten. Unziemliche Kleidung und mehr als ein einziges Loch pro Ohr sind bei den Frauen untersagt. Rauchen, Fluchen und der Genuß von Alkohol oder Kaffee sind ebenfalls unzulässig. Gemäß der Maxime »Pumas nehmen keine Abkürzung« bleiben die Studenten auf dem Bürgersteig, wenn sie sich beeilen, um noch rechtzeitig zur Vorlesung zu kommen; niemandem würde einfallen, den gepflegten Rasen zu betreten, um ein paar wertvolle Sekunden einzusparen. Alle sind gut gelaunt, freundlich und stets höflich.

Die meisten Nichtmormonen halten Salt Lake City für das

geographische Herz des Mormonentums, aber in Wirklichkeit besteht die Einwohnerschaft von Salt Lake City zur Hälfte aus Ungläubigen, und viele Mormonen betrachten die Stadt als einen sündigen, schändlichen Ort, der durch Außenstehende verdorben worden ist. Für die Heiligen selbst liegt das wahre mormonische Herzland hier in Provo und im Utah County ringsum – mit so schlichten Kleinstädten wie Highland, American Fork, Orem, Payson und Salem –, wo die Bevölkerung zu fast 90 Prozent aus Heiligen besteht. In dieser Gegend wird der Sabbat noch ernst genommen. Sonntags schließen fast alle Geschäfte und auch das öffentliche Schwimmbad, selbst an den heißesten Sommertagen.

Dieser Teil des Staates ist demographisch gesehen auch in anderer Hinsicht bemerkenswert. Die HLT-Kirche verbietet Abtreibung, mißbilligt Empfängnisverhütung und sagt, daß mormonische Paare die heilige Pflicht hätten, so viele Kinder zur Welt zu bringen, wie sie ernähren können – was größtenteils erklärt, warum Utah County die höchste Geburtenrate in den Vereinigten Staaten hat; sie übersteigt sogar die von Bangladesch. Außerdem ist es das republikanischste County im republikanischsten Staat des Landes. Nicht durch Zufall ist Utah County eine Hochburg des Mormonentums, aber auch der fundamentalistischen Mormonen.

Salem ist eine ländliche Gemeinde 20 Kilometer südlich von Provo, wo sich die Obstplantagen und Kartoffelfelder der East Bench an die hohen, zerklüfteten Berge der Wasatch Front schmiegen. Hier ist Dan Lafferty geboren und aufgewachsen. Schon von weitem zieht ein gewaltiges weißes Gebilde am Steilhang direkt oberhalb von Salem alle Blicke auf sich: die legendäre Dream Mine, die den Propheten Onias Anfang der achtziger Jahre in diese Gegend lockte.

Die Dream Mine war das Lebenswerk eines Vollblutmormonen namens John Hyrum Koyle, der 1949 im Alter von vierundachtzig Jahren starb. Koyle zählte sich zu den wenigen Heiligen, die mit der Gabe der Prophetie gesegnet waren. Er sagte den Börsencrash von 1929 auf den Tag genau voraus. Er hatte prophezeit, an welchem Tag der Zweite Weltkrieg zu Ende gehen würde. Er hatte die verheerende Überschwemmung vorhergesagt, die den Norden Utahs vierunddreißig Jahre nach seinem Tod heimsuchte. Doch seine bemerkenswerteste und weitreichendste Prophezeiung betraf die Dream Mine.

In der Nacht vom 27. August 1894 erschien Koyle der Engel Moroni im Traum – derselbe Moroni, der Joseph Smith siebenundsechzig Jahre zuvor die Goldplatten gegeben hatte. Moroni führte Koyle auf einen nahe gelegenen Berg, wo sich der Boden öffnete und sie tief in die Erde hinabsteigen konnten. Dort wurde Koyle von Moroni durch neun gewaltige Höhlen voller Gold geführt. Es war von den Nephiten (aus dem *Buch Mormon*) zusammengetragen worden, doch all der Reichtum hatte sie hochmütig und habsüchtig gemacht, so daß Gott ihnen das Gold vor über zweitausend Jahren weggenommen und es zusammen mit alten Aufzeichnungen, die die gesamte Geschichte der Vorfahren der Mormonen dokumentierten, tief im Innern des Berges versteckt hatte.

Moroni teilte Koyle mit, das Gold bleibe bis kurz vor der Wiederkunft Christi im Berg verborgen und daß dann die mächtigsten Zivilisationen schon zugrunde gegangen seien und zwischen den Menschen schreckliche Zwietracht herrsche. In dieser verzweifelten Lage werde Koyle das Gold der Nephiten ausgraben und es den Gläubigen geben, damit sie die Entbehrungen der Letzten Tage überlebten. Moroni zeigte Koyle genau, wo er graben sollte, und versicherte ihm, das Gold werde schließlich an dieser Stelle zutage gefördert – aber erst wenn die Wiederkunft nahe bevorstehe.

Koyle sicherte sich die Abbaurechte für den Hang östlich von Salem und begann am 17. September 1894 zu graben. Damals nahm der Bergbau in weiten Teilen des amerikanischen Westens einen rapiden Aufschwung, und es fiel Koyle ziemlich leicht, Geldgeber zu finden, fast alles fromme Mormonen, die die Dream Mine als solide spirituelle Investition und als todsicheren Weg zum Reichtum betrachteten. Letztlich wurden über siebenhunderttausend Aktien verkauft. Mitte der vierziger Jahre hatte man einen 1000 Meter tiefen Schacht in den Berg gegraben. Daß bis dahin noch kein Gold gefunden worden war, bereitete weder Koyle noch seinen Investoren Kopfzerbrechen: Moroni hatte ihm ja versichert, daß die Reichtümer erst freigelegt werden würden, wenn die Letzten Tage gekommen seien, und keinen Augenblick früher.

Doch die HLT-Führung mißbilligte Koyles Goldmine. In der heutigen Kirche müssen wichtige Offenbarungen wie schon zu Joseph Smiths Zeiten durch den Präsidenten, Propheten, Seher und Offenbarer der HLT – und niemand anderen – empfangen werden. Die Kirchenverantwortlichen erklärten wiederholt, Koyle sei ein falscher Prophet, und warnten die Gläubigen davor, in die Dream Mine zu investieren, doch viele Heilige glaubten weiter an Koyles Vision. 1948 wurde Koyle schließlich von der HLT-Führung exkommuniziert. Todunglücklich über die Erniedrigung starb er ein Jahr später. Tausende von Koyles Anhängern waren jedoch weiterhin überzeugt, daß sich seine Prophezeiung letztendlich erfüllen würde – und sind es noch heute. Einer davon ist der Prophet Onias.

Onias hörte kurz nachdem er zum Mormonentum konvertiert war erstmals von der Dream Mine. Er kaufte dreihundert Aktien zum Preis von drei Dollar pro Stück und überredete später auch seine Mutter, dreihundert Aktien zu kaufen. Ende der siebziger Jahre empfing er Offenbarungen über das Bergwerk: Der Herr befahl ihm, in Salem am Fuß des Bergwerks Land zu kaufen und dort eine »Stadt der Zuflucht« zu bauen, in der die Rechtschaffenen während der Letzten Tage, wenn ringsum die Hölle ausbrach, in Sicherheit sein würden. Onias zog ins Utah County und leistete für fünf Morgen Land unterhalb des Mineneingangs eine Anzahlung von 1500 Dollar. Irgendwann machte er die Bekanntschaft von Bernard Brady und Kenyon Blackmore, zwei einheimischen Geschäftsleuten und begeisterten Anhängern der Dream Mine, die in einem noblen Viertel direkt neben der Mine teure Häuser besaßen.

Brady ist Mitte Fünfzig, ein dicker Mann mit rosigem Gesicht, der einem gleich sympathisch ist. Er ist der geborene Verkäufer und strahlt einen ständigen Optimismus aus, der nur manchmal an den Rändern leichte Risse bekommt. Geboren in einer guten mormonischen Familie in Malad City, Idaho (gleich hinter der Grenze zu Utah), hatte er im Alter von neunzehn Jahren, kurz bevor er als Missionar der HLT für zwei Jahre in die Schweiz ging, ein Erlebnis, das sein Leben veränderte: Bevor er Malad verließ, zeigte er nach einer Routineimpfung eine starke allergische Reaktion. »Ich fühlte mich ganz seltsam und schwach, nachdem ich die Spritzen bekommen hatte«, erinnert er sich. »Ich mußte mich hinsetzen. Man gab mir Orangensaft, und es wurde allmählich besser, also verließ ich die Arztpraxis und ging wieder zur Arbeit.«

Doch schon bald nachdem Brady in der Mühle seiner Familie wieder begonnen hatte, Säcke mit Mehl zu füllen, bekam er Schwindelgefühle und ließ sich von seiner Mutter nach Hause fahren. »Es war ein heißer Augusttag«, erzählt er, »aber mir war unglaublich kalt, als würde ich erfrieren. Also hat sie mich auf ihr Bett gelegt und gut zugedeckt und wollte den Arzt anrufen. Urplötzlich hab ich aufgehört zu atmen. Einfach aufgehört. Dann stellte ich fest, daß die Zimmerdecke immer näher kam. Es dauerte einen Moment, bis ich merkte, daß sich nicht die Decke bewegte – sondern ich. Ich schwebte. Ich drehte mich um, schaute nach unten und sah meinen Körper unter mir auf dem Bett liegen. Aber woran ich mich am besten erinnern kann, ist dieses unglaublich starke Gefühl von Frieden, Wohlbehagen und Liebe – das Gefühl, daß auf der Welt alles gut ist. Ich hatte so was noch nie empfunden. Es war absolut erstaunlich.

Ich war kurz davor, gegen die Decke zu prallen und sie zu durchstoßen, als ich mir dachte: ›Irgendwas stimmt hier nicht. Ich müßte eigentlich atmen.‹ Also befahl ich mir zu atmen, und sobald ich das tat, befand ich mich sofort wieder auf dem Bett, in meinem Körper, und meine Lunge füllte sich mit Luft. Aber nachdem ich ausgeatmet hatte, atmete ich nicht automatisch weiter – mein Atem setzte wieder aus. Da dachte ich: ›Ich sollte das lieber noch mal machen.‹ Das Ganze wiederholte sich dreimal, jedesmal mußte ich mich zwingen, Luft zu holen. Und dann übernahm mein Körper wieder das Regiment, und ich begann unwillkürlich zu atmen.

Aber am Anfang ging es mir wieder ganz furchtbar – mir war richtig übel –, obwohl ich mich kurz davor richtig gut gefühlt hatte und im Zimmer herumgeschwebt war.«

Nachdem Brady das Bewußtsein wiedererlangt hatte, brachte ihn seine Mutter auf dem schnellsten Weg ins Krankenhaus. Nach einer Nacht im Krankenhaus hatte er sich völlig erholt, doch sein Nahtoderlebnis hat einen tiefen und äußerst nachhaltigen Eindruck auf ihn gemacht. Als er in anaphylaktischem Schock hoch über seinem Körper schwebte, war Gott plötzlich kein abstrakter Begriff mehr. Brady hatte die Anwesenheit des Herrn unmittelbar gespürt, und er sehnte sich danach, dieses überwältigende Gefühl des Göttlichen in seinem mormonischen Glauben wieder wach werden zu lassen.

Schon vor seiner Begegnung mit dem Propheten Onias hatte sich Brady im Lauf der Jahre der HLT-Kirche immer mehr entfremdet. Bei den meisten Mormonen, die er kannte, störte ihn die fehlende religiöse Leidenschaft. Zu viele Kirchenmitglieder schienen nur der Form halber dazuzugehören, und die Kirche war für sie eher eine soziale Einrichtung als ein Mittel zur spirituellen Erleuchtung. Ende der siebziger Jahre lernte Brady Kenyon Blackmore kennen, wurde sein Geschäftspartner und verkaufte Anteile an steuerbegünstigten Geschäften und andere Wertpapiere, die den Spekulanten unglaublich hohe Erträge versprachen.

»Ich fand Ken echt faszinierend«, sagt Brady. »Er wußte mehr über das Mormonentum als jeder andere, den ich kannte, und behauptete trotzdem, kein Mormone zu sein. Nachdem ich etwa sechs Monate mit ihm zusammengearbeitet hatte, setzte ich mich mit ihm hin und bat ihn, ganz ehrlich zu sein: ›Wie kommt es, daß du all das weißt, aber kein Mitglied der HLT-Kirche bist?‹ Da holte er tief Luft und erzählte mir alles über den Fundamentalismus.« Wie sich herausstellte, war Blackmore ein in Kanada geborener Polygamist. Zwar gehörte er weder dem UEP noch einer anderen fundamentalistischen Gruppe an, war aber ein Cousin Winston Blackmores, dem es vor kurzem gelungen war, Führer der Polygamisten in Bountiful, British Columbia, zu werden und mit dem Onias früher befreundet gewesen war. Und zwei von Onias' Töchtern waren mit Winston Blackmores Brüdern – also Kenyon Blackmores Cousins – verheiratet.

»Ken war mein erster Kontakt zum fundamentalistischen Mormonentum«, berichtet Brady weiter. »Der ganze Gedanke warf mich um: all das, was Joseph Smith offenbart hatte, was aber von der heutigen Kirche aufgegeben worden war. Ich fuhr nach Hause und erzählte alles meiner Frau. Wir beide fragten uns lange, ob es stimmte oder nicht. Wir überprüften alles genau und fasteten und beteten eingehend. Am Ende hatten wir beide den Eindruck, daß die fundamentalistische Botschaft im wesentlichen stimmte. Und wenn sie stimmte, konnten wir das nicht ignorieren. In dieser Gemütslage lernte ich den Propheten Onias, Bob Crossfield, kennen.«

Da Brady Aktionär der Dream Mine war, kannte er John Koyles Prophezeiungen gut, in denen auch die Rede war von einem »Mann mit heller Hautfarbe und weißem Haar, der aus dem Norden kommen würde und mit dem sich die Aktionäre zusammentun und beträchtliche Veränderungen in der Mine und ringsherum bewirken würden«. Das schien Onias' Ankunft in Salem vorherzusagen und beeindruckte Brady. Zufällig war Onias, als Brady ihn kennenlernte, gerade dabei, eine Organisation mit dem Namen Schule der Propheten aufzubauen, und er bat Brady, einer der sechs ersten Ratgeber der Schule zu werden.

Einer Einrichtung desselben Namens nachempfunden, die Joseph Smith 1832 gegründet hatte, sollten in Onias' Schule der Propheten die von der neuzeitlichen HLT-Kirche aufgegebenen mormonischen Leitprinzipien gelehrt werden: Vielehe, der Lehrsatz, daß Gott und Adam, der erste Mensch, eins seien, und die von Gott verfügte Vormachtstellung der weißen Rasse. All das gehörte zum üblichen Repertoire der Fundamentalisten. Doch bei Onias' Schule der Propheten gab es einen Aspekt, der ihn von den Führern anderer polygamistischer Sekten unterschied: Er unterwies seine Anhänger darin, wie man göttliche Offenbarungen empfing. Der Unterricht in dieser heiligen Kunst – zu Josephs Zeit von den Mormonen allgemein praktiziert, aber von der neuzeitlichen Kirche nahezu aufgegeben – war das Hauptziel der Schule. Onias wollte die Gabe der Offenbarung wiederherstellen, wollte den Heiligen des 20. Jahrhunderts beibringen, wie man die »leise, feine Stimme« Gottes hört, die, wie Joseph in *Lehre und Bündnisse,* Abschnitt 85, erklärt hatte, »alles durchraunt und alles durchdringt, die mich oft bis ins Gebein erbeben läßt«.

Angespornt von Onias' Ideen, begann Brady, würdige Kandidaten für die Schule zu werben. Einer davon war ein Mann namens Watson Lafferty jr. »Er war erstklassig geeignet«, beteuert Brady. »Und Watson sagte, er hätte fünf Brüder, die genauso wären wie er. Also habe ich mich mit ihnen getroffen, und die ganze Familie Lafferty war außergewöhnlich. Alle hatten feste Anschauungen, aber das galt besonders für Watsons älteren Bruder Dan. Er bemühte sich viel mehr als die meisten Menschen, anderen zu helfen. Und Dans starker Wunsch, etwas Sinnvolles, das Richtige zu tun, war einzigartig. Hin und wieder eine Notlüge – für die meisten Menschen wäre das keine große Sache. Aber für Dan wäre das undenkbar.«

Brady hält inne, und sein Gesicht verdüstert sich vor Kummer. Einen Augenblick lang sieht es so aus, als würde er in Tränen ausbrechen. Doch dann findet er mühsam die Selbstbeherrschung wieder und sagt mit stockender Stimme: »Also habe ich Dan Lafferty und Bob Crossfield miteinander bekannt gemacht. Im Rückblick finde ich es bedauerlich, daß ich der Katalysator war, der Bob und die Laffertys zusammenbrachte. Aber es ist nun mal passiert.«

8 Der Peace Maker

In einer Zeit, in der Wirtschaftswissenschaftler es als selbstverständlich betrachten, daß man Wohlbefinden mit Konsum gleichsetzt, scheinen immer mehr Menschen bereit zu sein, gewisse Freiheiten und materiellen Komfort gegen ein Gefühl unwandelbarer Ordnung und die Verzückung des Glaubens einzutauschen.

Eugene Linden
The Future in Plain Sight

Dan Lafferty wuchs mit seinen fünf Brüdern und zwei Schwestern auf einer zwei Hektar großen Farm westlich von Salem, Utah, auf und ging im nahe gelegenen Payson zur Schule. Ihr Vater Watson Lafferty sen. hatte im Zweiten Weltkrieg als Friseur auf einem Flugzeugträger gedient; nach dem Krieg absolvierte er mit Hilfe des Wiedereingliederungsgesetzes eine Ausbildung zum Chiropraktiker. Danach eröffnete er in einem freien Zimmer seines Hauses eine Mischung aus Praxis, Friseurladen und Schönheitssalon und erzog seine Kinder zu vorbildlichen Heiligen der Letzten Tage.

Watson Lafferty dachte viel über Gott nach. Er dachte auch viel über den Staat und das Verhältnis nach, das eigentlich zwischen Gott und dem Staat bestehen müßte. Watson war tief beeindruckt von den Ansichten Ezra Taft Bensons – des prominenten Mormonenapostels, Kommunistenhassers und Anhängers der John Birch Society, der 1961 verkündete, es gebe »in fast allen amerikanischen Lebensbereichen eine heimtückische Unterwanderung durch kommunistische Agenten und Sympathisanten«.[20] Selbst im erzkonservativen, ultramormonischen

Utah County sorgten Watsons extrem rechte politische Ansichten und seine übertriebene Frömmigkeit dafür, daß sich der Familienpatriarch von anderen abhob.

Dan beschreibt seinen Vater als »willensstark«, »in vielem rigoros« und als einen »sehr individuellen Menschen«. In Wirklichkeit war Watson Lafferty ein furchterregender Zuchtmeister, der nicht davor zurückschreckte, seine Kinder und seine Frau Claudine windelweich zu prügeln, um sich Gehorsam zu verschaffen. Oft mußten die Kinder mit ansehen, wie Watson Claudine schlug – eine zurückhaltende, unterwürfige Gattin, die Dan als eine »gute Frau und hervorragende Mutter« beschreibt. Die Kinder waren auch dabei, als Watson den Hund der Familie mit einem Baseballschläger totschlug.

Außerdem hegte Watson Lafferty tiefes Mißtrauen gegen die Schulmedizin. Als sich Dans älteste Schwester Colleen als kleines Mädchen eine akute Blinddarmentzündung zuzog, bestand ihr Vater darauf, sie zu Hause mit homöopathischen Mitteln zu behandeln und für sie zu beten. Erst als ihr Blinddarm platzte und sie zu sterben drohte, brachte er Colleen widerwillig ins Krankenhaus. Watson starb schließlich 1983, nachdem er eine ärztliche Behandlung wegen fortgeschrittener Diabetes abgelehnt hatte.

Trotz der Tatsache, daß Watson ein gewalttätiger Tyrann war, liebte Dan seinen Vater über alles und bewunderte ihn. Bis heute ist er für Dan ein großes Vorbild. »Ich kann mich glücklich schätzen, in einer so außergewöhnlichen und behüteten Familie aufgewachsen zu sein«, beteuert Dan. »Uns hat nie etwas gefehlt. Meine Eltern haben sich wirklich geliebt und füreinander gesorgt.« Dan kann sich erinnern, daß sein Dad oft mit seiner Mom tanzen ging, und »es kam oft vor, daß mein Vater meine Mutter fragte, ob er ihr in letzter Zeit gesagt hätte, daß er sie liebte«. Als Dan einmal mit seiner Familie im Tempel von Provo saß – alle in weiße Tempelgewänder gekleidet, Frauen und Männer auf gegenüberliegenden Seiten des Gangs –, habe sich sein Vater zu ihm herübergebeugt und ihn leise gefragt, »ob ich je eine solche Schönheit wie meine Mutter gesehen hätte«, wie sie da bei den Frauen auf der anderen Seite des Raums saß. Dan kann sich noch lebhaft erinnern, seine Mutter habe im himmlischen Glanz der heiligen Hallen »wie ein strahlender Engel« ausgesehen.

Dan zufolge stand für seine Eltern »die Familie im Mittelpunkt ihres Lebens, zusammen mit der HLT-Kirche«. Die Laffertys gehörten einer Gemeinde im nahe gelegenen Spring Lake an, sagt Dan, und besuchten den Gottesdienst in »der malerischen Kirche, die an einem See stand und nur von ein paar Häusern umgeben war. In diesem See habe ich schwimmen und angeln gelernt, und im Winter haben wir mit der Familie und Freunden Eislaufpartys veranstaltet.« Der kleine Dan war ein mustergültiger Heiliger der Letzten Tage, tugendhaft und liebenswürdig, der »den Highway zum Himmel entlangbrauste«, wie er es ausdrückt. »Ich war ein Hundertzehnprozentiger. Ich habe im Chor gesungen. Ich habe immer den Zehnten bezahlt; sogar ein bißchen mehr, um sicherzugehen, daß ich ins höchste himmlische Reich kommen würde.«

Obwohl sich Dans Vater strikt an die mormonische Lehre hielt, konnte man ihn nicht als Fundamentalisten bezeichnen. »Ich glaube nicht, daß in meiner Kindheit je das Wort ›Polygamie‹ fiel«, sagt Dan. »Es kam mir auch nie in den Sinn. Das erste Mal, daß ich mit irgendwem über Polygamie geredet habe, war bei einem Gespräch über eine Gruppe von Missionaren in Frankreich, die exkommuniziert worden waren, nachdem sie sich gemeinsam mit Abschnitt 132 befaßt hatten und zu dem Schluß gekommen waren, daß die Polygamie ein Leitprinzip sei, das praktiziert werden sollte. Ich weiß noch, wie ich mir dachte, wie kann man seine Mitgliedschaft in der Kirche bloß für diesen alten, längst aufgegebenen Lehrsatz opfern?«

Nach der High School ging Dan für zwei Jahre als Missionar nach Schottland, wo er Matilda Loomis kennenlernte, eine geschiedene Mutter zweier kleiner Mädchen, die ihn nachhaltig beeindruckte. Sechs Jahre nach seiner Rückkehr aus Schottland begegnete Dan Matilda zufällig bei einem Missionstreffen. »Ich kam langsam in die Jahre«, sagt Dan, »und mein Vater und mein älterer Bruder Ron hatten mich darauf angesprochen, daß ich heiraten sollte. Ich kannte viele schöne Mädchen, aber jedesmal, wenn ich in meinen Gebeten fragte, ob ich sie heiraten sollte, begriff ich, daß keine von ihnen die Richtige war. Und dann sah ich Matilda bei diesem Treffen, und ich dachte, bevor sie nach Schottland zurückgeht, sollte ich im Gebet wohl mal fragen, ob ich nicht sie heiraten soll, nur für den Fall, daß es Gottes Wille ist. Und zu meiner Überraschung erhielt ich diesmal eine positive Antwort. Also sagte ich zu Matilda, wir sollten heiraten.

Ich dachte, ich würde richtig verlegen sein, wenn ich versuchte, ihr zu erklären, daß sie nach dem Willen Gottes meine Frau werden sollte, und ich machte mir Sorgen, wie sie reagieren würde. Deshalb haute es mich um, als sie antwortete: ›Ja, ich weiß.‹ Ich fragte: ›Wie meinst du das?‹ Sie sagte, Gott hätte ihr aufgetragen, nach Amerika zu kommen, um zu heiraten. Sie hätte damit gerechnet, daß ich sie fragen würde.« Drei Monate später wurden Dan und Matilda im Tempel von Provo gesiegelt und zogen mit Matildas Kindern nach Kalifornien, damit Dan sich im Los Angeles College of Chiropractic einschreiben konnte.

Eines Sonntags kurz vor dem Ende ihres fünfjährigen Aufenthalts in Kalifornien hörten Dan und Matilda zufällig, wie ein Mitglied ihrer örtlichen HLT-Gemeinde über die Vielehe sprach. »Während seiner Rede sagte der Mann: ›Okay, alle, die aus polygamistischen Familien kommen, heben bitte die Hand‹«, erinnert sich Dan. »Und in der ganzen Versammlung gab es bloß vier Leute, die nicht die Hand hoben. Das weckte mein Interesse. Ich beschloß, soviel wie möglich über Polygamie in Erfahrung zu bringen.«

Als Dan seine Ausbildung zum Chiropraktiker abgeschlossen hatte, zog er mit seiner Familie zurück ins Utah County und begann dort voller Energie, die polygamistische Geschichte der Heiligen der Letzten Tage zu erforschen. Eines Nachmittags stieß er in den Spezialsammlungen der Bibliothek der Brigham Young University auf das einundfünfzigseitige Typoskript eines

Traktats aus dem 19. Jahrhundert, das ein Loblied auf die Vielehe sang: *Auszug aus einem Manuskript mit dem Titel »The Peace Maker« oder die Lehren vom Tausendjährigen Reich, welches eine Abhandlung über Religion und Rechtswissenschaft ist. Oder eine neue Ordnung von Religion und Politik.* Es war von einer rätselhaften Persönlichkeit namens Udney Hey Jacob verfaßt worden. Die Titelseite des Büchleins zeigte, daß es 1842 in Nauvoo, Illinois, erschienen war und daß der Drucker niemand anders gewesen war als Joseph Smith.

Der *Peace Maker* bot eine ausführliche, auf der Bibel fußende Begründung der Vielehe, die er als Heilmittel für die unzähligen Übel empfahl, mit denen monogame Beziehungen und damit die ganze Menschheit geschlagen waren. Unter anderem sei darauf zu achten, daß die Frau dem Manne untergeordnet blieb, wie es Gottes Wille sei. Hier ein kurzer Auszug aus dem Traktat:

> Nach dem Gesetz Gottes wird deshalb die Herrschaft über das Weib dem Manne in die Hände gelegt; denn er ist das Haupt. Einer Frau gestatte Ich nicht, daß sie lehre, sagt der Herr, auch nicht, daß sie sich über den Mann erhebe, sondern sich unterordne …
> Das rechte Verständnis dieser Sache und ein gebührendes Gesetz, richtig gehandhabt, würden diesem Land wieder Frieden und Ordnung bringen; und dem Manne seine wahre Würde, Autorität und Herrschaft über die irdische Schöpfung. Es würde schon bald den häuslichen Bereich ordnen und den Familien auf Erden einen geeigneten Führer bringen, zusammen mit der Kenntnis und Wiederherstellung der göttlichen Strafgesetze, und es würde das Werkzeug sein, um den Satan zu vertreiben, ja, um den Satan aus den Gedanken der Menschen zu vertreiben …
> Meine Herren, die Damen lachen über eure angemaßte Autorität. Sie, zumindest viele von ihnen, spotten über die Vorstellung, daß ihr die Herren der Schöpfung seid …
> Gemeinhin liegt unseren Frauen nichts ferner als die Vor-

> stellung, sich ihren Männern in allem zu unterwerfen und sie zu achten. Sie ziehen die Vorstellung, ihre Männer aufrichtigen Herzens Herr und Meister zu nennen, dreist ins Lächerliche. Doch das hat Gott ausdrücklich von ihnen verlangt …
> Hier wird die Frau zum Eigentum des Mannes erklärt, gleich seinem Diener, seiner Magd, seinem Ochsen oder seinem Pferd …
> Es ist offenbar, daß [durch die Aufgabe des heiligen Leitprinzips der Vielehe] eine endlose Liste von Verbrechen geschaffen wurde, die es anders niemals gegeben hätte, die es aber zur Zeit in unseren Staaten gibt. Männer verlassen ihre Frauen und mißhandeln sie oft brutal. Väter verlassen ihre Kinder; junge Mädchen werden verführt und sitzengelassen; Frauen werden von ihren Männern vergiftet; Männer werden von ihren Frauen ermordet; Neugeborene werden auf grausame Weise umgebracht, um die falsche Scham zu verbergen, verursacht durch das falsche, gottlose und tyrannische Gesetz gegen die Polygamie …
> Andererseits würde die Polygamie, geregelt durch das Gesetz Gottes, wie in diesem Buch erläutert, kein einziges Verbrechen nach sich ziehen; noch würde sie einem Menschen Unrecht tun. Die Dummheit der heutigen christlichen Völker in dieser Sache ist äußerst erstaunlich …
> Die Frage, ob sich dies so verhält, muß nicht jetzt erörtert werden, und es ist auch nicht von großer Bedeutung, wer dieses Buch geschrieben hat! Doch die Frage, die wichtige Frage lautet: Werdet ihr nun das Gesetz Gottes in dieser wichtigen Sache wiederherstellen und euch daran halten? Denkt daran, daß euch das Gesetz Gottes durch den Heiligen Geist eingegeben wurde. Sprecht euch nicht auf eigene Gefahr dagegen aus.

Weil Joseph Smith auf der Titelseite als Drucker des *Peace Maker* aufgeführt war und die Abhandlung viele seiner Lehren wiedergab – sowie mit der rätselhaften Erklärung endete, es sei

»nicht von großer Bedeutung, wer dieses Buch geschrieben hat!« –, haben nicht nur Wissenschaftler lange vermutet, daß Joseph der Verfasser war. Dan Lafferty fand es wichtig herauszufinden, wer den *Peace Maker* geschrieben hatte. »Ich wollte wirklich wissen, ob es Josephs Werk war«, sagt er. »Also habe ich nachgeforscht und gebetet, und nach einer Weile hatte mir der Herr so viel Wissen gegeben, daß ich völlig überzeugt war, daß Joseph Smith es geschrieben hatte… Ich weiß nicht mit letzter Sicherheit, daß er es war, aber ich wäre überrascht, wenn es nicht so wäre.«

Der Umstand, daß der *Peace Maker* anscheinend das Werk des Propheten war, machte Dan besonders empfänglich für die darin dargelegten Gedanken. Mit dem ganzen Eifer, den man von einem »Hundertzehnprozentigen« erwarten würde, wandte er die scharfe fundamentalistische Kritik sogleich auf seinen Haushalt an, der inzwischen Matilda, ihre beiden Töchter aus erster Ehe und die vier Kinder umfaßte, die sie mit Dan hatte.

Nach den neuen Regeln durfte Matilda weder Auto fahren, mit Geld umgehen noch mit irgend jemandem sprechen, der nicht zur Familie gehörte, wenn Dan nicht da war, und sie mußte stets ein Kleid tragen. Die Kinder wurden von der Schule genommen und durften nicht mehr mit ihren Freunden spielen. Dan verfügte, daß die Familie keine ärztliche Versorgung von außerhalb erhalten durfte; er behandelte die Familienmitglieder eigenhändig mit Hilfe von Gebeten, Fasten und Kräuterarzneien. Als im Juli 1983 ihr fünftes Kind, ein Sohn, zur Welt kam, entband Dan seine Frau zu Hause und beschnitt den Jungen selbst.

Sie begannen, einen Großteil ihrer Nahrung selbst anzubauen und sich den Rest aus den Müllcontainern hinter den Lebensmittelläden zu holen, wo regelmäßig altbackenes, unverkauftes Brot und angefaultes Obst und Gemüse landeten. Dan stellte Gas und Strom ab. Im Haus waren ausschließlich mormonische Bücher und Zeitschriften erlaubt. Dan warf auch all ihre Armbanduhren und Uhren weg, da er fand, sie sollten »die

Zeit mit dem Geist messen«. Wenn Matilda ihm nicht gehorchte, versohlte er sie.

Der Ausdruck »versohlen« stammt von Dan. Matilda zufolge waren es eher Faustschläge. Und wenn er sie verprügelte, dann tat er es oft vor Dans Mutter, seinen Brüdern und all ihren Kindern. Hinterher drohte er Matilda, er werde sie verstoßen, wenn sie immer noch nicht gehorchte und ihre Kinder bei sich behalten – die nach den im *Peace Maker* erläuterten Lehrsätzen dem Vater gehörten.

Dan verkündete auch, daß er so bald wie möglich mit der spirituellen Ehe beginnen werde. Und die erste zusätzliche Frau, die er nehmen wollte, war Matildas älteste Tochter – seine eigene Stieftochter.

»Ich war an einem Punkt angelangt, wo mir keine wirkliche Wahl blieb«, sagte Matilda später vor Gericht aus. »Ich konnte nur gehen und meine Kinder verlassen oder bleiben und mich damit abfinden.« Sie entschied sich zu bleiben.

Matilda sagte, die ersten Jahre ihrer Ehe seien »ausgesprochen glücklich und vielversprechend gewesen… Und dann brach alles einfach auseinander… Ich träumte, daß er sterben würde, damit ich wegkonnte.« Inzwischen war ihr Leben »die reinste Hölle« geworden.

Teil Zwei

Die emsigen Bürokratenkader, die heute das Wachstum der Mormonenkirche überall auf der Welt lenken … sind die geistigen Nachkommen jener äußerst disziplinierten mormonischen Pioniere. Die Mormonenkirche gründet sich, heute wie damals, auf völligen Gehorsam gegenüber der hierarchischen Kirchenführung und die Gewißheit der göttlichen Offenbarung …
Die Lehre vom Gehorsam scheint dem amerikanischen Individualismus entgegenzustehen und dem Protestantismus im großen und ganzen fremd zu sein, und das stimmt auch. Doch die amerikanische Besiedlungsgrenze, wo das Mormonentum entstand, war stets hin- und hergerissen zwischen sich widersprechenden Einstellungen zum Individualismus. An einem Ort, wo Zusammenarbeit und sogar der absolute Gehorsam der Mormonen die einzige Überlebenschance darstellten, konnte Individualismus tödlich sein. Das Überleben gelang nur gemeinsam oder gar nicht, eine Lehre, die bei den Mormonen auch spätere Generationen verinnerlicht haben.

Kenneth Anderson
»The Magic of the Great Salt Lake«,
Times Literary Supplement, 24. März 1995

Es ist geradezu unmöglich, erzählende Literatur über die Mormonen zu schreiben, weil die mormonischen Institutionen und die mormonische Gesellschaft so eigentümlich sind, daß ständig Erläuterungen erforderlich wären.

Wallace Stegner
Mormon Country

9 Haun's Mill

Die Verfolgung wurde zum charakteristischen Merkmal für die Mitgliedschaft in der Kirche; sie war die Probe für den Glauben und die Auserwähltheit jedes einzelnen. Am Ende ihres Aufenthalts in Missouri hatten die Mormonen eine lange Reihe von Heimsuchungen erlitten, deren sie gedenken konnten …
Widerstand zeigt den Nutzen des Kampfes und gibt Selbstvertrauen … Ohne Leiden, ohne die Ermunterung dazu, ohne die Erinnerung daran ist eine erfolgreiche Mormonenkirche nur schwer vorstellbar. Die Verfolgung dürfte die einzig mögliche Kraft gewesen sein, die es der noch jungen Kirche erlaubte, sich durchzusetzen.

R. Laurence Moore
Religious Outsiders and the Making of Americans

Bei der Einführung des Mormonentums wurde Joseph Smiths noch in den Kinderschuhen steckende Religion nicht von allen mit offenen Armen empfangen. Die allererste Rezension über *Das Buch Mormon*, die am 2. April 1830 – vier Tage vor der rechtsgültigen Gründung von Josephs Kirche – in einer Zeitung in Rochester erschien, war bezeichnend für die Reaktion vieler Menschen im Westen des Staates New York auf den neuen Glauben. Die Rezension begann folgendermaßen: »*Das Buch Mormon* wurde in unsere Hände gelegt. Ein schmählicherer Betrug wurde nie begangen. Es ist ein für Christen und Moralisten anstößiges Zeugnis der Täuschung, Gotteslästerung und Leichtgläubigkeit.«

Josephs weitverbreiteter Ruf als Scharlatan und eine Reihe

böswilliger Gerüchte über seine »Goldbibel« hatten rund um Palmyra Haß geschürt. Im Dezember 1830 empfing Joseph eine Offenbarung, in der Gott ihm, angesichts der Feindseligkeit, die in New York in der Luft lag, befahl, mit seiner Herde nach Ohio zu ziehen. Also packten die Heiligen der Letzten Tage ihre Sachen und ließen sich direkt östlich der heutigen Stadt Cleveland nieder, in einem Ort namens Kirtland.

In Ohio fanden die Mormonen ihre Nachbarn relativ gastfreundlich, doch im Sommer 1831 offenbarte der Herr Joseph, daß Kirtland nur eine Zwischenstation und das Grenzgebiet in Missouri das Land sei, »das ich für die Sammlung der Heiligen bestimmt und geweiht habe«. Gott erklärte, daß der Nordwesten Missouris zu den heiligsten Orten auf Erden gehörte: Der Garten Eden habe nicht im Nahen Osten gelegen, wie viele Menschen glaubten, sondern im Jackson County, Missouri, in der Nähe der im 19. Jahrhundert gegründeten Stadt Independence. Und dort würde noch vor dem Ende des Jahrhunderts die triumphale Wiederkunft Christi stattfinden. Joseph hörte auf die Worte des Herrn und befahl seinen Anhängern, sich im Jackson County zu sammeln und dort ein Neues Jerusalem zu errichten. Die Heiligen strömten in den Nordwesten Missouris und trafen 1838 in immer größerer Zahl ein.

Die Menschen, die bereits im Jackson County lebten, waren über diesen gewaltigen Zustrom nicht glücklich. Die mormonischen Zuwanderer stammten größtenteils aus den nordöstlichen Staaten und befürworteten die Abschaffung der Sklaverei; die Missourianer hatten ihre Wurzeln hauptsächlich im Süden – viele von ihnen besaßen Sklaven –, und sie waren äußerst mißtrauisch gegenüber der Einstellung der Mormonen in dieser Frage. Doch am meisten befremdeten die Bewohner des Jackson County der undurchdringliche Zusammenhalt der Mormonen und ihr überhebliches Anspruchsdenken: Die Heiligen beharrten darauf, daß sie Gottes auserwähltes Volk seien und das göttliche Recht hätten, den Nordwesten Missouris als ihr Zion zu beanspruchen.

Alles, was die Mormonen taten, schien die Befürchtungen

Des Moines
IOWA
Davenport
Des Moines River
HANCOCK CO.
Nauvoo
Carthage
Warsaw
DAVIESS CO.
Gallatin
Haun's Mill
Far West
CALDWELL CO.
ILLINOIS
Mississippi River
Kansas City
Missouri River
Independence
Columbia
JACKSON CO.
Missouri River
St. Louis
Jefferson City
KANSAS
Mississippi River
MISSOURI
Springfield
N
W
O
S
0 Miles 50 100
0 Kilometer 100
Mormonensiedlungen in Missouri und Illinois im 19. Jahrhundert

der Missourianer nur zu verstärken. Die Heiligen kauften mit Kirchengeldern im Jackson County riesige Ländereien. Handel trieben sie, wenn möglich, ausschließlich mit ihresgleichen und richteten damit das einheimische Gewerbe zugrunde. Bei Wahlen stimmten sie geschlossen ab, strikt nach Josephs Anweisungen, und als ihre Zahl wuchs, drohten sie in der Regionalpolitik den Ton anzugeben. Ein Brief, der 1833 in Fayette in der Zeitung erschien, spiegelte eine unter Missourianern weitverbreitete Angst wider: »Der Tag ist nicht mehr fern … an dem der Sheriff, die Amtsrichter und die Bezirksrichter Mormonen sein werden.«

Die Mormonen nahmen bereitwillig jeden Ungläubigen auf, der konvertieren wollte, aber sie zeigten wenig Interesse, mit Missourianern zu verkehren, die zu dumm oder starrsinnig waren, um den Plan Gottes für die Menschheit zu begreifen. Joseph predigte etwas, das er »freier Wille« nannte: Jeder konnte selbst entscheiden, ob er auf der Seite des Herrn oder auf der Seite der Gottlosigkeit stehen wollte; es war eine rein persönliche Entscheidung – aber wehe dem, der sich falsch entschied. Wenn man sich bewußt gegen den Gott Josephs und der Heiligen entschied, hatte man weder Mitleid noch Gnade verdient.

Diese polarisierende Haltung – »Wer nicht für uns ist, ist gegen uns« – wurde noch unterstrichen durch eine Offenbarung, die Joseph 1831 empfing, in der Gott den Heiligen befahl, sie sollten sich »zusammenfinden, um euch im Land Missouri zu freuen, denn es ist das Land eures Erbteils, das jetzt das Land eurer Feinde ist«. Als die Missourianer von diesem Gebot erfuhren, betrachteten sie es als offene Kriegserklärung – was anscheinend durch einen Artikel bestätigt wurde, der in einer Mormonenzeitung erschien und versprach, die Heiligen würden »buchstäblich die Asche der Gottlosen zertreten, nachdem sie vom Erdboden hinweg vernichtet sind«.

In den 1830er Jahren war der Nordwesten Missouris noch eine Wildnis, in der rauhe, willensstarke Menschen lebten. Anfangs reagierten die Bewohner des Jackson County auf die mormonische Bedrohung mit Bürgerversammlungen, bei denen sie antimormonische Beschlüsse faßten und forderten, daß die Zivilbehörden etwas unternahmen. Aber als das die Flut der Heiligen nicht eindämmen konnte, nahmen die Bürger von Independence die Sache selbst in die Hand.

Im Juli 1833 teerte und federte eine bewaffnete Horde von fünfhundert Missourianern zwei Heilige der Letzten Tage und zerstörte eine Druckerei, weil eine HLT-Zeitung einen Artikel gebracht hatte, der ihrer Ansicht nach zu viel Verständnis für die Gegner der Sklaverei zeigte. Drei Tage später überfiel dieselbe Horde neun Mormonenführer und zwang sie unter Todesandrohung, eine Erklärung zu unterschreiben, in der sie sich eidlich verpflichteten, das Jackson County innerhalb eines Jahres zu verlassen. In jenem Herbst zerstörten Schlägertrupps zehn Häuser, brachten einen Heiligen um und bewarfen zahlreiche andere mit Steinen.

In einer kalten Novembernacht terrorisierten Bürgerwehren systematisch alle Mormonensiedlungen in der Gegend. Nachdem sie die Männer brutal verprügelt hatten, trieben sie zwölfhundert Heilige aus ihren Häusern und zwangen sie, in der eisigen Dunkelheit um ihr Leben zu laufen. Die meisten von ihnen flohen nach Norden, über den Missouri River, und kehrten nicht mehr ins Jackson County zurück.

Joseph mißbilligte Gewalt und verbot den Mormonen fast fünf Jahre lang, sich zu rächen, obwohl die Überfälle weitergingen. Doch im Sommer und Herbst 1838 erreichten die Spannungen zwischen den Ungläubigen und den zehntausend Heiligen, die inzwischen in Missouri lebten, einen kritischen Punkt.

1836 hatte die gesetzgebende Versammlung von Missouri in der Hoffnung, die Heiligen an einen abgelegenen Ort umsiedeln zu können und damit weiterem Blutvergießen vorzubeugen, das nur schwach besiedelte Caldwell County als Wohngebiet für die Mormonen bestimmt und die meisten Heiligen in Missouri genötigt, aus angrenzenden, weniger gastfreundlichen Bezirken dorthin zu ziehen. 1838 hatten die Mormonen im Caldwell County über hunderttausend Hektar Land von der Zentralregierung gekauft und eine prosperierende Stadt gebaut, die sie Far West tauften.

Zunächst schien der Exodus ins Caldwell County die Spannungen zwischen Mormonen und Ungläubigen zu entschärfen. Doch im Sommer 1838 brachen Unruhen im benachbarten Daviess County aus, wo die Mormonen sich über die Bezirksgrenze hinweg ausgebreitet und große neue Siedlungen gegründet hatten. Am 6. August war in Missouri Wahltag. Als an diesem Morgen in Gallatin, der Hauptstadt des Daviess County, die Wahllokale öffneten, stieg William Peniston, ein Whig-Kandidat für die gesetzgebende Versammlung des Staates, auf ein Faß und brüllte der lärmenden Menge zu, Mormonen seien »Pferdediebe, Lügner, Betrüger und Narren«. Dann schrie ein anderer Missourianer in der Hoffnung, die etwa dreißig anwesenden Mormonen an der Stimmabgabe zu hindern, Mormonen dürften »genau wie die Nigger« kein Wahlrecht haben.

Die Brandrede führte dazu, daß ein betrunkener Missourianer einen kleingewachsenen mormonischen Schuster namens Samuel Brown verprügelte. Als andere Mormonen Brown zu Hilfe kamen, brach eine schwere Schlägerei aus. Mit Hilfe von Knüppeln, Steinen, Peitschen und Messern gelang es den zahlenmäßig weit unterlegenen Heiligen, die Missourianer zu besiegen und in die Flucht zu schlagen, und Dutzende ihrer Feinde wurden verletzt. Aber es war ein Pyrrhussieg. Die wütenden Bürger von Gallatin schworen, es den Mormonen in gleicher Münze heimzuzahlen.

In den nächsten beiden Monaten führten die Missourianer einen regelrechten Kleinkrieg gegen die Mormonen im Daviess County und vertrieben die meisten aus ihren Häusern. Am 14. Oktober rief Joseph schließlich mehrere hundert seiner Anhänger in Far West zusammen und drängte sie, sich zur Wehr zu setzen. Wutschäumend rief der Prophet:

> Wir sind ein geschädigtes Volk. Von gewissenlosem Pöbel, begierig, sich des Landes zu bemächtigen, das wir mit sol-

cher Liebe und Mühe gerodet und kultiviert haben, wurden wir von einem County ins andere vertrieben. Wir haben uns an Beamte, Richter, den Gouverneur und sogar an den Präsidenten der Vereinigten Staaten gewandt, aber es gab für uns keine Wiedergutmachung…
Wenn die Leute uns in Ruhe lassen, werden wir in Frieden das Evangelium predigen. Aber wenn sie kommen, um uns Verdruß zu bereiten, werden wir unsere Religion durch das Schwert verbreiten. Wir werden unsere Feinde niedertrampeln und von den Rocky Mountains bis zum Atlantik ein wahres Blutbad anrichten. Ich werde für diese Generation ein zweiter Mohammed sein, dessen Wahlspruch bei den Friedensverhandlungen lautete: »Der Koran oder das Schwert«. So soll es dann auch bei uns sein – »Joseph Smith oder das Schwert!«[21]

Es war eine leidenschaftliche Rede, und die Mormonen folgten seinem Aufruf. Sie reagierten ihre seit Jahren aufgestaute Wut ab, überfielen Städte der Ungläubigen, raubten Nahrungsmittel, Vieh und Wertgegenstände und brannten dabei annähernd fünfzig nichtmormonische Häuser nieder.

Empört schlugen die Missourianer zurück und zerstörten mehrere mormonische Hütten. Elf Tage nach Josephs eindringlichem Ruf zu den Waffen kam es zu einem Gefecht, bei dem drei Heilige und ein Ungläubiger starben. Zu allem Übel wurde in einem Hetzbrief an Lilburn Boggs, den Gouverneur von Missouri, die Zahl der Toten bei diesem Gefecht auch noch maßlos übertrieben, und es wurde fälschlicherweise berichtet, die Heiligen hätten fünf Missourianer niedergemetzelt. Als Boggs – der die Gouverneurswahl von 1836 durch seine antimormonische Haltung gewonnen hatte – das las, erließ er den inzwischen berüchtigten Befehl an den höchsten General der Miliz von Missouri: »Die Mormonen müssen als Feinde behandelt und, wenn zur öffentlichen Sicherheit nötig, vernichtet oder aus dem Staat vertrieben werden. Ihre Greueltaten sind unbeschreiblich.«

Ein paar Tage später führten drei Kompanien der Miliz von Missouri unter dem Befehl von Colonel Thomas Jennings einen Überraschungsangriff gegen die Mormonensiedlung Haun's Mill. Am Spätnachmittag des 30. Oktober 1838, als die Sonne »tief und rot am herrlichen Altweibersommerhimmel stand«, sahen etwa fünfundzwanzig Mormonenfamilien, die auf den Feldern arbeiteten, wie plötzlich zweihundertvierzig Milizionäre aus den umliegenden Wäldern auftauchten, ihre Flinten anlegten und auf die Heiligen schossen.

Der Führer der Mormonen erkannte, daß seine nur leichtbewaffnete Gemeinschaft gegen eine so überwältigende Streitmacht keine Chance hatte, schwenkte sofort seinen Hut und rief, daß sie sich ergeben wollten. Doch die Missourianer schenkten seiner Bitte um Gnade keine Beachtung und schossen weiter, wodurch die Heiligen in Panik gerieten. Viele der Mormonen rannten ins Dickicht, aber drei Jungen und fünfzehn Männer flüchteten sich in die Schmiede der Siedlung. Zwischen den aus Baumstämmen zusammengefügten Wänden klafften breite, nicht abgedichtete Spalten, und die Missourianer konnten die Mormonen durch diese Ritzen einfach abschießen wie Schweine im Koben. Als immer mehr Heilige tot waren, stellten die Missourianer sich direkt vor die Schmiede, schoben ihre Gewehrläufe zwischen die Baumstämme und schossen aus kürzester Entfernung auf die stöhnenden, am Boden liegenden Menschen.

Als sich drinnen nichts mehr regte, drangen die Missourianer in die Schmiede ein, wo sie den zehnjährigen Sardius Smith entdeckten, der unter dem Blasebalg kauerte. Der Junge flehte um sein Leben, doch ein Missourianer namens William Reynolds hielt ihm ein Gewehr an den Kopf und drückte ab. Sardius' jüngerer Bruder, der an der Hüfte getroffen war, aber überlebte, weil er unter den Leichen lag und sich totstellte, berichtete später, einer der Ungläubigen habe Reynolds gebeten, Sardius wegen seines jugendlichen Alters am Leben zu lassen, doch da habe Reynolds entgegnet, die Mormonenkinder müßten ausgerottet werden, denn »aus Nissen werden

Läuse«. Und dann habe er den Jungen kaltblütig in den Kopf geschossen.

Insgesamt wurden in und vor der Schmiede achtzehn Heilige niedergemetzelt. Der Vorfall hat sich als Haun's-Mill-Massaker ins kollektive Gedächtnis der Heiligen der Letzten Tage eingeprägt. Auch nach über hundertsechzig Jahren sprechen die Mormonen noch immer voll Entrüstung und unverminderter Wut davon.

Während sich das Blutbad in Haun's Mill ereignete, überwachte Joseph Smith 20 Kilometer entfernt gerade die Befestigung von Far West, das von zehntausend Milizsoldaten aus Missouri umzingelt war. Erst am nächsten Abend erfuhr er von der Katastrophe und bekam schwere Depressionen. In den Monaten, in denen sich die Streitigkeiten zu blutigen Zusammenstößen ausgeweitet hatten, war Joseph zwischen aggressiver Gegenwehr und der Suche nach einem Kompromiß zur friedlichen Beendigung des Konflikts hin- und hergerissen gewesen, doch jetzt schien der Prophet plötzlich zu erkennen, daß er und seine Anhänger bei einem richtiggehenden Krieg mit den Ungläubigen vernichtet werden würden.

Direkt nachdem er zu dieser Erkenntnis gekommen war, sandte Joseph fünf Mormonen zu den Ungläubigen, die »wie ein Hund um Frieden bitten« sollten. Der General der Miliz von Missouri teilte ihnen mit, die Heiligen könnten ihre bevorstehende Auslöschung nur auf eine Art abwenden: Sie müßten unverzüglich Joseph und sechs weitere Mormonenführer ausliefern, die man wegen Verrats anklagen würde, müßten den Missourianern, deren Häuser geplündert und zerstört worden waren, eine Entschädigung zahlen, alle Waffen abliefern und dann den Staat Missouri verlassen.

Die Bedingungen waren ungeheuer hart, aber Joseph blieb letztlich nichts anderes übrig, als sie zu akzeptieren. In einer Ansprache an die Gläubigen in Far West sagte er mit tapferer Miene: »Ich werde mich aufopfern, um euer Leben zu retten und die Kirche zu bewahren. Seid guten Mutes, meine Brüder. Betet inbrünstig zum Herrn, daß er eure Führer aus den Händen ihrer Feinde befreie. Im Namen Christi segne ich euch alle.«

Am 1. November ergaben sich die Heiligen. Joseph, sein Bruder Hyrum und fünf weitere Mormonenführer wurden von den Missourianern in Gewahrsam genommen, eilig vor ein Militärgericht gestellt und des Verrats für schuldig befunden – ein Kapitalverbrechen. General Alexander Doniphan erhielt folgenden Befehl: »Sir: Bringen Sie Joseph Smith und die anderen Gefangenen auf den öffentlichen Platz in Far West und erschießen Sie sie morgen früh um neun Uhr.«

Doch Doniphan war ein außergewöhnlich prinzipientreuer Mann und weigerte sich, den Befehl auszuführen. Joseph und seine Schar waren amerikanische Bürger, und Doniphan wußte, daß es gesetzwidrig war, Zivilisten von einem Militärgericht verurteilen und kurzerhand hinrichten zu lassen. General Doniphan schrieb eine Mitteilung an seinen Vorgesetzten, in der er ihm zu verstehen gab, daß er sich an einer solchen Verhöhnung der Gerechtigkeit nicht beteiligen werde: »Das ist kaltblütiger Mord. Ich werde Ihren Befehl nicht befolgen… und falls Sie diese Männer hinrichten, werde ich Sie, so wahr mir Gott helfe, vor einem weltlichen Gericht zur Verantwortung ziehen!«

Dank Doniphans mutiger Weigerung wurde die Hinrichtung der Mormonen abgeblasen, und Josephs Leben wurde vorerst geschont. Doch die Heiligen waren gezwungen, allen anderen Kapitulationsbedingungen zuzustimmen, und wurden nach der Entwaffnung zur leichten Beute für rachsüchtige Missourianer. Ihr Besitz wurde ihnen weggenommen, ihre Hütten abgerissen und als Feuerholz verbrannt, ihr Vieh zur allgemeinen Belustigung erschossen. Mormonische Männer wurden wahllos verprügelt; Berichten zufolge wurden mehrere Frauen und Mädchen vergewaltigt. Und obendrein teilte man ihnen mit, sie hätten den Staat innerhalb weniger Monate – bis zum Frühling 1839 – zu verlassen.

Den Heiligen stand ein schwieriger Winter bevor. Während die Gläubigen unter Hunger und lähmender Kälte litten und ihrem erzwungenen Abzug aus Missouri entgegensahen, blieb Joseph zusammen mit neun weiteren Mormonenführern, die wegen Verrats und Mordes angeklagt waren, eingesperrt. Der reulose Prophet verfaßte im Gefängnis ein wütendes Schreiben: »Die Morde in Haun's Mill, der Vernichtungsbefehl von Gouverneur Boggs und das voreingenommene, schändliche Vorgehen der gesetzgebenden Versammlung haben den Staat Missouri verdammt bis in alle Ewigkeit.«

Im Laufe des Winters änderte sich die öffentliche Meinung zugunsten der Heiligen. In mehreren Zeitungen Missouris wurden Einzelheiten über das Haun's-Mill-Massaker veröffentlicht, und es wurde zu Ermittlungen aufgerufen. Überall erschienen Artikel, in denen Verständnis für die Mormonen zum Ausdruck gebracht wurde. Der Umstand, daß Joseph und seine Glaubensbrüder noch im Gefängnis saßen, brachte Gouverneur Boggs, die gesetzgebende Versammlung und die örtlichen Beamten immer mehr in Bedrängnis, zumal sie die Beschuldigten aus Angst, sie könnten freigesprochen werden, nicht vor Gericht stellen wollten.

Um das Gesicht zu wahren, bestärkten die Machthaber den für die Bewachung der eingesperrten Mormonen verantwortlichen Sheriff, ein Bestechungsgeld von 800 Dollar anzunehmen, sich zu betrinken und dann einzuschlafen, damit die Gefangenen fliehen konnten. Am 16. April 1839 machten sich Joseph und seine neun Zellengenossen nachts aus dem Staub und flohen zu ihren Glaubensbrüdern, von denen die meisten inzwischen aus Missouri ausgewandert und wohlbehalten auf der anderen Seite der Staatsgrenze in Illinois angekommen waren.

10 Nauvoo

Wenn unsere Theorie der Offenbarungsbedeutung etwa besagen würde, daß nur Bücher sie besitzen, die automatisch oder nicht mit freiem Willen ihrer Autoren geschrieben sind oder die keinen wissenschaftlichen und historischen Irrtum enthalten, keine lokale oder personale Leidenschaft, dann würde die Bibel für uns vermutlich schlecht abschneiden. Würde hingegen andererseits unsere Theorie erlauben, daß ein Buch trotz Irrtümern und Leidenschaften und vorsätzlicher Komposition sehr wohl den Rang einer Offenbarung haben kann, wenn es nur der wahre Bericht über die inneren Erfahrungen von Personen mit einer großen Seele ist, die mit ihren Schicksalskrisen kämpfen, dann würde das Urteil sehr viel günstiger ausfallen.

William James
Die Vielfalt religiöser Erfahrung. Eine Studie über die menschliche Natur

Nauvoo liegt in einer Kalksteinebene am schmutzigbraunen Wasser des Mississippi und ist eine gepflegte Kleinstadt, die sich, oberflächlich betrachtet, von vielen anderen gepflegten Kleinstädten im Herzen Amerikas kaum unterscheidet. Aber einen Monat nachdem Joseph Smith in Missouri aus dem Gefängnis ausgebrochen war, nahm er das Land in dieser majestätischen Flußbiegung in Augenschein und beschloß, daß die Hauptstadt des Reiches Gottes genau hier, im Hancock County, Illinois, errichtet werden sollte.

Es handelte sich um eine tief gelegene Landspitze am Ostufer des Flusses und war ein malariaverseuchtes Sumpfgebiet, nach

Joseph Smiths Schilderung »so feucht, daß man zu Fuß nur mit größter Mühe durchkam und es für Ochsengespanne völlig unmöglich war«. Aber die Gegend hatte auch ihre Vorteile: Sie war nahezu unbewohnt, und der Besitzer war bereit, den Heiligen gegen Kredit Land zu verkaufen. Man wurde handelseinig, und die Bauarbeiten wurden mit typisch mormonischem Fleiß aufgenommen. Nach fünf Jahren lebten über fünfzehntausend Auserwählte des Herrn in und um Nauvoo – zehnmal so viele Einwohner wie heute – und machten es zur zweitgrößten Stadt in Illinois. Aus dem Nichts erschufen die Heiligen eine Stadt, die sich mit Chicago messen konnte.

Außerdem war Nauvoo im Gegensatz zu Chicago nicht bloß eine Stadt; es war ein theokratisches Fürstentum, mit Joseph an der Spitze, das unbeschränkte Rechte und Befugnisse hatte, die nicht nur für Illinois, sondern auch für das gesamte Land einzigartig waren. Diese Sonderrechte waren in einer sehr ungewöhnlichen Urkunde erteilt worden, die im Dezember 1840 ohne viel Trara von der gesetzgebenden Versammlung Illinois' gebilligt wurde – zu einem Zeitpunkt, als sich der Staat bemühte, fleißige Siedler anzulocken, die einen Beitrag zur wirtschaftlichen Entwicklung leisteten, und das Mitgefühl für die Mormonen nach ihrer Vertreibung aus Missouri groß war.

Doch unbeabsichtigt machte Illinois Joseph damit *de facto* zum Herrscher eines autonomen Stadtstaates. Er ließ sich offiziell zum »König, Priester und Herrscher über Israel auf Erden« salben. Er befehligte eine gut bewaffnete und äußerst disziplinierte Miliz, die Nauvoo Legion, die damals über fast halb so viele Männer verfügte wie die gesamte amerikanische Armee, und reichte dann, versessen auf eine noch größere Militärmacht, beim US-Kongreß ein Gesuch ein, mit dem er die Aufstellung einer Hunderttausend-Mann-Kampftruppe unter seiner persönlichen Kontrolle beantragte.

Diesen Wunsch schlug der Kongreß ihm zwar ab, aber Joseph ritt trotzdem auf einer Erfolgswelle. Was für den Propheten wahrscheinlich nicht überraschend war, denn er glaubte, daß das Mormonentum die Eine Wahre Kirche des

Herrn sei und er von der Hand Gottes geleitet werde. Im ruhigen Bewußtsein dessen und von dem Willen beseelt, seinen Einfluß über das ganze Land auszudehnen, gab Joseph im Januar 1844 bekannt, daß er für das Amt des Präsidenten der Vereinigten Staaten kandidiere.[22]

Obwohl Historiker einmütig der Ansicht sind, daß Joseph bei der Wahl im November »keine größere Chance hatte als ein Schneeball in der Hölle«, wie es der Andrew-Jackson-Forscher Robert Remini formulierte, ist nicht klar, ob Joseph diese Einschätzung teilte. Schließlich hatte er schon viel mehr erreicht, als man sich vierzehn Jahre zuvor bei der Gründung seiner sonderbaren neuen Kirche in Palmyra hatte vorstellen können. Joseph nahm den Präsidentschaftswahlkampf jedenfalls sehr ernst und schickte fünfhundertsechsundachtzig seiner fähigsten Missionare – darunter auch Mitglieder des Rates der Zwölf Apostel – in alle sechsundzwanzig Staaten und ins Wisconsin Territory, damit sie für seine Bewerbung um das höchste Amt des Landes die Werbetrommel rührten.

Manches spricht dafür, daß Joseph sich um die Präsidentschaft bewarb, weil er das für die einzige Möglichkeit hielt, seinen Heiligen staatlichen Schutz vor den schrecklichen Verfolgungen zu verschaffen, denen sie jedesmal ausgesetzt waren, wenn sie sich irgendwo niederlassen wollten. Nachdem er mehrmals vergeblich versucht hatte, gewählte Beamte davon zu überzeugen, daß der Staat die moralische und rechtliche Verpflichtung habe, die Mormonen vor dem gewalttätigen Pöbel zu schützen, kam Joseph zu dem Schluß, er könne dieses Ziel nur erreichen, wenn er selbst ins Weiße Haus einzog.

Joseph achtete die US-Verfassung als eine göttlich inspirierte Urkunde. Jahrelang hatte er beklagt, daß politische Führer ihrer eidlich bekräftigten Pflicht nicht nachkamen, die den Mormonen in der Verfassung garantierte Freiheit der Religionsausübung zu schützen, damit die Heiligen nicht mehr den Schikanen oder Verfolgungen durch die religiöse Mehrheit ausgesetzt waren. Und doch bewies Joseph mehrfach in Wort und Tat, daß er den religiösen Überzeugungen von Nichtmormonen wenig Respekt entgegenbrachte und, wenn er die Präsidentschaftswahl gewänne und im Land das Sagen hätte, die in der Verfassung verbürgten Rechte anderer Religionen höchstwahrscheinlich nicht achten würde.

Bevor die Mormonen Nauvoo in einen geschäftigen Ort der Unternehmungslust und Frömmigkeit umgestalten konnten, erlitten sie schwere Rückschläge. 1839 und 1840, als die Sümpfe noch nicht trockengelegt waren, fegten Malaria- und Choleraepidemien durch die Siedlung, und Hunderte von Heiligen starben, darunter auch der Vater des Propheten und einer seiner Brüder. Und die Feindseligkeiten aus Missouri machten Joseph und seinen Anhängern noch lange, nachdem sie aus dem Staat vertrieben worden waren, das Leben schwer.

Auch wenn es Joseph gelungen war, aus dem Gefängnis zu fliehen, waren in Missouri gegen ihn immer noch Klagen anhängig. Er wurde als Verbrecher betrachtet, der auf der Flucht vor der Justiz war, und mußte ständig damit rechnen, ausgeliefert und vor Gericht gestellt zu werden. Auf seinen Kopf war eine Belohnung ausgesetzt. Mindestens zweimal kamen Sheriffs aus Missouri mit einem Haftbefehl für Joseph nach Illinois. Im Mai 1841 gelang es einem Aufgebot von Sheriffs, den Propheten außerhalb von Nauvoo zu überrumpeln und festzunehmen, und sie hatten ihn schon fast über die Grenze nach Missouri gebracht, als Joseph doch noch mit einer Anordnung auf Haftprüfung seine Freilassung erzwang. Es war knapp gewesen, und die Sache erregte Josephs Zorn. In einer öffentlichen Rede kurz nach seiner Verhaftung machte er seinem Ärger Luft und sagte voraus, daß Lilburn Boggs, der pensionierte Gouverneur von Missouri und verhaßte Erzfeind der Heiligen, »innerhalb eines Jahres einen gewaltsamen Tod sterben« werde.

Am Abend des 6. Mai 1842 las Boggs gerade im Arbeitszimmer seines Hauses in Independence Zeitung, als ein Bewaffneter, der vor dem Haus auf ihn lauerte, viermal durchs Fenster auf ihn schoß. Zwei Kugeln trafen Boggs in den Hals; die beiden anderen drangen in seinen Kopf und blieben im linken

Gehirnlappen stecken. Alle rechneten damit, daß Boggs sterben würde, und im ganzen Land wurde in den Zeitungen sein Tod gemeldet. Die meisten Zeitungen vermuteten, der Attentäter sei ein Mormone gewesen, der Joseph Smiths Prophezeiung erfüllen wollte.

Die Handfeuerwaffe, mit der auf den Ex-Gouverneur geschossen worden war, wurde vor Boggs' Arbeitszimmer entdeckt, wo der Schütze sie in eine Pfütze geworfen hatte. Die Ermittlungen ergaben rasch, daß die Pistole vor kurzem in einem örtlichen Laden gestohlen worden war. Der Ladenbesitzer erzählte dem Sheriff: »Ich dachte, die Nigger hätten sie gestohlen, aber dieser Lohnarbeiter von Ward's – der, der immer mit dem Hengst gearbeitet hat –, der war, kurz bevor ich sie vermisst habe, hier und hat sie sich angeguckt!« Der »Lohnarbeiter von Ward's« war ein hervorragender Pferdekenner aus Nauvoo namens Orrin Porter Rockwell. Er war ein paar Monate zuvor nach Independence gekommen und hatte sich direkt nach den Schüssen auf Boggs heimlich aus der Stadt geschlichen.

Wie sich herausstellte, waren die Meldungen über Boggs' Tod verfrüht. Er erholte sich wieder von seiner schweren Hirnverletzung und überlebte. Aber was den angeblichen Täter betraf, hatten die Zeitungen recht: Rockwell war mit ziemlicher Sicherheit der Schütze, und er war Mormone. Rockwell, der keine Angst kannte und dem Propheten zutiefst ergeben war, stand bereits in dem Ruf, bereitwillig das Blut jener zu vergießen, die der Kirche geschadet hatten, und ihnen dadurch die Möglichkeit zu geben, für ihre Sünden zu büßen – was zu seiner Lebensaufgabe wurde und mormonische Bewunderer dazu brachte, ihn »Engel der Zerstörung« oder »mormonischer Samson« zu nennen.

Auch wenn Rockwell vielleicht keinen direkten Befehl von Joseph erhalten hatte, Boggs zu erschießen, war den Gläubigen doch klar, daß es die heilige Pflicht eines Heiligen war, bei der Erfüllung von Prophezeiungen zu helfen, wenn sich die Möglichkeit dazu bot. Sobald Boggs' Tod vom Propheten vorausgesagt worden war, brauchte niemand Porter Rockwell zu sagen, was er zu tun hatte. Nur wenige Einwohner von Missouri (und wohl noch weniger Heilige in Nauvoo) bezweifelten, daß der versuchte Mord das Werk des mormonischen Engels der Zerstörung war, aber weder Rockwell noch ein anderer Heiliger wurde wegen der Tat je vor Gericht gestellt.

Unterdessen ging in Nauvoo das Leben weiter. Die Stadt der Heiligen entwickelte sich rapide. An den Ufern des großen amerikanischen Flusses schienen die Mormonen endlich einen sicheren Ausgangspunkt gefunden zu haben, von dem aus sie Josephs Religion überall verbreiten konnten. Er und seine Anhänger hatten in den siebzehn Jahren, seit Moroni Joseph die Goldplatten anvertraut hatte, einen erstaunlich weiten Weg zurückgelegt. Und in Nauvoo trafen immer mehr Menschen ein, die zum mormonischen Glauben bekehrt worden waren, viele von ihnen aus so weit entfernten Gegenden wie England oder Skandinavien.

Bei der Zweiten Großen Erweckung hatte es von leidenschaftlichen, wortgewandten Propheten gewimmelt, die das Land durchstreiften und mit neuen Religionen hausieren gingen. Fast alle lieferten beruhigende Antworten auf die Rätsel des Lebens und des Todes und versprachen den Bekehrten, daß sie es als Belohnung für ihre Hingabe im Jenseits gut haben würden. Aber kaum einer der neuen Kirchen gelang es, eine feste Anhängerschaft aufzubauen. Die meisten sind heute längst vergessen. Doch warum hat sich Josephs neue Religion durchgesetzt, während so viele seiner Konkurrenten kaum eine Spur hinterlassen haben? Es gab zahlreiche Gründe, warum so viele Menschen das Mormonentum verlockend fanden. Aber wahrscheinlich war keiner so bedeutend wie die gewaltige Kraft von Josephs Ausstrahlung.

Charisma ist eine Eigenschaft, die schwer zu bestimmen und noch schwerer zu erklären ist, aber Joseph besaß sie im Übermaß. Der Ausdruck stammt aus dem Griechischen, »charis« bedeutet »Gnade« oder »eine besondere Gabe Gottes«, und das spätlateinische Wort »charisma« wird definiert als »Gabe des heiligen Geistes«. Seine Bedeutung hat sich im Lauf der Jahrhunderte verändert und wird heute nur noch selten mit Heiligkeit in Verbindung gebracht, doch Josephs Art von Charisma scheint der ursprünglichen Definition entsprochen zu haben. Er war durchdrungen von der äußerst seltenen Ausstrahlung, wie sie die berühmtesten Religionsführer der Geschichte besaßen – einer außergewöhnlichen spirituellen Kraft, die stets in großes Dunkel und große Gefahr gehüllt zu sein scheint. Über anderthalb Jahrhunderte nach seinem Tod hat Josephs persönliche Glut kaum etwas von ihrer Intensität verloren. Man kann sie immer noch in den Augen seiner Heiligen funkeln sehen.

In allen Religionen neigen die Gläubigen dazu, ihren Gründungspropheten als idealisierte Gottheit darzustellen und ihn hinter einem undurchdringlichen Panzer aus Mythen zu verbergen und zu schützen. Die Mormonen unterscheiden sich in dieser Hinsicht sicher nicht von den Mitgliedern anderer Sekten, und sie haben ihr möglichstes getan, um auf den Porträts von Joseph, die sie der Welt zeigen, jeden Makel wegzuretuschieren. Doch im Gegensatz zu Moses, Jesus, Mohammed oder Buddha war Joseph ein neuzeitlicher Prophet, der im hell erleuchteten Zeitalter der eidesstattlichen Erklärungen und der Druckerpresse lebte. Da viele, die die Anziehungskraft seines großen Charmes erlebten, ihre Beobachtungen niederschrieben, konnte seine unvollkommene menschliche Natur nicht so leicht aus den Geschichtsbüchern getilgt werden.

Die Tatsache, daß Joseph uns als realer Mensch mit all seinen Fehlern zugänglich bleibt, macht es leichter, sich in ihn hineinzuversetzen und Verständnis für ihn zu haben. Es gewährt auch einen faszinierenden Einblick in das, was in einem religiösen Genie vor sich geht.[23] Fawn Brodie, Josephs kompetentester Biographin zufolge, hatte der Prophet eine beeindruckende körperliche Präsenz:

> Er war groß und kräftig und sah, abgesehen von seiner markanten Adlernase, ziemlich gut aus. Seine großen blauen Augen waren gesäumt von unglaublich langen

> Wimpern, die seinen Blick verschleiert und leicht geheimnisvoll erscheinen ließen … Wenn er etwas voller Gefühl sagte, wich das Blut aus seinem Gesicht, und es blieb eine furchterregende, beinahe leuchtende Blässe zurück … Er war kein gewöhnlicher Mensch.

Wenn er zu einer Menschenmenge sprach, konnte Joseph jedem einzelnen das Gefühl geben, daß der Prophet ihn oder sie persönlich anredete. Er schien die spirituellen Bedürfnisse jedes Heiligen – die innersten Hoffnungen, Qualen und Begierden der gesamten Gemeinde – zu spüren und hielt dann eine Predigt, die mit der persönlichen Sehnsucht jedes einzelnen genau im Einklang war. Die angesehene mormonische Historikerin Juanita Leavitt Brooks schildert, wie ein Bekehrter namens John D. Lee den Propheten 1838 in Missouri erstmals predigen hörte[24]:

> Lee war darauf eingestellt, beeindruckt zu sein, aber die Realität übertraf seine Erwartungen. Er fand, daß Joseph Smith etwas Erhabenes hatte, wodurch er bei seinem Auftritt größer als 1,80 Meter wirkte und besser und imposanter aussah als ein normaler Mensch. Allein durch seine Ausstrahlung zog er alle Blicke auf sich, fesselte alle Herzen und spielte auf der Gefühlstastatur der Gemeinde, als handelte es sich um ein Musikinstrument, das auf die leiseste Berührung reagierte.

Fawn Brodie war beeindruckt von den Berichten über Josephs »fabelhafte Selbstsicherheit«:

> Der zunehmende Erfolg hatte seine Kühnheit und Vitalität verstärkt. Die Lebensfreude, die er ausstrahlte, erfüllte seine Anhänger stets mit einem Sinn für den Reichtum des Lebens. Sie folgten ihm sklavisch und ergeben, und sei es nur, um sich an der Glut seiner Erscheinung zu wärmen. Nicht nur wegen ihrer Überzeugung, daß er Gottes Pro-

phet war, bauten sie für ihn, predigten für ihn und nahmen unglaubliche Opfer auf sich, um seine Befehle auszuführen, sondern auch, weil sie ihn als Menschen liebten. Sie waren begeistert, wenn er einen Ringkampf gewann, und ergriffen, wenn er eine neue Offenbarung verkündete. Sie erzählten Geschichten über seine Großzügigkeit und Güte und staunten, daß er in seinem Haus in Nauvoo rückhaltlos so viele arme Leute verpflegte und daß er Freund und Feind gleichermaßen bewirtete. Er war ein liebenswürdiger Gastgeber, warmherzig und freundlich zu allen, die kamen, und seinen Freunden treu ergeben.

Brodie vertritt den Standpunkt, daß die Popularität der Mormonenkirche hauptsächlich Josephs einzigartigem Charisma zu verdanken ist, und beharrt darauf, daß *Das Buch Mormon* »durch den Propheten überlebt hat, und nicht er durch das Buch«. Vielleicht. Doch der Reiz der von ihm begründeten neuen Religion sollte nicht außer acht gelassen werden. Josephs geniale Neufassung der traditionellen christlichen Schrift hatte einen großen Anteil an dem schnellen Wachstum seiner Kirche.

Für Gläubige ist die mormonische Lehre natürlich unbestreitbar das Wort Gottes. Dieses Wort wurde jedoch von einem sehr menschlichen Werkzeug – nämlich von Joseph Smith – überbracht, der ein ungeheures theologisches Gespür besaß. Das Mormonentum tauchte zur richtigen Zeit am richtigen Ort auf und besetzte eine günstige Nische, die sich in der in stetem Fluß befindlichen spirituellen Ökologie des Landes aufgetan hatte. Viele Amerikaner waren mit den verkalkten Religionen der Alten Welt unzufrieden. Joseph verkündete eine neue Botschaft, die genau dem entsprach, was viele Menschen dringend hören wollten. Er bildete sich ein Urteil über die kollektive Sehnsucht der Öffentlichkeit und paßte seine Ideen intuitiv den genauen Dimensionen dieses unfertigen Verlangens an.

Joseph hatte überzeugende Antworten auf die schwierigsten

existentiellen Fragen – Antworten, die ausführlich und beruhigend waren. Er bot eine glasklare Vorstellung von richtig und falsch an, eine unzweideutige Definition von Gut und Böse. Seine Sichtweise war zwar unduldsam und unnachgiebig, aber trotzdem eine freundlichere, mildere Alternative zum Kalvinismus, der in der Frühzeit der amerikanischen Republik den kirchlichen Status quo darstellte. Die Kalvinisten lehrten, daß die Menschen von Natur aus böse seien und daß ein zorniger Gott über sie wache, der sie für Adams Erbsünde büßen lasse. Sie sagten, das Höllenfeuer sei real. Sie predigten, es sei gut, wenn man leide.

In Josephs optimistischerer Kosmologie war das auserwählte Volk Gottes – die Mormonen – von Natur aus tugendhaft (wenn auch von Gottlosigkeit umgeben) und mußte für nichts büßen. Geldverdienen war eine rechtschaffene Betätigung: Der Herr lächelte auf die Reichen und die nach Reichtum Strebenden herab. Und wer sich dafür entschied, den Kirchenoberen zu gehorchen, das Zeugnis von Jesus zu empfangen und ein paar einfache Regeln zu befolgen, konnte auf der Leiter emporklimmen, bis er im Leben nach dem Tode selbst ein Gott wurde – der Herrscher über seine eigene Welt. »Joseph war kein Prophet im härenen Gewand«, schreibt Fawn Brodie:

> Er glaubte an das gute Leben, mit maßvollem Genuß von Speise und Trank, gelegentlichem Sport und guter Unterhaltung. Und obwohl er das Leben in vollen Zügen genoß, wurde er von seinen Anhängern zum Halbgott erhoben. Jeglicher Vorwurf der Unziemlichkeit löste sich angesichts seines persönlichen Charmes in nichts auf. »Menschen sind, damit sie Freude haben können«, war eine seiner ersten bedeutsamen Verkündigungen im *Buch Mormon* gewesen, und von diesem Glauben war er nicht abgewichen. Er war gesellig, mitteilsam und hatte die Menschen aufrichtig gern. Und es ist kein Zufall, daß sich seine Theologie schließlich der letzten Reste von Kalvinismus entledigte und zu einer raffinierten Mischung aus Offenba-

rungsglaube und Materialismus wurde, die versprach, daß alle irdischen Freuden – Arbeit, Reichtum, Sexualität und Macht – im Himmel ihre Fortsetzung finden würden.

Josephs neue Religion spiegelte die Jacksonschen Ideale der damaligen Zeit wider und war zugleich ein reaktionärer Rückzug davon. Einerseits war Joseph ein Fürsprecher des Normalbürgers und ein Dorn im Auge der herrschenden Elite. Doch andererseits empfand er tiefes Mißtrauen gegenüber dem Ideengewirr, das übers Land fegte, und die Wankelmütigkeit der Demokratie machte ihn nervös. Seine Kirche war der Versuch, eine Mauer gegen die unermeßliche Freiheit der Neuzeit, gegen die hemmungslose Verherrlichung des einzelnen zu errichten. Die kritischen Bemerkungen und beruhigenden Versicherungen des Mormonentums – seine Ehrfurcht vor *Ordnung* – sollten eine Zuflucht vor der Komplexität und den vielfältigen Ungewißheiten im Amerika des 19. Jahrhunderts darstellen.

Josephs neue Interpretation des Christentums begeisterte seine Anhänger. Die Bekehrten erhielten durch seine bahnbrechenden Lehren Antrieb – und die Erneuerungen hörten nicht auf: Die Mormonen konnten sehen, wie ihre Kirche auf neue und phantastische Weise direkt vor ihren Augen Gestalt annahm. Als Nauvoo Mitte der 1840er Jahre in voller Blüte stand, hatte Joseph 133 göttliche Gebote empfangen, die eine bedeutende Entwicklung in der mormonischen Theologie widerspiegelten und so gewichtig waren, daß sie in dem Buch *Lehre und Bündnisse* für die Ewigkeit festgehalten wurden. In mancher wichtigen Hinsicht unterschied sich die in Nauvoo ausgeübte Religion erheblich von der nach der Kirchengründung in Palmyra ausgeübten. Und keine dieser Veränderungen hatte so große Auswirkungen wie das Gebot, das Joseph am 12. Juli 1843 niederschrieb – als Abschnitt 132 in *Lehre und Bündnisse* aufgenommen –, das die Kirche fast auseinanderbrechen ließ, Josephs Tod durch Lynchjustiz nach sich zog und seither in der amerikanischen Gesellschaft nachhallt. In *Lehre und Bünd-*

nisse, Abschnitt 132, hat Gott »den neuen und ewigen Bund« der Vielehe offenbart, einen Brauch, der Nichtmormonen besser bekannt ist unter der Bezeichnung Polygamie.

11 Das Leitprinzip

In Kirtland ... begann Joseph am grundlegenden Sittenkodex der abendländischen Gesellschaft herumzubasteln. Er stand dieser Gesellschaft so gleichgültig gegenüber, wie es nur jemand kann, der von seiner großen Autorität überzeugt ist und sich danach sehnt, die Welt nach seinen Vorstellungen umzuformen. Nichts war so heilig, daß es nicht mit einem neuen Zweck oder einer neuen Schönheit ausgestattet werden konnte.
Monogamie erschien ihm – wie vielen Männern, die nicht aufgehört haben, ihre Frau zu lieben, aber der Ausschließlichkeit der Ehe überdrüssig sind – als unerträglich eingeschränkter Lebensstil. »Jedesmal, wenn ich eine hübsche Frau sehe«, sagte er einmal zu einem Freund, »muß ich um Gnade flehen.« Aber Joseph war kein unbekümmerter Schürzenjäger, der sich mit heimlichen Geliebten begnügen konnte. Er hatte zu viel von einem Puritaner und konnte nicht ruhen, bevor er das Wesen der Sünde neu definiert und ein gewaltiges theologisches Gebäude errichtet hatte, das seine neuen Theorien über die Ehe stützte.

Fawn Brodie
No Man Knows My History

Als Dan Lafferty Anfang der achtziger Jahre in der Bibliothek der Brigham Young University auf ein Exemplar des *Peace Maker* stieß, kam er rasch zu der Überzeugung, daß Joseph Smith das Werk unter dem Pseudonym Udney Hay Jacob geschrieben hatte. Das Büchlein war in Nauvoo gedruckt worden, von der Druckerei des Propheten. Aber Dan Lafferty liegt mit seiner Vermutung wahrscheinlich falsch. Udney Hay Jacob war kein Gespenst; es war kein *nom de plume.* Den Mann gab es wirklich, und viele Wissenschaftler glauben, daß Jacob, und nicht Joseph Smith, den *Peace Maker* verfaßt hat. Aber die meisten dieser Wissenschaftler räumen auch ein, daß die Abhandlung mit Josephs Namen auf der Titelseite nicht von der Druckerei der Kirche veröffentlicht worden wäre, wenn der Prophet nicht zugestimmt hätte. Auch wenn Joseph nicht der Autor des *Peace Maker* war, so war er doch mit ziemlicher Sicherheit für die Konzeption und Veröffentlichung des Büchleins verantwortlich.

Joseph hatte spätestens seit der Kirchengründung über die Polygamie und ihren Platz in der kosmologischen Ordnung nachgedacht, aber er zögerte, das heikle Thema gegenüber seinen Heiligen anzuschneiden, damit sie nicht vor Bestürzung zurückschauderten. Als sich die Mormonen in Nauvoo niedergelassen hatten, dachte er, daß sie endlich bereit sein könnten, »das Leitprinzip zu empfangen«, und scheint den *Peace Maker* als Versuchsballon veröffentlicht zu haben: John D. Lee zufolge, der bei Erscheinen des Büchleins in Nauvoo lebte, »beauftragte Joseph, der Prophet, einen Mann namens Sidney Hay Jacobs [sic], Stellen aus der Bibel auszuwählen, bei denen es um die Polygamie oder celestiale Ehe ging, sie in Form eines Pamphlets niederzuschreiben und diese Lehre zu verfechten. Das tat er, um zu sehen, wie seine Anhänger reagierten, und um der celestialen Ehe den Weg zu bahnen.«[25]

Unglücklicherweise kam es nicht zu der erwünschten Reaktion. Der *Peace Maker* verursachte großen Aufruhr, und Joseph sah sich zu der unwahren Behauptung gezwungen, das Werk sei »ohne mein Wissen« veröffentlicht worden, und »wenn ich davon in Kenntnis gesetzt worden wäre, hätte ich es nicht drukken lassen«. Der empörte Aufschrei über das Büchlein zwang den Propheten, die Polygamie öffentlich scharf zu verurteilen, was peinlich war, da er schon seit spätestens 1833 heimlich in spiritueller Ehe lebte, und es gibt Indizien, die belegen, daß er damit sogar noch früher begonnen hatte.

Eine der ersten Frauen, die mit Joseph in außerehelichen

geschlechtlichen Beziehungen gestanden haben sollen, war Marinda Nancy Johnson, die er 1831 kennengelernt hatte, kurz nachdem die Heiligen von Palmyra nach Kirtland, Ohio, gezogen waren. Marindas Mutter, die aufgrund von chronischem Rheumatismus einen gelähmten Arm hatte, gehörte zu den vielen Neugierigen aus Ohio, die gekommen waren, um den Mormonenpropheten mit eigenen Augen zu sehen. Dabei wurde sie von ihrem Mann Benjamin und einem mißtrauischen Methodistenprediger begleitet, der Joseph aufforderte: »Hier ist Mrs. Johnson, sie hat einen gelähmten Arm; hat Gott irgendeinem auf Erden weilenden Menschen die Macht gegeben, sie zu heilen?«

Joseph ergriff Mrs. Johnsons gelähmte Hand und sagte: »Frau, im Namen des Herrn Jesus Christus befehle ich dir, gesund zu werden!«

Ein glaubwürdiger Zeuge berichtet: »Auf einmal hob Mrs. Johnson mühelos den Arm.« Mr. und Mrs. Johnson waren nach diesem Wunder so erschüttert, daß sie auf der Stelle zum Mormonentum konvertierten und dem Propheten ihre fünfzehn Kinder, darunter auch die fünfzehnjährige Miranda, vorstellen wollten.

Als sie erfahren habe, daß ihre Eltern sich dem Willen Joseph Smiths unterworfen hatten, erzählte Miranda später einem Journalisten, habe sie anfangs »Entrüstung und Scham« verspürt, weil ihre Eltern auf einen so »lächerlichen Betrüger« hereingefallen waren. Aber das war, bevor sie Joseph selbst kennenlernte und dem strahlenden Glanz seines Charmes direkt ausgesetzt war. Später berichtete sie, der Prophet

> habe ihr bei ihrer ersten Begegnung direkt in die Augen geschaut. Von brennender Scham erfüllt, hatte sie das Gefühl, ihr Innerstes sei vor diesem Mann entblößt, während sie sich ihrer Gedanken über ihn bewußt wurde. Er lächelte, und ihr Zorn schmolz wie Schnee in der Sonne. Sie wußte, daß er war, was er zu sein behauptete, und zweifelte nie wieder an ihm.

Im Sommer 1831 nahm die Familie Johnson Joseph und Emma Smith in ihr Haus auf, und schon bald darauf soll der Prophet mit der kleinen Marinda geschlafen haben. Unglücklicherweise blieb die Liaison anscheinend nicht unbemerkt, und eine Schar entrüsteter Männer aus Ohio – darunter auch etliche Mormonen – beschloß, Joseph zu kastrieren, damit er in Zukunft keine derart verwerflichen Taten mehr begehen würde.

Luke Johnson, Marindas älterem Bruder zufolge, kam am 24. März 1832 »eine Rotte von vierzig oder fünfzig Männern« zum Haus der Johnsons, verschaffte sich mitten in der Nacht gewaltsam Zugang zu Josephs Zimmer,

> und Carnot Mason zog Joseph an den Haaren aus dem Bett; dann packten ihn so viele Männer wie möglich, trugen ihn, auf einem Brett ausgestreckt, ungefähr 200 Meter vom Haus fort und quälten ihn auf äußerst schmähliche und brutale Weise; sie rissen ihm die Nachtkleider vom Leib, um ihn zu entmannen, und Dr. Dennison sollte die Operation ausführen; aber als der Doktor den Propheten entkleidet auf dem Brett liegen sah, sank sein Mut, und er weigerte sich, die Operation vorzunehmen.

Da die Männer nicht den Mut aufbrachten, ihre Kastrationspläne zu Ende zu führen, verprügelten sie Joseph, übergossen seinen nackten Körper mit Teer, bekleisterten ihn mit Federn aus einem Daunenkissen und ließen ihn dann im Wald liegen.

Obwohl er nur knapp einer qualvollen Strafe entgangen war, verliebte sich Joseph immer wieder hoffnungslos in die hübschesten weiblichen Mitglieder seiner Herde. Darunter war auch ein gut entwickeltes Mädchen aus Kirtland namens Fanny Alger, das Joseph 1830 kennenlernte, nachdem ihre Eltern als zwei der ersten Bekehrten zu seiner Kirche übergetreten waren. Im Winter 1833 war Fanny sechzehn und Hausmädchen bei den Smiths, zu denen sie ein sehr enges Verhältnis hatte, besonders zu Emma. Einer Mormonin namens Eliza Webb Young zufolge war Fanny »ein sehr hübsches, einnehmendes junges Mädchen«, und Mrs. Smith »war ihr sehr zugetan; nicht einmal die eigene Mutter hätte sie zärtlicher lieben können, und es wurden ständig Bemerkungen über ihre gegenseitige Zuneigung gemacht, so tief und aufrichtig schien sie zu sein«.

Aber auch Joseph war der kleinen Fanny sehr zugetan und nahm sie im Februar oder März 1833 zur Frau; sie könnte die zweite Frau gewesen sein, nach Emma, die er offiziell heiratete. Er versuchte, das Verhältnis geheimzuhalten, aber schließlich erwischte Emma die beiden in flagranti und warf das Mädchen im Herbst 1835 aus dem Haus.

Doch weder Emmas Tränen noch ihr Zorn reichten aus, um Joseph monogam zu machen, genausowenig wie der damals herrschende Sittenkodex. Er verliebte sich weiter leidenschaftlich in Frauen, mit denen er nicht verheiratet war. Und weil diese Leidenschaft so verzehrend war und sich so gut anfühlte, hielt er es für unmöglich, daß Gott so etwas mißbilligen könnte. Joseph war von Natur aus kein Mensch, der viel nachdachte oder alles sorgsam abwägte. Er war spontan und handelte nach Gespür oder Gefühl. Er dachte, der Herr müsse bestimmt gewollt haben, daß der Mann die Liebe mehr als einer Frau kennenlernt, sonst hätte Er die Aussicht darauf nicht so verlokkend gemacht. Außerdem fand Joseph im Alten Testament genügend Beweise dafür, daß das tatsächlich Gottes Wille war, denn dort wurde von den polygamen Bräuchen Abrahams und Jakobs – der Patriarchen, von denen die Mormonen in direkter Linie abstammten – ohne Scham oder Vorwurf erzählt.

Joseph nahm sich in den 1830er Jahren in Ohio und Missouri weitere Frauen und heiratete Anfang der 1840er Jahre in Nauvoo sogar noch öfter, aber er schreckte dabei nicht vor schamlosen Lügen zurück, um sein polygames Verhalten zu verheimlichen – nicht nur vor kritischen Nicht-Mormonen, sondern auch vor fast all seinen Anhängern. Wie der Prophet 1832 seinen engsten Vertrauten erklärte, »hatte er Gott nach dem Lehrsatz der Vielzahl von Frauen gefragt, und er hatte als Antwort erhalten, daß der Lehrsatz, mehr als eine Frau zu nehmen, richtig sei, aber die Zeit, ihn auszuüben, sei noch nicht gekommen«. Richtiger hätte es heißen müssen, daß noch nicht die Zeit gekommen war, die Ausübung öffentlich bekanntzugeben.

Deshalb hielt Joseph die Tatsache, daß er mehrere Frauen hatte, geheim und wartete auf den richtigen Augenblick für die Offenbarung des heiligen Leitprinzips. Bei der Offenbarung anderer göttlicher Gebote hatte er allerdings keine derartigen Bedenken. In Nauvoo trat der Prophet in eine fieberhafte Schaffensphase, die zu den innovativsten theologischen Entwicklungen innerhalb der Kirche führte.

In dieser Zeit offenbarte Joseph zum Beispiel den Lehrsatz von der mittelbaren Totentaufe, wodurch lebende Heilige stellvertretend für verstorbene Vorfahren getauft werden konnten – und früheren Generationen die Gelegenheit gegeben wurde, durch die Eine Wahre Kirche erlöst zu werden, auch wenn die Toten schon lange vor der Gründung des Mormonentums gestorben waren. In Nauvoo führte er ebenfalls die ausgefeilten Rituale des Endowment ein und offenbarte nicht nur, daß Gott früher ein Mensch gewesen sei, sondern auch – was noch erstaunlicher ist –, daß jeder Mensch die Fähigkeit besitze, ein Gott zu werden.

Und am 12. Juli 1843 nahm er schließlich das göttliche Gebot, das die heilige Bedeutung der Vielehe offenbarte, förmlich in seine Lehren auf. Im Gegensatz zu den anderen Offenbarungen aus dieser Zeit wurde es geheimgehalten und erst 1852, ganze acht Jahre nach dem Tod des Propheten, anerkannt.

Dieses Aufflammen theologischer Eingebung fiel zusammen mit einer ausgedehnten Phase voll triebhafter Energie. Zwischen 1840 und 1844 trug Gott dem Propheten auf, über vierzig Frauen zu heiraten. Die meisten waren bestürzt und fühlten sich abgestoßen, als Joseph ihnen offenbarte, was der Herr mit ihnen vorhatte. Einige waren noch in der Pubertät, wie die vierzehnjährige Helen Mar Kimball. Obwohl sie sich fügte, als Joseph ihr erklärte, Gott habe ihr befohlen, eine der Frauen des Propheten zu werden – und daß ihr vierundzwanzig Stunden blieben, um einzuwilligen –, vertraute Helen später einer Freundin an: »Ich war noch jung, und sie haben mich getäuscht und mir gesagt, das Seelenheil unserer ganzen Familie hinge davon ab.«

Joseph heiratete Helen Mar Kimball im Mai 1843 in Nauvoo. Im selben Monat war bereits die kleine Lucy Walker genötigt worden, den Propheten zu ehelichen. Ihr Vater war beim Haun's-Mill-Massaker dabeigewesen (gehörte aber zu den wenigen Glücklichen, die das Blutbad in der Schmiede überlebten). Im Januar 1842 starb Lucys Mutter an Malaria, einer Seuche, die in den Sümpfen von Nauvoo grassierte. Nach dieser Tragödie schickte Joseph Lucys gramgebeugten Vater auf eine zweijährige Mission in die Oststaaten, um sein gebrochenes Herz zu heilen; in Abwesenheit ihres Vaters »adoptierte« der Prophet Lucy und die meisten ihrer Geschwister. In ihrer Autobiographie hat Lucy geschrieben, »Präsident Joseph Smith« habe während ihres Aufenthalts im Haus des Propheten »eine Unterredung mit mir gesucht und zu meinem größten Erstaunen gesagt: ›Ich habe eine Botschaft für dich, Gott hat mir befohlen, noch eine Frau zu nehmen, und du bist die Auserwählte.‹«

Als das entsetzte Mädchen sich weigerte, erklärte Joseph, daß in diesem Fall die ewige Verdammnis auf Lucy warte. »Ich mache keine Schmeicheleien«, sagte er. »Es ist ein Befehl Gottes an dich. Ich gebe dir bis morgen Zeit, dich zu entscheiden. Wenn du die Botschaft zurückweist, wird dir das Tor für immer verschlossen bleiben.«

Lucy reagierte mit Wut und Verzweiflung: »Das brachte mein Blut in Wallung. Einen Augenblick lang stand ich furchtlos vor ihm und schaute ihm in die Augen. Ich hatte in diesem Moment das Gefühl, daß ich mich als lebendes Opfer auf den Altar legen sollte … das war zuviel, der Gedanke war unerträglich.« Beherzt entgegnete sie dem Propheten, sie würde es nur tun, wenn sie persönlich eine Offenbarung direkt von Gott empfinge, in der Er ihr bestätige, daß sie den Propheten heiraten solle. Da habe Joseph mit »wunderschönem Gesichtsausdruck vor ihr gestanden und gesagt: ›Gott, der Allmächtige, segne dich. Der Wille Gottes wird dir verkündigt werden, in einer Offenbarung, die du nicht verleugnen kannst.‹«

In Lucys Memoiren heißt es:

Nach einer weiteren schlaflosen Nacht wurde mein Zimmer kurz vor Tagesanbruch plötzlich durch eine himmlische Macht erleuchtet. Es schien mir, als würde die strahlende Sonne hinter der dunkelsten Wolke hervorbrechen. Meine Seele war von einem ruhigen, süßen Frieden erfüllt, wie ich ihn nicht kannte. Die größte Freude ergriff Besitz von mir, und ich empfing eine eindringliche und unwiderstehliche Offenbarung von der Wahrhaftigkeit der Vielehe, die bei allen Prüfungen des Lebens für meine Seele wie ein Anker war. Ich spürte, daß ich in den Morgenwind hinausgehen und der Freude und Dankbarkeit, die meine Seele erfüllten, Luft machen mußte. Als ich die Treppe hinabstieg, öffnete Präs. Smith unten die Tür, nahm mich bei der Hand und sagte: »Gott sei Dank, du hattest die Offenbarung. Auch ich habe gebetet.« Er führte mich zu einem Stuhl, legte die Hände auf meinen Kopf und segnete mich mit allem, was sich mein Herz wünschen konnte.

Am 1. Mai 1843, einen Tag nach ihrem siebzehnten Geburtstag, wurde Lucy Walker mit dem Propheten verheiratet.

Wenn man bedenkt, daß Joseph Beziehungen zu dreißig, vierzig Frauen unterhielt, so übersteigt das jegliche Vorstellungskraft. Aber nicht einmal diese Vielzahl von Ehefrauen konnte seine Lust befriedigen. Sarah Pratt, der Frau des Mormonenapostels Orson Pratt zufolge,

besuchte der Prophet Joseph oft Freudenhäuser. Mrs. White, eine sehr hübsche und attraktive Frau, gestand mir einmal, daß sie es sich angelegen sein lasse, die Kapitäne der Mississippidampfer in ihrem Haus zu empfangen. Sie erzählte mir, daß Joseph schon bald nach seiner Ankunft in Nauvoo ihre Bekanntschaft gemacht und sie dutzendmal besucht habe.

Nauvoo war eine eng zusammengewachsene, mit sich selbst beschäftigte Gemeinschaft, in der stets viel Klatsch verbreitet wurde. Wie sehr Joseph auch versuchte, sein verbotenes Tun vor seinen Anhängern zu verheimlichen, es war doch unmöglich. Immer wieder wurden öffentliche Beschuldigungen gegen den Propheten erhoben, aber er verstand es geschickt, seine Ankläger als Werkzeuge des Satans hinzustellen, denen es nicht nur darum ging, ihn, einen unschuldig Verfolgten, sondern auch das ganze Mormonentum zu verleumden. Wiederholt gelang es Joseph, unerfreuliche Beschuldigungen unter den Teppich zu kehren, bevor irreparabler Schaden angerichtet werden konnte – ein Talent, daß er natürlich mit vielen erfolgreichen religiösen und politischen Führern aller Zeiten teilte.

In dieser Phase unbändigen Geschlechtsverkehrs leugnete Joseph hartnäckig, daß er die Vielehe billigte, geschweige denn sie selbst ausübte. »Wenn die Tatsachen ans Licht kommen, werden Wahrheit und Unschuld endlich den Sieg davontragen«, beteuerte er im Mai 1844 in einer Ansprache an die Bürger von Nauvoo. »Es ist unerhört, einen Mann zu beschuldigen, daß er Ehebruch begangen hat und mit sieben Frauen verheiratet ist, wo ich doch nur eine einzige entdecken kann. Ich bin derselbe Mensch, so unschuldig wie vor vierzehn Jahren; und ich kann beweisen, daß sie alle einen Meineid geleistet haben.«

Sein Leugnen hatte ihn stets gerettet, doch der Umstand, daß er sich wiederholt aus schwierigen Situationen herauswinden konnte, zeitigte eine gefährliche Selbstüberhebung, die wiederum seinen sexuellen Leichtsinn verstärkte – und kurz nachdem er die oben zitierte Rede gehalten hatte, holte ihn all das ein. Im Frühling 1844 wurde in Nauvoo ein Skandal von Monica-Lewinsky-ähnlichen Ausmaßen aufgedeckt, und diesmal schlugen die Flammen so hoch, daß sie nicht mehr durch den Charme des Propheten gelöscht werden konnten.

12
Carthage

Man kann sagen, daß Smith alles Nötige erreicht hatte, als er seine Anhänger nach Nauvoo führte. Seinen Anhängern hatten sich die Erinnerungen an ihre Verfolgung eingeprägt. Sie hatten, angelegt um ein ungewöhnliches Konzept des Priestertums, eine eigene Form des Gottesdienstes geschaffen, und eine Gemeinschaft gebildet. Smith kam mit einem politischen Willkommensgeschenk und einer großzügigen Stadturkunde nach Nauvoo, in der den Mormonen eine große Autonomie zugestanden wurde. Und doch schlug er genau in diesem Moment einen politisch ungeschickt eingeleiteten neuen Kurs ein, der alles zu zerstören drohte, was er geschaffen hatte.

R. Laurence Moore
Religious Outsiders and the Making of Americans

Obwohl Joseph Smith seine spirituellen Ehen wiederholt energisch leugnete, kannten schon 1844 mehrere seiner engsten Vertrauten die Wahrheit darüber, und einigen hatte er die geheime Offenbarung über die Lehre der celestialen Ehe vom 12. Juli 1843 gezeigt; ein paar von ihnen übten die Polygamie sogar selbst aus. Aber nicht alle, die in das Geheimnis eingeweiht worden waren, billigten die Lehre. Unter denen, die sich dagegen aussprachen, rangierte Josephs erste Frau Emma Smith ganz vorn. Sie war seit 1827 mit Joseph verheiratet, liebte ihn noch immer und hatte keine Lust, im Alter von neununddreißig Jahren ihren Mann mit taufrischen Mädchen zu teilen, die nicht einmal halb so alt waren wie sie. Bei ihrer Trauung hatte Joseph versprochen, Emma treu zu bleiben, und sie erwartete von ihm, daß er dieses Versprechen hielt.

Emma nahm von Natur aus kein Blatt vor den Mund und machte dem Propheten rasch klar, daß sie von der Polygamie nichts hielt. Einmal drohte sie ihm sogar an, sich einen zweiten Mann zu nehmen, wenn er seine anderen Frauen nicht aufgebe, und Joseph beklagte sich am 23. Juni 1843 bei seinem Sekretär, Emma wolle »sich an ihm rächen. Sie fand, wenn er sich alle möglichen Freiheiten erlaube, könne sie das auch.«

Emma machte Joseph wegen seiner Liebeleien solche Vorhaltungen, daß die ursprüngliche Absicht der Offenbarung, die als Abschnitt 132 in *Lehre und Bündnisse* aufgenommen wurde, anscheinend darin lag, Emma zum Schweigen zu bringen und zu erreichen, daß sie sich mit Josephs vielen Ehefrauen abfand – und sie zugleich davon abzuhalten, selbst mit anderen Männern zu schlafen. Tatsächlich drängte sein Bruder Hyrum am Morgen des 12. Juli, kurz bevor Joseph die berüchtigte Offenbarung für die Nachwelt niederschrieb, den Propheten ausdrücklich: »Wenn du die Offenbarung über die celestiale Ehe niederschreibst, werde ich sie Emma vorlesen, und ich glaube, ich kann sie von der Wahrheit überzeugen, und du wirst künftig Ruhe haben.«

Ein sehr skeptischer Joseph erwiderte: »Du kennst Emma nicht so gut wie ich.«

Doch Hyrum ließ nicht locker: »Die Lehre ist so klar, daß ich jeden vernünftigen Menschen von deren Wahrheit, Reinheit und himmlischen Ursprung überzeugen kann.« Daraufhin willigte Joseph ein, die Offenbarung, aus der später Abschnitt 132 wurde, zu Papier zu bringen. Es ist kein Zufall, daß Emma darin mehrmals namentlich erwähnt wird. Im vierundfünfzigsten Vers der Offenbarung warnt Gott zum Beispiel:

> Und ich gebiete meiner Magd Emma Smith, meinem Knecht Joseph treu zu bleiben und an ihm festzuhalten und an keinem anderen. Doch wenn sie nicht nach diesem Gebot lebt, wird sie vernichtet werden, spricht der Herr; denn ich bin der Herr, dein Gott, und werde sie vernichten, wenn sie nicht nach meinem Gesetz lebt.

Der Kern des Ganzen – der Teil des Gebots, der es Männern erlaubt, mehrere Frauen zu heiraten – steht ziemlich am Ende der Offenbarung, wo der Herr zu Joseph sagt:

> Wenn ein Mann eine Jungfrau ehelicht und den Wunsch hat, noch eine andere zu ehelichen … dann ist er gerechtfertigt; er kann keinen Ehebruch begehen, denn sie sind ihm gegeben …
> Und wenn ihm durch dieses Gesetz zehn Jungfrauen gegeben werden, so kann er doch keinen Ehebruch begehen, denn sie gehören ihm, und sie sind ihm gegeben; darum ist er gerechtfertigt …
> Wenn aber die eine oder andere der zehn Jungfrauen nach ihrer Verehelichung bei einem anderen Mann ist, so hat sie Ehebruch begangen und wird vernichtet werden; denn sie sind ihm gegeben, um – gemäß meinem Gebot – sich zu mehren und die Erde zu füllen …

Nachdem Joseph die Offenbarung seinem Sekretär zu Ende diktiert hatte, händigte Hyrum das zehnseitige Dokument Emma aus.[26] Unglücklicherweise zeigte es nicht die gewünschte Wirkung. Als Emma es las, bekam sie einen Wutanfall. Hyrum berichtete, er habe »noch nie im Leben eine solche Gardinenpredigt erhalten« und »daß Emma sehr böse und voller Groll und Zorn war«. Sie erklärte, daß sie von der Offenbarung »kein Wort glaubte«, und lehnte Josephs Ehen mit anderen Frauen standhaft ab. Was den Propheten nicht daran hinderte, sich noch mehr Frauen zu nehmen; aber er bemühte sich nicht weiter, Emmas Zustimmung zu gewinnen.

Emma suchte Trost bei ihrem Freund William Law, der, obwohl auch ein enger Freund Josephs, Verständnis für sie hatte. Law war ein langjähriges Mitglied der Kirche und ein Mensch von unbeirrbarer Integrität und hatte mehr als zwei Jahre lang als getreuer Zweiter Ratgeber des Propheten fungiert. Im Januar 1844 traf Law Joseph in Nauvoo auf der Straße und bat ihn, auf die abscheuliche Polygamie-Offenbarung zu verzichten. Laws Sohn Richard zufolge schlang sein Vater die Arme um den Hals des Propheten und »flehte ihn an, die Lehre von der Vielehe zu widerrufen … während ihm Tränen aus den Augen stürzten. Auch der Prophet brach in Tränen aus, aber er sagte zu Law, er könne die Lehre nicht widerrufen, denn Gott habe ihm befohlen, sie zu verbreiten, und wenn er das Gebot nicht befolge, falle er der Verdammnis anheim.«

Laws Abscheu vor der Polygamie, ganz zu schweigen von der seelischen Unterstützung, die er Emma gewährte, stellte eine ernsthafte Belastung seiner Beziehung zu Joseph dar. Ihre Freundschaft ging schließlich völlig in die Brüche, als Joseph Laws Frau Jane zu »verführen trachtete« und ihr »die unziemlichsten und gottlosesten Anträge« machte. Wütend und empört forderte William Law im April 1844, daß der Prophet sein gottloses Verhalten öffentlich zugebe und »von seinen schändlichen Taten abstehe«.

Daraufhin wurde Law von Joseph exkommuniziert; auf diese Ehrenkränkung reagierte Law mit der Beteuerung, Joseph sei ein »gefallener Prophet«, und gründete am 12. Mai eine Institution, die er Reformierte Mormonenkirche nannte und in der die Polygamie nicht gebilligt wurde. Fawn Brodie schreibt:

> Law war mutig, beharrlich und verfügte über einen seltsamen, törichten Idealismus. Obwohl er hauptsächlich von Männern umgeben war, die Joseph für einen gemeinen Schwindler hielten, klammerte er sich an die Hoffnung, die Kirche reformieren zu können. Zu diesem Zweck gründete er eine eigene Kirche, deren Präsident er war und deren Organisation getreu der Hauptkirche folgte.
>
> Das allein wäre unbedenklich gewesen, denn Joseph hatte schon viele rivalisierende Propheten hervorsprießen sehen, die es zu nichts gebracht hatten. Gewöhnlich versuchten sie, ihn zu imitieren, und verkündeten Offenbarungen, die neben seinen eigenen abgedroschen und fad klangen. Doch Law war aus einem anderen Holz geschnitzt. Eigentlich war er auf dem Weg zu völliger, furchtbarer Desillusionierung,

> aber er entfernte sich rückwärts von der Kirche und griff auf der verzweifelten Suche nach einem rettenden Strohhalm, an den er sich klammern konnte, nach allem und jedem.
> Durch seinen glühenden Wunsch, die Kirche zu reformieren, wurde Law zu einem viel gefährlicheren Gegner als durch eine direkte Verdammung des Propheten und all seiner Werke.

Law war auch wegen seines Reichtums gefährlich, der es ihm erlaubte, eine eigene Druckerpresse zu kaufen. Am 7. Juni 1844 kam die erste und einzige Ausgabe einer Zeitung mit dem Namen *Nauvoo Expositor* aus der neuen Presse. Law druckte tausend Exemplare. Im Leitartikel hieß es: »Es ist unser ernstes Bestreben, den lasterhaften Lehrsatz Joseph Smiths und diejenigen, die ebendiese schändliche Unzucht betreiben, hinwegzufegen.« Die vierseitige Flugschrift zog über Josephs Verachtung für die Trennung von Staat und Kirche her, über seine widerrechtliche Machtaneignung und seine zwielichtigen Geldgeschäfte, doch der Hauptzweck der Zeitung lag darin, die geheime Lehre von der Polygamie aufzudecken. Die Herausgeber versprachen, in den kommenden Tagen »zur Beglaubigung des angeführten Sachverhalts mehrere eidesstattliche Erklärungen zu veröffentlichen«. Die meisten Einwohner von Nauvoo waren entrüstet – nicht über Joseph, dem sie treu blieben, sondern über die Zeitung und ihre Besitzer. Dennoch hatte der Prophet Angst, der *Expositor* könnte seine Herrschaft über die Kirche ernsthaft gefährden, und berief eine außerordentliche Versammlung des Stadtrats von Nauvoo ein. Er wies darauf hin, daß die Zeitung »den städtischen Frieden zu zerstören« drohe und ein »öffentliches Ärgernis« darstelle, und in seiner Funktion als Bürgermeister befahl er dem Polizeidirektor, »die Druckerpresse, aus der der *Nauvoo Expositor* stammt, zu zerstören … und alle *Expositors* und Schmähschriften, die in besagtem Etablissement gefunden werden, zu verbrennen«.

Am Abend des 10. Juni brachen über zweihundert bewaffnete

Mitglieder der Nauvoo Legion – angeführt von Hyrum Smith und dem Apostel John Taylor, auf Anordnung von Lieutenant General Joseph Smith, dem Befehlshaber der Armee – die Tür zu den Büroräumen des *Expositor* mit einem Vorschlaghammer auf, zertrümmerten die Presse, verstreuten die Drucktypen und verbrannten dann die Trümmer »zu Asche, während die Luft von den fürchterlichen Schreien der Menge widerhallte«. Die Verleger des *Expositor* forderten vor den örtlichen Gerichten Wiedergutmachung und klagten den Propheten und seine Spießgesellen wegen mehrerer Straftaten an. Allerdings kontrollierte Joseph in Nauvoo neben allen anderen Herrschaftsinstrumenten auch die Gerichte. So war es keine Überraschung, daß alle an der Zerstörung der Presse Beteiligten und auch der Prophet freigesprochen wurden. William Law, der um sein Leben fürchtete, war zu diesem Zeitpunkt bereits aus Nauvoo geflüchtet. Seine Reformierte Mormonenkirche zerfiel und löste sich schließlich auf.

Allem Anschein nach hatte sich Joseph wieder einmal gegen seine Widersacher durchgesetzt. Doch er hatte völlig falsch eingeschätzt, wie die Nichtmormonen im Hancock County reagieren würden. Außerhalb von Nauvoo kannten damals nur wenige Leute Josephs Lehre von der Polygamie, aber zwischen den Heiligen und den Ungläubigen, die in der näheren Umgebung lebten, gab es seit mindestens zwei Jahren böses Blut. Obwohl Joseph und seine Anhänger bei ihrer Ankunft von den Bürgern von Illinois freudig begrüßt worden waren, machte allmählich dasselbe religiöse Anspruchsdenken, das schon die Missourianer gegen die Mormonen aufgebracht hatte, auch die Bewohner des Hancock County zu ihren Feinden.

Der Bezirk war nach John Hancock benannt, dem ersten Unterzeichner der Unabhängigkeitserklärung, einem engagierten Populisten mit einer ausgeprägten Geringschätzung für Menschen, die in verantwortungsvollen Positionen ihre Macht mißbrauchten. Im Geiste ihres Namensgebers waren die Nichtmormonen besonders beunruhigt über Josephs Vorliebe für eine theokratische Regierungsform und seine offensichtliche

Mißachtung aller Artikel der amerikanischen Verfassung, abgesehen von denen, die den Mormonen die Freiheit ihrer Religionsausübung zusicherten.

Joseph beteuerte oft seinen Glauben an das Ideal der Demokratie und den großen Wert der Schutzbestimmungen in der Verfassung. Aber er glaubte auch, daß die Demokratie und die in der Verfassung niedergelegten Beschränkungen in seinem Falle nicht zutrafen, weil ihn der Herr als Seinen Boten auserwählt hatte. Gott sprach durch ihn. Wenn Gott Joseph erst zum Herrscher der Welt gemacht hatte, war keine Demokratie mehr nötig, denn dann herrschte im Grunde genommen Gott. Joseph glaubte, daß die Amerikaner das bestimmt verstehen würden, sobald sie die Gelegenheit hatten, seine Botschaft zu hören – die Richtigkeit und unbestreitbare Wahrheit des mormonischen Glaubens.

Doch Josephs erklärte Absicht, die gewählte Regierung der Vereinigten Staaten durch eine »Herrschaft Gottes« zu ersetzen, kam bei den Ungläubigen im Hancock County schlecht an, denn sie hatten keine Lust, Untertanen von König Joseph Smith zu werden. Josephs nichtmormonischen Nachbarn machte es Sorgen, daß die Heiligen geschlossen nach den Anweisungen des Propheten abstimmten und dadurch einen ungeheuren Einfluß auf die Regierung des Staates ausübten. Außerdem wurde die Pressefreiheit im Hancock County genauso ernst genommen wie im übrigen Jacksonschen Amerika. Als Joseph die Zerstörung des *Nauvoo Expositor* anordnete, bestätigte das die wachsende Furcht unter den Nichtmormonen, er sei ein größenwahnsinniger Tyrann, der eindeutig eine Gefahr für den Frieden und die Stabilitität der Region darstelle.

Die Vernichtung des *Expositor* ließ die ungläubigen Bewohner des Bezirks buchstäblich zu den Waffen greifen. In einem Leitartikel, der in der nahe gelegenen Stadt Warsaw erschien, hieß es: »Krieg und Ausrottung sind unvermeidlich! BÜRGER, ERHEBT EUCH, SAMT UND SONDERS!!! Könnt ihr tatenlos zusehen und solche HÖLLISCHEN TEUFEL dulden, die Menschen ihrer Eigentumsrechte BERAUBEN, ohne es zu ahnden? Für Kommentare bleibt keine Zeit! Jedermann soll sich seinen eigenen bilden. TUT ES MIT PULVER UND BLEI!«

Die Luft über dem Hancock County knisterte vor Feindseligkeit. Da Joseph mit Vergeltungsmaßnahmen der Ungläubigen rechnete, verhängte er das Kriegsrecht und mobilisierte seine Mormonenarmee – die fünftausend Mann starke Nauvoo Legion. Aus Angst vor einem möglichen Bürgerkrieg verlangte Thomas Ford, der Gouverneur von Illinois – ein gerechter Führer, der den Mormonen durchaus wohlgesinnt war –, daß Joseph und Hyrum Smith, John Taylor und andere Männer, die für die Zerstörung der Presse verantwortlich waren, ausgeliefert wurden, damit man sie in Carthage, der Hauptstadt des Hancock County, vor Gericht stellen konnte. Gouverneur Ford versprach, persönlich für Josephs Sicherheit zu garantieren, wenn der Prophet sich stelle. Doch Ford warnte auch: »Falls es durch eure Weigerung, euch zu ergeben, nötig sein sollte, die Miliz aufzubieten, habe ich die starke Befürchtung, daß eure Stadt zerstört und viele aus eurem Volk getötet werden. Ihr wißt, wie es um die öffentliche Meinung bestellt ist. Fordert das Schicksal nicht zu sehr heraus.«

Joseph antwortete Ford, er habe die Befürchtung, wenn er und seine Schar sich den nichtmormonischen Behörden stellten, brächte man sie »von einem Ort zum anderen, von einem Gericht zum anderen, über Bäche und durch Prärien, bis sich irgendeinem blutdürstigen Schurken die Gelegenheit böte, uns zu erschießen«. Statt sich zu stellen, ließen sich Joseph und sein Bruder Hyrum am 23. Juni mitten in der Nacht von ihrem furchterregenden Leibwächter Porter Rockwell über den Mississippi rudern und verschwanden in der Wildnis von Iowa, mit der Absicht, in die Rocky Mountains zu flüchten.

Aber einen Tag später erhielt Joseph, während er und Hyrum auf Pferde warteten, die sie nach Westen bringen sollten, einen leidenschaftlichen Brief von Emma, in dem sie ihn drängte, nach Nauvoo zurückzukehren. Der Bote, der ihm den Brief brachte, erzählte dem Propheten, daß viele Heilige glaubten, er hätte sie aus Feigheit im Stich gelassen: »Du hast immer gesagt, wenn die Kirche dir treu bliebe, würdest du auch der Kirche treu bleiben; doch kaum gibt es Schwierigkeiten, läufst du als erster davon.«

Beschämt kehrte Joseph nach Illinois zurück, um sich vor Gericht stellen zu lassen, doch er hatte die schlimmsten Befürchtungen. »Ich gehe wie ein Lamm zur Schlachtbank«, sagte er zu denen, die ihn wieder über den Fluß ruderten.

Am 24. Juni stellten sich Joseph und elf andere, die der Zerstörung der Presse beschuldigt wurden. Als sie die 40 Kilometer von Nauvoo nach Carthage zurücklegten, waren die Straßen von Milizsoldaten aus Illinois und anderen Ungläubigen gesäumt, die dem Propheten aus vollem Halse zubrüllten: »Gott verfluche dich, Old Joe, jetzt haben wir dich!«

»Macht den Weg frei, damit wir Old Joe, den Propheten Gottes, sehen können. Nauvoo hat er zum letzten Mal gesehen. Wir erledigen ihn und erschlagen alle verdammten Mormonen!«

In Carthage drängten sich bewaffnete, betrunkene, ziemlich undisziplinierte Mitglieder zahlreicher örtlicher Milizen in den Straßen und forderten lauthals den Kopf des Propheten. Gouverneur Ford, entschlossen, Joseph zu beschützen und ihm einen fairen Prozeß zu machen, befahl allen Milizen in der Stadt, sich aufzulösen, bis auf eine Kompanie Carthage Greys, die beauftragt wurde, das Gefängnis zu bewachen und die Häftlinge zu schützen.

Zehn der verhafteten Mormonen stellten Kaution und wurden freigelassen, doch Joseph und Hyrum, die zusätzlich zu den geringeren Straftaten, die man den anderen Angeklagten zur Last legte, auch des Verrats beschuldigt wurden, mußten im Gefängnis von Carthage bleiben – einem zweistöckigen Bau mit meterdicken Wänden aus rotem, in einem örtlichen Steinbruch abgebautem Kalkstein. Im gesamten Gebäude gab es nur sechs Räume: zwei Zellen für die Häftlinge und vier Zimmer (eins davon eine enge Dachkammer), die dem Gefängniswärter, seiner Frau und ihren sieben Kindern als Wohnraum dienten.

Anfangs saßen der Prophet und sein Bruder unten in der Schuldnerzelle, die gut beleuchtet und ziemlich gemütlich war. Der Gefängniswärter George Stigall war kein Mormone, aber ein redlicher Mensch, und er hatte Angst, daß diese im Erdgeschoß liegende Zelle mit ihren großen, niedrigen Fenstern nicht genug Schutz vor der wütenden Menge draußen bot, die sich seine Häftlinge gern vorgeknöpft hätte. Deshalb erlaubte der Gefängniswärter den beiden, oben in seinem Schlafzimmer auf ihren Prozeß zu warten, und freundliche Besucher erhielten unbeschränkten Zutritt zu diesem Zimmer. Dadurch wurden zwei Schußwaffen eingeschmuggelt – ein Sechs-Schuß-Bündelrevolver und eine Einzelladerpistole.

Während Joseph und Hyrum am Spätnachmittag des 27. Juni Besuch von den Aposteln John Taylor und Willard Richards erhielten, versammelten sich ungefähr einhundertfünfundzwanzig Milizsoldaten aus der stark mormonenfeindlichen Stadt Warsaw in der feuchten Sommerhitze vor dem Gefängnis. Aus Achtung vor den Befehlen des Gouverneurs hatten diese Warsaw Dragoons Carthage verlassen, ohne sich aber allzuweit zu entfernen. Zur Tarnung hatten sie sich die Gesichter mit Schießpulver eingerieben und kehrten am Ende des Tages wieder in die Stadt zurück.

Als die Dragoons vor dem Gefängnis auftauchten und den Eingang stürmten, hielten nur sieben Mitglieder der Carthage Greys Wache. Die Greys feuerten mit ihren Flinten direkt in die wütende Menge, doch die Wachen hatten ihre Waffen, wie vorher vereinbart, nur mit Platzpatronen geladen, so daß keiner der Dragoons verletzt wurde. Nach dem Abfeuern der Platzpatronen traten die Wachen zur Seite und ließen die haßerfüllte, wahllos um sich schießende Meute durch die Eingangstür drängen; zwei ihrer Kugeln verfehlten nur knapp die Frau des Gefängniswärters.

Die Milizsoldaten schwärmten nach oben aus und wollten sich gewaltsam Zutritt zu dem Schlafzimmer verschaffen, in dem die Häftlinge untergebracht waren. Joseph und Hyrum zogen ihre eingeschmuggelten Waffen, während Taylor und

Richards sich jeder einen Spazierstock schnappten, sich zu beiden Seiten der Tür aufstellten und wütend auf die Flinten der Soldaten einschlugen, sobald die Läufe durch den Türspalt gestreckt wurden.

Zwei Kugeln durchschlugen die Türfüllung; die zweite drang in Hyrums Hals, durchtrennte das Rückenmark, und er fiel tot zu Boden, wo sofort vier weitere Kugeln seinen Körper trafen. Daraufhin streckte Joseph die Hand um den Türpfosten und schoß blind alle sechs Kugeln seines Revolvers ab, wodurch er mindestens einen der Warsaw Dragoons verwundete.

Doch es war den Angreifern gelungen, die Tür aufzudrükken, und ein tödlicher Kugelhagel prasselte ins Zimmer. Taylor wollte aus Verzweiflung aus einem offenen Fenster springen, wurde aber in den linken Oberschenkel und dann in die Brust geschossen; obwohl der zweite Schuß eine Uhr in seiner Westentasche traf und deshalb nicht tödlich war, nahm ihm der Aufprall den Atem und warf ihn zu Boden. In dem verzweifelten Versuch, den herumschwirrenden Kugeln zu entgehen, kroch er unters Bett, wo sich eine weitere Kugel in seinen Unterarm bohrte und eine andere ihn am Becken traf »und ein handgroßes Stück Fleisch aus seiner linken Hüfte riß«.

Auch Joseph sah nur noch die Möglichkeit, aus dem Fenster zu springen, doch als er auf der Fensterbank kauerte und sich silhouettenhaft gegen das Licht abhob, durchbohrten zwei im Zimmer abgegebene Schüsse seinen Rücken, und eine dritte Kugel, von draußen aus einer Flinte abgefeuert, traf ihn in die Brust. Mit den Worten »Oh Herr, mein Gott!« stürzte er kopfüber aus dem Fenster. Der Prophet fiel sechs Meter tief, schlug mit einem dumpfen Geräusch auf dem Boden auf und lag reglos und verkrümmt da. Ein Second Lieutenant der Carthage Greys, der den Sturz mit ansah, berichtete, Joseph sei, sobald er unten aufgeschlagen war, »mehrmals beschossen und dann mit einem Bajonett durchbohrt« worden. Nach einer Weile näherte sich ein anderer Milizsoldat vorsichtig der Leiche, stieß sie mit dem Fuß an und verkündete der Menge, daß Joseph Smith tot sei.

Inzwischen kam Willard Richards zögernd hinter der Tür hervor, unverletzt bis auf zwei leichte Schürfwunden am Hals und am Ohrläppchen. Beim gewaltsamen Eindringen der Dragoons hatte Richards neben der Türangel gestanden, und als die Tür aufflog, war er zwischen ihr und der Wand eingezwängt worden. Dort war er unbemerkt stehengeblieben, bis die Schießerei zu Ende war. Nachdem er festgestellt hatte, daß alle Milizsoldaten das Zimmer verlassen hatten, kam er aus seinem Versteck hervor und ging zum Fenster. Unten sah er »hundert Männer neben [Josephs] Leiche, und weitere bogen um die Ecke des Gefängnisses«.

Dann entdeckte Richards John Taylor, der in einer Blutlache auf dem Boden lag, aber noch atmete. Taylors Uhr, die von der sonst tödlichen Kugel getroffen worden war – und sie abgelenkt hatte –, war am 27. Juni 1844 um sechzehn Minuten und sechsundzwanzig Sekunden nach fünf Uhr stehengeblieben. Mormonen überall auf der Welt haben sich diese Uhrzeit und dieses Datum als Todeszeitpunkt ihres großen und geliebten Propheten eingeprägt. Joseph Smith war achtunddreißig Jahre alt.

Wider Erwarten überlebte Taylor die schweren Verletzungen, die er im Gefängnis von Carthage erlitten hatte, und wurde 1877, als Nachfolger Brigham Youngs, der dritte Präsident und Prophet der Kirche. Und neun Jahre später empfing Taylor eine berüchtigte, äußerst umstrittene Offenbarung, in der Gott die Richtigkeit des Lehrsatzes von der Vielehe bestätigte – eine Offenbarung, die letztlich die heutige Fundamentalistenbewegung ins Leben rief, zur Besiedlung von Short Creek führte und das Leben von Dan Lafferty von Grund auf veränderte.

13 Die Lafferty-Jungs

Jedem, der selbst kein Messias ist, müßte eigentlich auffallen, daß es überall im Land von ihnen wimmelt… Es müßte allgemein klar sein, daß dieses Geschrei den wirklich tatkräftigen Flügel des religiösen Lebens in Amerika repräsentiert. Hier ist die Religion in Aktion, ist die Religion aktiv im Entstehen… In Wahrheit wimmelt es im Land natürlich von Glaubensbekundungen – dieser auffälligen Leichtgläubigkeit, die in Zeiten großer religiöser Erweckung auftritt und bei uns ein permanenter Seelenzustand zu sein scheint. Die heutige Zeit kann man beim besten Willen nicht als Ära des Zweifels bezeichnen; es ist eher eine Ära des unglaublichen Glaubens.

Charles W. Ferguson
The Confusion of Tongues

Nachdem Dan Lafferty den *Peace Maker* gelesen und beschlossen hatte, nach dem Lehrsatz von der Vielehe zu leben, teilte er seiner Frau Matilda mit, er wolle ihre älteste Tochter – seine Stieftochter – heiraten. Doch im letzten Moment überlegte er es sich anders und heiratete statt dessen eine rumänische Einwanderin namens Ann Randak, die sich auf einer Ranch im Spanish Fork Canyon, in den Bergen östlich der Dream Mine, um ein paar von Robert Redfords Pferden kümmerte. Ann und Dan lernten sich kennen, als er sich bei ihr ein Pferd auslieh, um bei einer örtlichen Parade mitzureiten. Dan sagt, sie sei kein HLT-Mitglied gewesen, »aber sie war offen für neue Erfahrungen. Meine zweite Frau zu werden war ihre Idee.« Ann, fügt er hinzu, »war ein hübsches Mädchen. Ich habe sie meine Zigeunerbraut genannt.«

Es tat Dan gut, gemäß den im *Peace Maker* aufgestellten Regeln zu leben – es kam ihm *richtig* vor, als wäre es wirklich die Art, auf die Männer und Frauen nach dem Willen Gottes leben sollten. Begeistert spürte Dan andere Texte über das Mormonentum auf, die sich mit der Ausübung der Religion in der Frühzeit der Kirche auseinandersetzten.

Es dauerte nicht lange, bis er herausfand, daß die Polygamie nicht der einzige göttliche Lehrsatz war, den die heutige HLT-Kirche aufgegeben hatte, um von der amerikanischen Gesellschaft akzeptiert zu werden. Dan erfuhr, daß Joseph Smith und auch Brigham Young im 19. Jahrhundert von der Richtigkeit einer heiligen Lehre gepredigt hatten, die »Blutsühne« genannt wurde: Nach Brighams Worten konnten bestimmte an Mormonen verübte Schwerverbrechen nur wiedergutgemacht werden, wenn »das Blut der Verbrecher vergossen wird«. Und Dan erfuhr auch, daß Joseph gesagt hatte, die Gesetze Gottes hätten Vorrang gegenüber den Gesetzen der Menschen.

Das Thema Rechtslehre interessierte Dan besonders. Seine Neugier war erstmals während seiner Ausbildung zum Chiropraktiker in Kalifornien geweckt worden, nach einem Streit mit den Staats- und Bezirksbehörden. Damals hatte er den Lebensunterhalt für seine Familie hauptsächlich durch den Verkauf von Sandwiches bestritten. Dan, Matilda und die ältesten Kinder standen jeden Morgen vor Tagesanbruch auf, um stapelweise »naturreine« vegetarische Sandwiches zuzubereiten und zu verpacken, die Dan in der Mittagspause an andere Studenten verkaufte.

»Das hat ziemlich viel abgeworfen«, sagt Dan stolz. »Zumindest bis das Gesundheitsamt es mir untersagt hat, weil ich mich nicht an die Verordnungen hielt. Die haben behauptet, ich bräuchte einen Gewerbeschein und würde nicht die vorgeschriebenen Steuern zahlen.« Kurz zuvor hatte Matilda einen Jungen zur Welt gebracht. Sie hatten kaum Geld. Ihre Haupteinnahmequelle zu verlieren wurde zum Problem und erwies sich letztlich als zentrales Ereignis auf Dans Weg zum Fundamentalismus.

»Nachdem man mir die Ausübung meines Gewerbes verboten hatte«, erinnert sich Dan, »wußte ich nicht genau, was ich machen sollte. Ich fand es falsch, daß der Staat mich bestrafte, bloß weil ich ehrgeizig war und versuchte, den Lebensunterhalt für meine Familie zu verdienen – daß man mich zwang, von Sozialhilfe zu leben, statt mich mein kleines Geschäft führen zu lassen. Es war so dumm – die schlimmste Form staatlicher Einmischung. Im *Buch Mormon* sagt Moroni, wir alle hätten die Verpflichtung, dafür zu sorgen, daß wir eine gute und gerechte Regierung haben, und als ich das las, brachte es mich echt in Schwung. Ich erkannte, daß ich mich politisch engagieren mußte. Und ich begriff, daß man Politik eigentlich nicht von Religion trennen kann. All das hängt miteinander zusammen.«

Nachdem Dan seine Ausbildung abgeschlossen hatte und nach Utah zurückgekehrt war, arbeitete er als Chiropraktiker für seinen Vater. Inzwischen hatten seine Eltern ihre Farm verkauft und ein Haus in der Altstadt von Provo erworben; Dans Vater führte seine Praxis in einem Kellerraum seines Hauses. 1981, kurz nachdem Dan in die Praxis seines Vaters eingestiegen war, schickte die HLT-Kirche die beiden alten Laffertys auf eine zweijährige Mission ins Ausland, und Dan und sein jüngerer Bruder Mark (der sechs Monate nach Dan seinen Abschluß am Los Angeles College of Chiropractic gemacht hatte) erklärten sich bereit, die Praxis während der Abwesenheit ihres Vaters zu übernehmen.

Dan und Mark waren schon immer gern zusammengewesen. »Als Kinder«, sagt Dan, »waren wir unzertrennlich.« Jeden Morgen und jeden Abend setzten sich die Jungs gemeinsam auf einen Milcheimer, um die Kuh der Familie zu melken. In den Sommerferien waren sie wie siamesische Zwillinge und »spielten in den Scheunen, sprangen ins Heu, warfen uns den Football zu oder spielten in unserem Baumhaus«, erinnert er sich. »Ist schon komisch, wie schwer es uns fiel, auch nur so lange mit dem Spielen aufzuhören, daß wir etwas trinken oder pinkeln gehen konnten. Nichts hat so gut geschmeckt wie das kalte Wasser aus dem Hahn über dem Wassertrog, und nichts war so gut, wie pinkeln zu gehen, wenn der Druck so stark wurde, daß wir unser Spiel unterbrechen mußten.« Als ihre jüngeren Brüder – Allen, Tim und Watson jr. – alt genug waren, beteiligten sie sich eifrig an Dans und Marks Eskapaden. Dan sagt: »Wir stellten uns alle in einer Reihe vor dem Zaun auf, vom Ältesten bis zum Jüngsten, und veranstalteten ein Gruppenpinkeln. Die Kleinen fanden alles toll, was Mark und ich taten, besonders wenn wir in einer Reihe gegen einen Zaun pinkelten.«

Als Dan und Mark zusammen in der Praxis ihres Vaters arbeiteten, flackerte die innige Freundschaft aus ihrer Jugendzeit wieder auf. In den Pausen zwischen den Behandlungen führten sie intensive Gespräche über alles, was sie bewegte – und immer öfter auch über das, was ihnen an der religiösen Lehre und deren Möglichkeit, die heimtückischen Übel abzustellen, die der Staat seinen Bürgern auferlegte, besonders wichtig erschien.

Beim Gedanken an die zeitliche Koordination dieser offenen Gespräche sagt Dan: »Mir fiel etwas Faszinierendes auf.« Normalerweise waren Dan und Mark so mit ihren Patienten beschäftigt, daß zwischen ihren religiösen/politischen Erörterungen oft mehrere Tage vergingen. Aber an den Tagen, an denen sich unerwartet eine Lücke in ihrem Zeitplan auftat und sie die Gelegenheit hatten, sich ausführlich zu unterhalten, sagt Dan, »tauchten unerklärlicherweise meine jüngeren Brüder unangemeldet auf. Und dann verbrachten wir viel Zeit damit, alle möglichen Fragen zu diskutieren.« Dan sagt, diese improvisierten Treffen fanden so oft statt, »daß es kein reiner Zufall sein konnte«. Bei diesen spontanen Besprechungen waren gewöhnlich fünf der sechs Lafferty-Brüder anwesend – Dan, Mark, Watson, Tim und Allen; der einzige, der nicht daran teilnahm, war Ron, der älteste Lafferty-Sprößling, sechs Jahre älter als Dan und für seine Brüder eher eine Art Vaterfigur.

Normalerweise leitete Dan die Diskussionen, in denen es stets darum ging, daß der Staat seinen in der Verfassung festgeschriebenen Einflußbereich weit überschritten habe und bedenklich außer Kontrolle geraten sei. Dan untermauerte seine Argumente mit Zitaten aus dem *Buch Mormon* und erklärte seinen Brüdern geduldig, der amerikanische Staat habe kein Recht, von seinen Bürgern zu verlangen, irgendwelche Konzessionen zu erwerben, Steuern zu zahlen oder sich der drückenden Last einer Sozialversicherungsnummer zu beugen. »Mir war klargeworden«, sagt Dan, »daß eine Konzession die Vereinbarung mit dem Staat ist, ihm die Kontrolle über dein Leben in die Hand zu geben. Und ich habe beschlossen, dem Staat diese Kontrolle über mein Leben nicht zu geben... Ich hatte auch ohne seine Erlaubnis das angestammte Recht, allen wesentlichen Betätigungen eines Menschen nachzugehen.«

Auch wenn Dan noch keine Verbindung zu einer bestehenden fundamentalistischen Kirche oder einem fundamentalistischen Propheten hatte, war er durch seine eigenständigen Studien zu einem De-facto-Fundamentalisten geworden – noch dazu einem äußerst inbrünstigen. Der Antrieb für die meisten fundamentalistischen Bewegungen – egal, ob mormonisch, katholisch, evangelikal, muslimisch oder jüdisch – ist die Sehnsucht, zu der mythischen Ordnung und Vollkommenheit der ursprünglichen Kirche zurückzukehren. Von diesem Verlangen war auch Dan Lafferty erfüllt.

Je länger er sich mit historischen Mormonendokumenten befaßte, um so mehr gelangte er zu der Überzeugung, daß die HLT-Kirche um 1890 vom rechten Weg abgekommen war, als der damalige Präsident und Prophet Wilford Woodruff von der gottlosen Regierung in Washington, D.C., gezwungen wurde, der Lehre von der Vielehe abzuschwören. Die bestehende HLT-Kirche war für Dan ein ausgeklügelter Schwindel.

Wie die Fundamentalisten anderer Religionen war Dan fest entschlossen, sich stets an die »wahren« Gebote Gottes zu halten, die durch eine strikt wörtliche Interpretation der frühesten und heiligsten Schriften seiner Kirche bestimmt wurden. Und er war ebenso entschlossen, sich an die »wahren« Gebote aus den frühesten und heiligsten Schriften seines Landes zu halten.

Für Dan sind Dokumente wie das *Buch Mormon,* der *Peace Maker,* die Verfassung der Vereinigten Staaten und die Unabhängigkeitserklärung aus einem Guß: Es sind heilige Schriften, die eine direkte Verbindung zum Allmächtigen herstellen. Die Autorität, die aus ihren göttlich inspirierten Sätzen fließt, ist absolut und unwandelbar. Und rechtschaffene Männer und Frauen haben die Pflicht, ihr Leben an einem streng wörtlichen Verständnis dieser Sätze auszurichten.

Für Menschen wie Dan, die das Dasein nur durch die gefärbte Brille des Buchstabenglaubens betrachten, wohnt der Sprache in einigen ausgewählten Dokumenten eine außergewöhnliche Kraft inne. Diese Sprache muß für bare Münze genommen werden, gemäß einer einzigen unbestreitbaren Auslegung, die keine Nuancen, Zweideutigkeiten oder Ungewißheiten berücksichtigt. Wie Vincent Crapanzano in seinem Buch *Serving the Word* schreibt,

> fördert diese Art von Buchstabenglauben ein geschlossenes, zumeist politisch konservatives Weltbild: eines mit der Vorstellung, daß sich in der Geschichte die Zeit anhalten läßt, und einer Wir-und-die-anderen-Haltung gegenüber den Menschen, in der *wir* Wahrheit, Tugend und das Gute und *die anderen* Unwahrheit, Verdorbenheit und das Böse verkörpern. Über eine bilderreiche Sprache, die, solange ihre Symbole und Metaphern lebendig sind, eine – in den Augen des streng Buchstabengläubigen verworrene – Welt und ihre phantastischen Möglichkeiten eröffnen kann, rümpften Verfechter dieses Weltbilds die Nase.

Dan äußert sich verächtlich über solche hochintellektuellen Exegesen. »Ich war bloß auf einer Suche«, beteuert er. »Der Suche nach der Wahrheit.«

Nachdem er um Anleitung gebetet und die Bestätigung erhalten hatte, daß er gemäß den Wünschen des Herrn handle, schickte Dan seinen Führerschein an den Staat Utah zurück, erklärte seine Heiratsurkunde für ungültig und gab seine Sozialversicherungskarte ab. Er ignorierte alle Verkehrsschilder, die eine Geschwindigkeitsbeschränkung anzeigten, weil er sie für gesetzwidrig hielt, und fuhr statt dessen einfach »vernünftig und vorsichtig«. Und er zahlte keinerlei Steuern mehr – auch nicht die Umsatzsteuer in den örtlichen Läden, was oft zu Auseinandersetzungen mit den Kassiererinnen führte.

Angespornt durch die offensichtliche Berechtigung seines Kreuzzugs, erklärte sich Dan im Sommer 1982 zum Kandidaten für das Sheriffamt im Utah County und startete eine dynamische politische Kampagne, wobei er öffentliche Reden hielt, Briefe an die Zeitung von Provo schrieb, Radiointerviews gab und an kleinstädtischen Paraden teilnahm. Er versprach, falls er gewählt werde, die Gesetze gemäß einer wortwörtlichen Auslegung der Verfassung anzuwenden. Er erklärte: »Ich habe kandidiert, um den Vorrang des Gewohnheitsrechts und die Grundlagen der Verfassung wiederherzustellen.«

Als Dan am 4. Oktober 1982 nach einem Treffen mit einem anderen Kandidaten für das Sheriffamt (dem Polizeichef von American Fork, mit dem Dan eine öffentliche Debatte führen wollte) nach Hause fuhr, wurde er auf der Interstate 15 von Staatspolizisten angehalten, weil er die vorgeschriebene Geschwindigkeit überschritten hatte und keinen Nachweis für die Fahrzeuginspektion besaß. »Mit dem Beamten, der mich anhielt, hatte ich schon ein paar Auseinandersetzungen gehabt«, versichert Dan. »Er wußte, daß ich von diesem Treffen nach Hause fahren würde, und hat mir eine Falle gestellt. Sie wollten mir ein gemeingefährliches Verbrechen anhängen, damit ich nicht für das Amt kandidieren konnte, und haben mich auf der Autobahn geschnappt. Ich hatte gerade einen wichtigen Artikel – einen *sehr* wichtigen Artikel – in der Zeitung veröffentlicht, der viele Leute aufgeschreckt hatte und in dem es darum ging, daß die Macht des Staates für unrechtmäßige Haftbefehle mißbraucht wurde – daß es verfassungswidrig war, jemanden auf der Autobahn anzuhalten und zu verhaften.

Als der Beamte mich an die Seite winkte, sagte er, er hätte

meinen Artikel gelesen – ›Ich hab ihn im Wagen liegen‹, sagte er. Darum erwiderte ich: ›Wenn Sie den Artikel gelesen haben, dann wissen Sie auch, warum Sie mich jetzt nicht verhaften können. Wenn Sie mich verhaften wollen, müssen Sie sich beim Richter einen Haftbefehl besorgen und bei mir zu Hause vorbeikommen, dann halte ich mich auch an die Regeln.‹« Inzwischen hatte Dan die Wagentüren verriegelt und alle Fensterscheiben hochgekurbelt, so daß nur noch ein schmaler Spalt auf der Fahrerseite offen war, der seinen Worten zufolge »so schmal war, daß niemand die Hand durchstrecken und mich packen konnte, mir aber erlaubte, mit dem Beamten zu sprechen«.

Der Polizist fand das nicht witzig. Er forderte Dan auf auszusteigen. »Als ich mich weigerte«, sagt Dan, »machte der Polizist etwas, womit ich nicht gerechnet hatte: Er packte die Fensterscheibe oben mit beiden Händen und zog daran, bis er sie aus der Führung gerissen hatte, und dann wollte er in den Wagen greifen und mich packen. Da hab ich gesagt: ›Also, ich muß jetzt los! Bis später!‹ und bin losgebraust.«

Die Staatspolizisten nahmen die Verfolgung auf und verhafteten Dan kurz darauf. Ihm wurden fünf Straftaten zur Last gelegt (u.a. Fluchtversuch, tätlicher Angriff auf einen Beamten und der Versuch, sich der Fahrzeugkontrolle zu entziehen), und er wurde ins Bezirksgefängnis gesperrt. Vor Gericht verzichtete Dan auf einen Anwalt und versuchte, seine Verteidigung auf ein paar obskuren Punkten des Verfassungsrechts aufzubauen. Der Richter wies jedoch wiederholt darauf hin, daß sich niedere Gerichte in Utah nicht mit Verfassungsfragen befassen dürften, was Dan wütend machte. Noch mehr erzürnte es ihn, als der Richter seinen Einspruch dagegen abwies, daß alle vier Geschworenen Frauen waren (Dan behauptete, er habe einen Anspruch darauf, daß zumindest ein Mann unter den Geschworenen sei).

Als Dan alle Anweisungen ignorierte und sich weiterhin auf die Verfassung berief, verwarnte ihn der verzweifelte Richter wegen Mißachtung des Gerichts – woraufhin Dans Brüder und einige andere Anhänger im Gerichtssaal randalierten und brüllten, sie würden Richter, Staatsanwalt und Gerichtsschreiber in »Bürgerhaft« nehmen. Mitten in diesem Tumult stand Dan auf und warnte den Richter lauthals: »Im Namen Christi, üben Sie Gerechtigkeit, oder Sie werden zu Fall gebracht!«

Am Ende half das ganze Theater nichts. Dan wurde für eine fünfundvierzigtägige psychiatrische Untersuchung ins Staatsgefängnis verbracht und danach ins Bezirksgefängnis überstellt, wo er eine dreißigtägige Strafe absitzen mußte.

Der Gefängnisaufenthalt stärkte nur seine Entschlossenheit. Aus Prinzip stellte er die Zahlung der Grundsteuer für das Haus und die Praxis seines Vaters ein. Das Haus seines Vaters, erklärte Dan, sei sein »freies und unbestreitbares Eigentum. Wenn man Grundsteuer bezahlt, signalisiert man dem Staat, daß eigentlich er der Besitzer des Hauses ist, denn man gibt ihm das Recht, es einem wegzunehmen, wenn man seine Steuern nicht zahlt. Und ich war bereit, auf Konfrontationskurs zu gehen, um zu sehen, wem das Haus wirklich gehörte.«

Als es zu der unvermeidlichen Konfrontation kam, konnte Dan sich nicht durchsetzen. Der Schätzer des Utah County teilte ihm mit, der Bezirk werde das Haus der Laffertys wegen nicht gezahlter Steuern in Besitz nehmen und Watson Laffertys gesamte Praxiseinrichtung beschlagnahmen. Daraufhin informierte Dan das Büro des Schätzers höflich, »daß ich vorhätte, mich gegen jeglichen Eingriff in meine verfassungsmäßigen gottgegebenen Rechte zur Wehr zu setzen«.

Seine vier jüngeren Brüder unterstützten ihn in seinem Kampf gegen den Staat. Doch als Dans Vater – der noch immer auf seiner HLT-Mission war – erfuhr, daß sein Haus und seine Praxiseinrichtung wegen nicht gezahlter Steuern versteigert werden sollten, wurde er fuchsteufelswild. Watson sen. rief Dan aus dem Ausland an, brachte sein tiefes Mißfallen zum Ausdruck und beschuldigte Dan, er »hypnotisiere« seine Brüder; der Lafferty-Patriarch behauptete sogar, Dan würde versuchen, ihn und Claudine übers Telefon zu hypnotisieren.

Es gelang Watson, sein Haus vor der Zwangsversteigerung zu

bewahren: Er brach seine Mission vorzeitig ab und eilte mit Claudine nach Provo zurück, doch er blieb wütend auf Dan. Obwohl der Zorn seines Vaters Dan betrübte, brachte ihn das nicht von seinem Kreuzzug ab.

Um die Jahreswende 1982/83 nahm dieser Kreuzzug noch deutlichere religiöse Züge an, und Dans vier jüngere Brüder ließen sich von seinem fundamentalistischen Eifer immer mehr anstecken. Die Lafferty-Jungs trafen sich regelmäßiger, um über die Vorzüge der Polygamie und anderer Lehrsätze zu sprechen, die im *Peace Maker* befürwortet wurden. Als jedoch drei von Dans Brüdern versuchten, diese Lehrsätze bei sich zu Hause einzuführen, weigerten sich ihre Frauen und beklagten sich bei Dianna – der Frau von Ron, dem ältesten Lafferty-Bruder – über die beunruhigenden Veränderungen im Wesen ihrer Männer.

14 Brenda

Fundamentalistische Bewegungen sind kampfbereite Formen von Spiritualität, die als Antwort auf eine bewußt wahrgenommene Krise entstanden sind. Sie kämpfen gegen Feinde, deren säkularistische Politik und Überzeugungen jeglicher Religion feindlich gegenüberzustehen scheinen. Die Fundamentalisten betrachten diesen Kampf nicht als normale politische Auseinandersetzung, sondern erleben ihn als kosmischen Krieg zwischen den Mächten von Gut und Böse. Sie haben Angst, ausgelöscht zu werden, und versuchen, sich hinter bestimmten wiederbelebten Lehren und Praktiken aus der Vergangenheit zu verschanzen. Um schädliche Einflüsse zu meiden, ziehen sie sich oft aus der Gesellschaft zurück und erschaffen eine Gegenkultur; doch Fundamentalisten sind keine eitlen Träumer. Sie haben den pragmatischen Rationalismus der heutigen Zeit in sich aufgenommen und verfeinern diese »Grundlagen« unter der Anleitung ihrer charismatischen Führer, um eine Ideologie zu entwickeln, die den Gläubigen ein Aktionsprogramm liefert. Schließlich schlagen sie zurück und versuchen, eine immer ungläubigere Welt zu resakralisieren.

Karen Armstrong
The Battle for God

Ron und Dianna Lafferty lebten mit ihren sechs Kindern in Highland, einer kleinen, wohlhabenden ländlichen Gemeinde am Fuß der Wasatch Range, gleich nördlich von American Fork, auf halber Strecke zwischen Provo und Salt Lake City. 1982 war Ron in Highland Gemeinderat und ein treues Mitglied der örtlichen HLT-Gemeinde, wo er zum Ersten Ratgeber des Bischofs ernannt worden war und für Jugendaktivitäten verantwortlich zeichnete.[27] Nach allem, was man hört, war Ron seinen sechs Kindern ein wunderbarer Vater, und er und Dianna führten eine ungewöhnlich stabile Ehe – worum sie von den meisten ihrer Bekannten beneidet wurden. »Ich habe in Erinnerung, daß die Ehe sechzehneinhalb Jahre sehr glücklich war«, sagt Penelope Weiss, eine enge Freundin von Dianna. »Als ich meiner Tochter erzählte, was passiert ist, mit Dan und Ron und so, hat sie als erstes gesagt: ›Das kann doch nicht wahr sein!‹ Sie sagte: ›Wir jungen Mädchen wünschten uns alle eine Ehe wie die von Ron und Dianna.‹«

Aber hinter Rons offensichtlicher Zufriedenheit verbargen sich Probleme, die seit seiner Kindheit dicht unter der Oberfläche brodelten. Die Wutanfälle seines Vaters hinterließen zwar bei allen Lafferty-Kindern Narben, doch Ron – der eine besonders enge Beziehung zu seiner unterdrückten Mutter hatte – scheint den größten emotionalen Schaden erlitten zu haben. Dem Psychologen Richard Wootton zufolge, der Ron eingehend untersuchte, erinnert sich Ron, »daß er sah, wie seine Mutter von seinem Vater geschlagen wurde, und daß er furchtbar wütend wurde und seinen Vater am liebsten in den Arsch getreten hätte… Ich glaube, das konnte er nicht vergessen. Und daraus entwickelte sich ein Muster, nach dem er sich in schwierigen, von Mißtrauen geprägten Situationen verhielt.«

Außenstehenden blieben Rons Qualen verborgen. Als Kind war er bei den anderen Kindern im Ort beliebt gewesen und hatte ganz passable Noten nach Hause gebracht. Er war auch ein hervorragender Sportler gewesen, der im Footballteam seiner High School spielte und Kapitän der Ringermannschaft war. In seiner Jugend und als junger Erwachsener schien er sich gut zu entwickeln. Wie es von erfolgreichen Kirchenmitgliedern erwartet wurde, ging Ron, nach Beendigung der High School und Ableistung seines Armeedienstes, für die Kirche auf eine zweijährige Mission, eifrig darauf bedacht, das Evangelium zu verbreiten, damit auch andere das unvergleichliche Glück erleben konnten, ein Heiliger der Letzten Tage zu sein.

Ein mormonischer Missionar zu sein, ist nicht gerade leicht. Die Missionare müssen alles selbst bezahlen und sollen an jeden Ort auf der Welt fahren, wo die Kirche sie braucht. Ron wurde nach einer vierwöchigen Unterweisung im Ausbildungszentrum für Missionare in Provo aufgefordert, in Georgia und Florida Seelen zu retten. Als gehorsamer Heiliger hatte er sich bereits verpflichtet, nicht zu trinken oder zu rauchen, keine Drogen zu nehmen, kein Koffein zu sich zu nehmen, nicht zu masturbieren und keinen vorehelichen Geschlechtsverkehr zu haben.[28] Als Missionar war es ihm nun auch verboten, etwas anderes als HLT-Literatur zu lesen oder sich Musik anzuhören, die nicht von der Kirche produziert war. Kino, Fernsehen, Zeitungen und Zeitschriften waren ebenfalls verboten. Er durfte nur einmal pro Woche einen Brief nach Hause schreiben und seine Familie nur zu Weihnachten und am Muttertag anrufen.

Meistens befolgte Ron diese Regeln pflichtgetreu, doch er hatte eine rebellische Ader, die hin und wieder zum Vorschein kam. Wenn man die gestörte Beziehung zu seinem Vater bedenkt, überrascht es vielleicht nicht, daß Autoritätspersonen bei Ron eine komplizierte emotionale Reaktion auslösten. Ein Teil von ihm wollte seine Vorgesetzten unbedingt zufriedenstellen, während der andere Teil gegen alle, die Gewalt über ihn hatten, innerlich aufbegehrte. Manchmal fühlte sich Ron gezwungen, seinen Aufpassern zu zeigen, daß er nicht ihr Besitz war.

Damals mußten die Missionare Hüte tragen. Dr. Wootton zufolge, der Mormone ist, »weigerte sich Ron, einen Hut aufzusetzen. Im Sommer, wenn es in Florida heiß und schwül war, sollten sie Mäntel tragen. Er wollte keinen Mantel tragen. Einmal sagte er, er ›sei dort nicht zur Modenschau …‹ Er ›sei dort, um Leute zu bekehren und eine Mission zu erfüllen‹«.

Jeden Tag stand Ron morgens um sechs auf, zog eine schwarze Hose an, ein frisch gebügeltes weißes Hemd und eine häßliche Ansteckkrawatte und las dann zwei, drei Stunden lang in den Schriften, bevor er auf die Straße ging, um künftige Konvertiten zu werben. Wie alle HLT-Missionare mußte er sich dabei Beleidigungen und Androhungen körperlicher Gewalt gefallen lassen, wurde angespuckt oder kaltlächelnd abgewiesen; an einem typischen Tag schlug man ihm vierzig- oder fünfzigmal die Tür vor der Nase zu. Aber es stellte sich heraus, daß Ron sein Fach erstaunlich gut beherrschte. Er war richtig übereifrig. Der ständige Spott und die stetige Zurückweisung perlten an ihm ab, als wäre seine Haut aus Teflon.

Ron *wußte,* daß die HLT-Kirche die eine wahre Kirche Gottes war, und er war fest entschlossen, diese herrliche Sache so vielen Leuten wie möglich mitzuteilen. Normalerweise bekehrte ein besonders hingebungsvoller Missionar kaum mehr als drei oder vier Leute pro Jahr – und konnte damit zu Recht zufrieden sein.[29] Im Gegensatz dazu hatte Ron, als seine zweijährige Mission beendet war, über fünfzig Leute in die HLT-Kirche aufgenommen.

Bei seiner Seelenrettungsmission in Florida lernte Ron eine reizende junge Schwesternschülerin kennen, verliebte sich in sie und heiratete sie am Ende seiner Reise. Dann kehrte er mit seiner Frau Dianna nach Utah zurück, um in der Nähe seiner Eltern und Geschwister zu leben. Ron bekam einen guten Job, fuhr für die Firma eines Glaubensbruders schwere Baumaschinen und wurde seßhaft, um Kinder zu zeugen und sie zu gläubigen Heiligen zu erziehen.

Nachdem sich Ron wieder häuslich im Utah County eingerichtet hatte, fungierte er als emotionale Zuflucht für die Lafferty-Sippe. Seine jüngeren Brüder und Schwestern hatten schon seit ihrer Kindheit seinen Rat und seine emotionale Unterstützung gesucht; er hatte stets Familienzwistigkeiten geschlichtet. Eines von Rons Geschwistern bezeichnete ihn liebevoll als »Glucke«, und er fand Gefallen an dieser Rolle. In den zwanzig Jahren nach der Rückkehr von seiner Mission sorgte er stets dafür, daß er da war, wenn seine Mutter oder seine Geschwister ihn brauchten.

Ende 1982 wurde es Dianna klar, daß einige von Rons

Geschwistern dringend brüderlichen Rat benötigten. Im August dieses Jahres merkte sie, daß vier der anderen fünf Lafferty-Ehefrauen über die Regeln, die Dan seinen Brüdern aufgedrängt hatte, unglücklich waren, und sie bat Ron, mal mit Dan und seinen anderen Brüdern zu reden, um sie wieder »auf den rechten Weg zu bringen«. Ron erklärte sich bereit, ihnen einen Besuch abzustatten.

Als sich seine fünf Brüder eines Abends in Provo im Haus ihrer Eltern zu ihrer üblichen Diskussion über Religion und Politik trafen, kam Ron dazu, um an dem Gespräch teilzunehmen – das erste Mal, daß er eines dieser Treffen besuchte. Seine Brüder hießen ihn herzlich willkommen, obwohl er aus einem von der HLT-Kirche veröffentlichten Aufsatz vorzulesen begann, der vor den Übeln des Fundamentalismus warnte und alle Heiligen ermahnte, die Lehren Spencer W. Kimballs, des Präsidenten und Propheten der Kirche, zu befolgen. Im Laufe des Abends stellte Ron immer schärfere Fragen zu Dans neuen Glaubensgrundsätzen und gab sich große Mühe, seine jüngeren Brüder davon zu überzeugen, daß Dans verrückte Vorstellungen ihre unsterbliche Seele ernsthaft gefährdeten.

»Ron war fassungslos wegen mir«, erinnert sich Dan. »Er war ein gläubiger Heiliger, und er sagte, ich wäre eine Schande für die Mormonenkirche. Er sagte zu mir: ›In dieser Kirche ist kein Platz für Extreme!‹«

Doch Dan gab sich nicht geschlagen, sondern entgegnete: »Und wie steht's mit extrem gut? Ich versuche doch bloß, extrem gut zu sein!« Dan behauptete voller Leidenschaft, die HLT-Kirche sei vom Kurs abgekommen, als sie die Polygamie aufgegeben habe, und könne nur wieder auf den rechten Weg gebracht werden, wenn man den heiligen Glaubenssätzen folge, die im *Peace Maker* aufgeführt seien. Ron zitierte Verse aus der Bibel und dem *Buch Mormon* und versuchte, Dans Behauptungen Punkt für Punkt zu widerlegen. Dan widersprach mit eigenen Argumenten, die sich auf dieselben Schriften und auf die Verfassung stützten. »Schon bald«, erinnert sich Dan, »wollte uns Ron bei dem Treffen nicht mehr davon überzeugen, daß wir unrecht hatten. ›Was ihr tut, ist richtig‹, gestand er ein. ›Die anderen haben unrecht.‹« Innerhalb weniger Stunden verwandelte Dan seinen Bruder Ron von einem pflichtbewußten Heiligen in einen feuerspeienden mormonischen Fundamentalisten. Dianna erzählte ihrer Freundin Penelope Weiss, Ron sei bei seiner Heimkehr spät nachts als »ein völlig anderer Mensch zur Tür hereingekommen«.

Nachdem er die trotzige Weltsicht seiner Brüder übernommen hatte, nahm Ron regelmäßig an ihren Treffen teil. Er warf seinen Führerschein weg und schraubte die Nummernschilder von seinem Wagen ab. Und dann kündigte er seinen Job – was Diannas Sorge erheblich verstärkte, denn die Familie stand bereits am Rande des finanziellen Ruins. Ron befand sich in der Endphase eines, für seine Verhältnisse, großen Bauprojekts: ein Vierfamilienhaus, das er mit einem Bankdarlehen finanziert hatte und nach Feierabend als geschäftliche Investition baute. Gleichzeitig baute er, nachdem er den ganzen Tag lang in seinem »richtigen« Job gearbeitet und seine Abende dem Vierfamilienhaus gewidmet hatte, in der verbleibenden Zeit in Highland auch noch an einem »Traumhaus« für seine eigene Familie. Seine beiden Feierabend-Bauprojekte beanspruchten ihre finanziellen Mittel bis an die Grenzen und darüber hinaus.

Ihre Sorgen wurden noch vergrößert, weil im gesamten Rocky-Mountains-Gebiet gerade eine starke wirtschaftliche Rezession herrschte. Ron und Dianna konnten ihr Darlehen nicht mehr zurückzahlen. Sie hatten kaum noch genug Geld für Lebensmittel oder Kinderkleidung. Ron war der Belastung nicht mehr gewachsen. »Es war wirklich eine schwere Rezession«, erinnert sich Weiss. »Ron war kurz davor, alles zu verlieren. Alle Papiere waren schon zusammengestellt, und die Bank wollte ihm das Haus wegnehmen, für das er jahrelang so hart gearbeitet hatte.«

In diesem kritischen Moment bat Dianna Ron im Namen ihrer Schwägerinnen, mal bei seinen Brüdern vorbeizuschauen und sie wieder auf den rechten Weg zu bringen. »Ron war in dieser Zeit sehr verletzlich«, erklärt Weiss. »Dianna hat mir damals erzählt, Ron wäre so mitgenommen, daß er regelmäßig die Nerven verlor und in Tränen ausbrach. Dann hat sie zu ihm gesagt: ›Ron, mach dir keine Sorgen; wir können noch mal ganz von vorn anfangen. Das haben wir einmal gemacht, dann schaffen wir's auch ein zweites Mal.‹ Aber er hat sie bloß angeguckt und gesagt: ›Wir haben zu viele Opfer gebracht. Ich kann's nicht ertragen, wenn wir alles verlieren.‹

Und genau da kam Dan ins Spiel«, berichtet Weiss in gequältem Ton. Dans religiöse Vorstellungen beinhalteten eine Botschaft, die Ron in dieser schwierigen Zeit sehr tröstlich fand. »Dan hat Ron eingeredet, daß wir nach dem Willen Gottes keine materiellen Dinge besitzen sollten, daß es gut wäre, alles zu verlieren. Dan hat ihm gesagt, Ron wäre zu etwas Höherem berufen. Es wäre der Wille Gottes, daß er Dans Lehren verbreitete. Und Ron hat das wirklich geglaubt – alles. Er hat sogar seinen Job gekündigt. Dan hat gesagt, alles würde in Ordnung kommen, denn er – Ron – würde zum nächsten Präsidenten und Propheten der HLT-Kirche ernannt, Dan würde man zu seinem Ersten Ratgeber und die vier anderen Lafferty-Jungs zu Zweiten Ratgebern machen.«

Schon bald nachdem Ron zu Dans Fundamentalismus bekehrt worden war, forderte er Dianna auf, die schwerwiegenden Regeln zu befolgen, die im *Peace Maker* dargelegt waren. »Irgendwann habe ich bei ihnen vorbeigeschaut«, erinnert sich Weiss, »und da hat Dianna die ganze Zeit einen großen Krug Sahne geschüttelt. Ich hab gefragt: ›Was in aller Welt machst du da?‹ Und sie hat gesagt: ›Ron will, daß ich ab jetzt unsere eigene Butter mache.‹

Das war bloß ein kleines Beispiel dafür, wie sie nach Rons Vorstellungen leben sollte. Im Grunde erwartete er, daß sie seine Sklavin war. Und vorher war er das reine Gegenteil gewesen. Bevor ihm Dan dieses ganze Zeug einredete, hat Ron Dianna wie eine Königin behandelt. Er war einer der nettesten Männer, die ich je kennengelernt habe. Aber dann wurde er einer der abscheulichsten.

Dianna hat sofort begriffen, daß Rons Veränderungen wirklich schlimm waren, und ich habe noch nie erlebt, daß eine Frau sich so bemüht hat, einen Mann zu retten. Sie ist fast die ganze Nacht aufgeblieben, um ihn zur Vernunft zu bringen. In der Hoffnung, ihn umstimmen und retten zu können, versuchte sie, es sich nicht mit ihm zu verderben, und befolgte einige seiner verrückten Forderungen. Aber weiter würde sie nicht gehen, irgendwann müßte sie sagen: ›Nein, Ron, das ist einfach nicht in Ordnung.‹«

Als Ron sie immer mehr kontrollierte und immer extremer wurde, verlor Dianna langsam die Hoffnung, daß sie Ron wieder in den liebenden Vater und rücksichtsvollen Ehemann verwandeln könnte, der er einmal gewesen war. Er sprach mit wachsender Begeisterung von der Polygamie, und allein der Gedanke machte Dianna ganz krank. Als Ron ankündigte, er wolle seine halbwüchsigen Töchter mit Polygamisten verheiraten, war Dianna am Ende ihrer Kräfte. In ihrer Verzweiflung bat sie Weiss und andere enge Freunde, die Führer ihrer HLT-Gemeinde und speziell Brenda Lafferty um Hilfe – die mit Allen, dem jüngsten der sechs Lafferty-Brüder, verheiratet war.

Nachdem Dan seine Brüder überredet hatte, seine fundamentalistischen Glaubensgrundsätze zu übernehmen, fügten sich deren Frauen und ließen sich die Erniedrigungen, die im *Peace Maker* verordnet wurden, mehr oder weniger gefallen – alle bis auf eine: Brenda Wright Lafferty. Brenda war intelligent, redegewandt und selbstbewußt und »behauptete sich gegen die Lafferty-Jungs«, sagt ihre Mutter LaRae Wright. »Sie war wohl die Jüngste von allen, aber zugleich die Stärkste. Sie forderte die anderen Frauen auf, für ihre Rechte einzutreten und eigenständig zu denken. Und sie ging mit gutem Beispiel voran und weigerte sich, Allens Forderungen zu befolgen. Sie sagte ihm klar und deutlich, daß er nicht mit seinen Brüdern verkehren sollte. Und die Brüder machten ihr den Vorwurf, sie spalte ihre Familie. Die Lafferty-Jungs konnten Brenda nicht leiden, weil sie sich ihnen in den Weg stellte.«

Brenda war das zweitälteste von den sieben Kindern der Lehrerin LaRae und des Agronoms Jim Wright. Geboren in Logan, Utah, zog Brenda im Alter von einem Jahr mit ihrer Familie nach Ithaca, New York, damit ihr Vater an der Cornell University seinen Doktor machen konnte. Jim und LaRae sehnten sich nach der offenen Landschaft der westlichen Rocky Mountains, doch auch der Staat New York hatte seinen Reiz, und ganz in der Nähe von Ithaca gab es eine große Attraktion: Palmyra, die Geburtsstätte ihres HLT-Glaubens. Doch sobald Jim seinen Doktor der Philosophie gemacht hatte, zog er mit seiner Familie zurück in den Westen – nach Twin Falls, Idaho, einer agrarisch geprägten Kleinstadt 60 Kilometer nördlich der Staatsgrenze von Utah, wo Brenda eine märchenhafte Kindheit verlebte.

»Sie war kontaktfreudig, voller Leben und hatte eine starke Ausstrahlung«, sagt ihre ältere Schwester Betty Wright McEntire. »Mit Brenda hatte man viel Spaß. Wir waren die besten Freundinnen.« Brenda war beliebt, aktiv in der Schulpolitik, Mitglied der Cheerleader und eine ehrgeizige Schülerin, der fast alles gelang, was sie in Angriff nahm. Auf die gesunde Weise eines richtig amerikanischen Mädchens vom Lande war sie auch schön: 1980 gewann sie beim Miss-Twin-Falls-Schönheitswettbewerb den zweiten Preis.

Nachdem sie die High School mit Auszeichnung absolviert hatte, schrieb Brenda sich an der University of Idaho ein, wo sie zur Vorsitzenden ihrer Studentinnenvereinigung gewählt wurde. »Aber das war nicht das Leben, das sie führen wollte«, sagt ihre Mutter, »deshalb kam sie wieder nach Twin Falls, ging zwei Jahre lang aufs College of Southern Idaho und wechselte dann auf die Brigham Young University.« In dieser Zeit schloß Brenda sich einer »Gemeinde für junge Erwachsene« – einer HLT-Studentengemeinde – an, wo sie Allen Lafferty kennenlernte. »Allen war kein Student, gehörte aber aus irgendeinem Grund zu dieser Studentengemeinde in Provo«, sagt LaRae. »Er hatte viel Charisma, sie haben sich von Anfang an gut verstanden und fingen an, miteinander zu gehen.«

»Als Brenda anfing, mit Allen auszugehen, war ich außer

Landes, auf einer Mission in Argentinien«, erzählt ihre Schwester Betty. »Aber sie hat mir jede Woche geschrieben, und ich habe gemerkt, daß es ihr mit dem Burschen ziemlich ernst war. Sie war schon öfters verabredet gewesen, aber sie hatte sich noch nie in jemanden verknallt. Allen war anders. Er war ein zurückgekehrter Missionar, und die Laffertys waren eine Bilderbuch-HLT-Familie. In Provo schien sie jeder zu kennen. Und außerdem ist Allen charmant – die Lafferty-Jungs können mit ihrem Charme einfach alles erreichen. Sie haben dieses gewisse Etwas. Und das gefiel Brenda. Selbst in Argentinien war mir klar, daß sie richtig in Allen verliebt war.« Am 22. April 1982 wurden die beiden im Tempel von Salt Lake City für Zeit und Ewigkeit als Mann und Frau gesiegelt. Brenda war einundzwanzig Jahre alt.

An der BYU, wo Brenda Kommunikationswissenschaften als Hauptfach studierte, war sie Sprecherin einer Fernsehnachrichtensendung auf KBYU – dem örtlichen Ableger von PBS, der auf Kanal 11 in ganz Utah zu empfangen ist. Betty zufolge »hatte sie den Ehrgeiz, eine Nachrichtensprecherin wie Michelle King zu werden.[30] Wir wurden zur Unabhängigkeit erzogen. Unsere Eltern haben uns gesagt, daß wir bestimmte Talente hätten und daraus etwas machen müßten – daß wir uns im Leben nicht auf andere verlassen sollten, wo wir doch all diese Fähigkeiten besaßen.

Dann heiratete Brenda, und Allen wollte nicht, daß sie arbeitete, also schob sie ihre Fernsehkarriere erst mal auf die lange Bank und begann als Verkäuferin bei Castleton's, einem der netteren Läden in der Orem Mall, nur um versichert zu sein und zum Lebensunterhalt der Familie beizutragen. Aber Allen drängte sie, auch diesen Job aufzugeben, denn er wollte, daß sie eine herkömmliche, unterwürfige Frau war. Er wollte, daß sie völlig auf ihn angewiesen war.«

LaRae zufolge wollte Brenda »eigentlich als Fernsehjournalistin Karriere machen. Nach dem Mord haben wir herausgefunden, daß die BYU ihr eine Lehrtätigkeit im Fachbereich Kommunikationswissenschaften angeboten hatte. Aber Allen ließ das nicht zu, also wurde sie Hausfrau. Aus ihren Tagebüchern geht hervor, daß sie ungefähr zwei Monate nach der Hochzeit begriff, welchen Fehler sie begangen hatte. Aber dann wurde sie schwanger mit Erica.«

»Als Allen in unsere Familie aufgenommen wurde«, sagt Brendas Schwester Betty, »war sofort eine Beziehung da. Wir mochten ihn alle. Er war für uns eine Art großer Bruder. Damals hatten wir noch keine Ahnung, was in seiner Familie vor sich ging. Doch dann merkten wir langsam, wie fanatisch sie alle waren.«

Betty erinnert sich, wie sie Brenda und Allen eines Abends besuchte, als ihre Schwester mit Erica schwanger war: »Brenda wollte irgendwo was essen gehen, aber Allen wollte in kein Restaurant, das sonntags geöffnet hat. Also fuhren wir von einem Restaurant zum nächsten, und wir beide mußten im Wagen sitzen bleiben, während Allen nachsah, ob sie sonntags geöffnet hatten. Sie hatten alle sonntags geöffnet, deshalb durften wir nirgends essen. Nach einer Weile waren Brenda und ich so frustriert, daß wir ihn baten, uns nach Hause zu fahren.

Allen führte eine sehr erfolgreiche Fliesenfirma, aber er bestand immer auf Barzahlung. In einem Girokonto sah er keinen Nutzen, denn er wollte nicht, daß das Finanzamt sein Einkommen überprüfen konnte. Er wollte auch keine Sozialversicherungskarte haben. All das kam erst heraus, als sie schon verheiratet waren.

Wir merkten langsam, daß Allen ständig versuchte, die Gesetze zu umgehen. Als im ersten Jahr nach ihrer Hochzeit die Steuern fällig wurden, sagte Allen zu Brenda, daß er nicht bezahlen würde. Sie sagte: ›Doch, wir zahlen! Keine Widerrede! Du hältst dich an die Gesetze!‹ Als Allen sich weigerte, ließ sie sich von unserem Dad bei ihrer Steuererklärung helfen. Ich weiß noch, als die Anmeldung für den Wagen fällig war, wollte Allen Brenda davon abhalten. Sie sagte zu ihm: ›Natürlich melde ich ihn an, denn ich will keinen Strafzettel kriegen!‹ Sie hatten deswegen heftigen Streit. Wir waren einfach anders erzogen worden. Also sorgte sie immer dafür, daß alles erledigt wurde: Sie zahlte die Steuern, ließ die Führerscheine verlängern usw. Sie wehrte sich gegen Allen, so gut sie konnte.

Aber dann wurde das Baby krank, und er verbot Brenda, mit Erica zum Arzt zu gehen. Und es wurde einfach immer schlimmer.«

Allens Vater Watson Lafferty sen. hatte lange an Diabetes gelitten und sich geweigert, die Krankheit mit Insulin zu behandeln. Als er und Claudine Ende 1983 von ihrer Mission zurückgekehrt waren und wieder in ihrem Haus in Provo lebten, verschlimmerte sich Watsons Diabetes plötzlich. Doch seine Söhne lehnten weiter eine ärztliche Behandlung ab. Ihre Kräuterarzneien und homöopathischen Mittel konnten die Krankheit nicht lindern, und er starb. »Inzwischen fand Brenda die ganze Familie übel«, sagt Betty. »Sie erkannte, daß mit ihnen was wirklich Schlimmes vor sich ging.«

Auch für Dianna Lafferty wurde das Leben immer schrecklicher. Ihr Haus in Highland lag nur ein paar Minuten entfernt von der kleinen Wohnung in American Fork, in der Allen, Brenda und ihr Baby lebten. In ihrer Ratlosigkeit und Verzweiflung bat Dianna Brenda um Hilfe. Obwohl Brenda hartnäckig glaubte, sie könnte Allen noch ändern, war sie überzeugt, daß Ron ein hoffnungsloser Fall war und seine fanatischen Vorstellungen nicht aufgeben würde. Ron und Dan waren aus der HLT-Kirche ausgeschlossen worden. Ron hatte keine Arbeit mehr. Er wurde immer ausfallender gegenüber Dianna und sprach mit wachsender Inbrunst davon, sich weitere Frauen zu nehmen. Brenda drängte Dianna, sich von Ron scheiden zu lassen, ihren Kindern und sich selbst zuliebe.

Ron zu verlassen war für Dianna ein erschreckender, kaum vorstellbarer Gedanke. Wie sie später dem Staatsanwalt des Utah County erklärte, hatte sie sechs Kinder, keinen Collegeabschluß, keinen Beruf und keine Fähigkeiten, für die eine Nachfrage bestand. »Ich kann nicht mal maschineschreiben«, gestand sie verzweifelt. Doch im Innersten wußte sie, daß Brenda recht hatte: Es war unumgänglich, Ron zu verlassen. Mit der Unterstützung von Brenda, engen Freunden und Mitgliedern der HLT-Gemeinde von Highland brachte Dianna den Mut auf, die Scheidung einzureichen.

Im Herbst 1983 wurde die Scheidung vollzogen. Um Thanksgiving herum zog Dianna mit den Kindern nach Florida, so weit weg wie möglich von den Lafferty-Jungs. Obwohl Ron es hätte kommen sehen können, war es ein schwerer Schlag für ihn, als seine Frau mit den Kindern wegging. Wegen des bedrückenden Gedankens, das Weihnachtsfest ohne sie verbringen zu müssen, beschloß er, über die Feiertage an einen Ort zu fahren, an dem er nicht bei jedem Schritt an seine abwesende Familie erinnert wurde. Ron entschied sich, eine Kolonie von Polygamisten in der Nähe von Woodburn, Oregon, zu besuchen, die von einer charismatischen Gestalt namens John W. Bryant geleitet wurde.

Bevor Bryant in Woodburn (einer Farmstadt direkt nördlich von Salem, der Hauptstadt von Oregon) gelandet war, hatte er polygamistische Siedlungen in Utah, Kalifornien und Nevada gegründet. Wie so viele andere abtrünnige Propheten hatte er gelegentlich behauptet, er sei der eine Mächtige und Starke, doch er unterschied sich in einigen ungewöhnlichen Aspekten von seinen fundamentalistischen Brüdern. Bryant war von seiner Veranlagung her ein Freigeist und sprach sich nachdrücklich für Experimente mit Drogen und Gruppensex aus – egal, ob homosexueller oder heterosexueller Natur –, Neigungen, zu denen sich andere fundamentalistische Mormonen nur selten bekannten.

So ein skandalöses Benehmen war für Ron etwas völlig Neues, und er war zugleich begeistert und perplex über das, was er bei seinem ausgedehnten Besuch in Bryants Gemeinschaft zu sehen bekam. Als eine der Frauen des Propheten Ron sagte, sie finde ihn attraktiv, verspürte Ron große Lust, mit ihr ins Bett zu gehen, aber er hatte Angst, Bryant könnte eifersüchtig und wütend werden, und kehrte deshalb nach Utah zurück.

Ron kam, kurz nachdem Bernard Brady Dan mit dem Propheten Onias, dem kanadischen Fundamentalisten, bekanntgemacht hatte, wieder nach Provo zurück. Dan wiederum machte Onias mit Ron und den anderen Lafferty-Brüdern bekannt, und schon bald wurden Ron, Dan, Mark, Watson und Tim Lafferty in Onias' Schule der Propheten aufgenommen. Allen, der jüngste Bruder, wollte sich auch unbedingt beteiligen, doch Brenda ließ es nicht zu. »Sie lehnte es ab, daß Allen sich ihnen anschloß«, bestätigt LaRae Wright.

Obwohl es bedeutete, sich gegen den gesamten Lafferty-Clan zu stellen, wenn sie sich Allen widersetzte, schreckte Brenda vor solchen Auseinandersetzungen nicht zurück. Sie stritt sich nicht nur bereitwillig mit den Lafferty-Brüdern über theologische Fragen, sondern kannte sich auch so gut in den HLT-Schriften aus, daß sie sich bestens behaupten konnte, wenn sie mit Ron und Dan über die fundamentalistischen Lehren diskutierte. Sie verachteten Brenda, weil sie sich ihnen nicht unterordnete und wegen ihres Einflusses auf Allen, dem sie nachsagten, er stehe »unter ihrem Pantoffel«.

Als Rons Vater an Diabetes starb, berief Ron eine Familienversammlung ein, um über die Beerdigung und andere Fragen zu sprechen. Allen kam mit Brenda zu der Versammlung, was Ron wütend machte. Er nannte sie Miststück, gab ihr noch schlimmere Namen und beschimpfte sie mit so ungehemmtem Zorn, daß Brenda schließlich unter Tränen das Haus verließ. Aber sie ließ sich nicht allzu lange einschüchtern.

»Brenda war als einzige der Lafferty-Frauen gebildet«, betont Betty. »Und vor ihrer Bildung hatten die Brüder Angst. Denn Brenda vertraute auf ihren Glauben und ihr Gespür dafür, was richtig und was falsch war, und das wollte sie sich von niemandem nehmen lassen. Sie empfand es als ihre Pflicht, den anderen Frauen beizuspringen. Sie war ihre einzige Hoffnung.« Betty denkt über die Last nach, die ihre jüngere Schwester auf sich genommen hat, und erzählt dann weiter: »Zu diesem Zeitpunkt war sie erst dreiundzwanzig Jahre alt. Noch so jung und von lauter älteren Leuten umgeben zu sein, die hätten reifer sein müssen als sie – und doch wandten sich alle an sie.« Betty hält wieder inne. »Meine Schwester war eine erstaunliche Frau.«

Auch wenn es Brenda gelang, Allen vom Eintritt in Onias' Schule der Propheten abzuhalten, konnte sie nicht verhindern, daß er mit Dan und seinen anderen Brüdern verkehrte. »Aber sie hat versucht, ihn im Auge zu behalten«, sagt Betty. »Etwa um diese Zeit haben meine jüngere Schwester Sharon und ich Brenda und Allen besucht. Wenn Allen irgendwohin ging, hat Brenda immer dafür gesorgt, daß eine von uns beiden mitging. Wenn wir wieder zu Hause waren, fragte sie uns, wo er gewesen war und mit wem er gesprochen hatte. Damals fand ich das ziemlich seltsam. Doch jetzt weiß ich, daß sie bloß im Auge behalten wollte, wie oft er mit seinen Brüdern sprach.«

15 Der eine Mächtige und Starke

Als religiöser Stadtstaat unter strenger Kontrolle war Nauvoo ein Zufluchtsort, wo Joseph Smiths Anhängern die wichtigsten Fragen – was sie tun sollten, um Gott zu dienen – abgenommen wurden… und ihre Identität als Gottes auserwähltes Volk durch ihn sichergestellt wurde…
Wie gewöhnlich in solchen Situationen wurde die Bedrohung des Bösen auf andere projiziert… In Nauvoo bezogen die unschuldigen Kinder Gottes ihre Identität daher aus ihrem Kampf gegen die gottlosen Anhänger des Satans, der die ganze amerikanische Gesellschaft außerhalb der Stadt der Heiligen beherrschte.
Das Problem solcher dichotomischen Mythen liegt natürlich darin, daß für die Menschen, die daran glauben, Schuld und Unschuld zu einer Frage der persönlichen Überzeugung und nicht der Beweisbarkeit werden.

John E. Hallwas & Roger D. Launius
Cultures in Conflict

Als der Geschäftsmann und Förderer der Dream Mine Bernard Brady den Propheten Onias und die Lafferty-Brüder (bis auf Allen) 1983 an einem kühlen Herbstabend zusammenbrachte, hielten das alle Anwesenden für eine vielversprechende Verbindung. Sofort stellte sich das Gefühl von Verwandtschaft und gemeinsamen Wertvorstellungen ein, und Onias zufolge unterhielten sich die Männer angeregt bis »in die frühen Morgenstunden«. Trunken von dem Gefühl einer göttlichen Mission, waren alle überzeugt, daß sie dazu bestimmt waren, den Lauf der menschlichen Geschichte zu ändern.

»Fünf der sechs Brüder«, berichtet Onias, »waren völlig begeistert, als ihnen klar wurde, daß wir gerade das Gebot des Herrn empfangen hatten, allen Verantwortlichen der Pfähle und Gemeinden drei Abschnitte aus dem *Book of Onias* zu schicken.«[31] Er sprach von einer Offenbarung, die er am 26. November jenes Jahres empfangen und in der Gott ihm befohlen hatte, »Pamphlete zu verfassen, um sie an die Präsidenten der Pfähle und die Bischöfe der Gemeinden Meiner Kirche – der HLT-Kirche – zu senden«, damit alle, die sich an Ihm vergangen hätten, gewarnt seien. Das Pamphlet enthielt Auszüge aus Onias' gesammelten Offenbarungen und wies die gesamte HLT-Führung – vom Präsidenten und vermeintlichen Propheten in Salt Lake City bis zu den Bischöfen der Gemeinden in ganz Nordamerika – darauf hin, daß Gott mit der Art, wie sie Seine Eine Wahre Kirche geleitet hatten, äußerst unzufrieden sei.

Onias erklärte, es ärgere Gott besonders, daß sich die heutigen Mormonenführer unverhohlen den heiligsten Lehren widersetzten, die Er Joseph Smith im 19. Jahrhundert offenbart habe. Am ungeheuerlichsten sei, daß die Männer an der Spitze der Kirche die staatliche Kriminalisierung der Vielehe noch immer billigten und nachdrücklich unterstützten. Und fast genauso beunruhigend war aus Onias' Sicht die Gotteslästerung, die der HLT-Präsident Spencer W. Kimball 1978 begangen hatte, als er verfügte, daß Schwarze in die mormonische Priesterschaft aufgenommen werden sollten – eine historische, welterschütternde Kehrtwendung in der Kirchenpolitik, die den allgemeinen Beifall der Menschen außerhalb der Kirche fand. Gegenüber Onias hatte Gott jedoch offenbart, die Schwarzen seien unter dem Menschen stehende »Tiere auf dem Felde, welche die verständigsten Tiere waren, die erschaffen wurden, denn sie gingen aufrecht wie die Menschen und besaßen die Gabe der Sprache«.[32]

Dem Pamphlet zufolge hatte Gott über die HLT-Priesterweihe für Schwarze zu Onias gesagt:

Siehe, Ich sage euch, zu keiner Zeit habe Ich Meiner Kirche geboten, noch werde Ich es je tun... daß die Kinder von Ham, wie die Neger und all ihre Völker, Meine heilige Priesterschaft empfangen sollen...
Und habe Ich nicht zu Meinem Knecht Joseph Smith, eurem Haupt, gesprochen, daß keiner dieser Rasse zu Meinem heiligen Priester geweiht werden kann und soll, bis der Same Abels sich erhebt über den Samen Kains?...
Denn der Satan hat diese schwarze Rasse gegründet, da er zu Kain kam, als Gott ihm die Gabe genommen hatte, die Kinder der Gerechtigkeit zu zeugen, und er hat ihm gezeigt, wie er seinen Samen in die Tiere säen kann und den Samen der Tiere in andere Tiere, denn solchermaßen hat er den Samen der Erde verderbt, in der Hoffnung, Gottes Werke zu vereiteln.
Darum wurde die Erde von der Sintflut zerstört, daß diese Greuel, die Kain erschuf, vom Angesicht der Erde getilgt würden, denn er hatte alles Fleisch verderbt...
Der Satan hat Meine Kirche unterwandert und will ihr Haupt werden.
Aber schon bald werden jene, die ihm gehorcht haben, für ihre Torheit bestraft werden, denn [weder] Mein Name noch Meine Kirche sollen länger zum Gespött werden, sie sollen schon bald im Feuer gereinigt, entsündigt und geläutert werden, auf daß alle, die da sagen, sie kennen Mich, und Mich nicht kennen, bestraft werden...

In dem Pamphlet wurde auch darauf hingewiesen, daß Gott Onias ausgesandt habe, »Mein Haus von seiner Unreinigkeit zu reinigen« und die Einrichtungen des Mormonentums wieder auf den rechten Weg zu führen. Gott habe folgendes offenbart:

Ich werde Meinen Geist über [Onias] geben, und er wird die Gottlosen bestrafen, und sie werden es nicht wehren und vor Zorn die Zähne zusammenbeißen, und ihr Zorn wird sie verzehren.

> Denn Ich bin der Herr, der allmächtige Gott, und Meine Worte sollen nicht zum Gespött gemacht werden …
> Und bei ihrem Sturz wird ein großes Geschrei und Gejammer anheben …
> Und Ich werde über Meinen Knecht Onias, der zum Gespött gemacht wird, Meinen Geist geben, und er wird wie eine Feuersbrunst sein, die alles verzehrt; und die Worte, die er niederschreiben und verkünden wird, werden viele entblößen und zu Fall bringen, da sie nicht Buße tun.

Mit der Versendung dieses Pamphlets wollte Onias den Führern der HLT-Kirche die Gelegenheit geben, eine Entscheidung zu treffen: ihre Fehler einzugestehen und die Herrschaft über die Kirche an den auserwählten Propheten des Herrn, den einen Mächtigen und Starken, zu übergeben oder sich dem Zorn Gottes auszusetzen. Dem unbeteiligten Beobachter muß Onias' Verhalten erstaunlich naiv und anmaßend erscheinen, aber für die Lafferty-Brüder war der Text des Pamphlets sehr überzeugend. Es lag der Klang einer lange geleugneten Wahrheit darin. Sie glaubten, in Onias einen wichtigen Verbündeten in ihrer Bemühung gefunden zu haben, Joseph Smiths Kirche wieder auf den rechten Weg zu führen und die Welt auf die Wiederkunft Christi vorzubereiten.

Onias war genauso begeistert von den Laffertys und dem, was sie zur Förderung seiner ehrgeizigen Pläne für die Schule der Propheten beitragen konnten. Mit ungeheurer Energie stürzten sich die Lafferty-Brüder in die langweilige Arbeit und vervielfältigten, falteten und kollationierten über fünfzehntausend Exemplare von Onias' Pamphlet, adressierten dann die Briefe und schickten sie an die HLT-Führer im ganzen Land. »Es war wie ein Wunder«, erinnert sich Onias, »etwas, wofür wir in unserer Freizeit mehrere Monate gebraucht hätten, schafften sie in zwei Wochen, in denen sie Tag und Nacht arbeiteten.«

Anfang 1984 traf sich die neu gegründete Schule der Propheten allwöchentlich im Haus von Claudine Lafferty in Provo, in einem Raum, der über der Familienpraxis lag. Durch die Begeisterung der fünf Brüder hatte die Schule einen glänzenden Start. Onias wußte es zu schätzen, daß die Laffertys beim erfolgreichen Start seiner Schule eine Hauptrolle spielten. Er dachte, die Laffertys seien vom Himmel geschickt worden.

Bald erhielt Onias die Bestätigung dafür. Am 8. Januar empfing er eine Offenbarung, in der Gott ihm mitteilte, daß Er die Lafferty-Jungs schon vor ihrer Geburt ausersehen habe, »ein erwähltes Volk zu sein, denn sie sind das wahre Geschlecht Israels und der auserwählte Same«. Sechs Wochen später empfing Onias eine weitere Offenbarung, in der Gott ihm befahl, Ron Lafferty zum Bischof der Schulgemeinde in Provo zu ernennen, was er mit Freuden tat. All seine jüngeren Brüder, auch Dan, sahen zu Ron auf – wie sie es schon ihr Leben lang getan hatten. Als Ron die Pflichten des Bischofs übernahm, fand das in der Schule der Propheten allgemeinen Anklang.

Rons Beförderung in eine verantwortliche Stellung gab ihm in einem Moment Auftrieb, als er das dringend brauchte, denn in den vergangenen Monaten hatte ihn eine Lawine von Rückschlägen und Enttäuschungen überrollt. Folgendes hielt Ron in seinem Tagebuch fest:

> Nach den Vorfällen des vergangenen Jahres habe ich viel Forschung und Schriftstudium betrieben und oft auf den Knien gelegen und gebetet. Ich habe mein ganzes materielles Vermögen verloren, meine Frau hat sich scheiden lassen und ist mit den Kindern nach Florida gezogen, ich wurde zu Unrecht aus der Kirche ausgeschlossen, die ich so inniglich liebe.

Ron hatte keine Arbeit mehr und keinen regelmäßigen Lohn. Er wurde von seiner Kirche und der Gemeinde als Ausgestoßener betrachtet. Weil ihm das Haus, das er so fleißig mit seinen eigenen Händen gebaut hatte, weggenommen worden war, mußte er in seinem 1974er Impala-Kombi übernachten – dem einzigen Wertobjekt, das er noch besaß. Und doch schrieb er in sein Tagebuch, daß er für solche Demütigungen dankbar sei: »Durch diese Erfahrungen habe ich eine persönliche Beziehung zu meinem Vater im Himmel aufgebaut, und Er hat mir, zumindest teilweise, das Ergebnis all dieser Prüfungen offenbart.«

Obwohl Ron behauptete, daß er gern ein härenes Gewand trug, legte sein Verhalten etwas anderes nahe. Tag und Nacht quälte es ihn, daß seine Frau ihn verlassen hatte und mit ihren sechs Kindern in einen fernen Winkel des Landes gezogen war. Im Lauf der Zeit verwandelte sich sein Schmerz in unerbittliche Wut, und dieser Zorn richtete sich größtenteils gegen die drei Menschen, die seiner Meinung nach für Diannas Entschluß, ihn zu verlassen, verantwortlich waren: Richard Stowe, Chloe Low und Brenda Lafferty.

Stowe, von Beruf Apotheker und ein Nachbar von Ron und Dianna, war Präsident des HLT-Pfahls von Highland. Er war Vorsitzender des Hohen Rats, der im August 1983 gegen Ron verhandelt und ihn anschließend aus der Kirche ausgeschlossen hatte. Viel schwerer wog jedoch nach Rons Ansicht, daß Stowe Dianna über die Kirche eine wichtige finanzielle Unterstützung angeboten hatte, was ihr Überleben sicherte, bis die Scheidung ausgesprochen war; und Stowe hatte ihr oft Ratschläge gegeben und seelischen Beistand geleistet.

Chloe Low war über zehn Jahre lang eine ungewöhnlich enge Freundin von Ron und Dianna gewesen. Ihr Mann Stewart Low war der Bischof von Rons und Diannas HLT-Gemeinde und hatte sich Ron als Ersten Ratgeber in der Bischofschaft ausgewählt. Chloe hatte die Familie Lafferty lange bewundert und ließ sich von Dan behandeln, wenn sie Rückenprobleme hatte. Zu Beginn der Eheprobleme zwischen Ron und Dianna bot Chloe beiden ihre uneingeschränkte Unterstützung an, doch als Rons Verhalten immer abscheulicher wurde, ergriff sie zwangsläufig Partei für Dianna. Als Ron Dianna das Leben einmal besonders schwer machte, ließ Chloe sie mit den Kindern vier Tage lang bei sich wohnen; ein anderes Mal nahm Chloe sie für zehn Tage bei sich auf. Nach der Scheidung half

Chloe Dianna und ihren Kindern, die Scherben ihres zerstörten Lebens aufzusammeln und nach Florida zu ziehen. Aus Rons Sicht hätte Dianna ohne den Beistand und die Hilfe von Chloe Low nicht die Mittel gehabt, ihn zu verlassen.

In erster Linie richtete sich Rons lange schwelende Wut jedoch gegen Brenda Wright Lafferty – Allens kluge, schöne, hartnäckige Frau –, weil Ron den Verdacht hegte, daß sie Dianna dazu überredet hatte, ihn zu verlassen.

Von seiner Frau verschmäht, von seiner Gemeinde verachtet, widmete sich Ron voll und ganz der Schule der Propheten. Sie wurde seine Familie, sein Leben, seine Welt. Ron verbrachte viel Zeit damit, den Versand der Pamphlete an die HLT-Führer voranzutreiben, in denen diese gedrängt wurden, von ihrem gottlosen Weg abzulassen. Doch die Hauptaufgabe der Schule, wie Onias sie geplant hatte, bestand darin, die Gläubigen darin zu unterrichten, wie man Offenbarungen von Gott empfing und deutete, und als sich der Winter 1984 langsam dem Frühling zuneigte, begann Ron, diese Anweisung ernstlich zu befolgen.

Am 24. Februar wurde Ron der erste von Onias' Schülern, der vom Allmächtigen ein Gebot empfing. Ron saß vor einem Computer, den er sich von Bernard Brady geliehen hatte, und wartete mit geschlossenen Augen, bis der Geist des Herrn seinen Finger eine Taste drücken ließ, und dann noch eine und noch eine. Buchstabe für Buchstabe nahm eine Botschaft von Gott auf dem Bildschirm Gestalt an: Rons erste Offenbarung. Am 25. Februar empfing er eine zweite Offenbarung und am 27. eine dritte.

Als Dan sah, daß sein Bruder Offenbarungen von Gott empfing, war er fasziniert und begeistert. »Ich habe in der Schule der Propheten keine einzige Offenbarung empfangen«, erklärt er. »Alle anderen in der Schule hatten Offenbarungen, und ich habe später auch welche empfangen, so daß ich heute weiß, worum's geht, aber damals wußte ich das noch nicht. Darum war ich fasziniert. Ich fragte: ›Wie ist es?!‹ Ron meinte, es ließe sich nur schwer beschreiben, aber ich weiß noch, daß er mal sagte: ›Es ist, als würde sich eine Decke über dich senken und du könntest die Gedanken des Herrn spüren, und dann schreibst du sie auf.‹ Bei einer Offenbarung wurde ihm ein Wort nach dem anderen eingegeben, und ob zwischen ihnen ein Zusammenhang bestand, wußte er erst, als die Offenbarung zu Ende war und er alles lesen konnte. Aber so war es nicht immer. Manchmal empfing er auch ganze Sätze auf einmal.«

Die Offenbarung, die Ron am 27. Februar empfing, war eine Botschaft des Herrn an Rons Frau, und Ron diente nur als Sprachrohr. In diesem Gebot wiederholte Gott, daß die Erde bald vernichtet werden würde, und Er warnte Dianna:

> Du bist eine auserwählte Tochter, aber Mein Zorn ist gegen dich ergrimmt ob deines Ungehorsams gegen deinen Mann, und Ich gebiete dir, Buße zu tun. Habe Ich nicht gesagt, daß es für einen Mann nicht gut ist, allein zu sein? Ich werde nicht länger dulden, daß Mein Knecht Ron allein sei, und bereite eine, an deine Stelle zu treten. So du aber eilends Buße tust, werde Ich dich und deine Kinder reichlich segnen, so nicht, werde Ich dich aus deinem Haus vertreiben, denn Ich werde nicht dulden, daß deine Kinder ob deines Ungehorsams noch länger leiden. Ich habe die Gebete Meines Sohnes Ron gehört, und Ich kenne seine Gelüste, und nur wegen seiner Gelüste habe Ich dich bisher geschont.
>
> Höre Mein Wort, denn die Zeit ist kurz. Ich bin das A und das O, der Anfang und das Ende, und ich werde Meine Verheißungen erfüllen, die Ich Meinem Knecht Ron gemacht habe. Ja. Amen.

Dem Psychiater C. Jess Groesbeck zufolge, der Ron nach den Morden untersuchte, wurde es Ron, als er allmählich begriff, daß Dianna ihn mit den Kindern für immer verlassen würde, langsam klar, »daß er das Allerwichtigste in seinem Leben verliert... Ich kann gar nicht genug betonen, wie schwer dieser Verlust war... Er kommt sich minderwertig, nutzlos vor. Und seine Wut und Aggressivität sind nahezu grenzenlos ... Das kompensiert er, indem er sich eine neue, aber wirklichkeitsfremde Meinung über sich und die Welt bildet. In dem Versuch, seinen Schmerz zu verdrängen und die Wahrheit über sich zu leugnen, entwirft er ein übersteigertes, gottähnliches Selbstbild.«

Dr. Groesbecks Einschätzung wird dadurch gestützt, daß die leise, feine Stimme des Herrn am 13. März wieder zu Ron sprach und ihm folgendes offenbarte:

> Und was du über den einen Mächtigen und Starken gedacht hast, ist wahr, denn habe Ich nicht gesagt, daß Ich den Kindern der Menschen in diesen letzten Tagen alles offenbaren werde? Denn war nicht Moses der eine Mächtige und Starke, und war nicht Jesus der eine Mächtige und Starke, und war nicht Mein Knecht Onias der eine Mächtige und Starke, und bist du nicht ein Mächtiger und Starker, und werde Ich nicht noch andere Mächtige und Starke nennen, daß sie Meine Kirche und Mein Reich in Ordnung bringen? Nie sollte es nur ein einziger Mächtiger und Starker sein, denn es gibt viele, und die anders gedacht haben, haben geirrt.

Laut Dr. Groesbeck war diese Offenbarung wie alle Offenbarungen Rons ein Wahngebilde ohne jeglichen Realitätsbezug, ausgelöst durch seine Depressionen und seinen tief verwurzelten Narzißmus. Was natürlich der allgemeinen Auffassung von Nichtgläubigen über jemanden entspricht, der religiöse Visionen und Offenbarungen hat: daß er verrückt ist. Doch die Gläubigen, die solche Visionen empfangen, sind im allgemeinen anderer Ansicht, und das gilt auch für Ron.

Ron *weiß,* daß die Gebote, die er empfangen hat, keine Hirngespinste waren. Der Herr hat zu ihm gesprochen. Und er hat nicht vor, den Worten eines ungläubigen Schreiberlings und Seelenklempners mehr Glauben zu schenken als der Stimme des Allmächtigen. Denn das wäre wirklich verrückt.

Bevor Ron die Morde an Brenda und Erica Lafferty plante, hatte er nichts getan, was gemessen an den kulturellen Normen des Utah County absonderlich oder außergewöhnlich gewesen wäre. Rons Offenbarungen kann man in gewisser Hinsicht einfach als altbewährte Reaktion auf eine schwere Lebenskrise betrachten – eine Reaktion, die schon viele religiöse Fanatiker vor ihm gezeigt hatten. In *Feet of Clay,* einer Studie über selbsternannte Propheten, weist der englische Psychiater Anthony Storr darauf hin, daß solche Gurus oft bedeutungsvolle Offenbarungen empfangen und tiefe Einsichten erlangen nach

> einer Zeit geistiger Qual oder körperlicher Krankheit, in der der Guru vergeblich nach einer Antwort auf seine seelischen Probleme gesucht hat. Diese Veränderung findet zumeist um das vierzigste Lebensjahr der Person statt und könnte die Diagnose Midlife-crisis rechtfertigen. Manchmal kommt die enthüllende Antwort schrittweise; aber manchmal schlägt die neue Einsicht auch ein wie der Blitz … Die Qualen des Chaos, gefolgt von der Herstellung einer neuen Ordnung, sind bei jeder kreativen Tätigkeit der typische Lauf der Dinge, egal, ob in der Kunst oder in den Wissenschaften. Dieses *Heureka*-Muster ist auch für religiöse Offenbarungen und die Wahnsysteme von Menschen charakteristisch, die wir als geisteskrank abstempeln.

Angestoßen durch Onias' Anweisung, empfing Ron im Februar und März ungefähr zwanzig Offenbarungen. Einige tippte er auf der Stelle in Bradys Computer; doch meistens behielt er die Offenbarungen eine Weile im Kopf, bevor er sie aufschrieb, um darüber nachzudenken und sie besser zu verstehen.

Die beunruhigendste seiner Offenbarungen empfing Ron Ende März, und er hielt sie handschriftlich auf einem gelben Schreibblock fest:

> Also spricht der Herr zu Meinen Knechten, den Propheten. Es ist Mein Wille und Gebot, daß du die folgenden

Menschen beseitigst, auf daß Mein Werk fürdergehe. Denn sie sind wahrhaftig Hindernisse auf Meinem Weg, und Ich werde nicht dulden, daß Meinem Werk Einhalt getan wird. Zuerst deines Bruders Weib Brenda und ihr Baby, dann Chloe Low und dann Richard Stowe. Und es ist Mein Wille, daß sie in rascher Folge beseitigt werden und an ihnen ein Exempel statuiert wird, auf daß andere sehen mögen, welches Schicksal die erleiden, die da gegen Gottes wahre Heilige streiten. Und es ist Mein Wille, daß diese Sache so bald wie möglich besorgt wird, und Ich werde einen Weg finden, Meinem Knecht Todd[33] Meine Waffe auszuhändigen und ihm Anweisungen zu geben. Und es ist Mein Wille, daß er seines Dienstes wartet, denn Ich habe ihn erweckt und für dieses wichtige Werk gerüstet, und ist er nicht gleich Meinem Knecht Porter Rockwell[?][34] Und so er Meinen Willen tut, harrt seiner großer Segen, denn Ich bin der Herr, dein Gott, und herrsche über alle Dinge. Sei still und erkenne, daß Ich mit dir bin. Ja. Amen.

Nachdem Ron diese Offenbarung empfangen hatte, zeigte er sie Dan, bevor er mit anderen in der Schule der Propheten darüber sprach. »Ron fürchtete sich ein bißchen vor dem, was ihm offenbart worden war«, erinnert sich Dan. »Ich sagte zu ihm: ›Ich verstehe, warum du dir Sorgen machst, das ist ganz normal… Ich kann dir bloß raten, geh sicher, daß es von Gott stammt. Du willst kein Gebot befolgen, das nicht von Gott stammt, aber du willst auch nicht gegen Gott sündigen und dich weigern, sein Werk zu vollbringen.‹«

In den folgenden Tagen dachten Ron und Dan über die Beseitigungsoffenbarung angestrengt nach. In dieser Zeit hatte Ron noch eine andere Offenbarung, in der ihm gesagt wurde, er sei »der Mund Gottes« und Dan »der Arm Gottes«. Für die beiden Brüder hieß das, daß Dan die Tat ausführen sollte.

Auf ihrer weiteren Ratsuche beschäftigten sie sich mit einer Stelle aus dem *Buch Mormon,* wo Nephi – der gehorsame Prophet mit hohen Grundsätzen, »der das starke Verlangen hatte, die Geheimnisse Gottes zu kennen« – vom Herrn den Befehl erhält, Laban aus Jerusalem – einem jüdischen Führer und Chronisten – den Kopf abzuschlagen.

Zuerst widersetzt sich Nephi dem Gebot: »Ich sprach in meinem Herzen: Noch nie habe ich das Blut eines Menschen vergossen. Und ich schreckte zurück und wünschte, ich brauchte ihn nicht zu töten.«

Doch dann spricht Gott noch einmal zu Nephi: »Siehe, der Herr tötet die Schlechten, um seine rechtschaffenen Absichten zu verwirklichen. Es ist besser, ein einzelner Mensch geht zugrunde, als daß ein ganzes Volk in Unglauben verfällt und zugrunde geht.«

Nach diesen beruhigenden Worten sagt Nephi im *Buch Mormon:* »Darum gehorchte ich der Stimme des Geistes, ergriff Laban beim Haupthaar und schlug ihm mit seinem eigenen Schwert den Kopf ab.«[35]

Aufgrund einer Offenbarung, die Ron am 28. Februar empfangen hatte, erhielt die Geschichte, in der Nephi Laban erschlug, für Dan eine besondere Bedeutung. In dieser Offenbarung hatte Gott befohlen:

> Also spricht der Herr zu Meinem Knecht Dan… Du gleichst von jeher Nephi, denn nie seit dem Anfang der Zeit hatte Ich einen gehorsameren Sohn. Und darob werde Ich dich reichlich segnen und deinen Samen mehren, denn habe Ich nicht gesagt, wenn du tust, wie Ich sage, bin Ich gebunden[?] Halte an Meinem Wort, denn deiner harrt große Verantwortung und reichlicher Segen. Das mag vorerst genügen. Ja. Amen.

Diese Offenbarung machte großen Eindruck auf Dan: Nachdem Gott erklärt hatte, daß Dan Nephi gleiche, war er Mark Lafferty zufolge »bereit, alles zu tun, was der Herr ihm befahl«.

In der fundamentalistischen Weltsicht verläuft durch die gesamte Schöpfung eine klare Trennlinie, die das Gute vom Bösen abgrenzt, und jeder befindet sich auf der einen oder der anderen Seite dieser Linie. Nach vielen Gebeten kamen Ron und Dan zu dem Schluß, daß die vier Menschen, die sie auf Gottes Befehl hin beseitigen sollten, *a priori* böse sein mußten – sie waren »Kinder des Verderbens«, wie Dan es ausdrückte – und deshalb den Tod verdient hatten. Nachdem sie herausgefunden hatten, daß die sogenannte Beseitigungsoffenbarung echt und berechtigt war, folgerten die Lafferty-Brüder, »es wäre klug zu tun, was darin verlangt wurde«.

Wenn ein Mitglied der Schule der Propheten eine Offenbarung empfing, war es üblich, daß das Gebot den anderen Mitgliedern zur Beurteilung vorgelegt wurde. Am 22. März, direkt vor dem allwöchentlichen Treffen der Schule in Claudine Laffertys Haus, ging Ron mit Bernard Brady in ein Nebenzimmer und gab ihm die Beseitigungsoffenbarung. »Er bat mich, sie durchzusehen«, sagt Brady, »und dann verließ er das Zimmer. Beim Lesen begannen meine Hände zu zittern. Mir wurde ganz kalt. Ich konnte nicht glauben, was ich da las.« Als Ron ein paar Minuten später zurückkam, sagte Brady zu ihm: »Das macht mir schreckliche Angst. Mit so was will ich nichts zu tun haben. Ich finde das falsch.« Bei dem kurz darauf beginnenden Treffen sagten weder Ron noch Brady den anderen Mitgliedern etwas von der Offenbarung.

Ron hatte eine Frau namens Becky zu dem Treffen mitgebracht, die er vor kurzem ohne Trauschein oder Standesamt zur spirituellen Frau genommen hatte. Das Paar verbrachte die Flitterwochen in Wichita, Kansas, so daß Ron nicht da war, als sich die Schule am 29. März das nächste Mal traf, und auch Dan war nicht anwesend. Aber Watson tauchte mit einem Rasiermesser mit Perlmuttgriff auf und bat die ziemlich verdutzten Mitglieder, es »als eine religiöse Waffe zur Vernichtung der Gottlosen zu weihen, wie das Schwert Labans«.

»Natürlich lehnten wir das ab«, sagt Onias, der noch nichts von der Beseitigungsoffenbarung wußte. Er erinnert sich, daß

Watson sich über diese Abfuhr ärgerte und »das Treffen schlechtgelaunt verließ«.

Zwischen Onias und einigen der Lafferty-Brüder – hauptsächlich Watson, Ron und Dan – gab es schon seit mehreren Wochen Spannungen. Kurz nachdem Ron zum Bischof der Schule ernannt worden war, hatte er begonnen, Onias' Autorität offen in Frage zu stellen. Onias bemerkte, daß eine deutliche Veränderung in Rons Persönlichkeit vor sich gegangen war, »von einem sehr netten Menschen zu einem Mann voller Haß und Wut. Nach seiner Einsetzung als Bischof begann er, allen Leuten Vorschriften zu machen, und wurde wütend, wenn sie nicht taten, was er sagte.« Als Onias alle Mitglieder der Schule drängte, sich eine einträgliche Arbeit zu suchen, um den Bau einer »Stadt der Zuflucht« unterhalb der Dream Mine zu finanzieren, was zu den vorrangigen Zielen der Schule gehörte, kritisierte ihn Ron wütend und sagte, es sei unnötig, daß alle sich Arbeit suchten, denn Gott würde die Schule durch ein Wunder mit dem erforderlichen Geld ausstatten, damit sie ihr Werk vollenden konnten.

In einer von Rons Offenbarungen hatte Gott ihn tatsächlich aufgefordert, seinen Bruder Mark nach Nevada zu schicken, damit er bei einem Pferderennen wettete, um an Geld für die Stadt der Zuflucht zu kommen. Da der Herr Mark sagen würde, auf welches Pferd er setzen sollte, konnten sie eigentlich nicht verlieren. Doch sie verloren trotzdem. Onias konnte sich danach die Bemerkung »Ich hab's euch ja gesagt« nicht verkneifen, wodurch die Beziehung zwischen Ron und dem Propheten noch schlechter wurde.

Als Ron um Thanksgiving 1983 herum nach Oregon gefahren war, um John Bryants polygamistische Gemeinschaft zu besuchen, hatte er neue sinnliche Erfahrungen gemacht und Rauschmittel ausprobiert. Bryants Gruppe hatte bei ihren religiösen Ritualen Wein als Sakrament ausgeteilt, und Ron hatte daran teilgenommen. Da er in einer Familie aufgewachsen war, die streng enthaltsam lebte, war das seine erste Erfahrung mit Alkohol, und er fand es ziemlich angenehm. Für ihn war es eine richtige Wonne und »verstärkte sein Gefühl für den Geist«. Danach bezeichnete Ron Wein als »die Gabe Gottes«.

Nachdem er solchermaßen Bekanntschaft mit den Freuden »starken Getränks« gemacht hatte (wie alkoholische Getränke im Abschnitt 89 von *Lehre und Bündnisse* abwertend genannt werden), bestand Ron bei seiner Rückkehr nach Utah darauf, den Saft oder das Wasser, die in der Schule der Propheten normalerweise am Anfang jedes Treffens als Sakrament ausgeteilt wurden, durch Wein zu ersetzen. Damit stellte er Onias' Autorität ein weiteres Mal in Frage, und bei dem Treffen am 9. März kam es zu einer dramatischen Auseinandersetzung. Bei der Austeilung des Sakraments stürzte Ron ein Glas Wein nach dem anderen hinunter und war bald stockbetrunken. Er machte sich über Onias lustig, der den Wein abgelehnt und statt dessen Wasser getrunken hatte. Onias zufolge »verspottete mich Ron und sagte, ich wäre zu alt und schwerfällig, und es wäre an der Zeit, mich von meinem Amt zu entbinden. Er war sehr sarkastisch und sagte, die Lafferty-Brüder sollten die Leitung der Schule übernehmen. Dabei wurde er von Dan und Watson unterstützt.«

In dieser Atmosphäre zunehmender Verbitterung wurde Rons Beseitigungsoffenbarung der Schule zur Beurteilung vorgelegt. Bei dem Treffen am 5. April zeigte er sie allen Mitgliedern und bat sie, die Gültigkeit der Offenbarung zu bestätigen. Die neun Männer, die an jenem Abend anwesend waren, diskutierten ernsthaft über die Offenbarung und stimmten dann darüber ab, ob sie als göttliches Gebot anerkannt werden sollte. »Ron, Dan und Watson stimmten dafür«, berichtet Bernard Brady. »Alle anderen sagten: ›Ausgeschlossen! Daran braucht ihr nicht mal zu denken! Vergeßt das Ganze!‹ Da wurden Ron, Dan und Watson echt wütend, sie standen auf, verließen das Treffen und beendeten ihre Zusammenarbeit mit der Schule.«

Die Meinungsverschiedenheit zwischen den Schulmitgliedern an jenem Abend zeigt das Problem, dem sich jeder Prophet, der seine Anhänger auffordert, in ein Zwiegespräch mit

Gott zu treten, zwangsläufig gegenübersieht: Früher oder später wird Gott einem von ihnen befehlen, dem Propheten nicht zu gehorchen. Und für einen wahren Gläubigen – einen Glaubenseiferer wie Ron oder Dan Lafferty – ist das Wort Gottes stets mehr wert als das Wort eines bloßen Propheten wie Onias.

Brady war so besorgt, Ron könnte tatsächlich versuchen, die Beseitigungsoffenbarung wahr zu machen und die vier genannten Personen zu ermorden, daß er seine Sorge in einer eidesstattlichen Erklärung zum Ausdruck brachte, die er am 9. April unterzeichnete und notariell beglaubigen ließ:

Staat Utah
Utah County } *und zwar*

EIDESSTATTLICHE ERKLÄRUNG

HIERMIT ERKLÄRE ICH, Bernard Brady, von Geburt freier Bürger der Vereinigten Staaten von Amerika, daß ich Grund zu der Befürchtung habe, daß das Leben der folgenden zehn Personen in Gefahr ist: Robert Crossfield; Bernard Brady; David Olsen; David Coronado; Tim Lafferty; Mark Lafferty; Brenda Lafferty; Brenda Laffertys kleine Tochter; Chloe Low und Richard Stowe.

Ich, Bernard Brady, erkläre außerdem, der Überzeugung zu sein, daß diese Gefahr von den Gedanken, Überzeugungen und Einstellungen, dem Urteil und den potentiellen Taten der folgenden vier Personen ausgeht: Ron Lafferty; Dan Lafferty; Watson Lafferty und Todd (Nachname unbekannt).

Bradys Sorge war aufrichtig und beträchtlich, doch weder er noch ein anderes Mitglied der Schule der Propheten verständigten die Polizei; Brady legte die eidesstattliche Erklärung bloß zu Hause in eine Schreibtischschublade, um seine Unschuld beweisen zu können, falls Ron jemanden umbrachte.

Und auch keines der Schulmitglieder hielt es – trotz der allgemeinen Bestürzung über die Beseitigungsoffenbarung – für nötig, eine der Personen zu warnen, die beseitigt werden sollten. Doch noch im selben Monat informierte Dan seinen jüngsten Bruder Allen, dem er schon immer besonders nahestand, daß Gott den Ritualmord an Brenda und ihrer kleinen Tochter Erica befohlen habe und Ron und Dan das Gebot erfüllen wollten.

Allen fragte bestürzt: »Warum? Und warum Erica, ein unschuldiges Kind? Was hat sie damit zu tun?«

Da fiel ihm Ron wütend ins Wort: »Weil sie, genau wie ihre Mutter, irgendwann ein Miststück werden würde!«

Dan fragte Allen aufrichtig, was er von Rons Offenbarung halte. Allen erwiderte, er persönlich habe von Gott keine solche Offenbarung empfangen und könne sie deshalb nicht anerkennen, und er werde für seine Frau und sein Kind sein Leben einsetzen. Aber seiner Frau erzählte Allen nichts davon, daß seine Brüder sie und ihr Baby ermorden wollten.

Betty McEntire, Brendas ältere Schwester, kann sich nicht damit abfinden, daß Allen diese Information für sich behielt. »Wenn er Brenda von Rons Offenbarung erzählt hätte«, beteuert Betty, »wäre sie sofort verschwunden und würde heute noch leben. Aber Brenda hat nichts davon gewußt. Ich kann nicht begreifen, warum niemand von den Leuten, die Bescheid wußten, sie gewarnt hat. Vor allem Allen. Es ist, als hätte er sich seinen Brüdern gebeugt.

Brenda hat Allen geliebt, und er hat immer wieder bewiesen, daß er ihre Liebe nicht verdient hatte. Als Mann hat man die Pflicht, seine Frau und sein Kind zu schützen, aber er hat sie im Stich gelassen. Ich glaube, Allen hat schon im April von der Offenbarung erfahren, und doch hat er nichts gesagt. Ich kann das nicht begreifen. Ich kann es ihm auch nicht verzeihen. Nach all den Jahren bin ich immer noch unheimlich wütend. Weil er ihre Liebe verraten hat. Weil ihm das Allerbeste gehörte und er es einfach weggeworfen hat.«

Im Mai 1984 brachen Ron und Dan in Rons klapprigem Impala-Kombi zu einer längeren Reise durch den amerikanischen Westen und nach Kanada auf, wo sie mehrere fundamentalistische Gemeinschaften besuchten. Im Juni und in der ersten Julihälfte hörte man in der Schule der Propheten nichts von den beiden. »Ich fühlte mich ein bißchen besser, als sie weg waren«, sagt Bernard Brady, »denn so konnten sie keine Morde begehen. So wie die Dinge liefen, hatte es den Anschein, daß niemand sich Sorgen machen mußte.«

Aber als sich Brady am 25. Juli frühmorgens fertigmachte, um zur Arbeit zu fahren, klingelte plötzlich das Telefon. »Es war Tim Lafferty«, erinnert sich Brady, und bei dem Gedanken daran versagt ihm die Stimme. »Er sagte ... ähm ... er sagte: ›Bernard, ich habe schlechte Neuigkeiten. Sie haben die Offenbarung erfüllt. Ron und Dan. Sie haben gestern jemanden umgebracht.‹« Brady schlägt die Hände vors Gesicht und erzählt dann weiter: »Meine Beine zitterten. Ich brach zusammen. Ich konnte kaum glauben, was ich da hörte.«

16 Die Beseitigung

Schiere Anarchie ergießt sich auf die Welt,
Bluttrübe Flut ergießt sich; überall
Versinkt der Unschuld feierlicher Brauch;
Den Besten fehlt der Glaube und die Schlimmsten
Erfüllt hingebungsvolle Leidenschaft.

Gewiß steht Offenbarung dicht bevor;
Gewiß, die Wiederkunft steht dicht bevor.
Die Wiederkunft! Kaum ist das Wort heraus,
Als mir ein Riesenbild aus Spiritus Mundi
Die Sicht verstört: irgendwo regt, im Wüstensand,
Ein Schemen, Menschenhaupt auf Löwenleib,
Der Blick wie Sonne leer und mitleidlos,
Langsam die schweren Schenkel, während rings
Die Schatten schwanken aufgescheuchter Geierbrut.

William Butler Yeats
»Die Wiederkunft«

Obwohl Brenda nichts von der Beseitigungsoffenbarung wußte, hatte sie genug Gründe, sich vor den Laffertys zu fürchten, sogar vor Allen. Und sie fürchtete sich auch, aber das hielt sie nicht davon ab, sich den Brüdern im Interesse von Dianna und den anderen Frauen entgegenzustellen.

Wenn Brenda Allen nicht gehorchte oder ihr selbstbewußtes Auftreten vor seinen Brüdern ihm peinlich war, beschimpfte er sie oft voll unbändigem Zorn. Manchmal reagierte er seinen Ärger ab und verprügelte sie brutal. Als sich der Winter 1984 dem Ende zuneigte, weckte Brenda ihre ältere Schwester Betty

McEntire einmal spät nachts durch einen verzweifelten Anruf. »Sie sagte, ich sollte sie in einem McDonald's auf halbem Weg zwischen Salt Lake und ihrem Wohnort American Fork treffen«, erinnert sich Betty. »Ich fragte, was los wäre, und sie erwiderte: ›Ich muß bloß mit dir reden.‹ Also stand ich auf und fuhr hin.

Als ich in das McDonald's kam, verkündete sie: ›Ich verlasse ihn.‹ Ich sagte: ›Was?! Ich hatte keine Ahnung, daß es so schlimm ist.‹ Sie sagte: ›Ich habe heimlich Geld gespart, und ich ziehe zu Grandpa und Grandma in Montana. Da suche ich mir eine Arbeit und kümmere mich allein um das Baby.‹«

Aber kurz nach diesem Treffen mit ihrer Schwester überlegte Brenda es sich anders und blieb bei Allen, was die Frage aufwirft, warum? Besonders nachdem sie Dianna Lafferty so energisch gedrängt hatte, Ron zu verlassen. »Wie es kommt, daß Brenda nicht gegangen ist? Weil sie Allen liebte«, erklärt Betty, »und ihn nicht einfach sitzenließ. Er war der Vater ihrer kleinen Tochter. Sie wünschte sich, daß alles gut werden würde. Sie glaubte wirklich, sie könnte ihn vor seinen Brüdern retten. Sie war eine sehr entschlossene Frau.«

Doch Betty macht ein schmerzliches Geständnis. Als Brenda ihr mitten in der Nacht im grellen Neonlicht des Restaurants anvertraut hatte, daß sie Allen verlassen wolle, hatte Betty unwillkürlich gesagt: »Aber das geht nicht! Du bist jetzt verheiratet. Wenn es schlecht läuft, mußt du damit fertig werden!« Betty sagt, damals habe sie »keine Ahnung gehabt, daß er sie schlägt, und von der Schule der Propheten habe ich nicht das geringste gewußt; davon haben wir erst nach ihrem Tod erfahren, als wir ihre Tagebücher gelesen haben. Meine Mom und mein Dad waren immer für sie da, aber sie hat uns nicht erzählt, was wirklich vor sich ging. Denn wenn mein Dad irgendwas davon gewußt hätte, wäre er hingefahren und hätte sie und das Baby nach Idaho geholt, wo sie zweifellos in Sicherheit gewesen wären.«

Ungefähr zwei Monate nachdem Brenda sich mit Betty bei McDonald's getroffen hatte, erhielt LaRae Wright, die Mutter der beiden, einen äußerst beunruhigenden Anruf von Brenda. »Sie war verzweifelt. Sie sagte: ›Mit Allen läuft es nicht gut. Kann ich nach Hause kommen?‹ Wir sagten: ›Natürlich!‹ Und dann haben wir nichts mehr von ihr gehört, deshalb rief ich irgendwann abends an, und sie sagte: ›Wir haben alles geklärt.‹ Also kam sie doch nicht nach Idaho. Ich weiß nicht, was los war, aber sie kam nicht nach Hause.«

Inzwischen hatten Ron und Dan Provo und das Utah County längst verlassen und fuhren auf ihrer spontanen Pilgerreise zu polygamistischen Gemeinschaften in Rons Impala-Kombi durch den Westen. »Wir fuhren nach Kanada rauf, durch den Westen der Vereinigten Staaten und in den Mittelwesten«, erinnert sich Dan. »Wenn ich jetzt darauf zurückblicke, dann war es für mich eine wichtige Reise, denn ich habe meinen Bruder zum ersten Mal richtig kennengelernt. Bis dahin kannte ich Ron nicht besonders gut. Er ist sechs Jahre älter als ich. Als Kinder standen wir uns nicht so nahe. Wir haben alle zu ihm aufgeschaut, und ich hätte gern ein enges Verhältnis zu ihm gehabt, aber die Gelegenheit bot sich nicht.«

Tag für Tag tuckerten Ron und Dan, die sich beim Fahren abwechselten, in dem alten Chevrolet durchs Land. Manchmal fuhren sie stundenlang, ohne ein Wort zu sagen, und starrten nur zu den gewaltigen Gewitterwolken hinauf, die sich am Nachmittagshimmel zusammenbrauten und die Prärie in ein riesiges, unbeständiges Schachbrett aus Schatten und blendendem Sonnenlicht verwandelten. Doch meistens führten die beiden Brüder leidenschaftliche Gespräche. Gewöhnlich ging es dabei um die Beseitigungsoffenbarung.

Im zweiten Satz der Offenbarung hatte Gott zu Ron gesagt: »Es ist Mein Wille und Gebot, daß du die folgenden Menschen beseitigst, auf daß Mein Werk fürdergehe.« Gott sagte, Brenda und Erica Lafferty, Chloe Low und Richard Stowe müßten getötet werden, denn »sie sind wahrhaftig Hindernisse auf Meinem Weg, und Ich werde nicht dulden, daß Meinem Werk Einhalt getan wird«. Unter »Meinem Werk« verstand Ron den

Bau der Stadt der Zuflucht, und er erzählte Dan von einer »großen Schlacht, die stattfinden werde«, bevor der Bau beginnen könne.

Dan sitzt mit zurückgelegtem Kopf in einem kleinen, aus Hohlziegeln gemauerten Raum tief im Innern des Hochsicherheitstrakts von Point of the Mountain, starrt mit ausdruckslosem Gesicht an die Decke und ruft sich die Einzelheiten jenes ereignisreichen Sommers wieder vor Augen. Die Fahrt dauerte Wochen, dann Monate, und je länger sie von Utah weg waren, erinnert sich Dan, »um so aufgewühlter wurde mein Bruder – ich hatte das Gefühl, als würde er wirklich immer blutdürstiger. Ständig sagte er: ›Bald ist es soweit.‹ Und schließlich konzentrierte er sich auf ein bestimmtes Datum, an dem die Leute beseitigt werden sollten. Nach einer Weile sagte er: ›Ich glaube, am 24. Juli ist es soweit.‹

Als ich sah, wie mit Ron diese Veränderungen vor sich gingen – und das, was er sagte, hat mir echt Angst eingejagt –, konnte ich bloß beten. Ich fragte Gott: ›Ich werde alles tun, was du von mir verlangst. Soll ich bei meinem Bruder bleiben und diese Sache durchziehen? Oder soll ich mich von ihm trennen und nichts mehr damit zu tun haben?‹ Aber die Antwort lautete, daß ich bei Ron bleiben sollte.«

Auf ihrer Reise beschlossen Ron und Dan ein paarmal, sich für ein, zwei Wochen zu trennen. Irgendwann sprang Ron auf einen Güterzug, der nach Osten fuhr, während Dan, nachdem sie vereinbart hatten, sich Ende Juni in Wichita, Kansas, zu treffen, mit dem Impala eine andere Route einschlug. Dan kam ein paar Tage vor Ron am vereinbarten Treffpunkt an. Während er darauf wartete, daß sein Bruder auftauchte, bekam er über das dortige Arbeitsamt eine Arbeit als Tagelöhner beim Abriß einer ehemaligen Bank. In dieser kurzen Zeit lernte Dan den vierundzwanzig Jahre alten Ricky Knapp kennen, der bei derselben Abbruchkolonne beschäftigt war.

Dan zufolge wurden er und Knapp »gute Freunde. Er war gerade aus dem Gefängnis entlassen worden, und wir führten ein paar gute Gespräche. Ich konnte ihn echt gut leiden.«

Nach seiner Entlassung hatte Knapp kein Dach über dem Kopf, also bot Dan ihm an, bei ihm im Impala zu schlafen, und Knapp willigte ein. Als Ron bald darauf in Wichita eintraf, beschloß Knapp, sich den beiden Brüdern für den Rest der Fahrt anzuschließen.

Knapp hatte einen Freund, der in geringem Umfang Marihuana anbaute. Bevor sie Wichita verließen, fuhr Knapp eines Nachmittags mit Dan zu einem Feld vor der Stadt, wo dieser Farmer den »Ausschuß« seiner jüngsten Ernte weggeworfen hatte – Blätter und Stengel, die übrigblieben, nachdem die harzigen Knospen abgeschnitten und zum Verkauf abgepackt worden waren. Knapp und Dan sammelten eine Einkaufstüte voll von diesem minderwertigen Gras und versteckten es im Impala. Dan erinnert sich, daß es übler Stoff war, »aber wenn man vier oder fünf große Joints geraucht hatte, war man leicht bekifft«.

Dan rauchte nicht zum ersten Mal Marihuana; er hatte bereits fünfzehn Jahre vorher damit Bekanntschaft gemacht. Paradoxerweise hatte ausgerechnet das »Wort der Weisheit« – der berühmte Abschnitt 89 aus *Lehre und Bündnisse,* der den Mormonen den Genuß von Tabak und »starkem Getränk« verbietet – Dans Neugier auf Gras geweckt. Sein Interesse wurde speziell durch Vers 10 der Offenbarung erregt, wo es heißt: »Wahrlich, ich sage euch: Alle bekömmlichen Kräuter hat Gott für die leibliche Verfassung, die Natur und den Gebrauch des Menschen verordnet.«

Die Gelegenheit, seine Neugier zu befriedigen, hatte sich Dan 1969 geboten, als er von seiner Mission zurückgekehrt war und in Colorado Springs eine Stelle auf dem Bau angenommen hatte. Unter den Leuten, mit denen er arbeitete, waren »viele, die Pot rauchten … und obwohl ich es nicht selbst probiert habe, habe ich die Leute und ihre Gewohnheiten beobachtet und analysiert, und ich habe viele Fragen gestellt und hatte bald den Eindruck, daß über dieses Zeug große Lügen verbreitet wurden«. Er erinnert sich, daß ihn schließlich ein Mädchen, in das er in Colorado verknallt war, überredete, richtig starkes

Gras zu probieren, und »ich wurde auf meine erste Umlaufbahn in das riesige Universum in meinem Kopf geschossen«.

Als junger Erwachsener rauchte Dan noch ein paarmal Gras, doch er machte sich Sorgen, daß er eine Sünde beging, und als er von Colorado ins Utah County zurückzog, »bereute ich und wurde wieder ein hundertzehnprozentiger Mormone«.[36] Dan rauchte erst wieder Marihuana, als er im Sommer 1984 in Wichita Ricky Knapp kennenlernte, und er sagt, damals »hatte ich das Gefühl, daß sich mein Herz und mein Geist etwas Geheimnisvollerem und Bedeutenderen öffneten, als ich mir je vorgestellt hatte«. Als er über die verschiedenen Verweise auf Kräuter in Josephs veröffentlichten Offenbarungen nachdachte, gelangte Dan zu der Überzeugung, daß der Prophet »einige der bewußtseinserweiternden Kräuter ausprobiert haben« mußte.

Im Gegensatz zu Dan hatte Ron noch nie Marihuana geraucht, bevor Ricky Knapp in ihr Leben trat, doch nachdem er in Wichita zu Dan und Knapp gestoßen war, ließ er sich mühelos dazu überreden. Dan zufolge machte Ron dadurch »die Erfahrung, wie es sich anfühlte, leicht bekifft zu sein und danach den typischen Heißhunger zu entwickeln. Es war wohl ein glücklicher Zufall, daß das Marihuana so schwach war, denn er hatte anfangs ein bißchen Angst, und später, als wir guten Stoff hatten, drehte er ziemlich durch.« Durchgedreht oder nicht, Ron schloß sich rasch Dans Ansicht an, daß Marihuana die »spirituelle Erleuchtung« steigerte.

Dan sagt, er habe sich bei der erneuten Bekanntschaft mit Marihuana durch Knapp »zum ersten Mal mit reinem Gewissen bekifft«, weil er nicht mehr unter der Fuchtel der HLT-Kirche gestanden habe, »und vielleicht war es deshalb für mich nicht nur ›eine Herzensfreude‹, sondern ›eine Belebung der Seele‹. Ich hatte wunderbare spirituelle Erkenntnisse.« Bekifft sein war, »als wäre ich wieder ein Kind und würde in eine ganz neue Welt eingeführt … Ich glaube, daß auch die Heilige Schrift, wo es heißt: ›Wenn ihr nicht werdet wie die Kinder, so werdet ihr nicht ins Himmelreich kommen‹, eine geheime Anspielung aufs Kiffen ist; genau wie die geheimnisvolle Szene, in der Moses Gott durch den brennenden Busch sieht.«[37]

Nach ihrer Auseinandersetzung mit der Schule der Propheten im April 1984 hatten Ron und Dan noch vor ihrer Abreise aus Utah die Direktoren der Dream Mine besucht, um mit ihnen über die Stadt der Zuflucht zu sprechen, die sie in der Nähe des Mineneingangs bauen wollten. Das war bereits ihr zweiter Besuch bei den Direktoren: Ein paar Monate zuvor hatte Dan ihnen das Angebot unterbreitet, alle sechs Lafferty-Brüder würden ohne Bezahlung arbeiten, um bei der nahe bevorstehenden Gewinnung des Goldes zu helfen, damit die Stadt der Zuflucht finanziert werden konnte, aber die Bergwerksdirektoren hatten das höflich abgelehnt. Bei ihrem zweiten Besuch im April verzichteten Ron und Dan auf alle Nettigkeiten und forderten rundheraus, die Direktoren sollten ihnen die Leitung des Bergwerks übertragen; wenn sie sich weigerten, warnte Ron, »würden sie die Hand des Herrn zu spüren bekommen«. Die Bergwerksdirektoren ignorierten die Androhung göttlicher Vergeltung und lehnten auch dieses Angebot ab, wenn auch nicht mehr so höflich.

Trotz der Abfuhr bei ihren Bemühungen, die Dream Mine zu übernehmen, und ihres Ausschlusses aus der Schule der Propheten waren Ron und Dan weiterhin von der Idee begeistert, auf Onias' Grundstück unterhalb der Mine die Stadt der Zuflucht zu bauen. Aus diesem Grund suchten sie auf ihrer Reise mehrere bekannte Polygamisten im Westen auf, um ihre Unterstützung für das Projekt zu gewinnen – unter anderem John W. Bryant, den selbsternannten Propheten, den Ron im vorigen Dezember besucht hatte. Als sie Wichita Anfang Juli verließen, fuhren Ron, Dan und Ricky Knapp mit dem Impala nach Westen, zu Bryants Gemeinschaft inmitten der hohen Tannen und ertragreichen Beerenfarmen des Willamette Valley in Oregon.

Bei ihrer Ankunft elektrisierte Ron Bryants Anhänger mit einer improvisierten Predigt über die Stadt der Zuflucht und die Rolle, die sie während der Letzten Tage spielen würde. Einer dieser Postulantinnen namens Laurene Grant zufolge »mußte man Ron einfach gern haben. Das ging allen so. Alle schwärmten von ihm.« Grant, eine Mutter von vier Kindern, war auch tief beeindruckt von Dan, der mehrere Mitglieder der Gemeinschaft chiropraktisch behandelte. Sie verglich Dan mit Christus und sagte: »Er war so sanft und liebevoll.«

Als sich die Laffertys von Bryants Gruppe und dem Reiz des feuchten Pazifikstaats verabschiedeten, hatte Dan Laurene Grant zu seiner dritten Frau genommen. Die Frischvermählten fuhren zusammen mit Grants beiden jüngsten Kindern in Laurenes Wagen los, während Ron, die beiden älteren Söhne und Knapp den Impala nahmen. Sie vereinbarten, sich in zwei Wochen in den Confederated States of the Exiled Nation of Israel zu treffen – der in Utah gelegenen Siedlung von Alex Joseph, einem der bekanntesten Polygamisten Amerikas. Joseph lebte mit sechs oder sieben seiner Frauen und ihren vielen Kindern in Big Water, einer verfallenen Wüstensiedlung auf der Westseite des Lake Powell, des zweitgrößten Stausees im Land.[38] Big Water war nicht allzuweit entfernt von Colorado City, der Hochburg von Onkel Roys Fundamentalistischer Kirche Jesu Christi der Heiligen der Letzten Tage – der größten polygamistischen Sekte im Land.

Ron, Ricky Knapp und Grants ältere Söhne fuhren auf der Interstate 5 in südlicher Richtung nach Kalifornien. Als sie bei Sacramento auf einem Rastplatz hielten, um auf die Toilette zu gehen, unterhielten sich die Jungen mit einem dreiundzwanzigjährigen Herumtreiber und Gelegenheitsdieb aus New Mexico namens Chip Carnes. An seinem klapprigen Auto hatten die Bremsen versagt, und als die Jungen ihn mit Ron bekannt machten, bot der ihm an, das Fahrzeug zu einer Reparaturwerkstatt in Sacramento abzuschleppen.

Sie befestigten den Ersatzreifen an der hinteren Stoßstange des Impala, und dann sagte Ron zu Carnes, er solle so fahren, daß die Schnauze seines Wagens fest an den Reifen gedrückt sei, damit Ron Carnes' Fahrzeug mit dem Impala abbremsen konnte, wenn sie irgendwo halten mußten. Mit dieser behelfsmäßigen, aber sehr effektiven Methode gelang es ihnen, den bremsenlosen Wagen in eine Autowerkstatt in Sacramento zu bringen. Doch Carnes besaß nicht genug Geld, um die alte Schrottkiste reparieren zu lassen. Also verkaufte er den Wagen an den Automechaniker, steuerte den bescheidenen Erlös zum Benzingeld für den Impala bei und stieg mit Ron, Knapp und Grants Söhnen in den grünen Kombi, um nach Südutah zu fahren, wo sie sich mit Dan und seiner neuesten Frau treffen wollten.

Dan und Laurene Grant erreichten Big Water als erste. Nach ungefähr einer Woche Ehe kamen die beiden Frischvermählten schon nicht mehr so gut miteinander aus, und Grant bat Dan um eine »Scheidungsurkunde«. Dan willigte ein, hielt, noch bevor Ron auftauchte, den Daumen in den Wind und trampte wieder ins Utah County, während Grant in der Siedlung von Alex Joseph zurückblieb und auf die Ankunft Rons und ihrer beiden ältesten Kinder wartete.

Kurz nachdem Dan aufgebrochen war, trafen Ron und seine vier Mitfahrer im Impala ein. Sie blieben nur einen Tag in Big Water, doch währenddessen erzählte Ron Alex Joseph von seiner Beseitigungsoffenbarung. Chip Carnes zufolge, der das Gespräch belauschte, »sprachen sie darüber, daß Ron nach Utah zurückkehren, seine Gewehre zusammenpacken und sich seiner Mordlust überlassen würde«. Carnes erinnerte sich, daß Joseph versuchte, Ron die Sache auszureden.

In der Zwischenzeit besuchte Dan im Spanish Fork Canyon seine zweite Frau Ann Randak. Nachdem er einen Tag und eine Nacht mit ihr verbracht hatte, gab er ihr am 23. Juli einen Abschiedskuß und fuhr nach Orem, um bei seiner ersten Frau Matilda und ihren gemeinsamen Kindern vorbeizuschauen; es war der erste Geburtstag seines jüngsten Sohnes. In den Monaten seit der Geburt hatte Dan den Jungen kaum gesehen – und auch wenn ihm das damals nicht klar war, würde er ihn nach dieser Begegnung nie wiedersehen.

Dans Besuch bei Matilda und seinen Kindern dauerte nicht

lange: Noch am selben Nachmittag verabschiedete er sich von ihnen und fuhr nach Provo zum Haus seiner Mutter, um sich mit Ron zu treffen, der von Big Water dorthin gekommen war. Ron, Dan, Knapp und Carnes verbrachten den Rest des Tages in Claudine Laffertys Haus, wo sie ihre Wäsche wuschen und den Motor des Impala frisierten. Sie sprachen auch über ihre Pläne für den folgenden Tag.

Der nächste Tag, der 24. Juli, war Pioneer Day.[39] Dan, Knapp und Carnes hatten vorgehabt, nach Salt Lake City zu fahren, sich den Umzug anzusehen und an der Feier teilzunehmen. Doch irgendwann am Montag, dem 23. Juli, »sprach Gott zu Ron und sagte ihm, daß wir woandershin fahren müßten. Er sagte Ron, der nächste Tag wäre ›der lang erwartete Tag‹.«

Am Montag abend saßen die vier Männer an Claudine Laffertys Eßzimmertisch, und Ron und Dan berieten sich über die Beseitigungsoffenbarung. Während die Brüder sich unterhielten, saß Claudine hinter ihnen auf dem Sofa und strickte. Obwohl sie dem Gespräch aufmerksam lauschte, sagte sie kein Wort. Vor Gericht machte Carnes folgende Aussage:

> Ron sprach über Bibelverse. Er redete von einer Offenbarung, die er empfangen hatte. In dieser Offenbarung … behauptete er, wäre ihm gesagt worden, daß er ein paar Leute beseitigen müßte. Ich hab einmal den Namen Brenda und einmal irgendwas über ein Baby gehört.

Als sie die Feinheiten der Offenbarung besprachen, fragte Dan, ob es wirklich nötig sei, den vier zu beseitigenden Personen die Kehle durchzuschneiden, wie es Ron in einer seiner Offenbarungen aufgetragen worden war. »Er fragte Ron, warum er nicht einfach reingehen und sie erschießen könnte«, sagte Carnes. »Ron antwortete, es wäre das Gebot des Herrn, daß sie – daß ihnen die Kehle aufgeschlitzt wird.«

Betty Wright McEntire erfuhr von alldem erst, als sie zwölf Jahre später Carnes' Aussage im Zeugenstand des Vierten Bezirksgerichts in Provo hörte. Und als sie erfuhr, daß Claudine

Lafferty dabeigesessen und ruhig zugehört hatte, während ihre beiden ältesten Söhne über den bevorstehenden Mord an ihrer Schwiegertochter und ihrer Enkelin sprachen, war Betty fassungslos. »Wie konnte sich jemand anhören, was sie vorhatten, ohne etwas zu unternehmen, um Brenda zu warnen?« fragt sie. »Ich kann das einfach nicht begreifen.«

Am 19. Juli hatte Brenda Lafferty ihren vierundzwanzigsten Geburtstag gefeiert. Betty hatte ihr angeboten, nach American Fork zu kommen und sich um die kleine Erica zu kümmern, damit Brenda und Allen abends ausgehen konnten. Betty freute sich richtig darauf, Brenda und Erica zu sehen. Das Baby, inzwischen knapp fünfzehn Monate alt, hatte gerade begonnen, die ersten verständlichen Worte zu sprechen.

Allen und Brenda »fuhren nach Salt Lake zum Abendessen«, erzählt Betty. »Ich wartete ganz aufgeregt auf ihre Rückkehr, denn meine Hochzeit stand kurz bevor, und ich wollte Brenda die Fotos von dem Hochzeitskleid zeigen, das ich mir ausgesucht hatte, und mit ihr über das ganze Drumherum sprechen. Aber als sie vom Essen nach Hause kamen, merkte ich, daß sie sich mit Allen gestritten hatte. Brenda hatte geweint. Ich war ziemlich enttäuscht, aber ich wußte, daß ich gehen mußte. Ich hatte ihr eine Spieluhr zum Geburtstag geschenkt. Ich weiß noch, daß sie sie aufzog und aufs Fernsehregal stellte und wir einen Augenblick lang zuhörten, dann gab ich dem Baby einen Abschiedskuß und ging. Das war das letzte Mal, daß ich meine Schwester gesehen habe.«

Am Morgen des 24. Juli – Pioneer Day – stand Dan auf, betete und erhielt dann die göttliche Eingebung, den Lauf und Schaft einer Pumpgun Kaliber 12 abzusägen, die er im Haus seiner Mutter aufbewahrt hatte. Während er die Waffe in Claudines Garage mit einer Metallsäge bearbeitete, packten Ron, Ricky Knapp und Chip Carnes ihre Sachen in den Impala. Darunter befanden sich auch eine Winchester Kaliber 30–30 und ein Jagdgewehr Kaliber 270. Während sie ein paar Sachen auf dem Fahrzeugdach festbanden, sagte Carnes beunruhigt zu Ron: »Ich sehe keinen Grund, irgendein Baby umzubringen.«

Ron erwiderte, Erica sei ein »Kind des Verderbens« und müsse deshalb beseitigt werden. Gott habe das Baby in seinem Gebot nicht nur ausdrücklich genannt, fügte Ron hinzu, sondern nach Brendas Tod habe Erica auch keine Mutter mehr und es sei eigentlich ein Segen, wenn sie zusammen mit ihrer Mom beseitigt werde.

Als der Kombi vollgepackt war, stiegen die vier Männer ein, und Dan fuhr zu Mark Laffertys Farm, um noch eine Waffe zu holen, eine Schrotflinte Kaliber 20, die er Mark ein paar Jahre zuvor geliehen hatte. Als Mark Ron die Flinte gab, fragte er mißtrauisch: »Was hast du damit vor?«

»Ich gehe auf die Jagd«, erwiderte Ron.

Mark wußte, daß keine Jagdsaison war, und fragte: »Was willst du denn jagen?«

»Alles«, antwortete Ron, »was mir über den Weg läuft.«

Dann fuhren Ron, Dan, Knapp und Carnes mit dem Impala zu einer nahe gelegenen Kiesgrube. Ron wollte die Gewehre »einschießen«; dazu wurde auf Dosen geschossen und dann an allen Waffen das Visier eingestellt, um die Zielgenauigkeit bei einer bestimmten Entfernung sicherzustellen. Doch als sie in der Kiesgrube zu schießen anfingen, stellten sie fest, daß sie für das Jagdgewehr die falsche Munition dabeihatten: Das Gewehr war Kaliber 270, aber sie hatten nur 243er Patronen, zu klein für diese Waffe. Sie beschlossen, noch einmal zu Mark zu fahren und ihn zu fragen, ob er wußte, wo Rons Gewehr Kaliber 243 war.

Als sie bei Mark ankamen, erinnert sich Carnes, »brüllte Ron aus dem Fenster, ob er das 243er hätte. Mark antwortete: ›Nein, ich glaube, das hat Allen.‹«

Nachmittags gegen halb zwei lenkte Dan den Impala in die Einfahrt des Backsteinhauses, in dem Allen und Brenda zur Miete wohnten, in einer ruhigen Straße in American Fork gelegen und per Auto zehn Minuten von Provo entfernt. Ron stieg aus und ging allein zur Tür. Das dreißig Zentimeter lange Stück, das Dan am Morgen vom Flintenlauf abgesägt hatte und das Ron jetzt als Knüppel benutzen wollte, war in seinem rechten Ärmel versteckt. Ein großes Ausbeinmesser, scharf wie ein Skalpell, steckte in seinem linken Stiefel.

Ron öffnete die Fliegentür und »klopfte laut und lange«, sagt Dan. »Ich wußte, daß er Erica und Brenda auf der Stelle umbringen wollte. Deshalb saß ich draußen im Wagen und betete: ›Ich hoffe, das entspricht deinem Willen, Gott, denn wenn nicht, dann solltest du jetzt besser was unternehmen!‹ Und dann passierte nichts. Niemand öffnete die Tür. Nach ein paar Minuten drehte sich Ron um, kam ziemlich verdutzt zum Wagen zurück und zuckte die Achseln. Da war ich echt froh, denn ich dachte, das Ganze wäre bloß eine Prüfung seines Glaubens gewesen – wie Abrahams Prüfung durch Gott – und Ron hätte die Prüfung gerade bestanden. Ich dachte: ›Oh Gott, ich danke dir!‹ Und dann startete ich den Wagen und fuhr los.

Ron saß auf dem Beifahrersitz und wirkte verwirrt. Er war derjenige, der uns anderen immer sagte, wo es langging, was als nächstes zu tun war. Ich war ungefähr anderthalb Blocks weit gefahren, als mich plötzlich ein seltsames Gefühl überkam. So ähnlich wie etwas, das ich mal in den Fernsehnachrichten gesehen hatte: Ein Mann wollte gerade in ein Flugzeug steigen, aber als er zur Tür kam, drehte er sich um und ging davon. Und dann stürzte das Flugzeug ab. Sie interviewten den Mann und fragten ihn, warum er nicht eingestiegen wäre. Er sagte: ›Das kann ich nicht erklären. Ich hatte einfach das Gefühl, daß ich es nicht tun sollte.‹ Tja, genauso war's bei mir, als ich von Allen wegfuhr. Ich hatte den starken Drang, den Wagen zu wenden, also drehte ich um, und ich wußte, daß ich zu der Wohnung zurückfuhr – auch wenn ich nicht wußte, warum, denn es war ja niemand zu Hause. Die anderen fragten alle: ›Was machst du denn?‹ Ich sagte: ›Ich fahre zu Allen zurück, aber ich weiß nicht, warum.‹

Mir ging eine Menge durch den Kopf. Zu diesem Zeitpunkt hatte ich schon so viele spirituelle Erfahrungen gemacht,

Dinge, die ich als Wunder empfand, daß ich überzeugt war, zu einem bestimmten Zweck zurückzufahren. Ich dachte, vielleicht soll Ron es nicht tun. Vielleicht kehre ich um, weil ich mich für den Herrn um diese Sache kümmern soll. Ich war mir nicht sicher, aber das, was ich tat, gab mir einfach ein echt gutes Gefühl. Es war, als würde mich jemand an der Hand nehmen und mich sicher auf meinem Weg weiterführen.

Ron fragte mich, ob ich genau wüßte, was ich tue. Er sagte, ich sollte nichts tun, wozu er selbst nicht bereit wäre. Aber ich erklärte ihm, daß ich ein gutes Gefühl hätte. Es kam mir richtig vor.«

Dan bog wieder in Allens Einfahrt, ging zur Tür und klopfte. Diesmal machte Brenda schon nach dem zweiten oder dritten Klopfen auf. Dan fragte, ob Allen zu Hause sei. Sie erwiderte, er sei auf der Arbeit. Dan fragte, ob das 243er Jagdgewehr irgendwo in der Wohnung liege. Brenda sagte, sie sei sicher, daß es nicht da sei. Dann fragte Dan, ob er mal telefonieren könne. Sie verlor langsam die Geduld und sagte: »Nein. Du kannst nicht reinkommen und telefonieren.« Dan beteuerte, er wolle nur ein ganz kurzes Gespräch führen, doch Brenda wurde immer mißtrauischer und verwehrte ihm weiter den Zutritt.

Dan erinnert sich, daß er in diesem Moment »eine Art stilles Gespräch mit Gott führte, und ich fragte: ›Was mache ich jetzt?‹ Es schien mir am besten, mich an ihr vorbeizudrängen und ins Haus zu gehen, also machte ich das auch.«

Chip Carnes zufolge schlug die Tür zu, sobald sich Dan Zutritt zur Wohnung verschafft hatte, und »ich hörte ein Geräusch, als wäre jemand zu Boden gestürzt ... Und dann hörte ich, wie eine Vase zu Bruch ging.«

Dan sagt, als er sich ins Haus drängte, »zermürbte das Brenda wohl. Sie machte eine sehr interessante Bemerkung, richtig prophetisch. Sie sagte: ›Ich wußte, daß du etwas tun würdest, das niemand verhindern könnte.‹ Dann fing sie an, sich für alles mögliche zu entschuldigen – dafür, daß sie Rons Frau beeinflußt hatte, und so was. Da dachte ich: ›Du bist doch ein Miststück.‹ Und ich hatte die göttliche Eingebung, sie auf den Boden zu werfen. Ich schlug ihre Arme übereinander, warf Brenda auf den Bauch, setzte mich auf sie und hielt sie von hinten an den Handgelenken fest.«

Vor der Wohnung warteten Carnes, Knapp und Ron noch im Impala. Carnes sagte zu Knapp: »Da drin ist es ziemlich laut.«

»Stimmt«, erwiderte Knapp und sagte zu Ron: »Vielleicht solltest du ihm helfen.« Worauf Ron ausstieg und zur Tür ging.

Doch da Dan Brenda hinter der Tür auf den Boden preßte, mußte Ron sie laut Carnes' Aussage »aufdrücken«, als er die Wohnung betreten wollte. »Aber sobald Ron im Haus war, hörte ich Brenda sagen: ›Ich habe gewußt, daß es dazu kommen würde.‹ Und dann hörte ich, wie Ron sie Miststück und Lügnerin nannte, und es klang nach einem ziemlich heftigen Kampf, bei dem Sachen kaputtgingen. Und ich hörte, wie Brenda schrie: ›Tut meinem Baby nichts! Bitte tut meinem Baby nichts!‹ Und Ron nannte sie immer wieder Miststück und Lügnerin. Und sie sagte, sie würde keine Lügen mehr erzählen. Und er schlug sie immer wieder. Man konnte hören, wie jemand verprügelt wurde.

Dann hörte ich ein Baby schreien: ›Mommy! Mommy! Mommy!‹ Und danach wurde es ganz still.«

Nachdem Ron sich Zutritt zu der Wohnung verschafft hatte, sagt Dan, »schloß er die Tür hinter sich und fragte: ›Was tust du?‹ Ich sagte: ›Ich hab das Gefühl, ich erfülle die Offenbarung.‹ Ich flüsterte, denn ich wollte nicht, daß Brenda etwas hörte, das sie beunruhigen könnte. Dann sagte Ron: ›Wie willst du es tun?‹ Und ich bat ihn, mir ein bißchen Zeit zum Beten zu geben. Ich fragte: ›Was soll ich tun, Herr?‹ Da hatte ich die göttliche Eingebung, daß ich ein Messer benutzen sollte. Daß ich ihnen die Kehle durchschneiden sollte. Ron fragte: ›Welches Messer willst du benutzen?‹ Ich trug ein Messer am Gürtel, und Ron hatte ein Fleischermesser in seinem Stiefel. Ich sagte: ›Das Fleischermesser, das du gekauft hast.‹ Worauf er das Messer aus dem Stiefel zog und neben mir auf den Boden legte. Dann versuchte er, Brenda mit der Faust bewußtlos zu schlagen.

Er schlug ihr immer wieder ins Gesicht, bis das Blut an die Wand spritzte, aber er verletzte sich die Hand und mußte aufhören. Inzwischen war so viel Blut verspritzt, daß mir Brendas Arme entglitten und sie aufstand. Ron versperrte ihr den Weg. Ihr Gesicht war durch seine Schläge ziemlich übel zugerichtet. Sie war völlig durchgedreht. Sie sagte zu mir: ›Nimm mich bitte in den Arm. Nimm mich einfach in den Arm.‹ Ich konnte sehen, daß sie bloß unser Mitleid erregen wollte. Ron sagte zu ihr: ›Ja, ich wünschte auch, ich hätte jemanden, der mich in den Arm nimmt, du verdammtes Miststück. Aber wegen dir habe ich keine Frau mehr.‹

Daraufhin hielt sie einen Moment lang die Klappe. Und dann sagte sie: ›Ich tue alles, was ihr wollt.‹ Und Ron sagte: ›Okay, setz dich in die Ecke.‹ Als sie sich an die Wand lehnte und in die Ecke runtergleiten ließ, drehte sich Ron zu mir um und sagte: ›Laß uns verschwinden.‹ Ich merkte, daß er große Angst hatte. Ich sagte zu ihm: ›Geh, wenn du mußt. Ich kümmere mich erst um das, was mir aufgetragen wurde, und dann gehe ich.‹ Da muß Brenda klargeworden sein, wovon ich redete, denn sie schoß an Ron vorbei und versuchte abzuhauen. Er tat nichts, um sie aufzuhalten. Ich mußte einen Satz um ihn herum machen und sie von hinten packen. Sie war schon in der Küche und versuchte, die Glasschiebetür zu erreichen, die nach draußen führte. Sie hielt sich an den Gardinen fest, und ich packte sie an den Haaren und zog sie zurück, wobei ein paar Gardinenklammern abgerissen wurden. Als ich sie endlich zu fassen bekam, fiel sie in Ohnmacht, und ich legte sie einfach auf den Linoleumboden.

Im Gegensatz zu meinem älteren Bruder«, sagt Dan, »hegte ich eigentlich keinen Groll gegen Brenda oder Erica. Ich führte bloß den Willen Gottes aus. Als ich Brenda mitten auf dem Küchenfußboden liegen sah, betete ich, um zu fragen, was ich als nächstes tun sollte. Ich sagte zu Ron: ›Hol mir was, das ich ihr um den Hals binden kann, damit sie nicht wieder zu Bewußtsein kommt.‹ Denn inzwischen dachte ich, daß ich das Kind zuerst umbringen sollte. Ron schnitt die Schnur vom

Staubsauger ab und brachte sie mir. Und dann passierte noch was Faszinierendes: Als er versuchte, ihr die Schnur um den Hals zu legen, stieß ihn eine unsichtbare Kraft weg. Er drehte sich um, sah mich an und fragte: ›Hast du das gesehen?!‹

Ich sagte: ›Ja. Anscheinend ist das nicht deine Aufgabe. Gib mir die Schnur.‹ Ich schlang sie ihr zweimal um den Hals, zog sie richtig fest und machte einen doppelten Knoten.«

Nachdem Brenda einen letzten verzweifelten Fluchtversuch unternommen hatte und dann in der Küche in Ohnmacht gefallen war, hörten Ricky Knapp und Chip Carnes, die noch draußen im Wagen saßen, aus der Wohnung keinen Laut mehr. Die Stille machte Carnes angst, und er forderte Knapp auf, sich hinters Steuer zu setzen, und rief: »Laß uns von hier verschwinden.«

Knapp startete den Wagen und fuhr rückwärts aus der Einfahrt, verlor dann aber die Nerven. »Ich kann sie nicht im Stich lassen«, sagte er zu Carnes. Er parkte den Impala auf der Straße vor der Wohnung und wartete, während Carnes auf dem Rücksitz in Deckung ging.

Nachdem er Brenda die Staubsaugerschnur um den Hals gebunden hatte, sagt Dan, »holte ich das Messer aus dem vorderen Zimmer und ging dann den Flur entlang, wobei ich von dem Geist geleitet wurde, denn ich kannte den Grundriß der Wohnung nicht und wußte nicht, wo das Kinderzimmer war. Die erste Tür, die ich öffnete, war gleich die richtige. Das Baby stand in der Ecke seines Kinderbetts. Ich ging rein. Ich schloß die Tür hinter mir, um ungestört zu sein. Ich glaube, das Baby dachte, ich wäre sein Vater, weil ich einen Bart hatte, und Allen hatte damals auch einen. Und unsere Stimmen klingen ganz ähnlich.

Ich sprach kurz mit ihr. Ich sagte: ›Ich weiß nicht genau, worum es hier geht, aber anscheinend ist es der Wille Gottes, daß du aus dieser Welt scheidest; vielleicht können wir später darüber reden.‹ Und dann legte ich ihr die Hand auf den Kopf, hielt ihr das Messer so unters Kinn und …« Lafferty unterbricht seinen Monolog und führt mit aneinandergeketteten

Händen gleichmütig vor, wie er das rasiermesserscharfe Fleischermesser so kraftvoll über Ericas Hals zog, daß er ihr fast den Kopf abgetrennt hätte; danach war der Kopf nur noch durch ein paar dünne Hautfetzen und Sehnen mit dem kleinen Körper verbunden.

»Ich schloß die Augen«, fährt er fort, »damit ich nicht sehen mußte, was ich tat. Es war nichts zu hören.« Lafferty erzählt die Einzelheiten des Mordes an Erica in außergewöhnlich ruhigem Ton, als würde er vom Einkauf in einem Haushaltswarengeschäft sprechen. »Dann ging ich durch den Flur ins Bad und spülte das Blut vom Messer ab. Ich empfand gar nichts. Ich wußte nicht mal, ob ich Erica wirklich umgebracht hatte. Erst später, als sie mir die Fotos vom Tatort zeigten … Ich bin mir ziemlich sicher, daß sie nicht leiden mußte. Vielleicht glaube ich das auch nur, damit ich mich besser fühle – keine Ahnung. Aber das Messer war hoffentlich so scharf, daß sie keine Schmerzen hatte.

Jedenfalls spülte ich das Messer ab. Und als es sauber war, ging ich in die Küche und stellte mich vor Brenda. Ich setzte mich rittlings auf sie, band den Knoten auf und zog ihr die Staubsaugerschnur vom Hals. Dann packte ich Brenda an den Haaren, hielt ihr das Messer an den Hals und zog es über ihre Kehle. Wieder schloß ich die Augen, damit ich nichts sah. Aber diesmal hörte ich, wie das Messer die Luftröhre durchschnitt, und spürte, wie es auf den Knochen der Wirbelsäule traf. Dann ging ich wieder ins Bad und spülte das Messer zum zweiten Mal ab, drehte mich zu Ron um und sagte: ›Okay, wir können jetzt gehen.‹«

Ron und Dan verließen die Wohnung durch die Hintertür und kehrten zum Wagen zurück. Als Knapp und Carnes die blutverschmierten Kleider der beiden Brüder sahen, sagt Dan, »drehten sie völlig durch«. Besonders Carnes verlor total die Fassung.

Der penetrante Blutgeruch im Wagen machte ihm angst, und er packte Dan am Hemd und brüllte hysterisch: »Du mußt dieses stinkende Ding ausziehen!«

»Als er das sagte«, erinnert sich Dan, »dachte ich bei mir: Hey, die Sache ist ja noch nicht vorbei. Warum sollte ich mich jetzt schon umziehen? Wir müssen schließlich noch zwei andere Leute besuchen.« Doch Dan tat Carnes trotzdem den Gefallen. Als der Impala von der Wohnung wegfuhr, zog Dan sein blutbeflecktes Hemd aus und lieh sich von Carnes ein sauberes.

Auch Ron war sehr aufgewühlt, aber Dan blieb ruhig und gelassen: »Ich hatte das wohltuende Gefühl, daß alles so gelaufen war, wie Gott es sich vorgestellt hatte. Ron war ganz mitgenommen und schwach. Er sprach dauernd von dem Blutgeruch an seinen Händen. Ich legte ihm die Hand auf die Schulter und versuchte, ihn zu trösten.«

Während der Fahrt schien Ron allmählich seine Selbstbeherrschung wiederzufinden. Er lenkte den Impala durch die sengende Julihitze, achtete darauf, daß er die Geschwindigkeitsbegrenzung einhielt, und wußte genau, wohin er fuhr: nach Highland, dem nächsten Ort im Norden, wo er und Dianna früher mit ihren Kindern gelebt hatten – und wo Chloe Low immer noch wohnte.

Vier Monate vorher hatte Gott zu Ron gesagt:

> Es ist Mein Wille und Gebot, daß du die folgenden Menschen beseitigst, auf daß Mein Werk fürdergehe … Zuerst deines Bruders Weib Brenda und ihr Baby, dann Chloe Low und dann Richard Stowe. Und es ist Mein Wille, daß sie in rascher Folge beseitigt werden.

Mit den Morden an Brenda und Erica war die erste Hälfte der Offenbarung erfüllt. Während der kurzen Fahrt zu Lows Haus besprachen Ron und Dan, wie sie den Rest ausführen würden. Sie hielten sich so eng wie möglich an das Gebot und hatten vor, erst Low und dann Stowe zu beseitigen und sie, noch bevor der Tag zu Ende ging, »in rascher Folge« hinzurichten. Obwohl die Brüder sich einig waren, daß es leicht sein müßte, Low zu töten, »denn sie war eine zierliche Frau«, gestand Ron seinem

Bruder: »Ich fürchte, ich bringe die Energie nicht auf, Chloe Low umzubringen.«

»Du brauchst dir keine Sorgen zu machen«, beruhigte ihn Dan. »Ich werde mich auch darum kümmern. Denn es ist die Sache des Herrn.«

Teil Drei

... weil die besten Früchte der religiösen Erfahrung das Beste [sic], was die Geschichte zu zeigen hat ... Die höchsten Flüge von Liebe, Verehrung, Treue, Geduld, Tapferkeit, zu denen die menschliche Natur ihre Flügel ausgebreitet hat, sind im Namen religiöser Ideale unternommen worden.

William James
Die Vielfalt der religiösen Erfahrung.
Eine Studie über die menschliche Natur

Wenn man sich auf der Welt umsieht, so muß man feststellen, daß jedes bißchen Fortschritt im humanen Empfinden, jede Verbesserung der Strafgesetze, jede Maßnahme zur Verminderung der Kriege, jeder Schritt zur besseren Behandlung der farbigen Rassen oder jede Milderung der Sklaverei und jeder moralische Fortschritt auf der Erde durchweg von den organisierten Kirchen der Welt bekämpft wurde ...
Meine Ansicht über die Religion deckt sich mit der des Lukretius. Ich betrachte sie als Krankheit, die aus Angst entstanden ist, und als Quelle unnennbaren Elends. Ich kann jedoch nicht leugnen, daß sie einige Beiträge zur Zivilisation geleistet hat. In alter Zeit half sie, den Kalender festzulegen, und sie veranlaßte ägyptische Priester, die Sonnenfinsternisse mit solcher Sorgfalt aufzuzeichnen, daß sie mit der Zeit lernten, sie vorauszusagen. Diese beiden Dienste bin ich bereit anzuerkennen, aber andere kenne ich nicht.

Bertrand Russell
Warum ich kein Christ bin

17 Exodus

Sie gingen verbittert und hoffnungsvoll. Die Verfolgungen, die Massaker, der Märtyrertod des Propheten, die rote Ruhr, die Diphtherie und die trostlosen Gräber hatten sie zu einer Einheit verschmolzen, und viele Jahre lang glich jeder Planwagenzug einer neuen Flucht aus Ägypten. Die Parallele zum Alten Testament war wie ein Hornsignal in ihren Köpfen; einige von ihnen hofften vermutlich sogar, ein Pharao würde sie verfolgen und das Wasser sich teilen. Sie hatten ihre Stärke entdeckt: Im Exodus war das Mormonentum eine Herde, eine Büffelherde, und ihre Stärke lag in der Stärke dieser Herde und der Verschlagenheit der zähen alten Leitbullen. Brigham Young war kein Seher und Offenbarer, sondern ein geschickter Führer, ein Organisator und Besiedler von großem Format.

Wallace Stegner
Mormon Country

Als die Morgenröte allmählich den östlichen Himmel erhellte, ritt Porter Rockwell – der Engel der Zerstörung, Joseph Smiths treu ergebener Leibwächter und Vollstrecker – wutschäumend in vollem Galopp nach Nauvoo. Es war der 28. Juni 1844. Zwölf Stunden zuvor war der Mormonenprophet trotz der persönlichen Zusicherung von Gouverneur Thomas Ford, daß ihm nichts geschehen werde, im Gefängnis von Carthage von einem Trupp Milizsoldaten aus Illinois erschossen worden. In Nauvoo schrie Rockwell die grausige Nachricht heraus, während er durch die Straßen der erwachenden Stadt ritt: »Joseph ist tot – sie haben ihn umgebracht! Gott verdamme sie! Sie haben ihn umgebracht!«

Die Heiligen reagierten mit Trauer und Erschütterung auf Josephs Tod und schworen unter Tränen, Rache zu üben. Doch zuerst mußten sie sich einer dringlicheren Angelegenheit zuwenden: dem Überleben des Mormonentums. Die zehntausend Trauernden, die durch Josephs Haus defilierten, um ihm die letzte Ehre zu erweisen, fragten sich verzweifelt, wer von den Lebenden die Kirche wohl durch die kritischen Monate der ihr drohenden Gefahr führen könnte. Der anerkannte Historiker D. Michael Quinn schrieb in seinem Buch *The Mormon Hierarchy: Origins of Power:* »Nach Smiths Tod im Juni 1844 sah sich das Mormonentum einem Dilemma von größter Tragweite gegenüber: Kann die Kirche ohne den Gründungspropheten überleben? Oder würde das ganze Gebäude, wie bei der Entfernung eines Schlußsteins aus einem Gewölbebogen, in sich zusammenbrechen?«

Joseph hatte versäumt, seinen Anhängern eine eindeutige Regelung zur Bestimmung seines Nachfolgers zu hinterlassen. Im Lauf der Jahre hatte er mehrere sich widersprechende Kriterien für die Übertragung von Macht angedeutet. Das hatte zur Folge, daß durch seinen vorzeitigen Tod ein Führungsvakuum entstand, das mehrere Möchtegernpropheten zu füllen versuchten. Zu den Hauptanwärtern gehörten:

- Josephs ältester Sohn Joseph Smith III., der bei der Ermordung des Propheten erst elf Jahre alt war und den er vermutlich zu seinem Nachfolger ausersehen hatte, sobald der Junge erwachsen war.
- Josephs jüngerer Bruder Samuel H. Smith.
- Sidney Rigdon, der einflußreiche Theologe, den Joseph 1844 bei seiner Bewerbung um das Präsidentenamt der Vereinigten Staaten als Kandidaten für die Vizepräsidentschaft ausgewählt hatte – trotz des Umstands, daß Rigdon, der an »nervösen Zuckungen und Ohnmachtsanfällen« litt, sprunghaft und unzuverlässig war.
- Brigham Young, der tüchtige, ehrgeizige Präsident des Rates der Zwölf Apostel.

Die Anwärter teilten sich in zwei Lager: diejenigen, die die Polygamie erbittert bekämpften und in Josephs Tod die Gelegenheit sahen, diese Praxis auszurotten, bevor sie sich allgemein durchsetzte, und diejenigen, die schon mehrere Frauen hatten und die Polygamie als ein gottgewolltes Leitprinzip betrachteten, das aufrechterhalten werden mußte. Joseph hatte seine heimliche Offenbarung, in der die celestiale Ehe gebilligt wurde, erst ein knappes Jahr vor seinem Märtyrertod bekanntgegeben – und selbst nachdem er die Offenbarung schriftlich festgehalten hatte, waren nur seine treuesten Freunde in das Geheimnis eingeweiht worden. In der trostlosen, chaotischen Zeit nach dem Mord an Joseph hatten 95 Prozent der Mormonen noch immer keine Ahnung, daß ihr Prophet mehr als eine Frau geheiratet und die Vielehe zu einem der wichtigsten Schlüssel für den Zutritt zum Himmelreich erklärt hatte.

Emma Smith, Samuel Smith, Sidney Rigdon, William Law und andere Verächter der Polygamie – engagierte Mormonen, die überzeugt waren, daß dieser Grundsatz das Ende ihrer Kirche bedeutete – wollten unbedingt einen Nachfolger für Joseph einsetzen, der die Lehre widerrief, bevor sie Fuß faßte. Am 13. Juli warnte Emma, falls der nächste Führer der Mormonen »kein Mann ist, den sie gutheißt, wird sie der Kirche jeden erdenklichen Schaden zufügen«.

Die Apostel John Taylor, Willard Richards, Brigham Young und ihre Brüder im Pro-Polygamie-Lager wollten ebenso dringend einen Propheten einsetzen, der die Lehre aufrechterhielt, damit die vielen Frauen, die diese Männer heimlich geheiratet hatten, nicht als Huren gebrandmarkt wurden.

Die Nachfolgekrise wurde noch komplizierter, weil im Frühling 1844 zehn Mitglieder des Rates der Zwölf Apostel, darunter auch Brigham Young, weit weg waren, denn Joseph hatte sie ins ganze Land geschickt, damit sie um Unterstützung für seine Präsidentschaftskandidatur warben. Young, der bei Josephs Ermordung in Massachusetts war, erfuhr erst neunzehn Tage nach den Geschehnissen vom Tod des Propheten. In seiner Betrübnis über die Nachricht befürchtete Brigham anfangs, daß die Mormonenkirche ohne Joseph zerfallen würde. »Mein Kopf schmerzte so sehr«, klagte er, »daß ich dachte, er würde zerspringen.« Sobald er und die übrigen Apostel von der Ermordung erfuhren, eilten sie so schnell wie möglich zurück nach Nauvoo.

Das Antipolygamie-Lager unternahm alles, damit einer der Ihren zum Propheten erklärt wurde, bevor der gesamte Rat der Zwölf Apostel aus den entferntesten Winkeln der Republik nach Nauvoo zurückkehren konnte. Der kleine Joseph Smith III. hatte einen berechtigten Anspruch auf den Thron, aber da er nicht einmal das Pubertätsalter erreicht hatte, setzten die Antipolygamisten ihre Energie dafür ein, die Aufgabe Samuel H. Smith, dem jüngeren Bruder des verstorbenen Propheten, zu übertragen. Doch am 30. Juli, gerade als es so aussah, als wäre alles unter Dach und Fach, starb Samuel plötzlich. Zwingende Indizienbeweise deuten darauf hin, daß ihm von Hosea Stout, dem Polizeichef von Nauvoo, der Brigham Young und den anderen Polygamisten treu ergeben war, Gift verabreicht wurde.

Nach Samuel Smiths verdächtigem Tod unternahm Sidney Rigdon – ein weiterer Antipolygamist – einen letzten verzweifelten Versuch, in Josephs Fußstapfen zu treten, bevor Brigham und die anderen Apostel nach Nauvoo zurückkamen. In aller Eile sicherte er sich die Unterstützung anderer Antipolygamisten und ließ sich zum »Hüter« der Kirche ernennen, obwohl die Ernennung erst offiziell sein würde, wenn sie bei einer außerordentlichen Kirchenversammlung, die für den 8. August angesetzt war, durch eine Abstimmung bestätigt wurde. Es schien bereits eine vollendete Tatsache zu sein – bis Brigham Young und die übrigen Apostel unvermittelt am Abend des 6. August auftauchten, gerade noch rechtzeitig, um den Plan der Antipolygamisten, Rigdon zu Josephs Nachfolger zu machen, zu vereiteln.

Am Morgen des 8. August 1844 versammelten sich die Gläubigen von Nauvoo, um zu hören, wie Rigdon und Young begründeten, warum sie zum neuen Mormonenführer ernannt werden sollten. Rigdon hielt eine neunzigminütige leidenschaftliche Rede, doch es gelang ihm nicht, seine Glaubensbrüder davon zu überzeugen, daß Gott ihn für diese Aufgabe auserwählt hatte. Dann war Brigham an der Reihe, und es heißt, daß sich etwas Erstaunliches zutrug, das keinen Zweifel daran ließ, wer der nächste Prophet sein würde.

»Brigham Young erhob sich und brüllte wie ein junger Löwe«, erinnerte sich John D. Lee, »und er ahmte den Ton und die Ausdrucksweise von Joseph, dem Propheten, nach. Viele der Brüder erklärten, sie hätten gesehen, wie sich Josephs Mantel auf seine Schultern gesenkt hätte. Ich selbst glaubte in diesem Augenblick, eine starke Ähnlichkeit mit dem Propheten in ihm zu sehen und zu hören, und spürte, daß er der Mann war, der uns führen sollte.« Viele Heilige, die Brighams Ansprache miterlebten (und noch mehr, die nicht dabei waren), beschworen, daß sich während der Rede eine unglaubliche Wandlung mit ihm vollzog und er vorübergehend die Stimme, das Aussehen und sogar die körperliche Statur Josephs annahm, der wesentlich größer gewesen war als er. Nach diesem Auftritt fiel es Brigham nicht schwer, die meisten Anwesenden davon zu überzeugen, daß er ihr nächster Führer sein sollte, und so wurde er der zweite Präsident, Prophet, Seher und Offenbarer der Mormonen.

Es ist interessant, darüber nachzudenken, was passiert wäre, wenn sich Brighams Rückkehr nach Nauvoo um sechsunddreißig Stunden verzögert hätte und Rigdon ans Ruder gekommen wäre. Man kann mit einiger Sicherheit annehmen, daß die mormonische Kultur (ganz abgesehen von der Kultur des amerikanischen Westens) heute ganz anders aussehen würde. Aller Wahrscheinlichkeit nach hätten sich die Mormonen nicht im Great Basin angesiedelt, und die HLT-Polygamie wäre noch in den Anfängen erstickt worden. Nach den Worten von Rigdons Sohn John »begingen die Heiligen der Letzten Tage keinen Fehler, Brigham Young an die Spitze der Kirche zu setzen ... Wenn sie sich für Sidney Rigdon entschieden hätten, wäre die Kirche ins Wanken geraten und untergegangen.«

Wie Joseph Smith stammte Brigham Young aus einer armen

Familie im ländlichen Neuengland, wo das Spektakel der Zweiten Großen Erweckung bei ihm einen bleibenden Eindruck hinterließ. 1832 wurde er im Alter von einunddreißig Jahren in der Mormonenkirche getauft und war schon bald einer von Josephs getreuesten Stellvertretern.

Brighams Ergebenheit gegenüber dem Gründungspropheten war tief und unerschütterlich. Auch an Josephs extremste theologische Lehrsätze glaubte er aufrichtig – vielleicht sogar mit tieferer Überzeugung als Joseph selbst. Aber Brigham war in fast jeder Hinsicht genau das Gegenteil von Joseph.

Joseph war groß, sportlich und gutaussehend; Brigham war klein und dick (er brachte es sogar auf 110 Kilogramm) und hatte Schweinsäuglein. Joseph war emotional und charismatisch, ein leidenschaftlicher Träumer und unverbesserlicher Charmeur; Brigham war solide, zuverlässig und allzu pragmatisch, ein glänzender Organisator, der alles durchdachte und auf die kleinsten Einzelheiten achtete. Joseph sehnte sich nach der Liebe seiner Anhänger; Brigham verlangte nicht, daß die Heiligen ihn liebten – ihm ging es nur um ihren Respekt und bedingungslosen Gehorsam. Joseph unterhielt sich ständig mit Gott und empfing während seines Lebens einhundertfünfunddreißig Offenbarungen, die in *Lehre und Bündnisse* aufgenommen sind, und viele weitere, die nie veröffentlicht wurden; Brigham hatte nur eine einzige kanonisierte Offenbarung, *Lehre und Bündnisse,* Abschnitt 136, die bezeichnenderweise nichts mit heiligen Geheimnissen zu tun hatte: Darin wurde lediglich ausgeführt, wie die Mormonen ihre Planwagenzüge für den Exodus nach Utah organisieren sollten.

Tatsächlich wurde Brigham nie als religiöses Genie bezeichnet, doch als die Mormonen unmittelbar nach Josephs Märtyrertod befürchten mußten, ausgerottet zu werden, brauchten sie auch kein religiöses Genie. Statt dessen benötigten sie Disziplin und eine starke, entschlossene Führung, und das konnte Brigham ihnen bieten. George Bernard Shaw pries ihn als den »amerikanischen Moses«. Brigham war der richtige Mann zur richtigen Zeit.

Im Mai 1845 wurde wegen der Morde an Joseph und Hyrum Smith gegen neun Männer Anklage erhoben, von denen sieben in Carthage vor Gericht gestellt wurden. Unter den Angeklagten des Prozesses *Das Volk gegen Levi Williams,* wie der Fall genannt wurde, befanden sich einige führende Persönlichkeiten aus Westillinois: ein Colonel, ein Major und zwei Captains der Carthage Greys, ein Senator von Illinois und der Herausgeber der Zeitung von Warsaw. Angesichts der feindseligen Stimmung gegen die Mormonen im Hancock County war es nicht einfach, die Schuldigen vor Gericht zu bringen. John Taylor und Willard Richards – die beiden Mormonenapostel, die Zeugen der Morde gewesen waren – kündigten an, daß sie nicht vor Gericht erscheinen würden, da sie (zu Recht) befürchteten, man würde sie sofort umbringen, wenn sie nach Carthage kämen, wodurch es noch unwahrscheinlicher wurde, daß irgendwelche Schuldsprüche ergehen würden.

Der Prozeß fand trotzdem statt. Am 30. Mai wurden alle neun Angeklagten freigesprochen, was niemanden überraschte. Obwohl die Mormonen mit diesem Urteil gerechnet hatten, versetzte es sie in Wut. In einem Leitartikel der Zeitung von Nauvoo stand: »Die Mörder können sich darauf verlassen, daß ihr Fall, ohne Rücksicht auf irdische Gerichte, vom Höchsten Richter des Universums entschieden werden wird, der gesagt hat: Die Vergeltung ist mein, und ich werde heimzahlen.«

Einen Monat später, am ersten Jahrestag von Joseph Smiths Tod, sprach Brigham verbittert von dem Gerichtsurteil und erklärte: »Es gebührt Gott und Seinem Volk, das Blut Seiner Knechte zu rächen.« Zu diesem Zweck beauftragte er die Kirchenoberen, einen offiziellen »Bluteid« auszugeben, der auf der Stelle in das Endowment aufgenommen wurde, eines der heiligsten Rituale der Kirche.

Bei dem Eid mußten die Mormonen folgendes geloben: »Ich werde beten und nie aufhören zu beten und nie aufhören, den Herrn im Himmel zu bitten, daß Er das Blut der Propheten an diesem Volk räche, und solches werde ich meine Kinder und Kindeskinder lehren bis ins dritte und vierte Glied.« Dieses feierliche Gelübde, Rache zu üben, wurde von jedem Heiligen der Letzten Tage abgelegt, der an dem üblichen Tempelritual teilnahm, bis es 1927 aus dem Endowment gestrichen wurde, nachdem der Eid der nichtmormonischen Presse zugespielt worden war und bei Politikern und der Öffentlichkeit einen Aufschrei der Empörung ausgelöst hatte.

In den ersten Monaten nach Josephs Ermordung brauchte kein Einwohner von Nauvoo dazu angestachelt zu werden, sich an Ungläubigen zu rächen. Seit dem Mordanschlag hatten die Nichtmormonen ihre gewaltsamen Aktionen zur Vertreibung der Heiligen aus dem Hancock County verstärkt. Ermutigt durch den Freispruch für Josephs Mörder, streifte im Sommer 1845 unter der Führung von Levi Williams (dem Hauptangeklagten im Mordprozeß) eine Bürgerwehr durch den Bezirk und steckte Häuser und Farmen von Mormonen in Brand. Bis zum 15. September 1845 waren vierundvierzig mormonische Wohnhäuser niedergebrannt worden.

Am 16. September war Porter Rockwell unterwegs, um einer Mormonenfamilie bei der Bergung ihrer Habseligkeiten aus den Trümmern eines dieser verbrannten Häuser zu helfen, als er auf Lieutenant Frank Worrell von den Carthage Greys stieß – den Mann, der an dem Abend, als Joseph ermordet wurde, für die Bewachung des Gefängnisses verantwortlich gewesen war. Worrell hatte die Milizsoldaten befehligt, die vereinbart hatten, mit Platzpatronen auf die anstürmende Menge zu schießen, und dann zur Seite getreten waren, damit die Bürgerwehr den Propheten ungehindert ermorden konnte. Als Rockwell an jenem Septembernachmittag auf Worrell traf, verfolgte dieser gerade zu Pferd einen einheimischen Sheriff, der die Kühnheit besessen hatte, den Mormonen sein Mitgefühl auszusprechen. Während Worrell hinter dem ängstlichen Sheriff hergaloppierte, schoß Rockwell ihm eine Gewehrkugel in den Bauch. Nach den Worten eines Augenzeugen machte das Opfer »einen gewaltigen Satz in die Luft und stürzte dann tot vom Pferd«.

Die Ermordung Worrells verschlechterte die Beziehungen zwischen den Heiligen und ihren Widersachern erheblich. Ein paar Tage später nahm eine Gruppe von Mormonen einen jungen Ungläubigen namens McBracking gefangen, den sie verdächtigten, mormonische Häuser niedergebrannt zu haben. McBracking flehte um sein Leben, aber die Heiligen waren nicht versöhnlich gestimmt. Sie kastrierten ihn, schlitzten ihm die Kehle auf, schnitten ihm ein Ohr ab und schossen noch zwei- oder dreimal auf ihn. Wie Joseph drei Jahre vorher gepredigt hatte, waren manche Sünden so abscheulich, daß die Schuldigen nur dafür sühnen konnten, »wenn ihr Blut vergossen wurde und man ihren Rauch zu Gott aufsteigen ließ«.

Inzwischen hatte die Erregung bei beiden Konfliktparteien den Siedepunkt erreicht. Horden wütender Mormonen und Ungläubiger streiften sengend und plündernd durch den Bezirk und brannten über zweihundert Häuser nieder. Aus Sorge, das Hancock County könnte wieder am Rande eines regelrechten Bürgerkriegs stehen, schickte Gouverneur Thomas Ford vierhundert Soldaten nach Nauvoo, zusammen mit einem Komitee aus angesehenen Persönlichkeiten (darunter auch der namhafte Staatsmann Stephen A. Douglas), das eine dauerhafte Lösung für die Feindseligkeiten aushandeln sollte.

Brigham war klargeworden, daß es im Hancock County für die Heiligen keine Zukunft gab. Am 24. September schrieb er an Gouverneur Fords Komitee, die Mormonen versprächen im Falle eines Waffenstillstands, nicht nur Illinois, sondern auch die Vereinigten Staaten zu verlassen: Sie würden im folgenden Frühjahr aufbrechen, sobald das Präriegras auf ihrem geplanten Weg nach Westen so hoch war, daß ihre Lasttiere genug Futter fänden. Die Ungläubigen stimmten dem Vorschlag am ersten Oktober zu und gewährten den Heiligen eine verhältnismäßig friedliche Zeit, in der sie in Vorbereitung ihrer Massenumsiedlung Wagen bauen und Vorräte anlegen konnten.

Als neue Heimat der Heiligen wollte Brigham Young einen Ort finden, der von der Zivilisation weit entfernt war und zugleich auf ungläubige Siedler abstoßend wirken würde, damit sein Volk von Verfolgungen verschont blieb. Nachdem er Oregon,

Kalifornien und Vancouver Island in Kanada in Betracht gezogen hatte, beschloß er mit seinen Ratgebern, daß sich die Heiligen im dünnbesiedelten Wüstengebiet des Great Basin niederlassen sollten, das damals noch zu Mexiko gehörte.

Die Heiligen beabsichtigten, die City of Joseph erst zu verlassen, wenn es wärmer wurde, aber als die Nachricht eintraf, daß gegen Brigham ein Haftbefehl erlassen worden sei, weil er Fälschern Unterschlupf gewähre, schien ein vorzeitiger Aufbruch plötzlich keine schlechte Idee mehr zu sein.[40] Am 4. Februar 1846 bestieg die erste Mormonengruppe an der Anlegestelle in Nauvoo Plattboote, ruderte in Richtung Westen über das dunkle, eiskalte Wasser des Mississippi und kletterte in Iowa, wo noch tiefster Winter herrschte, unsicher an Land. Der große Exodus hatte begonnen.

Ernüchtert durch Josephs Ermordung und die beunruhigenden Gerüchte über die heimlichen Ausschweifungen ihrer Führer, hatten sich in den vorangegangenen Monaten Hunderte von Mormonen von der Kirche abgespalten.[41] Doch die überwältigende Mehrheit lud soviel wie möglich auf ihre Wagen, überließ den Rest ihren Feinden und folgte Brigham in die Wildnis. Im Mai jenes Jahres schleppten sich über sechstausend Heilige durch den bis zur Radachse reichenden Frühjahrsschlamm nach Westen, angetrieben von der Aussicht, nach Zion zu kommen.

Die 2000 Kilometer weite Reise von Nauvoo war eine mörderische Prüfung. Auf dem Weg nach Westen wurden sie von Frostbeulen, Diphtherie, Skorbut, Hunger, Totgeburten, Zekkenfieber, feindseligen Ungläubigen und von einer Keuchhustenepidemie heimgesucht, die Dutzende kleiner Kinder dahinraffte. In diesem grimmigen Winter starben mehr als sechshundert Heilige. Aber Brigham erwies sich als meisterhafter Menschenführer und war ungeheuer willensstark. Am 21. Juli 1847 erklomm ein Vortrupp der Heiligen einen Bergkamm und warf den ersten Blick auf »das Tal, in dem das weite Wasser des Great Salt Lake in der Sonne glitzerte«. Am nächsten Morgen ritt diese Gruppe unter der Führung von Porter Rockwell den Westhang der Wasatch Mountains hinab. Durch den Emigration Canyon, wie er später genannt wurde, erreichten sie in der Nähe des südlichen Endes der riesigen Wassermasse, die sie schon von oben gesehen hatten – eines Sees ohne Abfluß, salziger als der Pazifik –, das neue Zion der Heiligen.

Obwohl dieses Tiefland eine völlig karge Wüste war, flossen an seinem östlichen Rand Bäche mit frischem, kristallklarem Schmelzwasser, die zu allen Jahreszeiten aus der Wasatch Range herabrauschten. Außerdem stellte das imposante Granitgebirge eine natürliche Barriere dar, die helfen würde, die Gottlosen auf Distanz zu halten. Alles in allem fand der Erkundungstrupp, daß das Great Salt Lake Valley der richtige Ort sei, um dort die Hauptstadt für das Reich Gottes auf Erden zu errichten. Nachdem sie sich zwei Stunden lang die unmittelbare Umgebung angesehen hatten, ritten sie wieder den Emigration Canyon hinauf, um Brigham und ihren Glaubensbrüdern die freudige Nachricht zu überbringen.

Brigham, schwach und schmerzgeplagt vom Zeckenfieber, traf am 24. Juli 1847 im Tal ein, dem Tag, der heute von allen Mormonen als Pioneer Day gefeiert wird (und der Feiertag, den sich Ron Lafferty einhundertsiebenunddreißig Jahre später aussuchen würde, um seine Beseitigungsoffenbarung zu erfüllen). Noch bevor an jenem Abend die Sonne unterging, hatten sie die ersten Kartoffeln gesetzt und das Wasser des City Creek umgeleitet, um sie zu bewässern. Nur einen Steinwurf vom Bach entfernt legten sie das Fundament für einen Tempel, um den herum einmal Salt Lake City entstehen würde. Die lange, siebzehn Jahre dauernde Reise von Palmyra lag nun hinter ihnen. Die Mormonen hatten endlich ihre Heimat gefunden.

Viele waren unterwegs gestorben. Aber wer die Mühsal überstanden und den langen Weg vollendet hatte, der war der Kirche treuer ergeben als je zuvor. Die Schwätzer und Jammerer, die Zweifler, die Unzufriedenen – die Leute mit schwachem Glauben – waren durch die unzähligen Prüfungen in den vergangenen Jahren ausgesiebt worden, und es waren nur noch die wahrhaft Gläubigen übrig. Der mörderische Treck von Nauvoo hatte zusätzlich zu der Gewalt, der sie in Missouri und Illinois ausgesetzt gewesen waren, ein ungeheuer starkes Band zwischen den ersten Heiligen geschmiedet, die nach Utah kamen. Die Widrigkeiten hatten sie zu einem festen Stamm zusammengeschweißt, der seinem Führer Brigham Young bedingungslos ergeben war. Sie würden alles tun, was er verlangte.

Als im Februar 1846 die ersten Planwagen Nauvoo bei bitterkaltem Wetter verließen, wußte nur eine Handvoll Auswanderer von der Lehre der Vielehe oder davon, daß sie von ihren Führern bereits praktiziert wurde. 15 Kilometer jenseits des Mississippiufers, wo sie außerhalb der Reichweite der blutdürstigen Bürgerwehr waren, die in Illinois am Fluß entlangstreifte, legten die Heiligen eine Pause ein, um sich in Sugar Creek, Iowa, wieder zu gruppieren, bevor sie ihren anstrengenden Weg in die Rocky Mountains fortsetzten. Und dort, in jenem eingeschneiten Lager, wurde den einfachen Mitgliedern das heilige Geheimnis der Polygamie erstmals offen mitgeteilt.

Doch gegenüber der Welt außerhalb ihres Stammes leugneten Brigham Young und seine Ratgeber, daß die Mormonen die Polygamie ausübten. Und sie leugneten es noch jahrelang, auch als sich die Mormonen schon im Great Salt Lake Valley niedergelassen hatten. Der Historiker D. Michael Quinn bezeichnet die schamlose Heuchelei der Heiligen als »theokratische Ethik«. Die Mormonen nannten es »Lügen für den Herrn«.[42]

Ihr Entschluß, die Polygamie weiter zu verheimlichen, war nötig, weil sich die Grenzen des amerikanischen Reichs rasch ausdehnten. Nach zwei Jahrzehnten schwieriger und oft bösartiger Beziehungen zwischen den Heiligen und den Vereinigten Staaten hatte Brigham sein Volk außer Landes gebracht, um dem Zwist zu entkommen. Aber schon knapp ein Jahr nach der Ankunft der Heiligen in Utah folgte die amerikanische Republik ihnen nach Westen und nahm ihr neues Zion in Besitz. Nach dem Ende des Krieges mit Mexiko wurde die Heimat der Mormonen, wie 1848 im Vertrag von Guadalupe Hidalgo festgelegt, von den Vereinigten Staaten annektiert.

Diese Entwicklung erschwerte Brighams Plan, ein theokratisches Königreich zu gründen, das frei von den Gesetzen der Ungläubigen war. Und der hochfliegende Traum der Heiligen von der Herrschaft über ein großes Stück des Great Basin war noch mehr gefährdet, als in Kalifornien Gold gefunden wurde und Schwärme von ungläubigen Goldsuchern durch Salt Lake City zogen, das sich zu einer wichtigen Zwischenstation auf dem kürzesten Weg zu den Goldfeldern entwickelte. Der Goldrausch hatte aber auch etwas Gutes; Brigham blieb nichts anderes übrig, als für die Lebensmittel, die die Ungläubigen auf dem langen Weg nach Kalifornien brauchten, Wucherpreise zu verlangen, um den Heiligen dringend benötigtes Kapital zu verschaffen.

Nach der Annexion des Utah Territory durch die Vereinigten Staaten erklärte Brigham – der stete Pragmatiker –, daß die Mormonen treu zur amerikanischen Republik stünden, und beantragte unverzüglich in Washington, Utah als eigenständigen Bundesstaat aufzunehmen, was er für das beste Mittel hielt, um den Heiligen ein gewisses Maß an Souveränität zu sichern. Nach allem, was in Nauvoo geschehen war, betrachteten die Beamten in Washington Brighams Autonomiewunsch allerdings mit Mißtrauen. Deshalb gestand man den Mormonen statt der Eigenstaatlichkeit nur einen Territorialstatus zu, wodurch Washington die Heiligen der Letzten Tage theoretisch an einer viel kürzeren Leine halten konnte. Am 9. September 1850 wurde das Utah Territory formell gegründet, und Brigham wurde zum Gouverneur ernannt.[43]

Am 4. Februar 1851 erschien dem neuen Gouverneur die Zukunft der Mormonen schließlich so gesichert, daß er öffentlich über die Anzahl seiner Frauen sprach. »Ich habe viele«, prahlte er in einer Ansprache an die gesetzgebende Versammlung des Territoriums, »und ich schäme mich nicht, es bekanntzugeben.«[44] Damit gestand er erstmals öffentlich ein, daß die Mormonen die Polygamie ausübten. Ein Jahr später beschloß er, daß es an der Zeit sei, die »eigentümliche Lehre« einem noch größeren Publikum zu verkünden. Am 29. August

1852 berichtete er auf einer kirchlichen Versammlung in Salt Lake City von Joseph Smiths Offenbarung zur »celestialen Ehe« und sagte voraus, eines Tages würden »die gebildeteren Weltgegenden sie als eine der besten Lehren fördern, die je einem Volk verkündet wurden, und ebenfalls daran glauben«.

Die Katze war aus dem Sack. Zu Brighams Bestürzung erwies sich die Bekanntmachung sehr schnell als eine Katastrophe für die Mormonenkirche. Frisch bekehrte Mormonen in Frankreich und England waren schockiert und entsetzt. Der zuvor starke Zustrom Neubekehrter aus Europa verringerte sich drastisch. Ein Missionar berichtete, daß in den ersten sechs Monaten nach der Bekanntmachung von 1852 eintausendsiebenhundertsechsundsiebzig britische Heilige aus der Kirche ausgetreten seien.

Andererseits waren die meisten Mormonen in Utah der Idee der Vielehe weit zugänglicher. Obwohl die Polygamie immer nur von einer Minderheit der Heiligen ausgeübt wurde, hätte man in den 1850er Jahren nur wenige Bewohner Deserets finden können, die in der Vielehe kein hohes Ideal sahen. 1855 wurde die Polygamie nicht nur offen praktiziert, sie wurde den Gläubigen auch ständig mit aggressiven Methoden aufgedrängt, und gegen Widerspenstige wurden teils schreckliche Drohungen ausgesprochen. »Sollte sich einer von euch fortwährend der Vielweiberei verweigern«, drohte Brigham, »so versichere ich, daß er der Verdammung anheimfällt.«

Diese hartnäckige Förderung der Polygamie erwuchs aus einem fieberhaften Ausbruch religiösen Fanatismus, bekannt als die mormonische Reformation, der in den Jahren 1856 und 1857 seinen Höhepunkt erreichte. Will Bagley schreibt in seinem provokatorischen, sorgfältig recherchierten Geschichtswerk *Blood of the Prophets:* »Der vielleicht beunruhigendste Aspekt der Reformation war die Blutbesessenheit der Mormonenführer … Joseph Smith lehrte, daß bestimmte Sünden dem Sünder ›das sühnende Blut Christi unerreichbar‹ machten. ›Ihre einzige Hoffnung [bestand darin], daß zur Sühne ihr eigenes Blut vergossen wurde.‹ … Von allen Glaubenssätzen, die das Fundament für die gewalttätige Kultur von Utah bildeten, hatte keiner so verheerende Folgen.«

Die Speerspitze der Reformation war der von Gott berauschte Jedidiah Grant, Brighams unheimlich beliebter Zweiter Ratgeber, den die Heiligen liebevoll »Jeddy, Brighams Schmiedehammer« nannten. Grant erklärte den Auserwählten des Herrn, sie hätten das »Recht, einen Sünder um seiner Erlösung willen zu töten, sofern er ein Verbrechen begeht, das nur durch das Vergießen seines Blutes gesühnt werden kann«. Im September 1856 predigte er, es gebe auch unter ihnen Sünder, »deren Blut vergossen werden muß, denn Wasser genügt nicht, ihre Sünden sind von zu dunkler Färbung«.

Grant predigte genauso leidenschaftlich über die Pflicht der Heiligen, mehrere Frauen zu heiraten, wie über die Blutsühne, und sein aggressiver Werbefeldzug zugunsten der Vielehe hatte die erwünschte Wirkung. Die Mormonen begannen rasend schnell, weitere Frauen zu heiraten. 1856 sagte der Apostel Wilford Woodruff: »Alle bemühen sich, Frauen zu bekommen, so daß es in Utah kaum noch ein vierzehnjähriges Mädchen gibt, das nicht verheiratet ist oder bald heiraten wird.«

Bereitwillig akzeptierten die Heiligen die Erklärung ihres Propheten, daß die Vielehe eine gottgewollte Lehre von entscheidender Bedeutung sei. Doch Brigham hatte völlig falsch eingeschätzt, wie der Rest der Republik auf das Bekenntnis der Mormonen zur Polygamie reagieren würde. Als die heilige Lehre außerhalb Utahs bekannt wurde, hagelte es von überall Proteste – Proteste, die ein halbes Jahrhundert lang nicht nachließen.

Die meisten Amerikaner fanden die Polygamie moralisch abstoßend, auch wenn sie insgeheim davon fasziniert waren. Die folgenden Äußerungen des Kongreßabgeordneten John Alexander McLernand aus Illinois in einer Rede vor dem amerikanischen Repräsentantenhaus sind ziemlich typisch für die Reaktion der Ungläubigen auf die mormonische Lehre: »Was die Polygamie anbetrifft, so nenne ich sie ein großes Übel; sie untergräbt nicht nur die körperliche Gesundheit der Menschen, die sie ausüben, behindert nicht nur ihre körperliche Entwicklung und schwächt ihre Energie, sondern verdirbt auch die gesellschaftlichen Sitten und Tugenden ihrer Opfer … Sie ist eine scharlachrote Dirne. Sie ist eine Schande für die christliche Gesittung und verdient es, ausgerottet zu werden.«[45]

Brigham widerlegte solche Kritik, zumindest manchmal, mit dem gegenintuitiven Argument, daß die Vielehe in Wirklichkeit ein Mittel gegen die Unmoral sei, denn Männer mit vielen Frauen seien nicht der Versuchung ausgesetzt, Ehebruch zu begehen oder Prostituierte aufzusuchen. Manchmal behauptete er auch, die Polygamie habe eigentlich überhaupt nichts mit sexueller Befriedigung zu tun: »Gott hat die patriarchalische Ordnung der Ehe nicht in der Absicht eingeführt, die fleischlichen Begierden des Mannes zu befriedigen«, beteuerte Brigham. »Er hat sie eigens zu dem Zweck eingeführt, um Seinem Namen ein königliches Priestertum, Sein Eigentum zu erwecken.« Der Mormonenführer beharrte auch darauf, daß die ehelichen Bräuche der Heiligen eine religiöse Freiheit darstellten, die durch den Ersten Zusatz der amerikanischen Verfassung geschützt sei. Der Rest des Landes, wetterte er, habe kein Recht, von den Bewohnern Deserets zu verlangen, daß sie eine ihrer heiligsten religiösen Lehren aufgeben sollten: »Wenn wir die Polygamie einführen, so haben sie kein Recht, sich einzumischen.«

Der Umstand, daß die Polygamie in der Union sonst überall als schweres Verbrechen galt, beeindruckte Brigham nicht. Er vertrat den Standpunkt, die Gesetze Gottes hätten gegenüber den Gesetzen der Menschen – insbesondere den Gesetzen der Ungläubigen – Vorrang. Zu diesem Zweck führten die Heiligen in Deseret ein selbstentworfenes Rechtssystem ein, das sehr geschickt sicherstellte, daß bei einer Kollision der beiden Gesetzestexte die Gesetze Gottes die Oberhand behielten.

Da Utah weiterhin ein Territorium und kein Staat war, lag die gesetzliche Macht bei den Bundesgerichten. Die gesetzgebende Versammlung des Utah Territory, beherrscht von Mormonen, umging diesen unerträglichen Zustand, indem sie die Befugnisse der von Brigham kontrollierten einheimischen Nachlaßgerichte radikal ausweitete und dadurch die Zuständigkeit der Bundesregierung an sich riß. Die meisten Nachlaßrichter waren Mormonenbischöfe, und die Geschworenen, die sich in ihren Gerichtssälen versammelten, bestanden größtenteils aus treuen Mormonen, die ihr Urteil gehorsam auf die Anweisungen der Kirchenführer stützten.

Bundesbeamte, die nach Utah geschickt wurden, um die Heiligen zu kontrollieren, waren entsetzt über das, was sie erlebten, und beklagten sich bei ihren Vorgesetzten in Washington, daß Brigham das Territorium in eine theokratische Diktatur verwandelt habe. Doch die Mehrheit dieser ungläubigen Beamten (von denen viele durch und durch korrupt waren und in der Absicht nach Utah kamen, sich durch Schmiergelder zu bereichern) wurde so hartnäckig schikaniert, daß schließlich alle bis auf zwei von ihnen aus Utah flüchteten, aus Angst, sie würden, falls sie blieben, unangemeldeten Besuch von Porter Rockwell bekommen und danach nicht mehr am Leben sein – was einer unbekannten Zahl von Bundesbeamten tatsächlich passierte.

Ein immer größer werdender Chor von nichtmormonischen Stimmen erklärte Brigham zu einem gefährlichen Tyrannen, der uneingeschränkte Macht über seine Anhänger ausübte. Ein ungläubiger Besucher sagte: »Auf dem ganzen Erdboden gibt es kein anderes Volk, das so vollständig unter der Herrschaft eines Mannes steht.«

Brigham blieb ungerührt. Schon 1851 hatte er geprahlt: »Jeder Präsident der Vereinigten Staaten, der gegen dieses Volk den Finger erhebt, wird vor der Zeit sterben und zur Hölle fahren!« Fünf Jahre später war Brigham noch genauso widerspenstig und erklärte, er wolle aus Utah »einen souveränen Staat innerhalb der Union oder einen völlig unabhängigen Staat machen, und sollen sie uns doch von hier vertreiben, wenn sie können; das schaffen sie nicht«.

Solche Reden und immer mehr Berichte über die Kampfeslust der Mormonen alarmierten den Rest des Landes. Je mehr Washington Brigham zu zügeln versuchte, um so dreister wurde er. Im März 1857, kurz nachdem James Buchanan als Präsident in sein Amt eingeführt worden war, schickte die gesetzgebende Versammlung des Utah Territory ein aufsässiges Schreiben nach Washington, in dem stand, daß die Heiligen alle Bundesgesetze, die sie für ungerecht hielten, ignorieren und alle Bundesbeamten, die den strengen Moralvorstellungen der Mormonenkirche nicht gerecht wurden, aus ihrer Mitte vertreiben würden.

Es stellte sich heraus, daß die Heiligen einen ungünstigen Zeitpunkt gewählt hatten. Das Utah Territory war für den neuen Führer des Landes ein lästiges Problem, aber verglichen mit anderen nationalen Problemen, die sich damals auftürmten, ein relativ geringes, und Präsident Buchanan dachte, er könnte schnell und mühelos damit fertig werden. Und in der Revolte der Mormonen sah er ein Mittel, um die Amerikaner von viel weitreichenderen, viel schwerer zu handhabenden Fragen abzulenken – zum Beispiel von der immer stärkeren Verbitterung über die Sklaverei, die die Nation zu zerreißen drohte. Buchanan glaubte, das Recht, Sklaven zu halten, sei überall, wo es vom Staatsgesetz sanktioniert sei, von der Verfassung geschützt; er vertrat den Standpunkt, man solle Sklavenstaaten »in Ruhe lassen, sie sollen ihre Angelegenheiten selbst regeln.« Daraufhin sah er sich zunehmend dem erbitterten Widerstand der Nordstaatler gegenüber, die vom Kongreß und vom Präsidenten verlangten, die Sklaverei im ganzen Land abzuschaffen.

Da die Mormonen überall unbeliebt waren, dachte Buchanan, wenn er Utah, das zu den Befürwortern der Sklaverei zählte, hart bestrafte[46], könnte er die Gunst der Abolitionisten im Norden erlangen, ohne die Wähler im Süden, die die Sklaverei befürworteten, gegen sich aufzubringen. Also folgte er dem Rat des Anwalts Robert Tyler – Sohn des früheren Präsidenten John Tyler und einflußreiches Mitglied der Demokratischen Partei –, der ihn drängte, »der Neger-Manie durch die fast universelle Aufregung eines Antimormonen-Kreuzzugs Einhalt zu gebieten«.

Für die Politiker des 19. Jahrhunderts war es genauso reizvoll wie für ihre heutigen Berufskollegen, einen netten kleinen Krieg anzufangen, um die Aufmerksamkeit des Landes abzulenken. Der Historiker Will Bagley schreibt: »Von all den komplexen Schwierigkeiten, denen sich die neue Regierung gegenübersah, war das Mormonenproblem die verlockendste politische Chance und stellte die faszinierendste Lösung in Aussicht – eine Militäraktion, eine Vorgehensweise, die das Land in einem populären Kreuzzug gegen die Übel des Mormonentums einen könnte.«

Im Mai 1857 behauptete Buchanan, die Mormonen hätten eine lange Liste verräterischer Taten begangen, und entsandte eine Schar von Bundesbeamten, um in Utah die Rechtsvorschriften wiederherzustellen, darunter auch ein neuer Territorialgouverneur, der Brigham Young ablösen sollte. Noch bedeutungsvoller war, daß der neue Präsident diesen Beamten zweitausendfünfhundert schwerbewaffnete Soldaten als Geleitschutz nach Salt Lake City mitgab und ihnen befahl, die Heiligen notfalls zu unterwerfen. Im Grunde hatten die Vereinigten Staaten den Mormonen den Krieg erklärt.

Mehrere Historiker haben den sogenannten Utah-Krieg mit einer komischen Oper verglichen. Leonard Arrington und Davis Bitton schreiben in *The Mormon Experience: A History of the Latter-day Saints:* »Der Präsident der Vereinigten Staaten hatte das größte Heer entsandt, das in der Landesgeschichte in Friedenszeiten je aufgeboten wurde, um die Einsetzung eines halben Dutzend Beamter in einem unbedeutenden Territorium überwachen zu lassen.« Das Ganze erwies sich als ein Krieg, der viel mehr Rauch als Feuer erzeugte, und letztlich wurde ein Übereinkommen getroffen, bevor die Heiligen oder die amerikanischen Soldaten auch nur einen einzigen Schuß abgegeben hatten.

Doch für die Mitglieder eines Planwagenzugs, der im abgelegenen Südwestzipfel von Utah am oberen Rand des Great Basin durch ein schönes Tal fuhr, kam die gütliche Einigung zu spät.

Dieser idyllische Ort namens Mountain Meadows ist heute gleichbedeutend mit einem der schrecklichsten Ereignisse in der Geschichte des amerikanischen Westens – einem Vorfall, der den Fanatismus und die Brutalität einer Kultur veranschaulicht, die ein Jahrhundert später von Dan Lafferty und seinen fundamentalistischen Glaubensbrüdern begeistert in den Himmel gehoben wurde.

18 Denn Wasser genügt nicht

Die Mormonen waren anders, weil sie behaupteten, sie seien anders, und weil ihre Behauptungen, immer wieder auf unangenehmste Weise vorgebracht, andere veranlaßten, ihnen beizupflichten und sie auch so zu behandeln. Das heißt, die Vorstellung, daß die Mormonen anders seien, war eine bewußte Erfindung, die im Lauf der Zeit vervollkommnet wurde. Sie war zugleich Ursache und Folge eines Konflikts, in dem alle Parteien Gründe fanden, nicht das zu betonen, was die Mormonen mit anderen Amerikanern gemeinsam hatten, nämlich eine ganze Menge, sondern das, was sie nicht gemeinsam hatten. Eine der Folgen des Konflikts war eine Ideologie, die das selbsterdachte Anderssein der Mormonen in eine Verschwörung gegen die amerikanische Republik umzudeuten versuchte.

R. Laurence Moore

Religious Outsiders and the Making of Americans

Als die Wagen das Hochland von Südutah, 450 Kilometer entfernt von Salt Lake City, erreichten, gehörten dem Planwagenzug, der als Fancher-Gruppe in die Geschichte eingehen sollte, über einhundertdreißig Auswanderer, größtenteils aus Arkansas, tausend Stück Vieh und zweihundert Pferde an.[47] In den vorangegangenen Wochen hatten sich der Fancher-Gruppe noch einige rechtlose »Ausreißer« angeschlossen – abtrünnige Mormonen, die aus der Kirche ausgetreten waren und das Territorium verlassen wollten –, und die Zahl der Teilnehmer war auf einhundertvierzig angewachsen.

Dieser ungewöhnlich große Treck, der sich meilenweit auf

dem Old Spanish Trail (der südlichen Route nach Kalifornien) hinzog, rollte am Abend des 6. September 1857 über mehrere Stunden ins Mountain-Meadows-Tal[48], wo die Reisenden neben einer klaren Quelle übernachteten. Ihr Lagerplatz lag mitten in einem flachen Tal, 1750 Meter über dem Meeresspiegel, bedeckt von saftigem grünem Riedgras und Haargras, das in Samen geschossen war. Direkt hinter dieser Hochoase am Rande des Great Basin fiel der Weg steil ab in die glühendheiße Einöde der Mojave-Wüste. Angesichts des heißen, rauhen Landes, das sich über Hunderte von Kilometern vor ihnen erstreckte, waren die Auswanderer bestimmt dankbar für die Möglichkeit, sich auszuruhen und ihr Vieh an diesem grünen Ort grasen zu lassen.

Als die Sonne unterging, sank die Temperatur unter zehn Grad. Bei Tagesanbruch verließen die Leute ihr Schlaflager und kauerten sich um die Feuerstellen, um sich die Hände zu wärmen und zu kochen. Die frische Morgenluft duftete nach Beifuß und Wacholderrauch. Keiner rechnete mit einem bevorstehenden Überfall; die Arkanser hatten am Vorabend nicht einmal ihre Wagen im Kreis aufgestellt, wie sie es normalerweise taten.

»Unsere Gruppe setzte sich gerade zu einem Frühstück aus Wachteln und Waldkaninchen nieder, als in einer nahe gelegenen Schlucht ein Schuß ertönte«, erinnerte sich Sarah Frances Baker Mitchell zweiundachtzig Jahre später, »und eins der Kinder wurde von der Kugel getroffen und stürzte zu Boden.« Dieser erste Schuß war der Beginn eines wütenden Überraschungsangriffs, der vor Ende des Tages unter den Arkansern sieben Todesopfer fordern würde. Obwohl Mitchell damals erst drei Jahre alt war, haben sich ihr die Schrecken jenes Morgens – und die noch größeren Schrecken der folgenden Woche – ins Gedächtnis gebrannt.

Die Auswanderer formierten ihre Wagen rasch zu einem Verteidigungsring, gruben sich so gut wie möglich ein und erwiderten das Feuer, wodurch sie die erste Angriffswelle zurückschlugen. Sie hielten das Ganze für einen Indianerüberfall, was sich zu bestätigen schien, als sie immer wieder dunkelhäutige Männer in Kriegsbemalung erblickten, die auf sie schossen.

Tatsächlich waren die meisten Angreifer am ersten Morgen der fünftägigen Belagerung Paiutes, doch es waren auch Mormonen aus nahe gelegenen Siedlungen darunter, die sich die Gesichter angemalt hatten, um wie Indianer auszusehen. Und der Befehlshaber der Angreifer war ein bekannter Heiliger der Letzten Tage: der vierundvierzigjährige John D. Lee, ein kampferprobter Veteran der Unruhen in Missouri und Illinois, der Kirche und ihren Führern so treu ergeben wie kaum ein anderer Mormone.

Obwohl Lee ein großmäuliger, schleimiger Leuteschinder war und bei seinen Glaubensbrüdern nicht besonders beliebt, empfand Brigham Young aufrichtige Zuneigung zu ihm und wußte seinen unerschütterlichen Gehorsam zu schätzen. In Nauvoo hatte ihn Brigham, kurz nachdem er die Führung der Kirche übernommen hatte, in einem esoterischen mormonischen Ritual adoptiert und Lee zu seinem symbolischen Sohn gemacht, und 1856 hatte er Lee zum »Farmer für die Indianer« ernannt, dem persönlichen Botschafter des Propheten beim Stamm der südlichen Paiutes.

Um verstehen zu können, warum Lee – ein amerikanischer Bürger – einen Angriff auf einen amerikanischen Planwagenzug anführte, muß man auf den Anfang jenes Sommers zurückblicken und an die große Angst und Wut denken, die sich in Deseret verbreitete, als die Nachricht eintraf, daß sich im Osten eine feindliche Armee sammelte.

Porter Rockwell brachte gerade eine Postladung von Utah nach Missouri, als er von der bevorstehenden amerikanischen Militäraktion gegen die Heiligen erfuhr. In der Nähe der heutigen Ostgrenze von Wyoming begegnete er seinem Freund Abraham Smoot, dem Bürgermeister von Great Salt Lake City (wie die Hauptstadt von Utah damals hieß), der mit einer Viehherde nach Westen unterwegs war. Smoot erzählte Rockwell, der Vertrag mit dem US-Postminister sei plötzlich aufgelöst worden und in Fort Leavenworth, Kansas, sammelten sich Bundestruppen mit dem Befehl, gegen das Reich Gottes vorzurücken.

Rockwell machte sofort kehrt und ritt in Begleitung von Smoot und zwei weiteren Freunden zurück nach Utah, um Brigham zu warnen. Nach einer Pause in Fort Laramie, spannte der Engel der Zerstörung die zwei schnellsten Pferde im mormonischen Korral vor eine Kutsche, trieb die Pferde den ganzen Weg nach Great Salt Lake City heftig an und schaffte die 825 Kilometer in etwas mehr als fünf Tagen. Am 24. Juli, dem Pioneer Day, als die Heiligen gerade eine große Gedenkfeier zum zehnten Jahrestag ihrer Ankunft in Zion abhielten, erzählten Rockwell und Smoot Brigham von dem bevorstehenden Einmarsch; Brigham verkündete der Pioneer-Day-Versammlung die alarmierende Nachricht direkt nach Sonnenuntergang. Die Menschen waren erschüttert und reagierten mit einer Mischung aus Verwirrung, Besorgnis und Wut.

Brigham stand vor zweitausendfünfhundert seiner Untertanen und versicherte ihnen, daß sie sich vor der Armee der Vereinigten Staaten nicht zu fürchten brauchten, denn die Heiligen würden auf jeden Fall siegen. »Wir haben genug Unterdrückung und abscheuliche Schmach von ihnen erduldet«, brüllte er, »das wird nun ein Ende haben … Im Namen des Gottes von Israel, wir bitten sie nicht um Gnade.« Die Gemeinschaft der Heiligen der Letzten Tage, erklärte er dreist, »bilde fortan einen neuen und unabhängigen Staat, der nicht länger Utah heiße, sondern seinen eigenen mormonischen Namen Deseret trage«.

Brigham hatte schon über einen Monat gewußt, daß Bundestruppen nach Utah unterwegs waren, hatte die Nachricht aber bis zum Pioneer Day zurückgehalten, um den größten dramatischen Effekt zu erzielen. Schon seit Monaten hatte er Waffenarsenale angelegt und die Nauvoo Legion, seine Elitetruppe, gedrillt. Nach der Bekanntmachung vom Pioneer Day beschleunigte er bloß die Vorbereitungen für die Verteidigung Deserets. Und als Grundstein für diese Verteidigung, schreibt der Historiker Will Bagley, »galt es, die Indianer von Utah für die Sache der Mormonen zu gewinnen«.

Die Eingebung für Brighams Militärstrategie stammte direkt

aus den mormonischen Schriften: Dem *Buch Mormon* zufolge stammten die Indianer Nordamerikas von den Lamaniten ab, und als solche waren sie Überreste desselben alten israelischen Stammes, dem Nephi, Mormon und Moroni angehört hatten. Natürlich hatten die Lamaniten die Lehren Jesu zurückgewiesen, die Nephiten mit Krieg überzogen und sie schließlich bis auf den letzten Mann getötet – deshalb hatte Gott die Lamaniten mit dunkler Haut gestraft. Dennoch stand im *Buch Mormon* geschrieben, daß die Lamaniten/Indianer wieder »ein weißes und angenehmes Volk« werden würden, wenn die Heiligen der Letzten Tage sie in den Letzten Tagen vor der Wiederkunft Christi zum Mormonentum bekehrten. Im *Buch Mormon* wurde prophezeit, daß sich die Lamaniten, sobald sie erlöst seien, mit den Mormonen zusammentäten, um die Ungläubigen zu bezwingen und dadurch den Großen und Schrecklichen Tag des Herrn einzuleiten.

Dieses bedeutsame Bündnis zwischen Mormonen und Lamaniten würde, da war Brigham sich sicher, bald Wirklichkeit werden und der Wiederkunft des Herrn den Weg ebnen. Zu diesem Schluß war er gekommen, als die Heiligen im Great Salt Lake Valley ankamen und ihm klar wurde, daß die neue Heimat der Mormonen mitten im Gebiet der Lamaniten lag. Der Plan Gottes schien sich genauso zu entfalten, wie es im *Buch Mormon* prophezeit worden war.

Aber es war Brigham nicht in den Sinn gekommen, daß sich die Lamaniten weigern könnten, ihre von Gott bestimmte Rolle zu spielen. Manchmal waren die Indianer bereit, als Söldnertrupp zu agieren und im Auftrag der »Mormonee« für einen Teil der Beute »Mericats«[49] zu überfallen, doch sie betrachteten die Heiligen nicht als ihre Verbündeten. Für die Indianer waren der Big Captain und die übrigen Mormonee nur das kleinere zweier schrecklicher Übel – und manchmal nicht einmal das.

Trotz der mangelnden Begeisterung bei den Indianern, ihre prophetische Berufung zu erfüllen, nutzte Brigham jedes ihm zur Verfügung stehende Mittel, um sie für seinen Feldzug gegen die Ungläubigen zu gewinnen. Und wenn die Beute verlockend genug war, waren ihm die Indianer gefällig. Zahlreiche ungläubige Auswanderer, die durch Utah zogen, berichteten, daß ihre Pferde und ihr Vieh zwar von Indianern weggetrieben worden, später aber in den Korrals der Mormonen wiederaufgetaucht seien. Auch wenn die Indianer die millenaristischen Erwartungen der Heiligen nicht erfüllten, die »Streitaxt des Herrn« zu sein, waren die Lamaniten, wenn sie dazu bewegt werden konnten zu tun, was die Mormonen ihnen sagten, dennoch eine starke Waffe.

Während sie auf die Ankunft der Bundesarmee warteten, taten Brigham und andere Kirchenführer ihr Bestes, um die Mormonen gegen die Ungläubigen aufzuhetzen. Die Heiligen wurden immer wieder an die Ermordung vieler ihrer Brüder in Missouri und Illinois erinnert und daran, wie ihr geliebter Prophet Joseph Smith im Hancock County von einem gottlosen Pöbel erschossen worden war. Es wurde das Gerücht verbreitet, daß die anrükkenden Truppen den Befehl hätten, Brigham aufzuhängen und die Mormonen vollständig zu vernichten. Als der glühendheiße Sommer von 1857 sich langsam dem Herbst zuneigte, schreibt Juanita Brooks in ihrem mutigen, bahnbrechenden Buch *The Mountain Meadows Massacre*[50]:

> wurden die Reden immer aufrührerischer, solche Reden, wie Patrioten und Glaubenseiferer sie oft benutzt haben, um das Herz mit Zorn zu erfüllen und den Arm für den Kampf zu stärken. Im gesamten Territorium erzählten und durchlebten die Bewohner von Utah wieder ihr früheres Leid, die Zusammenrottungen und Brandstiftungen und die endgültige Vertreibung aus Nauvoo. Sie würden sich nie wieder vertreiben lassen; eher würden sie kämpfen.

Im August hatte der Haß auf die Ungläubigen den Siedepunkt erreicht. In jeder Stadt und jedem Dorf im Utah Territory waren Milizen aufgestellt und gedrillt worden. Aus weit entfernten mormonischen Außenposten in Nevada und Kalifornien waren Männer nach Utah zurückgerufen worden, um bei der Verteidigung der Gemeinschaft zu helfen. Die Heiligen wurden angewiesen, Planwagenzüge der Ungläubigen, die auf ihrem Weg nach Kalifornien weiter durch Utah rollten, nicht mehr mit Lebensmitteln zu versorgen; in einem im gesamten Territorium verbreiteten Brief wurden die Mormonenbischöfe ermahnt, darauf zu achten, daß nicht einmal ein Körnchen Getreide »an unsere Feinde verkauft wird«. Und wenn es der gottlosen Armee der Ungläubigen irgendwie gelingen sollte, in Deseret einzumarschieren, dann wollte Brigham von seinen Heiligen wissen, ob sie bereit seien, ihre eigenen Städte anzuzünden, ihre Felder zu verbrennen, »alles, was vor ihnen liegt, zu verwüsten und zu verheeren?«. Die Antwort lautete einmütig und unmißverständlich: »Ja!«

Demnach herrschte eine äußerst explosive Stimmung, als die Fancher-Gruppe am 3. August 1857 mit ihren Planwagen die Wasatch Range erklommen hatte und den Emigration Canyon hinab ins Great Salt Lake Valley rollte. Die Arkanser bemerkten die große Feindseligkeit der Mormonen und machten in der Hauptstadt des Territoriums nur zwei Tage Rast, bevor sie auf dem Old Spanish Trail in südwestlicher Richtung nach Kalifornien weiterfuhren.

Anscheinend waren die arkansischen Auswanderer von dem Augenblick an, als sie den Boden Utahs betraten, als Opfer ausersehen. Einer von ihnen behauptete später, sobald sie in Great Salt Lake City angekommen seien, sei ihm klargeworden, daß die Heiligen »einen Vorwand suchten, um den gesamten Wagenzug niederzumetzeln«. Ein Grund, warum die Fancher-Gruppe ausgewählt worden sein könnte, war der offensichtliche Reichtum der Arkanser: Sie galten als »der reichste und bestausgerüstete Wagenzug, der je das Land durchquerte«. Unter den eintausendzweihundert Stück Vieh des Trecks befanden sich preisgekrönte Texas Longhorns, und es gab ein Vollblutrennpferd von beeindruckender Schönheit, das damals allein 3000 Dollar wert war – was heute einem Wert von mehreren hunderttausend Dollar entspricht. Außerdem ging das Gerücht, daß die Fancher-Gruppe eine Geldkassette mit Tausenden von Dollar in Goldmünzen dabeihätte. In Utah, wo viele Heilige wegen der Grillenplagen und langer Dürre einer Hungersnot entgegensahen, mußten solche Reichtümer das Interesse von Leuten erwecken, die es für richtig hielten, die Gottlosen zu bestehlen.

Doch der Planwagenzug aus Arkansas war vermutlich nicht so sehr wegen seines Reichtums gefährdet, sondern eher wegen des von den Heiligen verinnerlichten Gefühls der Verfolgung – einer Stimmung, die den ganzen Sommer lang unerbittlich von der Kanzel herab geschürt worden war. Stärker als je zuvor sehnten sich die Mormonen nach Rache für die Ermordung von Joseph und Hyrum Smith. Und zudem hatten sie gerade von einem weiteren, erst kurz zurückliegenden Verbrechen erfahren, das es zu rächen galt: dem Mord an dem Mormonenapostel Parley Pratt, der nur zwei Wochen nachdem sich der Wagenzug auf den Weg nach Utah gemacht hatte in derselben Gegend, aus der der Fancher-Treck stammte, wie ein Tier gejagt und brutal ermordet worden war.[51]

Der Keim zu Pratts Tod wurde durch einen Akt der Nächstenliebe gelegt, als er einer Frau aus New Orleans namens Eleanor McLean in ihrer Bedrängnis Beistand geleistet hatte. Die erst vor kurzem zum Mormonentum bekehrte Eleanor war mit einem Ungläubigen, einem üblen Säufer namens Hector McLean, verheiratet, der ihre Bekehrung mißbilligte und Eleanor regelmäßig schlug. Gerührt von Pratts Güte, verliebte sich Eleanor in ihn, verließ ihren Mann, überließ ihre drei Kinder der Obhut ihrer Mutter und schaffte es, als Köchin einer Gruppe mormonischer Auswanderer nach Salt Lake City zu gelangen. Obwohl Eleanor rechtlich gesehen mit Hector McLean verheiratet blieb, siegelte Brigham sie in Deseret für Zeit und Ewigkeit an Parley Pratt und machte sie damit zur zwölften Frau des Apostels. 1856 kehrte sie, während Pratt als Missionar in St. Louis war, nach New Orleans zurück und holte ihre drei Kinder, was ihren ersten Mann, der Pratt beschuldigte, seine Ehe zerstört zu haben, in mörderische Wut versetzte.

McLean jagte Pratt nach, und es gelang ihm, einen Brief von Pratt an Eleanor abzufangen, in dem der Apostel von seinem Plan schrieb, sich am Arkansas River mit ihr zu treffen. Durch diese Information und die Zusammenarbeit mit einem Bundesmarshal, der Mormonen nicht ausstehen konnte, gelang es McLean, Pratt verhaften und in Van Buren, Arkansas, ins Gefängnis sperren zu lassen. Der nichtmormonische Friedensrichter, der den Prozeß führte, erkannte schnell, daß die Anschuldigungen gegen Pratt haltlos waren. Aus Sorge, der Mormonenapostel könnte von einer Bürgerwehr gelyncht werden, ließ der mutige Friedensrichter Pratt heimlich frei, doch McLean wurde sofort von Gefängnisspitzeln benachrichtigt.

Der besessene McLean spürte Pratt mit zwei Komplizen 20 Kilometer entfernt von Van Buren auf, wo sie ihn niederstachen, sicherheitshalber noch auf ihn schossen und ihn dann am Straßenrand verbluten ließen. Danach prahlte McLean, der Mord an Parley Pratt sei »die größte Tat meines Lebens« gewesen, und wurde im Westen von Arkansas dafür als Held gefeiert. Er wurde weder verhaftet noch unter Anklage gestellt.

Nach dem Tod ihres Mannes machte sich Eleanor Pratt mittellos und entmutigt wieder auf den Weg nach Utah. In der Nähe von Fort Laramie traf sie auf Porter Rockwell, der sie nach Great Salt Lake City mitnahm, wo er Brigham am Pioneer Day über die Invasionstruppen informierte. Ungefähr zu dem Zeitpunkt, als der Fancher-Treck die Grenze zum Utah Territory überquerte, berichtete Eleanor den Führern der Kirche ausführlich von der Ermordung ihres Mannes. In ihrem Bericht überschüttete sie den gesamten Staat Arkansas mit Vorwürfen und bat die Heiligen, Parleys unschuldiges Blut zu rächen.

Am 3. August 1857, dem Tag, an dem der Fancher-Treck im Great Salt Lake Valley ankam, verließ der Apostel George A. Smith (ein Cousin Joseph Smiths), der in der Nauvoo Legion den Rang eines Generals innehatte, in einer Kutsche Great Salt Lake City, um nach Südutah zu fahren. Sechs Jahre zuvor hatte General Smith die Besiedlung dieses fernen Zipfels des Territoriums geleitet.[52] Die Heiligen, die das Gebiet unter seiner Anleitung besiedelt hatten, galten als die größten Fanatiker des gesamten Mormonentums. Der General machte in jeder Stadt halt, durch die er kam, um zu seinen Glaubensbrüdern zu sprechen, peitschte ihren Fanatismus weiter auf und drängte die Siedlungen im Süden, sich auf einen heiligen Krieg vorzubereiten.

Ende August hatte Smith seine Rundreise durch den Süden fast vollendet und besuchte Jacob Hamblin, den »mormonischen Lederstrumpf«, der als begabter Missionar unter den Lamaniten tätig war und sich ein paar Kilometer nördlich des Mountain-Meadows-Tals eine Sommerhütte gebaut hatte. Berühmt für sein gutes Verhältnis zu den Indianern, genoß Hamblin besonders bei den Paiutes in der Gegend großes Ansehen, die in ihm eine Vaterfigur sahen. Smith überbrachte Hamblin einen Brief von Brigham Young, datiert vom 4. August, worin dem Missionar mitgeteilt wurde, die Indianer müßten »lernen, daß sie uns helfen müssen, oder die Vereinigten Staaten werden uns beide vernichten«.

Etwa um diese Zeit führte General Smith auch am Santa Clara River, ungefähr 40 Kilometer vom Mountain-Meadows-Tal entfernt, Verhandlungen mit Hunderten von Paiutes, wobei ihm John D. Lee als Dolmetscher diente. Lee zufolge erzählte Smith den Indianern, »daß die Amerikaner gleich hinter den Bergen ein großes Heer stehen hätten und alle Mormonen und Indianer im Utah Territory umbringen wollten; daß die Indianer sich auf einen Krieg gegen alle Amerikaner vorbereiten und einrichten und … den Befehlen der Mormonen gehorchen müßten – das sei der Wille des Großen Geistes«.

Später, als die Mormonen von den Verhandlungen zurückkehrten, sagte Smith zu Lee: »Das sind wild aussehende Burschen. Ich glaube, sie würden einem Auswandererzug, der hier entlangkommt, ziemlich die Hölle heiß machen.« Wenn so ein

Planwagenzug in die Gegend käme, fragte Smith Lee, glaube er dann, daß die Heiligen aus den Siedlungen im Süden ihn zusammen mit den Indianern angreifen würden? »Würden sich unsere Brüder auf sie stürzen und sie richtig verprügeln?«

Lee dachte gründlich über die Frage nach und antwortete dann: »Ich glaube wirklich, daß jeder Auswandererzug, der hier durchkommt, angegriffen wird und wahrscheinlich alle getötet werden.« Diese Antwort, berichtete Lee, »heiterte den General auf; er war hoch erfreut und sagte: ›Ich bin froh, eine solch gute Nachricht von unseren Leuten zu hören. Gott wird sie für alles segnen, was sie getan haben, um in den Letzten Tagen Sein Reich aufzubauen.‹«

»Seit diesem Tag«, schrieb Lee zwanzig Jahre später über dieses Gespräch, »habe ich immer geglaubt, daß General George A. Smith damals nach Südutah kam, um die Leute darauf vorzubereiten, Captain Fanchers Auswandererzug zu vernichten, und inzwischen glaube ich, daß er auf direkten Befehl Brigham Youngs handelte.«

Kurz darauf eilte Smith mit Hamblin und etwa einem Dutzend Paiutehäuptlingen zurück nach Great Salt Lake City, um sich mit Brigham zu treffen. Am Abend des 25. August lagerten Smith, Hamblin und die Indianer auf dem Weg nach Norden in Rufweite des nach Süden ziehenden Fancher-Trecks, und drei der Arkanser statteten den Mormonen einen Besuch ab. Auf die Frage der Auswanderer, wo sie rasten und ihre gewaltige Viehherde grasen lassen könnten, bevor sie durch die Mojave-Wüste zögen, empfahl Hamblin ihnen ein schönes kleines Tal in der Nähe seiner Hütte, das Mountain Meadows hieß.

Die berüchtigte Besprechung zwischen Brigham Young und den Paiutehäuptlingen fand am 1. September in Great Salt Lake City statt. Sie dauerte ungefähr eine Stunde, und Brighams Schwiegersohn Dimick B. Huntington fungierte als Dolmetscher. Huntingtons Aufzeichnungen zufolge »schenkte« Brigham den Indianern ausdrücklich das gesamte Vieh der Auswanderer auf dem Old Spanish Trail – das heißt die preisgekrönte Herde der Fancher-Gruppe, auf die die Paiutes, als sie genau eine Woche vorher in der Nähe der Auswanderer lagerten, begehrliche Blicke geworfen hatten. Die Botschaft des Propheten an die Indianerhäuptlinge war eindeutig: Er wollte, daß sie den Fancher-Treck angriffen. Im Morgengrauen des nächsten Tages verließen die Paiutes die Stadt der Heiligen und ritten so schnell wie möglich nach Südutah.

Am 4. September kamen die Arkanser durch Cedar City, 55 Kilometer nördlich des Mountain-Meadows-Tals, wo sie Lebensmittel von den Heiligen kaufen wollten, was ihnen aber ostentativ verweigert wurde. Inzwischen war Cedar City »ein Tollhaus von Fanatikern«, erinnerte sich ein mormonischer Einwohner, wo zahlreiche falsche Gerüchte über den Fancher-Treck kursierten. Es hieß beispielsweise, einige der Auswanderer seien 1838 direkt an der Ermordung der Mormonen in Haun's Mill, Missouri, beteiligt gewesen und einer der Arkanser hätte damit geprahlt, daß er zu den Leuten gehört habe, die Joseph Smith umgebracht hatten. Für die Heiligen in Südutah waren die Auswanderer das personifizierte Böse.

John D. Lee behauptete, er habe etwa an dem Tag, als die Arkanser in Cedar City eintrafen, von Lieutenant Colonel Isaac Haight, dem Bürgermeister von Cedar City, Präsidenten des HLT-Pfahls und Befehlshaber des örtlichen Bataillons der Nauvoo Legion, den Befehl erhalten, die Auswanderer anzugreifen. Lee sollte die Indianerhäuptlinge versammeln, die sich drei Tage vorher mit Brigham getroffen hatten, ihre Krieger bewaffnen und mit ihnen den Fancher-Treck in den Bergen südlich von Cedar City aus dem Hinterhalt überfallen; Lee berichtete, Haight habe betont, daß diese Anweisung »der Wille aller Verantwortlichen« sei.

Am 5. September machte sich Lee mit einem großen Trupp von Heiligen und Paiutes auf den Weg zum Mountain-Meadows-Tal. Am 6. September erreichten sie die Berge oberhalb des Tals, wo sie sich zwischen den verkrüppelten Bäumen versteckten und beobachteten, wie die Arkanser ihr Lager in der Nähe der Quelle aufschlugen, und die Heiligen malten sich die Gesichter an, damit sie wie Indianer aussahen. Früh am nächsten Morgen schlichen sich die bemalten Mormonen und die echten Paiutes, während die Auswanderer noch schliefen, zum Lager der Fancher-Gruppe und gingen hinter Felsen und Sträuchern in Deckung. Als die Sonne sich über die Zacken des 3000 Meter hohen Kamms der Pine Valley Mountains erhob, versammelten sich die nichtsahnenden Arkanser, um das Frühstück zuzubereiten. Lees Heckenschützen zielten sorgfältig mit ihren Flinten, um möglichst viele Leute zu treffen, und dann feuerten sie.

Lee hatte gedacht, die Arkanser hätten dem Überraschungsangriff nichts entgegenzusetzen. Die Heiligen waren von einem schnellen Sieg so überzeugt gewesen, daß sie, Lees Worten zufolge, den Paiutes versprochen hatten, sie »könnten die Auswanderer töten, ohne selbst in Gefahr zu geraten«. Doch die Fancher-Gruppe war diszipliniert, äußerst tapfer und gut bewaffnet, und in ihren Reihen gab es viele ausgezeichnete Schützen. Nach der ersten Gewehrsalve stellten die Arkanser rasch ihre Wagen im Kreis auf, gruben sich ein und gingen dann sofort zum Gegenangriff über, womit sie die Angreifer völlig durcheinanderbrachten.

Mindestens ein Paiutekrieger wurde an jenem Morgen getötet, zwei Paiutehäuptlinge wurden tödlich verwundet, und die Indianer und Mormonen wurden entscheidend zurückgeschlagen, was ihrer Entschlossenheit einen völlig unerwarteten Schlag versetzte. Als sie sich in sicherer Entfernung neu gruppierten, brachten die Indianer ihr Mißfallen über das verpfuschte Unternehmen mit deutlichen Worten zum Ausdruck. Wütend drohten sie damit, nach Hause zu reiten und die Mormonen sich selbst zu überlassen. »Da wußten wir, daß die Indianer der Aufgabe nicht gewachsen waren«, mußte sich Lee nach ihrem gescheiterten Überraschungsangriff eingestehen, »und wir saßen ziemlich in der Klemme.« Lee befahl seinen Leuten, die Auswanderer nicht entkommen zu lassen, und ritt davon, um bei den Mormonen Verstärkung zu holen und seine Vorgesetzten um Rat zu fragen.

Am Montag nachmittag hatte auch Isaac Haight in Cedar City erfahren, daß es im Mountain-Meadows-Tal nicht lief wie geplant. Haight hätte am liebsten eine Abordnung mormonischer Milizsoldaten ins Hochland geschickt, um die Auswanderer zu erledigen, aber eine hartnäckige Gruppe von Gemeindemitgliedern war der Meinung, daß ein solch schwerwiegender Schritt erst unternommen werden sollte, wenn Brigham Young ihn ausdrücklich genehmigt hatte. An jenem Abend sandte Haight einen Reiter auf einem schnellen Pferd nach Salt Lake City, mit einem Brief an den Propheten, in dem stand, daß Lee die Fancher-Gruppe im Mountain-Meadows-Tal umzingelt habe und frage, was er mit ihnen anfangen solle.

Währenddessen beschossen die Mormonen und ihre Paiutesöldner die Arkanser weiter aus der Deckung und hinderten sie daran, an der nahe gelegenen Quelle Wasser zu holen. Inzwischen hatten die Auswanderer unter den Heckenschützen zahlreiche Männer mit heller Hautfarbe entdeckt und vermutlich daraus geschlossen, daß sich neben den Paiutes auch Mormonen unter den Angreifern befanden. Von Hunger und Durst gequält, wußten die Ungläubigen, daß ihre Lage immer aussichtsloser wurde. Die Munition ging ihnen aus. Sie konnten weder ihre Toten begraben, noch konnten sie den vielen Schwerverletzten große Erleichterung verschaffen. Die meisten ihrer Pferde und Rinder waren von den Angreifern weggetrieben worden, doch über sechzig Tiere waren im Kreuzfeuer verendet; in der Spätsommersonne verwesten die Kadaver dieser Tiere inmitten der Arkanser und verbreiteten einen ekelerregenden Gestank.

Am Abend des 10. September unternahmen zwei mutige Auswanderer den verzweifelten Versuch, die Belagerungslinien zu durchbrechen und Hilfe zu holen. Einem der beiden, einem neunzehnjährigen Künstler aus Tennessee namens William Aden, der sich dem Fancher-Treck erst ein paar Wochen zuvor in Provo angeschlossen hatte, gelang es irgendwie, aus dem Tal zu entkommen, und er war schon bis kurz vor Cedar City geritten, als er auf eine Gruppe von Männern stieß, die neben einer Quelle lagerte. Aden glaubte, es handle sich um eine andere Gruppe von Ungläubigen auf dem Weg nach Kalifornien, stürmte auf sie zu und bat, ohne lange zu überlegen, um Hilfe. Doch die Männer waren Mormonen und keine Auswanderer, und als sie die Bitte des jungen Aden hörten, zogen sie ihre Waffen und erschossen ihn.

Isaac Haights Bote war frühmorgens am selben Tag in Salt Lake City eingetroffen und unverzüglich umgekehrt, um Brighams Antwort nach Südutah zu bringen. Die Anweisung des Propheten lautete, daß die Heiligen sich nicht mit der Fancher-Gruppe befassen sollten. »Die Indianer«, schrieb Brigham, »sollen tun, was ihnen beliebt, aber ihr solltet versuchen, ihnen wohlgesinnt zu bleiben.« Über diesen Brief hat sich die Wissenschaft viele Gedanken gemacht, doch die Historiker sind sich nicht einig, was Brigham damit beabsichtigte.[53] Was auch immer das Schreiben bedeuten mag, es gelangte erst am 13. September in Haights Hände, zwei Tage nachdem das Mountain-Meadows-Massaker verübt worden war.

Mangels einer Nachricht von Brigham Young fragte Isaac Haight seinen direkten Vorgesetzten Colonel William Dame um Rat, den achtunddreißigjährigen Befehlshaber aller Milizen Südutahs. Haight ritt in die 30 Kilometer nördlich gelegene Siedlung Parowan, wo er Dame mitten in der Nacht weckte, um ihn zu fragen, was er wegen des belagerten Fancher-Trecks unternehmen solle. Colonel Dame sagte ungeduldig, daß Haight keine weitere Nachricht aus Great Salt Lake brauche, um etwas zu unternehmen. »Mein Befehl lautet«, erklärte Dame, »daß die Auswanderer beseitigt werden *müssen.*« Diese Anweisung wurde John D. Lee im Mountain-Meadows-Tal durch Major John Higbee von der Nauvoo Legion überbracht, einen dreißigjährigen Glaubenseiferer, der mit über fünfzig Elitesoldaten der Miliz von Cedar City am Schauplatz des Geschehens eintraf.

Am Abend des 10. September waren die meisten Paiutes voller Empörung aus dem Mountain-Meadows-Tal weggeritten und hatten den Heiligen nur etwa vierzig indianische Söldner dagelassen. Da die Heiligen befürchteten, nicht mehr genug Leute zu haben, um die Stellung der Auswanderer gewaltsam einnehmen zu können, beschlossen sie, die Auseinandersetzung durch eine List zu beenden.

Am nächsten Tag, dem 11. September, schickte Lee morgens einen englischen Konvertiten namens William Bateman unter weißer Flagge zu den umzingelten Auswanderern; Bateman sollte ihnen sagen, daß die Mormonen da seien, um sich bei den Indianern für die Arkanser einzusetzen, und daß sie die Auswanderer vor den feindlichen Paiutes in Sicherheit bringen würden, wenn sie ihre Waffen ablieferten. Als Bateman Lee zu verstehen gab, daß die Auswanderer verhandlungsbereit seien, näherte dieser sich ihrer Wagenburg, um »die Bedingungen für die Übergabe festzulegen«.

»Als ich die Wagenburg betrat«, berichtete Lee, »versammelten sich Männer, Frauen und Kinder in großer Bestürzung um mich. Einige dachten, daß die Zeit ihrer glücklichen Befreiung gekommen sei, während mich andere, obgleich furchtbar verzweifelt und in Tränen aufgelöst, voller Zweifel, Mißtrauen und Entsetzen ansahen.« Lee brauchte mindestens zwei Stunden, um das Vertrauen der Auswanderer zu gewinnen, aber schließlich stimmten sie seinen Bedingungen zu, da sie keine andere Möglichkeit sahen, und lieferten ihre Waffen ab.

Die kleinsten Kinder und mehrere Verletzte wurden mit einem Wagen davongefahren. Die Frauen und die älteren Kinder folgten ihnen zu Fuß. Ein paar hundert Meter hinter dieser Gruppe wurden die Männer des Fancher-Trecks im Gänsemarsch weggeführt, jeder Auswanderer begleitet von einer mormonischen Wache. Nach ungefähr einer halben Stunde feuerte Major Higbee, der am Ende des Zugs ritt, eine Schußwaffe ab, um die Heiligen auf sich aufmerksam zu machen. »Halt!« rief er, einem vorher vereinbarten Plan folgend. »Tut eure Pflicht!«

Auf diesen schändlichen Befehl hin schossen alle Mormonen den ihnen zugeteilten Gefangenen augenblicklich aus kürzester Distanz eine Kugel in den Kopf. Die meisten Auswanderer starben sofort, aber einer der Heiligen erinnerte sich, daß er einen abtrünnigen Mormonen sah – einen der »Ausreißer«, der sich dem Fancher-Treck in Utah angeschlossen hatte und ein guter Bekannter seines mormonischen Mörders war –, der verletzt dalag und Higbee um sein Leben anflehte. Einem mormonischen Augenzeugen zufolge sagte Higbee zu dem Abtrünnigen: »Du hättest mir dasselbe oder etwas noch Schlimmeres angetan« und schlitzte ihm die Kehle auf.

Ein anderer Heiliger, der an dem Massaker beteiligt war, berichtete später, während die Männer der Fancher-Gruppe von ihren mormonischen Begleitern hingerichtet wurden, seien die Frauen und Kinder »von den Indianern, unter denen auch verkleidete Mormonen waren«, angegriffen worden. Bemalte Heilige und Paiutes fielen mit Gewehren und Messern über ihre Opfer her und erschossen sie, erschlugen sie oder schnitten ihnen die Kehle durch. Eine Arkanserin namens Nancy Huff, die damals vier Jahre alt war, berichtete später: »Ich sah, wie meine Mutter in die Stirn geschossen wurde und tot umfiel. Die Frauen und Kinder schrien und klammerten sich aneinander. Einige der jungen Frauen flehten die Meuchelmörder an, sie nicht umzubringen, aber die kannten kein Erbarmen, sondern schlugen mit den Gewehrkolben auf sie ein, bis ihr Gehirn herausspritzte.« Nephi Johnson, ein Mormone, der später gegenüber der Historikerin Juanita Brooks seine eigene Schuld eingestand, sagte: »Die meisten Morde wurden von Weißen begangen.«

Das Gemetzel dauerte nur wenige Minuten, und danach waren schätzungsweise hundertzwanzig Auswanderer tot. Ungefähr fünfzig der Opfer waren Männer, zwanzig waren Frauen und fünfzig waren Kinder oder Jugendliche. Vom gesamten Fancher-Treck wurden nur siebzehn Mitglieder am Leben gelassen – alles Kinder, die höchstens fünf Jahre alt waren und für zu jung erachtet wurden, um gegen die Heiligen aussagen zu können.[54]

Als sich Stille über den Ort des schrecklichen Geschehens senkte, durchsuchten die Mormonen die Leichen nach Wertsachen; nachdem die Heiligen sich genommen hatten, was sie haben wollten, erlaubten sie den Indianern, sich den Rest zu holen. Bald hatte man den toten Auswanderern alles abgenommen, auch die Kleidungsstücke, die sie getragen hatten. Doch die Indianer erhielten nur einen geringen Anteil der Beute. Der Historiker Will Bagley schreibt: »Die Paiutes bekamen nur etwa zwanzig Pferde und Maultiere, während die mormonischen Offiziere die besten Tiere für sich beanspruchten, was von der Geringschätzung für ihre Verbündeten zeugte … Im bettelarmen Südutah wurde die Beute der niedergemetzelten Einwanderer zum Ursprung von Neid und Konflikten. Einige von Lees Nachbarn hatten das Gefühl, er habe sie um ihren Anteil betrogen.«

Colonel William Dame und Lieutenant Colonel Isaac Haight – deren Befehle das Blutbad ausgelöst hatten – trafen am Morgen nach dem Gemetzel aus Cedar City im Mountain-Meadows-Tal ein. Es war der fünfundvierzigste Geburtstag von John D. Lee, der die befehlshabenden Offiziere zum Schauplatz des Gemetzels begleitete, wo sie mit den nackten, furchtbar zugerichteten Leichen von Männern, Frauen und Kindern konfrontiert wurden. »Colonel Dame schwieg eine Weile«, erinnerte sich Lee. »Er ließ den Blick über das Feld schweifen, wurde ganz blaß und wirkte beklommen und erschrocken. Da dachte ich, daß er gerade den Unterschied zwischen dem Erteilen und dem Ausführen des Befehls für ein Massaker begriff.«

Dame war schockiert über das Gemetzel und versuchte, sich von jeglicher Verantwortung freizusprechen. Das machte Haight wütend. »Sie haben den Befehl dazu gegeben«, fuhr er seinen vorgesetzten Offizier an. »Nichts wurde ohne Ihren Befehl getan, und es ist zu spät, um diesen Befehl rückgängig zu machen.«

Angesichts dieser unbestreitbaren Feststellung der Tatsachen verlor Dame die Beherrschung, und es schien, als würde er jeden Moment in Tränen ausbrechen. Lee zufolge beteuerte Dame leidenschaftlich: »Ich habe nicht gedacht, daß es so viele sind, sonst hätte ich nichts damit zu tun haben wollen.«

Haight war aufgebracht über Dames Feigheit und sagte zu

Lee: »Colonel Dame riet und befahl mir, diese Sache durchzuführen, und nun will er kneifen und mich im Stich lassen, aber, bei Gott, das soll er nicht tun… Eher soll er zur Hölle fahren, als daß er mir die ganze Schuld zuschiebt. Er muß sich allem, was er getan hat, wie ein Mann stellen. Er weiß, daß er den Befehl gegeben hat, und er soll sich unterstehen, es zu leugnen.«

Da er darauf keine angemessene Antwort wußte, verfiel Dame in Schweigen und beaufsichtigte die Beseitigung der Leichen. Lee berichtete, die mormonischen Milizsoldaten »häuften die Leichen in schmalen Furchen auf und warfen Erde darüber. Die Leichen waren nur leicht bedeckt, denn der Boden war hart, und die Brüder hatten keine geeigneten Grabwerkzeuge.« Innerhalb weniger Tage hatten Wölfe und andere Aasfresser die toten Auswanderer aus ihren flachen Gräbern gescharrt und ihre Überreste im Gras verstreut.

Lee zufolge stellten sich die Heiligen nach dieser halbherzigen, übereilten Beerdigung kreisförmig am Schauplatz des Massenmordes auf, um »Gott dafür zu danken, daß er uns unsere Feinde in die Hände gegeben hat«. Dann betonten die für das Massaker Verantwortlichen noch einmal, es sei »nötig, immer zu sagen, daß die Indianer es allein getan und die Mormonen nichts damit zu tun hatten… Es wurde einstimmig beschlossen, daß jeder, der das Geheimnis enthülle, der verrate, wer dabei war, oder etwas tue, was zur Entdeckung der Wahrheit führe, sterben müsse.«

19 Sündenböcke

Brigham Young rettete seine Kirche, als Joseph gelyncht wurde, brachte sie zum Missouri und ging mit ihr nach Great Salt Lake, gab ihr Sicherheit, Reichtum und Macht. Der Staat Utah ist sein Denkmal... Er war ein großer Mann, groß in allem, was für Israel notwendig war. Groß im Verstand, im Willen, in innerer Stärke und Entschlossenheit, groß, wenn er einen Weg finden mußte, den andere nicht finden konnten. Groß auch im Erinnern, in der Menschenführung, in Widerstand, Feindschaft und Haß. Ein großer Führer, ein großer Diplomat, ein großer Administrator und in der größten Not auch ein großer Lügner und ein großer Schurke.

Bernard DeVoto
The Year of Decision

»Guckt mal! Hier drüben!« ruft der sechsjährige Randy Bateman. Er ist ein richtiger kleiner Wirbelwind mit einer widerspenstigen blonden Tolle und kniet auf der Erde, um mit einer Hand einen Stein anzuheben, während er mit der anderen wild gestikuliert. »Guckt euch das mal an!« brüllt er wieder, diesmal noch eindringlicher. »Ein Skorpionloch!« Einen Augenblick später hat er das unheimlich aussehende Spinnentier aus seiner Höhle gezogen und in eine leere Gatorade-Flasche gesteckt. Dann kommt er in einer Staubwolke den Pfad heraufgerannt, um den Fang seinem Vater DeLoy Bateman zu zeigen, dem Lehrer aus Colorado City, der sich von der Fundamentalistischen Kirche Jesu Christi der Heiligen der Letzten Tage losgesagt hat. Colorado City liegt nur knapp 80 Kilometer Luftlinie vom Schauplatz des Mountain-Meadows-Massakers entfernt. William Bateman – der Mormone, der im Mountain-Meadows-Tal unter weißer Flagge zur Fancher-Gruppe kam, um den heuchlerischen Waffenstillstand abzuschließen, die Auswanderer zu veranlassen, ihre Waffen abzuliefern und in John D. Lees mörderische Falle zu gehen – war DeLoy Batemans Ururuonkel.[55]

Auch wenn DeLoy auf die berüchtigte Rolle, die sein Vorfahre bei dem Massaker spielte, nicht stolz ist, findet er, daß sie nicht unter den Teppich gekehrt werden sollte. Im Gegenteil, er würde gern alles in Erfahrung bringen, was es darüber zu wissen gibt. »Ich war schon immer ein neugieriger Mensch«, sagt er. »Auch als ich noch der Kirche angehörte. Onkel Rulon hat alles, was die Leute in Colorado City lernen und was sie lesen dürfen, stets beschränkt, aber das widerspricht eigentlich Joseph Smiths ursprünglicher Lehre. In *Lehre und Bündnisse*, Abschnitt 90, gibt es, soweit ich weiß, eine Offenbarung von Joseph, wo es heißt: ›Du sollst studieren und lernen und mit allen guten Büchern ... bekannt werden.‹ Jedenfalls hatte ich immer das Interesse, soviel wie möglich über alles mögliche zu lernen, und ich habe versucht, meinen Kindern dieselbe Liebe zum Lernen einzuflößen.«

Die Bateman-Sippe ist auf einem Wochenend-Campingausflug, um den Mount Dellenbaugh zu besteigen, einen erloschenen Vulkan, der sich am Südrand des Arizona Strip erhebt. Ziel der Besteigung ist, eine einhundertzweiunddreißig Jahre alte Inschrift zu finden, die am Rand des Kraters, der den felsigen Gipfel des Berges bildet, eingeritzt sein soll – einen Namenszug, der bei der Aufklärung einer Reihe von verwirrenden Vorfällen helfen könnte, die sich nach dem Mountain-Meadows-Massaker ereigneten und in die einige von DeLoys Vorfahren oder ihre Helfer durchaus verwickelt sein könnten. Außer DeLoy und Randy Bateman gehören der Gruppe, die gerade zum Gipfel unterwegs ist, noch DeLoys zwei Frauen und neun seiner siebzehn Kinder an; vier weitere Kinder, ein Enkelkind und ein Schwiegersohn sind im Basislager zurückgeblieben.

Da auf der heutigen Tour DeLoys zwei sechsjährige Söhne

Randy und Kevin und seine beiden achtjährigen Töchter Maria und Sarah dabei sind, geht der Aufstieg eher langsam vonstatten. Die Kinder sind begeisterte Wanderer und kommen in dem schwierigen Gelände gut zurecht, aber sie bleiben ständig stehen, um unter den Steinen nach Schlangen oder anderen interessanten Geschöpfen zu suchen oder Wüstenpflanzen zu bewundern und Mineralien zu bestimmen. »Ich unterstütze das«, sagt DeLoy achselzuckend. »Jeder Ausflug soll zu einer Biologiestunde werden.« Doch als die Gruppe schließlich den Gipfel erreicht, steht die Sonne schon so tief, daß sie in wenigen Minuten hinter der majestätischen Wölbung des westlichen Horizonts verschwunden sein wird und kaum noch genug Tageslicht bleibt, um den Namenszug zu entdecken, den DeLoy zu finden hofft.

Der Gipfel des Dellenbaugh ist eine Bergspitze aus Basalt, über die ein heißer, trockener Wind fegt. Hunderte riesiger Megalithen erheben sich aus dem Krater, und in jedem davon könnte die bedeutsame Inschrift eingeritzt sein. Den richtigen Felsen zu finden, bevor der Berg in Dunkelheit versinkt, erscheint kaum möglich, doch falls die Tour ihr Ziel verfehlen sollte, ist die Aussicht vom Gipfel ein gutes Trostpflaster. Im Süden ist die Erde mit einem wogenden Meer von Kiefern und zottigem Wacholder bedeckt, das bis zum Rand des Grand Canyon reicht, eine riesige, dunkle Spalte, eingefaßt mit Felsen aus blassem Kaibab-Kalkstein.

Kurz bevor das Tageslicht völlig verschwunden ist, ruft jemand: »Hier ist sie!« Und siehe da, der Name, nach dem DeLoy gesucht hat, ist in einen bräunlichen, glatten Basaltblock von der Größe einer Waschmaschine eingeritzt, in primitiven, fünf Zentimeter hohen Buchstaben: »W Dunn«. Direkt darunter befinden sich die Jahreszahl 1869 und ein Pfeil, der nach Norden zur Grenze von Utah zeigt. »Hast du Töne«, ruft DeLoy. Er läßt die Fingerspitzen über die Inschrift gleiten und blickt dann auf, um zu überlegen, was der Mann, der seinen Namen in diesen Felsen ritzte, vor über hundert Jahren von diesem Berggipfel aus wohl gesehen hat.

Die Inschrift stammt von einem gewissen William Dunn, einem zottelhaarigen Pionier, der noch keine dreißig Jahre alt war und dessen Wildlederkleidung an ihrem »dunklen, öligen Glanz« zu erkennen war. Diese Beschreibung geht auf Mr. Dunns damaligen Arbeitgeber Major John Wesley Powell zurück, den berühmten Erforscher des amerikanischen Westens, der als erster den Grand Canyon durchquerte. Dunn, ein Teilnehmer jener erstaunlichen Expedition, verschwand mit seinen beiden Begleitern, den Brüdern Oramel Gass Howland und Seneca Howland, kurz vor Ende der Reise. Dunns Namenszug auf dem Mount Dellenbaugh ist die letzte Spur, die es von den vermißten Forschern gibt.

Nachdem sie ein paar Fotos von Dunns Inschrift gemacht haben, genießen DeLoy und seine Familie die Aussicht vom Gipfel, solange es noch hell genug ist, und steigen dann bei sternklarem Himmel zu ihrem Lager ab. Am nächsten Morgen kommt der Wohnwagen der Batemans auf der Rückfahrt nach Colorado City unvorhergesehen an einer Gedenktafel für die Vermißten der Powell-Expedition vorbei, und DeLoy biegt ab, um sie sich anzusehen. Auf dem schönen Holzschild steht:

> WILLIAM DUNN, O. G. HOWLAND UND SENECA HOWLAND KAMEN, NACHDEM SIE MAJOR POWELLS GRUPPE VERLASSEN HATTEN, DEN SEPARATION CANYON HERAUF UND ÜBERQUERTEN MT. DELLENBAUGH. ENDE AUGUST 1869 WURDEN SIE ÖSTLICH VON DIESEM SCHILD VON INDIANERN GETÖTET.

Die Gedenktafel gibt die vorherrschende Meinung zu der Frage wieder, was Dunn und den Howland-Brüdern zugestoßen ist. Doch DeLoy ist seit kurzem anderer Ansicht. Er ist zu dem Schluß gekommen, daß die drei Forscher nicht von Indianern, sondern von den Mormonen in Südutah ermordet wurden. Und er glaubt, daß die Morde auf ein unglückseliges Mißverständnis zurückzuführen sind, das aus dem Mountain-Meadows-Massaker erwuchs.

1858, ein Jahr nach dem Massaker, erklärte sich Brigham Young widerwillig bereit, Bundestruppen nach Utah hereinzulassen und als Gouverneur des Territoriums zurückzutreten, wodurch der drohende Krieg zwischen den Heiligen und den Vereinigten Staaten abgewendet wurde. Doch in den Siedlungen im Süden kam immer wieder das Gerücht auf, daß die Mormonen am Fancher-Treck unbeschreibliche Greueltaten verübt hätten, was den zerbrechlichen Frieden bedrohte.

Präsident Buchanans Kriegsminister befahl dem zum Major ernannten James H. Carleton, die Angelegenheit zu untersuchen. Als Carleton im Frühling 1859 im Mountain-Meadows-Tal eintraf, stellte er voller Abscheu fest, daß das Tal knapp zwei Jahre nach dem Massaker noch immer mit Schädeln, Knochen, Haarbüscheln von Frauen und Kleiderfetzen von Kindern übersät war, die in der Sonne bleichten. Ein Stabsarzt berichtete, viele der Schädel »wiesen Verletzungen auf, waren von Kugeln durchbohrt, durch heftige Schläge zerschmettert oder mit einem scharfkantigen Gegenstand gespalten worden«. Die Art der Schußwunden, so folgerte er, »zeigte, daß die Waffen dicht am Kopf abgefeuert worden waren«.

»Dort wurde ein großes und schreckliches Verbrechen verübt«, erklärte Carleton. Seine Soldaten sammelten alle Knochen ein, die sie finden konnten, bestatteten sie in einem Gemeinschaftsgrab und schleppten dann mühsam Steine von den umliegenden Hängen heran, um ein primitives, aber riesiges Denkmal darauf zu errichten. Oben auf diesen Steinhaufen, der knapp vier Meter hoch war und einen Umfang von fünfzehn Metern hatte, stellten sie ein Holzkreuz mit der Inschrift: »Die Rache ist mein; ich will vergelten, spricht der Herr.«

Im Mai 1861 stieß Brigham Young auf dieses Denkmal, als er auf einer Reise zu den Siedlungen im Süden durch das Tal kam. Dem Apostel Wilford Woodruff zufolge, der den Propheten begleitete, las Brigham die Inschrift auf dem Kreuz, dachte kurz nach und schlug eine Änderung vor: »Die Rache ist *mein*«, sagte der Prophet süffisant, »und das war erst der Anfang.« Kurz darauf warf einer der Heiligen in seinem Gefolge ein Seil über das Kreuz und riß es nieder, während andere die Steine abtrugen und ringsum verstreuten. Als Brighams Trupp das Mountain-Meadows-Tal verließ, war das Denkmal für die niedergemetzelten Auswanderer zerstört.

In letzter Zeit war es für das Reich Gottes bergauf gegangen, und der Prophet war in aufgeräumter Stimmung. Der Territorialgouverneur, den Präsident Buchanan für Brigham eingesetzt hatte, ein Bürokrat aus Atlanta namens Alfred Cummings, hatte sich als Schwächling erwiesen, den man mühelos dazu bringen konnte, das zu tun, was die Heiligen ihm sagten. Außerdem war der verhaßte Buchanan im Weißen Haus von Abraham Lincoln abgelöst worden; nach seinem Amtsantritt sagte Honest Abe zu einem mormonischen Abgesandten: »Kehren Sie zurück und sagen Sie Brigham Young, sofern er mich in Frieden läßt, lasse ich auch ihn in Frieden.« Deshalb hatte Brigham allen Grund, überschwenglich zu sein.

Die Hauptstadt der Heiligen war sogar zu einem beliebten Reiseziel für so unerschrockene Männer wie den französischen Botaniker Jules Remy, den berühmten Journalisten Horace Greeley oder den englischen Forscher Sir Richard Francis Burton geworden. Greeley – der einflußreichste Journalist jener Zeit – hatte Brigham 1859 interviewt und dann einen sehr positiven Artikel in der *New York Tribune* veröffentlicht, in dem er schrieb, daß der Prophet »offenbar nicht den Wunsch hatte, etwas zu verbergen« und »keinen Anschein von Frömmelei oder Fanatismus« erweckte. Nachdem Sir Richard Burton 1860 mit Brigham, Porter Rockwell und anderen mormonischen Persönlichkeiten zusammengetroffen war, hatte der berühmte englische Abenteurer geschrieben:

> Der Prophet ist kein gewöhnlicher Mensch, und … er hat nichts von der Schwäche und Eitelkeit, die einen ungewöhnlichen Menschen im allgemeinen charakterisieren … In seinem Benehmen liegt nichts Anmaßendes, und er ist die Macht schon so lange gewohnt, daß ihm nicht daran gelegen ist, sie zur Schau zu stellen. Die Fertigkeiten, mit

denen er die uneinheitliche Masse widerstreitender Elemente regelt, sind unbezwingbarer Wille, tiefe Verschwiegenheit und ungewöhnlicher Scharfsinn.

Solche Schmeicheleien von berühmten Ungläubigen gaben Brigham zweifellos Auftrieb, doch war seine Überschwenglichkeit in erster Linie dem Beginn des Bürgerkriegs zuzuschreiben. Der bedeutsame Konflikt brach 1861, nur einen Monat vor seiner Reise durch Südutah, in Fort Sumter, Südcarolina, aus und ermutigte den Propheten wieder zu einer anmaßenden Haltung gegenüber den Vereinigten Staaten. Als aus Utah Bundestruppen abgezogen wurden, um die Streitkräfte der Unionsstaaten im Kampf gegen die Konföderierten zu verstärken, hätte Brigham nicht glücklicher sein können.

Außerdem schienen alle Nachrichten aus dem Osten zu bestätigen, daß das Volk der Ungläubigen gefährlich nah am Rand der Selbstzerstörung stand, genau wie Joseph Smith es 1832 vorausgesagt hatte.[56] Obwohl die Mormonen wegen ihrer Verbitterung gegenüber der Regierung in Washington jede von den Konföderierten gewonnene Schlacht bejubelten, war Brigham überzeugt, daß sich die Streitkräfte der Nord- und Südstaaten letztlich gegenseitig vernichten und die Heiligen der Letzten Tage am Ende des Bürgerkriegs siegreich und ungestört bleiben und ungeduldig auf den Großen und Schrecklichen Tag des Herrn warten würden.

Da Brigham keinen Grund sah, diesen Ausgang anzuzweifeln, war er sich sicher, daß sich die Vereinigten Staaten nicht länger in die Angelegenheiten von Deseret einmischen würden. Doch seine Zuversicht erwies sich als erschreckend kurzlebig. Nur sechzehn Monate nachdem die Unionsstaaten ihre Streitkräfte für den Kampf gegen die Konföderierten abgezogen hatten, wurden sie von Präsident Abraham Lincoln durch eine Kompanie kalifornischer Infanterie ersetzt, um die Herrschaft des Bundes über Utah sicherzustellen. Für den Rest des Krieges hatten dem Historiker D. Michael Quinn zufolge einige dieser Truppen »ihre Geschütze buchstäblich auf Brigham Youngs

Haus gerichtet, damit es im Falle eines Aufstands als erstes mit Kanonen beschossen wurde«.

Zum Kummer des Propheten unterzeichnete Lincoln 1862 auch noch das Morrill-Anti-Bigamie-Gesetz, das speziell darauf abzielte, »die Ausübung der Polygamie in den Territorien der Vereinigten Staaten zu bestrafen und zu verhindern und bestimmte Verordnungen der gesetzgebenden Versammlung des Utah Territory zu verwerfen und aufzuheben«. Nur wenige Monate nach seinem Amtsantritt bewies Lincoln, daß er gegen die Mormonen mindestens so hart durchzugreifen gedachte, wie es die Präsidenten Fillmore, Pierce und Buchanan vor ihm getan hatten, und das veranlaßte Brigham, gegen »solche verfluchten Schurken wie Abe Lincoln und seine Günstlinge« vom Leder zu ziehen. (Was nicht ohne Ironie ist, denn der zweite Mormonenprophet besaß viele Eigenschaften, die auch den sechzehnten amerikanischen Präsidenten auszeichneten; wenn Brighams Leben einen anderen Verlauf genommen hätte – wenn sein Ehrgeiz nicht so sehr auf das Tausendjährige Reich, sondern eher auf weltliche Dinge ausgerichtet gewesen wäre –, könnte man ihn sich mühelos im Weißen Haus vorstellen. Er hatte das Zeug zum Präsidenten und wäre den Menschen im Gedächtnis geblieben, ein nationaler Führer vom Schlag eines Lyndon Johnson, Franklin Roosevelt oder gar Lincoln persönlich.)

Im April 1865 löste sich Brighams ermutigendes Hirngespinst, daß Norden und Süden sich gegenseitig vernichten würden, mit der Kapitulation General Robert E. Lees in Appomattox auf. Am Ende des Bürgerkriegs waren die Unionsstaaten nicht nur intakt, sondern in mancher Hinsicht stärker als je zuvor. Brigham mußte erkennen, daß sich die Vereinigten Staaten danach zunehmend mit den Angelegenheiten und der Kontrolle von Deseret beschäftigen würden.

Das wurde noch unterstrichen, als 1869 am Promontory Summit, nördlich vom Great Salt Lake, feierlich der goldene Nagel eingeschlagen wurde, womit der Bau der transkontinentalen Eisenbahnstrecke vollendet war. Jetzt war Utah vom gottlosen Einfluß des gesamten Volkes der Ungläubigen nur noch durch eine relativ kurze, bequeme Zugfahrt getrennt. Und 1869 gab es noch ein wichtiges Ereignis, mit dem sich das Ende von Utahs Abgeschiedenheit ankündigte: die erste Befahrung des Green River und des Colorado River durch Major John Wesley Powell, einen Bürgerkriegshelden, der in der Schlacht von Shiloh den rechten Arm verloren hatte.

Powells Expedition brach am 24. Mai 1869 in kümmerlichen Holzbooten von Green River Station, Wyoming, auf und wollte auf dem Green River bis zu seinem Zusammenfluß mit dem Colorado River[57], dann weiter stromabwärts durch die gefährlichen, völlig unergründeten Schluchten des Grand Canyon fahren und damit das letzte große Gebiet unerforschter Wildnis in den angrenzenden Vereinigten Staaten durchqueren – den letzten weißen Fleck auf der Landkarte. Es war eine schwierige Fahrt, voller Gefahren, Entbehrungen und scharfer Auseinandersetzungen zwischen Powell und einigen seiner Männer.

Am 27. August legten ihre Boote kurz vor dem unteren Ende des Grand Canyon am Ufer an, direkt oberhalb der letzten gefährlichen Stromschnellen der gesamten Reise. Dort verkündeten Seneca Howland, sein Bruder Oramel Howland und William Dunn, daß sie die Expedition verlassen würden. Die drei verärgerten Abenteurer hörten nicht auf Powells Bitten, bei der Hauptgruppe zu bleiben, und sagten, sie hätten vor, vom Fluß mehr als 1000 Meter bis zum Nordrand des Canyons hinaufzusteigen und dann über 150 Kilometer weit durch karge Wüste zu den Mormonensiedlungen in Südutah zu marschieren.

Zu diesem Zeitpunkt hatte die Expedition ungefähr tausendfünfhundert gefahrenreiche Flußkilometer zurückgelegt. Alle neun Männer waren zerschlagen und hungrig, und der Proviant, hauptsächlich getrocknete Äpfel und Kaffee, reichte nur noch für fünf Tage. Doch das größte Problem der Gruppe war der Riß, der sich zwischen Major Powell und seinem psychisch labilen Bruder Captain Walter Powell auf der einen und fünf freigeistigen Trappern auf der anderen Seite aufgetan hatte:

Dunn, den Howland-Brüdern, Jack Sumner und Billie Hawkins.[58] Wie Wallace Stegner in seiner Powell-Biographie *Beyond the Hundredth Meridian* schrieb, verkörperten der Major und sein Bruder »militärische Disziplin und den Offiziersstand«, während die fünf Trapper »die Unabhängigkeit der Pioniere und eine heftige Abneigung gegen jegliche Form von Disziplin« verkörperten.

Am 28. August beobachteten Dunn und die Howland-Brüder, wie ihre Gefährten durch die Separation Rapids brausten und hinter einer Biegung des Flusses verschwanden. Dann begannen die drei Deserteure den beschwerlichen Aufstieg aus dem Grand Canyon, bewaffnet mit zwei Gewehren und einer Schrotflinte. Außerdem hatten sie eine Kopie der Expeditionsunterlagen und eine silberne Uhr dabei, die sie Jack Sumners Schwester überbringen sollten, falls er ertrank. Dunn und die Howlands stiegen eine steile Schlucht hinauf (die später Separation Canyon genannt wurde), um zum Nordrand zu gelangen, und machten sich auf den Weg über das Shivwits Plateau. 50 Kilometer vom Flußufer entfernt erklommen sie die sanften Hänge eines erloschenen Vulkans, der heute Mount Dellenbaugh heißt, um sich zu orientieren und ihren Weg durch das rauhe, vor ihnen liegende Land zu planen. Auf dem 2130 Meter hohen Gipfel des Mount Dellenbaugh ritzte Dunn seinen Namen in einen Felsen. Dann brach das Trio vermutlich zu den Mormonensiedlungen im Norden auf. Doch das weiß niemand genau, denn Dunn und die Howlands wurden nie wieder gesehen.[59]

Nachdem Powell und der Rest seiner Mannschaft die Separation Rapids bewältigt hatten, ohne zu kentern, legten sie am Ufer an, »warteten etwa zwei Stunden, feuerten die Gewehre ab und winkten … den Howlands und Dunn nachzukommen«, erinnerte sich Jack Sumner, »wozu sie nur am Abhang hätten entlangklettern müssen. Als wir sie das letzte Mal sahen, standen sie auf den Felsen und bedeuteten uns weiterzufahren, was wir schließlich auch taten.«

Zwei Tage später kam Powells Gruppe wohlbehalten an der Mündung des Virgin River an, wo sie eine Gruppe von Mormonen trafen, die mit Netzen Fische fing. Die Heiligen verköstigten die ausgezehrten Forscher und begleiteten Powell dann über die Beaver Dam Mountains nach St. George, der wichtigsten Stadt in Südutah. Am 8. September, als Powell mit einer Kutsche von St. George nach Great Salt Lake City fuhr, erschien unter der Schlagzeile »Drei Mitglieder der Powell-Expedition von Indianern getötet« ein Artikel in der Mormonenzeitung *Deseret News:*

> Wir haben von der Deseret Telegraph Line aus St. George eine Depesche über den Mord an drei Männern erhalten, die der Powell-Forschungsexpedition angehörten. Nach dem Bericht eines befreundeten Indianers scheint es, daß die Männer vor etwa fünf Tagen halbverhungert von friedfertigen Indianern des Stammes der Shebett [Shivwit] gefunden wurden. Die Shebetts gaben ihnen zu essen und brachten sie zu dem Pfad, der nach Washington in Südutah führt. Unterwegs trafen die Männer eine Squaw, die Samen sammelte, und erschossen sie; darauf wurden sie von drei Shebetts verfolgt und getötet. Ein befreundeter Indianer wurde ausgeschickt, um ihre Papiere sicherzustellen. Die Namen der Männer sind in der Depesche nicht erwähnt.

Als Powell davon erfuhr, wollte er nicht glauben, daß Dunn und die Howlands von den Shivwits – einem bescheidenen, relativ kleinen Indianerstamm, der zum Volk der südlichen Paiutes gehörte – getötet worden seien. Seine Skepsis gründete sich hauptsächlich auf Berichte, daß die Frau, die vor ihrer Ermordung angeblich vergewaltigt worden war, allein und unbewaffnet gewesen sei. »Ich kenne O. G. Howland schon seit vielen Jahren«, erklärte Powell, »und bezeichne daher diesen Teil der Geschichte, ohne zu zögern, als Verleumdung. Es widerspricht dem ehrlichen, heiteren Wesen dieses Mannes, so etwas zu tun.«

Das geheimnisvolle Telegramm, auf das in dem *Deseret-News*-Artikel angespielt wurde, war der allererste Hinweis darauf, daß Dunn und die Howland-Brüder von Indianern getötet worden seien. Das Telegramm war am Abend des 7. September 1869 anonym an den Mormonenapostel Erastus Snow in St. George geschickt worden, kurz nachdem Powell durch die Stadt gekommen war und die dort lebenden Heiligen gebeten hatte, nach den vermißten Mitgliedern seiner Mannschaft Ausschau zu halten. In dem Telegramm stand:

> Powells drei Männer von drei She-bits getötet, vor fünf Tagen, einen Tagesritt entfernt von Washington. Indianer berichten, die drei wurden in erschöpftem Zustand gefunden, die She-bits gaben ihnen zu essen und brachten sie zu dem Pfad, der nach Washington führt; danach trafen sie eine Squaw, die Samen sammelte, und erschossen sie, worauf die She-bits sie verfolgten und alle drei töteten. Zwei der She-bits, die die Männer umgebracht haben, sind mit zwei von den Gewehren im Washington Indian Camp. Indian George ist unterwegs, um die Papiere und das Hab und Gut der Männer sicherzustellen.

Jack Sumner – einer der Expeditionsteilnehmer, der mit Major Powell wohlbehalten aus dem Grand Canyon herauskam und ein enger Freund von William Dunn und den Howland-Brüdern war – stritt zwar oft mit Powell, doch auch er konnte nicht glauben, daß ihre Gefährten von Indianern getötet worden waren. Am Abend nach der Trennung hatten die Männer, die mit Powell auf dem Fluß geblieben waren, am Lagerfeuer Vermutungen angestellt über »das Schicksal der drei Männer, die sie weiter oben zurückgelassen hatten«. Sumner zufolge schienen alle anderen in Powells Gruppe »zu denken, daß die Rothäute sie bestimmt erwischen würden. Aber ich konnte das nicht glauben, denn ich hatte Dunn zwei Jahre lang beigebracht, wie man einen Überraschungsangriff vermeidet, und ich glaubte nicht, daß die roten Teufel drei bewaffnete Männer offen angreifen würden. Aber ich hatte die Befürchtung, daß sie den weißen Erzlumpen nicht entkommen würden, die jene Gegend unsicher machten. Später haben mich die umlaufenden Gerüchte überzeugt, daß genau das ihr Schicksal war.«

Sumner sprach natürlich von den Mormonen in Südutah. Er wußte alles über das Mountain-Meadows-Massaker und daß die Mormonen trotz gegenteiliger Beweise stets darauf beharrt hatten, die Indianer wären für die Ermordung der Arkanser allein verantwortlich. Als Sumner erfuhr, daß die Mormonen behaupteten, die Indianer hätten seine Freunde getötet, war er skeptisch. Später berichtete er: »Ein paar Jahre danach sah ich die silberne Uhr, die ich Howland gegeben hatte«, bei einer Schlägerei mit ein paar betrunkenen Weißen, von denen einer »eine Uhr hatte und damit prahlte, wie er in ihren Besitz gekommen war… Das ist kein schlagender Beweis, aber all das genügte, um mich zu überzeugen, daß die Indianer nicht die Anstifter der Morde waren, falls sie überhaupt etwas damit zu tun hatten.«

Ein Jahr nach der Durchquerung des Grand Canyon und der Heimreise nach Chicago kehrte Major Powell – inzwischen eine weltberühmte Persönlichkeit – zu einer weiteren Forschungsreise auf dem Colorado River und seinen Nebenflüssen in das Gebiet zurück. In der Zwischenzeit hatte die Familie der Howland-Brüder ihn gebeten herauszufinden, was Oramel und Seneca wirklich zugestoßen war. Powell bat Brigham Young um Hilfe, der ihm Jacob Hamblin, seinen Sonderbotschafter für die Indianer und wichtigsten Gefolgsmann in Südutah, als Führer zur Verfügung stellte.

Am 5. September traf sich Powell in Parowan mit Brigham, Hamblin und ungefähr vierzig einheimischen Heiligen – darunter auch zwei Haupttäter des Blutbades im Mountain-Meadows-Tal: William Dame und John D. Lee. Die gesamte Gruppe begleitete Powell zu dem mormonischen Außenposten Pipe Spring, wo Powell und Hamblin sich von Brigham und den anderen Heiligen verabschiedeten und, eskortiert von Kaibab-Indianern, den Arizona Strip in südlicher Richtung durchquerten. Am Abend des 19. September arrangierte Hamblin nordöstlich vom Mount Dellenbaugh ein Treffen zwischen Powell und Mitgliedern des Stammes der Shivwit, die angeblich seine Männer getötet hatten.

Laut Powells Bericht über das Treffen gab der Häuptling der Shivwits – der sich auf Hamblins Übersetzung verließ – offen zu, daß »wir die drei Männer getötet haben«. Ein anderes Stammesmitglied erklärte dann (jedoch außerhalb von Powells Hörweite), Dunn und die Howland-Brüder seien in das Dorf der Shivwits gewankt,

> halbverhungert und erschöpft. Sie wurden von den Indianern versorgt und machten sich dann auf den Weg zu den Siedlungen. Kurz nachdem sie aufgebrochen waren, kam ein Indianer vom Ostufer des Colorado in ihr Dorf und erzählte ihnen von einer Gruppe betrunkener Prospektoren, die eine Squaw getötet hätten, und das seien zweifellos diese Männer gewesen … Auf diese Weise machte er sie äußerst wütend. Sie verfolgten und überholten die Männer, legten einen Hinterhalt und töteten sie mit zahlreichen Pfeilschüssen.

Mit anderen Worten, die Morde waren die Folge eines schrecklichen Mißverständnisses. Powell verzieh den Shivwits und unternahm nichts, um sie zu bestrafen oder sich an ihnen zu rächen.

Im Lauf der Jahre stellten eine Handvoll Leute diese Darstellung der Tragödie beharrlich in Frage, besonders Dunns Freund Jack Sumner und ein grauhaariger Führer vom Colorado River namens Otis »Dock« Marston, der behauptete, ein eingeweihter Mormone habe ihm vertraulich erzählt, »die Mormonen hätten diese Männer erschossen«. Aber die meisten Historiker, egal, ob Mormonen oder Ungläubige, und darunter auch so berühmte Persönlichkeiten wie Wallace Stegner, schenkten Sumner, Marston und den anderen Skeptikern keinen Glauben. 1980 stieß jedoch ein ehemaliger Dekan der naturwissenschaftlichen Fakultät an der Southern Utah University, ein Heiliger der Letzten Tage namens Wesley P. Larsen, auf einen Brief, der in dem kleinen Dorf Toquerville siebenundneunzig Jahre lang in einem alten Schrankkoffer gelegen hatte. Der Brief war vom 17. Februar 1883 datiert und deutete darauf hin, daß Dunn und die Howlands in Toquerville – direkt im Haus der HLT-Gemeinde – von einem der einheimischen Heiligen umgebracht worden waren.

Der Brief war an John Steele gerichtet – einen hochangesehenen Richter und Kirchenführer, der sich ebenfalls als Arzt und Schuhmacher in Toquerville betätigte –, geschrieben von William Leany, der siebenunddreißig Jahre mit Steele befreundet gewesen war. Leany war immer ein untadeliger Heiliger gewesen (früher hatte er sogar zu den getreuen Leibwächtern Brigham Youngs gehört), bis er im brisanten, haßerfüllten Sommer 1857, kurz vor dem Mountain-Meadows-Massaker, die unverzeihliche Sünde beging, einen Ungläubigen aus dem Fancher-Treck mit Lebensmitteln zu versorgen. Der fragliche Ungläubige war William Aden, der neunzehnjährige Künstler aus Tennessee, der eine Woche später bei dem Versuch, für die belagerten Arkanser Hilfe zu holen, erschossen wurde.

Aden war der Sohn eines Arztes, der Leany mehrere Jahre zuvor aus den Klauen eines antimormonischen Pöbels gerettet hatte, als man ihm während seiner Missionstätigkeit in der Stadt Paris, Tennessee, ans Leben wollte. Nach seiner Rettung lernte Leany im Haus der Adens den jungen William kennen. Als die Fancher-Gruppe in Parowan übernachtete, erkannte Leany den Sohn der Adens wieder und lud ihn in sein Haus ein, aß mit ihm zu Abend und schenkte ihm zum Abschied ein paar Zwiebeln aus seinem Garten. William Dame erfuhr von diesem verräterischen Akt, schickte einen brutalen Schläger zu Leany, der einen Pfosten von dessen Zaun abriß und ihn damit auf den Kopf schlug, bis Leany einen Schädelbruch erlitt und halbtot war.

Im Jahre 1883, als er den langen, weitschweifigen Brief schrieb, den Professor Larsen später entdeckte, war Leany achtundsechzig Jahre alt. Das Schreiben an Richter Steele war anscheinend die Antwort auf die Anfrage des Richters, ob Leany nicht vielleicht, bevor er ins Jenseits überging, gewisse Sünden bereuen wolle, deren ihn die Glaubensbrüder in Toquerville bezichtigt hatten. Wütend erwiderte Leany: »Gott ist mein Zeuge, daß ich unschuldig bin in allem, dessen sie mich bezichtigen & sie schuldig in allem, dessen ich sie bezichtige & noch viel mehr«.

In deutlichen Worten schrieb er, was er seinen Glaubensbrüdern vorwarf: »Diebstahl, Hurerei, Mord und Selbstmord & ähnliche Schandtaten«. Außerdem erinnerte er Steele daran, daß »du nur zu gut von diesen Bluttaten weißt, von dem Tag, an dem der Zaunpfosten auf meinem Kopf zertrümmert wurde, bis zu dem Tag, an dem die drei Männer in unserer Gemeinde ermordet wurden & der Mörder getötet wurde, um weiteres Blutvergießen zu verhindern«. Fünf Absätze später machte Leany eine weitere Anspielung auf »den Mord an den drei Männern in einem Raum unseres Gemeindehauses«.

Verwirrt und fasziniert von diesen Mordvorwürfen, folgerte Wesley Larsen anhand historischer Dokumente, daß die von Leany erwähnten Morde 1869 begangen worden sein mußten. Dann ermittelte er, daß in jenem Jahr in Südutah nur drei Männer ermordet worden waren: William Dunn und die Howland-Brüder. Aber warum sollten die rechtschaffenen Heiligen von Toquerville drei eigensinnige Forscher umbringen?

Toquerville wurde 1858, ein Jahr nach dem Mountain-Meadows-Massaker, gegründet, und die Oberhäupter der ersten Familien, die sich dort ansiedelten, waren größtenteils an dem Gemetzel beteiligt gewesen. Viele dieser Männer lebten 1869, als Powell den Grand Canyon hinabfuhr, nach wie vor in Toquerville. Im Jahr vor Powells Expedition war Ulysses S. Grant zum Präsidenten gewählt worden, und seine Regierung hatte es sich zum Ziel gesetzt, die Täter des Massakers zu verhaften und vor Gericht zu stellen. Noch vor dieser großangelegten Fahndung war auf Isaac Haight, John Higbee und John D. Lee ein Kopfgeld von 5000 Dollar ausgesetzt worden. Zu dem Zeitpunkt, als Dunn und die Howlands beschlossen, Powells Expedition zu verlassen und zu den Mormonensiedlungen zu marschieren, lebten die führenden Bürger von Toquerville in ständiger Furcht davor, verhaftet zu werden.

Das krankhafte Mißtrauen, das in dieser Gegend überall herrschte, erreichte im Sommer 1869 seinen Höhepunkt, weil Brigham Young, der kurz vorher durch Südutah gereist war, den Haß auf die Ungläubigen geschürt hatte. Brigham warnte, daß erneut Bundestruppen kurz davor standen, in Deseret einzumarschieren, und ließ an strategisch günstigen Punkten entlang der Südgrenze des Territoriums Wachtposten aufstellen. Die Stimmung war also äußerst explosiv, als Dunn und die Howlands vom Mount Dellenbaugh zu den in nördlicher Richtung gelegenen Mormonensiedlungen aufbrachen.

Larsen vermutet, daß Powells Männer irgendwo auf dem Shivwits Plateau einem oder mehreren Mountain-Meadows-Tätern begegneten, die die drei Männer für Bundesbeamte oder Kopfgeldjäger hielten; ihre absurde Behauptung, harmlose Forscher zu sein, die gerade die erste Durchquerung des Grand Canyon vollendet hatten – der, wie in Utah jeder wußte, völlig unpassierbar war –, hätte ihre heimtückischen Absichten in den Augen der Heiligen bloß bestätigt. Also brachten die Mormonen (diesem Szenarium zufolge) Dunn und die Howlands nach Toquerville, wo sie von einem Femegericht verurteilt und kurzerhand hingerichtet wurden.

Ein paar Tage nach dem mutmaßlichen Lynchmord tauchte Major Powell in St. George auf und bat die Leute aus den Siedlungen im Süden, nach seinen vermißten Männern Ausschau zu halten, worauf die Heiligen aus Toquerville begriffen, daß sie einen schweren Fehler begangen hatten. Zu allem Übel war Powell, in krassem Gegensatz zu fast allen anderen Beamten der Regierung in Washington, ein Freund und lautstarker Bewunderer der Mormonen. In der wachsenden Bestürzung über ihre Tat schickten die Einwohner von Toquerville ein fingiertes Telegramm an den Apostel Erastus Snow und schoben die Schuld an den Morden auf die üblichen Sündenböcke, die Indianer. Fünf Monate später entschieden sich dieselben Heiligen, den Vollstrecker zu opfern, um, wie in Leanys Brief stand, »weiteres Blutvergießen zu verhindern«, und brachten den bedauernswerten Burschen um. Dann legten die Verschwörer, wie schon nach dem Mountain-Meadows-Massaker, den Eid ab, niemandem von der abscheulichen Tat zu erzählen.

Larsen stellt die Theorie auf, daß das letzte Opfer, der mutmaßliche Vollstrecker, ein Mormone namens Eli N. Pace gewesen sein könnte. »Soviel ich weiß, hatte Pace drei Frauen«, sagt Dr. Larsen, »von denen eine John D. Lees Tochter war. Es ist möglich, daß Pace Powells Männer umgebracht hat, weil er dachte, sie wären Kopfgeldjäger und suchten seinen Schwiegervater, auf dessen Kopf damals eine Belohnung von 5000 Dollar ausgesetzt war.« Larsens Vermutung erhält zusätzliches Gewicht durch die Tatsache, daß Eli Pace am 29. Januar 1870 »unter äußerst rätselhaften Umständen« starb: laut einer gerichtlichen Untersuchung der Todesursache, durchgeführt von einheimischen Mormonen, hatte Pace Selbstmord begangen, aber seine Familie widersprach diesem Ergebnis energisch und forderte eine weitere, gründlichere Untersuchung. Die zweite Untersuchung, geleitet von Erastus Snow und unterstützt von drei Geschworenen, zu denen auch Isaac Haight gehörte, bestätigte das ursprüngliche Ergebnis – was außer Pace' engster Familie wirklich niemanden überraschte. Die HLT-Kirche und die örtliche Richterschaft, die aus denselben Leuten bestanden, erklärten den Fall für abgeschlossen.

Die meisten Historiker nahmen Larsens Hypothese, daß Dunn und die Howland-Brüder eher von Mormonen als von Shivwits umgebracht wurden, nicht ernst, genausowenig wie alle früheren Vermutungen, die Indianer seien für die Morde nicht verantwortlich. Die Auffassung der Mehrheit beruht fast ausschließlich auf den Berichten von Jacob Hamblin und Major John Wesley Powell, in denen überzeugend und ausführlich geschildert wird, daß die Shivwits offen zugaben, Powells

Männer ermordet zu haben. Doch solche Berichte sollten nicht unbedingt für bare Münze genommen werden.

Hamblin genoß unter den Heiligen in Südutah, die ihn »Honest Jake« nannten, den Ruf untadeliger Integrität. Historische Berichte belegen jedoch eindeutig, daß Hamblin keine Bedenken hatte, »für den Herrn zu lügen«, wenn er glaubte, damit den Zielen des Reiches Gottes förderlich zu sein. Die Berichte zeigen auch, daß Hamblin durchaus bereit war, das Blaue vom Himmel herunterzulügen, bloß um sich zu bereichern. Auch ist erwähnenswert, daß John D. Lee eigene Spitznamen für Hamblin hatte: »Dirty Fingered Jake« und »der Höllenteufel«.

Im September 1857, direkt nach dem Mountain-Meadows-Massaker, plante Hamblin die Ausraubung des William-Dukes-Trecks, einer der ersten Auswanderergruppen, die nach dem Gemetzel durch Südutah fuhren. Obwohl sie mormonischen Führern 1815 Dollar gezahlt hatte, um sicher durch diese Gegend geleitet zu werden, wurde die Dukes-Gruppe von einer Horde Paiutes angegriffen, die die Auswanderer zwar nach Kalifornien entkommen ließ, ihnen aber alles Wertvolle stahl, darunter mehr als dreihundert Stück Vieh. Außerdem fiel den Auswanderern auf, daß viele der plündernden »Indianer« blaue Augen, lockiges Haar und in den Augenwinkeln und hinter den Ohren stellenweise weiße Haut hatten. In Wirklichkeit waren die Anführer der Diebe Mormonen gewesen, die sich auf Anweisung von Jacob Hamblin die Gesichter angemalt hatten, um wie Paiutes auszusehen (was natürlich dieselbe List war, die die Heiligen beim Mountain-Meadows-Massaker und bei zahlreichen anderen Gelegenheiten angewandt hatten).

Die Paiutes erhielten ein paar der gestohlenen Rinder als Bezahlung für ihre Hilfe, doch den größten Teil der Beute behielt Hamblin für sich und behauptete, er würde sich für die Dukes-Gruppe um die große und wertvolle Viehherde kümmern, bis die Auswanderer nach Utah zurückkehren und sie in Besitz nehmen konnten. Doch als William Dukes das Täuschungsmanöver durchschaute und einen tapferen Mann fand, der die gestohlenen Rinder zurückforderte, versteckte Hamblin die meisten Tiere drei Wochen lang in den Bergen, bis der Abgesandte der Auswanderer schließlich frustriert aufgab und mit nahezu leeren Händen abreiste.

Auch wenn sich Hamblin nicht im Mountain-Meadows-Tal aufhielt, als der Fancher-Treck überfallen wurde, und deshalb nicht direkt an dem Massaker beteiligt war, erzählte er hinterher schamlose Lügen darüber, um die HLT-Kirche zu schützen. Wenn Hamblin also berichtete, die Shivwits hätten gestanden, Major Powells Männer 1869 umgebracht zu haben, spricht nur wenig dafür, seinen Worten zu glauben. Doch auch John Wesley Powell war dabeigewesen, und er bestätigte Hamblins Darstellung. Aber konnte Powell verstehen, was die Shivwits sagten? Oder plapperte er bloß nach, was Hamblin übersetzt hatte?

In seiner Powell-Biographie *A River Running West* äußert Donald Worster – ein allgemein anerkannter Professor an der University of Kansas – die Vermutung, Powell habe die Numic-Dialekte, die von den südlichen Paiutes gesprochen wurden, so gut beherrscht, daß er wußte, ob Hamblin richtig übersetzte. Worster behauptet, wenn Hamblin das Geständnis erfunden hätte, dann hätte er es tun müssen, »ohne daß Powell Verdacht schöpfte, und diese Lügengeschichte hätte Teil einer gut geplanten Verschwörung sein müssen, die von oben organisiert war. Keine dieser Hypothesen ist überzeugend.«

Es ist nicht erstaunlich, daß Wesley Larsen Worster und der Mehrheit, die dessen Ansicht teilt, widerspricht. Als gläubigem Mormonen fällt es Larsen nicht schwer zu glauben, daß eine Lügengeschichte Teil einer »gut geplanten, von oben organisierten Verschwörung sein konnte«; die Geschichte der Heiligen in Utah ist voll von solchen Verschwörungen. Außerdem weist Larsen darauf hin, daß »Powell die Paiute-Sprache bestimmt nicht fließend sprach. Der Shivwit-Dialekt unterschied sich so stark von den anderen Dialekten, daß sie Mühe hatten, sich den anderen Stämmen in der Gegend verständlich zu machen … Powell hätte bloß das verstanden, was Hamblin für ihn übersetzte, was natürlich der Grund ist, warum Hamblin dolmetschte.«

Und Powells anschauliche Schilderung seiner bedeutsamen Unterredung mit den Shivwits ist ebenfalls mit gesunder Skepsis zu betrachten. Der von Powell verfaßte Bestseller *Höllenfahrt durch den Grand Canyon*, aus dem der Bericht stammt, enthält bekanntermaßen zahlreiche Ausschmückungen, und andererseits wurden viele relevante Vorkommnisse weggelassen. In seinem Buch verschmilzt Powell sogar Anekdoten, die von drei verschiedenen Reisen ins Utah Territory stammen – der ersten Expedition von 1869, der kurzen Reise von 1870, auf der er sich mit den Shivwits traf, und einer ausgedehnten Erforschung des Colorado Plateaus, die er von 1871 bis 1873 unternahm; um die Erzählung dramatischer zu gestalten, fügt er Begebenheiten von 1872 schamlos so ein, als hätten sie schon 1870 stattgefunden.[60]

Am schwersten dürfte jedoch der Einwand wiegen, daß die allgemein anerkannte Darstellung dessen, was Powells Männern zustieß, einfach gegen den gesunden Menschenverstand verstößt. Normalerweise rächten sich Mormonee und auch Mericats schnell für Indianerüberfälle, doch niemand versuchte, die Shivwits für die angebliche Ermordung von Dunn und den Howlands zu bestrafen – man bemühte sich nicht einmal, die wertvollen Gewehre, wissenschaftlichen Instrumente oder Papiere von den Indianern wiederzubekommen. Und das trotz der Tatsache, daß in dem am 7. September 1869 anonym verschickten Telegramm, in dem die Morde gemeldet wurden, ebenfalls stand: »Zwei der She-bits, die die Männer umgebracht haben, sind mit zwei von den Gewehren im Washington Indian Camp.« Das Washington Indian Camp lag nur ungefähr 15 Kilometer von St. George entfernt, doch kein Heiliger tauchte je dort auf, um die angeblichen Täter zu verhaften oder auch nur zu fragen, wo sie die Leichen von Powells Männern gelassen hatten.

Seltsamerweise stand in dem Telegramm nicht, wer es verfaßt hatte oder woher es kam; Larsen sagt, es könnte durchaus

aus Toquerville stammen, wo sich in demselben Gemeindehaus, in dem angeblich die Morde verübt wurden, ein Telegraphenamt befand. »Seltsam«, fügt er hinzu, »daß keiner der Einheimischen versuchte, die Indianer vor Gericht zu bringen, nachdem Apostel Snow des Telegramm erhalten hatte. Ich habe noch nie gehört, daß Indianer damals in Utah unbehelligt blieben, wenn sie so eine Tat begangen hatten.«[61]

Es ist auch schwer zu glauben, daß drei Shivwits imstande gewesen wären, drei erfahrene, gut bewaffnete Pioniere zu überraschen und umzubringen. Der Stamm der Shivwit besaß keinerlei Feuerwaffen; sie waren als fügsame, bettelarme Schar von »Samensammlern und Insektenfressern« bekannt. Dunn und die Howland-Brüder hingegen hatten zwei Gewehre und eine Schrotflinte und waren durch jahrelange Erfahrung mit Indianern stets auf der Hut vor einem Hinterhalt. Bevor William Dunn sich Powells Expedition anschloß, war er schon viermal durch Komantschen verwundet worden und deshalb besonders wachsam.

Wenn auch nicht eindeutig bewiesen ist, daß die drei Männer der Powell-Expedition von den Einwohnern von Toquerville ermordet wurden, so trifft das auf Hamblins Bericht, Powells Männer seien von den Shivwits mit zahlreichen Pfeilschüssen getötet worden, erst recht zu. Deshalb fällt es schwer, Wissenschaftler zu unterstützen (und ihre Zahl ist Legion), die ungeniert behaupten, William Dunn, Oramel Howland und Seneca Howland seien von Indianern getötet worden – besonders angesichts der unglückseligen (und gut dokumentierten) Tradition der Mormonen, den Indianern Verbrechen anzuhängen, die in Wirklichkeit die Heiligen der Letzten Tage begangen hatten.

Was die Shivwits betrifft, so wurden sie zwanzig Jahre nach ihrem Treffen mit Powell und Hamblin von den Heiligen aus ihrem riesigen Stammland im Arizona Strip vertrieben, weil das Gebiet als Weideland für die Rinder der Mormonen benötigt wurde. Die Mormonen siedelten die Indianer in eine winzige Reservation am Stadtrand von St. George um, die nur knapp zehn Kilometer lang und zehn Kilometer breit war.

In den Jahren nach dem Mountain-Meadows-Massaker flohen die meisten der daran beteiligten Heiligen in abgelegene Wüstensiedlungen, um der Verfolgung durch Ungläubige zu entgehen – aber nicht John D. Lee, der in dieser Zeit zum reichsten Mann in Südutah wurde und keine Lust hatte, den Komfort seiner vielen Häuser und seiner achtzehn Frauen aufzugeben. Doch als Präsident Ulysses S. Grant 1869 die staatlichen Bemühungen verstärkte, die Schuldigen zu fassen, machte sich Brigham Young große Sorgen um Lee und riet seinem Adoptivsohn, seinen Besitz zu verkaufen und zu verschwinden.

Aber Lee kümmerte sich nicht darum, blieb in seinem alten Revier und versteckte sich lieber in den umliegenden Bergen, sobald Bundesbeamte oder Kopfgeldjäger auftauchten. Auf ihrer kurzen Reise mit John Wesley Powell im September 1870 befahl Brigham Lee schließlich, sich weit weg vom Washington und Iron County irgendwo tief in der Wildnis niederzulassen; Brigham befürchtete, Lee würde bei einer Verhaftung vielleicht Geheimnisse ausplaudern, die die gesamte Kirche zu Fall bringen konnten. Laut Juanita Brooks' Biographie von Lee sagte der Prophet 1870 auf der Reise in den Arizona Strip zu ihm: »Schare deine Frauen und Kinder um dich, such dir ein fruchtbares Tal und laß dich dort nieder.«

Lee zeigte keine große Begeisterung für diesen Vorschlag und erwiderte halbherzig: »Wenn es dein Wunsch und Rat ist …«

»Es *ist* mein Wunsch und Rat«, entgegnete Brigham ungeduldig. Einen Monat später exkommunizierte er Lee sicherheitshalber und verbannte ihn schließlich ans obere Ende des Grand Canyon, wo Lee den Fährbetrieb über den Colorado River übernahm. Lee nannte diese einsame Siedlung Lonely Dell; heute heißt sie Lee's Ferry. Nach dieser Schicksalswende ließen sich elf seiner Frauen von ihm scheiden, und nur zwei begleiteten ihn auf den trostlosen Außenposten, der heute Lees Namen trägt.[62]

Daß Lee und die anderen Hauptverdächtigen des Massakers untergetaucht waren, hielt die Behörden in Washington nicht von ihrem Streben nach Gerechtigkeit ab; im Gegenteil, die

Bundesbeamten erhöhten nur den Druck und machten unmißverständlich klar, daß sie erst ruhen würden, wenn die Schuldigen bestraft seien.

Im November 1874 wurde Lee von einem US-Marshal namens William Stokes in der Siedlung Panguitch gestellt, wo er eine seiner Frauen besuchte. Stokes entdeckte den Flüchtigen in einem Hühnerstall unter einem Haufen Stroh und verhaftete ihn. Acht Monate später stand Lee in Beaver, Utah, vor Gericht, doch die Geschworenen konnten sich nicht einigen und er wurde nicht schuldig gesprochen. Die amerikanische Bevölkerung reagierte darauf ähnlich wie 1995 auf das Urteil im Fall O. J. Simpson. Im ganzen Land ließen die Zeitungen ihren antimormonischen Gefühlen freien Lauf und lösten einen Sturm der Empörung aus, der Brigham und seinen Ratgebern in Great Salt Lake City nicht verborgen blieb.

Brigham fügte sich ins Unvermeidliche und wandte eine pragmatische neue Strategie an, die zugleich intelligent und gefühllos war. Er behauptete nicht mehr, daß die Indianer für das Massaker verantwortlich seien, und beschloß, die ganze Schuld auf Lee zu schieben und dadurch seinen Adoptivsohn zum Sündenbock zu machen.

1876 wurde Lee ein zweites Mal vor Gericht gestellt. Diesmal wählte die Erste Präsidentschaft der HLT die Geschworenen – alles Mormonen – sorgfältig aus, um sicherzustellen, daß Lee, und nur Lee, verurteilt werden würde. Jacob Hamblin, der weit weg gewesen war, als das Blutbad im Mountain-Meadows-Tal stattfand, trat als Hauptbelastungszeuge auf; seine überzeugende Falschaussage über Lees Grausamkeit besiegelte dessen Schicksal. »Die Fragen waren so sorgfältig formuliert worden«, schreibt Juanita Brooks, »und die Anwälte waren mit den Zeugen so geduldig und feinfühlig umgegangen, daß die gemeinsamen Sünden der fünfzig anwesenden Männer alle John D. Lee aufgebürdet wurden.« Nach Anhörung der Zeugen und Vorlage der ausgewählten Beweise, die Brigham der Anklage zur Verfügung gestellt hatte, befanden Brighams Geschworene Lee am 20. September des vorsätzlichen Mordes für schuldig.

Das Gericht verurteilte Lee zum Tode und erfüllte damit, zumindest dem Anschein nach, die Forderung des ungläubigen Amerika nach Gerechtigkeit. »Es mußte jemand geopfert werden«, gestand einer der Geschworenen später und spielte damit auf die Stelle im *Buch Mormon* an, wo Nephi Laban erschlägt (dieselbe Stelle, die auch Dan Lafferty zum Morden inspiriert hatte): »Besser, ein einzelner Mensch stirbt, als daß ein ganzes Volk in Unglauben verfällt und zugrunde geht.«

Während Lee im Gefängnis auf seine Hinrichtung wartete, schrieb er seine Lebensgeschichte nieder, die nach seinem Tod unter dem Titel *Mormonism Unveiled* veröffentlicht und in den Vereinigten Staaten ein Bestseller wurde. Am Schluß seines Buches schrieb Lee:

> In all meinen Taten, die verbrecherisch genannt werden, folgte ich nur den Befehlen der Führer in der Kirche Jesu Christi der Heiligen der Letzten Tage. Seit ich mich der Kirche in Far West, Missouri, anschloß, habe ich ihre Befehle niemals bewußt mißachtet, bevor ich von Brigham Young und seinen Sklaven im Stich gelassen wurde.

Am Morgen des 23. März 1877 stieg Lee unter Aufsicht seiner Wächter aus einer Kutsche und betrat zum ersten Mal seit zwanzig Jahren den Schauplatz des Massakers auf dem sandigen Lehmboden des Mountain-Meadows-Tals. Der Verurteilte stellte sein Testament fertig, setzte sich auf den Sarg, in dem bald seine Leiche liegen würde, und hörte sich an, wie ein Marshal den Hinrichtungsbefehl verlas. Dann stand Lee auf und sprach mit ruhiger Stimme zu den gut achtzig Menschen, die in das Tal gekommen waren, um ihn sterben zu sehen. »Ein Opfer wird benötigt, und ich bin das Opfer«, erklärte er in einer Mischung aus Resignation und Anklage. »Ich wurde auf feige, heimtückische Weise geopfert.«

Als Lee seine Rede beendet hatte, verband ihm der Marshal die Augen. Lee setzte sich wieder auf den Rand des offenen Sarges und bat inständig: »Sie sollen direkt auf mein Herz schießen! Sie sollen nicht meinen ganzen Körper zerfetzen.« Einen Augenblick später erschütterte eine ohrenbetäubende Gewehrsalve die Stille des Morgens, und vier Kugeln bohrten sich in seine Brust. John D. Lees Oberkörper kippte in den hölzernen Sarg, doch seine Füße standen noch im Gras, während das Knallen der Gewehrschüsse von den umliegenden Bergen widerhallte.

20 Unter dem Banner des Himmels

Befürworter der individuellen Freiheit haben konsequent auf Amerikas heiliger Pflicht beharrt, das Land zu einem Ort beispielloser religiöser Toleranz zu machen. Doch angesichts der Tatsache, wie religiöser Pluralismus in der Realität aussieht – immer mehr Sekten und eine übertriebene Hingabe an ziemlich bizarre Glaubenssätze –, ist ihre Begeisterung abgeflaut.

R. Laurence Moore
Religious Outsiders and the Making of Americans

Zu seiner Zeit war John D. Lee nicht nur wegen der Rolle berühmt, die er beim Mountain-Meadows-Massaker spielte, sondern auch als begabter Heiler und Seher. Durch Handauflegen heilte er manchen kranken Mormonen. Viele Heilige hatten großen Respekt vor der Genauigkeit seiner Prophezeiungen – ganz besonders bei seiner letzten Voraussage. Einer Familienbiographie zufolge prophezeite Lee kurz vor seiner Hinrichtung: »Sollte ich des Verbrechens schuldig sein, für das ich verurteilt wurde, werde ich dem Vergessen anheimfallen, und niemand wird je wieder von mir hören. Sollte ich jedoch unschuldig sein, wird Brigham Young innerhalb eines Jahres sterben! Ja, schon innerhalb eines halben Jahres.«

Am 23. August 1877, genau fünf Monate nach Lees Tod, bekam Brigham Fieber, Magen-Darm-Krämpfe, Durchfall und mußte sich übergeben. Sechs Tage später starb »der Old Boss«, wie Lee ihn nannte, höchstwahrscheinlich an einem Blinddarmdurchbruch.

Brigham hatte gehofft, Lees Opferung würde die Ungläubigen in Washington besänftigen und den Heiligen zumindest ein bißchen Entlastung von der Jagd durch die staatlichen Häscher verschaffen. Er irrte sich gewaltig. Von 1877, als Rutherford B. Hayes ins Oval Office zog, bis zum Ende von Grover Clevelands Amtszeit im Jahre 1897 erhöhte jeder amerikanische Präsident den Druck auf die Mormonenkirche, damit sie die Polygamie aufgab und sich den Gesetzen des Landes unterwarf.

John Taylor, der Brighams Stelle als Präsident, Prophet, Seher und Offenbarer der Heiligen einnahm, weigerte sich, der Regierung in Washington auch nur einen Zentimeter entgegenzukommen; er war sogar noch unnachgiebiger als der Old Boss. Taylor hatte seit seiner ersten Begegnung mit Joseph Smith, bei der Joseph Taylors Hand ergriffen und diesem daraufhin »elektrischer Strom« durch den Arm geschossen war, leidenschaftlich an den Propheten und seine Lehren geglaubt. An dem traurigen Nachmittag, als Joseph im Gefängnis von Carthage erschossen wurde, war Taylor bei ihm gewesen und schwer verletzt worden. Als aufrichtigster der aufrichtigen Gläubigen wollte Taylor nicht die heiligsten Lehrsätze des Reiches Gottes aufs Spiel setzen, um die gottlosen Unterdrücker der Kirche zu besänftigen.

»Gott wird Hand legen an dieses Volk«, erklärte Taylor 1879. »Es wird mehr Blutvergießen, mehr Verderben, mehr Verwüstung geben, als sie je erlebt haben… Wir wollen nicht, daß sie uns die Monogamie aufzwingen, die für uns ein soziales Übel ist.«

Ein Jahr später waren Taylors Aufsässigkeit und Zorn nur noch größer geworden. »Wenn tyrannische Gesetze erlassen werden, die uns die freie Ausübung unserer Religion untersagen, können wir das nicht dulden«, sagte er am 4. Januar 1880 auf einer Sonntagsversammlung in Great Salt Lake City.

> Gott ist größer als die Vereinigten Staaten, und wenn die Regierung in Widerstreit mit dem Himmel gerät, so werden wir uns unter dem Banner des Himmels sammeln

> und uns der Regierung widersetzen. Die Vereinigten Staaten sagen, wir dürfen nicht mehr als eine Frau heiraten. Gott sagt etwas anderes … Die Polygamie ist ein göttliches Gesetz. Sie ist direkt von Gott gegeben. Die Vereinigten Staaten können sie nicht abschaffen. Kein Volk der Erde kann das, nicht einmal alle Völker zusammen; das ist meine Meinung, und alle von euch, die mit mir darin übereinstimmen, sollen die rechte Hand heben. Ich widersetze mich den Vereinigten Staaten; ich werde Gott gehorchen.

Auf der Stelle schossen in der riesigen Versammlungshalle alle rechten Hände nach oben. Taylor war ein Mann von höchster Integrität, der sein Leben völlig der Kirche gewidmet hatte. Auf die Heiligen übten seine Worte einen gewaltigen Einfluß aus.

Präsident Hayes in Washington hielt wenig von Taylors Phrasen. Nachdem er Great Salt Lake City 1880 persönlich besucht hatte, drängte Hayes den Kongreß, Gesetze zu erlassen, die sicherstellten, daß das »Recht, zu wählen, ein Amt zu bekleiden oder in Ausschüssen zu sitzen, im Territorium von Utah auf Menschen beschränkt wird, die die Polygamie weder ausüben noch unterstützen«. Im Lauf der nächsten fünfzehn Jahre verabschiedete der Kongreß Gesetze, die genau das und noch mehr sicherstellten. Nach der Verabschiedung des Edmunds-Gesetzes im Jahre 1882 konnten Mormonen nicht nur wegen der Ausübung von Polygamie, was schwer zu beweisen war, sondern auch wegen »nichtehelichen Beischlafs« strafrechtlich verfolgt werden, was sich leicht beweisen ließ.

Daraufhin wurden die Polygamisten von Utah abfällig als »Beischläfer« bezeichnet, und Scharen von Bundesbeamten schwärmten aus, um in nahezu allen Städten im Territorium »Beischläferjagden« zu veranstalten. Ende der 1880er Jahre saßen über tausend Heilige im Gefängnis, aber die Mormonen leisteten dennoch Widerstand. Wer wegen Polygamie ins Gefängnis mußte, hatte einen Grund zum Prahlen.

Auch wenn sie ihren Glaubensbrüdern nichts von ihrer Sorge

verrieten, bekamen die Führer der Mormonen den Druck zu spüren. John Taylor schickte immer mehr Heilige in abgelegene Wüstensiedlungen im amerikanischen Westen (wie zum Beispiel Lee's Ferry), ja sogar nach Mexiko oder Kanada, damit sie sichere Zufluchtsstätten errichteten, an denen ein Mann mehrere Frauen haben konnte, ohne befürchten zu müssen, schikaniert oder verhaftet zu werden. Blühende Polygamistenkolonien schossen an Orten wie Cardston, Kanada (in der Provinz Alberta, direkt nördlich der Grenze zu Montana), oder am Fuß der Sierra Madre Occidental in Mexiko aus dem Boden. 1885 wurde gegen Taylor ein Haftbefehl erlassen, und der Prophet war gezwungen, selbst unterzutauchen. Ein Jahr später machte er den Bundesbeamten eine lange Nase und heiratete die sechsundzwanzigjährige Josephine Roueche, seine sechzehnte Frau. Der Bräutigam war zu diesem Zeitpunkt achtundsiebzig Jahre alt.

Aber je stärker sich die Heiligen der staatlichen Kontrolle widersetzten, desto größer wurde in Washington die Entschlossenheit, sie an die Kandare zu nehmen. Im März 1887 verabschiedete der Kongreß das bisher strengste, gegen die Mormonen gerichtete Gesetz, das Edmunds-Tucker-Gesetz. Vier Monate später starb John Taylor, der sich noch immer versteckt gehalten hatte, und einen Tag nachdem er zur letzten Ruhe gebettet worden war, reichten Bundesanwälte eine Reihe von Klagen ein, mit deren Hilfe die Mormonenkirche finanziell ruiniert werden sollte. Am 19. Mai 1890 erreichten sie das angestrebte Ziel, als das Oberste Bundesgericht in allen Punkten gegen die Heiligen entschied und den Kirchenbesitz durch den Staat einziehen ließ.

Das ganze Mormonentum stand am Rande des Abgrunds. Nach Taylors Tod 1887 war der zweiundachtzigjährige Apostel Wilford Woodruff als vierter Mormonenprophet eingesetzt worden. Und er erkannte zu seinem großen Schmerz, daß dem Reich Gottes nichts anderes übrigblieb, als sich Washingtons Forderungen zu beugen. Woodruff berichtete, nachdem er am Abend des 23. September 1890 zu Bett gegangen sei, habe er

»die ganze Nacht mit dem Herrn darum gerungen, was in der augenblicklichen Lage zu tun sei«.

Am Morgen rief er fünf getreue Mormonenführer zusammen und teilte ihnen »mit gebrochenem Geiste« mit, daß Gott ihm die Notwendigkeit offenbart habe, »die Ausübung der Lehre aufzugeben, um deretwillen die Glaubensbrüder bereitwillig ihr Leben geopfert hatten«. Zur Überraschung und zum völligen Entsetzen der Anwesenden erklärte Präsident Woodruff, »es sei der Wille Gottes«, daß die Kirche die Lehre von der Vielehe nicht länger gutheiße.

Am 6. Oktober 1890 wurde Woodruffs bedeutsame Offenbarung in einem kurzen Dokument schriftlich festgehalten, das heute als »das Woodruff-Manifest« oder einfach »das Manifest« bekannt ist. Dort heißt es:

> Da nun der Kongreß Gesetze erlassen hat, die die Vielehe verbieten, und da das höchste Appellationsgericht diese Gesetze als verfassungsmäßig bezeichnet hat, erkläre ich hiermit meine Absicht, mich diesen Gesetzen zu fügen und bei den Mitgliedern der Kirche, deren Präsident ich bin, meinen Einfluß geltend zu machen, daß sie es auch tun...
> Und nun erkläre ich öffentlich, daß ich den Heiligen der Letzten Tage den Rat erteile, von jeder Eheschließung, die durch die Gesetze des Landes verboten ist, Abstand zu nehmen.
>
> Wilford Woodruff
> Präsident der Kirche Jesu Christi
> der Heiligen der Letzten Tage

Die Wucht des Manifestes erschütterte das Mormonentum in seinen Grundfesten, aber es setzte der Polygamie kein Ende – es trieb sie nur in den Untergrund. In den nächsten zwanzig Jahren rieten Mitglieder der Ersten Präsidentschaft der Mormonen den Heiligen im stillen, die Polygamie diskret weiter auszuüben, und einige der obersten Kirchenführer vollzogen heimlich zahlreiche weitere Ehen. Als diese Heuchelei ans Licht kam, löste das im ganzen Land einen Aufschrei der Entrüstung aus. Im Oktober 1910 veröffentlichte die *Salt Lake Tribune* – als fanatisch antimormonische Alternative zu der kircheneigenen *Deseret News* gegründet – Namen von mehr als zweihundert Heiligen, die noch nach Veröffentlichung des Manifests weitere Frauen geheiratet hatten, darunter auch sechs Mitglieder des Rates der Zwölf Apostel.

Als der Betrug der Kirchenführung publik wurde, waren nicht nur die Ungläubigen empört – auch viele führende Mormonen waren bestürzt, und innerhalb der Kirche wurde zunehmend gefordert, dem Manifest Geltung zu verschaffen und die Polygamie gänzlich auszurotten. Bis zu den zwanziger Jahren hatten sich die meisten Heiligen, auch ihre Führer, gegen die Polygamie gewandt und unterstützten die strafrechtliche Verfolgung der Polygamisten.

Doch viele hingebungsvolle Heilige waren überzeugt, daß Wilford Woodruff mit der Bekanntgabe des Manifestes einen schweren Fehler begangen hatte und es den heiligsten Lehrsätzen ihrer Religion zuwiderlief, wenn man sich danach richtete. Diese hundertprozentigen Polygamisten behaupteten, das Manifest habe den Abschnitt 132 von *Lehre und Bündnisse,* Joseph Smiths Offenbarung über die Vielehe aus dem Jahre 1843, nicht aufgehoben – es habe die Ausübung bloß unter mildernden Umständen (und vermutlich nur kurzfristig) ausgesetzt. Sie wiesen darauf hin, daß *Lehre und Bündnisse,* Abschnitt 132, noch immer ein anerkannter Teil der mormonischen Schriften sei (was bis zum heutigen Tag gilt).

Diese fundamentalistischen Mormonen, wie sie sich voller Stolz nannten, ließen sich besonders von einer Offenbarung inspirieren, die ihr verstorbener Held John Taylor am 26. September 1886, während er sich vor den staatlichen Polygamistenjägern versteckt hielt, vom Herrn empfangen hatte.[63] Es ist die vielleicht umstrittenste Offenbarung in der Geschichte der Mormonenkirche und war eine Erwiderung Gottes auf die

Frage Präsident Taylors, ob Seine frühere Offenbarung an Joseph zur heiligen Lehre der Vielehe aufgegeben werden solle. Gottes Antwort war klar und unmißverständlich:

> Alle Gebote, die Ich erlasse, spricht der Herr, müssen befolgt werden von denen, die sich bei Meinem Namen nennen, es sei denn, die Gebote werden von Mir oder in Meinem Auftrag widerrufen… Ich habe dieses Gesetz nicht widerrufen und werde es auch nicht tun, denn es gilt ewig, und alle, die ins Reich der Seligkeit eingehen wollen, müssen es befolgen. Ja. Amen.

Als er diese Offenbarung empfing, hielt sich Taylor im Haus eines Heiligen namens John W. Woolley versteckt. In der Nacht sah Woolleys Sohn Lorin ein gespenstisches Licht, »das unter der Tür zu Präsident Taylors Zimmer sichtbar wurde, und war überrascht, Männerstimmen darin zu hören. Es waren drei verschiedene Stimmen.« Als Taylor am nächsten Morgen um acht Uhr aus seinem Zimmer kam, berichtete Lorin, »konnten wir ihn kaum ansehen, weil seine Gestalt in helles Licht getaucht war«.

Der junge Woolley fragte Taylor, mit wem er mitten in der Nacht gesprochen habe. »Ich habe mich die ganze Nacht sehr angenehm mit Bruder Joseph unterhalten«, erwiderte der Prophet gutgelaunt und fügte hinzu, daß die dritte Stimme, die Lorin gehört habe, die Stimme Jesu Christi gewesen sei.

Taylor berief sofort eine Versammlung getreuer Glaubensbrüder ein, um über seine Offenbarung zu sprechen. Neben Taylor, John W. Woolley und Lorin Woolley waren zehn weitere Männer zugegen, darunter auch Samuel Bateman und sein Sohn Daniel R. Bateman.[64] Nachdem Taylor allen Anwesenden Gottes Offenbarung mitgeteilt hatte, verpflichtete er sie darauf, »daß sie den Lehrsatz von der celestialen oder Vielehe verteidigten, daß sie ihr Leben, ihre Freiheit und ihren Besitz diesem Ziel widmeten und die Lehre persönlich unterstützten und aufrechterhielten«.

Der Mormonenprophet warnte die zwölf Heiligen, die mit großen Augen vor ihm saßen: »Einige von euch werden von euren Brüdern drangsaliert, verbannt und aus der Kirche ausgestoßen werden wegen eurer Treue und Redlichkeit gegenüber diesem Lehrsatz, und einige von euch müssen deswegen vielleicht ihr Leben lassen, aber wehe, wehe denen, die euch das antun.« Danach rief Taylor fünf der versammelten Heiligen zusammen, darunter auch Samuel Bateman, John W. Woolley und Lorin C. Woolley, und ermächtigte sie, nicht nur celestiale Ehen einzugehen, sondern auch andere dazu anzustiften, »damit kein Jahr verstriche, ohne daß Kinder nach der Lehre der Vielehe zur Welt kämen«.

Diese historische Versammlung (deren Authentizität von den Verantwortlichen der HLT-Kirche seither vehement bestritten wird) dauerte acht Stunden. Am Schluß prophezeite Taylor, »zur Zeit des siebten Präsidenten der Kirche werde die Kirche weltlich und geistig in die Knechtschaft gehen, und dann werde der eine Mächtige und Starke erscheinen, der im 85. Abschnitt von *Lehre und Bündnisse* erwähnt ist«.

Und so wurde der Keim des fundamentalistischen Mormonentums gelegt. Als die HLT-Kirche vier Jahre später beschloß, das Manifest anzuerkennen und die Polygamie zu beenden, machten die Mormonen die ersten zaghaften Schritte in Richtung der amerikanischen Gesellschaft – zuerst nur langsam und mit gemischten Gefühlen, dann mit erstaunlicher Entschlossenheit. Doch die Fundamentalisten weigerten sich mitzumachen. Sie blieben Joseph Smiths Lehren treu – insbesondere der von der Vielehe. Ungeachtet dessen, welche Richtung die übrigen Mormonen oder der Rest der Welt einschlugen, gelobten sie, John Taylors Verpflichtung wild entschlossen nachzukommen. Die heutigen Glaubensbrüder der Fundamentalisten haben dieses Gelübde aufgegriffen und stehen ihnen in ihrer Inbrunst nicht nach.

Für fundamentalistische Mormonen – Leute wie Dan Lafferty, die Einwohner von Colorado City oder Brian David Mitchell (dem Entführer von Elizabeth Smart) – ist der 27. September 1886 ein heiliger Tag. Von jenem Augenblick an erwarteten die gläubigen Polygamisten ungeduldig die Ankunft des »einen, mächtig und stark«, der, wie Joseph prophezeit hatte, »das Haus Gottes in Ordnung bringen« würde.

Teil Vier

Offenbarung und Wahn stellen jeweils den Versuch dar, Probleme zu lösen. Künstler und Wissenschaftler erkennen, daß keine Lösung endgültig ist, sondern daß jeder neue schöpferische Schritt nur zu dem nächsten künstlerischen oder wissenschaftlichen Problem führt. Wer hingegen an Offenbarungen und Wahnsysteme glaubt, betrachtet diese zumeist als unanfechtbar und dauerhaft …
Religiöser Glaube ist eine Antwort auf das Problem des Lebens … Die meisten Menschen wünschen sich oder brauchen ein allumfassendes Glaubenssystem, das ihnen eine Antwort auf die Rätsel des Lebens geben soll, und es macht ihnen vermutlich nichts aus, wenn sie entdecken, daß ihr Glaubenssystem, das sie zur »Wahrheit« erklären, nicht mit dem Glauben anderer Menschen vereinbar ist. Was für den einen Glaube ist, gilt dem anderen als Wahn …
Ob ein Glaube als Wahn betrachtet wird oder nicht, hängt teils davon ab, wie heftig er verteidigt wird, und teils davon, wie viele Anhänger er hat.

Anthony Storr
Feet of Clay

21 Evangeline

Meine Mutter wurde Anfang des 20. Jahrhunderts in die Welt des Mormonenstaates Utah geboren, der sich in vielerlei Hinsicht vom übrigen Amerika unterschied. Die Mormonen besaßen seit jeher ein besonders ausgeprägtes Gefühl von Andersartigkeit. Sie sahen sich nicht nur als das moderne, von Gott auserwählte Volk, sondern auch als ein Volk, dessen Überzeugung und Identität von einer langen, grausamen Geschichte des Blutvergießens und der Vertreibung gekennzeichnet war. Sie waren ein besonderes Volk – ein Volk mit eigenen Mythen und Zielen und einer erstaunlich gewalttätigen Vergangenheit.

Mikal Gilmore
Das Herz der Gewalt

Mehr als fünfzehn Jahre lang – seit Rulon Jeffs Führer der Fundamentalistischen Kirche Jesu Christi der Heiligen der Letzten Tage wurde – waren die Einwohner von Colorado City fest davon überzeugt, daß er der »eine Mächtige und Starke« sei, der gesalbte Abgesandte des Herrn auf Erden, ein Prophet, dem Gott das ewige Leben geschenkt hatte. Doch Onkel Rulon war schon lange schwer krank; am 8. September 2002 hörte sein Herz auf zu schlagen, und ein Arzt stellte seinen Tod fest. Das war vor vier Tagen; jetzt, wo den Stadtbewohnern allmählich bewußt wird, daß ihr Führer tot ist, bemühen sie sich verzweifelt, ihren Glauben an seine Unsterblichkeit mit der unabweislichen Tatsache seines Ablebens in Einklang zu bringen. Heute, an einem warmen, wolkenlosen Donnerstagnachmittag, haben sich über fünftausend Menschen – größtenteils gläubige Fundamentalisten, aber auch ein paar Ungläubige und Mormonen aus der Hauptkirche –, die teils aus Kanada oder Mexiko angereist sind, in Colorado City versammelt, um Onkel Rulon die letzte Ehre zu erweisen.

Männer und Jungen im Sonntagsstaat kommen schwermütig aus dem gerade zu Ende gegangenen Beerdigungsgottesdienst im LeRoy Johnson Meeting House. Die in rosa, lila und blauen Pastelltönen gehaltenen knöchellangen Kleider der Frauen und Mädchen könnten direkt aus dem 19. Jahrhundert stammen; ihr Haar, in lange, züchtige Flechten gelegt, erhebt sich über der Stirn zu einem sorgfältig frisierten, gewaltigen Kamm, der an eine Brandungswelle erinnert. Vor einem blauen Herbsthimmel leuchten über der Trauergemeinde die Felsen des Canaan Mountain im schräg einfallenden Sonnenlicht.

Onkel Rulon, der drei Monate später seinen dreiundneunzigsten Geburtstag gefeiert hätte, hat schätzungsweise fünfundsiebzig Ehefrauen und mindestens fünfundsechzig Kinder hinterlassen. Es besteht große Unsicherheit darüber, wie die nächsten Verwandten und seine übrigen Anhänger ohne ihn zurechtkommen werden. Eine unbestimmte Sorge liegt über der Gemeinde.

Dieselbe Sorge hatte Colorado City 1986 erfaßt, als Onkel Rulons Vorgänger – LeRoy Johnson, der über alles geliebte Onkel Roy – im Alter von achtundneunzig Jahren starb. Auch bei Onkel Roy hatte man gedacht, er würde ewig leben. Nach seinem Tod übernahm Onkel Rulon die Führung der Sekte, doch das Recht auf Onkel Roys Nachfolge wurde ihm von den Getreuen eines führenden Bischofs namens Marion Hammon vehement streitig gemacht. Hammons Anhänger, fast ein Drittel der Einwohnerschaft, verließen massenhaft die Gemeinde, zogen in einen Wüstenstreifen direkt auf der anderen Seite des Highways und gründeten ihre eigene fundamentalistische Kirche – die den Namen Zweite Gemeinde erhielt (die ursprüngliche Kirche wurde Erste Gemeinde genannt). Die Mitglieder bezichtigten sich gegenseitig, gottlose Apostaten zu sein, und warnten leidenschaftlich davor, daß die anderen zweifellos der ewigen Verdammnis anheimfallen würden. Daran hat sich bis heute kaum etwas geändert.

Obwohl diesmal der sechsundvierzigjährige Warren Jeffs – der zweitälteste Sohn von Rulons vierter Frau – die Zügel der Kirche rasch in die Hand genommen hat, drohen der Ersten Gemeinde nach Onkel Rulons Tod weitere Spaltungen. Da sein Vater einige Jahre krank gewesen war, hatte Warren die Kirche bereits geleitet und in allem, nur nicht namentlich, als Prophet fungiert. Allerdings wurde Warren – ein großgewachsener, knochiger Mann mit vorspringendem Adamsapfel, hoher Stimme und der erschreckenden Ansicht, in den Augen Gottes perfekt zu sein – von den Leuten in Colorado City und Bountiful, British Columbia, nie auch nur annähernd mit soviel Liebe überhäuft wie Onkel Rulon oder Onkel Roy. Kaum jemand in den beiden Städten bezeichnet Warren Jeffs als »Onkel Warren«.

»Mein Vater und besonders Onkel Roy waren warmherzige, liebevolle Propheten, die die Polygamie aus den richtigen Gründen lehrten«, sagt ein älterer Bruder des neuen Propheten. »Warren verspürt für die Leute keine Liebe. Seine Herrschaft beruht darauf, Angst und Schrecken zu verbreiten. Mein Bruder predigt, daß man in seinem Gehorsam vollkommen sein muß. Man muß rund um die Uhr, sieben Tage die Woche, die richtige Geisteshaltung haben, sonst wird man ausgeschlossen und kann sich zum Teufel scheren. Warren ist ein Fanatiker. Für ihn gibt es nur Schwarz oder Weiß.«

Viele Mitglieder der Ersten Gemeinde hatten gehofft, daß der allseits verehrte fünfundneunzigjährige Patriarch Fred Jessop – bekannt als Onkel Fred – Onkel Rulons Nachfolger werden würde. Als Warren zum Propheten ernannt wurde, befürchteten viele, Onkel Freds Anhänger würden sich aus Enttäuschung von der Ersten Gemeinde abspalten und eine neue Sekte bilden. Aber Warrens oben zitierter Bruder vermutet, daß diese Splittergruppe noch eine Weile ausharrt, bevor sie sich für die Spaltung entscheidet, denn ihre Mitglieder sind der Ansicht, daß sich Warren nicht lange als Prophet halten wird: »Sie warten ab. Sie glauben, es sei nur eine Frage der Zeit, bis Gott diesen üblen Menschen aus ihrer Mitte entfernt, und daß die Erste Gemeinde intakt bleibt, sobald einer der Ihren die Macht übernimmt. Und ich stimme ihnen zu. Warren wird die Quittung kriegen. Ich weiß nicht, wie oder wann das passiert, aber ich glaube, daß er vorzeitig sterben wird. Das spüre ich in den Knochen.«

Doch vorerst weilt Warren noch unter den Lebenden, und er hat einiges unternommen, um seine Macht zu festigen.[64a] In Bountiful, British Columbia, hat er Winston Blackmore (dem er schon lange grollte und mißtraute) die Leitung aus den Händen genommen und gedroht, ihn ganz aus der Kirche auszuschließen. Warren setzte einen willfährigen Mann namens Jimmy Oler (den Halbbruder Debbie Palmers, der Frau, die ihr Haus niederbrannte, um aus Bountiful zu entkommen) als neuen Bischof des kanadischen Zweigs der Kirche ein, doch mindestens die Hälfte der Gemeindemitglieder von Bountiful ist Blackmore treu geblieben. Sollte er sich entschließen, eine eigene, unabhängige Sekte zu gründen, würden wohl viele kanadische Fundamentalisten die Verbindung zu Warrens Kirche in Colorado City abbrechen und Blackmore folgen.

Aber derartige Spaltungen sind eigentlich nichts Neues. Ein Rückblick auf die Geschichte des fundamentalistischen Mormonentums zeigt, daß seine Anhänger sich schon in rivalisierende Sekten aufsplittern, seit sich die erste Gruppe hartnäckiger Polygamisten vor einem Jahrhundert von der Hauptkirche trennte.

Die polygamistischen Wurzeln von Colorado City bzw. Short Creek reichen zu John D. Lee und dem verlassenen Außenposten zurück, an den er von Brigham Young nach dem Mountain-Meadows-Massaker verbannt wurde. Lee's Ferry liegt an einer weiten Biegung des Colorado River, direkt unterhalb der letzten Stromschnellen des Glen Canyon, wo sich der tosende Fluß wenig später in die Tiefen des Grand Canyon stürzt. Im 19. Jahrhundert besaß dieser Wüstenstreifen für das Reich von

Deseret große strategische Bedeutung, denn es war meilenweit der einzige Ort, an dem man den reißenden Strom überqueren konnte. Heilige, die zwischen Utah und den Mormonenkolonien in Arizona und Mexiko unterwegs waren – und manch ein ungläubiger Prospektor –, waren darauf angewiesen, daß Lee sie in seinem kleinen Holzboot übersetzte. Vor seiner Verhaftung und anschließenden Hinrichtung verdiente sich Lee mit dem Fährdienst einen kärglichen Lebensunterhalt.

Als Lee 1874 verhaftet wurde und ins Gefängnis kam, sorgte die HLT-Kirche dafür, daß sich ein Heiliger namens Warren M. Johnson mit seinen Frauen und Kindern am Nordufer des Colorado River niederließ, um Lees Frau Emma dabei zu helfen, den wichtigen Übergang zu erhalten. Am 12. Juni 1888 brachte eine von Johnsons beiden Frauen in Lee's Ferry einen Jungen zur Welt. Er wurde auf den Namen LeRoy Sunderland Johnson getauft, doch nachdem er als Erwachsener Prophet der fundamentalistischen Kirche geworden war, nannten ihn alle Onkel Roy.

Nach dem Manifest fanden die Polygamisten die Abgeschiedenheit von Lee's Ferry besonders anziehend, und der Ort wurde, genau wie das 1911 gegründete Short Creek – eine weitere abgelegene Siedlung im Arizona Strip –, zu einer Zufluchtsstätte für »Beischläfer«. In den ersten Jahrzehnten des 20. Jahrhunderts wurden zwischen den polygamistischen Einwohnern von Short Creek und Lee's Ferry, einer Gruppe, der auch Warren Johnson und seine Nachkommen angehörten, feste Bande geknüpft. Als 1928 wegen des verbesserten Zugangs immer mehr Außenstehende durch Lee's Ferry kamen, gaben einige Mitglieder der Johnson-Sippe, darunter auch LeRoy, alles auf und zogen nach Short Creek, das noch abgeschiedener lag und deshalb nicht so leicht die Aufmerksamkeit der Polygamistenjäger erregte.

Mitte der dreißiger Jahre wurde die Fundamentalistenbewegung von dem überzeugten Polygamisten John Y. Barlow geführt. Als er erfuhr, daß Short Creek zu einem Magneten für Familien geworden war, die der Kirche treu ergeben waren, entwickelte er eine enge Beziehung zu der Gemeinde und vor allem zu LeRoy Johnson, obwohl Barlow in Nordutah lebte. 1940 verpflanzte er einige seiner Familien nach Short Creek, und später wurde eine seiner Töchter mit Johnson verheiratet. DeLoy Bateman ist John Y. Barlows Enkel. Dan Barlow, ein weiterer Nachkomme Barlows, ist heute Bürgermeister von Colorado City.

In den Häusern der heutigen Einwohner von Colorado City und Bountiful hängen gemeinhin die Porträts von acht Kirchenführern. Gewöhnlich in einer großen, schön gerahmten Fotomontage angeordnet, zeigen die Porträts die herausragenden Persönlichkeiten des fundamentalistischen Mormonentums: Joseph Smith, Brigham Young, John Taylor, John W. Woolley, Lorin C. Woolley, John Y. Barlow, LeRoy Johnson und Rulon Jeffs. Die Fundamentalisten glauben, daß die sogenannten Schlüssel zur Vollmacht des Priestertums – die von Gott verliehene Macht, die Rechtschaffenen anzuführen – nacheinander jedem dieser Propheten gegeben wurden, von Joseph bis zu Onkel Rulon (und jetzt, nach Rulons Tod, Warren Jeffs). So sehen es jedenfalls die Leute in Colorado City und Bountiful. In anderen fundamentalistischen Gemeinden wird hingegen ein etwas anderer Pantheon von Propheten verehrt.

Nach John Y. Barlows Tod im Jahre 1949 wurde die Führung der Fundamentalisten einem angesehenen Gefolgsmann namens Joseph Musser übertragen, der wenig später mehrere Schlaganfälle bekam und daraufhin gelähmt war, was die erste größere Spaltung in der Bewegung nach sich zog. In seiner Hinfälligkeit wurde Musser von einem volkstümlichen, geselligen Naturheilkundigen und Glaubensbruder namens Rulon Allred behandelt, von dem er völlig abhängig wurde. 1951 ernannte der inzwischen schwerkranke Musser Allred zu seinem »zweiten Ältesten« – seinem gesetzmäßigen Erben –, trotz der heftigen Einwände derer, die glaubten, daß LeRoy Johnson Musser als Prophet folgen müßte, wie John Y. Barlow es vor seinem Tod bestimmt hatte.

Der Haß zwischen Onkel Roys Anhängern und dem Allred-

Lager war so groß, daß sich die Fundamentalistenbewegung in zwei rivalisierende Sekten aufspaltete. Nach Mussers Tod im Jahre 1954 übernahm Onkel Roy die Führung der größeren Splittergruppe, die in Short Creek blieb und sich Fundamentalistische Kirche Jesu Christi der Heiligen der Letzten Tage oder einfach United Effort Plan (UEP) nannte. Allred wurde Prophet der anderen Gruppe, die Apostolic United Brethren genannt wurde und ihren Sitz 450 Kilometer nördlich im Salt Lake Valley hatte.[65]

Nach der Spaltung hatten die Einwohner von Short Creek nicht mehr besonders viel mit ihren Glaubensbrüdern in der Allred-Gruppe zu tun. Onkel Roy und seine Anhänger achteten stets darauf, nicht ins Visier der Ungläubigen zu geraten, und wurden von der Welt außerhalb von Short Creek nur selten beachtet. Die Apostolic United Brethren hatten weniger Glück. Am Nachmittag des 10. Mai 1977 hielt Rulon Allred in seiner Praxis in Murray, einem Vorort von Salt Lake City, gerade Sprechstunde, als zwei junge Frauen hereinkamen, ihn erschossen und seelenruhig wieder gingen.

Wie sich herausstellte, waren Allreds Mörderinnen Mitglieder einer weiteren fundamentalistischen Splittergruppe, bekannt als LeBaron-Clan. Gegründet von einem Mann namens Dayer LeBaron, der aus einer der Mormonenkolonien in Mexiko stammte, hatte die Sekte früher eine lose Verbindung zu Allreds Gruppe gehabt. Als Rulon Allred 1947 in Utah wegen Polygamie verurteilt wurde und einen Hafturlaub zur Flucht nutzte, gewährten ihm die LeBarons in Mexiko sogar eine Zeitlang Zuflucht.

Dayer LeBaron hatte sieben Söhne. Drei der sieben LeBaron-Brüder behaupteten schließlich zu verschiedenen Zeitpunkten, der »eine Mächtige und Starke« zu sein; jeder von ihnen hielt sich für einen von Gott bestimmten, mit Moses vergleichbaren Propheten, der die Mormonenkirche wieder auf den richtigen Weg führen würde, den sie nach dem Manifest von 1890 verlassen hatte.

Benjamin, der älteste der Brüder, brüllte gern in aller Öffentlichkeit aus Leibeskräften, um zu beweisen, daß er »der Löwe von Israel« sei. Bei einem legendären Vorfall, der sich Anfang der fünfziger Jahre zutrug, legte er sich mitten auf eine belebte Kreuzung in Salt Lake City, brachte den Verkehr zum Stillstand und machte zweihundert Liegestütze. Als ihn die Polizei schließlich überreden konnte, von der Straße zu kommen, sagte er voller Stolz: »So viele schafft sonst keiner. Das beweist, daß ich der eine Mächtige und Starke bin.« Wenig später wurde Ben ins Utah State Mental Hospital eingewiesen.

In den sechziger Jahren – Ben war nach wie vor in einer psychiatrischen Anstalt – stiegen zwei andere LeBaron-Brüder zu Führern der Gruppe auf: der sanfte, liebenswürdige Joel und der jähzornige Ervil, der 110 Kilo wog, 1,90 Meter groß war und richtig böse werden konnte. Er war ein schneidiger Typ, und viele ansonsten vernünftige Frauen fanden ihn unwiderstehlich. Seine Schwester Alma berichtete, Ervil habe »immer davon geträumt, fünfundzwanzig oder dreißig Frauen zu haben, damit er die Menschheit vergrößern und die Erde auffüllen könnte … Er wollte ein großer Mann werden wie Brigham Young.«

Ervil hielt sich auch für einen hervorragenden Autor und Schriftgelehrten. Rena Chynoweth zufolge – die 1975 seine dreizehnte Frau wurde und zwei Jahre später Rulon Allred erschoß[66] – verfaßte Ervil wie ein Besessener in Marathonsitzungen, die länger als eine Woche dauern konnten, religiöse Schriften. »Tagelang rasierte und badete er sich nicht und arbeitete zwanzig Stunden am Tag«, erinnerte sie sich, wobei er sich »nur von Kaffee ernährte. Wenn er schwitzte, war das alles, was aus seinen Poren kam – der Geruch von Kaffee.«

Ervil und Joel besaßen ein außergewöhnliches Charisma – und beide behaupteten, der »eine Mächtige und Starke« zu sein. Vielleicht war es deshalb unvermeidlich, daß sich die LeBaron-Brüder schließlich in die Haare gerieten.

Zum endgültigen Bruch kam es im November 1969, als Joel, der Ältere und nominelle Prophet, Ervil wegen Ungehorsams aus der Sekte ausschloß. Bald darauf hatte Ervil eine Offenbarung, in der Gott erklärte, daß Joel – nach allem, was man hört, ein außergewöhnlich gutmütiger Mensch, den seine Anhänger gewöhnlich als »heiligmäßig« beschreiben – Seinem Werk im Weg stehe und beseitigt werden müsse. Am 20. August 1972 wurde Joel in der Polygamistensiedlung Los Molinos, die er acht Jahre zuvor auf der Halbinsel Baja gegründet hatte, von einem Mitglied der Gruppe um Ervil mit mehreren Schüssen in Hals und Kopf niedergestreckt.[67]

Nachdem er die Ermordung Joels in Auftrag gegeben hatte, setzte Ervil eine göttlich inspirierte Mordserie in Gang, bei der bis 1975 mindestens fünf weitere Menschen umgebracht und mehr als fünfzehn verletzt wurden. Im März 1976 wurde er wegen dieser Verbrechen verhaftet und in Mexiko ins Gefängnis gesperrt, doch seine Anhänger folgten weiter seinen Anordnungen. Über ein Postfach in Südkalifornien verbreiteten sie Broschüren, in denen Steuern, Sozialfürsorge, Waffenkontrolle und rivalisierende Polygamisten angeprangert wurden. Als sich Jimmy Carter 1976 um die Präsidentschaft bewarb, gaben Ervils Gefolgsleute sogar ein Dekret heraus, in dem sie den Kandidaten wegen seiner liberalen Ansichten mit dem Tod bedrohten.

Ein knappes Jahr nachdem Ervil ins Gefängnis kam, wurde er wieder auf freien Fuß gesetzt. Die offizielle Erklärung lautete »aus Mangel an Beweisen«, obwohl man allgemein davon ausging, daß es eher etwas mit der Bestechung der richtigen Leute zu tun hatte. Ein paar Monate nach seiner Freilassung ließ er eine ungehorsame Tochter umbringen, und kurz darauf bereitete er die Ermordung Rulon Allreds vor, dessen Anhänger er unbedingt zu seiner eigenen Gruppe, der Church of the Lamb of God, bekehren wollte.

Bis 1979, als man ihn schließlich in Mexiko erneut verhaftete, blieb Ervil ein freier Mann. Er wurde an die Vereinigten Staaten ausgeliefert und zu einer lebenslänglichen Freiheitsstrafe im Utah State Prison in Point of the Mountain verurteilt, wo er im selben Hochsicherheitstrakt saß wie jetzt Dan Lafferty. Als Ervil allmählich begriff, daß seine Aussichten, je wieder aus dem Gefängnis zu kommen, gleich null waren, wurde er immer verzweifelter und irrationaler. Rena Chynoweth zufolge »begann er Offenbarungen über ein Wunder zu empfangen, durch das er freikommen würde. Er stellte sich vor, daß der Zorn Gottes die Gefängnismauern zum Einsturz bringen würde wie die Mauern von Jericho, weil die heidnische Staatsgewalt es wagte, den Erwählten Propheten und Offenbarer Gottes einzusperren.«

Im August 1981 wurde Ervil LeBaron tot in seiner Zelle aufgefunden, im Alter von sechsundfünfzig Jahren offenbar einem Herzinfarkt erlegen. Vor seinem Tod hatte er jedoch noch eine zusammenhanglose, giftsprühende Vierhundert-Seiten-Tirade mit dem Titel *The Book of the New Covenants* verfaßt. Der Text war in erster Linie eine Liste all derer, die Ervil seiner Meinung nach verraten und dafür den Tod verdient hatten. Begleitet wurde dieser Haßkatalog von bissigen, kaum verständlichen Schilderungen der genauen Natur jedes einzelnen Verrats. Im wesentlichen handelte es sich um eine äußerst sorgfältige Abschußliste. Etwas mehr als zwanzig Exemplare wurden veröffentlicht und gelangten zumeist in die Hände von Ervils ergebensten Anhängern.

Diese leidenschaftlichen Lämmer Gottes, wie sie sich nannten, rekrutierten sich größtenteils aus Ervils vierundfünfzig Kindern – einer Nachkommenschaft, die ihrem Vater noch lange nach seinem Tod blind ergeben blieb. Angeführt von einem Sohn namens Aaron LeBaron, der bei Ervils Tod erst dreizehn war, beschloß diese Bande von Jungs, Mädchen und jungen Erwachsenen – die zumeist von älteren Mitgliedern der Sekte mißhandelt und/oder sexuell mißbraucht und dann im Stich gelassen worden waren –, Ervils Tod zu rächen, indem sie die im *Book of the New Covenants* aufgelisteten Personen systematisch umbrachten. Ein Ankläger, der mit dem Fall betraut war, sprach von dieser Horde elternloser Kinder als der »Herr-der-Fliegen-Generation« des LeBaron-Clans.

Zwei Männer auf der Abschußliste wurden 1987 ermordet. Und am 27. Juni 1988 – dem 144. Jahrestag von Joseph Smiths Märtyrertod – wurden drei weitere Personen auf der Liste, zusammen mit der achtjährigen Tochter einer von ihnen, aus dem Hinterhalt erschossen. Diese vier Morde, innerhalb von fünf Minuten an verschiedenen, fast 500 Kilometer auseinanderliegenden Orten in Texas begangen, waren so geplant, daß sie genau zu der Uhrzeit verübt wurden, als Joseph im Gefängnis von Carthage erschossen worden war. Danach prahlten die Lämmer Gottes, daß sie für den Tod von insgesamt siebzehn Menschen verantwortlich seien. Da jedes ihrer Opfer im Rahmen der Blutsühne getötet worden sei, erklärten die Lämmer, seien diese Eliminierungen in den Augen des Herrn gerechtfertigt.

1993 wurden zwei von Ervils Söhnen und eine seiner Töchter wegen ihrer Beteiligung an einigen dieser Verbrechen zu lebenslänglichen Gefängnisstrafen verurteilt. Zwei Jahre danach wurde Aaron LeBaron, der Kopf der Bande, in Mexiko festgenommen, an Utah ausgeliefert und 1997 zu fünfundvierzig Jahren Gefängnis verurteilt. Der Aufenthaltsort mehrerer anderer LeBaron-Kinder, die bei den Morden nur eine untergeordnete Rolle spielten, bleibt unbekannt.

Die Mormonenkolonien in Mexiko, die auch heute noch zahlenmäßig stark sind, gehen auf das Jahr 1886 zurück, als eine Gruppe polygamistischer Heiliger am Rio Piedras Verdes, ungefähr 250 Kilometer südwestlich von El Paso, Texas, zwanzigtausend Hektar Land kaufte, um den Beischläferjagden zu entrinnen, die damals in Utah um sich griffen. Als der erste LeBaron 1902 über die Grenze nach Süden zog, lebten bereits dreitausendfünfhundert Mormonen in der Nähe dieser Colonia Juárez genannten Siedlung am Fuß der Sierra Madre Occidental.

1944 empfing Dayer LeBaron – der Vater von Joel und Ervil – eine Offenbarung, in der Gott ihm befahl, ein von Mesquitsträuchern bedecktes Stück Wüste, 50 Kilometer entfernt von der Colonia Juárez, zu kaufen. Er rodete das Land, pflanzte Bohnen an und nannte den Ort Colonia LeBaron. Schon bald wurde die Siedlung zur Operationsbasis für Dayers wachsende fundamentalistische Sekte.

1958 zog ein hübsches Mädchen namens Lavina Stubbs, das die ersten fünfzehn Jahre seines Lebens in Short Creek verbracht hatte, in die Colonia LeBaron. Der Name der Familie Stubbs war (und ist noch immer) einer der angesehensten in Short Creek/Colorado City, aber Lavinas Vater hatte sich mit Onkel Roy zerstritten, konvertierte zur LeBaron-Gruppe und zog mit seiner Sippe nach Mexiko. Ein Jahr später, im zarten Alter von sechzehn Jahren, hatte Lavina die Aufmerksamkeit des Propheten Joel LeBaron erregt und wurde eine seiner Frauen.

»Ich war vierzehn Jahre lang glücklich mit Joel verheiratet«, sagt Lavina. »Er war ein absolut rechtschaffener Mensch, einer der bedeutendsten Männer, die je gelebt haben.« Bevor sie aus Short Creek weggezogen waren, wollte ihre Mutter sie mit DeLoy Batemans Vater verheiraten, doch der Prophet hatte Lavina befohlen, die Frau eines anderen Mannes zu werden, den sie verachtete. »Ich wäre dort fast gezwungen worden, einen Mann zu heiraten, den ich nicht ausstehen konnte«, erinnert sie sich. »Nur mit knapper Not bin ich entkommen. Es war wie ein Wunder, daß mein Vater uns damals wegbrachte und Gott mir erlaubte, statt dessen Joel zu heiraten.«

Doch 1972 wurde Joel auf Ervils Befehl erschossen, und seitdem mußte Lavina viel durchmachen. Den stärksten Kummer bereitete ihr Kenyon Blackmore – der Cousin Winston Blackmores, des ehemaligen Führers der Polygamistengemeinde in Bountiful, British Columbia. 1983 heiratete Kenyon Blackmore Joel und Lavina LeBarons zweiundzwanzigjährige Tochter Gwendolyn. Die Ehe brachte nicht nur bei beiden Partnern das Übelste zum Vorschein, sondern erfüllte zudem das Leben fast aller davon berührten Personen mit Schmerz.

Zu diesen unglücklichen Menschen zählt auch eine Kanadierin namens Annie Vandeveer Blackmore. Als Kenyon Blackmore die junge Gwendolyn LeBaron heiratete, war er bereits seit vierundzwanzig Jahren mit Annie verheiratet. Trotzdem erzählte er ihr nicht, daß er sich eine zweite Frau genommen hatte.

»Sehen Sie das Bild da an der Wand?« fragt Annie mit bitterem Lächeln und deutet auf das gerahmte Coverfoto der Ausgabe des kanadischen *Weekend Magazine* vom 29. September 1956, auf dem zwei hübsche siebzehnjährige Cowgirls auf ebenso prächtigen Pferden abgebildet sind. »So habe ich Ken kennengelernt.« Die beiden Cowgirls sind Annie und ihre Zwillingsschwester, fotografiert auf der Ranch ihrer Familie in der Nähe von Winnipeg, Manitoba. Der zwanzigjährige Kenyon Blackmore – ein begeisterter Reiter aus einer Familie berühmter Polygamisten in Westkanada – sah das Zeitschriftencover und beschloß auf der Stelle, mindestens eine der hübschen Zwillingsschwestern zu heiraten.

»Als er den Artikel entdeckte«, erzählt Annie, »fing er an, uns zu schreiben, und wurde mein Brieffreund. Wenig später ging er auf eine Mission nach Südafrika, aber er schrieb mir die ganze Zeit, und als er zwei Jahre später wieder nach Hause zurückkehrte, kam er nach Winnipeg, um uns persönlich kennenzulernen. Sechs Monate später, im Dezember 1959, haben Ken und ich geheiratet.« Genau neun Monate danach brachte Annie ein Mädchen zur Welt, das erste von sieben Kindern, die sie mit Kenyon haben würde, und sie zogen nach Provo, damit er die Brigham Young University besuchen konnte.

1966 fing Kenyon in Bountiful als Lehrer an. Und da begann er, wie Annie es formuliert, »darauf zu drängen, weitere Frauen zu heiraten. Vor unserer Hochzeit hatte er mir von seinen polygamistischen Verwandten erzählt, aber das sagte mir damals nichts. Ich war erst zum Mormonentum konvertiert, als ich Ken kennengelernt hatte. Ich hatte kaum Ahnung von Polygamie und so was. Ich war bloß die Tochter eines Farmers aus Manitoba, nur ein Mädchen vom Land.«

Annie versuchte, unvoreingenommen an die Sache heranzugehen. »Ich wurde zur Harmonie erzogen«, sagt sie. »Ein Leben lang habe ich versucht, ihn zufriedenzustellen, alles zu tun, was er wollte. Aber mit der Vielehe konnte ich mich einfach nicht abfinden.« Doch daß Annie die Polygamie ablehnte, schreckte Kenyon nicht ab. Offen und aggressiv begann er, einem besonders verführerischen Mädchen nachzustellen, das von vielen Männern in Bountiful begehrt wurde: Alaire, der Adoptivtochter von Kenyons Onkel Ray Blackmore, dem Bischof der Gemeinde. Kenyons Annäherungsversuche, die weder vom Bischof in Bountiful noch vom Propheten in Colorado City gebilligt worden waren, machten Ray wütend, und er befahl seinen Söhnen, Kenyon aus der Stadt zu jagen; anschließend wurde Alaire mit Ray, ihrem eigenen Adoptivvater, verheiratet.[68]

In den nächsten fünfzehn Jahren streifte Kenyon mit seiner wachsenden Familie durch den Westen Nordamerikas, schlug sich als Farmhelfer, Lederarbeiter und Zimmermann durch und blieb nie länger an einem Ort als ein, zwei Jahre. Annie sagt, sie habe allmählich begriffen, daß »die Kinder und ich ihm nicht soviel bedeuteten. Ken machte immer, was er wollte, mit wem er wollte und wann er wollte. Er verschwand wochenlang, ohne ein einziges Mal anzurufen oder mir mitzuteilen, wo er war.«

Ihre älteste Tochter Lena, die inzwischen zweiundvierzig ist, bestätigt, daß er ein schlechter Vater war. »Dad ist ein mieser Scheißkerl«, sagt sie freiheraus, »obwohl ich schon über dreißig war, als ich das wirklich begriff. Er ist ein echt fieser Typ, der nur sich selbst sieht.« Kenyon hat all seine Kinder mißhandelt, aber zu Lena war er besonders brutal. Mit elf Jahren verabreichte er ihr mit einem breiten Traktorenkeilriemen eine äußerst heftige Tracht Prügel – »ohne ersichtlichen Grund«, wie sich Lena erinnert. »Wir wohnten damals in Las Cruces [New Mexico]. An meinen Beinen sind noch immer die Narben zu sehen.«

Anfang der achtziger Jahre schien sich für Kenyon alles zum Guten zu wenden. Er zog mit seiner Familie in die fromme Gemeinde Salem im Utah County, wo er Geschäftspartner eines freundlichen Mormonen namens Bernard Brady wurde. Kenyon bekehrte Brady zum Fundamentalismus, die beiden Männer begannen, Aktien steuerbegünstigter Unternehmen zu verkaufen, und investierten nebenbei in die legendäre Dream Mine, am Berghang oberhalb von Salem gelegen. Schon bald flossen mehrere Millionen Dollar auf das Geschäftskonto von Blackmore und Brady. Beide kauften sich unterhalb der Dream Mine riesige Häuser. Das Leben war schön.

In dieser Zeit machte Kenyon oft Geschäftsreisen, auf denen er auf der Suche nach Investoren durch den Westen Nordamerikas streifte. 1983 fuhr er während einer dieser Reisen nach Mexiko und heiratete heimlich Gwendolyn Stubbs LeBaron, die Tochter von Lavina Stubbs und dem verstorbenen Joel LeBaron.

Etwa um diese Zeit machte Kenyon Bernard Brady auch mit dem Propheten Onias bekannt, einem langjährigen Freund aus Kanada, den Kenyon kennengelernt hatte, als er siebzehn Jahre zuvor in Bountiful als Lehrer gearbeitet hatte. Onias, der erst vor kurzem nach Utah gezogen war, um unterhalb der Dream Mine seine Stadt der Zuflucht zu errichten, war gerade mit der Gründung seiner Schule der Propheten beschäftigt und forderte Brady auf beizutreten. Brady fühlte sich geschmeichelt und revanchierte sich, indem er fünf Brüder aus einer »hervorragenden« Familie im Utah County für die Schule warb: Tim, Watson, Mark, Dan und Ron Lafferty. Wenig später fand Kenyons kurze Glückssträhne ein jähes Ende.

Brenda und Erica Lafferty wurden am 24. Juli 1984 in American Fork ermordet, und die Polizei hielt sofort Kenyon Blackmore, Bernard Brady und alle anderen, die auch nur entfernt etwas mit der Schule der Propheten zu tun hatten, für die Hauptverdächtigen. Doch für die Polizeibeamten waren Brady und Blackmore schon lange vor den Lafferty-Morden gute Bekannte: 1983 hatte ein Bundesgericht gegen Blackmore, Brady und neunzehn weitere Gesellschafter wegen mehrfachen Betrugs Anklage erhoben und sie beschuldigt, dreitausendachthundert Investoren um mehr als zweiunddreißig Millionen Dollar geprellt zu haben – ein Betrug, den der Generalbundesanwalt, der in diesem Fall die Anklage vertrat, als »klassisches Ponzi-Projekt« bezeichnete.[69]

Zu den Leuten, die bei dem Betrug reingelegt wurden, gehörte auch Blackmores neue Schwiegermutter Lavina Stubbs

LeBaron – Gwendolyns Mutter. »Du meine Güte«, erinnert sich Lavina, »ich habe bei Kenyons blödem Projekt viel Geld verloren. Ich habe mein Haus und alles verkauft und ihm das ganze Geld gegeben. Jeder einzelne Cent hat sich in Luft aufgelöst.« Erstaunlicherweise gibt sie Kenyon Blackmore keine Schuld an ihrem Verlust. Lavina zufolge hat er »es gut gemeint. Er wollte uns alle profitieren lassen, aber dann stellten sich die Investitionen als schlecht heraus oder so was. Ich war nicht wütend auf Ken, nicht deswegen. Das kam erst, als er meine Tochter und all meine Enkel nach Mittelamerika mitnahm und ihnen all diese schrecklichen Dinge antat.«

Kenyons Komplize Bernard Brady wurde verhaftet, vor Gericht gestellt und schließlich zu einer sechsjährigen Gefängnisstrafe verurteilt. Als Blackmore von der Anklage erfuhr, entschied er sich, lieber unterzutauchen, als sich der Polizei zu stellen. Er floh sofort nach Mexiko, wo Gwendolyn und Lavina ihm in Colonia LeBaron Zuflucht gewährten.

Zu diesem Zeitpunkt wußte Annie Blackmore, Kenyons erste Frau, noch nichts von seiner zweiten Frau Gwendolyn. »Gott hatte Ken befohlen, mir nichts von ihr zu erzählen«, sagt Annie verbittert. »Daß er sie geheiratet hatte, fand ich bloß heraus, weil ich nach Mexiko fuhr, um ihn zu überreden, nach Utah zurückzukehren.« Für Annie war es ein äußerst erniedrigendes Erlebnis. Sie erfuhr nicht nur, daß Kenyon eine neue Frau hatte, die so alt war wie ihre älteste Tochter, sondern diese junge Frau hatte auch gerade erst eine von Kenyon gezeugte Tochter zur Welt gebracht. Das kleine Mädchen wurde genau drei Tage vor dem Mord an Brenda und Erica Lafferty in Colonia LeBaron geboren und erhielt den Namen Evangeline.

Als es Annie nicht gelang, Kenyon zur Rückkehr nach Utah zu überreden, fuhr sie völlig schockiert allein nach Hause. Aber dabei konnte sie es nicht bewenden lassen. »Ich war mit der Ehe eine Verpflichtung eingegangen«, sagt sie. »Ich wollte nicht gleich aufgeben.« Also fuhr sie im Januar 1985 noch einmal nach Mexiko und bat Kenyon, nach Hause zu kommen. Und diesmal willigte er ein.

Doch als Kenyon in El Paso, Texas, die Grenze überquerte, wurde er von FBI-Agenten umstellt und in Handschellen abgeführt. Ein Schwager – einer der Investoren, die von Kenyon betrogen worden waren – hatte ihnen einen Tip gegeben. Da Kenyon keine andere Möglichkeit sah, ließ er sich mit dem Staat auf eine Absprache ein und wurde in einem Bundesgefängnis in Tallahassee, Florida, eingesperrt.

Nach seiner Freilassung Ende 1991 kehrte Kenyon Blackmore in seine Geburtsstadt zurück – Cardston, Alberta. Annie hatte ihn inzwischen abgeschrieben und die Scheidung eingereicht, aber Kenyon versuchte, sich in Cardston, dem Zentrum des kanadischen Mormonentums, wieder mit seiner ältesten Tochter Lena zu vereinen. Lena war ihrem Vater zwar zugetan, fühlte sich aber bei Gwendolyn, der Frau, die ihre Mutter abgelöst hatte, und den beiden Kindern, die Gwendolyn damals mit Kenyon hatte, unwohl. »Es war schrecklich, mit ansehen zu müssen, wie sie und mein Dad diese Kinder großzogen«, sagt Lena. »Sie ernährten sie mit einer ganz seltsamen Naturdiät. Und Ken verbot ihnen, Seife zu benutzen oder sich die Zähne zu putzen. Die Kinder wirkten unterernährt und rochen nicht gut. Mein Dad und seine Frau auch. Sie stanken einfach. Es war ekelhaft.«

Vielleicht hätte sich Lena mit alldem abgefunden, aber dann stahl ihr Vater ihren Wagen. »Ich hatte so einen schönen neuen Pick-up«, sagt sie, »und ich steckte in finanziellen Schwierigkeiten. Deshalb sagte Dad, er würde ihn für mich abbezahlen und die Versicherung begleichen, wenn er ihn eine Weile benutzen könnte.« Aber nachdem er in Lenas Pick-up losgefahren war, kümmerte sich Kenyon nicht um die versprochenen Zahlungen, was Lena erst entdeckte, als die Bank drohte, ihr den Wagen wegzunehmen. Wütend verständigte sie die Royal Canadian Mounted Police, die ihrerseits Kenyons Bewährungshelfer alarmierte, woraufhin Haftbefehl gegen ihn erlassen wurde. »Ken mußte feststellen, daß er diesmal an die Falsche geraten war«, sagt Lena. Als Kenyon erfuhr, daß er wieder von der Polizei gesucht wurde, floh er mit Gwendolyn und ihren Kindern in sein altes Versteck Colonia LeBaron.

In Mexiko heiratete er eine dritte Frau, die auch noch Gwendolyns Halbschwester war. Bald darauf verließ er mit seinen beiden Frauen und ihren Kindern Colonia LeBaron und verschwand nach Mittelamerika. In den folgenden Jahren zeugte er mit jeder Frau vier weitere Kinder. Den Unterhalt für seine Angehörigen bestritt er mehr schlecht als recht durch Gelegenheitsarbeiten, den Verkauf von Naturkostprodukten, seine Arbeit als Massagetherapeut und kleinere Betrügereien. »Er verdiente sein Geld auf unterschiedlichste Weise«, berichtet Evangeline Blackmore, das älteste Kind, das Ken mit Gwendolyn hat. Evangeline, die inzwischen ein großgewachsenes, blondes achtzehnjähriges Mädchen von exotischem Aussehen ist, das Englisch mit leichtem mexikanischem Akzent spricht, sagt, daß Kenyon »ab und zu Gold kaufte und verkaufte. In Mexiko hat er für mexikanische Cowboys Sättel und andere Ledersachen angefertigt. Aber meistens hat er die Leute betrogen. Mein Dad ist ein ausgezeichneter Betrüger.«

Kenyon Blackmore vertrat schon immer seltsame religiöse Ansichten, doch als er nach seiner Entlassung aus dem Gefängnis mit seinen beiden LeBaron-Frauen im Dunkel Mittelamerikas verschwand, wurden sie noch viel extremer. »Die LeBarons schienen Dads seltsame Überzeugungen zu unterstützen«, sagt Lena. »Sie waren davon überzeugt, daß er göttliche Eigenschaften besaß. Sie nährten seine Phantasie, und er nährte ihre.«

Während er seine jungen Frauen und ihre Horde halbwilder Kinder kreuz und quer durch Mittelamerika schleifte, empfing Kenyon eine Reihe von Offenbarungen, in denen Gott ihm mitteilte, er sei »der letzte Prophet vor der Wiederkunft Jesu Christi«. Gott sagte ihm, Jesus würde in Gestalt eines Kindes auf die Erde zurückkehren, das aus Kenyons reinem Samen und dem jungfräulichen Schoß seiner Tochter geboren werde. Kenyon erhörte das Gebot des Herrn und nahm Evangeline an ihrem zwölften Geburtstag im Juni 1996 zur Frau – das heißt, er begann, sie regelmäßig zu vergewaltigen. Laut Evangeline glaubte ihr Vater, er müsse an ihrem zwölften Geburtstag anfangen, Geschlechtsverkehr mit ihr zu haben, »weil Maria, die erste Mutter von Jesus, in diesem Alter geschwängert wurde«. Sie sagt, Kenyon sei überzeugt gewesen, daß »das Blut keines anderen gut genug war«, um den Menschensohn zu zeugen.

Als Kenyon Evangeline zu vergewaltigen versuchte, drohte er ihr, sie würde in die Hölle kommen, weil sie nicht gehorsam sei. Und als sie sich weiter widersetzte, »warf er mich zu Boden, schlug mich und hielt mir den Mund zu, damit ich nicht schreien konnte«. Um nicht mehr geschlagen zu werden, fügte sie sich schließlich widerstandslos in die von ihrem sechzigjährigen Vater begangenen Vergewaltigungen.

»Ich war gerade mal zwölf Jahre alt«, fährt Evangeline mit erstaunlicher Selbstbeherrschung fort. »Ich wußte nicht, was mit mir geschah, aber ich wußte, daß es mir nicht gefiel. Ich fühlte mich furchtbar. Mein Vater verbot mir, Freundschaften zu schließen oder auch nur mit irgendwem zu reden.«

Während Evangelines Martyrium unter der Knute ihres Vaters fastete Blackmore häufig und zwang seine Familie, mitzufasten. »Er machte ständig Flüssigdiäten mit reinem Orangensaft oder Zitronenwasser«, sagt Evangeline. Er kam zu der Überzeugung, daß er, »wenn er seinen Körper rein genug macht, Berge versetzen und durch Wände gehen kann«. Er glaubte auch, daß fast alle anderen Menschen auf der Welt verdorben und böse seien. Evangeline weiß noch, daß Blackmore vorhatte, »einen unschuldigen, naiven Indianerstamm zu suchen und ihn zu seiner Glaubenslehre zu bekehren«, dann systematisch das Blut des Stammes zu verbessern, indem er die Frauen »mit seinem eigenen reinen Samen« schwängerte.

Nachdem Evangeline fast ein ganzes Jahr lang von ihrem Vater vergewaltigt worden war, wurde sie schwanger, doch zwei Monate später hatte sie eine Fehlgeburt. Als sie nicht wieder schwanger wurde, verstieß Kenyon sie im April 1997 und ließ sie zwei Monate vor ihrem dreizehnten Geburtstag in Guatemala sitzen. »Ungefähr vier Monate lang lebte ich allein«, erinnert sie sich. »Als mir das Essen ausging, schlug ich mich zu Freunden in Guatemala City durch.« Nach ungefähr sechs Monaten gelang es diesen guatemaltekischen Bekannten, sich mit Evangelines Großmutter Lavina in Colonia LeBaron in Verbindung zu setzen, und Lavina kam nach Guatemala und rettete sie.

Zur Zeit lebt Evangeline im Mittelwesten Amerikas; sie ist verheiratet und hat einen kleinen Sohn. Alles in allem geht es ihr gut, doch sie macht sich große Sorgen um ihre jüngeren Geschwister, sechs davon Mädchen, die vermutlich alle noch mit Kenyon Blackmore durch Mittel- oder Südamerika ziehen. Sie sagt, ihr Vater habe vor, jede seiner Töchter zu »heiraten«, sobald sie zwölf Jahre alt würden. »Ich muß ständig an meine Schwestern denken. Ich will nicht, daß sie auch vergewaltigt werden. Ich bin immer noch nicht drüber weg. So was … läßt einen nicht los, so was ist immer da.«

Die älteste von Evangelines Schwestern feierte ihren zwölften Geburtstag im Mai 2001, die nächste im Februar 2003; und eine weitere wird im Juli 2004 zwölf Jahre alt.

22 Reno

Joseph Smith hinterließ seinen Anhängern ein schwieriges Erbe: die Überzeugung, daß es um »das Reich oder nichts« ging und jede Tat, die das Werk Gottes förderte oder schützte, gerechtfertigt war. Manche haben versucht, Mountain Meadows als Einzelfall hinzustellen, als Verirrung in der ansonsten anregenden Geschichte Utahs und des Mormonentums, doch es war viel eher die Erfüllung von Smiths radikalen Lehren. Brigham Youngs schonungsloses Engagement für das Reich Gottes formte aus Joseph Smiths Theologie, die seinen Nachfolgern ein leidiges Erbe hinterließ, eine Kultur der Gewalt. Die seltsame Besessenheit des frühen Mormonentums von Blut und Rache schuf eine Gesellschaft, die das Massaker möglich oder sogar unvermeidlich machte. Diese Besessenheit hatte für Youngs eigene Familie verheerende Folgen. 1902 schlitzte William Hooper Young, der Enkel des Propheten, in New York einer angeblichen Prostituierten den Bauch auf und schmierte in der Wohnung seines Vaters das Wort »Blutsühne« an die Wand.

Will Bagley
Blood of the Prophets

Gegen zwei Uhr nachmittags am 24. Juli 1984 schnitt Dan Lafferty Brenda Lafferty die Kehle durch und ließ seine Schwägerin auf dem Küchenfußboden in einer zähflüssigen Blutlache ihr Leben aushauchen. Da er bereits Brendas Baby umgebracht hatte, war die erste Hälfte der Beseitigungsoffenbarung vollbracht. Danach fuhr Ron Lafferty mit Dan, Chip Carnes und Ricky Knapp zum Haus von Chloe Low, das an einer abgelegenen unbefestigten Straße in Highland, Utah, lag. Sie wollten Low »beseitigen«, wie Gott es im zweiten Teil von Rons Offenbarung befohlen hatte, und dann zu dem nahe gelegenen Haus Richard Stowes – des Präsidenten des HLT-Pfahls von Highland – fahren und auch ihm die Kehle aufschlitzen. Sobald sie das Gebot vollständig erfüllt hatten, konnten sie mit der Arbeit an der Stadt der Zuflucht beginnen, die in Vorbereitung auf die Letzten Tage neben der Dream Mine errichtet werden sollte.

Als sie zum Haus der Lows kamen, parkte Ron seinen Impala-Kombi in einer Seitenstraße und schlich sich mit Dan zum Haus, um zu sehen, wer da war. Zufällig war niemand zu Hause: Die Lows waren am Pioneer Day in ihr Sommerhaus am Bear Lake nahe der Grenze zwischen Utah und Idaho gefahren. Ron kehrte zum Wagen zurück und sagte zu Carnes und Knapp: »Tja, es ist niemand da, also brechen wir ein und schauen, ob wir Gewehre, Geld oder sonstwas Brauchbares finden.« Nachdem er den Wagen rückwärts in den Carport der Lows gefahren hatte, schnappte sich Ron seine Kaliber-20-Schrotflinte, forderte Carnes auf, Schmiere zu stehen, und kehrte mit Knapp zum Haus zurück, wo Dan auf sie wartete.

Ron, der in den vergangenen Jahren sehr oft bei den Lows zu Gast gewesen war, kannte das Haus gut. Nachdem sie ein Fenster ausgehängt hatten, schalteten er, Dan und Knapp die Alarmanlage aus, stiegen ins Haus ein und durchwühlten alles. Während sie drinnen waren, fuhren zwei Jungs aus der Nachbarschaft in einem dröhnenden Geländewagen vor. Carnes, der eine Winchester Kaliber 30-30 in der Hand hielt und in der drückenden Julihitze eine Skimaske trug, schlich gebückt aus dem Kombi und versteckte sich in einem nahe gelegenen Gebüsch, als die Jugendlichen zur Haustür gingen und dann lange klopften, immer und immer wieder. Im Innern des Hauses hörten Dan und Ron die Jungs klopfen, doch sie kümmerten sich einfach nicht darum und suchten seelenruhig weiter nach Wertsachen. Nach ein paar Minuten gaben die Jungs auf und fuhren dröhnend in einer blauen Rauchwolke davon.

Dan, Ron und Knapp stahlen einen Hundert-Dollar-Schein,

eine Armbanduhr, Autoschlüssel und ein paar Schmucksachen, und dann zertrümmerte Ron in einem Akt der Boshaftigkeit Chloe Lows Sammlung von Meißner Porzellanfigurinen, die ihr, wie er wußte, aus sentimentalen Gründen viel bedeuteten. Die Einbrecher verließen das Haus durch ein Fenster auf der Rückseite, holten Carnes, der noch immer im Gebüsch hockte, und fuhren davon.

Der nächste Punkt auf ihrer Tagesordnung war die Ermordung Richard Stowes. Knapp fuhr den Wagen. Ron erklärte ihm, wie er zu Stowes Haus fahren mußte, doch die Route war kompliziert, und Knapp verpaßte eine Abzweigung. Dan zufolge »brüllte Ron Ricky irgendwas zu wie: ›Hey, da müssen wir abbiegen!‹ Aber inzwischen war keiner mehr besonders darauf aus, die Offenbarung sofort zu vollenden.«

Die vier Männer diskutierten kurz, ob sie umkehren und zum Haus der Stowes fahren sollten. Carnes, der immer ängstlicher wurde, bat Ron, den Rest der Offenbarung einfach zu vergessen. »Wenn der Herr gewollt hätte, daß du heute noch jemanden umbringst«, sagte Carnes, »dann hättest du das längst erledigt.« Zu seiner Überraschung und riesigen Erleichterung stimmte Ron ihm ohne Widerspruch zu und wies Knapp an, in der eingeschlagenen Richtung weiterzufahren, dann würden sie auf die Interstate 15 kommen.

Wären sie an jenem Nachmittag umgekehrt und zu Präsident Stowes Haus gefahren, hätten sie ihn im Gegensatz zu Chloe Low zu Hause angetroffen. Er und sein Sohn nutzten den Feiertag dazu, mit einem Traktor eine Betontreppe an ihrem Haus abzureißen. Man weiß nicht, was geschehen wäre, wenn die Lafferty-Brüder zu Stowes Haus weitergefahren wären, aber wenn man bedenkt, wie viele Gewehre sie dabeihatten, kann man sich leicht vorstellen, zu welchem Blutbad es gekommen wäre, hätte Ricky Knapp nicht die Abzweigung verpaßt.

Doch er verpaßte sie, und statt umzukehren und Stowe zu ermorden, fuhren die vier Männer weiter nach Salt Lake City, wo Knapp die Interstate 15 verließ und den Wagen nach Westen auf die Interstate 80 lenkte. Während der Fahrt hielt Dan die abgesägte Schrotflinte im Schoß, damit sie griffbereit war, falls sie von der Polizei angehalten wurden. Ihr Fahrtziel war Reno, Nevada.

Als der Impala die Autobahn entlangbrauste, brachte Knapp endlich den Mut auf, Ron und Dan zu fragen, was in der Wohnung von Allen und Brenda Lafferty in American Fork genau passiert sei. Dan behauptet, er habe Knapp in allen Einzelheiten geschildert, wie er Brenda und ihr Baby umbrachte, und habe dasselbe gesagt wie im sechzehnten Kapitel dieses Buches geschildert – was auch mit seiner Aussage bei der Gerichtsverhandlung 1996 in allen wichtigen Punkten übereinstimmt. Dan sagt, er habe Knapp und Carnes unmißverständlich klargemacht, daß er, und nicht Ron, das Messer führte, das Brendas und Ericas Leben beendete.

Doch Chip Carnes hat das Ganze anders im Kopf. In seiner Aussage bei der Verhandlung 1996 beharrte Carnes völlig glaubwürdig darauf, es sei Ron, und nicht Dan, gewesen, der Knapp und ihm auf der langen, glühendheißen Fahrt von Salt Lake City nach Nevada von den Morden erzählt habe. Und Rons Geschichte habe sich in einem entscheidenden Punkt von der Dans unterschieden. Carnes zufolge sagte Ron,

> sobald er ins Haus gekommen wäre, hätte er [Brenda] geschlagen, so fest er konnte, und sie wäre zu Boden gestürzt. Und er sagte, er hätte sie Miststück genannt und ihr gesagt, was er von ihr hielte.
>
> Und er sagte, sie hätte ihn angefleht, daß er aufhören sollte. Er hätte einfach immer weiter auf sie eingeschlagen; aber sie wäre nicht bewußtlos liegengeblieben.
>
> Und während Dan sie am Boden festgehalten hätte, wäre Ron aufgestanden und hätte die Staubsaugerschnur abgeschnitten, sie ihr um den Hals gelegt und so lange daran gezogen, bis Dan ihm sagte – ihm Bescheid gab, daß ihr Körper ganz schlaff geworden wäre.
>
> Und er sagte, dann hätte er ihr die Schnur vom Hals ge-

> nommen und er und Dan hätten sie in die Küche geschleppt, auf den Boden gelegt und ihr die Kehle durchgeschnitten. Er sagte, er hätte ihr den Hals von einem Ohr bis zum anderen aufgeschlitzt, und zeigte dann, wie … Ein bißchen später zog Ron ein Messer aus seinem – nahm er das Messer aus seinem Stiefel. Und er schlug sich damit aufs Knie und sagte: »Ich hab sie umgebracht. Ich habe sie umgebracht. Ich hab das Miststück umgebracht. Ich kann kaum glauben, daß ich sie umgebracht hab.« Er prahlte damit, daß seine Fingerknöchel geschwollen wären, daß sie vielleicht gebrochen wären, weil er ständig auf sie eingeschlagen hätte.

Carnes sagte aus, Ron habe, als er damit prahlte, Brendas Hals von einem Ohr bis zum anderen aufgeschlitzt zu haben, auch in abstoßender Ausführlichkeit geschildert, wie er ihr, nachdem er das Messer über ihre Kehle gezogen hatte, den Kopf nach hinten riß und

> ihr den Hals öffnete, damit das Blut frei rausströmen konnte und so. Und dann, sagte er, hätte er Dan das Messer gegeben. Er drehte sich um und sah mich an, und dann blickte er wieder Dan an und sagte: »Danke, Bruder, daß du das Baby übernommen hast, denn ich glaube, das hätte ich nicht mehr geschafft.« Und Dan antwortete: »Das war kein Problem.«

Die wesentlichen Fakten in den letzten beiden Sätzen von Carnes' Aussage bestreitet Dan nicht, doch er sagt, der Rest sei erfunden. Dan beharrt darauf, daß er, und nicht Ron, Brenda umgebracht habe, und weist darauf hin, daß er keinen Grund habe, bei dieser Sache zu lügen – im Gegensatz zu Carnes. Nachdem die Polizei Carnes verhaftet hatte, wurde ihm gesagt, man würde ihn wegen Mordes anklagen und gegen ihn die Todesstrafe verhängen, wenn er keine Beweise liefere, die zur Verurteilung Rons und Dans wegen vorsätzlichen Mordes führten. Falls Carnes' Aussage der Anklagevertretung jedoch weiterhelfe, versicherte ihm der Staat, »werden wir Ihnen einen guten Handel anbieten«.

Dan Lafferty sagt, er sei »ein bißchen überrascht« gewesen, daß Chip Carnes Rons Rolle bei den Morden mißverstanden habe, »es sei denn, die Anklage hat ihn irgendwie dazu ermuntert. Oder vielleicht war er auch bloß verwirrt. Egal, ich mache Chip keinen Vorwurf. Es war eine ziemlich heftige Sache, und als ich es ihm und Ricky im Wagen erklärt habe, hörte sich vieles davon wohl ziemlich unsinnig an.«

Vielleicht ist die Frage, wer wirklich das Messer geführt hat, relativ unbedeutend; als die Brüder in Brendas Wohnung in American Fork eindrangen, machten sich beide die Hände blutig, wortwörtlich und bildlich. Die Morde waren ein Gemeinschaftswerk. Ron und Dan waren gleichermaßen schuldig. Eine großherzige junge Frau und ihre kleine Tochter waren tot, und nichts konnte daran etwas ändern, während Ron, Dan, Carnes und Knapp nach Westen in das blendendweiße Licht der Bonneville Salt Flats fuhren.

Die Flüchtlinge erreichten die Staatsgrenze von Nevada gegen sechs Uhr abends. Sobald Utah hinter ihnen lag, verließen sie die Interstate und mieteten in der Grenzstadt Wendover in einem Billigmotel einen Bungalow. Es war ein langer Tag gewesen. Alle waren müde und völlig erschöpft. Dan wusch ihre blutverschmierten Sachen in der Badewanne aus, und dann gingen alle vier Männer in den schäbigen Spielsalon mit angeschlossener Gemischtwarenhandlung, wo sie sich Bier und Hot dogs kauften, die sie als Abendessen ins Motel mitnehmen wollten.

Gegen 23 Uhr saßen sie biertrinkend im Motelzimmer, als »Ron aus heiterem Himmel beschloß, daß es Zeit wäre aufzubrechen«, sagte Carnes. Hastig packten sie alles wieder in den Impala und fuhren, mit Knapp am Lenkrad, los. Unmittelbar danach sah er ein Blinklicht im Rückspiegel. Es war die Nevada Highway Patrol.

Knapp fuhr an die Seite und stieg aus, um mit dem Beamten

zu sprechen, während die anderen mit den Gewehren im Anschlag dasaßen, bereit, das Feuer zu eröffnen, falls es so aussah, als hätte der Polizist begriffen, wer sie waren und warum sie gesucht wurden. Doch der Beamte merkte nicht, daß sie auf der Flucht waren. Statt die Männer verhaften zu wollen, machte er Knapp bloß darauf aufmerksam, daß die Rücklichter des Impala nicht brannten und der Wagen Benzin verlor. Knapp verriet sich nicht und versicherte dem Beamten höflich, sie würden alles sofort reparieren lassen. Der Polizist sagte, sie sollten aus seinem Zuständigkeitsbereich einfach zurück nach Utah fahren, weil er nicht wollte, daß der Wagen in Nevada in die Luft flog, und fuhr dann in die Nacht davon.

Die vier Flüchtlinge seufzten erleichtert auf und tauschten die Sicherung für die Rücklichter aus. Doch als sie das Licht wieder einschalteten, brannte auch diese Sicherung durch, und sie kehrten zum Motel zurück, um den nächsten Morgen abzuwarten. Ron und Dan ließen ihre Sachen im Wagen und legten sich hin. Doch Knapp und Carnes waren nach der Begegnung mit dem Polizisten noch so aufgedreht, daß sie nicht mal ans Schlafen denken konnten, und verließen das Zimmer, um Zigaretten zu kaufen.

»Wir liefen draußen rum«, berichtete Carnes. Der Dreiundzwanzigjährige hatte ein ziemlich schlechtes Gefühl bei dieser Sache. »Ich erzählte Ricky, was ich von der ganzen Sache hielt. Und er sagte, ihm ginge es genauso.« Dann verriet Carnes Knapp, daß er vorhabe abzuhauen: »Ich verschwinde von hier. Sobald die beiden schlafen, mache ich mich aus dem Staub.«

Carnes und Knapp gingen ins Motelzimmer zurück und bemühten sich, Ruhe zu bewahren, damit Ron und Dan keinen Verdacht schöpften. »Als ich mir sicher war, daß sie schliefen«, berichtete Carnes weiter, »nahm ich die Schlüssel und sagte zu Ricky: ›Mach's gut.‹ Und Ricky sagte: ›Moment mal, ich komme mit.‹«

Carnes und Knapp schoben den Impala so weit weg, daß die Brüder das Anlassen des Motors nicht hören konnten, und machten sich dann so schnell wie möglich davon. Knapp fuhr, den Fuß leicht auf dem Bremspedal, damit die Bremsleuchten brannten und sie nicht noch mal angehalten würden.

Sie fuhren auf der Interstate 80 nach Westen, bogen dann auf die US 93 Richtung Twin Falls, Idaho, und beschlossen schließlich, größtenteils auf Nebenstraßen einen Umweg über Cheyenne, Wyoming, zu machen, wo Carnes' Bruder Gary lebte. Während der Fahrt fanden sie im Kombi immer wieder Beweisstücke für das Verbrechen – das Ausbeinmesser, mit dem Brenda und Erica umgebracht worden waren; eine Mülltüte, in der sich die blutverschmierten Sachen befanden, die Dan in der Badewanne des Motelzimmers ausgewaschen hatte; einen grünen Koffer mit zwei Rasiermessern drin – und jedesmal, wenn sie etwas fanden, warfen sie es aus dem Fenster.

Carnes und Knapp trafen am Donnerstag morgen bei Gary Carnes in Cheyenne ein. Vier Tage später entdeckte die Polizei den vor dem Haus geparkten Impala und verhaftete die beiden. Da sie zum Kreis der Laffertys gehörten und in den mörderischen Kreuzzug der Brüder verwickelt waren, sprach vieles dafür, daß man gegen Carnes und Knapp die Todesstrafe verhängen würde. Als die Polizisten ihnen das klarmachten, erklärten sich die beiden sofort bereit auszupacken, wenn man ihnen im Gegenzug ein mildes Urteil zusicherte. Dadurch konnten Polizeibeamte die Mordwaffe und auch die meisten anderen Beweisstücke ausfindig machen, die die Flüchtigen bei der überstürzten Fahrt durch Nevada, Idaho und Wyoming weggeworfen hatten. Knapp und Carnes gaben der Polizei auch den wichtigen Hinweis, daß die Lafferty-Brüder davon gesprochen hätten, nach Reno zu fahren.

Bernard Brady, der Dream-Mine-Investor und Geschäftspartner von Kenyon Blackmore, der die Lafferty-Jungs mit dem Propheten Onias bekannt gemacht hatte, weiß noch, wie er am 25. Juli, einem Mittwoch, nachmittags von der Arbeit nach Hause kam, und da standen »all diese Streifenwagen vor meinem Haus. Die ganze Straße lang – überall Streifenwagen.

Also ging ich ins Haus, um zu sehen, was los war, und drinnen wimmelte es von Polizisten. Meine Familie saß auf dem Sofa, und man hatte ihnen gesagt, wenn sie sich vom Fleck rührten, würde man sie erschießen. Sie waren völlig eingeschüchtert.«

Die Polizeibeamten stellten das Haus auf der Suche nach Beweisen buchstäblich auf den Kopf. Als Brady zur Tür hereinkam, befahl ihm ein finster dreinblickender Polizist, sich »hinzusetzen und die Klappe zu halten«.

Verärgert, weil er als Verdächtiger behandelt wurde, verlangte Brady, den Durchsuchungsbefehl zu sehen. »Als sie ihn mir zeigten«, sagt er, »sah ich, daß die Adresse nicht stimmte. Das Formular ermächtigte sie, ein Haus ein Stück weiter auf der anderen Straßenseite zu durchsuchen, aber nicht meins. Also wies ich einen der Polizisten darauf hin, daß die Durchsuchung gesetzwidrig wäre. Er zeigte das Formular dem Sheriff, der darauf beharrte, daß der Durchsuchungsbefehl trotzdem gültig wäre, und sie stellten weiter alles auf den Kopf.«

Die Durchsuchung erwies sich als fruchtbar. In einer Schublade fanden die Beamten die eidesstattliche Erklärung, die Brady am 9. April hatte aufsetzen lassen und aus der hervorging, daß er die Beseitigungsoffenbarung gesehen hatte, aber nichts damit zu tun haben wollte. Sie konfiszierten auch ein paar Akten über die Schule der Propheten und den Computer, an dem Ron die meisten seiner Offenbarungen getippt hatte – obwohl die Beseitigungsoffenbarung dort nicht gespeichert war. Bald darauf erlangte die Polizei einen weiteren Durchsuchungsbefehl für ein leerstehendes Haus, in dem sich Ron eingenistet hatte, bevor er mit Dan zu seiner Reise in den Westen aufgebrochen war. In einem der Wandschränke hing ein Flanellhemd, und in der Brusttasche befand sich ein gelbes Blatt Papier, das mit Rons akkurater Handschrift beschrieben war. Wie sich herausstellte, war es die ursprüngliche Abschrift der Beseitigungsoffenbarung.

Als die Lafferty-Brüder am 24. Juli spätnachts in ihrem Motelzimmer in Wendover ins Bett gingen, fielen sie beide in einen tiefen Schlaf. Am nächsten Morgen stellten sie fest, daß sich Knapp und Carnes mit dem Impala und allen Sachen aus dem Staub gemacht hatten, sie selbst völlig pleite waren und nur wenig mehr besaßen als das, was sie anhatten. Dan sagt, sie seien nicht wütend gewesen, sondern »ich dachte, daß es in mancher Hinsicht vielleicht ganz gut wäre. Alles in allem machte ich ihnen keinen Vorwurf, und ich dachte, daß es so vorherbestimmt war, weil Ron und ich so tief und fest geschlafen hatten.« Nachdem sie über ihre Möglichkeiten nachgedacht hatten, schlug Ron vor, sich zu trennen, durch Nevada zu trampen und sich in John Ascuaga's Nugget wiederzutreffen, einem Kasino in Sparks bei Reno, wo sie auf ihrer Reise im Frühsommer schon einmal gewesen waren.

Dan streckte an der nach Westen führenden Auffahrt der Interstate 80 den Daumen in die Luft und wurde sofort von einem Trucker in einem Eighteen-Wheeler mitgenommen, der ihn bis nach Reno brachte. Dort verbrachte er die Nacht in einer historischen Dampflokomotive, die in einem Stadtpark ausgestellt war, und lungerte am nächsten Tag im Nugget herum, bis Ron auftauchte.

Dan sagt, sie hätten, nachdem sie sich gefunden hatten, vor dem Eingang des Kasinos gestanden, »als dieser große, schwere Kerl namens Bud rausgewankt kam und am Bordstein kurz kotzte, und dabei fiel ihm der Geldbeutel raus … Das war der dickste Geldbeutel, den ich je gesehen habe.« Statt den Geldbeutel zu behalten, gab Dan ihn zurück, woraufhin Bud die Brüder aus Dankbarkeit in dieser Nacht bei sich auf dem Fußboden schlafen ließ und sie am nächsten Morgen einlud, mit ihm Wasserski zu fahren. Sie ruhten sich den ganzen Tag lang am kristallklaren Wasser des Lake Tahoe aus, tranken Bier und aßen Buds Sandwiches. Am Abend gab er ihnen in Truckee ein großes Abendessen aus und fuhr sie dann wieder in die Innenstadt von Reno.

In den nächsten beiden Wochen trieben sich Ron und Dan in Sparks und Reno herum, fuhren mit dem kostenlosen Doppeldeckerbus hin und her und lebten von den zu Werbezwecken kostenlos ausgegebenen Snacks. Sie lernten den Busfahrer näher kennen, und er ließ die Brüder jede Nacht in seinem Bus schlafen, »was ein echter Segen war«, wie Dan sagt. Abends nach der letzten Fahrt mußten sich Dan und Ron unter den Sitzen verstecken, während der Fahrer auf einen sicheren, eingezäunten Parkplatz in der Innenstadt von Reno fuhr, wo er den Bus über Nacht stehen ließ. Dan zufolge »waren die breiten, gepolsterten Sitze im hinteren Teil des Busses echt gut zum Schlafen, wenn man die Alternative bedenkt«.

Meistens verbrachten Dan und Ron ihre Zeit in den höhlenartigen, klimatisierten Räumen des Peppermill Casino. Dan erinnert sich, daß es »im Peppermill eine große Leinwand gab, auf der die Olympischen Spiele [in Los Angeles] gezeigt wurden, und es gab auch Gutscheine für ein paar Chips zum Spielen und für einen kostenlosen Teller Nachos, die man jeden Tag kriegen konnte, wenn man einen Ausweis dabeihatte. Ich hatte keinen Ausweis, aber Ron hatte einen, und wir nahmen uns vor, mit den kostenlosen Chips zu spielen, um so viel Geld zusammenzukriegen, daß wir uns was zu essen kaufen konnten, was manchmal auch klappte, aber meistens schiefging.«

Nach einigen Tagen in Reno wurden die Laffertys Dan zufolge von »einem seltsamen Typen« angesprochen, der »einen Bart hatte und eine rosarote Brille trug, so daß man seine Augen nicht sehen konnte«. Der Bursche schenkte den Brüdern einen Joint mit »ausgezeichnetem Gras«, stellte ihnen »ein paar seltsame Fragen« und lieh dann Dan seinen Ausweis, wodurch Dan kostenlose Spielchips und Nachos bekam. Von da an, sagt Dan, »hatten wir wenigstens zwei Teller Nachos am Tag«, auch wenn das oft alles war, was sie aßen.

»Wir hatten meistens ziemlichen Hunger«, gesteht Dan, »aber immer, wenn wir was zu essen brauchten, bot uns jemand etwas an. Ein Ehepaar lud uns mal samstags zu einer Grillparty ein, und ein Junge, der an dem kleinen Bach angelte, der durch Reno fließt, lud uns im Kasino zu Suppe und Salat ein, als wir es echt nötig hatten.« Und alle paar Tage kam der seltsame Typ mit der psychedelischen Brille vorbei, »gab uns was zu kiffen und fragte, wie es uns ginge«. Dan glaubt auch heute noch, daß dieser Mann ein von Gott gesandter Engel war, der sich um sie kümmern sollte.

Im Frühsommer hatten Ron und Dan in Reno eine Frau namens Debbie kennengelernt, die im Circus Circus beim Blackjack als Kartengeberin arbeitete. Sie hatte sich mit den Brüdern angefreundet und sie bei sich auf dem Fußboden schlafen lassen; als Gegenleistung hatten sie ihr kleines Kind gehütet, wenn sie zur Arbeit mußte. Laut Dan hatten die Brüder »ein ziemlich seltsames, wundersames Erlebnis, während wir bei ihr zu Besuch waren«: Debbie hatte ihrem kleinen Sohn ein Hündchen gekauft, das an Parvovirose litt – einer Krankheit, die der Katzenstaupe ähnelt und normalerweise tödlich ist. Dan sagt, er habe dem Hund die Hände auf den Kopf gelegt und ihn gesegnet, »und er schien sofort geheilt zu sein. Ich weiß noch, daß Debbie sehr beeindruckt war – mir ging es genauso, aber ich versuchte, so zu tun, als wäre es nichts Besonderes.«[70]

Als sie auf ihrer Flucht nach den Morden nach Reno zurückkehrten, schlug Ron vor, im Circus Circus vorbeizuschauen und Debbie zu besuchen. Dan meinte aber, er habe Debbie in seinem Tagebuch erwähnt – das sich inzwischen höchstwahrscheinlich im Besitz der Polizei befand –, so daß sie vermutlich überwacht wurde. »Wenn wir hingehen«, erklärte er Ron, »werden wir mit Sicherheit verhaftet.«

»Soweit ich mich erinnern kann«, sagt Dan, »gab Ron keine Antwort, sondern ging einfach weiter« in Richtung Kasino, wo sie Debbie bei der Arbeit vermuteten – und wahrscheinlich die Polizei auf ihn und Ron wartete. »Also sagte ich: ›Wenn es soweit ist, dann los.‹«

Die Lafferty-Brüder gingen am frühen Nachmittag des 7. August ins Circus Circus, aber sie sahen Debbie nirgends Karten austeilen, und sie war auch an keinem der Blackjack-Tische. Dan sagt, er habe Ron gefragt: »›Soll ich nach ihr fragen?‹, obwohl ich wußte, daß wir dann in der Falle sitzen würden.« Ron sagte ja. Als Dan zu einem Aufseher ging und ihm sagte, er wolle mit Debbie sprechen, »bekam der ganz große Augen und verschwand sofort«.

Ron und Dan schlenderten in eins der Eßlokale des Kasinos und stellten sich vor dem Mittagsbüfett an. Während sie in der Schlange standen, sagt Dan, konnte er Männer sehen, die anscheinend FBI-Agenten waren und »verstohlen um die Ecke guckten und so«. Kurz darauf kamen ein Haufen Polizeibeamte »von hinten auf uns zugestürzt, hielten uns ihre Waffen an den Kopf und brüllten: ›Keine Bewegung, oder wir pusten euch das Hirn weg.‹ Ich lächelte bloß. Es war irgendwie lustig.« Beide Lafferty-Brüder ergaben sich ohne Gegenwehr und wurden unter besonderen Sicherheitsvorkehrungen ins Gefängnis von Reno gesperrt.

23 Gerichtsverhandlung in Provo

Eine kritische Untersuchung des Lebens und der Überzeugungen von Gurus zeigt, daß unsere psychiatrischen Etikettierungen und unsere Vorstellung davon, was eine Geisteskrankheit ist und was nicht, völlig unzureichend sind. Wie zum Beispiel unterscheidet man einen unorthodoxen oder bizarren Glauben von Wahnvorstellungen?…
Gurus sind abgekapselt, abhängig von ihren Schülern, sie können von keiner Kirche diszipliniert und von keinen Zeitgenossen kritisiert werden. Sie stehen über dem Gesetz. Der Guru nimmt die Stelle Gottes ein. Ob ein Guru manisch-depressiv oder schizophren war oder an einer anderen anerkannten, diagnostizierbaren Geisteskrankheit litt, ist interessant, aber letztlich unbedeutend. Was einen Guru von orthodoxeren Lehrern unterscheidet, sind nicht seine manisch-depressiven Stimmungsschwankungen, seine Denkstörungen, seine Wahnideen, seine halluzinatorischen Visionen oder seine mystischen Ekstasen: Es ist sein Narzißmus.

Anthony Storr
Feet of Clay

Es ist der 5. August 2002, ein Montagmorgen, und vor dem Vierten Bezirksgericht von Utah in der Innenstadt von Provo gehen Händler und Geschäftsleute zielstrebig zur Arbeit. Obwohl es noch früh am Tag ist, steigt die Hitze schon in sichtbaren Wellen von der Straße auf. Die Uhr an der Wand des Gerichtssaals zeigt 9.21 Uhr, als der Gerichtsdiener ruft: »Erheben Sie sich! Den Vorsitz hat der Ehrenwerte Richter Steven Hansen!« Das Gemurmel im Publikum läßt nach, und kurz darauf öffnet sich eine Seitentür, durch die der einundsechzigjährige Ron Lafferty, gekleidet in einen orangen Overall mit der Aufschrift UDC-HÄFTLING auf dem Rücken, von vier bewaffneten Hilfssheriffs in den Gerichtssaal gebracht wird.

Rons schütteres rötlichbraunes Haar, inzwischen von grauen Strähnen durchzogen, ist ordentlich geschnitten. Bis auf einen buschigen Yosemite-Sam-Bart ist er glatt rasiert. Dem Gefängnisklatsch zufolge hat er in den letzten Monaten wie besessen Gewichte gestemmt und trainiert; seine muskulösen Unterarme und breiten Schultern scheinen das Gerücht zu bestätigen. Ron setzt sich mit auf den Rücken geketteten Händen an den Tisch des Verteidigers und starrt den Richter herausfordernd an.

Die Hilfssheriffs, die Ron bewachen, wirken nervös und übervorsichtig und nehmen ihre Aufgabe sehr ernst. Der Häftling in ihrem Gewahrsam wurde wegen der brutalen Ermordung einer jungen Frau und ihres Babys zum Tode verurteilt. Sie wissen, daß er nicht mehr viel zu verlieren hat.

»Guten Morgen, Mr. Lafferty«, sagt Richter Hansen in förmlichem, aber liebenswürdigen Ton.

»Was ist los, Stupid Stevie?« entgegnet Ron mit unverschämtem, höhnischem Grinsen. Der Richter hat gerade begonnen, dem Häftling zu erklären, warum er an diesem Morgen aus dem Todestrakt vor Gericht zitiert wurde, als Ron ihm das Wort abschneidet: »Ich weiß, worum's geht, du blöder Idiot!«

Gelassen sagt der Richter zu Ron, daß der Staat den Hinrichtungsbefehl für ihn erteilt habe und daß ihm dreißig Tage blieben, um dem Gericht mitzuteilen, ob er das Urteil in letzter Minute noch anfechten wolle; wenn nicht, werde das Datum für die Hinrichtung festgelegt. Richter Hansen teilt Ron auch mit, daß der Staat für den Rest des Revisionsverfahrens einen neuen Verteidiger bestimmen werde. Ron gibt zu verstehen, daß er gern Ron Yengich als neuen Verteidiger hätte, den Anwalt, der mit einer umstrittenen Vereinbarung dem Fälscher und Mörder Mark Hofmann, Dan Laffertys gutem Freund und Zellengenossen, das Leben gerettet hat. Dann erklärt Ron Lafferty ausdrücklich, daß er vorhabe, »von meinem Berufungsrecht vollen Gebrauch zu machen«. Er macht unmißverständlich klar, daß er bis zum bitteren Ende gegen die Bemühungen des Staates, ihn zu töten, ankämpfen werde.

Über siebzehn Jahre sind verstrichen, seit Ron im selben Gerichtsgebäude wegen der Ermordung Brenda und Erica Laffertys zum Tode verurteilt wurde, und doch befindet er sich noch immer streitlustig unter den Lebenden. Seine fortlaufenden juristischen Winkelzüge sorgen dafür, daß Brendas Familie immer wieder leiden muß. »Diese sich hinschleppenden Prozesse waren hart«, gesteht Brendas Mutter LaRae Wright. »Einigen unserer Kinder ist das sehr schwer gefallen. Und besonders meinem Mann. Aber so läuft das eben. Inzwischen kommen wir damit klar. Und wir freuen uns, daß sich Brenda an einem besseren Ort befindet, außerhalb dieser grausamen Welt.«

»Brenda wäre jetzt zweiundvierzig«, sagt Brendas ältere Schwester Betty Wright McEntire. »Wir vermissen sie immer noch sehr. Bei der ersten Verhandlung baten uns die Anklagevertreter, nicht zu kommen. Sie machten sich Sorgen um meinen Dad. Sie dachten, er würde es nicht verkraften.«

Direkt nach den Morden nahmen die Polizeibeamten die meisten Besitztümer Brendas aus ihrer gemeinsamen Wohnung mit Allen Lafferty als Beweismittel mit. »Nachdem die Polizei alles durchgegangen war, brachte man die Sachen, die für die Ermittlungen nicht gebraucht wurden, in einem Lagerraum unter«, berichtet Betty. »Aber Allen zahlte die Miete nicht, deshalb rief die Lagerfirma an, und ich fuhr mit meiner Mutter nach American Fork, um Brendas Sachen zu holen. Schließlich sah mein Dad alles durch – ihre Tagebücher und Sammelalben und persönlichen Dinge. Und dabei erlitt er einen Zusammenbruch. Er hörte einfach nicht mehr auf zu weinen.

Beim Lesen ihrer Tagebücher dachte er: ›Warum habe ich nichts zu ihrer Rettung unternommen? Warum habe ich sie da nicht rausgeholt?‹ Als ihr Vater glaubte er, daß er sie irgendwie hätte beschützen müssen, aber das war ihm nicht gelungen. Und jetzt war seine kleine Tochter tot, und seine Enkelin auch. Ich glaube, das hat ihm lange zu schaffen gemacht.« Mordprozesse müssen notgedrungen sorgfältig und bedächtig geführt werden, um eine unrechtmäßige Hinrichtung auszuschließen. Doch die langsam mahlenden Mühlen des amerikanischen Rechtssystems haben zur Linderung des fortdauernden Leids von Brendas Eltern und Geschwistern kaum etwas beigetragen.

Bei der ersten Verhandlung 1985 hatte Rons Pflichtverteidiger versucht, auf Unzurechnungsfähigkeit zu plädieren, da er hoffte, sein Mandant würde dann wegen Totschlags statt wegen vorsätzlichen Mordes verurteilt werden, doch Ron hatte das abgelehnt, obwohl eine reelle Chance bestanden hatte, ihn dadurch vor dem Exekutionskommando zu bewahren. Ron hatte dem Verteidiger verboten, ein psychiatrisches Gutachten vorzulegen. Der damalige Richter J. Robert Bullock hatte sich Sorgen gemacht, daß Ron vielleicht nicht richtig begriff, was seine Weigerung, auf Unzurechnungsfähigkeit zu plädieren, voraussichtlich zur Folge hatte, deshalb hatte er gefragt: »Mr. Lafferty, verstehen Sie, daß Sie den Geschworenen wahrscheinlich nur die Wahl zwischen zwei Möglichkeiten lassen: Sie des vorsätzlichen Mordes für schuldig oder für unschuldig zu befinden?«

»Ja, Euer Ehren«, antwortete Ron.

»Und Sie verstehen auch, daß es, wenn Sie für schuldig befunden werden, zu einer Anhörung über das Strafmaß kommt«, fragte Richter Bullock weiter, »und daß die Geschworenen bei dieser Anhörung die Todesstrafe verhängen könnten?«

»Das verstehe ich«, erwiderte Ron, »aber ich kann mich nicht mit gutem Gewissen auf eine Vereinbarung einlassen, Euer Ehren. Mir scheint, das wäre ein Eingeständnis meiner Schuld.« Ron blieb dabei, daß er nicht verrückt sei, und verbot seinem Verteidiger, etwas anderes zu behaupten, um die Anklage wegen vorsätzlichen Mordes auf Totschlag herunterzuhandeln.

Gelähmt durch Rons hartnäckige Weigerung mußte der Anwalt den Plan aufgeben, mehrere Zeugen zu präsentieren, deren Aussagen dafür gesprochen hätten, daß der Angeklagte ein religiöser Spinner war. Der einzige Zeuge, den die Verteidigung noch aufrufen konnte, war Rons Mutter Claudine Lafferty, die im Zeugenstand weinend zusammenbrach und dann einen offensichtlichen Meineid leistete und behauptete, sie hätte nicht gemerkt, daß Ron und Dan in ihrem Beisein offen über die Ermordung ihrer Schwiegertochter und ihrer Enkelin sprachen. Vermutlich überraschte es niemanden außer Ron, daß ihn die Geschworenen nach nur knapp dreistündiger Beratung in allen Anklagepunkten, darunter auch zweifacher vorsätzlicher Mord, für schuldig befanden.

Nach seiner Verurteilung erhielt Ron ein neues Anwaltsteam, das beim Bezirksgericht und beim obersten Gericht von Utah Berufung einlegte. Die Berufung wurde jedesmal abgewiesen, doch Rons Anwälte ließen nicht locker. 1991 war sein Fall beim Zehnten Bundesberufungsgericht in Denver, Colorado, gelandet. Und dieses Gericht hob in einer Entscheidung, die die meisten Menschen in Utah schockierte, Rons Schuldspruch von 1985 auf. Das Berufungsgericht erklärte das Urteil des obersten Staatsgerichtes mit der Begründung für ungültig, das untergeordnete Gericht habe die Sache völlig verpfuscht, weil es bei der Entscheidung, daß Ron dem Prozeß geistig gewachsen sei, falsche juristische Maßstäbe angelegt habe.

Obwohl die Richter des Berufungsgerichts ebenfalls der Meinung waren, Ron habe die Anklagepunkte und ihre möglichen Folgen verstanden, kamen sie zu dem Schluß, daß »er infolge seines paranoiden Wahnsystems außerstande war, sie realistisch einzuschätzen«. Es beunruhigte die Richter, daß Ron glaubte, er müsse sich nicht an die Gesetze der Menschen halten, weil er sich an die Gesetze Gottes hielt. Sie fanden, das sei ein ziemlich deutliches Anzeichen dafür, daß der Bursche nicht ganz richtig im Kopf sei. Wenn der Staat Utah ihn weiter einsperren wolle, verkündeten die Richter, müsse er noch einmal nach allgemeingültigen juristischen Kriterien entscheiden, ob Ron zurechnungsfähig oder unzurechnungsfähig sei, und dann vollkommen neu gegen ihn verhandeln.

Das Urteil des Berufungsgerichts hatte offensichtlich nachhaltige Konsequenzen für Ron Lafferty und die Familien seiner Opfer, doch unter Umständen hatte es noch größere Auswirkungen darauf, wie amerikanische Gerichte danach mit religiös motivierten Gewaltverbrechen umgehen würden. Jan Graham, die Generalstaatsanwältin von Utah, erklärte: »Wir machen uns Sorgen darüber, was diese Entscheidung nicht nur für den Lafferty-Prozeß, sondern auch für andere Prozesse bedeutet.« Sie wies darauf hin, daß die Entscheidung einen Präzedenzfall schaffen könnte, der religiöse Fanatiker gegen jegliche Strafverfolgung »immun machen« würde.

Theologen machten sich ebenfalls Gedanken über mögliche Folgen des Berufungsgerichtsurteils. Peggy Fletcher Stack, eine hochangesehene Religionsjournalistin der *Salt Lake Tribune,* schrieb: »Die Behauptung, daß alle Menschen, die sich mit Gott unterhalten, verrückt sind, ist für die ganze Welt der Religion von enormer Tragweite. Das ist eine weltliche Sicht der Zurechnungsfähigkeit und bedeutet, daß alle Religionen unzurechnungsfähig sind.« Angesichts der großen Bedeutung, die die Mormonen der direkten Kommunikation mit dem Allmächtigen beimessen, war diese Frage besonders für die Heiligen der Letzten Tage von Belang. Ihr gesamter Glaube beruht auf dem Gespräch mit Gott.

Der Staat Utah war nicht glücklich darüber, daß er Ron Laffertys Schuldspruch aufheben und neu gegen ihn verhandeln mußte, doch er kam der Anordnung des Berufungsgerichts nach – was als erstes eine gründliche Neubeurteilung von Rons geistigen Fähigkeiten erforderlich machte. Das Ergebnis war eine Anhörung Ende 1992, bei der drei Ärzte, nachdem sie Ron auf seinen Geisteszustand untersucht hatten, das Vierte Bezirksgericht in Provo davon überzeugten, daß er nicht verhandlungsfähig war.

Nachdem Ron für verhandlungsunfähig erklärt worden war, wurde er aus dem Todestrakt in Point of the Mountain ins Utah State Hospital verlegt, doch der Staat gab seine Bemühungen nicht auf, ihn wegen Mordes zu verurteilen und hinzurichten. Nach einer sechzehnmonatigen Psychotherapie, bei der Ron auch mit Antidepressiva und Neuroleptika behandelt wurde, kam es im Februar 1994 zu einer weiteren Anhörung. Diesmal war das Ärzteteam, das die Anklage einberufen hatte, überzeugender als die von der Verteidigung aufgebotenen Psychiater, und Richter Steven Hansen entschied, daß Ron verhandlungsfähig sei und wegen der Ermordung Brenda und Erica Laffertys erneut vor Gericht gestellt werden könne.

Nachdem Ron und Dan verhaftet worden waren, hatten beide sich hartnäckig geweigert, mit der Anklage zusammenzuarbeiten. Wenn man ihnen Fragen zu den Morden gestellt hatte, waren ihre Antworten stets zurückhaltend und ausweichend gewesen. Von ihrer Verhaftung bis zu ihrer Verurteilung 1985 gestand keiner von beiden auch nur das geringste. Doch Mitte der neunziger Jahre hatte Dan seine Gesinnung und Einstellung geändert. Er hatte sich damit abgefunden, den Rest seines Lebens hinter Gittern zu verbringen – er glaubte sogar, daß seine Verurteilung und die Haft wichtige Bestandteile von Gottes Plan für die Menschheit seien. Deshalb war Dan plötzlich bereit – brannte geradezu darauf –, offen und ehrlich zu sagen, was am 24. Juli 1984 genau passiert war.

Nach Dans Darstellung – einer Schilderung, die von fast allen, die sie gehört haben, als größtenteils glaubwürdig betrachtet wird – war er es, der Erica und auch Brenda Lafferty die Kehle durchschnitt. Dan behauptet beharrlich, Ron habe niemanden umgebracht. Aber auch wenn Ron nicht die Mordwaffe führte, war er laut Dan eindeutig in der Wohnung, als die Morde begangen wurden. Außerdem erzählte Dan jetzt – in unerträglicher Ausführlichkeit –, daß Ron Brendas Bitte um Gnade ignoriert und sie brutal verprügelt hatte, bis sich ihr Gesicht in einen Brei aus blutigem, zerquetschtem Fleisch verwandelte. Dans anschauliche Aussage ließ keinen Zweifel daran, daß beide Brüder an den Morden in American Fork schuldig waren. Sobald die Geschworenen bei dem Wiederaufnahmeverfahren die Gelegenheit hatten, Dans Aussage zu hören, konnte Ron nicht länger behaupten – wie er es beim Prozeß von 1985 getan hatte –, daß er von den Morden nichts gewußt habe.

Das Wiederaufnahmeverfahren wurde für den März 1996 angesetzt. Rons Verteidigern bot sich, um ihn vor dem Exekutionskommando zu retten, nur eine Möglichkeit: auf geistige Unzurechnungsfähigkeit zu plädieren – was sie bereits bei dem Prozeß 1985 getan hätten, wenn Ron es ihnen nicht untersagt hätte. Während der Prozeßbeginn langsam näher rückte, erzählte Ron weiter jedem, der ihm zuhörte, daß er kein bißchen verrückt sei, doch diesmal hielt er seine Anwälte nicht davon ab, vor Gericht zu behaupten, er sei unzurechnungsfähig.

Ob Ron am Leben blieb oder sterben mußte, würde einzig davon abhängen, ob die Geschworenen glaubten, seine religiösen Überzeugungen – zum Beispiel, daß Gott ihm befohlen hatte, Brenda und Erica Lafferty zu beseitigen – seien nicht nur aufrichtig, sondern auch so extrem, daß sie als das Wahngebilde eines Geisteskranken erschienen.

Eine solche Verteidigungsstrategie würde unweigerlich dieselben schwierigen erkenntnistheoretischen Fragen aufwerfen, die 1991 nach dem Urteil des Bundesberufungsgerichts aufgekommen waren: Wenn Ron Lafferty für geisteskrank erachtet wurde, weil er der Stimme seines Gottes gehorchte, ist dann nicht auch jeder geisteskrank, der an Gott glaubt und durch Gebete geistigen Rat sucht? Wer sollte in einer demokratischen Republik, die danach strebt, die Freiheit der Religion zu schützen, das Recht haben, die irrationalen Überzeugungen des einen Menschen für rechtmäßig und lobenswert und die eines anderen für verrückt zu erklären? Wie kann eine Gesellschaft einerseits religiösen Glauben fördern und andererseits einen Menschen verurteilen, weil er fanatisch an seinem Glauben festhält?

Dieses Land wird schließlich von Präsident George W. Bush, einem wiedergeborenen Christen, geführt, der glaubt, er sei ein Werkzeug Gottes, und internationale Beziehungen als biblischen Konflikt zwischen den Mächten von Gut und Böse beschreibt. Der Generalbundesanwalt John Ashcroft, höchster Justizbeamter des Landes, ist eingefleischter Anhänger einer fundamentalistischen christlichen Sekte – der Pentecostal Assemblies of God –, beginnt jeden Tag im Justizministerium mit einer andächtigen Gebetsstunde für seinen Mitarbeiterstab, läßt sich regelmäßig mit geweihtem Öl salben und bejaht eine eindeutig apokalyptische Weltsicht, die mit den wichtigsten millenaristischen Überzeugungen der Lafferty-Brüder und der Einwohner von Colorado City viel gemeinsam hat. Der Präsident, der Generalbundesanwalt und andere nationale Führer beschwören das amerikanische Volk oft, an die Macht des Gebets zu glauben und auf den Willen Gottes zu vertrauen. Genau dasselbe behaupten Dan und Ron Lafferty getan zu haben, als sie am 24. Juli 1984 in American Fork soviel Blut vergossen.

Beim Vorverfahren unterstrich Rons Verhalten im Gerichtssaal die Behauptung seiner Anwälte, er sei geistig unzurechnungsfähig. Er erschien mit einem am Hosenboden seines Gefängnisoveralls befestigten Stoffschild, auf dem NUR AUSGANG stand; seine Verteidiger erklärten, das Schild diene dazu, den Engel Moroni abzuwehren, den Ron für einen homosexuellen bösen Geist halte, der versuche, durch seinen After in seinen Körper einzudringen. Er glaube auch, daß dieser sodomitische Geist bereits von Richter Hansens Körper Besitz ergriffen habe, und deshalb überschütte er den Richter mit Flüchen und belege ihn mit Schimpfnamen wie »Punky Brewster« oder »verdammter Ganove«.

Die Verteidigung versuchte, Rons Leben zu retten, indem sie drei Psychiater und einen Psychologen als sachverständige Zeugen aufrief, die aussagten, nachdem sie den Angeklagten auf seinen Geisteszustand untersucht hätten, seien sie völlig davon überzeugt, daß er geistesgestört sei. Die Anklage hingegen versuchte, ein Todesurteil gegen Ron zu erwirken, indem sie einen Psychiater und drei Psychologen aufbot, die mit ebensolcher Überzeugung behaupteten, daß Ron völlig zurechnungsfähig sei und genau gewußt habe, was er tat, als er sich an der Ermordung Brenda und Erica Laffertys beteiligte.

Als erster Zeuge erschien Dr. med. C. Jess Groesbeck, ein Psychiater, der für die Verteidigung aussagte, daß Ron den Verstand verloren habe, als seine Frau Dianna ihn mit ihren Kindern verließ. »Es ist eindeutig«, sagte Dr. Groesbeck, »daß er den Verlust seiner Frau nicht ertragen konnte«, wodurch etwas ausgelöst wurde, was Groesbeck abwechselnd als »schizoaffektive Störung« und »wahnhafte Störung« bezeichnete.

Er stützte seine Diagnose auf den Umstand, daß Rons bizarre Überzeugungen »durch vernünftige Argumente nicht geändert« werden könnten und »so absurd und außerhalb jeglicher rationalen Akzeptanz durch irgendwen in unserer Kultur sind, daß sie als wahnhaft eingestuft werden müssen«. Als Dianna Lafferty ihn verlassen habe, mutmaßte Dr. Groesbeck, habe Ron »einen völligen Verlust seines Selbstwertgefühls oder Selbstbildes« erlitten und habe das dadurch kompensiert, »daß er sich ein neues, aber wirklichkeitsfremdes Bild von sich und der Welt schuf«.

Mike Esplin, Rons führender Anwalt, fragte Groesbeck: »Haben Sie nach Ihrer Untersuchung das Gefühl, daß sich diese Geistesstörung auf seine Fähigkeit, seine Kapazität auswirkt, die Anklagepunkte oder Anschuldigungen gegen ihn zu begreifen und richtig einzuschätzen?«

»Ja«, antwortete Groesbeck. »Erstens kann er nicht einmal beurteilen, was ihm der Staat überhaupt vorwirft. Und zweitens glaube ich, sein Wahnsystem ist so stark, daß er, selbst wenn er ein paar dieser Fakten mitbekommt … beispielsweise ist er fest davon überzeugt, daß alle Beweise, die gegen ihn vorgelegt wurden, manipuliert sind. Und ich glaube, das ist ein Produkt seines Wahndenkens. Und deshalb … meiner Meinung nach erfüllt er nicht die Kriterien, um die Anklagepunkte richtig einschätzen zu können.«

Der nächste Zeuge der Verteidigung, ein klinischer und forensischer Psychologe namens Robert Howell, teilte die Ansicht Dr. Groesbecks, daß Ron an einer wahnhaften Störung,

»einer schizophrenen Krankheit« leide, deretwegen er nicht verhandlungsfähig sei.

Esplin fragte Dr. Howell, ob er »bei Mr. Lafferty Beweise für Wahnvorstellungen entdeckt« habe?

Howell erwiderte: »O ja, von 1985 bis auf den heutigen Tag.« Er wies darauf hin, daß viele von Rons Wahnvorstellungen »den Staat und die Familie« beträfen: Ron verstehe nicht, warum der Staat und nicht seine Familie über ihn richte. Laut Dr. Howell betrachtete Ron das Problem seiner Schuld oder Unschuld als »Familienangelegenheit«, das am besten gelöst werden könne, wenn er »die Sache mit Allen, dem Ehemann der Toten«, austrage.

Dr. Howell schilderte noch andere wahnhafte Verhaltensweisen von Ron: daß er glaube, Moroni versuche durch sein Rektum in seinen Körper einzudringen; daß er Christus manchmal zu sich sprechen höre; daß er ein Summen höre, wenn Geister anwesend seien, und daß er gesehen habe, wie aus seinen Fingerspitzen Funken sprühten.

Doch als die Anklage an der Reihe war, ihre Argumente vorzubringen, bemühten sich die Sachverständigen, die der Staat in den Zeugenstand rief, rasch die Vorstellung zu entkräften, ein solches Verhalten beweise, daß Ron verrückt oder in irgendeiner Weise verhandlungsunfähig sei.

Der erste Sachverständige war Dr. med. Noel Gardner, ein Psychiater an der medizinischen Fakultät der University of Utah. Dr. Gardner gab zu, daß Rons Glaube an »Reisende«, böse Geister, Reflektorschilde und ähnliches auf »ganz eigenartige, ganz seltsame Vorstellungen zurückgeht. Als ich zum ersten Mal die Aufzeichnungen der Verteidigung las, wo sie geschildert wurden ... dachte ich, dieser Mann könnte an einer Psychose leiden, weil alles so seltsam klang. Aber das Interessante ist, daß mir bei einer gründlichen Untersuchung darüber, wo diese Vorstellungen herkommen, wie er diese Vorstellungen benutzt und was er darüber denkt, klargeworden ist, daß es sich um keine Wahnvorstellungen handelt ... [Sie sind] sehr gut mit allem vereinbar, was er als Kind gelernt hat.«

Gardner erklärte, daß Ron »Reisende« als spirituelle Wesen beschreibe, die die Fähigkeit besäßen, »zu unterschiedlichen Zeiten in unterschiedlichen Körpern zu wohnen«. Gardner wies darauf hin, daß sich diese Überzeugung von der Idee der Reinkarnation kaum unterschied und daß Ron manchmal bloß für »ziemlich konventionelle Vorstellungen sehr ungewöhnliche Bezeichnungen benutzte. Es gibt Millionen, wahrscheinlich sogar Milliarden von Menschen, die an eine Geisterwelt glauben.«

Ron »spricht von sogenannten Reflektorschilden«, sagte Dr. Gardner aus, »die böse Mächte abwehren oder vor ihnen schützen. Das klingt wie eine Reihe psychotischer, paranoider Ideen.« Doch Gardner zufolge »beschreibt er diese Mächte mit ganz ähnlichen Worten, wie normale religiöse Menschen es tun würden. Ich fragte ihn beispielsweise, ob diese Geister mit der Vorstellung von Schutzengeln vergleichbar seien, und ich sagte, ich sei in einer Familie aufgewachsen, in der wir an Schutzengel glauben.«

Ron hatte geantwortet, daß seine »Reflektorschilde« eine große Ähnlichkeit mit Schutzengeln hätten, was Dr. Gardner »in keiner Weise psychotisch« fand. Es schien ihm ziemlich genau mit der gewöhnlichen christlichen Vorstellung übereinzustimmen, daß man einen Schutzwall »gegen die Versuchungen oder den Einfluß des Satans errichtet. In mancher Hinsicht unterscheidet es sich nicht sonderlich von den Texten des Neuen Testaments … Und viele seiner Vorstellungen stammen ganz eindeutig aus den frühen religiösen Lehren des Mormonentums.«

Damit Dr. Gardner in dieser Richtung fortfuhr, stellte ihm Creighton Horton, stellvertretender Generalstaatsanwalt von Utah, die Frage: »Sind Menschen, die an göttliche Führung glauben oder glauben, daß Gott zu unserem Schutz Engel sendet, geisteskrank?«

»Ich hoffe nicht«, erwiderte Gardner. »In unserem Land glaubt die Mehrheit der Bevölkerung an Gott. Die meisten Menschen in unserem Land sagen, daß sie zu Gott beten. Das ist eine normale Erfahrung. Und obwohl die Bezeichnungen, die Mr. Lafferty benutzt, ungewöhnlich sind, ist das Gedankensystem wirklich sehr vertraut … uns allen.«

Horton: »Nach allem, was Ihnen der Angeklagte erzählt hat, sagt der Angeklagte, er glaube, daß Reisende in Menschen eindringen können?«

Gardner: »Ja, er glaubt, daß Reisende in Menschen eindringen können.«

Horton: »Gibt es dazu eine jüdisch-christliche Parallele?«

Gardner: »Die Vorstellung, daß Christen beten sollten, damit der Heilige Geist ihr Leben erfüllt, in ihr Leben tritt und es lenkt, sie in Besitz nimmt … ist weit verbreitet … Die Vorstellung, daß Menschen unter dem Einfluß des Bösen stehen können, daß der Satan ein körperliches Wesen ist, das uns beeinflussen kann, und daß der Satan die Kontrolle über unseren Geist übernehmen und unser Verhalten beeinflussen kann, ist unter Christen und Anhängern anderer Religionen weit verbreitet.« Gardner erinnerte das Gericht daran, daß in vielen Religionen noch Exorzismus praktiziert wird, um böse Geister auszutreiben, die von einem Menschen Besitz ergriffen haben.

»Sind Menschen, die Exorzismus praktizieren«, fragte Horton, »sind die zwangsläufig geisteskrank, weil sie an böse Geister glauben?«

»Keineswegs«, antwortete Gardner.

Später sprach Gardner weiter über den Unterschied zwischen dem Glauben an absurde religiöse Lehrsätze und klinischem Wahnsinn. »Ein falscher Glaube«, wiederholte er, »deutet nicht zwangsläufig auf eine Geisteskrankheit hin.« Er betonte, daß der größte Teil der Menschheit »Vorstellungen anhängt, die nicht besonders rational sind … Viele von uns glauben zum Beispiel an die sogenannte Transsubstantiation. Das heißt, wenn der Priester die Messe hält, werden das Brot und der Wein zum Blut und Körper Jesu Christi. Vom wissenschaftlichen Standpunkt aus ist das eine sehr seltsame, irrationale, absurde Vorstellung. Aber auf der Grundlage des Glaubens lassen wir das gelten, zumindest diejenigen von uns, die daran glauben. Und weil es uns inzwischen so vertraut und geläufig ist, merken wir gewissermaßen gar nicht, daß es etwas Irrationales hat. Oder die Vorstellung von der Jungfrauengeburt, die vom medizinischen Standpunkt aus höchst irrational ist, aber vom religiösen Standpunkt aus ist es ein Glaubensgrundsatz.«

Gardner erklärte, Ron Laffertys religiöse Überzeugungen seien nicht deshalb »so bemerkenswert, weil sie ziemlich seltsam oder sogar irrational sind, denn alle religiösen Menschen haben ... irrationale Vorstellungen; sie sind deshalb besonders, weil einzig und allein er sie vertritt«. Und obwohl Ron eine ganz eigene Theologie entwickelt habe, beharrte Gardner darauf, das sei »in keiner Weise psychotisch ... Er hat sie aus allem gebildet, was ihm gut gefällt. Er sagt: ›Sie gibt mir einfach eine innere Ruhe, und ich weiß, daß sie stimmt‹, und sie wird ein Teil seines ganz eigenen Glaubensgrundsatzes. Das ist kein Produkt eines schizophrenen, geschädigten Gehirns.«

Als der Verteidiger Mike Esplin Dr. Gardner ins Kreuzverhör nahm, versuchte er, ihm das Eingeständnis zu entlocken, Rons Theologie sei so absonderlich und »nicht auf der Realität basierend«, daß sie psychotisch sein müsse. Doch der Psychiater blieb bei seiner Meinung.

»Es gibt viele irrationale Vorstellungen, die von der Allgemeinheit geteilt werden und in keiner Weise psychotisch sind«, erwiderte Gardner. »Wir alle haben Vorstellungen, die nicht auf der Realität basieren.« Dann führte er in einem faszinierenden Exkurs als Beispiel seine eigene Erziehung in einer konservativen protestantischen Familie an, die den Lehren von Erzbischof James Usher, einem im 17. Jahrhundert berühmten irischen Theologen, anhing. Der Glaube in seiner Familie, erklärte Gardner dem Gericht, sei »ziemlich fundamentalistisch, aber nicht mormonisch gewesen«. Obwohl sein Vater ein intelligenter und sehr belesener Arzt gewesen sei, »ein in der Gemeinde hochangesehener Mensch und Wissenschaftler«, habe er seine Kinder zu dem Glauben erzogen, »die Welt sei wirklich in sechs Tagen erschaffen worden, und zwar vor sechstausend Jahren«. Gardner erinnerte sich, daß sein Vater ihn als kleinen Jungen ins American Museum of Natural History in New York mitgenommen hatte, wo er sich abschätzig über die Ausstellungsstücke äußerte und darauf beharrte, die Welt sei nicht annähernd so alt, wie es auf den Museumsplakaten behauptet wurde – die archäologischen und geologischen Indizien, die darauf hindeuteten, die Erde sei viele Millionen Jahre alt, seien bloß »eine List des Satans«, mit der die Leichtgläubigen getäuscht werden sollten.

Die hartnäckige Überzeugung seines Vaters, die Welt sei vor sechstausend Jahren in nur sechs Tagen erschaffen worden, sei »eine ziemlich irrationale Vorstellung«, sagte Gardner aus, »aber er kam zu der Vorstellung, wie wir auch zu allen anderen Vorstellungen kommen«: durch seine Familie und durch die Kultur, in der er aufwuchs. Und auf dieselbe Weise, sagte Gardner, habe sein Vater ihm diese irrationale Vorstellung eingeprägt, als er noch klein war: »Ich lernte, daß die Erde sechstausend Jahre alt ist, so wie man lernt, daß zwei plus zwei vier ergibt.«

Gardner sagte, Ron Laffertys Theologie sei zweifelsohne seltsam, doch sie sei keine Folge von Schizophrenie oder einer anderen Geisteskrankheit. Rons Überzeugungen beruhten auf Dingen, die ihm im Kindesalter von seiner Familie und seiner Gemeinde beigebracht worden seien, genauso, wie es bei Gardner der Fall war. Und obwohl Rons Theologie »eine seltsame Sammlung von Vorstellungen« darstelle, wie Gardner es formulierte, besäßen diese Vorstellungen dennoch »einen festen Zusammenhalt, der dem Zusammenhalt anderer unbeweisbarer Glaubenssysteme, anderer Religionen ähnlich ist«.

Der nächste Sachverständige der Anklage war ein Psychologe aus dem Utah County namens Richard Wootton, ein praktizierender Mormone, der an der Brigham Young University ausgebildet worden war. In der Hoffnung, die Geschworenen davon überzeugen zu können, Rons Ansichten seien so sonderbar, daß man sie als wahnsinnig bezeichnen könne, fragte der Verteidiger Mike Esplin Wootton, was er von Rons Behauptungen halte, der Engel Moroni sei ein homosexueller »Reisender«, der durch den After in die Körper der Menschen eindringe, und der Grund, warum heute die meisten HLT-Tempel mit einer Statue Moronis geschmückt seien, liege darin, daß der Engel 1844 nach Joseph Smiths Tod mit Brigham Young eine Abmachung getroffen habe. Laut Ron habe Moroni eingewilligt, Brigham zum nächsten Führer der HLT-Kirche zu machen, wenn dieser ihm verspreche, eine goldene Figur des Engels auf den höchsten Turm des Mormonentempels zu stellen.

Dr. Wootton stimmte zu, daß das eine bizarre Überzeugung sei, doch er beharrte darauf, sie sei nicht bizarrer als manche andere Vorstellung, die religiöse Menschen, darunter auch Mitglieder seines eigenen Glaubens, des Mormonentums, für wahr hielten. In jeder Kultur gebe es vieles, was Außenstehenden verrückt oder extrem vorkomme, behauptete Wootton. Als er ein Beispiel nennen sollte, erwähnte er die zahlreichen Visionen und anderen übernatürlichen Erscheinungen, die Joseph Smith in seinem Leben gehabt habe. »Einige Außenstehende«, sagte Wootton, »könnten das als wahnhaft betrachten.«

Bei einem Vergleich von Rons Offenbarungen und seinem Glauben an Geister mit »Teilen der HLT-Lehre«, fuhr Dr. Wootton fort, »würde man feststellen, daß seine Behauptungen nicht so extrem sind, wie manche Leute vielleicht meinen«. Wootton erklärte dem Gericht, daß Geister unter gewöhnlichen Mormonen ein häufiges Gesprächsthema seien: »Wir sprechen davon, daß die Geister auf der anderen Seite sind. Es ist nicht ungewöhnlich, über das zu sprechen, was sich hinter dem Schleier und was sich auf der anderen Seite in der Geisterwelt befindet.«

Wootton gab zu, daß Ron »dazu neigt, Dinge von religiöser Natur ins Extrem zu treiben. Aber ich sollte hinzufügen, daß ich eine Menge Leute kenne, die dasselbe tun und trotzdem keine Verbrechen begehen. Es ist nichts Ungewöhnliches, daß manche Menschen religiöse oder sonstige Vorstellungen ins Extrem treiben.«

Der letzte Sachverständige der Anklage war Stephen Golding, ein Gerichtspsychologe, der 1980 ein hochgelobtes Buch über rechtliche Parameter für geistige Zurechnungsfähigkeit mitverfaßt und geholfen hatte, die wegweisende Methodologie zur Bestimmung der Verhandlungsfähigkeit zu entwickeln. Im Kreuzverhör stellte Mike Esplin Dr. Goldings Autorität in Frage und wies darauf hin, daß in der vierten Auflage des *Diagnostic and Statistical Manual of Mental Disorders* (gewöhnlich *DSM-IV* genannt)[71] stehe, »falsche Überzeugungen« seien definitionsgemäß Wahnvorstellungen.

»Sie können ein Wort in einem Diagnosehandbuch nicht einfach aus dem Zusammenhang reißen«, antwortete Golding. »Fast alle religiösen Glaubenssysteme, die ich kenne, bestehen zu 90 Prozent aus Glaubensgrundsätzen, die sich nicht auf Fakten zurückführen lassen. Wenn man also Ihre Definition benutzt, wären sie alle falsch – wären sie alle wahnhaft.« Ob Rons Überzeugungen wahr oder falsch seien, erklärte er, sei für die Bestimmung seiner geistigen Zurechnungsfähigkeit irrelevant. Man müsse andere Kriterien anlegen.

»Mr. Laffertys Zugang zur Welt«, sagte Dr. Golding, »unterscheidet sich nicht von dem anderer politischer oder religiöser Fanatiker in diesem Land, im Iran, in Montana, an den verschiedensten Orten.«

Als Esplin Golding weiter zusetzte und behauptete, Rons Glaubenseifer sei so maßlos, daß er als ein Symptom psychischer Labilität anzusehen sei, erwiderte Golding: »Ich glaube nicht, daß Glaubenseiferer per se geisteskrank sind.« Er erklärte, es gebe auf der Welt »alle möglichen Arten von Fanatikern« – politische, religiöse und sonstige: »Ein Fanatiker ist einfach jemand, der extreme, inbrünstige Überzeugungen vertritt« und bereit ist, »alles mögliche zu unternehmen, um anderen diese Überzeugungen aufzudrängen, um nach diesen Überzeugungen zu handeln... Zum Beispiel die palästinensische Terroristenorganisation Hamas. Hamas bedeutet ›Eifer‹.« Golding wiederholte: »Um es noch einmal zu sagen, mir geht es wohl eigentlich darum, daß ein extremes religiöses, persönliches oder politisches Glaubenssystem nicht per se ein Anzeichen für Geisteskrankheit ist.«

Bei dem Versuch der Anklage, Ron als fanatisch, aber völlig zurechnungsfähig darzustellen, bat der stellvertretende Generalstaatsanwalt Michael Wims Dr. Noel Gardner, Ron mit schizophrenen Patienten zu vergleichen, die er untersucht hatte. Gardner beharrte darauf, daß Ron mit solchen schwerkranken Menschen wenig Ähnlichkeit habe. »Bei einem Gespräch mit Mr. Lafferty spürt man unweigerlich die Dynamik und Tiefe seiner Emotionen«, sagte er aus. »Er ist jemand, der an einem guten Witz Gefallen findet.« Gardner erinnerte sich, daß Ron viel gelacht habe, und »Lachen ist immer eine gemeinsame Erfahrung … Eines kann ich Ihnen aus meiner langjährigen Arbeit mit Hunderten von schizophrenen Patienten sagen: Schizophrene lachen nicht gemeinsam mit den Menschen um sie herum. Die meiste Zeit sind sie ziemlich humorlos. Ab und zu haben sie ihren ganz eigenen Humor und lachen bei sich über Dinge, die nichts mit ihrer Umgebung zu tun haben. Aber eine Psychose läßt sich ziemlich verläßlich daran bestimmen, ob die Leute genug gemeinsame Realität haben, um nicht nur die Fakten ihrer Realität, sondern auch die subtile und soziale Bedeutung und Ausdruckskraft der Ironie zu verstehen.«

Dr. Gardner machte unmißverständlich klar, daß Ron Lafferty »ein Mensch ist, der die Gesellschaft anderer Menschen sucht und genießt. Schizophrene gehen von Natur aus keine Beziehungen ein; sie sind isoliert, einsam, sehr verschlossen.«

Gardner sagte: »Mr. Lafferty hatte stapelweise Bücher in seiner Zelle. Zeigen Sie mir im State Hospital einen Schizophrenen, der Bücher hat und sie auch wirklich liest. Wissen Sie, warum? Die können sich nicht konzentrieren. Ihre Gedanken schweifen ständig ab. Sie werden keinen Schizophrenen finden, der Bücher lesen und danach über ihren Inhalt sprechen kann. Mr. Lafferty kann das wunderbar. Er kann Ihnen zeigen, wo er einen Gedanken gut findet, wo er einen Gedanken ablehnt … genau wie wir alle.

Wenn Sie in der Zeitung lesen, daß Mr. Lafferty von Gott Offenbarungen empfing, in denen er aufgefordert wurde, etwas zu tun, klingt das, als wäre er verrückt«, gab Dr. Gardner zu.

Aber Ron sei ihm kein bißchen verrückt vorgekommen, fügte Gardner rasch hinzu, wenn man bedenke, daß Rons Offenbarungen im Rahmen der Schule der Propheten stattgefunden hätten: einer Gruppe von gläubigen Gleichgesinnten, die sich regelmäßig trafen, um diese Offenbarungen zu beurteilen. »Das ist etwas ganz anderes«, sagte Gardner, »als die Psychose eines Menschen, der, wenn er schizophren ist, glaubt, daß Gott zu ihm spricht. Und der Unterschied besteht darin: Das sind sechs Menschen, die eine gemeinsame Realität hatten und dasselbe taten; die gemeinsam beteten, gemeinsam lasen, gemeinsam sprachen und überlegten, ob diese Offenbarungen wirklich von Gott kamen, ob sie wirklich echt waren.

Das entspricht genau den Traditionen der christlichen Kirche«, erklärte Gardner, wo die Menschen versucht hätten festzustellen, ob die Geister, die ihnen erschienen, »von Gott kamen oder nicht. Es ist ein Gemeinschaftserlebnis, die reale Welt von sechs oder sieben Menschen, die sich zusammenschließen, dieselben Vorstellungen miteinander teilen und in der realen Welt darüber sprechen. Sie werden keine Schizophrenen finden, die in einer Gruppe zusammensitzen und über gemeinsame Erfahrungen sprechen.«

Doch wenn Ron nicht wahnsinnig war – oder zumindest nicht wahnsinniger als alle anderen Menschen, die an Gott glaubten –, was war er dann? Warum waren die Lafferty-Brüder durch ihre religiösen Überzeugungen zu unbarmherzigen Mördern geworden? Dr. Gardner sagte dem Gericht, daß Ron zwar nicht psychotisch sei, aber die Symptome einer psychischen Krankheit aufweise, die narzißtische Persönlichkeitsstörung oder NPS genannt werde. Dem *DSM-IV* zufolge erkennt man NPS an

> einem situationsunabhängigen Muster von Überschwenglichkeit (in Phantasie und Verhalten), einem starken Bedürfnis, bewundert zu werden, mangelndem Einfühlungsvermögen … angezeigt durch fünf (oder mehr) der folgenden Punkte:

1. Starke Selbstüberschätzung …
2. Häufige Phantasien von unbegrenztem Erfolg, unbegrenzter Macht, Intelligenz, Schönheit oder idealer Liebe
3. Glaubt, daß er oder sie »besonders« ist, nur von anderen besonderen oder hochrangigen Menschen verstanden wird und auch nur mit diesen Menschen verkehren sollte …
4. Hat ein übermäßiges Bedürfnis, bewundert zu werden
5. Hat ein überhöhtes Anspruchsdenken …
6. Nutzt andere auf egoistische Weise aus, um seine eigenen Ziele zu erreichen
7. Hat mangelndes Einfühlungsvermögen
8. Ist oft neidisch auf andere oder glaubt, daß andere auf ihn oder sie neidisch sind
9. Zeigt arrogante, überhebliche, herablassende oder geringschätzige Verhaltensweisen oder Einstellungen

Obwohl die narzißtische Persönlichkeitsstörung vor 1980 nicht einmal als gültige Diagnose im *Diagnostic and Statistical Manual of Mental Disorders* aufgelistet war, leidet schätzungsweise ein Prozent der amerikanischen Bevölkerung daran; NPS ist eine beunruhigend weit verbreitete Krankheit. Narzißten sind sogar in bemerkenswertem Maße die Motoren der kulturellen, geistigen und ökonomischen Entwicklung der westlichen Gesellschaft, wie Dr. Gardner im Zeugenstand bereitwillig zugab. »Viele erfolgreiche Menschen sind narzißtisch veranlagt«, sagte er und betonte, daß Narzißmus unter hervorragenden Geschäftsleuten, Anwälten, Ärzten und Wissenschaftlern besonders oft anzutreffen sei. Gardner erklärte, solche Menschen neigten zur Selbstüberschätzung und glaubten, »sie sind klüger und besser als alle anderen. Sie sind bereit, für die Bestätigung ihrer überschwenglichen Vorstellungen einen unglaublichen Arbeitsaufwand zu betreiben.«

Gardner führte einige seiner Kollegen am medizinischen Fachbereich der University of Utah als Beispiele an: »Wenn ich durch den medizinischen Fachbereich gehe, brauche ich bloß die führenden Leute vieler Abteilungen herauszugreifen … sie arbeiten drei- oder viermal so hart wie alle anderen … Das ist insofern anpassungsfähig, als es ihnen ermöglicht, Höchstleistungen zu erbringen. Andererseits beeinträchtigt es ihre Fähigkeit zu Vertrautheit und Nähe, denn es mangelt ihnen an Einfühlungsvermögen, und sie begreifen die Bedeutung der Lebenserfahrungen anderer Menschen nicht, also arbeiten sie und schenken ihren Frauen und Kindern keine Beachtung, weil sie diesem überschwenglichen Traum von sich selbst nachlaufen, der sie vielleicht erfolgreich macht … aber eigentlich ihren gesellschaftlichen und zwischenmenschlichen Beziehungen schadet.«

Überschwang und mangelndes Einfühlungsvermögen, betonte Dr. Gardner, seien die Kennzeichen von NPS, und wenn etwas auf Ron Lafferty zutreffe, dann, daß er überschwenglich und gefühlskalt sei. Ron habe bereitwillig erzählt, daß Brendas Tod in ihm keinerlei Gefühle geweckt habe. Und er habe immer wieder betont, daß er in den Augen Gottes ein besonders wichtiger Mensch sei – daß Gott ihn, Ron Lafferty, zum »einen Mächtigen und Starken« gesalbt habe.

Das übertriebene Verlangen, über Menschen zu richten, ist bei den Hauptmerkmalen einer narzißtischen Persönlichkeitsstörung im *DSM-IV* zwar nicht aufgeführt, aber vermutlich gehört es dazu. Narzißten geraten in selbstgerechte Entrüstung, sobald sie glauben, daß andere Menschen Regeln verletzen, sich unfair verhalten oder ein größeres Stück vom Kuchen bekommen, als ihnen zusteht. Doch wenn sie die Regeln selbst verletzen, bereitet ihnen das keine Gewissensbisse, denn sie wissen, daß sie besonders sind und die Regeln für sie nicht gelten. Ron war schnell bereit, jeden zu geißeln, der sich seiner Meinung nach egoistisch oder unredlich verhielt – im Falle von Brenda und Erica Lafferty übernahm er sogar bedenkenlos die Rolle des Richters, der Geschworenen und des Henkers. Und doch protestierte niemand lauter gegen die ungerechtfertigte Verfolgung, als er von anderen wegen sittlicher, ethischer oder rechtlicher Verfehlungen angeklagt wurde.

Wenn Narzißten mit jemandem konfrontiert werden, der die Gültigkeit ihrer übertriebenen Ansprüche in Frage stellt, kommen sie damit nicht zurecht. Sie verfallen entweder in Depressionen – oder sie werden wütend. Gardner erklärte dem Gericht, würden Narzißten herabgesetzt oder verunglimpft, »fühlen sie sich grauenhaft … Sie haben das Gefühl, entweder großartige, perfekte und schöne Menschen zu sein oder aber völlig wertlos. Wenn man also ihre Großartigkeit in Frage stellt, dann heißt es dem diagnostischen Handbuch zufolge: ›Sie reagieren mit Beschämung oder Wut.‹ Ihre Reaktion auf Kritik ist äußerst heftig. Und ich glaube, das hat Mr. Lafferty eindeutig bewiesen.«

Gardner schilderte Ron als einen Menschen, »dessen großartiges Ich durch die Scheidung und die Zurückweisung durch seine Gemeinde ernsthaft in Frage gestellt worden war. Er war exkommuniziert. Und als er in Ruhe darüber nachdachte, entwickelte er ein paar Vorstellungen, die für ihn etwas Befreiendes und Erleichterndes hatten. Sie sind logisch. Sie mögen nicht auf Fakten beruhen, aber das Ganze hat etwas Logisches, denn es dient seinen Zwecken auf eine völlig logische Art und Weise.«

Ein skeptischer Mike Esplin wollte wissen: »Es ist für ihn logisch?«

»Ja, für ihn«, beteuerte Dr. Gardner. »Jeder Psychiater, der das betrachtet, würde sagen, es sind Rechtfertigungen, die dazu dienen, daß er den Schmerz über seinen Verlust nicht so stark spürt. Er hat Gedanken entwickelt, die auf ihn beruhigend wirken. Über die Religion würden viele Leute sagen, daß sie ein Gedankensystem ist, das Menschen zu ihrer Beruhigung entwickelt haben, weil wir in einer sehr unsicheren und oftmals tragischen Welt leben.«

Viele Leute würden auch sagen, daß die Diagnose einer narzißtischen Persönlichkeitsstörung praktisch auf jeden zutrifft, der ein neues Grundgerüst religiöser Überzeugungen in die

Welt gesetzt hat – von Jesus über Mohammed zu Joseph Smith und Ron Lafferty. Nach Ansicht von Psychiatern und Psychologen ist jeder Mensch, der erklärt, er sei ein Prophet oder Guru – der behauptet, er stehe mit Gott in Verbindung –, bis zu einem gewissen Grad verwirrt oder unausgeglichen.[72] William James schrieb in *Die Vielfalt religiöser Erfahrung:*

> Es ist eine unbezweifelbare Tatsache, daß ein religiöses Leben, wenn es exklusiv geführt wird, dazu tendiert, einen Ausnahmemenschen und Exzentriker hervorzubringen. Ich spreche jetzt nicht von dem Ihnen bekannten Durchschnittsgläubigen, der die konventionellen Gebräuche seines Landes befolgt, sei er Buddhist, Christ oder Mohammedaner. Dessen Religion ist von anderen Menschen für ihn gemacht worden, sie ist ihm durch Überlieferung mitgeteilt worden, sie ist dazu bestimmt, durch Nachahmung feste Formen anzunehmen, und sie wird als Gewohnheit festgehalten. Das Studium dieses religiösen Lebens aus zweiter Hand würde uns wenig nützen. Vielmehr müssen wir nach den Originalerfahrungen suchen, die das Grundmuster für diese ganze Masse anempfundenen Gefühls und nachgeahmter Lebensführung festgesetzt haben. Diese Erfahrungen können wir nur in Individuen finden, für die Religion nicht als eine dumpfe Gewohnheit existiert, sondern eher als akutes Fieber. Aber solche Individuen sind religiöse »Genies«; und wie viele andere Genies, die fruchtbar genug gewesen sind, um ein biographisches Andenken zu finden, haben solche religiösen Genies häufig Symptome nervöser Instabilität gezeigt. Vielleicht sind religiöse Führer sogar noch mehr als andere Arten von Genies Gegenstand abnormaler psychischer Heimsuchung gewesen. Ohne Ausnahme waren sie Wesen von erhöhter emotionaler Sensibilität. Oft haben sie ein widerspruchsvolles inneres Leben geführt und während eines Teils ihrer Laufbahn an Melancholie gelitten. Sie haben kein Maß gekannt, sind anfällig für Besessenheiten und fixe Ideen gewesen; und

häufig sind sie in Trance gefallen, haben Stimmen gehört, Visionen gehabt und alle Arten von Besonderheiten gezeigt, die man normalerweise als pathologisch einordnet. Oft haben sogar diese pathologischen Züge in ihrer Entwicklung ihnen zu ihrer religiösen Autorität und ihrem Einfluß verholfen.

Doch obwohl alle selbsternannten Propheten Narzißten sind, glauben nur wenige Narzißten, sie seien Propheten Gottes. Und noch weniger sind Mörder. Als die Anklage die Geschworenen davon zu überzeugen versuchte, daß Ron Lafferty nur narzißtisch veranlagt und streng religiös, aber nicht verrückt sei und deshalb für die Rolle, die er bei der Ermordung Brenda und Erica Laffertys spielte, zum Tode verurteilt werden sollte, forderte sie die Geschworenen auf, diese feinen Unterschiede zu bedenken.

Am 10. April 1996 folgten die Geschworenen, nachdem sie vier Wochen lang Zeugen gehört und sich fünf Stunden beraten hatten, dem Antrag der Anklage. Ron wurde des vorsätzlichen Mordes und der damit zusammenhängenden Anklagepunkte für schuldig befunden – genau dasselbe Ergebnis wie beim ersten Prozeß elf Jahre zuvor.

Richter Steven Hansen berief das Gericht am 31. Mai ein, um das Urteil zu verkünden. Doch zunächst fragte er Ron, ob er etwas sagen wolle. Ron erwiderte: »Tu, was du nicht lassen kannst, du kleiner Regierungsganove, denn du bist bloß ein verdammter Ganove, Stevie Wonder.« So machte er minutenlang weiter und nannte den Richter unter anderem »verdammter Idiot«, der »in einem Kleid zur Arbeit kommt«.

Als Richter Hansen Ron seelenruhig fragte, ob er damit alles gesagt habe, antwortete Ron: »Ich habe bloß noch zu sagen, daß du mich am Arsch lecken kannst, Kumpel... Das dürfte reichen. Alles weitere bringt nichts. Scheiße, ich führe wohl schon Selbstgespräche.«

Als klar war, daß Ron seine Ansprache an das Gericht beendet hatte, erklärte der Richter: »Das Gericht hat entschieden, daß der Angeklagte die Todesstrafe erhält.« Dann fragte er Ron, ob er lieber »durch ein Erschießungskommando oder durch eine tödliche Injektion« hingerichtet werden wolle.

»Mir ist keins von beiden lieber«, antwortete Ron. »Ich würde lieber am Leben bleiben. Das wäre mir am liebsten.«

»Wenn Sie mir nicht sagen, was Ihnen lieber ist«, erklärte Richter Hansen, »lege ich die tödliche Injektion als Hinrichtungsart fest.«

»Ich habe schon die tödliche Injektion des Mormonentums gekriegt«, blaffte Ron zurück. »Und diesmal wollte ich was anderes ausprobieren ... ich nehme das Erschießungskommando. Was ist? Ist das jetzt klar?«

»Das ist klar«, erwiderte der Richter und verurteilte Ron dazu, wegen seiner Verbrechen erschossen zu werden – womit er unterstrich, daß fundamentalistische Mormonen heute durchaus nicht die einzigen Amerikaner sind, die an die Blutsühne glauben.

Der Anwalt Mike Esplin legte in Rons Namen mehrfach Berufung ein und brachte den Fall schließlich bis vors Oberste Bundesgericht. Im November 2001 lehnten die Richter dieses Gerichts den Berufungsantrag ab und stellten damit praktisch sicher, daß Ron vom Staat Utah hingerichtet wird. Im September 2002 löste der geschickte und aggressive Anwalt Ron Yengich Esplin als Verteidiger ab. Die Hinrichtung muß warten, bis Yengich alle Möglichkeiten zur Urteilsaufhebung ausgeschöpft hat, und das Urteil dürfte frühestens 2004 vollstreckt werden. Doch kaum jemand, auch nicht Dan Lafferty, glaubt, daß Ron der Hinrichtung durch das Erschießungskommando entrinnen kann.

»Ich glaube, es besteht keine realistische Möglichkeit, daß mein Bruder der Todesstrafe entgeht«, bestätigte Dan im November 2002. Er glaubt, daß Rons Hinrichtung in Gottes Plan für die Menschheit eine Schlüsselrolle spielt. Sie könne ein Hinweis darauf sein, daß Armageddon direkt bevorstehe – oder, in Dans eigenen Worten, »ein Zeichen, daß die Große Party näher rückt«.

24 Der Große und Schreckliche Tag

Creighton Horton, Stellvertretender Generalstaatsanwalt von Utah: *Und Sie sagen im Grunde genommen, Ron habe die Offenbarung gehabt, daß es Leute gäbe, die nach dem Willen des Herrn umgebracht werden sollten, und Sie haben ihm geholfen, diese Leute umzubringen?*
Dan Lafferty: *An dieser Darstellung gibt es nichts auszusetzen, das bedeutet, ja.*
Creighton Horton: *Sie haben auch zu den Ermittlungsbeamten gesagt, daß es Ihnen nichts ausmache, als religiöser Fanatiker bezeichnet zu werden?*
Dan Lafferty: *Nein, das ist für mich kein Problem.*[73]

Im August 1995, während der unzähligen Anträge und Anhörungen, die Ron Laffertys Wiederaufnahmeverfahren vorangingen, ergab es sich, daß Dan und Ron einmal gleichzeitig in Richter Steven Hansens Gerichtssaal in Provo geführt wurden. Ihre Blicke trafen sich, und Ron begrüßte Dan herzlich: »Hey, Bruder, wie geht's denn so?«

»Schön, dich zu sehen«, erwiderte Dan lächelnd. Es war das erste Mal seit ihrer gemeinsamen Haftzeit im Bezirksgefängnis von Utah vor elf Jahren, daß die Brüder miteinander sprachen. Trotz des freundlichen Wortwechsels in Richter Hansens Gerichtssaal glaubte Dan 1995, Ron sei »ein Kind des Teufels« – ein Gehilfe des Satans, der fest entschlossen war, Dan umzubringen, damit dieser nicht den Rest der wichtigen Mission erfüllen konnte, mit der Gott Dan beauftragt hatte.

Dan glaubte mit Recht, daß Ron ihn umbringen wollte, denn

als sie zum letzten Mal zusammengewesen waren, hatte Ron genau das versucht, und es wäre ihm auch fast gelungen. Das war im Dezember 1984, fünf Monate nach den Morden, als sie sich im Bezirksgefängnis eine Zelle geteilt und auf ihren Prozeß gewartet hatten. Dan erinnert sich, daß er im Bett lag und zu schlafen versuchte, als »ich plötzlich ein ganz komisches Gefühl hatte und die Augen aufschlug, und da sah ich, daß Ron sich anschlich«. Auf frischer Tat ertappt, blieb Ron stehen und ging wieder ins Bett. »Aber dann«, sagt Dan, »fragte er mich seltsamerweise, ob ich glaubte, daß er jemanden umbringen könnte, der so groß wäre wie ich, und ich antwortete: ›Ja, ich denke schon.‹« Von da an beschloß Dan, sich in acht zu nehmen.

Der Rest der Nacht verstrich ohne Zwischenfälle. Doch am nächsten Tag habe Ron, während Dan in ihrer Zelle stand, »mir einen Schwinger an die linke Schläfe verpaßt, der mich benommen machte, aber nicht ausknockte«. Als Dan dem Angreifer das Gesicht zuwandte, habe Ron einen Hagel von Schlägen auf ihn niederprasseln lassen, wobei er Dan das Nasenbein brach, mehrere Zähne lockerschlug und eine Rippe brach. Dan, der die Hände unten ließ und keinen Widerstand leistete, sagt, Ron habe erst aufgehört, »als ihm die Hände so weh taten, daß er nicht mehr schlagen konnte. Der Fußboden und die Wände waren voller Blut.« Damals führte Dan den Angriff auf Rons Probleme mit »bösen Geistern« zurück.

Nach dem Angriff trennten die Wärter die beiden Brüder und sperrten sie in nebeneinanderliegende Zellen. Wenig später reichte Ron Dan einen Zettel zwischen den Gitterstäben hindurch. Darauf stand eine Offenbarung, die Ron angeblich gerade erhalten hatte, in der Gott Dan befahl, sich von Ron umbringen zu lassen. Nachdem er in seinen Gebeten geistigen Rat erfleht habe, sagt Dan, »hatte ich das Gefühl, daß ich mich dem Gebot beugen sollte, und wir besprachen, wie die Sache durchgeführt werden könnte. Wir dachten, es wäre am besten, wenn ich mich rückwärts ans Gitter stellte und er mir ein Handtuch um den Hals schlänge und mich erwürgte.«

Sobald Dan eingewilligt hatte, sich von Ron umbringen zu lassen, »verspürte ich den Drang, meinen Darm zu entleeren«, was er als ein weiteres Zeichen dafür ausgelegt habe, daß die Offenbarung gültig sei und befolgt werden müsse. Dan sagt, er habe gedacht, es gehöre zu Gottes sorgfältigem Plan, daß er aufs Klo gehe, damit »ich keine Schweinerei anrichten würde, wenn ich starb und meine Muskeln sich entspannten – der Darm verkrampft sich eigentlich, aber die Blasenmuskulatur entspannt sich, wenn man erdrosselt wird«. Nachdem Dan auf der Toilette sein Geschäft verrichtet hatte, »verabschiedete ich mich von Ron und erwartete, Gott zu sehen, während ich mich rückwärts ans Gitter stellte und Ron mir ein Handtuch um den Hals schlang«.

In seiner Zelle stand Ron auf einem Fuß, stemmte sich mit dem anderen Fuß gegen das Gitter, zog dann das Handtuch so fest wie möglich um Dans Hals und verharrte so, wobei er die Sauerstoffzufuhr zu Dans Gehirn unterbrach und in dessen Augen Tausende von Äderchen zum Platzen brachte. Dan erinnert sich, daß er, kurz bevor er das Bewußtsein verlor, »einen Augenblick größter Verzweiflung durchlebte ... Das nächste, woran ich mich erinnere, ist, wie ich auf dem Zellenboden wieder zu mir kam und langsam alles ringsum erkannte«, während Ron versucht habe »zu erklären, warum er die Tat nicht ausgeführt hatte«.

Es stellte sich heraus, daß Ron, nachdem Dan ohnmächtig geworden war und schlaff am Gitter hing, spürte, wie Gott ihm sagte, Dan solle am Leben bleiben, falls er einen weiteren Atemzug mache. Als Ron kurz darauf sah, wie sich Dans Brust hob und seine Lunge sich mit Luft füllte, ließ er ihn zu Boden sinken. Dans Augen hatten sich von all den geplatzten Äderchen knallrot gefärbt, und die Haut im Nacken war durch eine waagerechte Gitterstange abgeschürft worden, doch er atmete weiter und erlangte das Bewußtsein wieder.

Dan sagt, am nächsten Tag »war Ron noch aufgeregter als vorher. Er ging in seiner Zelle auf und ab und murmelte vor sich hin, daß er noch eine Chance bekommen würde und es diesmal richtig machen müßte. Ein paar Tage später gab er mir eine weitere Offenbarung, in der stand, daß ich mich von ihm umbringen lassen sollte, aber bei meinen Gebeten hatte ich nicht das Gefühl, daß ich mich dem Ganzen noch einmal unterziehen sollte.« Als Dan Ron zu verstehen gegeben habe, daß er der Offenbarung diesmal nicht nachkomme, »schien es mit seinen persönlichen Dämonen und seiner Aufregung immer schlimmer zu werden«.

Kurz darauf, am 29. Dezember, erhängte sich Ron am Handtuchhalter, als Dan zur Vernehmung aus seiner Zelle geholt worden war; Ron wäre bestimmt gestorben, wenn Dan ihn nur ein paar Minuten später gefunden hätte. Als die Sanitäter eintrafen, hatte Rons Atmung ausgesetzt und er hatte keinen Puls mehr. »Seine Genesung im Krankenhaus war anscheinend ein ziemliches Wunder, und es wurde viel darüber geredet«, sagt Dan. »Auch ich habe mich darüber gewundert … Jetzt, viele Jahre später, glaube ich zumindest teilweise zu verstehen, warum damals alles so gelaufen ist.«

Bei Rons Wiederaufnahmeverfahren 1996 überzeugte die Anklage die zwölf Geschworenen davon, daß Ron nicht psychotisch sei – daß ihm völlig klar gewesen sei, was er tat, als er sich an der Ermordung Brenda und Erica Laffertys beteiligte, und er deshalb verhandlungsfähig sei. »Ist Ron verrückt?« fragt Michael Wims, der stellvertretende Generalstaatsanwalt von Utah sechs Jahre nach Rons Verurteilung. »Klar ist er verrückt. So verrückt wie ein schlauer Fuchs.«

Viele Leute in Utah pflichten Wims bei, daß Rons Gefühlsausbrüche vor Gericht und seine seltsamen Erklärungen alles andere als aufrichtig waren. Sie glauben, daß er sich bloß verrückt gestellt hat, um der Todesstrafe zu entgehen. Und sie vermuten auch, Rons Behauptung, von Gott Offenbarungen empfangen zu haben, sei ein zynischer Manipulations- und Täuschungsversuch gewesen. Doch kaum jemand zweifelt an der Aufrichtigkeit der religiösen Überzeugungen seines Bruders. Für die meisten Menschen in Utah ist Dan Laffertys

Theologie absurd und entsetzlich, aber sie geben zu, daß er wahrhaft gläubig zu sein scheint.

Doch das, woran Dan heute glaubt, ist nicht mehr dasselbe wie damals, als er Brenda und Erica umbrachte. »Als ich ins Kloster kam – hier ins Gefängnis –, haben sich meine Überzeugungen stark verändert«, sagt er. Er folgt nicht länger den Lehren des fundamentalistischen Mormonentums. »Ich habe die Götter gewechselt«, erklärt er. »Ich habe die HLT-Kirche verlassen, um mich dem Fundamentalismus anzuschließen, und jetzt habe ich auch den Fundamentalismus verlassen.« Heute ist seine Theologie eine beunruhigende Mischung, die er sich aus dem Alten Testament, dem Neuen Testament, dem *Buch Mormon,* aus fundamentalistischen Schriften und den hyperkinetischen Umtrieben seines eigenen Geistes zusammengebastelt hat.

»Wenn man mit ganzem Herzen nach der Wahrheit sucht«, sagt Dan, »entdeckt man im Laufe der Zeit die Widersprüche in dem, was einem beigebracht wurde. Man begreift allmählich, daß irgendwas nicht richtig zu sein scheint, einem nicht richtig vorkommt. Irgendwas stinkt… Ich habe mich immer als religiösen Fanatiker bezeichnet, aber langsam begreife ich, daß ich aus der HLT-Kirche rausgeflogen bin, weil ich eigentlich ein Wahrheitsfanatiker war. Ich habe das Bedürfnis, Widersprüche aufzulösen, und deshalb wurde ich ausgeschlossen.«

Dan behauptet, alle heutigen Religionen seien reiner Schwindel, nicht nur die HLT-Kirche. »Organisierte Religion ist als Liebe verkleideter Haß. Was einen zwangsläufig zu den Anfängen der Religion zurückführt, als sie noch unverfälscht war. Das macht einen zu einem Fundamentalisten. Man sieht, wo der Kirche die Antworten ausgegangen sind, weil sie die grundlegenden Lehren aufgegeben hat. Und man stellt fest, daß sich die eigenen Überzeugungen zum Fundamentalismus hinentwickeln.

Aber dann habe ich rausgefunden, daß auch der Fundamentalismus keine Antworten hat. Man stößt auf dieselben Widersprüche. Zu meinem Glück habe ich das erkannt, als ich hierher ins Kloster kam. Damals hat sich alles langsam rauskristallisiert und geregelt.«

Im Kern von Dans umgewandeltem Glauben geht es um seine neugewonnene Überzeugung, daß er Elias sei, der biblische Prophet, der für sein Einzelgängertum und seine unbeugsame Treue zu Gott bekannt ist. Und Dan ist überzeugt, daß er als Elias die Aufgabe haben wird, in den Letzten Tagen die Wiederkunft Christi zu verkünden. Dan sagt: »In meiner Rolle als Elias gleiche ich Johannes, dem Täufer. Elias bedeutet ›Vorläufer‹, der, der den Weg bereitet. Johannes der Täufer bereitete den Weg für die Ankunft Christi. Und ich bin hier, um den Weg für die Rückkehr des Menschensohnes vorzubereiten.«

Dan glaubt, wie schon als fundamentalistischer Mormone, daß der auffälligste Sachverhalt des Daseins die unwandelbare Spaltung der Menschheit in die von Natur aus Rechtschaffenen und die von Natur aus Bösen sei. »Einige Menschen wurden auserwählt, Kinder Gottes zu sein«, erklärt Dan, »und andere wurden Kinder des Teufels. Entweder man ist ein Bruder – ein Kind Gottes – oder ein Idiot – ein Kind des Teufels. Und man kann nichts daran ändern.

Es gibt zwei Väter, Gott und den Teufel. Und die Kinder Gottes besitzen etwas, das keins der Kinder des Teufels besitzt, nämlich die Gabe der Liebe. Der Teufel konnte seinen Kindern keine Liebe einprogrammieren, weil die Liebe etwas ist, das er weder besitzt noch begreift. Sie übersteigt sein Wissen. Die Kinder des Teufels kennen bloß Habgier, Haß, Neid und Eifersucht.«

Dan zufolge versammelte Christus irgendwann all Seine Kinder um Sich und verkündete: »›Ich will eine Party feiern, die tausend Jahre dauert. Habt ihr darauf Lust? Wollt ihr mit Mir auf dieser Erde tausend Jahre lang feiern?‹ Und wir haben gesagt: ›Na klar!‹ Da hat er gesagt: ›Okay, das ist die gute Nachricht. Jetzt kommt die schlechte: Ihr kriegt nichts umsonst … Sechstausend Jahre lang mache Ich die Erde zur Hölle, und erst dann verwandle Ich sie in den Himmel. Und die Hölle ist ja der Ort, wo der Teufel und seine Kinder das Sagen haben. Ich mache also folgendes: Ich lasse den Teufel die Erde mit seinen ganzen Idioten bevölkern, und dann verteile Ich jedesmal ein paar von euch, Meinen Kindern, auf der Erde. Und jede Stunde, die ihr mit den Idioten in dieser Hölle auf Erden verbringt, wird euch für die Große Party gutgeschrieben. Das Ganze dauert ungefähr sechstausend Jahre, aber dann haben wir uns unsere Party verdient. Und dann komme Ich, und wir bringen die Ernte ein – im wesentlichen beseitigen wir die ganzen Idioten – und räumen die Tanzfläche für unsere tausendjährige Party.‹

Christus hat zu seinen Kindern gesagt: ›Ich weiß, das Leben ist total verrückt, aber Ich bin hier, um euch zu sagen, daß dahinter eine Absicht steckt. Wir arbeiten auf das Reich Gottes hin. Und zwar, indem wir hier unsere Zeit zubringen. Und jede Stunde, die ihr hier zubringt, wird euch für die Große Party gutgeschrieben. So lautet das Versprechen. Das ist der Bund. Eine Weile wird es dort unten verrückt zugehen, aber am Ende werde Ich durch Elias kommen.‹«

Dan sieht es folgendermaßen: »Da wir alle hier in der Hölle auf Erden sind, wo der Teufel und seine Kinder alles regeln, ergibt es einen Sinn, daß die Kinder des Teufels uns dazu bringen wollen, ihren beschissenen Gott zu verehren. Aber bis der Gott der Liebe erscheint, ist es wichtig, Seinen Kindern – den Kindern der Liebe – irgendwie die Augen darüber zu öffnen, wer dieser coole Typ ist, der an dem Tag, der in der Bibel der Große und Schreckliche Tag des Herrn heißt (groß für Seine Kinder; schrecklich für die Idioten) – im Gleichnis von den Wicken unter dem Weizen auch die Ernte[74] genannt –, kommen wird, um sich ihrer anzunehmen.

Es wurde prophezeit, daß der Große und Schreckliche Tag gekommen ist, wenn Christus Seine Engel wie Schnitter aussendet, damit sie aus Seinem Reich all jene heraussammeln, die nicht die Seinen sind, und sie töten; und darauf habe ich vorausgedeutet«, erklärt Dan, »als ich Brenda und Erica umbrachte. Ich weiß, daß sich das ziemlich blutrünstig anhört, aber es scheint mir die richtige Deutung zu sein. Ich glaube, daß die Engel in dieser Prophezeiung keine geflügelten Wesen sind, die vom Himmel herabschweben, sondern eher Josephs und Brighams Racheengeln gleichen: Männern, die schon hier auf Erden leben und sich wie ich um die Angelegenheiten ihres Vaters kümmern, sobald sie erfahren, wer ihr Vater ist, und die richtigen Anweisungen erhalten haben.«

Dan glaubt, daß Gott ihn als Elias dazu bestimmt hat, den Rechtschaffenen im richtigen Moment zu sagen, »wer ihr Vater ist«, und damit das tausendjährige Reich Gottes einzuläuten. »Ich bin mir sicher, daß ich es bin, der Christus bei Seiner Wiederkunft erkennen wird«, behauptet er. Dan sagt, ein oder zwei Jahre nachdem er eingesperrt worden sei, habe er »ein Erlebnis gehabt ... Damals wußte ich nicht, was es bedeutete. Ich ging gerade in meiner Zelle auf und ab. Es war gegen Mittag. Und ich hörte eine Stimme. Es war ganz anders als bei den Offenbarungen in der Schule der Propheten. Ich ging auf und ab und hörte die Stimme zu mir sagen: ›Schreib das auf: Der Mond wird scheinen von mittags bis neun.‹ ... Das war alles. Und im Lauf der Jahre hab ich gedacht: ›Was soll das bloß bedeuten?‹ Und schließlich fügte es sich zusammen und ergab einen Sinn. Vor kurzem hab ich es rausgekriegt, erst letztes Jahr oder so: Das Zeichen Christi wird darin bestehen, daß der Mond von mittags bis neun Uhr abends am Himmel scheint. Wie das vor sich gehen wird, weiß ich nicht. Aber wenn es soweit ist, wird es bestimmt unverkennbar sein.«

Mit seiner sonderbaren Logik hat Dan auch herausgefunden, warum Ron ihn 1984 mit einem Handtuch erdrosseln wollte: weil der Teufel Ron verraten habe, daß Dan Elias ist und dazu bestimmt sei, der Welt Jesu Wiederkunft zu verkünden. Dan vermutet, daß der Teufel Ron von Dans wichtiger Bestimmung schon lange erzählt hatte, bevor Gott Dan davon unterrichtete.

»Irgendwann«, sagt Dan, »hat Ron wohl die Anweisung erhalten, daß er mich umbringen soll. Dabei ging es im wesentlichen darum, daß sein Vater« – der Teufel – »das Unvermeidliche verhindern wollte.« Der Teufel habe die Welt für sechstausend Jahre erhalten, doch diese sechstausend Jahre seien fast vorbei, deshalb »dürfte es keine Überraschung sein, daß der Teufel nicht auf seine Macht verzichten will, wenn seine Zeit vorbei ist«. Und der Teufel hofft, seine Herrschaft verlängern zu können, indem er Dan/Elias von Ron töten läßt und dadurch verhindert, daß er die Wiederkunft Christi verkündet. »Ich bin mir sicher«, sagt Dan, »daß das hinter Rons Mordversuchen steckt. Denn in der Bibel steht, daß Christus nicht wiederkehren kann, wenn Elias seiner Bestimmung nicht nachkommt.«

Dan sagt, er hätte im Frühling und Sommer 1984, als er mit Ron in dessen Impala durch den Westen reiste, erkennen müssen, daß Ron ein Diener des Satans sei, denn sein Bruder habe – im Gegensatz zum Standpunkt der von der Anklage aufgebotenen Sachverständigen bei Rons Wiederaufnahmeverfahren 1996 – »Anzeichen von Schizophrenie gezeigt … Während wir zusammen durch die Gegend fuhren und uns besser kennenlernten, passierte es oft, daß Ron geistig weggetreten war. Dann hat er wahrscheinlich immer irgendwelche Stimmen gehört.« Und diese Stimmen, vermutet Dan, hätten Ron Anweisungen des Teufels gegeben.

Außerdem ist Dan überzeugt, daß Ron weiter fest entschlossen ist, ihn zu ermorden, und geduldig auf eine Gelegenheit dazu wartet: »Ich bin mir sicher, daß er noch immer die Stimmen hört, die ihm sagen, er soll mich töten.« Dan kennt alle Gerüchte, die im Gefängnis umgehen. Und im Todestrakt heiße es, daß »Ron sehr gut in Form ist und trainiert hat wie ein Boxer, der sich auf einen Titelkampf vorbereitet«. Dan geht davon aus, daß Ron hofft, noch einmal mit ihm zusammenzutreffen, und bei dieser Gelegenheit »will er imstande sein, die Sache zu erledigen«.

Doch Dan glaubt nicht, daß Gott das zuläßt. Rons neues Trainingsprogramm macht ihm sogar Mut, da er es als Zeichen dafür betrachtet, daß die Endzeit nahe bevorsteht: Dan glaubt, der Fürst der Finsternis spüre, daß »die Zeit für den Beginn der Ernte fast gekommen ist«, und das treibe ihn dazu, Ron in so gute Form zu bringen, daß er einen letzten verzweifelten Mordanschlag auf Dan begehen und dadurch das Eintreffen des Großen und Schrecklichen Tags verhindern könne. Denn der Satan wisse, wenn Dan am Leben bleibe, sei die Wiederkunft Christi nicht aufzuhalten, und »der Teufel und all seine Brüder und Schwestern werden getötet mit großem ›Heulen und Zähneklappern‹«.

Doch bis zu diesem Augenblick der Verzückung, wo »der Mond scheinen wird von mittags bis neun« und Dan herumposaunen kann, daß Christus zurückgekehrt ist, muß er in den trostlosen Räumen des Hochsicherheitstrakts ausharren, wo er schon sein halbes Erwachsenenleben verbracht hat. Aber was, wenn der Mond nicht von mittags bis neun scheint? Was, wenn die Ermordung Brenda und Erica Laffertys nicht zu Gottes Plan gehörte, sondern bloß ein Verbrechen von so erschütternder Grausamkeit war, daß es nicht vergeben werden kann? Was, wenn Dan, kurz gesagt, völlig falsch liegt? Ist ihm schon einmal der Gedanke gekommen, daß er mit einem anderen fanatischen Fundamentalisten, nämlich Osama bin Laden, viel gemeinsam haben könnte?

»Das hab ich mich auch schon gefragt«, gesteht Dan. »Könnte ich an seiner Stelle sein? Bin ich wie er? Und die Antwort lautet nein. Denn Osama bin Laden ist ein Idiot, ein Kind des Teufels. Ich glaube, seine Motivation ist nicht die Suche nach Ehre und Gerechtigkeit, was vielleicht früher seine Beweggründe waren. Aber jetzt wird er von Gier und dem Streben nach Gewinn und Macht angetrieben.«

Wie steht's mit Osamas Handlangern, den heiligen Kriegern, die ihr Leben für Allah opferten und mit Jumbo-Jets ins World Trade Center flogen? Ihr Glaube und ihre Überzeugung waren mit Sicherheit genauso stark wie die Dans. Findet er, daß die Aufrichtigkeit ihres Glaubens die Tat rechtfertigt? Und wenn nicht, woher weiß Dan dann, daß seine Tat trotz der offensichtlichen Aufrichtigkeit seines Glaubens nicht genauso irregeleitet war wie das, was bin Ladens Anhänger am 11. September getan haben?

Als er schweigt, um über diese Möglichkeit nachzudenken, scheint ein Schatten des Zweifels über sein Gesicht zu huschen. Doch nur ganz kurz, dann ist er verschwunden. »Ich muß zugeben, daß die Terroristen ihrem Propheten gefolgt sind«, sagt Dan. »Sie waren bereit, im wesentlichen dasselbe zu tun wie ich. Ich sehe die Parallele. Aber der Unterschied zwischen diesen Kerlen und mir besteht darin, daß sie einem falschen Propheten folgten, und ich nicht.

Ich glaube, ich bin ein guter Mensch«, beharrt Dan. »Ich habe noch nie bewußt ein Unrecht begangen. Noch nie. Jedesmal, wenn ich überlegte, ob ich vielleicht einen schrecklichen Fehler begangen habe, habe ich zurückgeblickt und mich gefragt: ›Was hätte ich anders gemacht? Habe ich am 24. Juli 1984 gespürt, daß die Hand Gottes mich führte?‹ Und dann erinnere ich mich ganz deutlich: ›Ja, ich wurde von der Hand Gottes geführt.‹ Deshalb weiß ich, daß ich das Richtige getan habe. Christus sagt: ›Wenn du wissen willst, ob etwas wahr ist, glaube. Und Ich werde dir helfen, die Wahrheit zu erkennen.‹ Und das hat er bei mir getan.

Ich bin mir sicher, Gott weiß, daß ich Ihn liebe. Ich bin überzeugt, daß alles klappen wird, daß diese ganze seltsame Sache gut ausgehen wird. Ich konnte schon zu oft einen Blick durch den dünnen Stoff dieser Realität werfen, um etwas anderes zu glauben. Auch wenn ich versucht habe, nicht zu glauben, es geht nicht.«

In dem ruhigen Wissen, ein rechtschaffenes Leben geführt zu haben, ist Dan Lafferty überzeugt, daß er nicht mehr lange im Hochsicherheitstrakt sitzen wird. Er ist sich sicher, daß er »schon in nächster Zeit« das Schmettern der Trompete hören wird, das die Letzten Tage ankündigt, und dann aus dieser Hölle der Leibesvisitationen, der Gefängniskost und des Stacheldrahts befreit wird, um seinen angemessenen Platz im Reich Gottes einzunehmen.

25 Die amerikanische Religion

Berichte über Mormonen und die Mormonenkirche ... tendieren zu einem von zwei Extremen. Einerseits haben Berichte über das Mormonentum aus der Zeit der Kirchengründung durch Joseph Smith in den 1820er Jahren das Sensationelle, das Unheimliche, das Skandalöse, das Ketzerische und das Erregende betont, weil es in der mormonischen Geschichte, Kultur und Lehre vieles gibt, was sensationell, unheimlich, skandalös, ketzerisch oder erregend ist, wenn man es an der vorherrschenden amerikanischen Kultur von damals und heute mißt ...
Doch andere Berichte über die Mormonen – über die Menschen statt über ihren seltsamen Glauben – haben oft die heitere Tugendhaftigkeit, die rechtschaffene und doch zumeist entspannte, pragmatische Güte der Kirchenmitglieder betont, ihre Fähigkeit, in der verwirrenden Welt von heute erfolgreicher als viele andere ihre Familien zusammenzuhalten, nette Kinder großzuziehen und die Tröstungen der Gemeinschaft bereitzustellen. Oft übergehen diese Berichte mit diskretem Schweigen die mitunter peinlichen Glaubenssätze, die man, besonders als Mormone, vielleicht als eine unschätzbar wichtige Voraussetzung für diesen moralischen Erfolg betrachten würde. Während Gegner des Mormonentums oft gefragt haben: »Können wir die Mormonen nicht davon abhalten, Mormonen zu sein?«, haben vorgebliche Bewunderer der Mormonen als Menschen oft, zumindest implizit, gefragt: »Können wir nicht Mormonen haben – aber ohne Mormonentum?«

Kenneth Anderson
»A Peculiar People: The Mystical and Pragmatic Appeal of Mormonism«, *Los Angeles Times*, 28. November 1999

Eine echte religiöse Erfahrung erster Hand … muß auf die Umstehenden wie eine geistige Verwirrung wirken, der Prophet erscheint nur als einsamer Irrer. Wenn sich seine Lehre als hinreichend ansteckend erweist, um auf andere überzuspringen, wird sie als eine bestimmte Häresie abgestempelt. Aber wenn sie sich auch dann noch als ansteckend genug erweist, über Verfolgung zu triumphieren, wird sie selber eine Orthodoxie; wenn eine Religion eine Orthodoxie geworden ist, ist ihre Zeit der Innerlichkeit vorbei. Die Quelle ist versiegt, die Gläubigen leben ausschließlich aus zweiter Hand und steinigen ihrerseits die Propheten. Auf die neue Kirche kann man – unbeschadet all des menschlich Guten, das sie pflegen mag – hinfort als auf einen standfesten Verbündeten bei jedem Versuch rechnen, den spontanen religiösen Geist zu ersticken und alle späteren Wallungen der Quelle zu unterbinden, aus der sie in ihren reineren Tagen ihren eigenen Bedarf an Inspiration deckte.

William James
Die Vielfalt der religiösen Erfahrung.
Eine Studie über die menschliche Natur

Die meisten fundamentalistischen Mormonen glaubten wie Dan Lafferty, daß Armageddon nahe bevorsteht. Warren Jeffs, der neue Prophet in Colorado City, ist sich dessen absolut sicher. Auch wenn die Prophezeiung seines Vaters Onkel Rulon, die Welt würde im Jahr 2000 in einem Feuersturm saubergefegt werden, nicht eingetroffen ist, haben die Ereignisse vom 11. September 2001 Warrens Optimismus wiederhergestellt.

In öffentlichen Stellungnahmen hat Warren das Blutbad der islamischen Terroristen verurteilt, doch zu den Gläubigen in Bountiful und Colorado City predigt er, die Anschläge in New York und Washington seien ein sehr gutes Zeichen und ein Grund zu großer Hoffnung. Aufgeregt verkündet er seinen Anhängern, der Ausbruch des Terrorismus gegen die Vereinigten Staaten sei ein unverkennbares Zeichen dafür, daß die Endzeit tatsächlich in Kürze anbreche und Gottes auserwähltes Volk schon bald emporgehoben würde, um die Ewige Herrlichkeit zu erleben. In Kanada wurden Dutzende aus Zeitschriften ausgeschnittene Fotos der im World Trade Center explodierenden Jets in den Fluren der Schule von Bountiful aufgehängt, damit kein Schüler daran zweifelt, daß die Letzten Tage nahe bevorstehen.

Was die HLT-Hauptkirche betrifft, so hat sie stets behauptet, »die Stunde ist nah« und es werde vor der Wiederkunft Christi Seuchen und Verwüstungen geben. Die Kirchenführung in Salt Lake City hat alle Mormonen schon seit langem gedrängt, genug Lebensmittel und Vorräte für ein Jahr einzulagern, um auf diese Zeit der Entbehrungen vorbereitet zu sein. Doch abgesehen von Zitaten aus den Schriften, in denen vorhergesagt wird, daß das Ende der Welt siebentausend Jahre nach ihrer Erschaffung eintrete, hüten sich die HLT-Führer, genaue Aussagen darüber zu machen, wann die Apokalypse stattfindet.

In der Zwischenzeit schickt die Kirche ständig über sechzigtausend Missionare in die Welt hinaus, die in erstaunlichem Tempo neue Mitglieder werben. Der angesehene Soziologe Rodney Stark rief Verwunderung hervor, als er 1984 voraussagte, daß es im Jahr 2080 auf unserem Planeten zweihundertfünfundsechzig Millionen Mormonen geben werde. Nachdem er 1998 neue Berechnungen angestellt hatte, um die jüngsten Wachstumsraten widerzuspiegeln, korrigierte Stark seine Voraussage nach oben; inzwischen glaubt er, daß die HLT-Kirche am Ende des Jahrhunderts fast dreihundert Millionen Mitglieder haben wird.

Falls die Expansion des HLT-Glaubens im derzeitigen Tempo weitergeht, wird es in sechzig Jahren unmöglich sein, die Vereinigten Staaten »ohne die Zusammenarbeit mit den Mormonen« zu regieren, wie der angesehene Wissenschaftler Harold Bloom, Sterling Professor der Geisteswissenschaften an der Yale University – und ein offener Bewunderer Joseph Smiths und der Mormonen –, behauptet. 1992 schrieb Bloom in seinem einflußreichen Buch *The American Religion:*

> Zwei Aspekte der Vision der Heiligen scheinen mir ganz wesentlich zu sein; keine andere amerikanische religiöse Bewegung ist so ehrgeizig, und keine reicht auch nur annähernd an die spirituelle Kühnheit heran, die ununterbrochen darauf zustrebt, ein gigantisches Projekt zu vollenden. Die Mormonen wollen das Land und die ganze Welt bekehren, wollen von zehn Millionen auf sechs Milliarden Mitglieder anwachsen.

Später macht Bloom im selben Buch eine kühne Vorhersage darüber, was die HLT-Führung anstellen wird, sobald sie genug politischen Einfluß gewonnen hat:

> Und wer glaubt schon, daß die Mormonen je auf die Ausübung der celestialen Ehe verzichtet hätten, wenn die Bundesregierung sie nicht unter Druck gesetzt hätte?... Ich prophezeie freudig, daß die Mormonen eines nicht allzu fernen Tages im 21. Jahrhundert genug politische und finanzielle Macht besitzen werden, um die Polygamie wieder zu genehmigen. Ohne die Polygamie, in welcher Form auch immer, kann sich Joseph Smiths Vision nie ganz erfüllen.

Blooms Voraussage ist zwar beunruhigend, erscheint aber auch weit hergeholt. Die HLT-Kirche des 21. Jahrhunderts unterscheidet sich stark von der Kirche des 19. Jahrhunderts. Der Historiker Dale Morgan schrieb 1945 in einem Brief an Juanita Brooks: »Es war Josephs persönliche Ausstrahlung, die die Menschen ursprünglich an ihn band«, doch nachdem seine Kirche ein Erfolg geworden war, führte die Religion »ein nahezu unabhängiges Dasein. Sie bezog ihre Würde aus dem Leben der Bekehrten; sie wurde eine soziale Kraft, die auf ihrem Weg dem Leben unzähliger Menschen Antrieb gab«.

Bei all dem, was die Mormonen durch den Verzicht auf die Polygamie gewonnen haben, ist es nur schwer vorstellbar, daß die HLT-Führung sie wieder einführen will. Der Weg des Mormonentums wird heutzutage nicht so sehr von Theologen und wild dreinblickenden Propheten bestimmt, sondern eher von Geschäftsleuten und Publizisten. Die jährlichen Einnahmen der HLT-Kirche werden auf sechs Milliarden Dollar geschätzt, und sie ist augenblicklich der größte Arbeitgeber im Staat Utah. Inzwischen bewegt sich die Kirche seit fast einem Jahrhundert langsam, aber unaufhörlich auf die langweilige Normalität der amerikanischen Mittelschicht zu.

Doch die Anpassung der Mormonenkirche hat eine ausgesprochen ironische Seite. Egal, wie weit sich die HLT-Religion von den problematischsten Aspekten der Theologie Joseph Smiths entfernt und wie erfolgreich sie sich immer weiter angleicht, die Fundamentalisten werden mehr und mehr Mitglieder aus der wachsenden Mormonenkirche anziehen. Gemeinden wie Colorado City und Bountiful werden unter den inbrünstigsten Heiligen weiterhin Anhänger gewinnen, weil es immer Mormonen geben wird, die sich danach sehnen, den Geist und die alles verzehrende Leidenschaft der Vision des Gründungspropheten wieder wach werden zu lassen – Mormonen wie Pamela Coronado.

Im Augenblick zieht Coronado, Anfang Vierzig und in ausgeblichener Latzhose, im Wohnzimmer eines heruntergekommenen alten Farmhauses, das der Prophet Onias kürzlich erworben hat, gerade Tapeten ab. Pamela, großgewachsen und anmutig, mit stechenden blauen Augen, die unter einem Heiligenschein aus blonden Locken große Selbstsicherheit ausstrahlen, und ihr Mann David Coronado wurden Anfang 1984, kurz nachdem die Schule der Propheten im Utah County gegründet worden war, Anhänger von Onias. »Wir haben Bob Crossfield – Onias – kennengelernt, als wir zu einem der Treffen gingen«, erinnert sich Pamela. »Wir kamen, weil wir in einem Antiquariat auf das *Book of Onias* gestoßen waren und Bobs Offenbarungen gelesen hatten. Wir dachten beide sofort: ›Das hört sich an wie die Offenbarungen Joseph Smiths! Das ist genau wie *Lehre und Bündnisse!*‹ Wir waren sehr beeindruckt.«

David Coronado war sogar so beeindruckt, daß er an die Philosophical Library, die Firma, die das Buch für Onias gedruckt hatte, schrieb, um herauszufinden, wie er sich mit dem Autor und Propheten in Verbindung setzen konnte. »David erfuhr, daß Bob seine Operationsbasis gerade in die Gegend von Provo verlegt hätte, genau dahin, wo wir wohnten«, sagt Pamela. »Also gingen wir zu einem Treffen. Das fand in Provo im Haus der Laffertys statt, und dort lernten wir Bob und die Laffertys kennen. So kamen wir in die Kirche.«

Pamela ist in Provo aufgewachsen, in einer traditionellen Mormonenfamilie. »Mein Dad war einer der ersten, der Aktien der Dream Mine kaufte«, verkündet sie stolz, obwohl ihre Eltern keine Fundamentalisten waren. 1978, mit einundzwanzig Jahren, wurde Pamela auf eine Mission nach Frankreich geschickt, und sie sagt, es seien ihre Erfahrungen als Missionarin gewesen, »die mich veranlaßten, die Richtung, die die Kirche einschlug, in Frage zu stellen. Jeden Tag war ich draußen und sprach über die Wahrheit vom *Buch Mormon* und Joseph Smith, was gut war, aber jedesmal, wenn ich vom Propheten als dem einzigen wahren und lebenden Propheten des Herrn sprechen wollte, fiel es mir ungeheuer schwer, das zu sagen, was ich sagen sollte. Ich hab einfach nicht an ihn geglaubt und auch nicht daran, wohin er die Kirche führte«. Damals war Spencer W. Kimball HLT-Präsident und Prophet und hatte gerade das gesamte Mormonentum erschüttert, weil er die Kirchenlehre radikal überarbeitet hatte, um Männern mit schwarzer Hautfarbe die Aufnahme in die Priesterschaft zu ermöglichen.

Nach Beendigung ihrer Mission kehrte Pamela nach Provo zurück und nahm eine Lehrerstelle am Ausbildungszentrum für Missionare an, wo sie David Coronado kennenlernte; acht Monate später wurden sie getraut. Wie sich herausstellte, war David in Colonia LeBaron in Mexiko geboren und war ein Abkömmling des berüchtigten LeBaron-Clans. Auf dem Höhepunkt von Ervil LeBarons Mordserie hatte einer von Ervils wahnsinnigen Anhängern Davids Mutter zu erschießen versucht, woraufhin sie mit David und seinen acht Geschwistern in die Vereinigten Staaten auswanderte, um dem Blutvergießen zu entgehen.

Obwohl beunruhigt über die Gewalt in seiner Kirche, kam David, als er das Erwachsenenalter erreichte, zu der Überzeugung, daß die fundamentalistische Variante des Mormonentums der wahre Weg zu Gott sei. Nachdem er mit Pamela verheiratet war – deren Zweifel an der Hauptkirche seit ihrer Mission nur noch stärker geworden waren –, begann sie, seinen fundamentalistischen Blickwinkel voll und ganz zu teilen. Als sie 1984 den Propheten Onias kennenlernten, waren sie sofort bereit, sich seiner Kirche anzuschließen.

Doch sechs Monate später ermordete Dan Lafferty Brenda und Erica Lafferty, und die Welt der Coronados stand kopf. »Als die Sache mit den Laffertys passierte, machte das den Leuten hier angst«, sagt Pamela. »Es war so schockierend. Weil wir mit der Familie Lafferty verkehrten, dachten alle, wir müßten schlechte Menschen sein. Wir wurden exkommuniziert. Eine Weile hatten alle in meiner Familie Angst um ihr Leben.«

Doch weder das Grauen der Lafferty-Morde noch die anschließende Schikane und Verfolgung untergruben den Glauben der Coronados an Onias und seine Kirche. David und Pamela sind überzeugt, daß die Öffnung der HLT-Priesterschaft für Schwarze ein schrecklicher Fehler war. Und beide glauben voll und ganz an die Lehre der Vielehe – auch wenn sie selbst die Polygamie noch nicht ausüben. »Wir haben oft darüber nachgedacht«, sagt Pamela. »Es gab sehr viele Frauen, die zu unserer Familie gepaßt hätten – enge Freundinnen, zu denen sich die ganze Familie hingezogen fühlte, und die sich auch zu unserer Familie hingezogen fühlten. Aber letzten Endes – tja, es kam dann doch nicht dazu. Damals war es einfach zu schwierig.«

Pamela hört auf, Tapete abzuziehen, legt ihr Werkzeug weg und geht in die Küche, um für ihre Tochter Emmylou und den Propheten Onias das Mittagessen zuzubereiten. »Jetzt, wo ich älter bin, könnte ich eher nach dem Leitprinzip leben«, sagt sie strahlend. »Ich bin viel reifer geworden. Ich kann sehen, daß meine Kinder aus den Begabungen einer anderen Frau Nutzen ziehen würden. Ich sage nicht, daß es keine schwierigen Zeiten geben würde. Aber ich kann mir auch vorstellen, wie nett es sein könnte.«

Pamela runzelt die Stirn. Sie sagt, es sei völlig falsch zu denken, daß es beim Übertritt zur fundamentalistischen Kirche um die Vielehe, darum, Schwarze von der Priesterschaft fernzuhalten, oder um andere Fragen der Lehre geht. Sie betont, das seien bloß »die oberflächlichen Gründe« für ihre Überzeugung. Die wirkliche Grundlage ihres Glaubens sei »spirituell. Es geht um den Geist in deinem Herzen«.

Als der Prophet Onias das hört, mischt er sich ein. »Die HLT-Kirche hat den Geist fast völlig verloren«, sagt er. »Hören Sie sich das mal sonntags an, oder hören Sie sich an, was sie auf der Hauptversammlung sagen, dann merken Sie, daß die meisten von ihnen nichts empfinden.«

In deutlichem Gegensatz dazu brennt der Geist für Pamela mit einer weißglühenden Flamme. Die Energie, die sie daraus zieht, ist greifbar; man kann die Wärme, die von ihrer Haut ausgeht, geradezu spüren. »Ich sage Ihnen«, beteuert Pamela und drückt strahlend die Hand an die Brust, »wenn Sie diesen Geist spüren – den wirklichen Geist –, das ist einmalig. Dann ist man im Innern voller Feuer.«

Und dieses Feuer wird sehr wirkungsvoll an die nächste Generation von Fundamentalisten weitergegeben. Pamelas Tochter Emmylou, die kurz vor der Pubertät steht, breitet die Pläne für ein Haus, das sie entworfen hat, auf dem Eßzimmertisch aus. »Das hab ich im Internet gemacht, übereinstimmend mit dem Leitprinzip«, erklärt sie schüchtern und weist dann auf die zahlreichen Besonderheiten des Hauses hin.

»Die Außenwände werden aus gestampfter Erde oder vielleicht auch aus Adobe bestehen«, erläutert sie. »Es ist 25 Meter lang und 23 Meter breit, alles auf einer Etage. Der mittlere Teil hier wird offen sein, wie ein Innenhof. Auf dieser Seite sind die Kinderzimmer – eins für die Mädchen, eins für die Jungs. Und da ist ein Extrazimmer für die ganz Kleinen. Das Zimmer des Vaters, das große Schlafzimmer, ist hier drüben. Und das hier sind die Zimmer der Mütter, eine Frau hier und die andere da. Und das Tolle ist, es gibt genug Platz, um hier noch ein Zimmer für eine dritte Frau anzufügen.«

Bei der Beschreibung der vielen Besonderheiten, die sie entworfen hat, wächst ihre Begeisterung. Am Ende des virtuellen Rundgangs leuchten ihre Augen. Das ist ihr Traumhaus, genau zugeschnitten auf ein Leben, das sie sich als perfekt vorstellt – das Leben, das sie als Erwachsene zu führen hofft.

26 Canaan Mountain

Im Plateau Country ist das Auge nicht nur eingeladen, sondern gezwungen, die großen Dinge wahrzunehmen. Von jedem Aussichtspunkt aus öffnet sich der Blick zumeist nicht nur für zwanzig bis 25 Kilometer, wie in der Prärie, sondern für eine Entfernung, die oft 80 und manchmal sogar 120 Kilometer beträgt – eine lange Strecke, besonders wenn nichts zu sehen ist, das auf Menschen hindeutet. Die Dörfer liegen in den Canyons und unter den Felswänden verborgen; man sieht nur die zerrissene, zerklüftete, windgepeitschte Schönheit der absoluten Einöde. Und diese Schönheit bedeutet Tod. Wo Gras, Bäume und Büsche fehlen und die Welt nackt vor einem liegt, kann man sehen, wie die Erdkugel zerstört und wiederaufgebaut wird. Man kann den Tod sehen und die Geburt von Epochen vorhersagen. Man kann die hartnäckigen, winzigen Trümmerbrocken sehen, die die Menschheitsgeschichte hinterlassen hat. Wenn man ein Mormone ist, der auf die Posaunen des Jüngsten Gerichts wartet, während er mit der Errichtung des Reiches Gottes beschäftigt ist, erscheint es nachvollziehbar, daß er glaubt, die Letzten Tage würden nahe bevorstehen. Die Welt ist tot und zerfällt vor seinen Augen.

Wallace Stegner
Mormon Country

In einem ruhigen Stadtpark am Rand von Colorado City-Hildale türmen sich die steilen Felsen des Canaan Mountain ohne Vorankündigung jäh in den Himmel – eine von Wüstenlack durchzogene, gewaltige Wand aus ziegelrotem Sandstein, die sich 600 Meter senkrecht über die fundamentalistische Hochburg erhebt. Oben auf dem flachen Gipfelplateau fühlt man sich wie in einer eigenen Welt – wie auf einer von der Zivilisation abgeschnittenen Insel im Himmel, auf der Bärentraube und Mariposalilien, Wildrosen und Yucca, Kastillea und gedrungene Goldkiefern wachsen. »Als Kinder sind mein Bruder David und ich bei jeder sich bietenden Gelegenheit heimlich hier raufgekommen«, sagt DeLoy Bateman. »Schien der einzige Ort zu sein, wo die Religion uns nicht kontrollieren konnte.«

DeLoy sitzt am Rand des Berggipfels und starrt auf die Stadt hinunter, in der er geboren und aufgewachsen ist. Es ist Ende Juli, und die Temperatur beträgt 40 Grad im Schatten. DeLoy – der die ausdörrende Hitze nicht wahrzunehmen scheint, obwohl er eine lange Polyesterhose, ein langärmeliges Hemd und die übliche lange Unterwäsche der Mormonen trägt – ist ein Apostat der Fundamentalistischen Kirche Jesu Christi der Heiligen der Letzten Tage und hat keinen Respekt vor ihrem neuen Propheten Warren Jeffs, doch er wohnt immer noch in der fremdenfeindlichen Gemeinde, mitten in der Stadt, und glaubt auch nicht, daß er je besonders weit weg leben wird.

DeLoy praktiziert die Vielehe nicht mehr. Seine zweite Frau ist ausgezogen und lebt jetzt in St. George; ihre Kinder sind bei DeLoy in Colorado City geblieben, und sie besucht sie jede Woche. »Da ich nicht mehr an die Lehren der Religion glaube«, sagt er, »kann ich die Polygamie einfach nicht rechtfertigen.« Und DeLoy hat sich nicht bloß von der fundamentalistischen Religion abgewandt – er sagt, er sei mit jeglicher Religion fertig, und damit basta. Im Gegensatz zu den meisten Menschen, die die Lehren der FHLT-Kirche verwerfen, ist er weder der Hauptkirche noch einer anderen christlichen Religion oder einem New-Age-Glauben beigetreten. DeLoy ist Atheist geworden. Er glaubt nicht mehr an Gott.

Es war keine leichte Entscheidung. »Mein Leben lang hatte ich das Bedürfnis, an etwas zu glauben«, sagt er. »Ich habe Antworten darauf gesucht, warum wir hier sind, genau wie alle anderen. Die Religion hat diese Antworten gegeben. Und sie hat noch viel mehr gute Seiten. Die Wahrheit ist, daß alles, was ich je gelernt habe, von dieser Religion stammt. Sie hat mich zu dem gemacht, was ich bin. Und ich bin stolz auf das, was ich bin. Die Religion ist in meinem Blut. Ich meine, sehen Sie mich doch bloß an.«

DeLoy streckt die Arme zur Seite, schaut an seiner Kleidung hinunter und nimmt sie mit einem abfälligen Schnauben in Augenschein: »Obwohl ich nicht mehr glaube, trage ich immer noch diese Kleidung – die heilige lange Unterwäsche. Ich bemühe mich, sie nicht anzuziehen, aber ich kann anscheinend nicht davon ablassen, nicht mal an heißen Sommertagen wie heute. Aus irgendeinem Grund finde ich es falsch, sie nicht zu tragen. Ich komme mir nackt vor.« Er lacht wieder und fügt dann hinzu: »Das sollte Ihnen etwas über die Macht dieser Religion sagen.«

DeLoy richtet seinen Blick auf das geordnete Geflecht aus Häusern und Feldern am Fuß des Berges. »Für Außenstehende ist es schwer zu akzeptieren, aber es gibt so viel Positives in dieser Stadt. Die Menschen, die in den Häusern da unten wohnen, die arbeiten *äußerst* hart. Und sie sind stark. Ja, ich hänge wirklich an Colorado City… Ich finde, es ist eine gute Gemeinde, um dort Kinder großzuziehen.« Das meint DeLoy völlig ernst, obwohl er mit mehreren Frauen in der Stadt lange Gespräche geführt hat, in denen sie berichteten, sie seien als Mädchen sexuell mißbraucht worden, und darauf beharrten, daß Pädophilie in der Gemeinde um sich greife. »Ich bezweifle nicht, daß ihre Geschichten wahr sind«, gesteht er. »Ich weiß genau, daß es Männer in der Priesterschaft gibt, die mit ihren eigenen Töchtern geschlafen haben, das ist furchtbar. Aber solche Sachen passieren überall, und ich glaube wirklich, daß sie hier seltener vorkommen als außerhalb.«

Es waren sowieso weder die sexuellen Gepflogenheiten innerhalb der Religion noch die Beschränkungen des Lebensstils, die DeLoy schließlich veranlaßten, sich von ihr loszusagen. Vielmehr sagt er: »Es kam ein Punkt, an dem ich nicht länger ignorieren konnte, daß die Religion eine Lüge ist. Es ist nicht so, als würden die Propheten, die alles unter Kontrolle halten, die Leute reinlegen – soweit ich das beurteilen kann, glauben Rulon, Warren, Winston und alle selbst an die Lüge. Ich weiß das nicht mit Sicherheit, aber ich nehme es an. Und nicht bloß ihre Religion ist eine Lüge. Ich bin zu der Ansicht gelangt, daß alle Religionen Lügen sind. Jede einzelne.

Kann es da draußen eine höchste Macht geben? Steckt hinter dem Urknall, der Erschaffung des Universums, der Evolution der Arten ein großer Plan? Keine Ahnung, kann sein; im Hinterkopf würde ich zumindest gern an die Möglichkeit glauben. Aber der gesunde Menschenverstand sagt mir etwas anderes.«

Auch wenn DeLoy behauptet, in seiner Jugend »äußerst religiös« gewesen zu sein, hatte er doch immer einen prüfenden, stets neugierigen Verstand. »Schon als kleiner Junge«, sagt er, »habe ich mich über die Widersprüche zwischen den Lehren der Religion und der wissenschaftlichen Wahrheit gewundert. Aber Onkel Roy hat uns gesagt, damit könne man fertig werden, indem man sich bestimmte Fragen einfach nicht stelle. Also erzog ich mich dazu, die Widersprüche zu ignorieren. Es gelang mir gut, nicht drüber nachzudenken.«

Weil DeLoy intelligent war und die Kirche Pädagogen für ihre Schule brauchte, schickte ihn der Prophet – sein Adoptivgroßvater Onkel Roy – mit achtzehn aufs Southern Utah State College, eine Autostunde entfernt in Cedar City, damit DeLoy Lehrer wurde. »Ich wurde mitgeschickt«, erinnert sich DeLoys erste Frau Eunice Bateman, der der Prophet kurze Zeit vorher befohlen hatte, DeLoy zu heiraten. »Keiner von uns beiden hatte je außerhalb von Colorado City gewohnt. Ein Jahr nach dem Beginn seines Studiums wurde unser zweites Kind geboren. Ich kam mir völlig anders vor als die Leute dort – ich fühlte mich wie eine Ausgestoßene. Ich hatte die ganze Zeit, in der Dee aufs College ging, Heimweh nach Colorado City. Aber mit der Kindererziehung, dem Tippen und der Hilfe bei seinen Hausaufgaben war ich immer ziemlich beschäftigt.« Nach seinem Examen kehrte DeLoy nach Colorado City zurück und begann, die Jugend der Stadt zu unterrichten.

Obwohl DeLoy sich wie ein Fisch auf dem Trockenen fühlte, als er seine Heimatstadt verließ und in die große, weite Welt zog, sagt er: »Das College hat mir gefallen. Rückblickend war es für mich wohl der Anfang vom Ende. Ich blieb zwar noch zwanzig Jahre lang in der Religion, aber auf dem College in Cedar City waren mir die Augen geöffnet worden. Dort habe ich meinen ersten Geologiekurs belegt. Danach kam ich nach Hause und sagte zu Onkel Roy: ›Es gibt dort einen Professor, der behauptet, die Erde ist viereinhalb Milliarden Jahre alt, aber die Religion sagt, sie ist erst sechstausend Jahre alt. Wie kann das sein?‹ Was Ihnen zeigt, warum Ausbildung für die Kirche so ein Problem darstellt. Nehmen Sie jemanden wie mich, der in seinem Glauben immer so unerschütterlich wie möglich war, und schicken Sie ihn weg, damit er eine Ausbildung macht, und dann sagt sich dieser Kerl einfach von Ihnen los. Passiert ständig. Und jedesmal neigen die Führer mehr dazu, die Leute vom Lernen abzuhalten.«

Als DeLoy schließlich seinen Glauben verlor und den UEP verließ, waren seine drei ältesten Kinder schon verheiratet und wohnten nicht mehr zu Hause. Diese drei Kinder sind in der Kirche geblieben, doch DeLoy hat sich sehr bemüht, den anderen vierzehn Kindern beizubringen, eigenständig zu denken und das, was der UEP ihnen eingeimpft hat, in Frage zu stellen. »Manchmal macht es mir Sorgen, was aus den Kleinen wird«, sagt DeLoy grüblerisch, »wenn mir und meiner Frau etwas zustoßen sollte – wenn wir stürben. Meine älteren Kinder würden die jüngeren zu sich nehmen und sich um sie kümmern, aber sie würden sofort wieder in die Religion aufgenommen. Ich glaube, den Kindern würde das nichts ausmachen – sie würden wahrscheinlich keinen Unterschied sehen. Aber sie würden verkümmern. Sie könnten von ihrer Phantasie keinen Gebrauch mehr machen.«

Um seine Kinder auf diese Möglichkeit vorzubereiten und ihnen eine gesunde Skepsis gegenüber jeglichen religiösen Dogmen einzuflößen, packten DeLoy und Eunice ihre gesamte Nachkommenschaft am 31. Dezember 1999 in zwei Kleinbusse (jedesmal, wenn die Bateman-Familie zusammen irgendwohin fährt, sind mindestens zwei große Fahrzeuge nötig) und unternahmen mit ihnen zum Einläuten des neuen Jahrtausends die dreistündige Fahrt nach Las Vegas.

»Wir gingen mit ihnen mitten auf den Strip«, erzählt er, »der vermutlich einer der übelsten Orte auf Erden ist, der erste Ort, den Gott zerstören würde, wenn die Uhr Mitternacht schlug. Wir gingen zum New-York-New-York-Casino und standen dort zusammen mit Tausenden auf der Straße, als die Kugel herabfiel und alle die Sekunden bis zum Jahr 2000 zählten. Und wissen Sie was? Das neue Jahrtausend kam, und das Ende der Welt blieb aus. Ich glaube, das hat die Kinder ziemlich beeindruckt.« DeLoy lacht laut und schüttelt den Kopf.

Jetzt, wo er der Fundamentalistischen Kirche Jesu Christi der Heiligen der Letzten Tage nicht mehr angehört, wundert sich DeLoy über einige der Überzeugungen, die die Religion ihren Mitgliedern einflößt. Er sagt: »Im Rückblick haut es mich um, was ich früher alles geglaubt habe. Man hat uns zum Beispiel seit meiner Kindheit beigebracht, Neger wären entsetzlich, sie wären nicht mal Menschen. Und wir hatten keine Möglichkeit, es anders zu lernen. Es gab nie Schwarze in der Stadt. Sie waren uns völlig fremd. Ich habe keinen Neger zu Gesicht bekommen, bis ich praktisch erwachsen war und auf einem Ausflug nach St. George einen gesehen habe. Ich weiß noch, daß ich ihn ewig angestarrt habe – so einem Geschöpf war ich noch nie begegnet. Er kam mir vor wie ein fremdartiges Tier.

Das ist schrecklich, ich weiß. Heute habe ich deswegen ein schlechtes Gewissen. Aber so wurde ich von Geburt an erzogen, und wenn man dazu erzogen wird, so was zu glauben, kommt man nur schwer davon los. Neulich abend habe ich vorm Schlafengehen kurz den Fernseher eingeschaltet, und zufällig lief gerade Oprah. Ich hab sofort umgeschaltet – bloß weil sie schwarz ist. Ich wußte im selben Moment, daß es falsch ist, aber die Religion hat mir beigebracht, so zu denken, und es ist erstaunlich schwer, etwas abzuschütteln, das man so stark verinnerlicht hat. Aber echt traurig ist, daß den Kindern in der Religion genau das auch heute noch beigebracht wird.« Die FHLT-Kirche lehrt weiterhin, Ehen zwischen verschiedenen Rassen seien eine so große Sünde, daß »die Strafe nach dem Gesetz Gottes der sofortige Tod ist«.[75]

»Erstaunlich, wie leichtgläubig die Menschen sind«, fährt DeLoy fort. »Aber man muß bedenken, was für ein gewaltiger Trost die Religion ist. Sie gibt alle Antworten. Sie macht das Leben einfach. Nichts gibt dir ein so gutes Gefühl, wie das zu tun, was der Prophet dir befiehlt. Bei einer Streitsache – sagen wir, du schuldest jemandem viel Geld und kannst es nicht zurückzahlen – gehst du zum Propheten und sprichst mit ihm, und dann sagt er vielleicht: ›Du brauchst das Geld nicht zurückzuzahlen. Der Herr sagt, das ist okay.‹ Und wenn du einfach tust, was der Prophet sagt, liegt die ganze Verantwortung für dein Tun plötzlich in seinen Händen. Du kannst dich weigern, dem Typen sein Geld zu geben, kannst sogar jemanden umbringen oder sonstwas und ein völlig gutes Gefühl dabei haben. Und das ist wirklich eines der wichtigsten Dinge, die die Religion zusammenhalten: im Gegensatz zu vielen von uns keine schwierigen Entscheidungen treffen zu müssen und für die eigenen Entscheidungen nicht verantwortlich zu sein.«

DeLoy läßt den Blick über die monumentale Wüstenlandschaft schweifen. In der Ferne, auf der anderen Seite des Arizona Strip, schweben die verschwommenen Silhouetten vom Mount Dellenbaugh und Mount Trumbull direkt über dem Flimmern einer Luftspiegelung. »Wenn Sie die Wahrheit wissen wollen«, sagt er und blinzelt ins grelle Sonnenlicht, »ich glaube, die Leute in der Kirche – die Leute, die hier in Colorado City leben – sind, alles in allem, wahrscheinlich glücklicher als die Leute außerhalb der Stadt.« Er schaut in den roten Sand, macht ein finsteres Gesicht und stößt mit der Schuhspitze einen Stein weg. »Aber einiges im Leben ist wichtiger, als glücklich zu sein. Zum Beispiel, eigenständig denken zu können.«

Nachwort des Autors

Es hat früher keine heroischen Zeiten gegeben, und es hat früher keine Menschengeneration gegeben, die rein und unbefleckt gewesen wäre. Hier auf Erden gibt es nur uns Kümmerlinge, niemanden sonst, und das ist immer so gewesen: ein betriebsames und mächtiges Volk, kenntnisreich, zwiespältig, wichtig, ängstlich und selbstbeobachtend; ein Volk, das intrigiert, protegiert, betrügt und erobert; das für seine Lieben betet und danach strebt, dem Elend zu entkommen und dem Tod von der Schippe zu springen. Die Vorstellung, ursprüngliche Völker eines goldenen Zeitalters hätten Gott persönlich gekannt – oder auch nur um Selbstlosigkeit, Mut oder Dichtung gewußt –, wir aber seien zu spät dran, ist entkräftend und verfälschend. In Wirklichkeit ist das Absolute für jeden zu haben, zu jeder Zeit. Es hat nie eine heiligere Zeit gegeben als die unsere, und nie eine unheiligere.

Annie Dillard
Außer der Zeit

Die Entstehung dieses Buches verdankt sich dem Wunsch, das Wesen religiösen Glaubens begreifen zu können. Da ich den größten Teil meines Lebens im Westen der Vereinigten Staaten verbracht habe, in der angenehmen Gesellschaft von Heiligen der Letzten Tage, beschloß ich, mich auf einen überschaubareren Bereich zu beschränken und den Glauben mehr oder weniger ausschließlich durch die Brille des Mormonentums zu untersuchen. Ich bin in Corvallis, Oregon, wo es eine starke HLT-Gemeinde gab (und immer noch gibt), mit Mormonen aufgewachsen. Die Freunde meiner Kindheit und meine Spielkameraden, meine Lehrer und meine Sporttrainer waren Heilige. Ich war neidisch auf die anscheinend nie schwankende Glaubensgewißheit, die meine engsten mormonischen Freunde so begeistert bekundeten; doch oft stellte sie mich auch vor ein Rätsel. Seither habe ich versucht, die gewaltige Kraft solchen Glaubens zu verstehen.

Der Gedanke, über die Heiligen der Letzten Tage zu schreiben, erschien mir nicht nur verlockend, weil ich bereits etwas über ihre Theologie wußte und vieles an ihrer Kultur bewunderte, sondern auch wegen der einzigartigen Umstände, unter denen ihre Religion das Licht der Welt erblickte: Die Mormonenkirche wurde erst vor einhundertdreiundsiebzig Jahren gegründet, in einer des Lesens und Schreibens kundigen Gesellschaft, im Zeitalter der Druckerpresse. Infolgedessen wurde die Entstehung des inzwischen weltweiten Glaubens vielfach in Berichten aus erster Hand dokumentiert. Wir haben die beispiellose Möglichkeit, bis ins kleinste Detail zu begreifen, wie eine wichtige Religion entstand.

Ich muß gestehen, daß das Buch, das Sie gerade lesen, nicht das Buch ist, das ich ursprünglich schreiben wollte. Eigentlich war geplant, daß es sich auf die heikle, schwer belastete Beziehung zwischen der HLT-Kirche und ihrer Vergangenheit konzentrieren sollte. Ich hatte sogar schon einen Titel: *Geschichte und Glaube.* Ich wollte die inneren Versuchungen spiritueller Denker erforschen, die »durch die Schatten des Glaubens schreiten«, wie Pierre Teilhard de Chardin es formuliert hat. Wie bringt ein kritischer Kopf wissenschaftliche und historische Wahrheit mit religiöser Lehre in Einklang? Wie erhält man den Glauben aufrecht, wenn man mit Fakten konfrontiert wird, die seine Lehren zu widerlegen scheinen? Ich war fasziniert von den Paradoxen, die sich am Schnittpunkt von Zweifel und Glaube finden, und empfand Hochachtung für Erzskeptiker wie Teilhard, die irgendwie mit ungebrochenem Glauben aus dem Kampf hervorgingen.

Doch die Recherche zog mich in eine etwas andere Richtung, und nachdem ich monatelang dagegen angekämpft hatte, beschloß ich, mich diesem ungeplanten Kurs zu überlassen und zu sehen, wohin er mich führen würde. Das Resultat ist, daß ich *Mord im Auftrag Gottes* statt *Geschichte und Glaube* schrieb. Wer weiß, vielleicht werde ich eines Tages auch noch das ursprünglich geplante Buch fertigstellen.

Es dauerte fast ein Jahr, dieses Buch zu schreiben, und die Recherche, auf der das Geschriebene beruht, nahm über drei Jahre in Anspruch. Ich bin viele tausend Kilometer gereist, um die heiligsten Stätten der Heiligen zu besuchen und Dutzende von Mormonen, fundamentalistischen Mormonen und Apostaten von Angesicht zu Angesicht zu interviewen (andere habe ich übers Telefon interviewt). Einige dieser Leute haben mich gebeten, ihre Privatsphäre zu schützen, und ich bin ihrem Wunsch nachgekommen und habe ihnen in diesem Buch Pseudonyme gegeben.

Dan Lafferty habe ich im November 2001 in Point of the Mountain im Hochsicherheitstrakt des Utah State Prison besucht. Nach meinem ersten Interview, das fast den ganzen Nachmittag dauerte, beantwortete er mir in langen, ausführlichen Briefen mit beunruhigender Offenheit noch zahllose weitere Fragen. Außerdem habe ich Tausende von Seiten aus den Protokollen der drei Verhandlungen und zahlreicher Anhörungen durchgesehen, in denen Dans und Rons Schuld letztlich ermittelt wurde.

In einem Essay mit dem Titel »The Empire of Clean« schrieb Timothy Egan, ein Reporter der *New York Times:*

> Im Bienenkorb-Staat Utah führt fast jede angesehene Stadt, Kirche und Familie Buch, ein Journal des mormonischen Traums. Normalerweise handelt es sich um ein Hauptbuch des Lebens auf zwei Ebenen – ein langes über Kampf und Triumph, die Geschichte der Gründung von Zion im amerikanischen Westen, das andere spiritueller, doch ebenso ausführlich. In Orderville weiß man genau, wer 1912 hungerte und wer 1956 Ehebruch beging, aber man weiß auch, ob irgendein Vorfahr aus dem 15. Jahr-

hundert einen gültigen Paß fürs ewige Leben erhalten hat. Jedes Planwagenzugdrama, jeder schreckliche Eintrag von dem gewaltigen, tödlichen Fehler der Handwagenwanderung, jede Basketballmeisterschaft, die gegen die Indianerjungs im Carbon County gewonnen wurde, ist irgendwo niedergeschrieben. Kein Staat hat so viele Geschichtsschreiber, so hervorragende Archive, gut bestückt in klimatisierten Tresoren, wie Utah… Die Mormonen haben es zu ihrem alltäglichen Handwerk gemacht, die Vergangenheit lebendig zu erhalten. Alles ist irgendwo aufgezeichnet, sagen die Heiligen gern.

Ich habe von dieser reichen Geschichte Gebrauch gemacht, indem ich alle möglichen Buchläden leergekauft habe. Außerdem bin ich mehrmals in den Archiven der Utah State Historical Society in Salt Lake City und der Harold B. Lee Library an der Brigham Young University in Provo gewesen. Bei meiner Lektüre war ich beeindruckt von dem Einfluß, den vor allem drei Autoren auf die Interpretation der mormonischen Geschichte ausgeübt haben: Fawn Brodie, Verfasserin von *No Man Knows My History,* Juanita Brooks, Verfasserin von *The Mountain Meadows Massacre,* und D. Michael Quinn, Verfasser von *Early Mormonism and the Magic World View, The Mormon Hierarchy: Origins of Power* und *The Mormon Hierarchy: Extensions of Power.*

Jeder dieser Historiker wurde in die Mormonenkirche hineingeboren, und ihr Glaube (oder, im Falle Brodies, der Verlust desselben) durchdrang und verbesserte ihre wissenschaftliche Forschung, die sich durch eine mutige, unbeirrbare Aufrichtigkeit auszeichnet. Brodie starb 1981, Brooks 1989, doch der achtundfünfzigjährige Quinn ist noch immer ein produktiver Wissenschaftler auf der Höhe seiner intellektuellen Fähigkeiten. Quinns Werken fehlt Brodies Wortgewandtheit und Brooks' schnörkellose Erzählkraft, deshalb fanden seine Bücher auch keine so weite Verbreitung. Doch auf mormonische Historiker übte sein gewaltiges Werk sehr großen Einfluß aus. Und seit

Fawn Brodie hat kein Autor mehr eine so heftige Verurteilung durch die HLT-Verantwortlichen provoziert.

Quinn studierte an der BYU, machte seinen Doktor in Yale und kehrte dann als begeisterter Geschichtsprofessor an die BYU zurück. Erstmals erregte er 1981 den Zorn der HLT-Führer, als er vor der BYU Student History Association eine inzwischen berühmte Vorlesung hielt. Sie trug den Titel »On Being a Mormon Historian« und war eine Reaktion auf einen vorangegangenen Angriff auf Wissenschaftler wie Quinn, die es wagten, Arbeiten zu veröffentlichen, die sich mit der offiziellen, stark gereinigten Darstellung mormonischer Geschichte kritisch auseinandersetzten. »Die traurige Realität ist«, erklärte er in seiner Vorlesung, »daß Kirchenführer, Lehrer und Autoren manchmal über Probleme in der Vergangenheit der Mormonen bewußt nicht die Wahrheit sagten, sondern den Heiligen eine Mischung aus Platitüden, Halbwahrheiten, Auslassungen und glaubwürdigen Gegendarstellungen aufgetischt haben.«

Weiter hieß es: »Eine sogenannte ›glaubensfördernde‹ Kirchengeschichte, die Kontroversen und Schwierigkeiten in der Vergangenheit der Mormonen verschweigt, unterhöhlt in Wirklichkeit den Glauben der Heiligen der Letzten Tage, die irgendwann aus anderen Quellen von den Problemen erfahren. Einer der schmerzlichsten Beweise dafür ist die stetige Ausbreitung der unrechtmäßigen Polygamie unter den Heiligen der Letzten Tage in den letzten fünfundsiebzig Jahren, ungeachtet der gemeinsamen Bemühungen der Kirchenführer, diese Entwicklung aufzuhalten.« Quinn wies darauf hin, daß die obersten Führer dem Lehrsatz der Vielehe 1890 zwar offiziell abgeschworen hätten, in Wirklichkeit hätten sie die Polygamie jedoch noch jahrelang heimlich gebilligt. Und diese Kasuistik habe viele Mormonen in die Arme der Fundamentalisten getrieben.

»Die Gegner der HLT-Kirche«, sagte Quinn, »argumentieren hauptsächlich geschichtlich, und wenn wir das Reich Gottes aufbauen wollen, indem wir die Problembereiche unserer Vergangenheit ignorieren oder leugnen, dann liefern wir ihnen die

Heiligen wehrlos aus. Als jemand, der Morddrohungen von Anti-Mormonen erhalten hat, weil man in mir einen feindlichen Historiker sieht, ist es entmutigend, von Männern, die ich als Propheten, Seher und Offenbarer anerkenne, als Umstürzler betrachtet zu werden.«

Der Text von Quinns Vorlesung, der unter mormonischen Intellektuellen großen Widerhall fand, wurde auf der Titelseite einer studentischen Untergrundzeitung abgedruckt, was die HLT-Verantwortlichen in Salt Lake City wütend machte und eine heftige Kontroverse auslöste, über die auch in *Newsweek* berichtet wurde. Daraufhin fiel Quinn in der Kirche, die er liebte, in Ungnade. 1988 wurde er gezwungen, seine Professur an der BYU aufzugeben. Und 1993 wurde er nach einer öffentlich bekanntgemachten Anhörung durch einen »Disziplinarrat« der HLT zu einem von sechs prominenten mormonischen Wissenschaftlern, die wegen Apostasie aus der Kirche ausgeschlossen wurden. »Die Kirche wollte allen Kritikern eine öffentliche Botschaft senden«, sagt Quinn. »Ihr Ziel war es, Andersdenkende einzuschüchtern und zum Schweigen zu bringen.«

Die Verbannung aus der Kirche war ein harter Schlag. »Selbst wenn man alle möglichen Einwände gegen die Kirchenpolitik hat«, erklärt er, »ist die Exkommunizierung für einen gläubigen Mormonen so etwas wie der Tod. Es ist, als besuchte man seine eigene Beerdigung. Man spürt den Verlust des Gemeinschaftsgefühls. Ich vermisse es zutiefst.«

Für Quinns Stellung in der HLT-Kirche war es nicht gerade förderlich, daß er sich Mitte der achtziger Jahre zu seiner Homosexualität bekannte; die HLT-Führung macht es Homosexuellen in der Kirche auch heute noch sehr schwer. Trotz der im Mormonentum verwurzelten Homophobie und Quinns schonungsloser, klarsichtiger Beurteilung der Mängel des Mormonentums bleibt sein Glaube an die Religion Joseph Smiths unbeeinträchtigt. »Ich bin ein radikaler Gläubiger«, sagt er, »aber ich bin immer noch ein Gläubiger.« Er scheint einer dieser seltenen spirituellen Denker zu sein, die, wie Annie Dillard es formuliert, »eine Art anaerober Fähigkeit besitzen, an Paradoxen aufzuleben und sich zu laben«.

»Schon von frühester Jugend an«, gesteht Quinn, »habe ich ›ein differenziertes Bekenntnis‹ entwickelt. Statt einer Schwarz-Weiß-Sicht auf das Mormonentum habe ich eine Art alttestamentarischen Glauben. Die Verfasser des Alten Testaments stellten die Propheten als sehr menschliche Wesen dar, mit all ihren Fehlern. Und doch wählte Gott sie dazu aus, Seine Führer auf Erden zu sein. So sehe ich das Mormonentum: Es ist keine perfekte Religion. Es hat gewaltige Mängel, als Institution und bei den Leuten, die die Kirche führen. Die sind auch bloß Menschen. Und das kann ich problemlos akzeptieren. All das gehört zu meinem Glauben.

Im *Buch Mormon* hat Joseph Smith auf der allerersten Seite geschrieben, falls es Irrtümer oder Mängel enthalten sollte, ›so sind es Fehler von Menschen‹. Und dasselbe wird auf verschiedene Weise im gesamten Text gesagt – daß Irrtümer in diesem heiligen Buch möglich, ja sogar wahrscheinlich sind. Ich habe immer geglaubt, daß das Mormonentum die eine wahre Kirche ist, aber ich denke nicht, daß es je unfehlbar war. Und ich glaube ganz bestimmt nicht, daß es ein Monopol auf die Wahrheit besitzt.«

Einer der Gründe für Dr. Quinns Exkommunizierung war die Veröffentlichung des Buches *Early Mormonism and the Magic World View* im Jahre 1987, einer fesselnden, erschöpfend recherchierten Untersuchung über Joseph Smiths Verwicklung in Mystisches und Okkultes. Im Vorwort einer überarbeiteten Ausgabe des Buches von 1998 macht Quinn die scharfsinnige Bemerkung, daß »viele Intellektuelle einen Wissenschaftler, der auch nur kurz seinen Glauben an das Metaphysische eingesteht, peinlich finden«. Dennoch vertrat er den Standpunkt, Autoren hätten die intellektuelle und ethische Verantwortung, »den eigenen Bezugsrahmen anzugeben, wenn man über das Metaphysische schreibt« – was er mit einer knappen Schilderung seines mormonischen Glaubens auch tat. Und hinsichtlich dieses Glaubens, schrieb er, »rechtfertige ich mich weder gegenüber weltlichen Humanisten noch gegenüber religiösen Polemikern«.

Ich finde Quinns Argumentation zwingend. Er hat mich davon überzeugt, daß derjenige, der über Religion schreibt, es seinen Lesern schuldig ist, seinen eigenen theologischen Bezugsrahmen darzulegen. Meiner sieht folgendermaßen aus:

Ich weiß nicht, was Gott ist oder was Gott vorhatte, als Er das Universum schuf. Eigentlich weiß ich nicht mal, ob Gott existiert, obwohl ich gestehen muß, daß ich manchmal in Augenblicken großer Angst oder Verzweiflung oder aus Überraschung beim Anblick unerwarteter Schönheit bete.

Es gibt ungefähr zehntausend religiöse Sekten – jede mit ihrer eigenen Kosmologie, jede mit ihrer eigenen Antwort auf die Bedeutung von Leben und Tod. Die meisten behaupten, die anderen 9999 lägen nicht nur völlig falsch, sondern seien obendrein Werkzeuge des Bösen. Keine dieser zehntausend konnte mich bisher überzeugen, den erforderlichen Sprung zum Glauben zu vollführen. Angesichts der fehlenden Überzeugung habe ich mich damit abgefunden, daß Ungewißheit eine unvermeidliche Begleiterscheinung des Lebens ist. All die Rätsel gehören einfach dazu – was ich nicht beklagenswert finde. Sich mit der wesentlichen Unergründlichkeit des Daseins abzufinden dürfte dem Gegenteil – nämlich vor der Tyrannei radikalen Glaubens zu kapitulieren – jedenfalls vorzuziehen sein.

Und auch wenn ich über unseren Zweck hier und die Bedeutung der Ewigkeit im dunkeln bleibe, habe ich doch ein paar bescheidenere Wahrheiten begriffen: Die meisten von uns haben Angst vor dem Tod. Die meisten von uns würden gern verstehen, wie und warum wir hergekommen sind – was bedeutet, daß sich die meisten von uns nach der Liebe unseres Schöpfers sehnen. Und diese Sehnsucht wird uns, zumindest die meisten von uns, höchstwahrscheinlich ein Leben lang begleiten.

Jon Krakauer
Januar 2003

Nachwort zur Taschenbuchausgabe

Die erste Ausgabe von *Mord im Auftrag Gottes* erschien in den USA im Juli 2003. Zwei Wochen vor Verkaufsbeginn veröffentlichte die Kirche Jesu Christi der Heiligen der Letzten Tage eine »Antwort« auf das Buch, verfaßt von einem hohen Kirchenfunktionär namens Richard Turley. Turleys Tirade wurde an Zeitungen, Fernsehstationen, Radiosender und andere Medien überall in den Vereinigten Staaten verteilt und brandmarkte mein Buch als »eine äußerst einseitige und negative Schilderung der Geschichte der Mormonen«.

Turleys verächtlicher, fünf Seiten langer Kritik lag ein kurzer, leidenschaftlicher Verriß von *Mord im Auftrag Gottes* von Mike Otterson bei, dem Leiter von LDS Media Relations, der das Buch als einen »Frontalangriff auf die Glaubwürdigkeit der heutigen Kirche« bezeichnete, der nur »alte Stereotypen« verbreite. Otterson zufolge sei es für die Leser meines Buches »verzeihlich, wenn sie zu dem Schluß gelangen, jeder Heilige der Letzten Tage, auch der freundliche mormonische Nachbar, neige zu Gewalttätigkeiten. Und damit gesellt sich Krakauer unbewußt zu den Leuten, die glauben, daß jeder Deutsche ein Nazi, jeder Japaner ein Fanatiker und jeder Araber ein Terrorist ist.«

Während ich mir den Kopf zerbrach, warum Turley und Otterson mein Buch so anstößig fanden, und überlegte, warum sie sich so abschätzig darüber äußerten, rief ich mir ins Gedächtnis, daß die Geschichte der HLT-Kirche größtenteils eine Geschichte der religiösen Verfolgung ist. Die Mormonen wurden von ihren Landsleuten mehr schikaniert und malträtiert als jede andere amerikanische Sekte, und diese Chronik vergifteter Beziehungen erklärt vielleicht, zumindest teilweise, warum die HLT-Führer mich als religiösen Eiferer und mein

Buch als heftigen Angriff auf ihren Glauben angeprangert haben: Der einstige Haß auf die Mormonen hat so tiefe und schmerzhafte Wunden geschlagen, daß jeder, der sich kritisch über Joseph Smiths Kirche äußert, im Gegenzug von ebendieser Kirche als Mormonenfeind gebrandmarkt wird. Solche Überempfindlichkeit bei Kritik ist auch unter Juden, Katholiken und anderen religiösen Minderheiten, die Verfolgung und ungeheurer Grausamkeit ausgesetzt waren, nicht unüblich; deshalb sollte eine ähnliche Reaktion seitens der Mormonen keine Überraschung sein.

Doch die Erläuterung unangenehmer historischer Wahrheiten ist nicht dasselbe wie religiöser Eifer. Auf den folgenden Seiten bemühe ich mich, *Mord im Auftrag Gottes* gegen die von Turley vorgebrachten Vorwürfe der HLT-Kirche zu verteidigen, dessen Kritik hier vollständig abgedruckt ist. Nach Abwägung von Turleys Behauptungen und meiner Antwort darauf kann der Leser hoffentlich besser entscheiden, ob mein Buch, wie die HLT-Kirche beteuert, die Mormonen verleumdet und ihre Geschichte verfälscht.

Kritik von Richard E. Turley Jr., Leiter des Family and Church History Department der Kirche Jesu Christi der Heiligen der Letzten Tage

In dem vielzitierten Buch *Historians' Fallacies: Toward a Logic of Historical Thought* (New York: Harper and Row 1970) verurteilt David Hackett Fischer all jene, die anhand einer ungenügenden Datenbasis zu Verallgemeinerungen gelangen:

Dort findet sich eine – möglicherweise fiktive – Geschichte von einem Wissenschaftler, der eine erstaunliche und unglaubwürdige allgemeingültige Aussage über das Verhalten von Ratten veröffentlicht hatte. Daraufhin kam ein ungläubiger Kollege in sein Labor und fragte höflich, ob er die Aufzeichnungen über die Experimente sehen dürfe, auf denen die Aussage beruhe. »Hier«, sagte der Wissenschaftler und zog aus einem Stapel Papiere auf seinem Schreibtisch ein Notizheft hervor. Dann deutete er auf einen Käfig in der Ecke und fügte hinzu: »Und da ist die Ratte.« (S. 109)

Bestrebt, seine eigene Hypothese zu beweisen, benutzt Jon Krakauer, der Autor von *Mord im Auftrag Gottes: Eine Reportage über religiösen Fundamentalismus* (New York: Doubleday 2003) den außergewöhnlichen Mordfall Lafferty aus dem Jahre 1984, um »einen Blick auf die gewalttätige Geschichte des Mormonentums zu werfen« und »die Achillesferse der erfolgreichsten einheimischen Religion der Vereinigten Staaten« (Umschlagrückseite des Vorausexemplars) zu untersuchen. Bei leichtgläubigen Menschen, die bei so einem Köder anbeißen wie eine Forelle am Haken einer Fliegenrute, mag das Buch Anklang finden, doch ein interessierter Leser, der die Heiligen der Letzten Tage und ihre Geschichte begreifen will, braucht darauf keine Zeit zu verschwenden.

Angeblich auf die Morde konzentriert, die von einem aus unserer Kirche ausgeschlossenen Brüderpaar begangen worden sind, stellt Krakauers Buch in Wirklichkeit eine allgemeine Verurteilung der Religion dar. Der agnostische Autor schreibt: »Ich weiß nicht, was Gott ist oder was Gott vorhatte, als Er das Universum schuf. Eigentlich weiß ich nicht mal, ob Gott existiert, obwohl ich gestehen muß, daß ich manchmal in Augenblicken großer Angst oder Verzweiflung oder aus Überraschung beim Anblick unerwarteter Schönheit bete.« Er scheint zu glauben, daß Gott in diesem Leben unbegreiflich ist. »Angesichts der fehlenden Überzeugung«, schreibt er über seine Unfähigkeit, zum Glauben zu finden, »habe ich mich damit abgefunden, daß Ungewißheit eine unvermeidliche Begleiterscheinung des Lebens ist.« Er gibt zu, daß er wie die meisten Menschen Angst vor dem Tod habe, gern verstehen würde, »wie und warum wir hergekommen sind«, und sich »nach der Liebe unseres Schöpfers« sehne. Und doch glaubt er,

»diese Sehnsucht wird uns, zumindest die meisten von uns, höchstwahrscheinlich ein Leben lang begleiten«. Das Ergebnis seines (Un-)Glaubenssystems ist ein Thema, das sein ganzes Buch durchzieht: »Sich mit der wesentlichen Unergründlichkeit des Daseins abzufinden dürfte dem Gegenteil – nämlich vor der Tyrannei radikalen Glaubens zu kapitulieren … – vorzuziehen sein.«

»Es gibt eine dunkle Seite der Frömmigkeit, die zu oft übersehen oder geleugnet wird«, behauptet er im Prolog. »Um jemanden dazu zu bringen, grausam und unmenschlich zu sein – Böses zu tun, wie die Gläubigen es ausdrükken würden –, ist vielleicht nichts so geeignet wie die Religion.« Er erwähnt den »islamischen Fundamentalismus«, der zu den Terroranschlägen vom 11. September 2001 führte und schreibt dann: »Schon seit die Menschen an Götter glauben, haben sie im Namen Gottes verabscheuungswürdige Taten verübt, und Extremisten gibt es in allen Religionen.« Er findet, »in der Menschheitsgeschichte« wimmele es nur so von »Muslimen, Christen, Juden, Hindus, Sikhs und sogar Buddhisten, die durch heilige Schriften dazu gebracht wurden, Unschuldige abzuschlachten … Auf den Glauben gegründete Gewalt gab es schon lange vor Osama bin Laden, und sie wird uns auch noch lange nach seinem Ableben begleiten.«

Er räumt ein: »Es wird immer Menschen geben, die sich ihren Bestrebungen mit so großer Konzentration und ungetrübter Leidenschaft widmen, daß sie völlig davon in Anspruch genommen werden. Man denke nur an jemanden, der den Drang verspürt, sein ganzes Leben auf eine Karriere als Konzertpianist oder die Besteigung des Mount Everest auszurichten.« Doch ohne einen wissenschaftlichen Maßstab für Extremismus aufzustellen, behauptet er, der Extremismus scheine »besonders unter Menschen verbreitet zu sein, die eine Veranlagung zur Religiosität haben oder religiös erzogen wurden«.

Diese leichtfertige Behauptung führt zur Hypothese seines

Buches: »Glaube ist das genaue Gegenteil von Verstand, Unvernunft ein wesentlicher Bestandteil spiritueller Hingabe. Und wenn religiöser Fanatismus vernünftiges Denken ersetzt, muß man mit allem rechnen. Alles ist möglich. Absolut alles. Der gesunde Menschenverstand kann es nicht mit der Stimme Gottes aufnehmen – wie Dan Laffertys Taten deutlich beweisen.« Der Fall Lafferty, das vorgebliche Thema des Buches, dient lediglich der Veranschaulichung dieser Theorie.

Um seine Behauptung zu erhärten, daß die »Wurzeln für ihr Verbrechen [das der Lafferty-Brüder] tief in der Geschichte einer amerikanischen Religion liegen, die von Millionen Menschen ausgeübt wird« (vordere Umschlagseite des Vorausexemplars), präsentiert Krakauer eine äußerst einseitige und negative Schilderung der Geschichte der Mormonen.

Bezüglich des wohlbekannten Prozesses gegen Joseph Smith im Jahre 1826 behauptet Krakauer zum Beispiel, daß »ein verärgerter Kunde gegen Joseph Klage wegen Betrugs« einreichte. Diese Behauptung zeigt, wie wenig Krakauer mit wesentlichen Aspekten des fraglichen Prozesses vertraut ist und wie sehr er dazu neigt, die Tatsachen zu verdrehen. In Wirklichkeit wurde Joseph nicht von einem »verärgerten Kunden«, sondern von Leuten verklagt, die ihn wegen Störung der öffentlichen Ordnung vor Gericht brachten, weil er angeblich seinen Arbeitgeber Josiah Stowell betrogen hatte. Doch ein Jurist, der sich eingehend mit dem Fall beschäftigt hat, schreibt, Stowell habe »energisch bestritten, getäuscht oder betrogen worden zu sein« (Gordon A. Madsen: »Joseph Smith's 1826 Trial: The Legal Setting«, *Brigham Young University Studies* 30 [Frühjahr 1990], S. 105). Deshalb wurde Joseph für nicht schuldig befunden und freigesprochen (ibid.) …

Auch wenn Krakauer über heutige Kirchenveranstaltungen schreibt, nimmt er es mit der Wahrheit nicht so genau. Er besuchte das Schauspiel auf dem Berg Cumorah in Palmyra, New York, und schreibt, es »strahlt die Kraft eines Phish-Konzerts aus, nur ohne Betrunkene, eigenwillige Frisuren ... oder Marihuanawolken«. Ohne Angabe einer Quelle stellt er die übertriebene Behauptung auf: »Früher oder später unternehmen die meisten Heiligen der Letzten Tage eine Wallfahrt dorthin.« Obwohl sich das Schauspiel großer Beliebtheit erfreut, haben es die meisten Heiligen der Letzten Tage nicht gesehen und werden es auch nie sehen.

Der Autor zeigt eine gewisse Vertrautheit mit unserer kirchlichen Lehre und Verwaltungsstruktur, doch ihm unterlaufen mehrere Fehler, die seine geringe Kenntnis des behandelten Gegenstands belegen. Zum Beispiel bezeichnet er Mark E. Petersen, ein Mitglied des Rates der Zwölf Apostel, als »HLT-Präsident«, eindeutig ein Fehler. Krakauer beweist seine Unkenntnis des Buches Mormon und der Bibel, wenn er Laban als einen »durchtriebenen, stinkreichen Schafbauern, der im Buch Mormon und auch im Alten Testament vorkommt« bezeichnet. Der Laban aus dem Alten Testament, der zugleich Onkel und Schwiegervater des Erzvaters Jakob und Bruder von Rebekka ist, lebte mehrere hundert Jahre vor dem Laban aus dem Buch Mormon.

Auf Grundlage einer falschen Behauptung schreibt Krakauer, daß Nauvoo, Hauptstadt der Mormonenkirche von 1839 bis 1846, aufgrund »einer sehr ungewöhnlichen Urkunde ... unbeschränkte Rechte und Befugnisse hatte, die nicht nur für Illinois, sondern auch für das gesamte Land einzigartig waren«. Seine Interpretation beruht nicht auf der neuesten Forschung. In Glen M. Leonards Buch *Nauvoo: A Place of Peace, a People of Promise* (Salt Lake City: Deseret Book; Provo: Brigham Young University Press 2002) heißt es richtigerweise:

»In den beiden vorangegangenen Jahren hatte die gesetzgebende Versammlung von Illinois der Bergarbeiterstadt Galena an der Nordgrenze des Staates, der neuen Staatshauptstadt Springfield und Quincy, dem wohltätigen Nachbarort Nauvoos im Adams County, eine Stadturkunde ausgestellt. Vorher hatten nur Chicago und Alton Stadturkunden erhalten, beide im Jahre 1837. Jede dieser Urkunden baute auf ihren Vorläufern auf und gab dem Gesetzgeber ein vertrautes Muster an die Hand. Der Planungsausschuß von Quincy hatte sich an den Urkunden für Chicago und Alton und der von St. Louis, Missouri, orientiert. Im Vorschlag von Nauvoo waren Bestimmungen zusammengestoppelt, die die bereits genehmigten Vorrechte drei anderer Städte – Galena, Quincy und Springfield – nachahmten. Eine ausführliche Abhandlung über die Gesetzgebungsbefugnis des Stadtrats von Nauvoo wurde wortwörtlich aus der Urkunde von Springfield übernommen – eine normale und legitime Verfahrensweise.«

Krakauer gibt an, daß Joseph Smith, obwohl er »die US-Verfassung achtete, ... mehrfach in Wort und Tat bewies, daß er den religiösen Überzeugungen von Nichtmormonen wenig Respekt entgegenbrachte und ... die in der Verfassung verbürgten Rechte anderer Religionen höchstwahrscheinlich nicht achten würde«. Ernsthafte Joseph Smith-Forscher vertreten jedoch die Ansicht, daß er im allgemeinen viel Rücksicht auf die Rechte anderer nahm. Als Joseph am 9. Juli 1843 bei einem Sabbatgottesdienst in der Nähe des noch unvollendeten Tempels von Nauvoo zu seinen Anhängern spricht, erklärt er: »Nachdem der Beweis erbracht ist, daß ich bereitwillig für einen Mormonen sterben würde, nehme ich mir die Freiheit, vor Gott zu erklären, daß ich ebenso bereit bin, für einen Presbyterianer, einen Baptisten oder ein Mitglied jeder anderen Konfession zu sterben. Mein Herz ist von der Liebe zur Freiheit erfüllt, bürgerlicher und religiöser Freiheit« (*The Words of Joseph Smith*, herausgegeben von Andrew F. Ehat und Lyndon W. Cook [Provo: Religious Studies Center, Brigham Young University 1980], S. 229).

Krakauer vertritt auch den Standpunkt, Orrin Porter Rockwell habe nach Joseph Smiths angeblicher Prophezeiung, daß Lilburn W. Boggs, der frühere Gouverneur von Missouri, bald sterben werde, versucht, Boggs zu ermorden. Dann schreibt er: »Dennoch entging Rockwell mühelos der Verhaftung. Weder er noch ein anderer Heiliger wurde wegen der Tat je vor Gericht gestellt.« Doch Harold Schindler kommt in seiner hochgelobten Biographie von Rockwell zu dem Schluß, daß sich nicht endgültig klären läßt, ob Rockwell Boggs erschossen hat: »Falls Rockwell den verhängnisvollen Schuß wirklich abgegeben hat, dürfte er diese Entscheidung eigenständig getroffen haben.« (*Orrin Porter Rockwell: Man of God, Son of Thunder* [Salt Lake City: University of Utah Press 1983], S. 72f.) Rockwell wurde schließlich aufgrund »dürftiger Beweise« verhaftet, in Ketten gelegt und monatelang ins Gefängnis gesperrt, wo er »einen richtigen Schweinefraß vorgesetzt bekam« (vgl. ibid., S. 75–90). Er wurde ständig schikaniert und wäre fast gelyncht worden. »Im Lauf der Zeit magerte der einst stämmige Mormone immer mehr ab, bis er nur noch ein Gerippe war. Sein Haar wurde lang und zottelig und war durch die feuchte, gruftartige Zelle von Ungeziefer befallen; sein Bart war durch Schweiß und Schmutz ganz verfilzt; seine Augen waren in ihren dunklen Höhlen versunken.« Nach monatelangem Leiden wurde er endlich einem Richter vorgeführt, der ihm mitteilte, das große Geschworenengericht habe sich geweigert, wegen der ursprünglichen Beschuldigung Anklage gegen ihn zu erheben, habe aber beschlossen, ihn wegen Fluchtversuchs anzuklagen. »Rockwell wurde in seine Zelle zurückgebracht und konnte dort über seine absurde Lage nachdenken: Die Anklage war fallengelassen worden, und er kam nur vor Gericht, weil er aus dem Gefängnis geflohen war, obwohl der Richter zugab, daß er gar nicht erst hätte eingesperrt werden dürfen.« Schließlich wurde er wegen Fluchtversuchs zu einer Gefängnisstrafe von fünf Minuten verurteilt. Bald wurde er auf freien Fuß gesetzt und war »nach neun Monaten erstmals wieder ein freier Mann« (vgl. ibid., S. 90–99).

Krakauer nimmt auch eine weitere saftige Geschichte – die in Fawn Brodies Biographie von Joseph Smith steht, einer der Hauptquellen für sein Buch – für bare Münze und schreibt: »Im Sommer 1831 nahm die Familie Johnson Joseph und Emma Smith in ihr Haus auf, und schon bald darauf soll der Prophet mit der kleinen Marinda geschlafen haben. Unglücklicherweise blieb die Liaison anscheinend nicht unbemerkt, und eine Schar entrüsteter Männer aus Ohio – darunter auch etliche Mormonen – beschloß, Joseph zu kastrieren, damit er in Zukunft keine derart verwerflichen Taten mehr begehen würde.« Obwohl Marinda später wahrscheinlich eine von Joseph Smiths Frauen wurde, präsentieren Brodie und Krakauer nur einen Teil der Beweise – das, was zur Befriedigung der Sensationslust dient.

Hier folgt die ausgewogenere Darstellung aus Todd Comptons Buch *In Sacred Loneliness: The Plural Wives of Joseph Smith* (Salt Lake City: Signature Books 2001):

Über den Grund für diesen Überfall gehen die Meinungen auseinander. Clark Braden, ein später, Joseph feindlich gesinnter indirekter Zeuge, behauptete in einer polemischen öffentlichen Debatte, Marindas Bruder Eli habe eine Schar Männer gegen Smith geführt, weil der Prophet mit Marinda zu vertraulich gewesen sei. Die Anhänger dieser Theorie deuten an, daß Smith Marinda schon zu diesem frühen Zeitpunkt geheiratet haben könnte, und dafür gibt es durchaus Indizien. Der Kastrationsversuch könnte als Beweis dafür aufgefaßt werden, daß der Pöbel dachte, Joseph habe eine unsittliche Handlung begangen; da das Ganze von Luke Johnson berichtet wird, gibt es keinen Grund, die Sache anzuzweifeln. Außerdem war die Kastration im voraus geplant, da man einen Arzt dabeihatte, der sie vornehmen sollte. Der Datierung des Historikers Danel Bachman zufolge hatte Joseph 1831 die ersten Offenbarungen über die Vielehe empfangen. Und Joseph Smith heiratete auch oft Frauen, die bei ihm wohnten oder bei denen er wohnte.

Doch viele andere Faktoren sprechen gegen diese Theorie: Erstens hatte Marinda keinen Bruder namens Eli, was darauf hindeutet, daß Bradens ohnehin späte Anschuldigung wirr und unzuverlässig ist. Außerdem nennen zwei Smith-kritische Darstellungen von Hayden und S. F. Whitney einen ganz anderen Grund für den Überfall und zudem einen ganz anderen Anführer – Simonds Ryder, einen ehemaligen Mormonen, auch wenn die Johnson-Brüder weiterhin eine Rolle spielen. In diesen Darstellungen ist der Grund für die Gewalttätigkeiten ökonomischer Natur: Die Johnson-Jungs machten mit, weil »der schreckliche Komplott geschmiedet worden war, ihnen ihren Besitz wegzunehmen und an Smith zu übergeben«. Bei diesem Szenario könnte die Kastration nur eine Drohung gewesen sein, die Smith einschüchtern und dazu bringen sollte, daß er Hiram [wo die Johnsons wohnten] verließ.

Nach der Schilderung des Vorfalls schrieb Marinda nur: »Nun will ich Zeugnis ablegen, daß ich während des ganzen Jahres, in dem Joseph im Haus meines Vaters wohnte, an seinem Leben und seinen Worten nie etwas fand, das mich an seinem göttlichen Auftrag hätte zweifeln lassen.« Obwohl es durchaus möglich ist, daß Marinda 1831 Smiths zweite Frau wurde, stehen die Beweise für eine solche Heirat, die sich hauptsächlich auf den späten, unzuverlässigen Zeugen Braden stützen, auf tönernen Füßen. Solange keine glaubwürdigeren Beweise gefunden werden, geht man am besten davon aus, daß Joseph und Marinda 1831 weder heirateten noch ein Verhältnis hatten.

Hinsichtlich der davongelaufenen Bundesbeamten im frühen Utah räumt Krakauer ein: »Viele ... waren durch und durch korrupt und kamen in der Absicht nach Utah, sich durch Schmiergelder zu bereichern« – ein hartes Urteil, das aber zumindest auf Fakten beruht. Krakauer schreibt, daß die meisten dieser Beamten Utah aus Angst verließen, »sie würden, falls sie blieben, unangemeldeten Besuch von Porter Rockwell bekommen und danach nicht mehr am Leben sein – was einer unbekannten Zahl von Bundesbeamten tatsächlich passierte«. Er erklärt jedoch nicht, wie er von diesen Morden erfahren oder welche glaubwürdigen Beweise er dafür hat, sondern muß zugeben, daß die Zahl der Mordfälle unbekannt ist.

Da das Mountain-Meadows-Massaker so gut zu Krakauers These paßt, gibt er dem Geschehen viel Raum, allerdings auch diesmal ohne kritische Überprüfung der Fakten. Zum Beispiel sitzt er der modischen Behauptung auf, daß auf Brigham Youngs Treffen mit mehreren Indianerhäuptlingen am 1. September 1857 ein Befehl zur Ermordung der Fancher-Gruppe erlassen wurde, denn »Brigham ›schenkte‹ den Indianern ausdrücklich das gesamte Vieh der Auswanderer auf dem Old Spanish Trail – das heißt die preisgekrönte Herde der Fancher-Gruppe, auf die die Paiutes, als sie genau eine Woche vorher in der Nähe der Auswanderer lagerten, begehrliche Blicke geworfen hatten. Die Botschaft des Propheten an die Indianerhäuptlinge war eindeutig: Er wollte, daß sie den Fancher-Treck angriffen. Im Morgengrauen des nächsten Tages verließen die Paiutes die Stadt der Heiligen und ritten so schnell wie möglich nach Südutah.«

Wie schon andere Autoren, die bereitwillig an diese Theorie glauben, übersieht er entscheidende Beweise: Dimick Huntingtons Bericht über seine Beziehungen zu den Indianern (der springende Punkt) deutet darauf hin, daß irgendwer – vielleicht Brigham Young oder vielleicht auch Huntington selbst – den Indianern das Vieh auf dem Weg nach Süden schenkte. Doch in dem historischen Dokument weist in diesem Zusammenhang nichts auf die Fancher-Gruppe. Andere Beweise zeigen, daß die Indianer im Norden das Vieh auf dem Weg nach Norden erhielten.

Mit anderen Worten, dieser »unwiderlegbare Beweis«, auf den sich in letzter Zeit viele marktschreierisch angepriesene Veröffentlichungen über das Massaker stützen, bringt bloß die damals übliche Kriegsstrategie der Heiligen zum Ausdruck, den mit ihnen verbündeten Indianern das Vieh zu überlassen. Das ist etwas ganz anderes, als ein Blutbad an einer Gruppe von Männern, Frauen und Kindern anzuordnen. Außerdem gibt es stichhaltige Beweise, die darauf hindeuten, daß die Indianer, die an dem berühmten Treffen teilnahmen, *nicht* an dem Massaker beteiligt waren.

Wie die anderen Autoren muß Krakauer der Tatsache ins Auge blicken, daß Brigham Young, als er von einem eventuellen Angriff auf den Treck erfuhr, einen Brief an die Heiligen in Südutah schickte, worin er ihnen befahl, sich nicht mit den Auswanderern abzugeben. Der Wortlaut des Briefes ist eindeutig, doch einige Autoren, die darauf versessen sind, Brigham Young etwas anzuhängen, interpretieren *nein* als *ja* und behaupten, der Befehl, den Treck nicht anzugreifen, bedeute eigentlich genau das Gegenteil. Um die Glaubwürdigkeit des Briefes weiter zu untergraben, behauptet Krakauer: »Der tatsächliche Wortlaut von Brighams Brief bleibt im dunkeln, weil das Original verschollen ist (wie auch fast alle anderen offiziellen Dokumente zum Mountain-Meadows-Massaker). Der oben zitierte Auszug stammt aus einem angeblichen Entwurf zu dem Brief, der erst 1884 auftauchte, als ein HLT-Funktionär ihn zwischen den Seiten eines ›Kirchenbriefbuchs‹ entdeckte.«

Auch wenn der Brief tatsächlich 1884 zitiert wurde, ist er nicht erst da aufgetaucht, und sein »tatsächlicher Wortlaut« bleibt nicht »im dunkeln«. Von den meisten Briefen Brigham Youngs wurde eine Kopie angefertigt, bevor sie abgeschickt wurden. Die Kopien – die heutigen Fotokopien entsprechen – wurden angefertigt, indem man den mit Tinte geschriebenen Originalbrief zwischen die angefeuchteten Seiten eines Buches aus Zwiebelschalenpapier legte. Durch die Feuchtigkeit drang die frische Tinte des Originals in das Zwiebelschalenpapier und schuf einen spiegelbildlichen Abdruck der Briefe. Das perfekte Spiegelbild von Youngs berühmtem Brief befindet sich genau an der richtigen Stelle in Brighams Briefkopiebuch von 1857. Es handelt sich um eine zeitgenössische Kopie, die in dem Prozeß, der zu John D. Lees Verurteilung und anschließender Hinrichtung in den siebziger Jahren des 19. Jahrhunderts führte, der Anklage zur Verfügung stand und auch von ihr benutzt wurde.

In einer noch nicht so lange zurückliegenden Angelegenheit erwähnt Krakauer Mark Hofmanns berühmte Fälschungen aus den achtziger Jahren und behauptet: »Über vierhundert dieser gefälschten Urkunden wurden von der HLT-Kirche erworben (die sie für authentisch hielt) und dann in einem Tresor verschlossen, um sie vor der Öffentlichkeit zu verbergen.« Das ist eine maßlose Übertreibung. In Wirklichkeit handelte es sich bei den meisten von Hofmann erworbenen Urkunden um unbedeutende Rechts- oder Regierungsdokumente. Auch wenn man ihre Katalogisierung nicht als dringlich einstufte, weil sie so unbedeutend waren, wurden sie nicht »in einem Tresor verschlossen, um sie vor der Öffentlichkeit zu verbergen.« (Vgl. Richard E. Turley Jr.: *Victims: The LDS Church and the Mark Hofmann Case* [Urbana und Chicago: University of Illinois Press 1992])

Obwohl noch weitere Beispiele angeführt werden könnten, soll das genügen, um zu zeigen, daß Krakauer die Geschichte der Mormonen entstellt, um seine »Reportage über religiösen Fanatismus« schreiben zu können. Die allermeisten Heiligen der Letzten Tage im 19. Jahrhundert waren, genau wie die Heiligen von heute, friedliebende Menschen, die ihre Religion in einem Geist der Gewaltlosigkeit ausüben wollten und »allen Menschen das gleiche Recht« zugestanden, »mögen sie verehren, wie oder wo oder was sie wollen« (Die Glaubensartikel der Kirche Jesu

Christi der Heiligen der Letzten Tage, Artikel 11, erstmals veröffentlicht im Jahre 1842).

Obwohl ich fast allen Argumenten, die Richard Turley oben angeführt hat, energisch widerspreche, hat er in *Mord im Auftrag Gottes* fünf kleinere Fehler entdeckt, die ich gern eingestehe:

– In Anspielung auf eine Bemerkung, die ich im sechsten Kapitel über das Schauspiel auf dem Berg Cumorah gemacht habe, wirft Turley mir vor: »Ohne Angabe einer Quelle stellt Krakauer die übertriebene Behauptung auf: ›Früher oder später unternehmen die meisten Heiligen der Letzten Tage eine Wallfahrt dorthin.‹ Obwohl sich das Schauspiel großer Beliebtheit erfreut, haben es die meisten Heiligen der Letzten Tage nicht gesehen und werden es auch nie sehen.«

Hier scheint Turley meine Worte absichtlich mißverstanden zu haben: Ich habe nicht gemeint, daß die meisten Heiligen der Letzten Tage eine Wallfahrt zu dem *Schauspiel* unternehmen (das jeden Sommer nur an sieben Abenden aufgeführt wird), sondern ich habe gemeint: »Wie schon im 19. Jahrhundert ist der Berg Cumorah noch heute eine der heiligsten Stätten des Mormonentums, und früher oder später unternehmen die meisten Heiligen der Letzten Tage eine Wallfahrt dorthin.« Ich habe eindeutig den Ort – den Berg selbst – gemeint, nicht das Schauspiel. Um jegliche Übertreibung zu tilgen, wurde die anstößige Stelle aus dem Vorausexemplar dennoch überarbeitet und heißt jetzt: »... ist der Berg Cumorah eine der heiligsten Stätten des Mormonentums, und sehr viele Heilige der Letzten Tage unternehmen eine Wallfahrt dorthin.«

– Turley zitiert eine Stelle aus dem siebten Kapitel und weist darauf hin, daß ich »Mark E. Peterson, ein Mitglied des Rates der Zwölf Apostel, als ›HLT-Präsident‹« bezeichne, das sei eindeutig ein Fehler.

Turley hat recht: Das ist eindeutig ein Fehler, der mir und meiner Lektorin entgangen ist, als ich aus Gründen der Kürze eine Äußerung Robert Crossfields frei wiedergegeben habe, der dabei von »Präsident Mark E. Peterson in Salt Lake City« gesprochen hat. Crossfield weiß zweifellos (genau wie ich), daß Peterson nie Präsident der Kirche war; »Präsident« ist jedoch ein Ehrentitel, der den HLT-Aposteln oft verliehen wird, und Crossfield hat den Titel als Zeichen seines Respekts für Peterson verwendet. Ich habe sorglos die Anführungszeichen weggelassen und damit für diese Begriffsverwirrung gesorgt.

– In Anspielung auf eine Stelle im fünfzehnten Kapitel schreibt Turley: »Krakauer zeigt seine Unkenntnis des Buches Mormon und der Bibel, wenn er Laban als einen ›durchtriebenen, stinkreichen Schafbauern, der im *Buch Mormon* und auch im *Alten Testament* vorkommt‹, bezeichnet.«

Turley hat recht: Ich habe Laban aus dem *Buch Mormon* mit Laban aus dem Alten Testament verwechselt. Ich gestehe meinen Fehler ein.

– Bezüglich einer Stelle im zehnten Kapitel schreibt Turley: »Krakauer vertritt auch den Standpunkt, Orrin Porter Rockwell habe nach Joseph Smiths angeblicher Prophezeiung, daß Lilburn W. Boggs, der frühere Gouverneur von Missouri, bald sterben werde, versucht, Boggs zu ermorden. Dann schreibt er: ›Dennoch entging Rockwell mühelos der Verhaftung. Weder er noch ein anderer Heiliger wurde wegen der Tat je vor Gericht gestellt.‹«

Turley weist zu Recht darauf hin, daß ich diesen Punkt teilweise falsch dargestellt habe: Am 8. August 1842 wurde Rockwell verhaftet, für neun Monate eingesperrt und letztlich wieder auf freien Fuß gesetzt, ohne des Mordes an Boggs angeklagt zu werden. Ich habe den Text überarbeitet, um dem Umstand Rechnung zu tragen, daß Rockwell nicht der Verhaftung entging, doch ich stehe weiter zu der Behauptung, daß »Rockwell mit ziemlicher Sicherheit der Schütze« war. Für eine ausführlichere Darstellung dieses berühmten Vorfalls empfehle ich dringend Howard Schindlers hervorragende Biographie *Orrin Porter Rockwell: Man of God, Son of Thunder* – dasselbe Buch, aus dem Turley zitiert, um meine Schilderung Rockwells zu kritisieren. Schindler schreibt:

»Eine von Rockwells Tugenden war seine ungetrübte Aufrichtigkeit; er konnte nicht lügen. Behält man das im Auge, ist es von großer Bedeutung, daß keine Beweise dafür gefunden wurden, daß er die Beschuldigung [auf Boggs geschossen zu haben] entkräftete; er bestritt lediglich, daß Joseph den Mord befohlen hatte. Andererseits behaupteten mindestens zwei Personen, er habe den Mordversuch begangen. Einem der beiden zufolge erzählte Rockwell General Patrick E. Connor viele Jahre später in Utah: ›Ich habe durchs Fenster geschossen und gedacht, er sei tot, aber er war nur verwundet; ich bedauerte zutiefst, daß ich den Mistkerl nicht umgebracht hatte!‹«

– Turley zitiert eine Stelle aus dem Prolog und klagt: »Krakauer erwähnt Mark Hofmanns berühmte Fälschungen aus den achtziger Jahren und behauptet: ›Über vierhundert dieser gefälschten Urkunden wurden von der HLT-Kirche erworben (die sie für authentisch hielt) und dann in einem Tresor verschlossen, um sie vor der Öffentlichkeit zu verbergen.‹ Das ist eine maßlose Übertreibung.«

Turleys Klage ist teilweise berechtigt: Die meisten Fälschungen werden nicht in einem Tresor aufbewahrt, sondern an anderen Orten, die dem prüfenden Blick von Journalisten und Wissenschaftlern unzugänglich sind, und dem wurde in meinem Buch Rechnung getragen. Die HLT-Kirche verfolgt jedoch die gut dokumentierte Politik, von ihr als heikel eingestufte Urkunden zurückzuhalten, und der wesentlichere Teil meiner Darstellung bedarf keiner Korrektur. Wie Turley in seiner eigenen Darlegung der Hofmann-Episode zugibt – einem Buch mit dem Titel *Victims: The LDS Church and the Mark Hofmann Case*, erschienen 1992 –, ließ sich die Kirche täuschen und erwarb mindestens 445 von Hofmanns Fälschungen. Einige dieser gefälschten Urkunden wurden unter Aufsicht der Ersten Präsidentschaft der HLT heimlich von der Kirche gekauft, da man die Papiere für echt hielt; andere Fälschungen wurden von wohlwollenden Sammlern erstanden, die mit der Ersten Präsidentschaft zusammenarbeiteten und die Urkunden anschließend der Kirche stifteten. Und viele dieser Papiere wurden an Orten archiviert, wo das Wissen um ihre Existenz auf eine Handvoll Männer aus dem innersten Zirkel der Kirche beschränkt war.

Außerdem tauchte eines der wichtigsten Urkundenpakete im Hofmann-Fall – die sogenannte McLellin-Sammlung, eine Auswahl von Papieren und Tagebüchern aus dem 19. Jahrhundert, die man als schädlich für die Kirche betrachtete – tatsächlich im Tresor der Ersten Präsidentschaft der HLT auf, so gut verborgen, daß es beinahe völlig unbemerkt geblieben wäre. 1985 verkündete Mark Hofmann bei einem Geheimtreffen mit einem Mitglied der Ersten Präsidentschaft, er habe die lange verschollenen persönlichen Papiere des HLT-Apostels William McLellin entdeckt, eines engen Freundes von Joseph Smith, der 1838 nach einem erbitterten Streit mit dem Propheten aus der Kirche ausgeschlossen worden war. Hofmann bot die gefälschte McLellin-Sammlung der Kirche an, und hohe Funktionäre aus der HLT-Hierarchie sorgten heimlich dafür, daß Hofmann 185 000 Dollar erhielt. Nach Erhalt des Geldes versäumte er es jedoch mehrmals, die versprochenen Dokumente zu übergeben – denn er hatte sich, wie später durchsickerte, noch gar nicht der schwierigen Aufgabe unterzogen, die Papiere zu fälschen. Als man Hofmann schließlich aufforderte, entweder die McLellin-Sammlung zu übergeben oder die 185 000 Dollar sofort zurückzuzahlen, geriet er in Panik und brachte in dem verzweifelten Versuch, sich aus der Patsche zu befreien, zwei nichtsahnende Mormonen mit Rohrbomben um. Bald darauf wurde er verhaftet, und der Staat vereinbarte mit ihm, daß er sich des Totschlags schuldig bekannte, was ihm die Todesstrafe und der HLT-Kirche einen öffentlichen Prozeß ersparte, der das Ansehen der Kirche und ihrer höchsten Funktionäre besudelt hätte. Auf diese Art wurde Mark Hofmann Dan Laffertys Zellengenosse im Utah State Prison, wo die beiden heute untergebracht sind.

Kurioserweise machte die HLT-Kirche sechs Monate nach Hofmanns Verhaftung eine, wie Turley es in seinem Buch nennt, »überraschende Entdeckung«: Kirchenfunktionäre förderten bei einer Inventur des Tresors der Ersten Präsidentschaft die ursprüngliche McLellin-Sammlung zutage – die echten Papiere. Die Funktionäre kamen zu dem Schluß, daß die HLT-Kirche McLellins echte Papiere schon 1908 erworben und in den tiefsten Tiefen des berüchtigten Tresors versteckt hatte. Wie sich herausstellte, hatte Hofmann zwei Menschen ermordet, weil es ihm nicht gelang, der Kirche eine Urkundensammlung zu besorgen, die sie bereits besaß. Verlegen gestand Turley: »Die Kirche hatte McLellins Tagebücher und Manuskripte schon die ganze Zeit besessen.«

Vermutlich liegen im Tresor der Ersten Präsidentschaft noch mehr historisch bedeutsame Dokumente, doch Turley hat dazu keine Informationen gegeben oder auch nur eingeräumt, daß solche Dokumente existieren.

Für den Hinweis auf die fünf oben aufgeführten Fehler bin ich Turley dankbar und habe sie schnellstmöglich korrigiert: Alle Ausgaben von *Mord im Auftrag Gottes*, die nach dem 7. Juli 2003 erschienen sind, beinhalten diese Korrekturen.

Doch den anderen Punkten, die den größten Teil von Turleys Kritik ausmachen, widerspreche ich aufs Heftigste. Einige der »Fehler«, die er mir ankreidet, sind reine Meinungsdiskrepanzen. Und manche seiner Behauptungen sollen anscheinend bloß dazu dienen, meine Glaubwürdigkeit in Zweifel zu ziehen:

– Zu Joseph Smiths bedeutsamem Prozeß im Jahre 1826 erklärt Turley:
»Krakauer behauptet, daß ›ein verärgerter Kunde gegen Joseph Klage wegen Betrugs‹ einreichte. Diese Behauptung zeigt, wie wenig Krakauer mit wesentlichen Aspekten des fraglichen Prozesses vertraut ist und wie sehr er dazu neigt, die Tatsachen zu verdrehen. In Wirklichkeit wurde Joseph nicht von einem ›verärgerten Kunden‹, sondern von Leuten verklagt, die ihn wegen Störung der öffentlichen Ordnung vor Gericht brachten, weil er angeblich seinen Arbeitgeber Josiah Stowell betrogen hatte. Doch ein heutiger Jurist, der sich eingehend mit dem Fall beschäftigt hat, schreibt, Stowell habe ›energisch bestritten, getäuscht oder betrogen worden zu sein‹ (Gordon A. Madsen: »Joseph Smith's 1826 Trial: The Legal Setting«, *Brigham Young University Studies* 30 [Frühjahr 1990], S. 105). Deshalb wurde Joseph für nicht schuldig befunden und freigesprochen (ibid.) …«

Wenn hier irgendwer die Tatsachen verdreht, dann Turley. Die Durchsicht der Gerichtsprotokolle zeigt, daß die Verhaftung und der Prozeß auf einen von Peter G. Bridgman, einen Neffen Stowells, beantragten Haftbefehl zurückgehen, der Joseph Smith beschuldigte, ein »liederlicher Mensch und Betrüger« zu sein. Und anders als Turley behauptet, deuten diese Unterlagen nicht darauf hin, daß Joseph freigesprochen wurde.

Die bis heute ausgewogenste und zuverlässigste Darstellung des Prozesses – »Rethinking the 1826 Judicial Decision«, ein Aufsatz des HLT-Wissenschaftlers Dan Vogel (der im Internet unter mormonscripturestudies.com/ch/dv/1826.asp zu finden ist) – widerlegt auf überzeugende Weise Gordon A. Madsens von Turley zitierte Vermutung, daß »Joseph für nicht schuldig befunden und freigesprochen« wurde. Turley hat jedoch völlig recht, wenn er behauptet, Josiah Stowell habe »energisch bestritten, getäuscht oder betrogen worden zu sein«. Niemand leugnet, daß Stowell Josephs Behauptung, er sei ein mit magischen Kräften ausgestatteter Geldgräber und Hellseher, aufrichtig glaubte; den historischen Dokumenten zufolge schwor Stowell unter Eid, er habe »blindes Vertrauen in die Fertigkeiten des Angeklagten [d. h. Josephs]«.

Folglich wurde Joseph 1826 nicht nur mit ziemlicher Sicherheit für schuldig befunden, sondern Stowells unzweideutige Aussage läßt auch keinen Zweifel daran, daß Joseph, kurz bevor er die Mormonenkirche gründete, als Hellseher arbeitete. Das unterstreicht die scharfsinnige Bemerkung des Historikers Dale Morgan, daß »es für die Geschichte der Mormonen unerheblich ist, welches Urteil das Gericht darüber fällte, ob Joseph ›ein liederlicher Mensch und Betrüger‹ war; wichtig sind bloß die erbrachten Beweise und ihr Einfluß auf Joseph Smiths Leben, bevor er verkündete, ein Prophet Gottes zu sein«.

– Hinsichtlich meiner Feststellung im zehnten Kapitel, daß Nauvoo aufgrund »einer sehr ungewöhnlichen Urkunde ... unbeschränkte Rechte und Befugnisse hatte, die nicht nur für Illinois, sondern auch für das gesamte Land einzigartig waren«, behauptet Turley zu Unrecht, meine Interpretation beruhe nicht auf der neuesten Forschung. In Wirklichkeit stütze ich mich an den fraglichen Stellen auf zwei wissenschaftliche Abhandlungen, die in dem Buch *Kingdom on the Mississippi Revisited: Nauvoo in Mormon History* erschienen sind. Im ersten dieser beiden Aufsätze, »The Kingdom of God in Illinois: Politics in Utopia«, schreibt der Historiker Robert Bruce Flanders, die Stadturkunde von Nauvoo sei zwar »zeit- und ortstypisch« gewesen, doch »in der Praxis wurde sie so gehandhabt, daß ein quasi unabhängiger Stadtstaat entstand, der die Oberhoheit des Staates in Frage zu stellen schien«. Im zweiten Aufsatz, »The Nauvoo Charter: A Reinterpretation«, erklärt James L. Kimball Jr. – der leitende Bibliothekar der großen HLT-Bibliothek in Salt Lake City –, Nauvoo sei entstanden als »Folge besonderer Zugeständnisse, die der Stadt am 16. Dezember 1840 in Form einer Stadturkunde von der gesetzgebenden Versammlung Illinois' gemacht wurden«.

Unter anderem erhielt der Stadtrat von Nauvoo die Befugnis, Gesetze zu erlassen, sofern sie weder der Verfassung der Vereinigten Staaten noch der Verfassung von Illinois widersprachen. Diese Bestimmung befreite die Stadtväter davon, sich beim Erlaß von Verordnungen an die Staatsgesetze halten zu müssen, und machte die Mormonenhauptstadt damit wahrhaftig zu einem Staat im Staate … Die meisten Mormonen, die etwas zu diesem Thema geschrieben haben, bezeichnen die Urkunde als »die großzügigste, die je einer amerikanischen Stadt ausgestellt wurde« …

In der Stadturkunde von Nauvoo gab es eine Bestimmung, die sie deutlich von den sechs anderen Urkunden aus dieser Zeit unterschied, und das war der Abschnitt, der es dem Stadtrat erlaubte, städtische Beamte nicht nur zu ernennen (was in vielen Urkunden üblich war), sondern sie auch »nach Belieben aus dem Amt zu entfernen«. Diese Sonderregelung veranschaulicht den Wunsch der Mormonen, sich gegen alles zu schützen, was ihrem gemeinsamen Leben in einer Stadt, die sie selbst erschaffen hatten, eventuell abträglich sein könnte … Joseph Smith versicherte: »Die Stadturkunde von Nauvoo habe ich selbst erdacht und entworfen. Ich habe sie zur Rettung der Kirche ersonnen.« Was auch immer man von diesen Behauptungen halten mag, die Bestimmungen der Stadturkunde von Nauvoo waren nicht »einmalig«, wie einige Historiker geschrieben haben … Der Fehler der Stadturkunde lag nicht so sehr in ihrem Inhalt begründet, sondern in der Art und Weise, wie sie vom Stadtrat ausgelegt und angewandt wurde.«

– Bei einer Stelle im elften Kapitel meines Buches kritisiert Turley:
  »Krakauer nimmt auch eine weitere saftige Geschichte – die in Fawn Brodies Biographie von Joseph Smith, einer der Hauptquellen für sein Buch, steht – für bare Münze und schreibt: ›Im Sommer 1831 nahm die Familie Johnson Joseph und Emma Smith in ihr Haus auf, und schon bald darauf soll der Prophet mit der kleinen Marinda geschlafen haben.

Unglücklicherweise blieb die Liaison anscheinend nicht unbemerkt, und eine Schar entrüsteter Männer aus Ohio – darunter auch etliche Mormonen – beschloß, Joseph zu kastrieren, damit er in Zukunft keine derart verwerflichen Taten mehr begehen würde.‹ Obwohl Marinda später wahrscheinlich eine von Joseph Smiths Frauen wurde, präsentieren Brodie und Krakauer nur einen Teil der Beweise – das, was zur Befriedigung der Sensationslust dient.«

Wenn ich Turley berichtigen darf: Meine Hauptquelle für die Beinahe-Kastration Josephs durch einen wütenden Pöbel im Jahre 1832 war nicht Fawn Brodies ausgezeichnetes Buch (das schon seit seinem Erscheinen von den HLT-Führern diffamiert wird), sondern ein Augenzeugenbericht von Marinda Johnsons älterem Bruder Luke, der am 19. Mai 1858 in den *Deseret News* erschien. Ich habe mich auch auf einen Bericht Joseph Smiths von dem Überfall gestützt, der in dem autobiographischen Buch des Propheten *History of the Church* zu finden ist. Deshalb bin ich überrascht, von Turley bezichtigt zu werden, ich hätte mich zu »saftigen Geschichten« herabgelassen, bloß weil ich einen Vorfall wiedergebe, der schon oft in Publikationen erschienen ist, die von der HLT-Kirche gebilligt wurden. Glaubt er etwa, daß Joseph Smith und die kircheneigene *Deseret News* die Sensationslust der Leser befriedigen wollten, als sie die Berichte von dem Überfall in Ohio veröffentlichten?

Turley kritisiert mich, weil ich der Meinung bin, der Grund für den Überfall könnte darin liegen, daß der Pöbel geglaubt habe, der Prophet sei »mit Marinda zu vertraulich gewesen«, wie Todd Compton es formuliert hat. Aber Turley gibt (in seinem Compton-Zitat) selbst zu, daß in der Literatur weitgehend Einigkeit herrscht, daß Joseph Smith gewohnheitsmäßig sexuelle Beziehungen mit Frauen einging, »die bei ihm wohnten oder bei denen er wohnte.« Und das Tagebuch des Propheten bestätigt, daß Marinda später tatsächlich eine seiner Frauen wurde.

Turley pflichtet einer anderen von Compton aufgestellten

Theorie bei – einer Theorie, die nichts mit Sex zu tun hat: Turley will anscheinend sagen, der Überfall sei darauf zurückzuführen, daß Marindas Brüder glaubten, Joseph wolle sie um ihr Haus und Grundstück bringen. Es stimmt zwar, daß Joseph 1838 bei Nacht und Nebel aus Ohio floh und nie zurückkehrte, nachdem ein Haftbefehl wegen Bankbetrugs gegen ihn ausgestellt worden war, doch die Betrugsklage wurde erst sechs Jahre nach dem Kastrationsversuch eingereicht. Letzten Endes sind die Indizien dafür, daß der Pöbel auf das Gerücht reagierte, Joseph versuche den Johnsons ihr Haus wegzunehmen, viel schwächer als die Indizien dafür, daß Josephs Vertraulichkeit mit Marinda Johnson der Grund für den Überfall war.

– Bezüglich des achtzehnten Kapitels von *Mord im Auftrag Gottes* schimpft Turley: »Da das Mountain Meadows-Massaker so gut zu Krakauers These paßt, gibt er dem Geschehen viel Raum, allerdings auch diesmal ohne kritische Überprüfung der Fakten.« In Wirklichkeit habe ich die Fakten sehr sorgfältig überprüft, und ich finde die Schilderung der Tragödie bei John D. Lee, Juanita Brooks und Will Bagley (meinen Hauptquellen für das achtzehnte Kapitel) viel glaubwürdiger als die Schilderungen Turleys und anderer Sprecher der HLT-Kirche.

Die Mormonenführer behaupten noch immer, die HLT-Kirche trage keinerlei Verantwortung für das Mountain Meadows-Massaker. Am 11. September 1999 (dem 142. Jahrestag des Blutbads) veranstaltete die Kirche eine große öffentliche Feier in Mountain Meadows, um den Opfern des Massakers ein neues Denkmal zu widmen. Kurz vor Ende der Feier betonte HLT-Präsident Gordon B. Hinckley, obwohl die Kirche das Denkmal gebaut und bezahlt habe, »darf das, was wir hier getan haben, nicht als Eingeständnis der Kirche betrachtet werden, daß sie an den Geschehnissen jenes verhängnisvollen Tages in irgendeiner Form beteiligt war«.

Richard Turley zufolge bin ich ein religiöser Eiferer, der *Mord im Auftrag Gottes* als »allgemeine Verurteilung der Religion« und insbesondere des mormonischen Glaubens verfaßt hat. Ich finde es betrüblich, daß Turley, der für die HLT-Führung (und im weiteren Sinne auch für die Kirche als Ganzes) spricht, mein Buch aus einem solch verkürzten Blickwinkel betrachtet. Ich glaube, man kann die Taten der mordlüsternen Lafferty-Brüder oder anderer mormonischer Fundamentalisten nicht begreifen, ohne vorher ihre religiösen Glaubensgrundsätze zu ergründen, und das erfordert zumindest ein rudimentäres Verständnis der HLT-Geschichte – wie beunruhigend die auch sein mag – und etwas Hintergrundwissen über die komplizierten Lehren des außergewöhnlichen Religionsgründers. Das Leben Joseph Smiths und die Geschichte der Mormonenkirche kann man natürlich aus ganz verschiedenen Blickwinkeln betrachten. Und das ist auch der Grund, warum die Führung der Mormonen mit meinem Buch so unzufrieden ist.

Die heutigen Führer der HLT-Kirche betrachten die Geschichte ihrer Religion als heilig und haben sich lange bemüht, streng und scharf zu kontrollieren, wie diese Geschichte der Welt präsentiert wird. Die HLT-Führer haben klar gesagt, daß Darstellungen der Mormonengeschichte vor allem »glaubensfördernd« sein sollten – das heißt, sie sollten eher verherrlichend als kritisch sein und die heiklen, unerfreulichen Seiten dieser Geschichte herunterspielen, auslassen oder leugnen. Der Apostel Boyd Packer (zur Zeit in der Nachfolge des HLT-Präsidenten und Propheten an zweiter Stelle) erklärte 1981 in einer berüchtigten Rede: »Es besteht die Versuchung … alles erzählen zu wollen, egal ob es erzählenswert und glaubensfördernd ist oder nicht. Aber manche Wahrheiten sind nicht besonders nützlich … In dem Versuch, objektiv, unparteiisch und gelehrt zu sein, könnte ein Autor oder Lehrer einem Widersacher unbeabsichtigt genausoviel Zeit geben … In der Kirche sind wir nicht neutral. Wir sind parteiisch. Es herrscht Krieg, und wir sind an diesem Krieg beteiligt.« In diesem Krieg geht es um das Denken und die Herzen der Menschen – und diesen Krieg führen die Heiligen der Letzten Tage mit allen ihnen zur Verfügung stehenden Mitteln.

Eine Abweichung von den offiziellen Lehren wird in der HLT-Kirche nicht geduldet. Gläubige, hingebungsvolle Heilige, die es wagen, heikle Fragen zur Kirchenlehre oder -geschichte aufzuwerfen, müssen damit rechnen, exkommuniziert und geächtet zu werden. Die Erste Präsidentschaft der HLT hat ein internes Untersuchungsgremium mit dem passenden Orwellschen Namen »Komitee zur Stärkung der Kirchenmitglieder« eingerichtet, das geheime Akten über Mormonen führt, die es wagen, die Kirche zu kritisieren. Unter der Leitung von zwei Mitgliedern des Rats der Zwölf Apostel überprüft das Komitee zur Stärkung der Kirchenmitglieder u. a. Leserbriefe, politische Aktivitäten, Aussagen gegenüber Reportern und veröffentlichte Schriften von Kirchenmitgliedern. Die Studenten an der Brigham Young University werden sogar dazu herangezogen, verdächtige Professoren auszuspionieren. »Keine der anderen großen Religionen in Amerika kontrolliert ihre Anhänger dermaßen«, schreiben Richard und Joan Ostling in ihrem äußerst ausgewogenen Buch *Mormon America: The Power and the Promise*: »Die Akten sind nur *ein* Aspekt eines peniblen Systems innerer Disziplin, und das heutige Mormonentum verhält sich eher wie eine kleine Sekte statt wie eine größere Konfession.«

Da die Führung der Mormonen so davon besessen ist zu kontrollieren, wie die Geschichte der Religion gedeutet und geschildert wird, sind die von der HLT-Kirche gebilligten Geschichtsbücher in der Regel stark zensiert. 1997 gab die Kirche zum Beispiel einen Leitfaden mit dem Titel *Teaching of the Presidents of the Church: Brigham Young* heraus (erschienen in zweiundzwanzig Sprachen und für alle erwachsenen Mormonen zur Pflichtlektüre erhoben), worin der große Mormonenführer bewußt als monogam hingestellt wurde – trotz der Tatsache, daß kaum ein Wissenschaftler, egal ob Mormone oder nicht, bestreiten würde, daß Young in Wirklichkeit mit mindestens zwanzig, vermutlich sogar mit über fünfzig Frauen verheiratet war. Schon eine oberflächliche Prüfung anderer von der HLT gebilligter Publikationen dürfte eine ähnlich beunruhigende Reinigung der historischen Aufzeichnungen offenbaren. Journalisten und Historiker, die die Geschichte der Mormonen so darstellen, daß sie von den kirchlich zensierten Schilderungen abweicht, sehen sich heftigen persönlichen Angriffen ausgesetzt – so wie ich wegen *Mord im Auftrag Gottes*.

Streng beaufsichtigt von den Kirchenführern in Utah, durchstreifen jederzeit über sechzigtausend mormonische Missionare die Welt, bestrebt, die Menschen zum Mormonentum zu bekehren. Diese Missionare und ihre Vorgesetzten behaupten, die Kirche Jesu Christi der Heiligen der Letzten Tage sei »die wahre Kirche« der Menschheit, und alle anderen Religionen seien falsch. Wenn die Heiligen der Letzten Tage diese kühnen Behauptungen ernst meinen – wenn sie Ungläubige davon überzeugen wollen, daß ihre Religion besser ist als andere und die Lehren Joseph Smiths wirklich gottgegeben sind –, dann sollte die Kirche allen Interessierten ihre Archive öffnen und sie zu einer eingehenden, unbehinderten Überprüfung der bedeutungsvollen und faszinierenden Geschichte des Mormonentums ermuntern.

Die Männer an der Spitze der HLT-Kirche und ihrer zwölf Millionen Mitglieder verweigern dies jedoch hartnäckig und tun alles, was in ihrer Macht steht, damit die entscheidenden Aspekte der Kirchengeschichte im Dunkeln bleiben. Wie eine derartige Politik den Mormonen oder den Ungläubigen nützen soll, ist schwer zu verstehen.

Jon Krakauer
Dezember 2003

Anmerkungen

Die den Fußnoten voranstehenden Anmerkungen nennen die wichtigsten Quellen für jedes Kapitel, führen allerdings nicht die Quelle für jedes Zitat und jeden Sachverhalt auf. Zitate ohne Quellenangabe stammen aus Interviews, die der Autor geführt hat.

Prolog

Die Zitate von Allen Lafferty sind dem Protokoll von Ron Laffertys Verhandlung 1996 entnommen. Die Fakten über die Ermordung Brenda und Erica Laffertys und die Verhaftung und Verurteilung Ron und Dan Laffertys stammen hauptsächlich aus Interviews und dem Briefwechsel mit Dan Lafferty, aus Gerichtsprotokollen und, in geringerem Maße, aus Artikeln, die in der *Salt Lake Tribune*, der *Deseret News* und dem *Provo Daily Herald* erschienen sind. Meine Hauptquelle für die Fußnote über Shoko Asahara war der Artikel »Aum Shinrikyo: Once and Future Threat?« von Kyle B. Olson, der im Juli 1999 in der Zeitschrift *Emerging Infectious Diseases* erschien.

1 Gary Gilmore war der erste Häftling, der nach mehr als einem Jahrzehnt in den Vereinigten Staaten hingerichtet wurde, und wurde ein Symbol für Amerikas Wiederaufnahme der Todesstrafe in den siebziger Jahren. Seine Geschichte wurde von seinem Bruder Mikal Gilmore in *Das Herz der Gewalt* und von Norman Mailer in seinem mit dem Pulitzer-Preis ausgezeichneten Werk *Gnadenlos: Das Lied vom Henker* unvergeßlich geschildert. Neben Richter J. Robert Bullock gibt es eine Reihe weiterer Protagonisten, die am Prozeß gegen Gilmore und auch an dem gegen die Laffertys mitwirkten: Einer der vom Gericht ernannten Anwälte für Gary Gilmore war Mike Esplin, der später auch Ron und Dan Lafferty in ihrem Mordprozeß vertrat. Und Noall T. Wootton, der Staatsanwalt des Utah County, vertrat sowohl die Anklage gegen Gilmore als auch die gegen die beiden Lafferty-Brüder.

2 Von Mark Hofmanns kriminellen Aktivitäten wird in *A Gathering of Saints* von Robert Lindsey und *Salamander* von Linda Sillitoe und Allen Roberts spannend erzählt.

3 Asahara ist der charismatische »Heilige Papst« und »Ehrwürdige Meister« von Aum Shinrikyo, der japanischen Sekte, die 1995 in Tokio in der U-Bahn einen tödlichen Anschlag mit Sarin-Nervengas verübte. Die theologischen Dogmen von Aum Shinrikyo (was »Höchste Wahrheit« heißt) wurden dem Buddhismus, Christentum und Hinduismus entlehnt. Zum Zeitpunkt des U-Bahn-Anschlags hatte die Sekte weltweit schätzungsweise vierzigtausend Mitglieder, doch inzwischen sind es nur noch ungefähr tausend. Dem Terrorismusexperten Kyle B. Olson zufolge kann man Asaharas Anhänger noch immer »in Aum-eigenen Häusern mit bizarren elektrischen Kopfhörern [sehen], die vermutlich dazu dienen, ihre Gehirnwellen auf den Sektenführer abzustimmen«, der zur Zeit in Japan im Gefängnis sitzt.

1 Die Stadt der Heiligen

Viele der Fakten über die heutige HLT-Kirche stammen aus *Mormon America: The Power and the Promise* von Richard N. Ostling und Joan K. Ostling und aus *The Mormon Hierarchy: Extensions of Power* von D. Michael Quinn. Die Zitate, in denen Joseph Smith die Vielehe als Teil der »heiligsten und wichtigsten Lehre, die dem Menschen auf Erden je offenbart wurde«, beschrieb und in denen er lehrte, daß ein Mann mindestens drei Frauen haben müsse, um »die Fülle der Verzückung« zu erlangen, stammen aus S. 558 des Buches *An Intimate Chronicle: The Journals of William Clayton*, herausgegeben von George D. Smith. Das direkt darauf folgende Zitat (»Alle, denen dieses Gesetz offenbart wird…«) stammt aus Abschnitt 132 von *Lehre und Bündnisse.*

4 Die Kontrolle über die HLT-Kirche liegt in den Händen von fünfzehn Männern. An der Spitze der hierarchischen Pyramide steht der »Präsident, Prophet, Seher und Offenbarer«, der als Gottes direktes Sprachrohr auf Erden betrachtet wird. Der HLT-Präsident ernennt zwei getreue Apostel, die ihm als erster und zweiter Ratgeber dienen sollen; diese drei Männer bilden gemeinsam die Erste Präsidentschaft. Direkt unter der Ersten Präsidentschaft ist der Rat der Zwölf Apostel angesiedelt, und diese fünfzehn Männer (und es sind immer Männer; Frauen sind von den leitenden Positionen in der Mormonenkirche ausge-

schlossen) beherrschen die Vereinigung und ihre Mitglieder mit uneingeschränkter Macht. Alle fünfzehn Männer sind auf Lebenszeit berufen. Beim Tod des Präsidenten ernennt der Rat der Zwölf den Apostel aus seinen Reihen zum neuen Präsidenten, der am längsten dabei ist, daher das sehr hohe Alter der meisten Mormonen-Präsidenten.

5 Es gibt drei Schriften, denen die Mormonen mehr Wertschätzung entgegenbringen als allen anderen: *Das Buch Mormon, Lehre und Bündnisse* und *Die köstliche Perle.*

6 Wahrscheinlich verabscheuten im 19. Jahrhundert deutlich mehr Amerikaner die Polygamie als die Sklaverei. Letztere hatte in zahlreichen Staaten viele Befürworter, wohingegen es schwierig war, Fürsprecher für das früher außerhalb der Vereinigten Staaten liegende Utah Territory zu finden.

2 Short Creek

Mein Wissen über Colorado City-Hildale und den UEP stammt von mehreren Besuchen in der Gemeinde und aus Interviews mit zahlreichen Mitgliedern und Exmitgliedern der Fundamentalistischen Kirche Jesu Christi der Heiligen der Letzten Tage. Ebenso habe ich mich auf Ben Bistlines im Selbstverlag erschienenes Buch *The Polygamists: A History of Colorado City,* auf *Kidnapped from That Land: The Government Raids on the Short Creek Polygamists* von Martha Sonntag Bradley und auf Artikel in der *Salt Lake Tribune,* der *Deseret News,* dem *Kingman Daily Miner,* dem *St. George Spectrum* und der *Salt Lake City Weekly* gestützt. Das Zitat des Apostels Boyd K. Packer über die Bedrohungen der HLT-Kirche stammt aus *The Mormon Hierarchy: Extensions of Power.* Das Linda Walker zugeschriebene Zitat ist der persönlichen Korrespondenz zwischen Walker und dem Autor entnommen.

7 Der Teil der Stadt, der in Arizona liegt, heißt offiziell Colorado City, und der Teil, der in Utah liegt, Hildale, aber die Leute, die schon lange dort leben, kümmern sich nicht um die beiden Namen und nennen den Ort lieber Short Creek, wie er bis 1962 hieß, als er inkorporiert und umbenannt wurde. United Effort Plan ist der juristische Name des Unternehmens, dem alle Vermögenswerte der Kirche gehören, u. a. fast alle Grundstücke in der Stadt.

8 Im einzigen Lexikon, das Mormonen und fundamentalistischen Mormonen gemeinsam ist, werden alle, die Joseph Smiths Lehren

nicht anerkannt haben, Ungläubige genannt (für Mormonen gelten sogar die Juden als Ungläubige). Apostaten sind alle, die einmal der Religion angehörten und aus der Kirche ausgetreten sind. Ihre Religion nicht ausübende Heilige heißen »Jack Mormons«.

9 Gouverneur Pyle sagte zu der Aktion: »Wir haben nichts unternommen, was nicht mit dem Rat der Zwölf abgesprochen war« – dem Rat der Zwölf Apostel, der die Führung der HLT-Kirche innehat. »Sie haben tausendprozentig kooperiert und hundertprozentig hinter uns gestanden.«

10 1993 sagte der HLT-Apostel Boyd K. Packer (zur Zeit an zweiter Stelle der Kandidaten für das Amt des Präsidenten und Propheten der Mormonen), daß sich die Kirche drei großen Bedrohungen gegenübersieht: »der Schwulen-und-Lesben-Bewegung, der feministischen Bewegung und der allgegenwärtigen Herausforderung durch die sogenannten Gelehrten oder Intellektuellen«. Im Lauf der Jahre hat die Führung der Mormonen zahlreiche Erklärungen über die »Gefahren« der feministischen Bewegung abgegeben und mehrere freimütige Feministinnen exkommuniziert. Doch der vielleicht größte Riß zwischen den Verantwortlichen der Mormonenkirche und den Verfechterinnen der Frauenrechte entstand, als die HLT-Kirche die Mormonen aktiv und äußerst wirkungsvoll mobilisierte, en bloc gegen die Unterzeichnung des Gleichstellungsgesetzes zu stimmen (obwohl eine 1974 in der kircheneigenen *Deseret News* veröffentlichte Umfrage zeigte, daß 63 Prozent der Bewohner Utahs das Gesetz billigten). Die meisten politischen Analytiker glauben, daß das Gesetz problemlos von den erforderlichen achtunddreißig Staaten unterzeichnet und in die amerikanische Verfassung aufgenommen worden wäre, wenn sich die HLT-Kirche nicht so vehement dagegen ausgesprochen hätte.

10a Am 14. August 2003 befanden die Geschworenen in St. George, Utah, Rodney Holm nach nur knapp zweistündiger Beratung des zweifachen sexuellen Mißbrauchs einer Minderjährigen und der Bigamie für schuldig – beides in Utah lediglich minder schwere Verbrechen. Er wurde zu einem Jahr Haft als Freigänger im Purgatory-Gefängnis im Washington County verurteilt (das heißt, er sitzt nur nachts hinter Gittern). Bereits eine Woche nach Haftantritt bekam Holm drei Tage Urlaub, um der Geburt seines dreiundzwanzigsten Kindes beiwohnen zu können.

3 Bountiful

Die Hintergrundinformationen für dieses Kapitel stammen hauptsächlich aus Interviews mit Debbie Palmer und von einem Besuch in Bountiful. Das Zitat von Eldon Tanner in der Zeitschrift *Ensign* aus dem Jahre 1979 ist dem Buch *The Mormon Hierarchy: Extensions of Power* entnommen.

11 Name vom Autor geändert.
12 Es war Winston, der die Gemeinde Bountiful nannte. Bis zu seiner Machtübernahme hieß sie Lister.
13 Name vom Autor geändert.
14 Name vom Autor geändert.
15 Name vom Autor geändert.

4 Elizabeth und Ruby

Die Fakten über die Entführung von Elizabeth Smart stammen aus »The Book of Immanuel David Isaiah« von Brian David Mitchell, aus Artikeln, die in der *New York Times*, der *Salt Lake Tribune*, der *Deseret News*, *Time* und *Newsweek* erschienen sind, und aus Berichten von Associated Press, ABC News und NBC News. Meine Quellen für das Material über Ruby Jessop waren Jay Beswick, Flora Jessop und Lorna Craig.

5 Die Zweite Große Erweckung

Meine Hauptquellen waren *No Man Knows My History* von Fawn Brodie, *Early Mormonism and the Magic World View* von D. Michael Quinn, *By the Hand of Mormon* von Terryl L. Givens, *Joseph Smith and the Beginnings of Mormonism* von Richard L. Bushman und *History of the Church* von Joseph Smith jr.; »Rethinking the 1826 Judicial Decision«, ein im Internet veröffentlichter Aufsatz von Dan Vogel und »Joseph Smith's 1826 Trial: The Legal Setting«, ein Aufsatz von Gordon A. Madsen, erschienen in *BYU Studies*.

16 Die einhundertsechzehn fehlenden Seiten sind nie wieder aufgetaucht. Es gibt Indizien, die darauf hindeuten, daß Mark Hofmann (der Fälscher, der in Point of the Mountain Dan Laffertys Zellengenosse ist) vor seiner Verurteilung einen Plan ausgeheckt hatte, um

den lange verlorenen Text zu »entdecken«. Da Hofmanns Fälschung, wenn sie für bare Münze genommen worden wäre, vermutlich ein schlechtes Licht auf Joseph Smith und *Das Buch Mormon* geworfen hätte, wäre er von der HLT-Kirche für das Dokument wahrscheinlich großzügig entlohnt worden und man hätte es dann bei den anderen potentiell peinlichen historischen Dokumenten, die die Kirchenführung den neugierigen Blicken der Wissenschaftler bisher entzieht, im Tresor des Präsidenten versteckt.

6 Cumorah

Meine Hauptquellen waren *Das Buch Mormon* und *By the Hand of Mormon.*

17 Selbst in der Kurzfassung ist *Das Buch Mormon* eine unglaublich verwickelte Geschichte, die nur schwer verdaulich ist, und die Namen der Hauptfiguren bleiben einem als Nichtmormonen nicht immer leicht im Gedächtnis. Doch der Versuch, Moroni und Nephi im Gedächtnis zu behalten, wird in diesem Buch an späterer Stelle belohnt, denn diese beiden Figuren spielen auch in der modernen Sage von Dan Lafferty eine Rolle.

7 Die leise, feine Stimme

Ich habe mich auf Interviews mit Robert Crossfield, Bernard Brady und Debbie Palmer gestützt, auf *The First Book of Commandments* und *The Second Book of Commandments,* beide von Crossfield, und auf die HLT-Schrift *Lehre und Bündnisse.* Die Fakten über die Dream Mine und ihre Geschichte stammen hauptsächlich aus *John H. Koyle's Relief Mine* von Ogden Kraut und aus Artikeln in der *Salt Lake Tribune.*

18 Im Lauf der Jahre haben mehr als zwanzig Fundamentalisten – darunter auch Ron Lafferty, Rulon Jeffs und Brian David Mitchell (der Entführer Elizabeth Smarts) – behauptet, »der eine Mächtige und Starke« zu sein, der von Gott gesandt sei, um die Lehre von der Vielehe wiederherzustellen und die heutige HLT-Kirche »in Ordnung zu bringen«.

19 Im Alten Testament war Onias ein jüdischer Hoherpriester, der zwei Jahrhunderte vor Christus in Jerusalem lebte. Onias erlangte Anse-

hen, weil er sich dem herrschenden Tyrannen König Antiochus Epiphanes widersetzte und sich weigerte, dessen Götzen anzubeten. Zur Strafe entzog ihm der König das Priesteramt und setzte an seiner Stelle den Speichellecker Menelaus ein. Daraufhin sammelte Onias ein Heer von tausend Männern, stürmte den Tempel in Jerusalem, vertrieb Menelaus und ermöglichte es den Juden, wieder innerhalb der heiligen Mauern zu beten. Zufällig (oder vielleicht auch nicht) hatte Robert Crossfield einen Großvater namens Samuel Onias Crossfield, der 1879 in Quebec geboren wurde.

8 Der Peace Maker

Meine Hauptquellen waren Dan Lafferty und *The Peace Maker* von Udney Hay Jacob. Die Zitate von Matilda Lafferty stammen aus dem Protokoll von Ron Laffertys Verhandlung 1996.

20 Benson, der unter Präsident Eisenhower Landwirtschaftsminister war, wurde schließlich Präsident und Prophet der gesamten HLT-Kirche und bekleidete diese Stellung von 1985 bis zu seinem Tod im Jahre 1994.

9 Haun's Mill

Meine Hauptquellen waren *The 1838 Mormon War in Missouri* von Stephen C. LeSueur, *Mormonism Unveiled; or the Life and Confessions of the Late Mormon Bishop, John D. Lee*, herausgegeben von William Bishop, und *No Man Knows My History*. Die Rezension über *Das Buch Mormon* im *Rochester Daily Advertiser* aus dem Jahre 1830 wurde nach *No Man Knows My History* zitiert, ebenso Joseph Smiths Rede von 1838, in der er sich mit Mohammed verglich. Die entsprechende Fußnote über Parallelen zwischen Mormonentum und Islam stützt sich auf Informationen aus dem Artikel »Joseph Smith, An American Muhammad? An Essay on the Perils of Historical Analogy« von Arnold H. Green und Lawrence P. Goldup, 1971 erschienen in *Dialogue: A Journal of Mormon Thought* (die Zitate von Eduard Meyer und George Arbaugh wurden nach diesem Artikel zitiert).

21 Joseph war nicht der einzige, der die Gründungspropheten des Mormonentums und des Islams miteinander verglich. Solche Vergleiche

wurden zumeist von ungläubigen Kritikern gemacht, die die Heiligen und ihren Glauben verunglimpfen wollten, aber gewisse unbestreitbare Ähnlichkeiten fielen auch denjenigen auf, die Josephs Kirche wohlwollend gegenüberstanden. Unter diesen Bewunderern war Sir Richard F. Burton, der berühmte Freigeist und Abenteurer aus dem 19. Jahrhundert, der aus erster Hand eingehende Kenntnisse der islamischen Kulturen besaß. Bei einem Besuch in Salt Lake City, kurz nachdem die Mormonen dort eingetroffen waren, sagte Burton, das Mormonentum behaupte »wie El Islam«, es sei »eine Wiederherstellung der reinen und ursprünglichen Weltreligion durch Offenbarung«. 1904 forschte der angesehene deutsche Wissenschaftler Eduard Meyer ein Jahr lang in Utah über die Heiligen, was ihn zu der Prophezeiung veranlaßte: »wie Arabien das Erbe der Muslime war, so würde Amerika das Erbe der Mormonen werden«. Und 1932 räumte George Arbaugh in einem Buch mit dem Titel *Revelation in Mormonism* zwar ein, daß »Ähnlichkeiten zwischen Islam und Mormonentum mißverstanden und zu stark betont wurden«, schrieb dann aber: »Das Mormonentum ist eine der kühnsten Erneuerungsbewegungen in der Geschichte der Religionen. Sein aggressiver theokratischer Anspruch, sein politisches Streben und seine Gewaltanwendung machen es dem Islam ähnlich.«

10 Nauvoo

Meine Hauptquellen waren *Kingdom on the Mississippi Revisited: Nauvoo in Mormon History*, herausgegeben von Roger D. Launius und John E. Hallwas, *Cultures in Conflict: A Documentary History of the Mormon War in Illinois* von John E. Hallwas und Roger D. Launius, *Orrin Porter Rockwell: Man of God, Son of Thunder* von Harold Schindler und *No Man Knows My History.*

22 Josephs Mitbewerber waren der Whig-Kandidat Henry Clay, der Demokrat James K. Polk und James G. Birney von der Liberty Party. In einer Wahl mit äußerst knappem Ausgang ging Polk mit einer Mehrheit von 48,1 Prozent als Sieger hervor und übertraf Clay nur um 38 367 Stimmen.

23 »Religiöses Genie« ist eine sehr treffende, von William James stammende Charakterisierung, der sie in der ersten Vorlesung aus der Sammlung *Die Vielfalt religiöser Erfahrung: eine Studie über die menschliche Natur* allgemein einführte. Über neunzig Jahre später

wurde sie von Harold Bloom in seinem Buch *The American Religion* als perfekte Beschreibung für Joseph Smith übernommen.

24 Nachdem die Heiligen 1857 nach Utah ausgewandert waren, wurde Lee wegen der Rolle, die er beim Mountain-Meadows-Massaker spielte, berüchtigt.

11 Das Leitprinzip

Meine Hauptquellen waren *No Man Knows My History, In Sacred Loneliness: The Plural Wives of Joseph Smith* von Todd Compton, *Mormon Polygamy: A History* von Richard S. Van Wagoner, *Mormonism Unveiled; or the Life and Confessions of the Late Mormon Bishop, John D. Lee* und *An Intimate Chronicle: The Journals of William Clayton,* herausgegeben von George D. Smith. Die Zitate von Marinda Johnson sind dem Buch *In Sacred Loneliness* entnommen. Das Zitat von Luke Johnson über die versuchte Kastrierung Joseph Smiths in Ohio stammt aus dem Artikel »History of Luke Johnson«, erschienen in der *Deseret News* vom 19. Mai 1858. Der Auszug aus Lucy Walkers Memoiren wurde nach *No Man Knows My History* zitiert.

25 »Celestiale Ehe«, »spirituelle Ehe« und »Vielehe« sind euphemistische Bezeichnungen, die sich Joseph Smith für die Polygamie einfallen ließ.

12 Carthage

Meine Hauptquellen waren *An Intimate Chronicle: The Journals of William Clayton, No Man Knows My History, Mormon Polygamy: A History, Kingdom on the Mississippi Revisited: Nauvoo in Mormon History, Cultures in Conflict: A Documentary History of the Mormon War in Illinois, Lehre und Bündnisse* und *Among the Mormons: Historic Accounts by Contemporary Observers* von William Mulder und A. Russell Mortensen. Der Brief von William Clayton, in dem das Diktat von Joseph Smiths Offenbarung über die Vielehe geschildert wird, wurde nach *An Intimate Chronicle* zitiert.

26 William Clayton, Josephs treuergebener Privatsekretär, erklärte achtundzwanzig Jahre später in einem Brief: »Ich schrieb die Offenbarung über die celestiale Ehe nieder, die der Prophet Joseph Smith am 12. Tag im Juli 1843 gab. Als die Offenbarung aufgeschrieben

wurde, war außer dem Propheten Joseph, seinem Bruder Hyrum und mir niemand anwesend. Sie wurde hinten in dem kleinen Büro im ersten Stockwerk des Backsteinladens am Ufer des Mississippi niedergeschrieben. Die Niederschrift dauerte mehr als drei Stunden. Joseph diktierte Satz für Satz, und ich schrieb alles auf. Nach der Niederschrift bat mich Joseph, es langsam und sorgfältig vorzulesen, was ich auch tat, und dann erklärte er es für richtig.«

13 Die Lafferty-Jungs

Meine Hauptquelle war Dan Lafferty.

14 Brenda

Ich habe mich auf Interviews mit Betty Wright McEntire, LaRae Wright, Penelope Weiss und Dan Lafferty gestützt und, in geringerem Maße, auf das Protokoll von Ron Laffertys Verhandlung 1996.

27 Jede HLT-Gemeinde wird von einem Bischof geführt – ein Laie, immer männlich –, den die Erste Präsidentschaft und der Rat der Zwölf Apostel, die höchste Spitze in der Hierarchie, die die Weltkirche von Salt Lake City aus leitet, gutheißen müssen. Der Bischof wiederum ernennt zwei Ratgeber, und diese drei Männer bilden zusammen die »Bischofschaft«, die in ihrer Gemeinde alles beaufsichtigt.

28 Alle Mormonen müssen sich an diese Regeln halten, die sich auf eine seit dem späten 20. Jahrhundert geltende, strenge Deutung einer verwirrenden Offenbarung zurückführen lassen, die Joseph Smith 1833 empfing (allgemein bekannt als das »Wort der Weisheit« und als Abschnitt 89 in *Lehre und Bündnisse* aufgenommen, in dem der Herr seinen Heiligen befahl, sich »starken Getränks« und gewisser anderer Laster zu enthalten).

29 In den letzten Jahren lag der jährliche Durchschnitt bei etwas mehr als zwei Bekehrungen pro Missionar.

30 Michelle King hat nur zwei Jahre vor Brenda ebenfalls am Fachbereich für Kommunikationswissenschaften der BYU graduiert und ist zur Zeit die beliebte zweite Sprecherin der Abendnachrichten auf KUTV, dem Ableger von CBS in Salt Lake City.

15 Der eine Mächtige und Starke

Meine Hauptquellen waren Robert Crossfield, Bernard Brady, Dan Lafferty, Betty Wright McEntire und Pamela Coronado. Außerdem habe ich mich auf *The First Book of Commandments, The Second Book of Commandments, Das Buch Mormon* und Fotokopien von Ron Laffertys Offenbarungen gestützt.

31 *The Book of Onias* ist ein anderer Titel für *The Second Book of Commandments;* es handelt sich um dasselbe Buch. Die HLT-Kirche ist in sogenannte »Pfähle« mit ungefähr dreitausend Mitgliedern unterteilt, die grob den Erzdiözesen der katholischen Kirche entsprechen; diese Pfähle wiederum sind in »Gemeinden« untergliedert. Normalerweise besteht ein Pfahl aus fünf bis zwölf Gemeinden.

32 In der HLT-Kirche werden alle männlichen Mitglieder, die für würdig erachtet werden, im Alter von zwölf Jahren in die »Priesterschaft« eingeführt, was mit der Übertragung bestimmter Rechte und Pflichten verbunden ist und dem Betroffenen einen unschätzbaren Rang in der Kirche verleiht. Vor 1978 wurde Schwarzen die Aufnahme in die Priesterschaft verweigert – ein großer Affront, der erklärt, warum es nur relativ wenige Mormonen afrikanischer Abstammung gibt. Frauen sind unabhängig von ihrer Hautfarbe weiterhin von der Priesterschaft ausgeschlossen.

33 »Todd« war Michael Todd Jeffory Judd, ein muskulöser blonder Tramper, den Watson Lafferty eines Nachmittags mitgenommen hatte. Todd hatte Hunger, also nahm Watson ihn mit zum Essen in Claudine Laffertys Haus, wo er einige der anderen Lafferty-Brüder kennenlernte und aufgefordert wurde, an den Treffen der Schule der Propheten teilzunehmen. Todd wohnte zwei Wochen bei Claudine und fuhr etwa um die Zeit, als Ron diese Offenbarung empfing, für drei weitere Wochen mit Watson nach Arizona, um bei einem Bauprojekt für ihn zu arbeiten. Doch Todd und Watson bekamen Streit, und eines Tages stellte Watson bei der Rückkehr in ihre gemeinsame Wohnung fest, daß Todd Watsons Sachen gestohlen hatte und verschwunden war; damit brach er seine Verbindung zur Lafferty-Sippe und der Schule der Propheten ab, bevor man ihn auffordern konnte, die genannten Personen zu »beseitigen«.

34 Orrin Porter Rockwell, der »Engel der Zerstörung«, der 1842 Lilburn Boggs, den Gouverneur von Missouri und Joseph Smiths Erzfeind, zu ermorden versuchte. Rockwell, der persönliche Leibwächter von Joseph Smith und Brigham Young, wurde im 19. Jahrhundert von

den Mormonen gepriesen, weil er mit seinem 44er Colt-Revolver jede Menge Menschen umgebracht hatte, die als Feinde der HLT-Kirche galten. Im Utah County ist ein beliebtes, schon lange existierendes Restaurant namens Porter's Place nach ihm benannt worden.

35 Mehreren Berichten zufolge fand Joseph Smith, als er 1827 *Das Buch Mormon* am Berg Cumorah ausgrub, Labans Schwert in der alten Steinkiste, in der sich die Goldplatten befanden.

16 Die Beseitigung

Meine Hauptquellen waren Dan Lafferty, Betty Wright McEntire und LaRae Wright. Außerdem habe ich mich auf das Protokoll von Ron Laffertys Verhandlung 1996 gestützt. Die Fakten in der Fußnote über den Marihuanagebrauch unter Mormonen Anfang des 20. Jahrhunderts sind entnommen aus *Prophet of Blood: The Untold Story of Ervil LeBaron and the Lambs of God* von Ben Bradlee jr. und Dale Van Atta, aus D. Michael Quinns Artikel »LDS Church Authority and New Plural Marriages, 1890–1904«, 1985 erschienen in *Dialogue: A Journal of Mormon Thought,* und aus mehreren Artikeln in der *Salt Lake Tribune.*

36 Interessanterweise war Utah 1915 der erste Staat in der Union, der Marihuana kriminalisierte. Die treibende Kraft hinter dem Verbot war die HLT-Kirche, die über den zunehmenden Marihuanagenuß unter ihren Mitgliedern besorgt war. Wie sich herausstellte, belegten die Heiligen der Letzten Tage beim Grasrauchen einen Spitzenplatz, und das verdankten sie den Polygamisten, die in Mexiko, wohin über sechstausend von ihnen Anfang des 20. Jahrhunderts vor der staatlichen Verfolgung geflohen waren, an Cannabis Geschmack gefunden hatten. Im Sommer 1912 flammte im Norden Mexikos die Mexikanische Revolution auf, und die um sich greifende Gewalt zwang die meisten dieser im Ausland lebenden Polygamisten, nach Utah zurückzukehren, wo sie Marihuana in die mormonische Allgemeinkultur einführten und dadurch die HLT-Verantwortlichen alarmierten.

37 Nach Dans und Rons Verhaftung gab Dan im Gefängnis eine im ganzen Land veröffentlichte Erklärung ab, in der er ein Loblied auf »spirituelle Kräuter« sang. »Wegen dieser Aussage«, sagt Dan, »haben sich viele Leute gefragt, ob ich auf Drogen oder betrunken war, als ich die beiden getötet habe, aber beides stimmt nicht. Eine Woche

vorher habe ich mit meiner dritten Frau gutes Gras geraucht ... und so um den 22. Juli, an dem Tag, als ich die Siedlung von Alex Joseph in Big Water verließ, habe ich ein Bier getrunken, das er mir ausgegeben hat«, doch das, so beteuert er, seien die einzigen Rauschmittel gewesen, die er in der Zeit vor den Morden zu sich genommen habe.

38 Alex Joseph, ein ehemaliger Polizeibeamter aus Modesto, Kalifornien, wurde in griechisch-orthodoxem Glauben erzogen und konvertierte 1965 zum Mormonentum, wurde aber vier Jahre später aus der Kirche ausgeschlossen, weil er begann, die Vielehe zu praktizieren, und eine Sekte namens Church of Jesus Christ in Solemn Assembly gründete (ingesamt hat Joseph mindestens einundzwanzig Frauen geheiratet). Seine Schlagfertigkeit, seine ausgefallenen theologischen Ansichten und sein unersättliches Verlangen nach Publicity machten ihn zum Liebling der internationalen Nachrichtenmedien. 1983, kurz bevor die Laffertys ihn besuchten, bewarb sich Joseph als Libertarianer erfolgreich um den Bürgermeisterposten von Big Water und versprach, die Stadt in eine steuerfreie Zone umzuwandeln; danach rühmte er sich, der einzige Polygamist in den Vereinigten Staaten zu sein, der in ein öffentliches Amt gewählt wurde (er war auch Kommandant der Hilfstruppe der Lake-Powell-Küstenwache). In seinen späten Jahren kam er zu dem Glauben, Jesus sei ein visionärer Seemann gewesen und von den Römern gekreuzigt worden, nachdem Er das Geheimnis der Meeresnavigation entdeckt hatte. Joseph war Kettenraucher und starb 1998 im Alter von 62 Jahren an Darmkrebs.

39 Der Pioneer Day dient dem Gedenken der Mormonen an ihre Ankunft im Salt Lake Valley am 24. Juli 1847 nach ihrem Auszug aus Nauvoo und ist der höchste Feiertag der Heiligen, der in ganz Utah mit Umzügen, öffentlichen Ansprachen und Feuerwerk begangen wird, die die Feierlichkeiten am 4. Juli mühelos in den Schatten stellen.

17 Exodus

Meine Hauptquellen waren *The Mormon Hierarchy: Origins of Power* von D. Michael Quinn, *Among the Mormons: Historic Accounts by Contemporary Observers, Orrin Porter Rockwell: Man of God, Son of Thunder, Cultures in Conflict: A Documentary History of the Mormon War in Illinois, Blood of the Prophets: Brigham Young and the Massacre at Mountain Meadows* von William Bagley, *The Year of Decision: 1846* von Bernard DeVoto und *Mormonism Unveiled; or the Life and Confessions of the Late Mormon Bishop, John D. Lee.* Das Zitat des Kongreßabgeordneten aus Illinois, John Alexander McLernand, in dem er über die Polygamie herzieht, ist entnommen aus *Mormon Polygamy: A History.* Das Zitat von Dr. Roberts Bartholow in der entsprechenden Fußnote wurde zitiert nach dem Artikel »A Peculiar People: The Physiological Aspects of Mormonism 1850–1975« von Lester E. Bush jr., 1979 erschienen in *Dialogue: A Journal of Mormon Thought.*

40 Aufgrund einer außergewöhnlichen Bestimmung in der Stadturkunde, die den Stadträten die außerordentlichen Befugnisse der Habeaskorpusakte zugestanden, war Nauvoo lange als Zufluchtsstätte für Falschgelddrucker verschrien. Diese oft mißbrauchte Klausel erlaubte es Joseph Smith und nach ihm auch Brigham Young, jeder Person, die außerhalb der Stadtgrenzen eines Verbrechens angeklagt war, gesetzliche Immunität zu gewähren. Und wie die Bewohner des heutigen Colorado City, die es völlig in Ordnung finden »das Tier auszubluten«, indem sie Sozialhilfebetrug begehen, glaubten weder Brigham noch Joseph, daß die Fälscher in ihrer Mitte in den Augen des Herrn Verbrecher seien; im Gegenteil, jedesmal, wenn sie einen Ungläubigen mit ihren falschen Geldscheinen prellten, waren sie dem Reich Gottes förderlich und hatten es deshalb verdient, vor dem Gefängnis bewahrt zu werden.

41 Nachdem Sidney Rigdons Bestreben, an Joseph Smiths Stelle zu treten, durch Brigham Youngs Machtübernahme zunichte gemacht worden war, gründete Rigdon mit ein paar hundert Anhängern in Pittsburgh, Pennsylvania, eine eigene Kirche, die sich aber rasch wieder auflöste. Der Apostel Lyman Wright sagte sich mit zahlreichen unzufriedenen Mormonen von Brigham los und gründete in Texas eine weitere kurzlebige Kirche. Und ein charismatischer Scharlatan und ehemaliger Baptist namens James Jesse Strang lockte siebenhundert ernüchterte Heilige von Brighams Kirche weg – darunter auch Josephs Mutter, seinen einzigen noch lebenden Bruder, zwei seiner Schwestern und Martin Harris, den Mann, der eine Hypothek auf seine Farm aufgenommen hatte, um die Druckkosten für *Das Buch Mormon* zu bezahlen. Strang köderte diese Leute, indem er verkündete, ein Engel habe ihn genau in dem Augenblick

besucht, als der Prophet ermordet wurde, und ihn zu Josephs Nachfolger gesalbt. Fünfzehn Monate später behauptete Strang, eine alte Schrift mit dem Titel *Book of the Law of the Lord* entdeckt zu haben, geprägt auf Messingplatten, die er die Platten von Laban nannte und in der Nähe von Voree, Wisconsin, an einem Hang ausgegraben hatte; Strang zufolge hatte dieses Dokument ursprünglich zu den 1827 von Joseph ausgegrabenen Goldplatten gehört, auf denen *Das Buch Mormon* stand. Beeindruckt von den Platten gründeten die »Strangianer« gemeinsam mit dem Propheten eine Kolonie auf Beaver Island, vor der nordwestlichen Küste der unteren Halbinsel von Michigan, wo Strang sich zu »König James I. vom Reich Gottes auf Erden« krönen ließ, sich mehrere Frauen nahm und mit unbeschränkter Macht regierte. Doch seine Herrschaft war nur von kurzer Dauer: 1856 lauerte ihm eine Schar verärgerter Bewohner von Beaver Island auf und erschoß ihn. Außerdem hatten sich noch vor seiner Ermordung mehrere führende Strangianer, die sich an seinem Hang zur Polygamie störten, von dem König losgesagt, um die Reorganisierte Kirche Jesu Christi der Heiligen der Letzten Tage zu gründen. Josephs Witwe Emma Smith schloß sich diesen »Reorganisierten« an, und ihr Sohn Joseph III. wurde Präsident und Prophet der Gruppe. Heute hat diese Kirche – die sich inzwischen Community of Christ nennt und ihren Hauptsitz in Independence, Missouri, in einem eindrucksvollen, von Gyo Obata entworfenen 60-Millionen-Dollar-Tempel hat – zweihundertfünfzigtausend Mitglieder und ist damit bei weitem die größte mormonische Sekte.

42 Brigham prahlte einmal mit den berüchtigten Worten: »Wir haben die größten und raffiniertesten Lügner der Welt.«

43 Die Heiligen wollten das neue Territorium Deseret nennen, ein Neologismus aus dem *Buch Mormon,* der »Honigbiene« bedeutet, was Brigham Young für ein treffendes Symbol für den Fleiß der Mormonen und ihre Überzeugung hielt, die Wohlfahrt des kollektiven Ganzen stehe über der persönlichen Freiheit. Aber der skeptische Kongreß lehnte den Vorschlag ab und nannte das Territorium Utah, nach den Ute-Indianern, die in dem Gebiet lebten. Doch unter sich nannten die Mormonen ihre Heimat ostentativ weiter Königreich Deseret, und diesen Namen trugen sie auf all ihren Landkarten ein. Heute ist der Bienenkorb noch auf dem offiziellen Staatssiegel und auf den Straßenschildern der staatlichen Highways zu sehen. Außerdem heißt die zweitgrößte Zeitung Utahs, die der HLT-Kirche gehört, *Deseret News.*

44 Brigham Young heiratete mindestens zwanzig Frauen, vielleicht sogar siebenundfünfzig. Er zeugte etwa siebenundfünfzig Kinder und hat jetzt Tausende von direkten Nachkommen. Der berühmteste von ihnen ist Steve Young, Brighams Ururenkel, Starquarterback der Brigham Young University und der San Francisco 49ers in der National Football League und wertvollster Spieler beim Super Bowl 1995.

45 McLernands Bemerkungen wurden mit großer Wahrscheinlichkeit von einer pseudowissenschaftlichen Untersuchung beeinflußt – offenkundig absurd, und dennoch von Medizinern und der Öffentlichkeit allgemein anerkannt –, erstmals veröffentlicht vom Senat und später in zahlreichen Magazinen und Fachzeitschriften neu veröffentlicht, worin ein Chirurg namens Roberts Bartholow behauptete, daß die sexuelle Verdorbenheit des Mormonentums eine ganze Menge leicht zu erkennender körperlicher Mißbildungen nach sich ziehe. Die mormonischen »Gesichtszüge« waren Dr. Bartholow zufolge »zusammengesetzt aus Lüsternheit, Durchtriebenheit, Argwohn und einem grinsenden Eigendünkel. Das gelbe, eingefallene, leichenblasse Antlitz, die grünlichen Augen, die dicken, aufgeworfenen Lippen, die niedrige Stirn, das helle gelbliche Haar und der dünne, eckige Körper ergeben eine äußere Erscheinung, so charakteristisch für die neue Rasse, das Produkt der Polygamie, daß sie auf den ersten Blick zu erkennen sind.«

46 Obwohl Joseph Smith aus moralischen Gründen gegen die Sklaverei gewesen war (1836 hatte er sogar den Afroamerikaner Elijah Abel zum Ältesten in der mormonischen Priesterschaft geweiht), war Brigham Young (wie viele andere Amerikaner des 19. Jahrhunderts) ein unverbesserlicher Rassist, dessen Auslegung der Schriften den Rassismus in der HLT-Kirche institutionalisierte. Unter seiner Führung wurde Utah Sklavengebiet, und die Mormonenkirche unterstützte im Bürgerkrieg die Ziele der Konföderierten. Brighams nachhaltiger Einfluß auf die HLT-Lehre gab Schwarzen bis über ein Jahrhundert nach seinem Tod das Gefühl, in der Kirche höchst unwillkommen zu sein. Im 20. Jahrhundert blieben Afroamerikaner größtenteils strikt von der Priesterschaft ausgeschlossen, und Ehen zwischen Schwarzen und Weißen wurden als Frevel an Gott betrachtet. Doch 1978 hatte Präsident Spencer W. Kimball eine Offenbarung, in der der Herr befahl, daß die HLT-Priesterschaft Männern aller Rassen offenstehen solle, was bei den Mormonen einen langsamen, aber tiefgehenden Einstellungswandel in der Rassenfrage

einleitete. Im Februar 2002 wählte die Studentenschaft der Brigham Young University, obwohl sie nur zu 0,7 Prozent aus Afroamerikanern besteht, den Schwarzen Rob Foster zu ihrem Vorsitzenden – der erste schwarze Vorsitzende in der Geschichte der Universität. Angesichts des Standpunkts, dem der Namensgeber der BYU anhing, wurde Fosters Sieg als ein besonders starkes Symbol betrachtet.

18 Denn Wasser genügt nicht

Meine Hauptquellen waren *Blood of the Prophets: Brigham Young and the Massacre at Mountain Meadows, The Mountain Meadows Massacre* von Juanita Brooks, *Mormonism Unveiled; or the Life and Confessions of the Late Mormon Bishop, John D. Lee, A Mormon Chronicle: The Diaries of John D. Lee, 1848–1876,* herausgegeben von Robert Glass Cleland und Juanita Brooks, *Orrin Porter Rockwell: Man of God, Son of Thunder, Forgotten Kingdom: The Mormon Theocracy in the American West, 1847–1896* von David L. Bigler und *Desert Between the Mountains: Mormons, Miners, Padres, Mountain Men, and the Opening of the Great Basin, 1772–1869* von Michael S. Durham. Die lebhaften Schilderungen des Überfalls auf den Fancher-Treck durch die beiden Überlebenden Sarah Frances Baker Mitchell und Nancy Huff wurden zitiert nach *Blood of the Prophets: Brigham Young and the Massacre at Mountain Meadows.*

47 Obwohl der Planwagenzug seinen Namen von dem fünfundvierzigjährigen Alexander Fancher erhielt, der eine der bekanntesten Familien des Trecks anführte, war die »Fancher-Gruppe« eigentlich ein lockerer Verbund aus mindestens vier verschiedenen Gruppen, darunter auch eine, die von Captain John T. Baker geleitet wurde – daher der andere Name, unter dem der Planwagenzug gemeinhin bekannt war: die Baker-Fancher-Gruppe.

48 Obwohl das Tal ursprünglich anscheinend Mountain Meadow hieß, steht auf den meisten Landkarten die Pluralform »Mountain Meadows«, und das Blutbad, das dort stattfand, ist allgemein bekannt als »das Mountain-Meadows-Massaker«.

49 Die Indianer machten einen deutlichen Unterschied zwischen den Mormonen (die sie »Mormonee« nannten) und anderen Amerikanern (die in der phonetischen Übertragung der Paiute-Sprache »Mericats« hießen).

50 *The Mountain Meadows Massacre,* erschienen 1950, ist ein außergewöhnliches Geschichtswerk und das grundlegende Porträt des Mormonentums unter Brigham Young. Inzwischen muß Will Bagleys 2002 erschienene, aktualisierte Arbeit über dasselbe Thema mit dem Titel *Blood of the Prophets* als das maßgebliche Werk angesehen werden, doch, wie er selbst bestätigt, ist er Juanita Brooks, die er als »eine der besten und mutigsten Historikerinnen des Westens« preist, zu großem Dank verpflichtet. In einem leicht nachvollziehbaren Sinne ist jedes Buch über die Mormonen im Utah des 19. Jahrhunderts, das nach 1950 erschienen ist, eine Replik auf das Buch von Brooks – so wie jede nach 1946 erschienene Arbeit über die Mormonen unter Joseph Smith im gewaltigen Schatten von Fawn Brodies Meisterwerk *No Man Knows My History* verfaßt wurde.

51 Parleys Canyon, das Tal, dem heute die Interstate 80 zwischen Salt Lake und Park City folgt (einem Wintersportort und Veranstaltungsort eines berühmten Filmfestivals), erhielt seinen Namen zu Ehren des ermordeten Apostels, der nach Joseph Smith eine der populärsten Gestalten des Mormonentums und in jeder Hinsicht ein schätzenswerter Mensch war.

52 St. George, die größte Stadt in Südutah, wurde nach George A. Smith benannt.

53 Brighams Originalbrief ist verschollen (wie auch fast alle anderen offiziellen Dokumente zum Mountain-Meadows-Massaker). Der oben zitierte Auszug ist eine Kopie des Briefes, der 1884 auftauchte, als ein HLT-Funktionär ihn zwischen den Seiten eines »Kirchenbriefbuchs« entdeckte.

54 Die überlebenden Kinder wurden in Mormonenfamilien aufgenommen und zu Heiligen der Letzten Tage erzogen; einige kamen in die Häuser derselben Männer, die ihre Eltern und Geschwister ermordet hatten. 1859 gelang es einem Beamten der Bundesregierung, alle siebzehn Überlebenden ausfindig zu machen und sie zu ihren Verwandten in Arkansas zurückzubringen, doch bevor die mormonischen Pflegeeltern die Kinder herausgaben, besaßen sie die Unverfrorenheit, Tausende von Dollar für deren Ernährung und den während ihres Aufenthalts genossenen Schulunterricht zu fordern.

19 Sündenböcke

Meine Hauptquellen waren dieselben wie in Kapitel 18, dazu der Artikel »The ›Letter,‹ or Were the Powell Men Really Killed by Indians?« von Wesley P. Larsen, 1993 erschienen in der Zeitschrift *Canyon Legacy*, und die Bücher *Colorado River Controversies* von Robert Brewster Stanton, *Beyond the Hundredth Meridian: John Wesley Powell and the Second Opening of the West* von Wallace Stegner, *Höllenfahrt durch den Grand Canyon. Expeditionsbericht über die erste Befahrung und Erforschung des Green River und des Colorado River* von John Wesley Powell, *Indian Depredations* von Peter Gottfredson und *The »Tribune« Reports of the Trials of John D. Lee for the Massacre at Mountain Meadows, November 1874 – April 1877*, herausgegeben von Robert Kent Fielding. Außerdem habe ich mich auf Interviews mit Wesley P. Larsen und Wynn Isom gestützt. Das Zitat von D. Michael Quinn, in dem er schildert, daß die Unionstruppen bei der Besetzung von Salt Lake City ihre Geschütze auf Brigham Youngs Haus gerichtet hatten, stammt aus einem Interview, das Ken Verdoia mit Quinn geführt hat.

55 Mehrere Heilige, die an dem Blutbad von 1857 aktiv beteiligt waren, sind Vorfahren berühmter heutiger Amerikaner. Mike Leavitt, der augenblickliche Gouverneur von Utah, ist zum Beispiel ein direkter Nachkomme des an dem Massaker beteiligten Dudley Leavitt, und das gilt auch für Juanita Leavitt Brooks, die Verfasserin von *The Mountain Meadows Massacre.* Und unter den Nachkommen von John D. Lee befinden sich Mitglieder der Udall-Politikerdynastie: Stewart Udall war dreimal Kongreßabgeordneter von Arizona und unter Präsident Kennedy Innenminister; sein jüngerer Bruder Morris Udall trat Stewarts Nachfolge an und wurde fünfzehnmal ins Repräsentantenhaus gewählt, und Morris' Sohn Mark Udall vertritt gegenwärtig den zweiten Bezirk von Colorado im Repräsentantenhaus.

56 Am 25. Dezember 1832 empfing Joseph eine Offenbarung, die später als Abschnitt 87 in *Lehre und Bündnisse* aufgenommen wurde und in der Gott erklärte, ein Bürgerkrieg würde

> *in Kürze eintreten, mit der Auflehnung Südkarolinas anfangen und mit dem Tod und Elend vieler Seelen enden … Denn siehe, die Südstaaten werden sich von den Nordstaaten abspalten … Und es wird sich begeben: Nach vielen Tagen werden sich Sklaven gegen ihre Herren erheben, und dieselben werden für den Krieg*

geordnet und ausgebildet sein … Und so, durch Schwert und Blutvergießen, werden die Bewohner der Erde trauern; und durch Hungersnot und Plage und Erdbeben und den Donner des Himmels und auch heftiges, scharfes Blitzen werden die Bewohner der Erde den Grimm und den Unwillen und die züchtigende Hand eines allmächtigen Gottes zu spüren bekommen, bis die beschlossene Verheerung allen Nationen ein völliges Ende bereitet hat.

57 Damals wurde der Colorado noch Grand River genannt.

58 Zu der Neun-Mann-Expedition gehörten auch ein schwermütiger Bürgerkriegsveteran namens George Bradley und der zwanzigjährige Andy Hall; beide unterhielten gute Beziehungen zu den beiden streitenden Parteien. Bei ihrem Aufbruch in Green River hatte die Expedition noch ein zehntes Mitglied gehabt, den Engländer Frank Goodman, doch als Goodmans Boot kenterte und er fast in den Disaster Falls ertrunken wäre, sagte er am 5. Juli zu Powell, er habe »genug Gefahren bestanden«, und verließ die Expedition – kurz bevor die Gruppe in den Grand Canyon fuhr.

59 1995 wurde ein Beweisstück entdeckt, das die Echtheit von Dunns Inschrift auf dem Mount Dellenbaugh untermauert: Ein junger Mann aus Cedar City namens Wynn Isom suchte am Osthang des Mount Dellenbaugh abseits des Pfades nach Pfeilspitzen, als er, vielleicht zehn Meter entfernt, auf dem Boden »ein schwaches Glitzern« sah. Es stellte sich heraus, daß es ein dünnes, stark angelaufenes Messingplättchen war, fünf Zentimeter lang und drei Zentimeter breit, auf dem in Kursivschrift der Name William Dunn eingraviert war. Einkerbungen an den Ecken des Plättchens deuten darauf hin, daß es ehemals an Dunns Gewehrschaft oder seiner Lederkleidung festgenietet war.

60 In seinem hochinteressanten Buch *Colorado River Controversies* schrieb der Landvermesser, Ingenieur und Amateurhistoriker Robert Brewster Stanton (1844–1922):

Als ich erstmals Bekanntschaft mit Major Powells Bericht machte, in dem er seine erste Forschungsreise schilderte, war es für mich die fesselndste Geschichte, die ich je gelesen hatte. Auch als ich die Vermessungsarbeiten für die Eisenbahn vollendet hatte und herausfand, daß viele seiner Schilderungen des Canyons und des Flusses zumindest irreführend waren, fand ich die Erzählung von den Abenteuern seiner Gruppe noch genauso schön und fesselnd wie zuvor … All das im Kopf, erlebte ich jedoch eine der größten Enttäuschungen meines Lebens, als ich Jahre später erfuhr … daß ein großer Teil der Erlebnisse, die den Forschungsreisenden von 1869 zugeschrieben wurden, aus den Aufzeichnungen von 1871 und 1872 stammte.

Als Stanton 1889 Jack Sumner interviewte, sagte der »mit einem Hauch von Verbitterung in der Stimme …: ›Vieles in dem Buch entspricht nicht der Wahrheit‹, und wandte sich ab«.

61 Drei Jahre vorher wurden beispielsweise zwei Siedler in der Nähe von Pipe Spring von Paiutes getötet; nur acht Tage nach diesem Überfall ritt eine Gruppe von Mormonen aus St. George in den Arizona Strip und tötete zur Vergeltung sieben Paiutes – obwohl sich herausstellte, daß keiner der sieben an der Ermordung der Siedler beteiligt gewesen war.

62 Heute ist Lee's Ferry der Ausgangspunkt für die meisten Flußfahrten durch den Grand Canyon. Infolgedessen kommen jedes Jahr Tausende von Kanufahrern durch John D. Lees Lonely Dell, von denen nur wenige etwas über den Mann erfahren, dessen Name mit dieser historischen Siedlung verbunden ist.

20 Unter dem Banner des Himmels

Meine Hauptquellen waren *The Four Hidden Revelations,* eine Sammlung göttlicher Gebote, die John Taylor und Wilford Woodruff offenbart wurden, veröffentlicht von der Fundamentalistischen Kirche Jesu Christi der Heiligen der Letzten Tage, *Mormon Polygamy: A History* und »LDS Church Authority and New Plural Marriages, 1890–1904«. John D. Lees Prophezeiung zu Brigham Youngs Tod wurde zitiert nach *Blood of the Prophets: Brigham Young and the Massacre at Mountain Meadows.* Das Zitat von John Taylor stammt aus dem anonym verfaßten Artikel »A Den of Treason: That's What John Taylor Made the Assembly Hall Last Sunday«, erschienen am 6. Januar 1880 in der *Salt Lake Daily Tribune.*

63 Zu den heutigen Fundamentalisten, die sich noch immer vom dritten Mormonenpropheten inspirieren lassen, zählt auch Dan Lafferty. »Ich war von John Taylors Integrität sehr beeindruckt«, sagt Dan, »und manchmal hat es mir in den schwersten Momenten wohl Kraft gegeben, an ihn zu denken.«

64 Samuel und Daniel Bateman waren DeLoy Batemans Ururgroßvater bzw. Urgroßvater.

21 Evangeline

Meine Hauptquellen waren DeLoy Bateman, Craig Chatwin, Debbie Palmer, Lavina Stubbs, Lenora Spencer, Annie Vandeveer Blackmore, Lena Blackmore und Evangeline Blackmore. Außerdem habe ich mich auf *The Blood Covenant* von Rena Chynoweth und *Prophet of Blood: The Untold Story of Ervil LeBaron and the Lambs of God* gestützt.

64a Nachdem ans Licht gekommen war, daß Warren Jeffs mit mindestens zwei der minderjährigen Mädchen, die er zu spirituellen Frauen genommen hatte, gesetzwidrigerweise Kinder gezeugt hatte, wurde der FHLT-Prophet im Frühling und Sommer 2003 von den staatlichen Behörden immer strenger überprüft. Im August 2003 teilte der Generalstaatsanwalt von Utah Mark Shurtleff den Medien mit: »Ich sage Warren Jeffs ganz offen, daß ich hinter ihm her bin.« Shurtleff (ein Mormone der Hauptkirche) fügte hinzu: »Wir haben unwiderlegbare Beweise, daß Verbrechen begangen wurden, Kindern Gewalt angetan wurde und der Steuerzahler die Rechnung begleicht.«

Ein paar Tage später antwortete ihm Jeffs während einer Sonntagspredigt von der Kanzel und warnte seine Anhänger: »Wir stehen unter Beschuß. Wir brauchen den Schutz des Herrn.« Dann erklärte er, Gott habe ihm befohlen, vorerst keine Gottesdienste und Eheschließungen mehr durchzuführen, um die Gemeinde für ihre »Sünden« zu bestrafen – zum erstenmal seit der Polizeiaktion in Short Creek fünfzig Jahre zuvor wurden die religiösen Zeremonien eingestellt. Vorher hatte Jeffs in Hildale-Colorado City bereits die Feiern zum Unabhängigkeitstag abgesagt, hatte angeordnet, in der ganzen Gemeinde die Basketballkörbe abzumontieren, und das Tragen roter Kleidung verboten. Besorgte Beobachter hatten den Eindruck, daß der neue Prophet immer fanatischer und paranoider wurde.

Im September flüchtete Jeffs über die Grenze nach Bountiful, British Columbia, da er befürchtete, verhaftet zu werden, wenn er in den Vereinigten Staaten blieb. Seither hält er sich meistens versteckt, doch im November wurde er bei der Beerdigung eines angesehenen Ältesten in Colorado City gesehen, und er ist auch mehrmals zurückgekehrt, um weitere Frauen zu beanspruchen. »Daß Warren den übrigen Gemeindemitgliedern Eheschließungen verboten hat«, erklärt DeLoy Bateman, »hat ihn nicht davon abgehalten, in die Stadt zu kommen und weitere hübsche Jungfrauen zu heiraten, ein

paar von ihnen erst sechzehn – anscheinend braucht er fast jede Woche eine neue. Und die Väter der Mädchen sind stolz darauf, dem Propheten ihre halbwüchsigen Töchter zur Frau zu geben.«
Während Warren Jeffs langer Abwesenheit von Colorado City waren Arbeiter rund um die Uhr damit beschäftigt, rings um sein Quartier mitten in der Stadt eine hohe, festungsartige Mauer zu errichten. Andere Arbeiter haben berichtet, daß Jeffs irgendwo an einem geheimen Ort ein weiteres ummauertes Quartier errichten läßt – vielleicht in der abgelegenen West Desert auf beiden Seiten der Grenze zu Nevada. Obwohl die staatlichen Behörden Jeffs unbedingt vor Gericht stellen wollen, macht man sich dort große Sorgen, daß es bei dem Versuch, ihn zu verhaften, »zu einem Blutbad kommen könnte«, sagt Bateman. »Und das kann durchaus passieren. Meiner Einschätzung nach stehen die Chancen fifty-fifty, daß Warren, wenn die Polizei käme, um ihn zu verhaften, etwas Ähnliches entfesseln würde wie in Waco oder Jonestown. Das halte ich wirklich für möglich. Das ist schon beängstigend. Warren ist ein sehr fanatischer Mensch, und seine Anhänger sind wahre Gläubige.«
Bevor Jeffs im September 2003 nach Kanada flüchtete, sagte er in einer Predigt, er habe eine göttliche Offenbarung empfangen, in der Gott die Einwohner von Colorado City ermahnt habe: »Hütet euch; für das, was ihr im Verborgenen tut, werde Ich euch öffentlich bestrafen. Und ihr müßt Meinen Schutz suchen, indem ihr eure Sünden bereut und Mein Reich, Mein Vorratshaus, Mein Priestertum auf Erden errichtet. Und tut ihr das nicht, so bringe ich eine Geißel über Mein Volk, um die Gottlosen unter euch hinwegzufegen. Und die Gerechten werden mit den Lasterhaften leiden ... Ich der Herr habe gesprochen und ihr sollt Meinem Wort gehorchen ... Laßt nicht länger Halbherzigkeit walten.«

65 Rulon Allreds polygamistischer Vater Byron C. Allred war ein berühmter Mormone, der Sprecher des Repräsentantenhauses von Idaho gewesen und auf der Flucht vor den Polygamistenjägern nach Mexiko umgesiedelt, wo Rulon 1906 geboren wurde. Alex Joseph und John Bryant – beide Führer unabhängiger Polygamistengemeinden, die Dan und Ron Lafferty im Sommer 1984 besucht hatten, kurz bevor sie Brenda und Erica Lafferty ermordeten – kamen durch Rulon Allred zum fundamentalistischen Mormonentum. Joseph und auch Bryant waren treue Anhänger Allreds gewesen, bevor sie mit ihm brachen und ihre eigenen Gemeinden gründeten.

66 Chynoweth tat alles, um ihre Beteiligung an der Ermordung Allreds zu verschleiern. 1978 wurde sie wegen Mordes vor Gericht gestellt, doch sie schwor in dem Prozeß einen Meineid und wurde freigesprochen. Zwölf Jahre später schrieb sie eine freimütige, flotte Biographie über die LeBarons mit dem Titel *The Blood Covenant* (die Quelle der Zitate in diesem Kapitel), in der sie ihre Schuld eingestand. Als das Buch 1990 erschien, strengten Allreds Hinterbliebene einen Zivilprozeß gegen Chynoweth an und gewannen eine 52-Millionen-Dollar-Klage wegen unrechtmäßigen Freispruchs gegen sie.

67 In Los Molinos hatte 1986 auch die dreizehnjährige Linda Kunz den siebenunddreißigjährigen Tom Green geheiratet, den Polygamisten aus Utah, der 2001 verurteilt wurde, nachdem er in *Dateline NBC* mit seinem polygamistischen Lebensstil geprahlt hatte.

68 Vier Jahre nachdem Ray Blackmore seine Adoptivtochter Alaire geheiratet hatte, nahm er Debbie Palmer (die später ihr eigenes Haus in Bountiful niederbrannte) zur Frau.

69 Utah wurde vom *Wall Street Journal* als »Welthauptstadt des Betrugs« bezeichnet, und innerhalb des Staates gibt es nirgends so viele Wirtschaftsverbrechen wie im Utah County. Laut dem FBI-Agenten Jim Malpede ermittelt das FBI ständig in Betrugsfällen, begangen von Leuten, die wie Kenyon Blackmore vom Utah County aus arbeiten, und die sich insgesamt auf fünfzig bis hundert Millionen Dollar belaufen. Die ungewöhnlich hohe Betrugsrate ist eine direkte Folge des ungewöhnlich hohen Mormonenanteils an der Bevölkerung des Utah County. Wenn Heilige von ihren Glaubensbrüdern aufgefordert werden, in zweifelhafte Projekte zu investieren, sind sie meist zu vertrauensselig. Michael Hines, leitender Ermittler der Wertpapierabteilung im Wirtschaftsministerium von Utah, sagte gegenüber der *Deseret News*, im Utah County umgarnten Betrüger ihre Opfer gewöhnlich, indem sie sie bäten, die geplante Investition durch Gebete zu prüfen. »Die Leute müssen begreifen«, warnte Hines, »daß Gott kein guter Anlageberater ist.«

22 Reno

Meine Hauptquellen waren Dan Lafferty, Bernard Brady und das Protokoll von Ron Laffertys Verhandlung 1996.

70 Auch wenn es vielleicht wie eine weitere Manifestation von Dans extremen, fundamentalistischen Überzeugungen klingt, ist die Seg-

nung unter den Heiligen der Letzten Tage ein völlig normales Ritual. Mormonische Männer legen gewöhnlich die Hände auf den Kopf eines Familienmitglieds oder eines Glaubensgenossen und sprechen einen Segen, um den Betreffenden zu heilen oder ihm in Streßzeiten Trost zu spenden. Zahllose Mormonen haben bezeugt, daß sie durch Handauflegen von schweren Krankheiten geheilt wurden. Kenneth Anderson schrieb 1999 in einem Artikel der *Los Angeles Times*:

> *Diese seltsame Vermischung mystischer (und historisch unbestätigter) Lehren einerseits und pragmatischer Vernunft andererseits ist ein ausgeprägtes Merkmal der heutigen Mormonen. Die Kultur der Mormonen wurde von hervorragenden Naturwissenschaftlern und Ingenieuren zum Beispiel lange als möglichst rational in weltlichen Dingen und doch religiös in ihrem Festhalten an vielen historischen Glaubenssätzen charakterisiert, die einer streng wissenschaftlichen Überprüfung nicht standhielten, und die Mormonen galten zudem als Menschen, die an höchst mystische Vorstellungen glaubten, auch wenn sie sie nicht als solche darstellten. Mein eigener Vater war Chemieprofessor und Dekan der Universität, ein engagierter und vernunftbestimmter Hochschullehrer. Doch in der Mormonenkirche … hatte er jahrelang die Aufgabe, den Segen zu erteilen, Kirchenmitgliedern die Hände auf den Kopf zu legen und ihnen im Namen Gottes Dinge zu sagen, die dokumentiert und niedergeschrieben sind und von den Kirchenmitgliedern als meditativer Leitfaden aufbewahrt werden, der ihnen sagt, was Gott mit ihnen im Leben vorhat. Für einen Außenstehenden kommt das bestimmt einem wirren Mystizismus nahe, und doch ist mein Vater alles andere als ein wirrer Mystiker. Und er spaltet sein vernunftbestimmtes Leben auch nicht von seinen mystischen Erfahrungen ab, zwischen beidem besteht keinerlei existentielle Trennung. Im Gegenteil, er hat beim Erteilen des mormonischen Segens die Erfahrung gemacht, daß die Methode, »dem Geist zu folgen«, auf eine Art »vernünftig« ist, die für die mormonische Eigenschaft, den Mystizismus als eine vernunftbestimmte Praxis zu begreifen, ganz charakteristisch ist.*

23 Gerichtsverhandlung in Provo

Meine Hauptquelle war das Protokoll von Ron Laffertys Verhandlung 1996. Außerdem habe ich mich auf Interviews mit Betty Wright McEntire, LaRae Wright, Dan Lafferty, Thomas Brunker, Kris C. Leonard und Michael Wims sowie auf Artikel in der *Salt Lake Tribune*, der *Deseret News* und im *Provo Daily Herald* gestützt.

71 *DSM-IV* wurde von der American Psychiatric Association herausgegeben und gilt als Bibel der Psychiater und Psychologen.

72 Natürlich haben auch viele Leute gesagt, die Psychiatrie sei selbst nur eine Art weltlicher Glaube – eine Religion für Nichtreligiöse.

24 Der Große und Schreckliche Tag

Meine Hauptquelle war Dan Lafferty.

73 Zu diesem Wortwechsel kam es am 2. April 1996 im Gerichtsgebäude von Provo, als Dan Lafferty beim Wiederaufnahmeverfahren gegen Ron Lafferty im Zeugenstand saß.

74 Dieses biblische Gleichnis, gemeinhin bekannt als das Gleichnis vom Unkraut unter dem Weizen (»Wicke« steht als Synonym für ein schädliches Unkraut, das Getreidefelder heimsucht), steht in Matthäus 13, 24. Dort wird erzählt, wie der Satan eines Nachts, als alle Leute schliefen, auf den Äckern des Himmelreichs Unkraut säte. Jesus sagte seinen Anhängern, sie sollten das Unkraut mit dem Weizen wachsen lassen »bis zur Ernte; und um der Ernte Zeit will Ich zu den Schnittern sagen: Sammelt zuvor das Unkraut und bindet es in Bündel, daß man es verbrenne; aber den Weizen sammelt Mir in Meine Scheune.« Bemerkenswerterweise ist Dan Lafferty nicht der einzige Glaubenseiferer, der von diesem Gleichnis angetan ist. Brian David Mitchell, der fundamentalistische Mormone, der 2002 die vierzehnjährige Elizabeth Smart entführte, schrieb in seinem Traktat »The Book of Immanuel David Isaiah«: »... es hat in der Priesterschaft Verderbnis und Schande gegeben. Denn der Satan schleicht sich unvermutet ein und sät Wicken unter den Weizen ...«

25 Die amerikanische Religion

Ich habe mich auf persönliche Besuche in Colorado City und Bountiful und auf Interviews mit Pamela Coronado, Emmylou Coronado, Robert Crossfield, DeLoy Bateman, Craig Chatwin und Debbie Palmer gestützt. Rodney Starks Prognosen über das Wachstum der HLT-Kirche wurden zitiert nach *Mormon America: The Power and the Promise.* Der Auszug aus dem Brief von Dale Morgan an Juanita Brooks aus dem Jahre 1945 wurde zitiert nach *Juanita Brooks: Mormon Woman Historian* von Levi S. Peterson.

26 Canaan Mountain

Meine Quelle war DeLoy Bateman.

75 Die panische Angst vor Rassenmischung haben die Fundamentalisten mit ihren mormonischen Glaubensbrüdern gemeinsam: Auch nach HLT-Präsident Spencer W. Kimballs Offenbarung aus dem Jahre 1978, die die Kirchenlehre aufhob, daß Schwarze nicht in die Priesterschaft aufgenommen werden dürften, ist es weiter offizielle Kirchenpolitik, weiße Heilige zu ermahnen, keine Schwarzen zu heiraten. Machen wir uns nichts vor: Die heutige Mormonenkirche mag inzwischen in der Mitte der amerikanischen Gesellschaft angekommen sein, doch dort besetzt sie den äußersten rechten Rand.

Nachwort des Autors

Timothy Egans Essay »The Empire of Clean« ist in seinem Buch *Lasso the Wind: Away to the New West* erschienen. Die Zitate von D. Michael Quinn stammen aus meinen Interviews mit ihm und aus seiner Vorlesung »On Being a Mormon Historian« aus dem Jahre 1981. Das Zitat von Annie Dillard ist ihrem Buch *Außer der Zeit* entnommen.

Bibliographie

Altman, Irwin, und Joseph Ginat. *Polygamous Families in Contemporary Society.* Cambridge: Cambridge University Press, 1996.

American Psychiatric Association. *Diagnostic and Statistical Manual of Mental Disorders.* 4. Auflage. (DSM-IV). Washington, D.C.: American Psychiatric Association, 1994.

Anderson, Kenneth. »The Magic of the Great Salt Lake.« *Times Literary Supplement,* 24. März 1995.

— »A Peculiar People: The Mystical and Pragmatic Appeal of Mormonism.« *Los Angeles Times,* 28. November 1999.

Arbaugh, George Bartholomew. *Revelations in Mormonism: Its Character and Changing Forms.* Chicago: University of Chicago Press, 1932.

Armstrong, Karen. *The Battle for God.* New York: Ballantine Books, 2001.

— *Buddha.* New York: Viking Penguin, 2001.

— *A History of God: The 4,000-Year Quest of Judaism, Christianity and Islam.* New York: Ballantine Books, 1994.

Arrington, Leonard J. *Adventures of a Church Historian.* Urbana: University of Illinois Press, 1998.

— *Brigham Young: American Moses.* New York: Alfred A. Knopf, 1984.

Arrington, Leonard J., und Davis Bitton. *The Mormon Experience: A History of the Latter-day Saints.* New York: Alfred A. Knopf, 1979.

Bagley, Will. *Blood of the Prophets: Brigham Young and the Massacre at Mountain Meadows.* Norman: University of Oklahoma Press, 2002.

Bancroft, Hubert Howe. *History of Utah, 1540–1886.* San Francisco: History Company, 1889.

Bayle, Pierre. *Historical and Critical Dictionary: Selections.* Übersetzt mit einer Einführung und Anmerkungen von Richard H. Popkin. Indianapolis: Bobbs-Merrill Company, 1965.

Belshaw, Michael. »The Dunn-Howland Killings: A Reconstruction.« *Journal of Arizona History,* Bd. 20 (Winter 1979).

Bigler, David L. *Forgotten Kingdom: The Mormon Theocracy in the American West, 1847–1896.* Logan: Utah State University Press, 1998.

Bishop, William (Hrsg.). *Mormonism Unveiled; or the Life and Confessions of the Late Mormon Bishop, John D. Lee.* Albuquerque: Fierra Blanca Publications, 2001.

Bistline, Benjamin. *The Polygamists: A History of Colorado City.* Colorado City, Arizona: Benjamin Bistline, 1998.

Bloom, Harold. *The American Religion: The Emergence of the Post-Christian Nation.* New York: Simon & Schuster, 1992.

Bradlee, Ben jr. und Dale Van Atta. *Prophet of Blood: The Untold Story of Ervil LeBaron and the Lambs of God.* New York: G. P. Putnam's Sons, 1981.

Bradley, Martha Sonntag. *Kidnapped from That Land: The Government Raids on the Short Creek Polygamists.* Salt Lake City: Universitiy of Utah Press, 1996.

Bringhurst, Newell G. *Brigham Young and the Expanding American Frontier.* Boston: Little, Brown, and Co., 1986.

— *Fawn McKay Brodie: A Biographer's Life.* Norman: University of Oklahoma Press, 1999.

— *Saints, Slaves and Blacks: The Changing Place of Black People Within Mormonism.* Westport: Greenwood Press, 1981.

— (Hrsg.). *Reconsidering* No Man Knows My History: *Fawn M. Brodie and Joseph Smith in Retrospect.* Logan: Utah State University Press, 1996.

Brodie, Fawn M. *The Devil Drives: A Life of Sir Richard Burton.* New York: W. W. Norton, 1967.

— *No Man Knows My History: The Life of Joseph Smith, the Mormon Prophet.* 2. Auflage. New York: Alfred A. Knopf, 1995.

Brooke, John L. *The Refiner's Fire: The Making of Mormon Cosmology, 1644–1844.* Cambridge: Cambridge University Press, 1994.

Brooks, Juanita. *Emma Lee.* Logan: Utah State University Press, 1984.

— *John Doyle Lee: Zealot, Pioneer Builder, Scapegoat.* Logan: Utah State University Press, 1992.

— *The Mountain Meadows Massacre.* Mit einem Vor- und Nachwort von Jan Shipps. Norman: University of Oklahoma Press, 1991.

Burton, Richard F. *The City of the Saints and Across the Rocky Mountains to California.* Mit einer Einführung und Anmerkungen von Fawn M. Brodie, (Hrsg.). New York: Alfred A. Knopf, 1963.

Bush, Lester E. jr. »A Peculiar People: The Physiological Aspects of Mormonism 1850–1975.« *Dialogue: A Journal of Mormon Thought,* Bd. 12, Nr. 3 (Herbst 1979).

Bushman, Claudia L. (Hrsg.). *Mormon Sisters: Women in Early Utah.* Logan: Utah State University Press, 1997.

Bushman, Richard L. *Joseph Smith and the Beginnings of Mormonism.* Urbana: University of Illinois Press, 1984.

Campbell, Carolyn. »Fugitive Witness: Tom Green's Ex-wife Defends Her Decision to Let Her Daughter Marry Her Husband.« *Salt Lake City Weekly,* 22. Februar, 2001.

Card, Brigham Y., Herbert C. Northcott, John E. Foster, Howard Palmer und George K. Jarvis (Hrsg.). *The Mormon Presence in Canada.* Edmonton: University of Alberta Press, 1990.

Church of Jesus Christ of Latter-day Saints. »*The Book of Mormon*«, »*The Doctrine and Covenants*«, »*The Pearl of Great Price*«. Einbändige Ausgabe. Salt Lake City: Church of Jesus Christ of Latter-day Saints, 1981.

Chynoweth, Rena und Dean M. Shapiro. *The Blood Covenant.* Austin: Diamond Books, 1990.

Cleland, Robert Glass und Juanita Brooks (Hrsg.). *A Mormon Chronicle: The Diaries of John D. Lee, 1848–1876.* 2 Bde. San Marino, Calif.: Huntington Library, 1955.

Compton, Todd. *In Sacred Loneliness: The Plural Wives of Joseph Smith.* Salt Lake City: Signature Books, 1997.

Corbett, Pearson Harris. *Jacob Hamblin: The Peacemaker.* Salt Lake City: Desert Book Co., 1952.

Crapanzano, Vincent. *Serving the Word: Literalism in America from the Pulpit to the Bench.* New York: New Press, 2000.

Crossfield, Robert (Onias). *The First Book of Commandments.* Salem, Utah: United Order Publications, 1998.

— *The Second Book of Commandments.* Salem. Utah: United Order Publications, 1999.

Dellenbaugh, Frederick S. *A Canyon Voyage: The Narrative of the Second Powell Expedition down the Green-Colorado River from Wyoming, and the Explorations on Land, in the Years 1871 and 1872.* Tucson: University of Arizona Press, 1996.

— »A Den of Treason: That's What John Taylor Made the Assembly Hall Last Sunday.« *Salt Lake Daily Tribune,* 6. Januar 1880.

DeVoto, Bernard. *The Year of Decision: 1846.* Boston: Little, Brown and Co., 1943.

Dewey, Richard Lloyd (Hrsg.). *Jacob Hamblin: His Life in His Own Words.* New York: Paramount Books, 1995.

Dillard, Annie. *Außer der Zeit.* Übers. von Hans-Ulrich Möhring. München: Claassen, 1999.

— *Holy the Firm.* New York: Harper & Row, 1977.
Dobyns, Henry F. und Robert C. Euler. »The Dunn-Howland Killings: Additional Insights.« *Journal of Arizona History,* Bd. 21 (Frühjahr 1980).
Dolnick, Edward. *Down the Great Unknown: John Wesley Powell's 1869 Journey of Discovery and Tragedy Through the Grand Canyon.* New York: HarperCollins, 2001.
Dougherty, John. »Polygamy in Arizona: The Wages of Sin.« *Phoenix New Times,* 10. April 2003.
Durham, Michael S. *Desert Between the Mountains: Mormons, Miners, Padres, Mountain Men, and the Opening of the Great Basin, 1772–1869.* Norman: University of Oklahoma Press, 1999.
Egan, Timothy. *Lasso the Wind: Away to the New West.* New York: Vintage, 1999.
Embry, Jessie L. *Black Saints in a White Church: Contemporary African American Mormons.* Salt Lake City: Signature Books, 1994.
Ferguson, Charles W. *The Confusion of Tongues: A Review of Modern Isms.* Garden City, New York: Doubleday, Doran & Co., 1928.
Fielding, Robert Kent. *The Unsolicited Chronicler: An Account of the Gunnison Massacre, Its Causes and Consequences, Utah Territory, 1847–1859 – a Narrative History.* Brookline, Mass.: Paradigm Publications, 1993.
— (Hrsg.). *The »Tribune« Reports of the Trials of John D. Lee for the Massacre at Mountain Meadows, November 1874 – April 1877.* Higganum, Conn.: Kent's Books, 2000.
Fishman, Ted C. »Unholy Voices?« *Playboy,* Bd. 39, Nr. 11 (November 1992).
Fundamentalist Church of Jesus Christ of Latter Day Saints. *The Four Hidden Revelations.* Salt Lake City: Fundamentalist Church of Jesus Christ of Latter Day Saints, o. J.
Gilmore, Mikal. *Das Herz der Gewalt.* München: Goldmann, 1996.
Givens, Terryl L. *By the Hand of Mormon: The American Scripture That Launched a New World Religion.* New York: Oxford University Press, 2002.
Gottfredson, Peter. *Indian Depredations.* Salt Lake City: 1919.
Green, Arnold H. und Lawrence P. Goldrup. »Joseph Smith, an American Muhammad? An Essay on the Perils of Historical Analogy.« *Dialogue: A Journal of Mormon Thought,* Bd. 6, Nr. 1 (Frühjahr 1971).
Green, Tom. »Why We Talk to the Media.« www.polygamy.com/Mormon/Why-We-Talk-To-The-Media.html.

Greene, Graham. *Das Ende einer Affäre.* Übers. von Edith Walter. München: dtv, 2000.

Gunnison, Lieutenant J. W. *The Mormons, or Latter-Day Saints, in the Valley of the Great Salt Lake: A History of Their Rise and Progress, Peculiar Doctrines, Present Condition, and Prospects, Derived From Personal Observation, During a Residence Among Them.* Philadelphia: Lippincott, 1860. Nachdruck, Brookline, Mass.: Paradigm Publications, 1993.

Hallwas, John E. und Roger D. Launius (Hrsg.). *Cultures in Conflict: A Documentary History of the Mormon War in Illinois.* Logan: Utah State University Press, 1995.

Hardy, B. Carmon. *Solemn Covenant: The Mormon Polygamous Passage.* Urbana: University of Illinois Press, 1992.

Holzapfel, Richard Neitzel und T. Jeffery Cottle. *Old Mormon Palmyra and New England: Historic Photographs and Guide.* Santa Ana, Calif.: Fieldbrook Productions, 1991.

Jacob, Norton. »Autobiography of Norton Jacob (1804–1879)« www.boap.org/LDS/Early-Saints/JNorton.html.

Jacob, Udney Hay. *An Extract, from a Manuscript Entitled »The Peace Maker«, or the Doctrines of the Millenium: Being a Treatise on Religion and Jurisprudence. Or a New System of Religion and Politicks.* Nauvoo, Ill.: J. Smith, 1842.

James, William. *Die Vielfalt religiöser Erfahrung. Eine Studie über die menschliche Natur.* Übers. von Eilert Herms, Freiburg: Walter Verlag, 1979.

Jeffs, Rulon. *History of Priesthood Succession in the Dispensation of the Fullness of Times, and Some Challenges to the One Man Rule. Also Includes Personal History of President Rulon Jeffs.* Hildale, Utah: Twin City Courier Press, 1997.

— *Purity in the New and Everlasting Covenant of Marriage.* Sandy, Utah: President Rulon Jeffs, 1997.

— *Sermons of President Rulon Jeffs,* Bde. 1–8. Hildale, Utah: Twin City Courier Press, 1996.

— (Hrsg.). *Sermons of President LeRoy S. Johnson,* Bde. 1–8. Hildale, Utah: Twin City Courier Press, 1997.

Jenkins, Philip. *Mystics and Messiahs: Cults and New Religions in American History.* New York: Oxford University Press, 2000.

Johnson, Luke. »History of Luke Johnson.« *Deseret News,* 19. Mai 1858.

Kraut, Ogden. *John H. Koyle's Relief Mine.* Salt Lake City: Pioneer Press, 1978.

— *Polygamy in the Bible.* Salt Lake City: Pioneer Press, 1983.

Larsen, Wesley P. »The ›Letter‹, or Were the Powell Men Really Killed by Indians?« *Canyon Legacy,* Nr. 17 (Frühjahr 1993).
Larson, Stan. *Quest for the Gold Plates: Thomas Stuart Ferguson's Archaeological Search for the Book of Mormon.* New York: Oxford University Press, 1991.
Launius, Roger D. und John E. Hallwas (Hrsg.). *Kingdom on the Mississippi Revisited: Nauvoo in Mormon History.* Urbana: University of Illinois Press, 1996.
Launius, Roger D. und Linda Thatcher (Hrsg.). *Differing Visions: Dissenters in Mormon History.* Urbana: University of Illinois Press, 1994.
LeBaron, Garn jr. »Mormon Fundamentalism and Violence: A Historical Analysis.« www.exmormon.org.violence.html.
LeSueur, Stephen C. *The 1838 Mormon War in Missouri.* Columbia: University of Missouri Press, 1990.
Limerick, Patricia Nelson. *The Legacy of Conquest: The Unbroken Past of the American West.* New York: W. W. Norton, 1988.
Linden, Eugene. *The Future in Plain Sight: The Rise of the »True Believers« and Other Clues to the Coming Instability.* New York: Plume, 2002.
Lindsey, Robert. *A Gathering of Saints: A True Story of Money, Murder and Deceit.* New York: Simon & Schuster, 1988.
Madsen, Gordon A. »Joseph Smith's 1826 Trial: The Legal Setting« *BYU Studies.* Bd. 30, Nr. 2 (Frühjahr 1990).
Mailer, Norman: *Gnadenlos. Das Lied vom Henker.* Moewig, 1979.
Marston, Otis »Dock«. »Separation Marks: Notes on the ›Worst Rapid‹ in the Grand Canyon.« *Journal of Arizona History,* Bd. 17 (Frühjahr 1976).
Menand, Louis. *The Metaphysical Club: A Story of Ideas in America.* New York: Farrar, Straus and Giroux, 2001.
Mitchell, Brian David. »The Book of Immanuel David Isaiah.« www.sltrib.com/2003/Mar/03142003/Manifesto/book.pdf.
Mitchell, Sallie [Sarah Frances] Baker. »The Mountain Meadows Massacre – an Episode on the Road to Zion.« *American Weekly,* 1. September 1940.
Moore, R. Laurence. *Religious Outsiders and the Making of Americans.* New York: Oxford University Press, 1987.
Morgan, Dale (Hrsg.). *Utah Historical Quarterly,* Bd. 15 (1947). Special issue dedicated to various firsthand accounts of John Wesley Powell's Colorado River Expedition of 1869.
Mulder, William und A. Russell Mortensen (Hrsg.). *Among the Mor-*

mons: Historic Accounts by Contemporary Observers. Salt Lake City: Western Epics, 1994.
New Mormon Studies CD-ROM: A Comprehensive Resources Library. Salt Lake City: Smith Research Associates, 1998.
Nibley, Preston (Hrsg.). *Pioneer Stories.* Salt Lake City: Bookcraft, 1976.
O'Dea, Thomas F. *The Mormons.* Chicago: University of Chicago Press, 1957.
Olson, Kyle B. »Aum Shinrikyo: Once and Future Threat?« *Emerging Infectious Diseases,* Bd. 5, Nr. 4 (Juli – August 1999).
Ostling, Richard N. und Joan K. Ostling. *Mormon America: The Power and the Promise.* San Francisco: HarperSanFrancisco, 1999.
Pagels, Elaine. *The Gnostic Gospels.* New York: Vintage Books, 1989.
Peterson, Levi S. »A Christian by Yearning: The Personal Spiritual Journey of a ›Backslider‹.« *Sunstone,* Bd. 12:5, Nr. 67 (September 1988).
— *Juanita Brooks: Mormon Woman Historian.* Salt Lake City: University of Utah Press, 1996.
Powell, John Wesley: *Höllenfahrt durch den Grand Canyon. Expeditionsbericht über die erste Befahrung und Erforschung des Green River und des Colorado River.* Übers. von Elmar Engel. Oberschleißheim: Pollner, 2001.
Quinn, D. Michael (Hrsg.). *Early Mormonism and the Magic World View.* In überarbeiteter und erweiterter Fassung. Salt Lake City: Signature Books, 1998.
— »Jerald and Sandra Tanner's Distorted View of Mormonism: A Response to ›Mormonism – Shadow or Reality?‹« www.lds-mormon.com/mo2.shtml.
— »LDS Church Authority and New Plural Marriages, 1890–1904.« *Dialogue: A Journal of Mormon Thought,* Bd. 18, Nr. 1 (Frühjahr 1985).
— *The Mormon Hierarchy: Extensions of Power.* Salt Lake City: Signature Books, 1997.
— *The Mormon Hierarchy Origins of Power.* Salt Lake City: Signature Books, 1994.
— *On Being a Mormon Historian: A Lecture Before the BYU Student History Association, Fall 1981.* Salt Lake City: Utah Lighthouse Ministry, 1982.
— (Hrsg.). *The New Mormon History: Revisionist Essays on the Past.* Salt Lake City: Signature Books, 1992.
Reilly, P. T. *Lee's Ferry: From Mormon Crossing to National Park.* Logan: Utah State University Press, 1999.

Remini, Robert V. *Joseph Smith.* New York: Viking Penguin, 2002.
Rusho, W. L. *Lee's Ferry: Desert River Crossing.* Salt Lake City: Tower Productions, 1998.
Russell, Bertrand. *Why I Am Not a Christian, and Other Essays on Religion and Related Subjects.* New York: Touchstone, 1957.
Schindler, Harold. *Orrin Porter Rockwell: Man of God, Son of Thunder.* Salt Lake City: University of Utah Press, 1993.
Shipps, Jan. *Mormonism: The Story of a New Religious Tradition.* Urbana: University of Illinois Press, 1985.
Shipps, Jan und John W. Welch (Hrsg.). *The Journals of William E. McLellin: 1831–1836.* Provo: BYU Studies, 1994.
Sillitoe, Linda und Allen Roberts. *Salamander: The Story of the Mormon Forgery Murders.* 2. Auflage. Salt Lake City: Signature Books, 1989.
Smith, George D. (Hrsg.). *Faithful History: Essays on Writing Mormon History.* Salt Lake City: Signature Books, 1992.
— (Hrsg.). *An Intimate Chronicle: The Journals of William Clayton.* Salt Lake City: Signature Books, 1995.
Smith, Joseph, jr. *History of the Church.* 7 Bde. Salt Lake City: Desert News Press, 1932.
Sobel, Dava: *Galileos Tochter. Eine Geschichte von der Wissenschaft, den Sternen und der Liebe.* Übers. von Barbara Schaden. Berlin: Berlin Verlag, 1999.
Stanton, Robert Brewster. *Colorado River Controversies.* New York: Dodd, Mead & Co., 1932.
Stegner, Wallace. *Beyond the Hundredth Meridian: John Wesley Powell and the Second Opening of the West.* New York: Penguin, 1992.
— *Mormon Country.* Lincoln: University of Nebraska Press, 1981.
— (Hrsg.). *The Letters of Bernard DeVoto.* Garden City, New York: Doubleday, 1975.
Storr, Anthony. *Feet of Clay: Saints, Sinners, And Madmen – A Study of Gurus.* New York: Free Press, 1996.
Tanner, Jerald und Sandra Tanner (Hrsg.). *Joseph Smith and Polygamy.* Salt Lake City: Utah Lighthouse Ministry, o. J.
— (Hrsg.). *3,913 Changes in the Book of Mormon: A Photo Reprint of the Original 1830 Edition of The Book of Mormon With the Changes Marked.* Salt Lake City: Utah Lighthouse Ministry, 1996.
Tate, Lucile C. *Boyd K. Packer: A Watchman on the Tower.* Salt Lake City: Bookcraft, 1995.
Taylor, John. *Items on Priesthood, Presented to the Latter-Day Saints.* Salt Lake City: Geo. Q. Cannon & Sons, 1899.

Teilhard de Chardin, Pierre: *Geheimnis und Verheißung der Erde.* Reisebriefe 1923–1939. Freiburg: Alber, 1986.
— *Pilger der Zukunft.* Neue Reisebriefe 1939-1955. Freiburg: Alber, 1986.
Thomas, John L. *A Country in the Mind: Wallace Stegner, Bernard DeVoto, History, and the American Land.* New York: Routledge, 2000.
Turley, Richard E. *Victims: The LDS Church and the Mark Hofmann Case.* Urbana: University of Illinois Press, 1992.
Twain, Mark: *Durch dick und dünn.* Übers. von Otto Wilck. München: dtv, 1982.
Updike, John: *Das Gottesprogramm. Rogers Version.* Übers. von Thomas Piltz. Reinbek: Rowohlt, 1990.
Ure, James W. *Leaving the Fold: Candid Conversations with Inactive Mormons.* Salt Lake City: Signature Books, 1999.
Van Wagoner, Richard S. *Mormon Polygamy: A History.* Salt Lake City: Signature Books, 1989.
Verdoia, Ken. »Interview with D. Michael Quinn.« *Promontory.* www.kued.org/productions/promontory/interviews/quinn.html.
Vogel, Dan. »Rethinking the 1826 Judicial Decision« mormonscripturestudies.com/ch/dv/1826.asp, 27. 08. 2000.
Waterman, Bryan und Brian Kagel. *The Lord's University: Freedom and Authority at BYU.* Salt Lake City: Signature Books, 1988.
Waterman, Bryan (Hrsg.). *The Prophet Puzzle: Interpretive Essays on Joseph Smith.* Salt Lake City: Signature Books, 1999.
Westergreen, Bruce N. (Hrsg.). *From Historian to Dissident: The Book of John Whitmer.* Salt Lake City: Signature Books, 1995.
Williams, Brooke. *Halflives: Reconciling Work and Wildness.* Washington, D.C.: Island Press, 1999.
Williams, Terry Tempest. *Leap.* New York: Pantheon, 2000.
Wood, James. *The Broken Estate: Essays on Literature and Belief.* New York: Random House, 1999.
Worster, Donald. *A River Running West: The Life of John Wesley Powell.* New York: Oxford University Press, 2001.
Wright, Lawrence. »Lives of the Saints.« *New Yorker,* 21. Januar 2002.

Danksagung

Dieses Buch hat sehr stark von dem Sachverstand profitiert, den zahlreiche Mitarbeiter von Doubleday Broadway, Anchor-Vintage und Villard darin einfließen ließen. Zu besonderem Dank verpflichtet bin ich Charlie Conrad, Bill Thomas, Steve Rubin, Alison Presley, Kathy Trager, John Fontana, Caroline Cunningham, Bette Alexander, Suzanne Herz, Michael Palgon, David Drake, Alison Rich, Rachel Pace, Jackie Everly, John Pitts, Claire Roberts, Louise Quayle, Carol Lazare, Laura Welch, Brian McLendon, Marty Asher, LuAnn Walther, Deb Foley und Jennifer Marshall.

Vielen Dank an John Ware, der ein hervorragender Agent war, an Bonnie Thompson für ihr sorgfältiges Lektorat, an Jeff Ward für die schwarzweißen Landkarten und an Linda Moore für die ausgezeichnete Karte vom Arizona Strip, die auf den Vorsatzblättern abgedruckt ist.

Bill Briggs, Pat Joseph, Carol Krakauer, David Roberts und Sharon Roberts haben das Buch im Manuskript gelesen und wertvolle Kritik geübt, als dies dringend nötig war.

Ich bedanke mich bei Ruth Fecych, David Rosenthal, Ann Godoff, Mark Bryant und Scott Moyers, die eine frühe, noch unfertige Fassung des Manuskripts gelesen und mir hilfreiche Hinweise gegeben haben.

Dieses Projekt wäre nicht zustande gekommen ohne die große Hilfe von DeLoy Bateman, Eunice Bateman, Virginia Bateman, David Bateman, Jim Bateman, Holly Bateman, Ellen Bateman, Fern Bateman, Diana Bateman, Roger Bateman, Sarah Bateman, Maria Bateman, Kevin Bateman, Randy Bateman, Jason Bateman, Craig Chatwin, D. Michael Quinn, Debbie Palmer, Jolene Palmer, Jay Beswick, Flora Jessop, Linda Walker, Terri Trick, Sue S. Wilson, Lorna Craig, Wesley Larsen, Wynn Isom, Mareena Blackmore, Bernice DeVisser, Gayla Stubbs, Lenora Spencer, Mary Taylor, Robert Crossfield, Barry Crowther, Betty McEntire, LaRae Wright, Debbie Babbitt, Thomas Brunker, Kris C. Leonard, Michael Wims, Creed H. Barker, Nora S. Worthen, Tasha Taylor und Stan Larsen.

Bei meinen Recherchen habe ich mich auf die Werke meiner Journalistenkollegen Peggy Fletcher Stack, Carolyn Campbell, Michael Vigh,

Greg Burton, Tom Zoellner, Fabian Dawson, Dean E. Murphy, Daniel Woods, Angie Parkinson, Will Bagley, Pauline Arrillaga, Chris Smith, Mike Gorrell, Ann Shields, Kevin Cantera, Holly Mullen, Paul Angerhofer, Geoffrey Fattah, Rebecca Boone, Brandon Griggs, Phil Miller, Brian Maffly, Susan Greene, Suzan Mazur, Julie Cart, Dave Cunningham, Dave Wagner, Jennifer Gallagher, Susan Snyder, Dawn House, Hilary Groutage Smith, Robert Matas, Robert Gehrke, Maureen Zent, Tom Gorman, Bob Mims, Tom Wharton, John Llewellyn, John Dougherty, Marianne Funk, Joan Thompson, Lee Davidson, Susan Hightower, Ellen Fagg, Mike Carter, Jennifer Dobner, Pat Reavy, Jerry D. Spangler, Elaine Jarvik, James Thalman, Derek Jensen, Lucinda Dillon, Lee Benson, Ted C. Fishman, Chris Jorgensen, Alf Pratte, Dave Jonsson, Elizabeth Neff, Brooke Adams, Matt Canham, Stephen Hunt, Taylor Syphus, David Kelly, Jeffrey P. Haney, Dennis Wagner, Patty Henetz, Mark Havnes, Bob Bernick, Adam Liptak, Norman Wagner, Tim Fitzpatrick, Maureen Palmer und Helen Slinger gestützt.

Für Inspiration, Gesellschaft und weise Ratschläge möchte ich mich bedanken bei Becky Hall, Neal Beidleman, Chhongba Sherpa, Tom Hornbein, Pete Schoening, Klev Schoening, Harry Kent, Owen Kent, Steve Komito, Jim Detterline, Conrad Anker, Dan Stone, Roger Schimmel, Beth Bennett, Greg Child, Renée Globis, Roger Briggs, Colin Grissom, Kitty Calhoun, Jay Smith, Bart Miller, Roman Dial, Peggy Dial, Steve Rottler, David Trione, Robert Gully, Chris Archer, Rob Raker, Larry Gustafson, Steve Swenson, Jenni Lowe, Gordon Wiltsie, Doug Chabot, Steve Levin, Chris Reveley, Andrew McLean, Liesl Clark, John Armstrong, Dave Hahn, Rob Meyer, Ed Ward, Matt Hale, Chris Gulick, Chris Wejchert, Mark Fagan, Sheila Cooley, Kate Fagan, Dylan Fagan, Charlotte Fagan, Karin Krakauer, Wendy Krakauer, Sarah Krakauer, Andrew Krakauer, Tim Stewart, Bill Costello, Mel Kohn, Robin Krakauer, Rosalie Stewart, Alison Stewart, Shannon Costello, Maureen Costello, Ari Kohn, Miriam Kohn, Kelsi Krakauer, A. J. Krakauer, Mary Moore, Ralph Moore, David Quammen, Laura Brown, Pamela Brown, Helen Apthorp, Bill Resor, Story Clark, Rick Accomazzo, Gerry Accomazzo, Alex Lowe, Steve McLaughlin, Marty Shapiro, Caroline Carminati, Brian Nuttall, Drew Simon, Walter Kingsbery, Eric Love, Josie Heath, Margaret Katz, Lindsey Delaplaine, Rosemary Haire, Nancy McElwain, Andy Pruitt und Jeff Stieb.

Und mein besonderer Dank gilt John Winsor, Bridget Winsor, Harry Winsor, Charlie Winsor, Paul Fuller, Mary Gorman, Amy Beidleman, Nina Beidleman, Reed Beidleman, Kevin Cooney, Annie Maest, Emma Cooney, Mike Pilling, Kerry Kirkpatrick, Charley LaVenture, Sally

LaVenture und Willow LaVenture für die wichtigen Ratschläge und die Unterstützung, die sie mir in Mexiko gegeben haben.

Mit Genehmigung von

Kenneth Anderson: Auszüge aus den Artikeln »The Magic of the Great Salt Lake« von Kenneth Anderson, veröffentlicht in *Times Literary Supplement,* 24. März 1995; und »A Peculiar People: The Mystical and Pragmatic Appeal of Mormonism« von Kenneth Anderson, veröffentlicht in *Los Angeles Times,* 28. November 1999.

Brant & Hochman Literary Agents, Inc.: Auszüge aus *Mormon Country* von Wallace Stegner (New York: Penguin, 1992). Copyright © 1942, 1970 Wallace Stegner.

The Free Press: Auszüge aus *Feet of Clay: Saints, Sinners, and Madmen: A Study of Gurus* von Anthony Storr. Copyright © 1996 Anthony Storr.

Alfred A. Knopf: Auszüge aus *No Man Knows My History: The Life of Joseph Smith, the Mormon Prophet* von Fawn M. Brodie. Copyright © 1945 Alfred A. Knopf, Random House, Inc. Copyright © 1971, 1973 Fawn M. Brodie. Erneuertes Copyright © 1999 Bruce Brodie, Richard Brodie und Pamela Brodie.

Oxford University Press: Auszug aus *Mystics and Messiahs: Cults and New Religions in American History* von Philip Jenkins. Copyright © 2000 Philip Jenkins. Erschienen bei Oxford University Press, Inc.; Auszüge aus *Religious Outsiders and the Making of Americans* von R. Laurence Moore. Copyright © 1987 Oxford University Press, Inc.

Tim Fitzpatrick und The Salt Lake Tribune: Auszüge aus den Artikeln »Widespread Search Under Way for American Fork Murder Suspect« von Mike Gorrell und Ann Shields und »Neighbors Recall Changes in Murder Suspect, 42«, beide erschienen in der *Salt Lake Tribune,* 26. Juli 1984; und »Two Murders a Religous Revelation?« von Ann Shields, erschienen in der *Salt Lake Tribune* am 28. Juli 1984.

The University of Oklahoma Press: Auszüge aus *Blood of the Prophets: Brigham Young and the Massacre at Mountain Meadows* von Will Bagley. Copyright © 2002 University of Oklahoma Press.

Die Übersetzung der Zitate besorgte Thomas Gunkel
mit Ausnahme von

Shakespeare, William. *Richard III.* (nach der Übersetzung von August Wilhelm von Schlegel)

Smith, Joseph. *Das Buch Mormon.* Frankfurt/Main: Kirche Jesu Christi der Heiligen der Letzten Tage, 1989. (Übersetzung von Immo Luschin)

Smith, Joseph. *Lehre und Bündnisse.* Frankfurt/Main: Kirche Jesu Christi der Heiligen der Letzten Tage, o. J. (Übersetzung von Immo Luschin)

Teilhard de Chardin, Pierre. *Mein Glaube.* Olten, 1972 (Übersetzung von Karl Schmitz-Moormann)

Yeats, William Butler. »Die Wiederkunft«. Aus: *Englische und amerikanische Dichtung* Bd. 3. Hrsg. von Horst Meller und Klaus Reichert. München: C. H. Beck, 2000. (Übersetzung von Werner von Koppenfels)

Karte Seite 6/7: Katsura & Co. / Bearbeitung: cartomedia, Karlsruhe
Karten Seiten 18/19, 61, 111, 137: Jeffrey L. Ward / Bearbeitung: cartomedia, Karlsruhe

Jon Krakauer

In eisige Höhen

Das Drama am Mount Everest. Aus dem Amerikanischen von Stephen Steeger. 390 Seiten und 33 Schwarzweißfotos. Piper Taschenbuch

Geplant war ein Bericht über die dramatischen Auswüchse des kommerziellen Bergsteigens, Jon Krakauer wurde jedoch Augenzeuge der schlimmsten Katastrophe, die sich je auf dem Dach der Welt ereignet hat: Zwölf Bergsteiger kamen ums Leben. Jon Krakauers spannendes und tief berührendes Buch ist ein einmaliges Dokument, das sich mit der Faszination und Irrationalität des Bergsteigens auseinandersetzt.

»Eines der besten Bergbücher, weil es hautnah und nachvollziehbar zeigt, warum Leute auf den Gipfeln ihr Leben riskieren, obwohl sie es gerade dort wiederfinden wollen.«
Tages-Anzeiger, Zürich

05/1659/02/L

Jon Krakauer

Auf den Gipfeln der Welt

Die Eiger-Nordwand und andere Träume. Aus dem Amerikanischen von Wolfgang Rhiel. 304 Seiten. Piper Taschenbuch

Der Autor des Weltbestsellers »In eisige Höhen« berichtet in zwölf brillanten Reportagen von seinen gefährlichen Leidenschaften: dem Everest und dem K2, dem Montblanc und der berüchtigten Eiger-Nordwand, vom Canyoning in wilden Schluchten und von seiner erfolgreichen Solobesteigung des Devils Thumb in Alaska. Er erzählt von berühmten Bergsteigern, die für ihre Passion ihr Leben aufs Spiel setzen, und macht verständlich, worin die Faszination der Berge besteht.

»Spannende und interessante Geschichten, oft mit ungewöhnlichen Perspektiven, Humor und jenem ironischen Unterton, der aus ›Helden‹ wieder Menschen macht und damit das ›Abenteuer‹ erst recht plausibel.«
Frankfurter Allgemeine Zeitung

05/1972/02/R

PIPER

PIPER

Adriano Sack

Gebrauchsanweisung für die USA

192 Seiten. Gebunden

Adriano Sack nimmt uns mit zu den Orten, an denen Sie gewesen sein sollten, um die USA zu begreifen. Er weiß, wo Tellerwäscher oder T-Shirt-Macher noch zu Millionären werden. Wieso Gott in den USA einen Rolls-Royce fährt. Wen 60 Prozent der Amerikaner in Wirklichkeit gern als Präsidentin sähen – und auf wen sie richtig stolz sind. Warum in dem Land, in dem Fast Food erfunden wurde, vor Biosupermärkten lange Schlangen stehen. Wie man drei Tage, drei Monate oder auch 30 Jahre in den USA überlebt – vom Einreiseformular über Restaurantquittungen bis zur Social-Security-Number. Worauf Sie beim Flirten in Santa Monica, beim Skifahren in Colorado und beim Whale Watching vor Cape Cod achten sollten. Und warum auch hinter einem künstlichen Busen ein echtes Herz schlagen kann. Ob Sie von Irak-Kriegs-Veteranen das Schießen lernen, in NY auf Wohnungssuche gehen oder einem Superstar in L. A. den Restauranttisch wegschnappen: Die USA sind ein Land des unbegrenzten Wahnsinns. Adriano Sack verrät, wie man es lieben lernt.

01/1715/01/L